연경재 성해응의

난실담총

지은이 연경재(硏經齋) 성해응(成海應)

1760(영조 36)~1839(헌종 5). 정조·순조 연간에 활동한 학자이자 문인으로, 자는 용여(龍汝)이고, 호는 연경재(硏經齋)·난실(蘭室)이며, 본관은 창녕(昌寧)이다. 부친은 청성(靑城) 성대중(成大中)이다. 서족 출신이지만 그의 집안은 세직(世職)으로 통신사행에 참여하고, 7대에 걸쳐 사마시 합격자를 배출한 조선후기 서족의 명문가이다. 규장각 검서관을 비롯하여 통례원(通禮院) 인의(引儀)와 음성 현감 등을 역임하였다.
이덕무(李德懋)·유득공(柳得恭)·박제가(朴齊家) 등 북학파 인사들과의 교유와 폭넓은 독서를 바탕으로 실학적 사유를 하게 되었다. 그의 관심분야는 방대한 『연경재전집(硏經齋全集)』을 통해 알 수 있듯이 지리·풍속·서적·금수·곤충 등에 이르기까지 매우 폭이 넓었다. 박학고증과 실용의 학문을 추구하였지만 경학(經學)과 사학(史學)의 중요성을 간과하지 않았다. 특히 경학에 주력하여 『예기(禮記)』와 『시경(詩經)』에 대해 상당한 저술을 남겼다. 한편 칭송받을 행적에도 불구하고 신분적 처지 등으로 인해 자칫 역사의 뒤안길에 묻혀버릴 뻔했던 사람들의 자취를 기록으로 남기기도 했는데, 이를 통해 그의 인간에 대한 남다른 관심과 애정을 엿볼 수 있다.

옮긴이 윤세순(尹世旬)

문학박사. 이화여자대학교에서 국문학을, 성균관대학교에서 한문학을 공부했다. 한문소설로 박사학위를 받았지만, 한문학 전반에 폭넓은 관심을 갖고 있다. 성균관대·숭실대 등에서 강의하고 있고, 최근까지 한국학 중앙연구원에서 연행록 사전을 만들었다.
주요 논문으로는 「17C 중국인 피난민 康世爵에 대한 문학적 형상화와 인식태도」, 「역사인물 오자서에 대한 조선 지식인의 인식태도」, 「18세기 사대부 지식인 유만주의 고독」 등이 있다. 역서(譯書)로 『해서암행일기』가 있다. 이외에 『조희룡전집』, 『이옥전집』, 『변영만전집』, 『이십일도회고시』, 『열하기행시주』, 『정산 이병휴의 정산집』, 『태호 이원진의 태호시고』 등을 공동 번역했다.

연경재 성해응의 난실담총

성해응 지음
윤세순 옮김
재단법인 실시학사 편

실시학사 실학번역총서 12

학자원

實學飜譯叢書를 펴내며

실시학사(實是學舍)에서 실학연구총서(實學研究叢書)를 발간하여 학계에 공헌하면서 뒤이어 실학번역총서(實學飜譯叢書)를 내기로 방침을 세운 것은 벌써 2년 전의 일이다. 실시학사가 재단법인으로 발전하면서 그 재정적 바탕 위에 여러 가지 사업을 수행하는 가운데 실학(實學)에 관한 우리나라 고전들을 골라, 한문으로 된 것을 우리글로 옮겨서 대중화 작업을 시도하기로 한 것이다.

여기, 이 기회에 나는 다시 몇 마디 말씀을 추가할 것이 있다. 이 실학번역총서를 낸다는 말을 전해 듣고 모하(慕何) 이헌조(李憲祖) 형이 앞서 거액을 낸 것 외에 다시 적지 않은 돈을 재단에 출연해 주었다. 나는 그의 학문에 대한 열정에 오직 감동을 느꼈을 뿐, 할 말을 잊었다. 오늘날 우리나라에서 사회문화에 대한 허심탄회(虛心坦懷)로 아낌없이 투자해 줄 인사가 계속해서 나와 준다면 우리 학계가 얼마나 다행할까 하는 생각을 금(禁)할 수 없었다.

실(實)은 실시학사가 법인으로 되기 전부터, 나는 성균관대학교에서 정년퇴임한 뒤에 진작 서울 강남에서 학사(學舍)의 문을 열고 젊은 제자들과 함께 고전을 강독하면서 동시에 번역에 착수하였고, 그 뒤 근교 고양(高陽)으로 옮겨온 뒤에도 그대로 계속하여 적지 않은 책들을 간행하였다. 예를 들면 경학연구회(經學研究會)에서 다산 정약용(茶山 丁若鏞)의 『정체전중변(正體傳重辯)』, 『다산과 문산(文山)의 인성논쟁』, 『다산과 석천(石泉)의 경학논쟁』, 『다산과 대산(臺山)·연천(淵泉)의 경학논쟁』, 『다산의 경학세계(經學世界)』, 『시경강의(詩經講義)』 5책 등을 번역 출판하였고, 고전문학연구회(古典文學研究會)가 영재 유득공(泠齋 柳得恭)의 『이십일도회고시(二十一都懷古詩)』와 『열하기행시주(熱河紀行詩註)』 각 1책, 낙하생 이학규(洛下生 李學逵)의 『영남악부(嶺南樂府)』 1책, 그리고 『조희룡전집(趙熙龍全集)』 5책, 『이옥전집(李鈺全集)』 5책, 『산강 변영만(山康 卞榮晩)전집』 3책, 유재건(劉在建)의 『이향견문록(里鄉見聞錄)』 1책 등을 모두 번역 출판하였다. 이 열거한 전집들 중에는 종래 산실(散失) 분장(分藏)된 것이 적지 않아서 그것을 수집하고 재편집하는 데 많은 노력을 기울였다. 이 과정에서 제자들은 어려운 생활 속에서도 세월 따라 능력이 성장해 왔고 나는 그것을 보면서 유열(愉悅)을 느껴, 스스로 연로신쇠(年老身衰)해 가는 것도 잊고 있었다.

그런데 이제 번역 사업이 본격화되면서 많은 역자(譯者)가 한꺼번에 나오게 되고 나는 직접 일일이 참여할 수 없게 되고 보니 한편 불안한 점이 없지도 않다. 나는 지난날 한때 민족문화추진회(民族文化推進會, 韓國古典飜譯院의 前身)의 회장직을 맡아, 많은 직원들, 즉 전문으로 번역을 담당한 분들이 내놓은 원고들을 하나하나 점검할 수도 없어 그대로 출판에 부쳐 방대한 책자를 내게 되었다. 물론 역자들은 모두 한문 소양이 상당하고 또 성실하게 우리글로 옮겨 온 분들이지만 당시 책임자였던 나로서는 그 자리에서 물러난 지 오래된 지금에 와서도 마음 한구석에 빚이 되어 있는 것이 사실이다. 그런데 지금 또 실시학사에서 전건(前愆)을 되풀이하게 되는 것이 아닐까 걱정이 앞서기 때문이다.

그러나 이미 화살은 날았다. 이제 오직 정확하게 표적(標的)에 맞아 주기를 바랄 뿐이다.

2013년 초하(初夏)

李佑成

차 례

『난실담총』 권1

『난실담총』 권2

『난실담총』 권3

『난실담총』 권4

『난실담총』 권5

『난실담총』 권6

『蘭室譚叢』 卷1

『蘭室譚叢』 卷2

『蘭室譚叢』 卷3

『蘭室譚叢』 卷4

『蘭室譚叢』 卷5

『蘭室譚叢』 卷6

부록

蘭室

『난실담총』 해제

윤세순

1. 들어가며-필기류의 전통과 『난실담총』

『난실담총(蘭室譚叢)』은 조선 후기의 문인이자 학자인 성해응(成海應, 1760~1839)이 편찬한 저작이다. '난실(蘭室)'은 성해응의 호(號)인데, 그 사전적 의미는 난초 향기가 그윽한 방으로 좋은 친구가 사는 곳을 비유한 말이다. 또한 난대(蘭臺)와 같은 뜻으로, 한(漢)나라 때 궁중에 있던 장서각(藏書閣)의 이름이기도 하다. 성해응이 어떤 의미로 난실을 자신의 호로 사용했는지 정확히 알 수는 없지만, 아마도 두 가지 의미를 아우르는 차원에서 채택했을 가능성이 높다. 한편 담총(譚叢)이란 이야기를 모아놓았다는 의미로, 박문(博文)을 추구하는 성해응의 학문 성향과 일맥 통하는 면이 있다. 박문(博文)은 박아이문(博我以文)의 준말로 『논어(論語)』「자한(子罕)」편에 보이는데, 다방면으로 폭넓게 두루 독서한다는 의미이다.

『난실담총』은 『연경재전집외집(研經齋全集外集)』에 수록되어 있는데,

거기에 필기류(筆記類)로 명시되어 있다. 이를 통해 『난실담총』이 필기류의 전통 안에서 편찬된 저작물임을 알 수 있다. 주지하다시피 필기류란 한문학의 한 양식이다. 조선시대 문인학자들에게는 기본적으로 자신들의 시문을 엮어 만들어진 문집(文集)이 있었다. 이외에 또 자신이 평소에 보고 들은 것을 잡기(雜記)하는 방식으로 기록한 저서들이 있는데, 이런 저서를 바로 필기류라 일컫는다. 이 필기류 저서들은 대부분 형식이 제대로 갖추어져 있지 않고, 그 내용도 잡다하게 보일 정도로 온갖 영역을 광범위하게 다루고 있다. 때문에 얼핏 보기에는 문인학자들이 가볍게 쓴 문인적 산필(散筆)로 여겨지기 쉽다. 하지만 이런 책들 속에는 현재의 연구자들이 학술적으로 가치 있다고 판단하는 중요한 자료들이 포함되어 있다. 또한 종종 기이하고 흥미로운 이야기들이 수록되어 있기도 하다. 이런 필기류 책들은 고려 후기에는 약간 편찬되었을 뿐이었지만, 조선전기로 들어와 차츰 그 수량이 많아지면서 문학양식으로 자리를 잡아 나아갔다. 그리고 조선후기에는 문인학자들이 필기류를 하나의 문학양식으로 확실하게 인식하고선 저술에 임하였다.

여기서 잠깐 성해응이 『난실담총』을 필기류로 인식하면서 저술에 임한 사실을 확인할 수 있는 글을 살펴보겠다.

> 대저 총(叢)은 잡(雜)이니 『역전(易傳)』에 이르길, "잡박하되 지나치지 않는다."는 것이다. 유(類)는 비(比)이니, 『악기』에 이르길, "동류를 본보기 삼아 그 행실을 완성한다."는 것이다. 잡(雜)에서 비(比)를 모으고, 비에서 잡을 통하게 함이 바로 책을 보는 뜻이다.[夫叢者雜也, 『易』之傳曰: "雜而不越"者, 是也. 類者比也, 『樂記』曰: "比類以成其行"者, 是也. 於雜而會其比, 於比而通其雜, 卽觀書之意也.]

위의 내용은 『연경재전집』 권13에 실려 있는 「외집서(外集序)」의 일

부분이다. 필기류는 잡기한 방식의 저서이고, 담총이란 잡다한 이야기를 모아놓은 저서이다. 즉 필기류 저서와 담총의 특징에 공통적으로 '잡(雜)'이란 글자가 들어간다. 그런데 성해응은 잡박하되 그 정도를 지나치지 않는다는 것을 필기류 저술의 원칙으로 삼았음을 알 수 있다. 이를 통해 『난실담총』이 외양적으로는 잡다한 기록물처럼 보일 수도 있겠지만, 그 안을 들여다보면 나름의 원칙을 바탕으로 비교적 체계를 염두해 두고 저술되었음을 확인할 수 있다.

다음으로 2장과 3장에서는 『난실담총』의 체제와 내용, 그리고 기술(記述) 방식에 대해 살펴볼 것이다. 다만 성해응에 대한 구체적인 생애와 학문경향에 대해서는 『연경재 성해응의 초사담헌』(재단법인 실시학사, 실학번역총서9)의 해제부분에 비교적 상세히 언급되어 있기 때문에 여기서는 생략할 것이다. 또한 본 『난실담총』 번역은 고려대 도서관에 소장된 필사본 『연경재전집』을 산삭하여 영인한 한국문집총간 『연경재전집』에 수록되어있는 『난실담총』을 저본으로 하였음을 밝혀둔다.

2. 체제와 내용

『난실담총』은 총 6권인데, 『연경재전집외집』 56권부터 61권까지에 수록되어 있고, 항목은 총 399개이다.

권1에는 '원앙배(鴛鴦拜)'부터 '정조의 기이한 일[正廟異事]'까지 총 141개의 항목이 수록되어 있다. 주로 제도 및 왕실과 궁궐을 중심으로 있었던 일들로 내용이 구성되어 있다.

제도와 관련 있는 항목으로는 황표정사(黃標政事), 상참(常參), 내수사(內需司), 검교관(檢校官), 관제(官制)를 정하다, 경행(經行), 숙종의 궁관

(宮官), 승지(承旨) 임명, 육대(六對), 공포 당상(貢布堂上), 백관(百官)의 제복(祭服), 금군(禁軍)의 점고(點考) 등이 있다.

왕실과 관련 있는 항목으로는 문종(文宗)의 지극한 효성, 전하(殿下)의 복색(服色), 영도교(永渡橋), 임금이 성복(聖服)으로 알현하다, 귤을 하사하다, 옥대(玉帶), 임금의 복식(服飾), 숙종의 관례(冠禮), 왕비의 친잠의(親蠶儀), 수맥의(受麥儀), 섬돌 위의 부평초, 석류(石榴)꽃을 늘어놓다, 신해년(辛亥年)의 어진(御眞), 정조(正祖)의 기이한 일, 중궁(中宮)이 관(冠)을 하사받다, 태(胎)를 보관한 석함(石函), 수견의(受繭儀), 왕비의 장종의(藏種儀), 자전(慈殿) 앞뜰의 소나무, 대귤(大橘), 대내(大內)의 사슴, 세손(世孫)의 입학의(入學儀), 왕원자(王元子)의 백완반(百玩盤), 왕원자(王元子)의 고권(考券) 등이 있다.

왕실관련 항목 중에서는 왕의 사적인 일상을 들여다 볼 수 있는 일화(逸話)들이 수록되어 있어 흥미롭다. 문종(文宗)의 지극한 효성, 귤을 하사하다, 섬돌 위의 부평초, 석류(石榴)꽃을 늘어놓다, 왕원자(王元子)의 백완반(百玩盤), 왕원자(王元子)의 고권(考券)이 바로 그 항목들이다. 한편 송석원시사의 일원으로 활동한 여항시인 왕태(王太)에 관한 내용이 권1에 실려 있다. 얼핏 보기에 '왕태' 항목은 남다른 면모를 지닌 인물들을 모아 놓은 권3에 수록하는 것이 『난실담총』의 편성체계에 맞는다. 하지만 '왕태' 항목의 내용이 세간에서 시명(詩名)이 있었던 왕태가 임금 앞에 불려가 시를 지은 이야기이다. 즉 '왕태' 항목의 내용이 임금과 관련되어 있기 때문에 권1에 수록해 놓은 것이다.

궁궐과 관련 있는 항목으로는 자미당(紫薇堂), 경복궁(景福宮)의 궁편(宮扁), 덕수궁(德壽宮)의 궁편(宮扁), 흠경각(欽敬閣), 어수당(魚水堂), 만수전(萬壽殿), 경덕궁(慶德宮), 희우정(喜雨亭), 경희궁(慶熙宮) 등이 있다.

권2에는 '예혜(禮鞵)'부터 '정사(呈辭)'까지 저본에는 총 35개의 항목이 수록되어 있었다. 그런데 저본의 18번째 항목인 「정부석(政府石)」을 교감(校勘)하면서 두 개의 항목으로 나누었다. 「정부석」의 내용을 읽어보니, 뒷부분이 「정부석」과 전혀 관련된 내용이 아니고, 남별궁(南別宮)에 관한 내용이었다. 때문에 남별궁을 하나의 항목으로 추가 설정하여 번역본과 교감본에는 총 36개의 항목이 수록된 것으로 바로잡았다.

권2는 주로 관직제도와 조정의 벼슬아치들과 관련 있는 항목들로 구성되어 있다. 관직제도와 관련 있는 항목으로는 관직(官職)을 위해 인재(人材)를 뽑다, 치사(致仕)하고 상망(相望)에 들다, 매복(枚卜)되었지만 정승에 들지 못하다, 삼완(三浣), 헌관(獻官)이 서쪽을 향해 절하다, 양전(兩銓)의 상피(相避), 거조(擧條), 정낭(正郎)과 산낭(散郎), 아미반(蛾眉班) 등이 있다.

조정의 벼슬아치들과 관련 있는 항목으로는 예혜(禮鞵), 기우관(騎牛官), 감사(監司)가 교자(轎子)를 타다, 무신(武臣)이 견마(牽馬) 잡히는 것을 금하다, 문재(文宰)가 말을 타다, 면신(免新), 학정(鶴頂), 왕월(王越) 등이 있다.

권2에는 위의 두 부류 항목들이 거의 비슷한 수량으로 수록되어 있다. 그런데 제도 관련 항목들은 권1에도 수록되어 있다. 게다가 왕실관련 항목인 왕세자(王世子)·박사(博士)·장명유생(將命儒生), 정순왕후(定順王后)의 문권(文券), 봉림(鳳林)과 인평(麟坪) 등이 권2에도 수록되어 있다. 따라서 권2는 권1의 연장선상에서 편찬되었다고 볼 수 있다.

권3에는 '지덕함(池德涵)'부터 '발해동주(渤海銅柱)'까지 총 72개의 항목이 수록되어 있다.주로 남다른 면모를 지닌 인물, 이름과 호칭, 풍속, 복식, 장례, 국방, 역사적 공간과 관련된 항목들로 구성되어 있다.

남다른 면모를 지닌 인물과 관련된 항목으로는 지덕함(池德涵), 유계분(柳桂芬), 윤씨(尹氏)의 절의(節義), 노인(魯認), 성로(成輅), 서울 안 두 명의 절부(節婦), 유상(柳鏛), 원주(原州)의 열부(烈婦), 양구(楊口)의 열부(烈婦), 김간(金簡), 여존위(女尊位), 잠곡(潛谷)의 대동법(大同法), 영남(嶺南)의 목면(木綿) 재해 등이 있다.

잠곡의 대동법 항목은 제목상으로는 국가제도 관련 항목처럼 보인다. 하지만 이 항목은 잠곡 김육이 대동법을 반대하는 사람들에게 위해를 당할 뻔했음에도 불구하고 끝까지 대동법 시행을 관철시켰다는 내용이다. 즉 김육이 어떤 사안에 대해 확고부동한 신념을 보여주었다는 것이 이야기의 핵심이다. 인물에 초점이 맞추어져 이야기가 전개되므로 제도 관련 항목이 아니라 인물 관련 항목으로 보아야 한다. 또한 영남의 목면 재해 항목도 조엄(趙曮)이 영남 관찰사였을 적에 목면밭에 재해가 들자 조정에 요청하여 세금을 면제받게 한 일과 그의 아들 승지공(承旨公)에 대한 이야기로 구성되어 있다. 때문에 제목과 다르게 그 내용은 인물에 초점이 맞추어져 있다.

이름과 호칭 관련 항목으로는 한 사람의 이름과 자(字)가 동일하다, 당(唐)나라의 휘(諱), 휘(諱), 시호(謚號), 악비(岳飛)의 시호, 한인(漢人)과 당인(唐人) 외국에서 중국인[華人]을 일컫는 말 등이 있다.

풍속 관련 항목으로는 변발(辮髮)은 오랑캐 풍속, 갓끈[笠纓]에 구슬을 달다, 신간(神杆), 연등(燃燈), 속어(俗語), 북상투[北髻], 팔씨름[鬪臂], 줄타기[繩伎], 제일골(第一骨), 서방(西房), 혼례(婚禮), 우리나라의 방언(方言), 화호유창(花戶油窓) 등이 있다.

복식 관련 항목으로는 우리나라의 복색(服色), 나제립(羅濟笠), 차음모(遮蔭帽), 유모(帷帽)와 면의(面衣), 고고관(顧姑冠), 멱리(羃䍦), 치포관(緇布冠), 회회모(回回帽), 종의(鬃衣), 망건(網巾), 행전(行纏)과 유화(油靴)

등이 있다.

장례 관련 항목으로는 석회장(石灰葬), 망주(望柱)와 상석(床石), 비(碑), 비지체(碑誌體), 서인(庶人)의 예(禮) 등이 있다.

국방 관련 항목으로는 우리나라의 병서(兵書), 일본(日本)과 만주(滿洲)의 장수, 찰건(紮巾), 차한일기(車漢日記), 오소(五所), 맹화유(猛火油), 우리나라의 군제(軍制), 오위(五衛)의 형태와 명칭, 냉단갑(冷端甲), 유기(劉錡)의 대나무통[竹筒], 위단(韋丹)의 철몽둥이[鐵棒] 등이 있다.

역사 공간 관련 항목으로는 여진(女眞) 들판, 지자성(枳子城), 궁예(弓裔)의 옛 도읍지 등이 있다.

권4에는 '토유(土乳)'부터 '겁(迲)'까지 총 55개의 항목이 수록되어 있다. 주로 식물, 동물, 기석(奇石), 글자, 귀신, 외국과 관련된 항목들로 구성되어 있다.

식물 관련 항목으로는 토유(土乳), 목면(木綿), 담뱃잎, 함양(咸陽)에서 차(茶)를 공납(貢納)하다, 일본의 밤, 단심국(丹心菊), 이월사(李月沙)의 글씨와 매화, 선원(仙源)의 배, 석송(石松), 정방산성(定方山城)의 소나무, 명천(明川)의 나복(蘿葍) 퇴계(退溪) 댁 마당의 회나무[檜] 등이 있다. 동물 관련 항목으로는 비휴(貔貅), 우도(牛島)의 말, 비둘기[鵓鳩], 개, 용담(龍潭)의 말 등이 있다.

기석(奇石) 관련 항목으로는 아주(鵝洲)의 단혈(丹穴), 용각(龍角), 옥(玉), 남포석(藍浦石)이 있고, 글자 관련 항목으로는 적(𧪿), 논[畓], 만(卍), 선(鐥), 겁(迲)이 있다. 귀신 관련 항목으로는 얼굴에 분칠한 귀신, 득옥(得玉) 귀신, 경려장군(京癘將軍), 지촉(脂燭)이 있다.

외국 관련 항목으로는 사명(使命)을 받든 태감(太監), 고역사(高力士), 대만(臺灣) 사람의 구리방울[銅鈴], 교지(交阯)에서 '이(李)' 자를 휘(諱)하다, 악라사(鄂羅斯), 유구국(琉球國), 왜국(倭國)의 연호(年號), 만(蠻)의 종족(種族), 서양배, 송(宋)나라 15개 조정의 어압(御押), 당(唐)나라 명황(明皇)의 해골[髑髏] 등이 있다.

이외에 위의 분류 범주에 들지 않는 항목들로 고려(高麗)의 먹[墨], 옛날의 역법(曆法), 고금(古今)의 말[斗]과 곡(斛), 서울 도성(都城)의 종, 우리나라의 연호(年號), 양화척(楊禾尺), 제지법(製紙法), 누에치는 법[養蠶法]과 면화 심는 법[種綿法] 등이 있다.

권5에는 '객씨(客氏)와 위충현(魏忠賢)'부터 '유혜풍열하시주(柳惠風熱河詩注)'까지 총 31개의 항목이 수록되어 있다. 주로 명말청초 시기의 명나라 인물 항목과 명말청초 시기와 관련 있는 항목, 그리고 청나라 관련 항목으로 구성되어 있다.

먼저 명말청초 시기 명나라 인물관련 항목으로는 객씨(客氏)와 위충현(魏忠賢), 위귀(委鬼), 이선시(李選侍), 송아조(宋阿棗), 비황(飛黃)의 전말(顚末), 정지룡(鄭芝龍), 심유경(沈維敬), 유적(流賊), 손가망(孫可望), 이자성(李自成)의 여당(餘黨), 사가법(史可法), 방가장(房可壯) 등이 있다.

명말청초 시기와 관련 있는 항목으로는 숭정(崇禎) 연간의 흰쥐, 연도(燕都)의 새, 마형전(馬形錢), 성도(成都)의 회란탑(迴瀾塔), 변대수(邊大綬)의 당보(塘報) 원고, 영평(永平)의 네 개 성(城)을 수복하다, 여우와 호랑이 등이 있다.

청나라 관련 항목으로는 청나라 태조(太祖), 예(濊)와 올량합(兀良哈), 주과(朱果), 심양일기(瀋陽日記), 심양의 연회(瀋陽宴會), 강희(康熙) 연간의 화폐, 오랑캐는 성격상 꺼리는 것이 많다, 호인(胡人)은 새장의 매와 같다, 유혜풍(柳惠風)의 『열하시주(熱河詩注)』 등이 있다.

권6에는 '악단(渥丹)'부터 '동성(佟姓)'까지 총 64개의 항목이 수록되어 있다. 주로 고증(考證), 서책, 서화, 종교, 귀화인(歸化人), 금석문 관련 항목으로 구성되어 있다.

고증 관련 항목으로는 악단(渥丹), 경전을 폐하고 전(傳)을 믿다, 요(澆)가 배를 전복시키다, 「무성(武成)」편에 대한 해석, 풍마우(風馬牛), 성주(成周), 『논어(論語)』의 일문(逸文), 참위(讖緯), 오인도(五印度)의 고증이 잘못되다 등이 있다.

서책 관련 항목으로는 『동관한기(東觀漢記)』 고려본(高麗本), 『소학집주(小學集注)』, 『사략(史略)』의 소주(小注)와 『동몽선습(童蒙先習)』, 부인(婦人)의 시집(詩集), 백제(百濟)의 석실(石室), 『명시종(明詩綜)』, 조선의 서집(書集), 책을 짓다[著書], 위서(僞書), 정사초(鄭思肖)의 『심사(心史)』, 『사기(史記)』는 고쳐서 바꿔버린 것이 많다, 위조된 『삼분(三墳)』, 칠위(七緯), 범서(梵書) 등이 있다.

서화관련 항목으로는 숙부본(肅府本) 『순화첩(淳化帖)』, 계첩(稧帖), 대성전(大成殿)의 편액(扁額), 녹포첩(鹿脯帖), 왕희지(王羲之)의 진적(眞蹟), 미남궁(米南宮)의 글씨, 서화(書畫)와 옛 기물(器物), 오도자(吳道子)의 그림, 우리나라 사람[東人]은 서화를 숭상하지 않는다, 양무제(梁武帝)가 도홍경(陶弘景)에게 보낸 편지, 도홍경(陶弘景)의 답서(答書) 등이 있다.

종교 관련 항목으로는 홍교(紅敎)와 황교(黃敎), 단학(丹學), 선학(仙學), 칠불(七佛) 등이 있다.

귀화인 관련 항목으로는 진리(陳理)의 후예(後裔), 진리(陳理)와 명승(明昇), 기자(箕子)의 후예(後裔), 탐라(耽羅)의 양성(梁姓), 정신보(鄭臣保) 등이 있다.

금석문 관련으로는 예학명(瘞鶴銘), 사호비(四皓碑), 태산(泰山) 노군당비(老君堂碑), 고려비(高麗碑), 선춘령(宣春嶺), 매향비(埋香碑), 진흥왕(眞興王) 북순비(北巡碑), 서한(西漢)시대의 석비(石碑)는 구할 수 없다, 양궐비(楊厥碑) 등이 있다.

3. 서술 방식상의 특징

성해응은 『난실담총』을 술이부작(述而不作)의 전통에 따라서 편찬하였다. 즉 창작이 아니라 기존에 있던 기록물이나 견문한 사실들을 잘 정리하여 서술하는 방식을 취하였다. 본고에서는 권1을 중심으로 기존 문헌의 내용들을 어떤 방식으로 취사선택하여 서술하였는지를 대략 살펴볼 것이다.

1) 기존 문헌의 내용에서 필요한 부분만 발췌하여 재구성하는 방식

『난실담총』 권1의 57번째 항목인 '한림(翰林)이 사록(司錄)을 겸하다'는 원래 『중종실록』 15년(1520) 3월 26일 첫 번째 기사인 '김극개 등이 윤구와 승지 사관의 일을 논하다'의 일부 내용이었다.

> ① 조강에 나아갔다. 지평(持平) 김극개(金克愷)·헌납(獻納) 한윤창(韓胤昌)이 윤구 및 승지·사관의 일을 논하였다. … 영사(領事) 남곤이 아뢰기를,
>
> "근일 본부(本府)에서 사록(司錄)으로 하여금 항상 승정원에 출사(出仕)하여 조보(朝報)를 통보하도록 하자고 계청(啓請)했으나 윤허를 얻지 못하였습니다. 정부(政府)는 마땅히 온 나라의 일을 참여하여 알아야 하는 것이니, 혹 일을 의논할 경우 미리 생각해야 위의 하문에 답할 때에 쩔쩔매는 실수를 하지 않을 것입니다. 외방의 재변, 수재나 한재(旱災),

도둑 등의 일은 비록 예에 따라 관계되는 해사(該司)에 내리고 있으나 정부 역시 참여해 들어야 하는 것입니다. 예전에는 중서성(中書省)이 정치하는 본부가 되어 모든 공사(公事)가 이곳을 통해 출납되었는데, 지금은 승정원이 후설(喉舌)의 기관이 되어 그 출납을 관장하고 있기 때문에 정부는 관여하지 못하게 되었습니다. 그러므로 사록 한 사람을 항상 승정원에 출사(出仕)시키도록 의논드린 것인데, 출사하게 되면 한림 주서(翰林注書)가 기사(記事)할 때에는 진실로 참어할 수가 없다 하더라도, 무릇 조보의 기사에 대하여는 듣는 대로 통보하게 하는 것이 편리할 듯하였으므로 전일에 이것을 아뢰었었습니다. 조종조(祖宗祖)에서도 역시 한림(翰林) 한 사람에게 항상 사록을 겸하도록 한 것이 아마 이 때문인 것 같습니다. 그 뒤 관제를 고칠 때에 폐지했는데 이미 폐지된 법을 비록 다시 세울 수는 없다고 하더라도, 사록을 항상 승정원에 출사케 해서 조보를 통보하게 한다면 신의 생각에는 사체(事體)에 방해되지 않을 듯합니다."(御朝講. 持平金克愷、獻納韓胤昌論尹衢及承旨・史官事. … "近日本府啓請, 令司錄常仕于承政院, 以通朝報, 而不得蒙許. 政府當與聞一國之事, 或有議事, 預思而上對, 則無急遽之失也. 如外方災異、水旱、盜賊等事, 雖例下該司, 而政府亦當預聞者也. 古以中書爲政本, 凡公事出納, 皆由之, 今則承政院爲喉舌之地, 管其出納, 而政府則不相關焉. 故議令司錄一人, 常仕于政院, 而其於翰林、注書記事之際, 固不得與焉, 凡朝報則隨所聞, 而通之似便, 故前日以此啓之也. 在祖宗朝, 亦以翰林一人, 常兼司錄, 恐爲此也. 其後改官制時廢之. 已廢之法, 雖不可復立, 然使司錄常仕于政院, 以通朝報, 則臣以爲不妨於事體也.)

② 옛날에는 중서성(中書省)이 정치하는 본부였으므로 공사(公事)의 출납은 모두 이곳을 거쳤다. 그런데 승정원(承政院)이 후설(喉舌)의 기관이 되어 왕명(王命)의 출납을 관장하고부터 의정부는 여기에 관여하지 못하게 되었다. 중종조에 사록(司錄) 1명을 승정원에 항상 출사(出仕)시킬 것을 논의했었는데, 대개 조보(朝報)를 듣는 대로 의정부에 통보하게 하기 위해서였다. 그런데 논의가 막혀서 시행되지 못하였다. 예전의 규정

에 한림(翰林) 1명이 항상 사록을 겸하도록 한 것은 아마도 이 때문일 것이다.(古以中書爲政本, 公事出納皆由之, 自政院爲喉舌管出納, 而政府不與焉. 中宗朝, 議令司錄一人常仕于政院, 凡朝報隨聞通政府, 議格不行. 故例翰林一人常兼司錄, 恐亦爲此.)

①은 『중종실록』의 기사이고 ②는 『난실담총』의 항목 내용이다. 성해응은 『중종실록』에서 남곤이 의정부의 사록을 승정원에 출사시킬 것을 아뢰면서 한 말 가운데 필요한 부분만을 취해 재구성하여 서술하였다.

2) 기존 문헌의 내용이 손상되지 않는 수준에서 글자나 구절을 약간 변개하는 방식

『난실담총』 권1의 60번째 항목인 '소격서(昭格署)'는 『용재총화』 권2의 내용을 거의 그대로 서술하였다. 다만 글자를 바꾸거나 구절에 약간의 변화를 주었을 뿐이다.

① **大抵**昭格署, **皆憑**中朝**道家之事**, 太一殿祀七星諸宿, **其像**皆被髮女容也, 三淸殿祀玉皇上帝·太上老君·普化天尊·梓潼帝君等十餘位, 皆男子像也. **其餘**內外諸壇, 設四海龍王·神將·冥府十王·水府諸神, **題名位版者**, 無慮數百**矣**. 獻官與署員, 皆白衣烏布致齋, **以冠笏禮服行祭**, 祭**奠**諸果餈餠茶湯與酒, 焚香百拜. 道流**頭冒**逍遙冠, **身**被班爛黑衣, 嗚磬二十四**通**, **然後兩**人讀道經. 又書祝**辭**於靑紙**而**焚之. **其所爲有同兒戲. 而朝廷仕職**, **虛奉**祓祀, **一祭所入**, 其費不貲.

② **故事**昭格署, **倣**中朝**醮祀**, 太一殿祀七星諸宿, 皆被髮女子**像**也, 三淸殿祀玉皇上帝·太上老君·普化天尊·梓潼諸君十餘位, 皆男子像也. 內外諸壇, 設四海龍王·神將·冥府十王·水府諸**神位**, 无慮數百. 獻官與署員, 皆白衣烏巾致齋, **將事其服則冠笏**, **其祭品則果食茶湯餠酒**, 焚香百拜. 道流**着**逍遙冠, 被斑爛黑衣, 嗚磬二十四**遍**, 二人前讀道經. 又書祝

語於青紙焚之, **事同兒戲**, **而設官**祓**祀**, **每行祭**所費不貲.

①은 『용재총화』 권2의 소격서 관련 내용이고, ②는 『난실담총』의 '소격서' 항목의 내용이다. 두 문장을 비교해 보면 성해응이 『용재총화』의 소격서 관련 부분의 내용을 그대로 취하면서 글자와 구절을 약간씩만 바꾼 것을 확인할 수 있다.

3) 기존 문헌의 내용이 편찬이후에도 역사적인 상황의 변화를 겪었다면 추가로 이를 보충 서술하는 방식

위에서 살펴본 『난실담총』 권1의 '소격서' 항목은 『용재총화』 권2의 내용 일부를 거의 그대로 옮겨 놓았다고 말해도 과언이 아니다. 그런데 『용재총화』를 편찬한 성현(成俔)의 몰년은 1504년(연산군 10)이므로 그 이후 '소격서'에 어떤 변화가 일어났었는지 알 수 없다. 때문에 성해응은 『용재총화』가 편찬된 이후에 소격서가 어떤 상황에 놓여있었는지 추가로 서술하였다.

> 중종 13년(1518)에 정암(靜菴, 趙光祖의 호)이 임금을 면대(面對)하여 극렬히 논하였고, 또 복각(伏閣)하여 네 번 아뢰자 요청이 받아들여졌다. 하지만 얼마 안 되어 복원시키라 명하였고, 임진란 뒤에 드디어 폐지했다.(中宗十三年, 靜菴面對極論, 又伏閣四啓得請, 尋命復之, 壬辰亂後遂廢.)

복각(伏閣)이란 원래 나라의 큰 일이 있을 적에 조신(朝臣)이나 유생(儒生)들이 대궐문 밖에 엎드려 거듭 상소(上疏)하여 임금의 재가(裁可)를 기다리는 행위이다. 위의 인용문에서는 당시 홍문관 부제학이었던 조광조가 관원들을 거느리고 대궐문 밖에 엎드려 소격서 폐지를 네 번이나 중종에게 아뢴 일을 가리킨다. 조광조의 강력한 요청으로 중종은 1518년 소격서를 폐지하였다. 하지만 자전(慈殿)의 건강이 좋지 못하다는 이유를 들어 소격서를 1525년(중종 20)에 다시 설치하였다. 성해응은 이처럼 우여곡절이 많았던 소격서 폐지 상황을 아주 간결하게 요약적으로 서술하였다.

4) 기존의 여러 문헌 기록을 살펴서 요약적으로 간단명료하게 서술하는 방식

『난실담총』 권1의 43번째 항목인 '창경궁(昌慶宮) 터'는 『세조실록』 9년(1463) 2월 11일 첫 번째 기사와 『성종실록』 6년(1475) 2월 29일 세 번째 기사와 『성종실록』 6년 3월 9일 첫 번째 기사 내용을 요약하여 서술해 놓은 것이다.

> ①세조조에 창경궁의 담장을 쌓을 때 구치관(具致寬)이 그 터를 정했는데, 반수(泮水)로 수백 보(步)가 넘어갔다. ②③성종 6년(1475)에 사간(司諫) 박숭질(朴崇質)이 창경궁의 담장을 헐어버려 반수의 형태를 온전히 복구시킬 것을 청하자, 왕이 그 말을 따랐다. 그래서 동·서반(東西班) 문무관은 그 관직과 품계에 따라 장정인 노비를 보냈는데, 1품은 4명·2품은 3명·3품과 4품은 2명·5품에서 9품까지는 1명씩을 내어 3일 동안 역사(助事)를 거들어 도와주게 하였다. 이에 반수를 온전히 복구하고 장서각(藏書閣)를 지었다.

①의 내용은 『세조실록』 9년(1463) 2월 11일 기사인 '사정전에서 주연을 베풀고 구치관과 성균관의 반수가 필요한지 논의하다'에 보인다. ②③은 『성종실록』 6년(1475) 2월 29일 세 번째 기사인 ' 예조에서 성균관

반수 등의 역사에 동·서반 직품에 따라 노예를 내도록 아뢰다'와 『성종실록』 6년 3월 9일 첫 번째 기사인 '사간 박숭질이 성균관 반수에 관해 아뢰자 김질과 가서 살펴보게 하다'에 보인다. 성해응은 창경궁 터와 성균관의 반수와 관련된 실록의 세 기사를 효율적으로 요약하여 서술하였다.

성해응은 이처럼 다양한 방식으로 『난실담총』의 각 항목을 서술하였다. 본 장에서는 『난실담총』 권1을 중심으로 성해응이 어떤 방식으로 기존의 문헌을 재가공하였는지 대략 파악해 보았다.

4. 나오며

지금까지 『난실담총』이 필기류 양식의 전통 속에서 편찬되었음을 밝혔고, 그 체제와 내용 및 서술방식에 대해 대략적으로 살펴보았다. 『난실담총』은 위로 국가제도 및 왕실과 조정에 관련된 항목으로부터 아래로 금석문 관련 항목까지 다양한 내용을 담고 있으며, 나름의 체계와 질서를 갖고 편찬되었다.

이제 원문을 교감하여 번역해 놓았으니 『난실담총』에 대한 연구가 본격적으로 이루어지길 기대해 본다. 우선 『난실담총』의 편찬시기와 편찬의도를 개개의 항목 내용과 여타 자료를 살펴서 파악해 보아야 할 것이다. 그리고 궁극적으로 『난실남총』의 문학사적 위상을 밝히기 위해 보다 다각적인 연구가 시도되어야 할 것이다.

『난실담총(蘭室譚叢)』

권1 ~ 권6

『연경재전집외집』 권56

『난실담총』 권1

1 원앙배(鴛鴦拜)

우리나라 신료들이 전(殿) 위를 오르내릴 때 동서로 나뉘어 서로 마주 보고 절하는 것을 속칭 '원앙배(鴛鴦拜)'라고 한다. 이 예(禮)는 송나라 때 시작되었다. 『주자어록(朱子語錄)』에, "근래 상전(上殿)의 예가 간소화되어 이른바 무도(舞蹈) 등의 일은 모두 없어지고, 다만 곧바로 전(殿) 아래에 이르러 한 쌍의 신료가 절하고 전 위에 올라 일을 아뢴 뒤 물러나 또 절한다."라고 했는데, 바로 이를 가리킨 것이다.[1]

2 의학습독(醫學習讀)

국초(國初)에 의학을 가장 중시하여 사족(士族) 중에 나이가 어리고 총명한 자를 선발하여 습독관(習讀官)을 삼았다. 이들이 여러 서책에 두루 다 통달하면 현관(顯官)에 제수하였다. 생원(生員)과 진사(進士) 중에서

1 이 항목은 『홍재전서』 권175, 『일득록(日得錄)』 권15, 훈어(訓語) 2에 보인다.

습독관을 삼아 가르치기도 했는데, 출석 일수는 원점(圓點)[2]으로 헤아렸고 성균관시(成均館試) 보는 것을 허여하였다. 사맹삭(四孟朔)[3]에 취재(取才)[4]하였는데, 봄에는 『찬도맥(纂圖脉)』·『창진집(瘡疹集)』·『직지방(直指方)』으로, 여름에는 『구급방(救急方)』·『부인대전(婦人大全)』·『득효방(得効方)』으로, 가을에는 『태산집요(胎産集要)』·『동인경(銅人經)』·『화제방(和劑方)』으로, 겨울에는 『본초(本艸)』·『자생경(資生經)』·『십사경발휘(十四經發揮)』로써 각각 나누어 취재하였다. 그래서 북창(北牕)[5] 같은 현사(賢士)들도 모두 이 취재를 보았는데, 지금은 그 기예가 천인(賤人)에게 전적으로 맡겨져 사대부 가운데 이를 익히는 자가 드물다.[6]

3 검상(檢詳)이 형조랑(刑曹郎)을 겸하다

『대전(大典)』에 의정부 검상(檢詳)[7]은 형조 정랑(刑曹正郞)을 겸직한다고 되어있다. 이 제도가 어느 때부터 폐지되었는지 알 수 없는데, 지금 형조에 검상청(檢詳廳)이 있다. 생각건대 당(唐)나라 장경(長慶)[8] 초기에 목

2 원점(圓點) : 조선시대 성균관 유생의 출·결석을 알기 위해서 식당지기가 식당에 출입하는 유생의 성명 아래에 찍은 점을 가리킨다.

3 사맹삭(四孟朔) : 봄·여름·가을·겨울의 각 첫 달. 즉 음력 1월·4월·7월·10월을 가리킨다.

4 취재(取才) : 과거 이외에 인재를 뽑기 위하여 실시하는 특별 채용시험. 취재에는 녹사(綠事)·도류(道流)·서리(書吏) 등을 선발하는 이조(吏曹) 취재와 의학(醫學)·몽학(蒙學)·왜학(倭學)·천문학·지리학·산학(算學) 등을 전공한 기술관 및 화원·악공 등을 선발하는 예조(禮曹) 취재가 있었다.

5 북창(北牕) : 정렴(鄭磏, 1506~1549)의 호. 정렴은 조선 중기의 문신으로 학자이자 문장가이다. 본관은 온양(溫陽)이고, 자(字)는 사결(士潔)이다. 천문·의학·복서·그림 등 다방면에 두루 뛰어났다.

6 이 항목은 『성종실록』 3년(1472) 3월 14일 8번째 기사와 관련이 있다.

7 검상(檢詳) : 조선시대 최고의 합좌기관인 의정부에 두었던 정5품 벼슬로서, 정원은 1인이다. 상위의 사인(舍人), 하위의 사록(司錄)과 함께 실무를 담당하였다.

종(穆宗)이 형법을 중시하여 매양 대옥(大獄)[9]이 있을 때마다 유사(有司)를 단죄(斷罪)하였다. 또 급사중(給事中)과 중서사인(中書舍人)을 시켜 정상을 참작하여 유사를 구제하도록 하였는데, 이들을 참원(參院)이라 일컬었다. 이조(李肇)의 『국사보(國史補)』를 살펴보니, 고금의 사례(事例)가 서로 부합하였다.

4 상참(常參)

조정조(祖宗朝, 왕조를 일으킨 시기)에 조참(朝參)[10]할 때는 국왕이 날마다 정전(正殿)에 나아가 군신(群臣)들을 조회하였다. 상참(常參)[11] 때는 국왕이 날마다 편전(便殿)에 나아가 군신들을 응대(應對)하였는데, 군신들은 먼저 봉수(烽燧)에 대해 아뢰고, 그 다음엔 수도(囚徒, 감옥에 갇혀 있는 죄수)에 대해 아뢰었으며, 또 그 다음엔 군정(軍政)에 대해 아뢰었다. 이어서 모든 신료들에게 계사(啓辭)[12]하고 대각(臺閣, 사헌부와 사간원의 통칭)에서는 논핵(論劾)하고 의정부에서는 관직을 제수하게 하였는데, 모든 일을 탑(榻) 앞에서 행하였다. 그래서 후대에 사관(史官)이 사초(史草)할 때 매양 사초의 앞부분에서 반드시 '상참을 정지하다[停常參]' 세 글자를 썼다. 대개 상참을 응당 시행해야 하는데 시행하지 않았기 때문에 존양(存羊)[13]의 뜻을 보여주어 안타깝게 여긴 것이다.

---

8 장경(長慶) : 당나라 목종의 연호로, 사용 기간은 821~824년까지이다.

9 대옥(大獄) : 살인·반역 등의 중대한 범죄 사건으로 여러 사람이 잡혀 감옥에 갇히게 되는 일.

10 조참(朝參) : 조선시대 중앙에서 근무하는 모든 문무 관원이 한 달에 4번, 즉 5일·11일·21일·25일에 근정전(勤正殿)이나 인정전(仁政殿)에 모여 임금에게 문안하고 정사를 아뢰던 일.

11 상참(常參) : 조선시대 군신(群臣)들이 매일 편전에서 임금에게 국무(國務)를 아뢰던 일.

12 계사(啓辭) : 죄의 성립이나 경중(輕重)에 관해 논하여 임금에게 올리던 글.

5 태학(太學)의 서도법(書徒法)

태학(太學, 성균관)의 유생(儒生)은 고례(古例)에 날마다 서도(書徒)[14]하여 매월 말 예조(禮曹)에 올리고, 불시에 유생들에게 제비뽑기를 시켜 강(講)하게 하거나 제술(製述)하게 하였다. 또 세초(歲杪, 연말)나 반년마다 그 분수(分數, 점수)의 많고 적음을 살펴 급분(給分)[15]하거나 직부(直赴)[16]하게 하였고, 불통(不通)한 자에게는 학벌(學罰)을 내렸다. 그런데 이 제도는 오래전에 폐지되어 시행되지 않았다. 지금 문신들에게 강하거나 제술하게 하는 것은 바로 이 고례인데, 매월 서도하여 내각(內閣)에 올리게 한다.[17]

---

13 존양(存羊) : 애례존양(愛禮存羊)의 준말. 즉 예를 안타깝게 여겨 양을 남겨둔다는 말이다. 『논어』「팔일(八佾」편에, 자공이 고삭제(告朔祭)에 양을 제물로 바치는 것을 없애려 하자, 공자가 "자공아, 너는 양을 아끼느냐? 나는 예를 아낀다."고 한 데서 비롯된 말이다. 예를 보전하기 위해서는 양을 아껴 남겨두지 말고 제물로 바쳐 예의 형식이라도 존속시켜야 한다는 의미이다. 노나라의 고삭제는 원래 군주가 친림해서 행해졌는데, 언제부턴가 군주는 참석하지 않고 다만 형식적으로 희양(餼羊)만을 바쳤다. 때문에 자공은 이러한 형식적인 일은 그만두는 것이 옳다고 생각했다. 하지만 공자의 생각은 달랐다. 고삭제에서 양을 바치는 일마저 없애버린다면 그런 의식이 존재했던 것조차 잊어버리게 되어 예가 사라질 것을 염려했던 것이다. 여기서는 사관이 '상참을 정지했다'고 사초에 기록하여 국왕이 날마다 시행해야하는 상참을 행하지 않았음을 보여주고 있다. 국왕이 상참을 행하지 않았는데, 또 이를 기록으로 남기지 않는다면, 나중에 상참의 일이 있었다는 것조차 잊어버릴까 염려한 것이다.

14 서도(書徒) : 유생들에게 학문을 권장하기 위해 매일 읽은 글을 기록하게 하는 법.

15 급분(給分) : 조선시대 때 과거시험 등에서 시험 성적이 합격 점수에는 미달하였지만, 성적이 양호한 자에게 분수(分數)를 주었다. 그리고 다음 시험 성적과 합산하여 합격 점수에 도달하면 문과 초시 합격자와 같은 자격으로 복시(覆試)에 응하게 하였다.

16 직부(直赴) : 조선시대 때 승보(陞補)·사학합제(四學合製)·공도회(公都會) 등에 합격한 사람이 곧 생원시(生員試)나 진사시(進士試)의 복시(覆試)에 응할 수 있는 자격을 얻던 일.

17 이 항목은 『중종실록』 29년(1534) 11월 9일 기사에 보인다.

6 대궐의 불꽃놀이

대궐에서는 오래 전에 불꽃놀이를 했었는데, 군기시(軍器寺)에서 이를 주관하였고, 중례(中例)와 소례(小例)가 있었다. 그 방법은 두꺼운 종이를 겹겹이 싸서 둥글고 길쭉한 통을 만들고, 그 통 안에 석류황(石硫黃)·염초(焰硝)·반묘(班猫)·유회(柳灰)를 넣고 단단히 다진다. 그리고 그 끝에 불을 붙이면 조금 있다가 연기가 나고 불이 번쩍 일어나면서 통을 만든 종이가 모두 터지는데, 그 소리가 천지를 뒤흔들 정도이다.

또 불화살을 후원(後苑)에 묻어놓고 불을 붙이면 수많은 화살이 하늘로 튀어 오른다. 터질 때마다 소리가 나고 그 모양은 마치 유성(流星)과 같아서 온 하늘이 환하다. 또 긴 장대 수십 개를 세워두고 그 장대 끝에 조그만 주머니를 매단다.

어전(御前)에 채롱(彩籠)을 달아 놓는데, 채롱 밑에 긴 끈을 이어서 여러 장대를 얽어놓고 종횡으로 서로 연결되게 하고, 끈의 꼭지마다 화살을 꽂는다. 군기시 정(軍器寺正)이 불을 받들어 채롱 속에 넣으면 잠깐 사이에 불이 일어나고 화염이 끈에 떨어지면 화살이 끈을 따라 달려가 장대에 닿는다. 이 순간 장대 끝부분에 달아놓은 조그만 주머니가 탁 터지면서 불빛이 빙빙 돌아 마치 돌아가는 수레바퀴의 모양과 같다. 화살은 또 끈을 따라 달려가 다른 장대에 닿는데, 달려가 닿기를 서로 계속하여 그치지 않는다.

또 엎드린 거북 모양을 만들어 불이 거북의 입에서 나오게 했는데, 연기와 불꽃이 마구 쏟아져 나와 마치 물이 뿜어져 내리는 것 같았다. 거북의 위쪽에 만수패(萬壽牌)를 세워두어 패 안쪽과 표면의 글자가 아울러 불길에 비쳐 뚜렷하게 보인다. 또 장대 위에는 그림 족자(簇子)를 말아서 끈으로 매어 놓으면 불이 끈을 타고 올라가 활활 타면서 그림

족자가 떨어지는데, 족자가 떨어지면서 아래로 펼쳐져 족자 속의 글자를 똑똑히 분별할 수 있다.

또 기다란 모양의 숲을 만들고, 포도와 꽃잎 모양을 조각하여 숲에 부착시킨 다음, 한쪽에서 불을 붙이면 잠깐 사이에 숲을 다 태우고, 불이 꺼져 연기가 없어지면 붉은 꽃 봉우리와 푸른 잎사귀 모양, 그리고 포도송이가 마유(馬乳)처럼 아래로 드리워지게 된다.

또 가면을 쓴 광대가 등에 목판을 지는데 목판 위에 주머니를 단다. 그리고 불을 붙이면 주머니가 터지면서 불이 일어나는데, 구경하는 사람들은 오히려 절로 소리를 치르며 춤을 추었다. 이런 여러 기예들이 지금은 모두 전해지지 않는데, 다만 제석(除夕) 때 후원(後苑)에서 종이로 만든 포통(砲筒)에 불화살을 설치해 놓는다.[18]

7 전하(殿下)의 복색(服色)

상께서는 면복(冕服)을 입고 제례에 참여하시고, 원유관(遠遊冠)[19]과 강사포(絳紗袍)[20]를 착용하고 서성(誓省)[21]에 임하시며, 익선관(翼善冠)과 흑원령포(黑圓領袍)를 착용하고 황단(皇壇)[22]에 참배하시고, 익선관과 참

18 이 항목은 『용재총화』 권1, '관화(觀火)' 부분에 보인다.

19 원유관(遠遊冠) : 조선시대 때 왕과 왕세자가 조현복(朝見服)인 강사포(絳紗袍)와 함께 쓰던 관. 양(梁, 천을 꿰맨 솔기)이 있는 모체(帽體)와 잠(簪)과 주취(珠翠) 등으로 이루어졌는데, 양과 주취의 수에 차등을 두었다. 조선시대의 대표적인 국왕의 예복으로 조선 말기까지 계속 준용되었다.

20 강사포(絳紗袍) : 왕이 착용한 붉은색의 조복(朝服)을 가리키며, 주로 삭망(朔望)·조강(朝講)·조하(朝賀) 등의 행사가 있을 때 입었다.

21 서성(誓省) : 『예기(禮記)』 「옥조(玉藻)」에, "오직 임금만이 보구를 입고 군려에 맹세하고 농사짓는 것을 살핀다.[唯君有黼裘以誓省]"라고 하였다. 정주(鄭註)에 서성(誓省)은 서사(誓社)이고, '사전(社田)에서 농사짓고 군려들에게 맹세한다.'라는 의미라고 하였다.

22 황단(皇壇) : 일명 대보단(大報壇)이라고도 한다. 창덕궁 내에 설치하였고, 명나라 태조·

포(黲袍)[23]를 착용하고 능묘(陵墓)에 참배하시며, 익선관과 곤룡포(袞龍袍)를 착용하고 조정에서 정사를 돌보시고, 홍철릭[紅帖裏]과 종립(騣笠)[24]을 착용하고 병사(兵事)를 살피신다.

8 은상(恩賞)

조종조(祖宗朝)에는 은상(恩賞)을 가장 삼갔다. 태조는 도읍을 정하고 태묘(太廟)와 경복궁을 지을 적에 제조(提調)에게 구마(廐馬) 한 필을 상주는 데 그쳤다. 태종이 창덕궁을 지을 적에는 제조에게 다만 안마(鞍馬, 안장 갖춘 말)를 하사하였다. 성종이 창경궁을 지을 적에는 제조 이극배(李克培)에게 품계를 한 단계 올려주고 안마를 하사하였는데, 이극배가 힘껏 사양하지 않자 당시의 여론이 이를 비난하였다.[25]

9 영도교(永渡橋)

태조가 방번(芳蕃)의 난[26]을 겪은 후에 즉시 흥인문(興仁門)으로 나와 함흥으로 돌아갔다. 흥인문 밖 다리를 영도(永渡)라고 했는데, 대개 돌아오지 않겠다는 뜻을 보여준 것이다. 무릇 지금 임금께서 행차하실 때 이 다리를 거치지 않고 별도로 다리 하나를 영도교 아래에 만들어 지나다

신종(神宗)·의종(毅宗)에게 제사지내던 곳이었다.

23 참포(黲袍): 임금이 제례(祭禮)를 올릴 때 입었던 옅은 청흑색의 겉옷.

24 종립(騣笠): 종모(騣帽)라고도 한다. 갓보다 조금 높고 위의 통형(筒形) 옆에 우모(羽毛)를 붙였다. 말의 갈기나 꼬리의 털, 또는 소의 꼬리털로 만들었다.

25 이 항목은 『성종실록』 15년(1484) 9월 30일 기사에 보인다.

26 방번(芳蕃)의 난: 이방번은 태조 이성계의 계비(繼妃)인 강씨(康氏) 소생의 일곱째 아들로서, 태조에게 총애를 받아 세자로 내정되었다. 하지만 대신들의 반대로 방석(方碩)에게 세자위(世子位)를 빼앗겼다. '방번의 난'이란 1398년(태조 7) 방번이 방석과 함께 이방원에 의해 살해된 제1차 왕자의 난을 가리킨다.

니신다.

10 내수사(內需司)

고려가 신하로서 원나라를 섬기자 원나라에서는 대대로 공주를 강가(降嫁)[27]시켰는데, 이 때문에 궁중 하인의 비용이 매우 많이 들었다. 혹 연경(燕京)에 친조(親朝)하러 가거나 그곳에 머물러 모실 경우에는 반전(盤纏)[28]의 비용을 마련할 수 없었다. 그래서 처음에는 의성(義成)・덕천(德泉)・내장(內藏)・보화(保和)・의순(義順) 등의 5고(庫)을 설치하였었다. 이곳의 토지와 하인과 재산은 왕씨 외가의 세업(世業)이나 적몰(籍沒) 당한 집안의 재산에서 나온 것이어서 국가에서 경리(經理)하는 재화의 수량과는 관련되지 않았다. 그래서 결국엔 국왕의 사유 재산이 되어 버렸다.

태조가 잠저(潛邸)에 있을 때 헌의(獻議)하여 이러한 사유 재산을 모두 혁파해서 국가 재산으로 귀속시키려 했었는데, 당시의 권신(權臣)이 아주 완강히 이것을 지키려 하였다. 이 때문에 혁파된 것이 열에 네댓뿐 아니었다. 즉위하여 이전 제도들의 이름을 바꿀 적에 이를 내수사(內需司)[29]라 일컬었다.[30]

11 경복궁(景福宮)의 궁편(宮扁)

태조 4년 을해년(1395) 경복궁을 건립할 적에 궁궐의 편액들을 모두 정

27 강가(降嫁): 왕족이나 지체가 높은 집안의 여자가 그보다 지체가 낮은 집안에 시집가는 것을 말함.

28 반전(盤纏): 여비(旅費). 특히 먼 길을 다닐 때 드는 비용.

29 내수사(內需司): 조선시대 왕실의 재정을 맡아 관리하던 관아.

30 이 항목은 『삼봉집』 권13, 『조선경국전(朝鮮經國典)』 상권, 「부전(賦典)」편 상공(上供)에 보인다.

도전이 이름 지었다. 연침(燕寢)[31]하는 곳을 강령전(康寧殿)이라 하고, 동소침(東小寢)을 연생전(延生殿)이라 하고, 서소전(西小殿)을 경성전(慶成殿)이라 하였다. 연침전 남쪽 전각을 사정전(思政殿)이라 하고, 그 남쪽의 정전(正殿)을 근정전(勤政殿)이라 하고, 근정전의 동쪽과 서쪽에 있는 두 개의 루(樓)를 융문루(隆文樓)와 융무루(隆武樓)라 하고, 오문(午門)[32]을 정문(正門)이라 하였다.[33]

12 검교관(檢校官)

정종(定宗) 초기에 대사헌 권근(權近)이 국가의 제도와 제수(除授)에 대해 말하였다. 실직(實職)을 따지지 않고 간혹 첨설전서(添設典書)를 승직시켜 검교중추(檢校中樞)로 삼기도 하고, 정해진 등급을 뛰어넘어 검교중추를 성재(省宰)로 삼기도 하니, 이는 심히 온당한 일이 아니다. 원컨대, 앞으로는 실제로 전서(典書)[34]를 제수 받은 자를 검교중추에 승직시키고 실제로 검교중추를 제수 받은 자를 성재에 승직시킨다면 제수하는 법에 질서가 있게 될 것이라 하였다. 이에 권근의 헌의(獻議)를 따랐다. 검교(檢校)[35]는 즉 임시로 직무를 대행한다는 명칭이다. 당송(唐宋) 시대부터 이미 그 관직이 있었는데, 우리나라에 검교란 관직을 둔 것은 여기에서 비롯되었다.[36]

31 연침(燕寢) : 임금이 평상시에 한가롭게 거처하던 전각.

32 오문(午門) : 궁궐의 남쪽에 있는 문, 즉 광화문(光化門)을 가리킴.

33 이 항목은 『국조보감』 태조조, 4년(1395) 4월 조목과 『연려실기술』 권1, 「태조조 고사본말(太祖朝故事本末)」에 보이는데, 문맥상으로 보아 성해응은 『연려실기술』에서 발췌하였다.

34 전서(典書) : 조선 초기 육조(六曹)의 으뜸 벼슬. 정삼품으로, 1405년(태종 5)에 판서(判書)로 고쳤다.

35 검교(檢校) : 여말선초(麗末鮮初)에 정원 이외의 사람에게 녹봉을 주기 위해 관직을 제수할 때, 그 관직명 앞에 붙이던 칭호. 이는 실직(實職)이 아니고 허직(虛職)이었다.

13 관제(官制)를 정하다

정종(定宗) 경진년(1400)에 문하시랑 찬성사(門下侍郎贊成事) 하륜(河崙)에게 명하여 다시 관제(官制)를 정하게 하였다. 도평의사(都評議使)를 의정부로, 중추원(中樞院)을 삼군부(三軍府)로, 좌우복야(左右僕射)를 좌우사(左右使)로, 중추원 승지(中樞院承旨)를 승정원 승지(承政院承旨)로, 중추원 당후(中樞院堂後)를 승정원 당후로, 도평의사사 녹사(都評議使司錄事)를 의정부 녹사(議政府錄事)로 개정하였다. 예문관(藝文館)에 태학사(太學士) 1명과 학사(學士) 1명을 다시 두게 하고, 삼군(三軍)을 담당하는 자와 도통제(都統制) 이하는 의정부사(議政府事)를 겸임할 수 없게 하였다.

세조 12년(1466)에 신숙주(申叔舟)가 영의정이 되어 다시 관제를 정하였다. 영의정부사(領議政府事)를 영의정으로 개정하고, 검상조열사 검상(檢詳條列司檢詳)을 다만 검상(檢詳)으로 일컫고, 녹사(錄事)를 사록(司錄)으로 하고, 부원군(府院君)을 다만 군(君)으로 일컬었다. 부마부(駙馬府)는 의빈부(儀賓府)로 일컫고, 의빈(儀賓)을 두되, 품계(品階)는 정(正)·종(從) 1품이며, 승빈(承賓)은 정·종 2품이고, 부빈(副賓)은 정3품이며, 첨빈(僉賓)은 정·종 3품이다.

경력소 경력(經歷所經歷)을 다만 경력으로 일컫고, 경력소 도사(經歷所都事)를 다만 도사로 일컬었다. 판한성부사(判漢城府事)를 부윤(府尹)으로 개정하고, 부윤을 좌윤(左尹)·우윤(右尹)으로 개정하고, 소윤(少尹)을 서윤(庶尹)으로 하고, 소윤 하나와 겸참군(兼參軍) 1명을 감원하였다. 겸지병조사(兼知兵曹事)를 참지(參知)로 개정하고, 품계는 당상관(堂上官) 정3품이며, 겸정랑(兼正郞)·겸좌랑(兼佐郞)은 모두 녹관(祿官)으로

---

36 이 항목은 『국조보감』 정종조, 2년(1400) 4월 조목에 보인다.

하였다.

형조도관(刑曹都官)을 변정원(辯定院)으로 개정하고, 겸지형조사(兼知刑曹事)를 변정원 판결사(辯定院判決事)로 하였는데, 품계는 당상관 정3품이며, 정랑(正郎)을 사의(司議)로 하고 좌랑(佐郎)을 사평(司評)으로 하여 정랑 1명을 감원하고 사평 1명을 증원하였다. 사간원(司諫院)의 사간대부(司諫大夫)를 대사간으로 개정하였는데, 품계는 당상관 정3품이며, 지사간원사(知司諫院事)를 사간으로 하였다.

성균관은 지관사(知館事)를 지사(知事)로 개정하고, 대사성(大司成)의 품계를 올려 당상관 정3품으로 하였고, 주부(注簿)를 전적(典籍)으로 하였다. 겸대사성(兼大司成)·겸사성(兼司成)·사예(四藝) 2명·직강(直講) 4명, 주부 5명, 박사(博士) 1명, 진덕박사(進德博士) 3명, 학정(學正)과 학록(學錄) 각각 1명, 직학(直學)과 학유(學諭) 각각 2명을 감원하였다.

예문관(藝文館)은 영관사(領館事)를 영사(領事)로, 직관(直館)을 전한(典翰)으로 개정하였다. 춘추관(春秋館)은 영관사(領館事)를 영사(領事)로, 지관사(知館事)를 지사(知事)로, 동지관사(同知館事)를 동지사(同知事)로, 충수찬관(充修撰官)을 수찬관(修撰官)으로 개정하였다. 승정원(承政院)은 판사(判事)를 판교(判校)로, 지사(知事)를 참교(參校)로, 부지사(副知事)를 교감(校勘)으로, 저작랑(著作郎)을 저작(著作)으로 개정하고, 교리(校理) 1명을 증원하였다.

통례문(通禮門)은 통례원(通禮院)으로 이름을 바꾸고, 판통례문사(判通禮門事)를 좌통례(左通禮)로, 겸판통례문사(兼判通禮門事)를 우통례(右通禮)로 개정하고, 녹관(祿官)을 만들고, 지사(知事)를 상례(相禮)로 하고, 부지사(副知事)를 봉례(奉禮)로 하고, 판관(判官)을 찬의(贊儀)로 하고, 봉례랑(奉禮郎)을 인의(引儀)로 하고, 부지사 1명과 통찬(通贊)·겸통찬(兼通贊) 각각 1명씩을 감원하였다.

봉상시(奉常寺)는 판사(判事)를 정(正)으로, 윤(尹)을 부정(副正)으로, 소윤(少尹)을 첨정(僉正)으로, 주부(注簿)를 주부(主簿)로, 녹사(錄事)를 봉사(奉事)로 개정하고, 직장(直長)과 녹사(錄事)를 각각 1명씩 감원하고, 부봉사(副奉事)와 참봉(參奉)을 각각 1명씩 증원하였는데, 9품관(品官)은 모두 참봉이라 일컫고, 여러 능직(陵直)과 전직(殿直)도 이를 준거로 삼았다. 무릇 판사·정·부정·소윤·주부·녹사를 개정한 것은 다른 관사도 이를 준거로 삼았다.

선공감(繕工監)은 정(正)을 부정(副正)으로, 부정을 첨정(僉正)으로, 부녹사(副錄事)를 부봉사(副奉事)로 개정하고, 녹사·부녹사 각각 1명씩 감원하고 참봉 1명을 증원하였다. 무릇 정·부정·부녹사를 개정한 것은 다른 관사도 이를 준거로 삼았다. 훈련관(訓鍊觀)은 훈련원(訓鍊院)으로 이름을 바꾸고 도정(都正)·겸도정(兼都正) 각각 1명씩을 두었는데, 품계는 당상관(堂上官) 정3품이다. 사(使)는 정(正)으로 하고, 지사(知事)는 부정으로 하고, 부사(副使)는 첨정(僉正)으로 하고, 녹사는 봉사로 하며, 부사 2명과 녹사 1명을 감원하고 주부(主簿) 1명을 증원하였다. 서운관(書雲觀)은 관상감(觀象監)으로 이름을 바꾸고, 장루(掌漏)를 직장(直長)으로, 시일(視日)을 봉사로, 감후(監候)를 부봉사로, 사신(司晨)을 참봉으로 개정하고, 사력(司曆)을 없애고, 판관(判官)과 부봉사(副奉事)·참봉을 각각 1명씩 증원하였다.

사복시(司僕寺)는 겸윤(兼尹)·겸소윤(兼少尹)·직장(直長)을 없애고, 주부 1명을 증원하였다. 내자시(內資寺)는 직장 1명을 없애고 봉사 1명을 증원하였다. 내섬시(內贍寺)는 봉사 1명을 증원하였고, 예빈시(禮賓寺)는 주부·직장을 각각 1명씩 감원하였다. 군기감(軍器監)은 군기시(軍器寺)로 이름을 바꾸고 직장·녹사 각 1명씩을 감원하고, 판관·주부·부봉사·참봉 각 1명씩을 증원하였다. 사재감(司宰監)은 참봉 1명을 증원하고, 군자감(軍資監)은 녹사 1명을 감원하고 판관·주부·부봉사·참봉 각각 1명씩을 증원하였다. 제용감(濟用監)은 녹사 1명을 감원하고 참봉 1명을 증원하였다.

전의감(典醫監)은 검약(檢藥)을 부봉사로, 조교(助敎)를 참봉으로 개정하고, 겸정(兼正)과 직장 각각 1명씩을 감원하고 판관 1명을 증원하였다. 사역원(司譯院)은 지사(知事)를 부정(副正)으로, 부지사(副知事)를 첨정으로, 부직장(副直長)을 봉사로 개정하고, 부지사 1명을 감원하고 참봉 2명을 증원하였다. 도관서(導官署)는 사선시(司膳寺)로 이름을 바꾸고 정(正)·부정·첨정·주부·직장 각각 1명씩을 두었다.

상의원(尙衣院)은 정·첨정·판관·주부·직장 각각 1명씩 두었고, 내의원(內醫院)은 정·첨정 각각 1명씩, 판관·주부 각각 2명씩, 직장 3명, 봉사·부봉사·참봉 각각 2명씩 두었다. 충호위(忠扈衛)는 전설사(典設司)로 이름을 바꾸고 수(守) 1명을 두었는데, 품계는 정4품이다. 풍저창(豐儲倉)은 사(使)를 수(守)로 개정하여 품계를 정4품으로 올리고, 부사(副使)를 주부로, 승(丞)을 직장으로, 부승(副丞)을 봉사로 개정하고, 부봉사 1명을 증원하였다. 무릇 부사·승·부승을 다른 명칭으로 바꾸었는데, 다른 부서도 모두 이를 준거로 삼았다.

광흥창(廣興倉)은 사(使)를 수(守)로 개정하고, 승·부승을 각각 1명씩 감원하고, 부봉사 2명을 증원하였다. 종친부(宗親府)는 전첨사 전첨(典籤司典籤)을 다만 전첨이라 일컫고, 부전첨(副典籤)은 전부(典簿)라 하였다. 충훈부(忠勳府)는 경력소 경력(經歷所經歷)을 다만 경력으로 일컫고, 경력소 도사(經歷所都事)는 다만 도사로 일컬었다. 종학(宗學)은 겸박사(兼博士)를 없애고 도선(導善) 1명을 두었는데 품계가 정4품이고, 전훈(典訓)이 1명인데 종5품이며, 사회(司誨)가 2명인데 정6품이다.

상서사(尙瑞司)는 상서원(尙瑞院)으로 이름을 바꾸고 겸윤(兼尹)을 겸정(兼正)으로, 승(丞)을 판관(判官)으로, 녹사(錄事)를 부직장(副直長)으로 개정하고, 겸소윤(兼少尹)을 없앴다. 교서관(校書館)은 전교서(典校署)로 이름을 바꾸고, 교서랑(校書郞)을 박사(博士)로, 저작랑(著作郞)을 저작(著作)으로, 교감(校勘)을 정자(正字)로, 정자를 부정자(副正字)로 개정하고, 저작랑 1명을 없앴다. 사온서(司醞署)는 부직장(副直長)을 봉사(奉事)로 개정하였다. 무릇 부직장을 다른 명칭으로 바꾸었는데, 다른 부서도 모두 이를 준거로 삼았다. 의영고(義盈庫)는 사(使)를 영(令)으로 개정하고, 장흥고(長興庫)도 사(使)를 영(令)으로 개정하였다. 경시서(京市署)는 평시서(平市署)로 이름을 바꾸고, 겸서령(兼署令)을 영(令)으로 하고 녹관(祿官)을 만들고 겸승(兼丞)을 없앴다. 사직서(社稷署)는 겸승을 없애고 서령(署令) 1명을 두었는데, 품계는 종5품이다.

동부유학(東部儒學)을 동학(東學)이라 일컫고, 겸교수관(兼教授官)을 교수(教授)로, 겸훈도관(兼訓導官)을 훈도(訓導)로 개정하고 아울러 녹관을 만들었다. 남부유학·서부유학·중부유학도 모두 이를 준거로 삼았다. 전생서(典牲署)는 영(令)을 주부(注簿)로 개정하고, 참봉(參奉) 2명을 증원하였다. 오부(五部)도 영(令)을 아울러 주부로 개정하였다. 경복궁(景福宮)의 제거사(提擧司)는 전연사(典涓司)로 이름을 바꾸어 사연(司涓) 2명을 감원하고 제공(提控) 1명과 참봉 6명을 증원하였다.

전옥서(典獄署)는 승(丞)을 없애고, 주부와 참봉을 각각 1명씩 두었다. 혜민국(惠民局)은 혜민서(惠民署)로 이름을 바꾸어 녹사 2명을 감원하고 주부와 훈도(訓導) 각각 1명과 참봉 4명을 두었다. 사율원(司律院)은 율학(律學)으로 이름을 바꾸어 형조(刑曹)에 소속시키고, 명률(明律) 4명을 두었는데, 품계는 종7품이다. 심률(審律) 2명은 종8품, 훈도 2명은 정9품, 검률(檢律) 2명은 종9품이다. 산학(算學)은 호조(戶曹)에 소속시키고 박사는 없애고 산사(算士) 2명을 두었는데, 품계는 종7품이고, 계사(計

士) 2명은 종8품, 훈도 2명은 정9품, 회사(會士) 2명은 종9품이다.

풍수학(風水學)은 지리학(地理學)으로 이름을 바꾸고 교수・훈도 각각 1명씩을 두었다. 음양학(陰陽學)은 명과학(命課學)으로 이름을 바꾸고 훈도 2명을 두었다. 한학(漢學)은 교수 2명, 훈도 4명을 두고, 몽학(蒙學)・왜학(倭學)・여진학(女眞學)은 훈도 각각 2명씩을 두었다. 의학(醫學)은 교수 2명, 훈도 1명을 두었다. 내수소(內需所)는 내수사(內需司)로 이름을 바꾸고 전수(典需) 1명을 두었는데, 품계는 정5품이다. 부전수(副典需) 1명은 정6품, 전회(典會) 1명은 종7품, 전곡(典穀) 1명은 종8품, 전화(典貨) 1명은 종9품이다.

충익사(忠翊司)는 충익부(忠翊府)로 이름을 바꾸고 도사(都事) 2명을 두었다. 소격전(昭格殿)은 소격서(昭格署)로 이름을 바꾸고 영(令) 1명을 두었는데, 품계는 정5품이다. 관습도감(慣習都監)은 장악서(掌樂署)로 이름을 바꾸고 장악(掌樂) 1명을 두었다. 침장고(沈藏庫)는 사포서(司圃署)로 이름을 바꾸고 사포(司圃) 1명을 두었다. 상림원(上林園)은 장원서(掌苑署)로 이름을 바꾸고 장원(掌苑) 1명을 두었다. 분예빈(分禮賓)은 사축서(司畜署)로 이름을 바꾸고 사축(司畜) 1명을 두었다. 조지소(造紙所)는 조지서(造紙署)로 이름을 바꾸고 사지(司紙) 1명을 두었는데, 이들 관직은 모두 품계가 종6품이다.

동활인원(東活人院)와 서활인원(西活人院)은 활인서(活人署)로 이름을 바꾸고 참봉(參奉) 1명을 두었다. 도관찰출척사(都觀察黜陟使)를 관찰사(觀察使)로 개정하고, 병마단련사(兵馬團鍊使)를 모진도병마절제사(某鎭道兵馬節制使)로, 병마단련부사(兵馬團鍊副使)를 모진도병마동첨절제사(某鎭道兵馬同僉節制使)로, 병마단련판관(兵馬團鍊判官)을 모진도병마절제도위(某鎭道兵馬節制都尉)로, 지군사(知郡事)를 군수(郡守)로 개정하였다.

개성부(開城府)는 외관(外官)에 소속시키고 부윤(府尹)과 판관(判官)을 각각 1명씩 두었다. 양주도호부(楊州都護府)는 목(牧)으로 승격시키고, 영변도호부(寧邊都護府)는 대도호부(大都護府)로 승격시켰다. 대구(大丘)와 귀성(龜城)은 지군사(知郡事)를 도호부(都護府)로 승격시켰다. 함흥부(咸興府)와 평양부(平壤府)는 소윤(少尹)을 없애고 판관(判官)을 각각 1명씩 두었다. 성주(星州)·광주(光州)·수원(水原)·남원(南原)에도 각각 판관을 1명씩 두었다. 인산군(麟山郡)을 없애고 웅천현(熊川縣)을 두었다.

중추원(中樞院)은 중추부(中樞府)로 이름을 바꾸고, 영원사(領院事)를 영사(領事)로 하고, 판원사(判院事)를 판사(判事)로 하고, 지원사(知院事)를 지사(知事)로 하고 동지원사(同知院事)를 동지사(同知事)로 하고, 첨지원사(僉知院事)를 첨지사(僉知事)로 하였다. 경력소 경력(經事經歷)을 다만 경력으로 일컫고, 경력사 도사(經歷事都事)는 다만 도사로만 일컬었다.

오위진무소(五衛鎭撫所)는 오위도총부(五衛都摠府)로 이름을 바꾸고, 도진무(都鎭撫)를 도총관(都摠管)으로 개정하고, 오위겸부장(五衛兼部長)을 녹관(祿官)으로 만들었는데, 품계는 종6품이다. 병마도절제사(兵馬都節制使)를 병마절도사(兵馬節度使)로, 수군도안무처치사(水軍都安撫處置使)를 수군절도사(水軍節度使)로, 병마도절제사도진무(兵馬都節制使都鎭撫)를 병마우후(兵馬虞候)로, 수군도안무처치사도진무(水軍都安撫處置使都鎭撫)를 수군우후(水軍虞候)로, 도만호(都萬戶)를 수군첨절제사(水軍僉節制使)로 개정하였다. 양계(兩界)[37]는 병마도절제사(兵馬都節制使)와 경력소 도사(經歷所都事)를 없애고 평사(評事)를 두었는데, 품계는 정6품이다.

37 양계(兩界) : 고려와 조선시대의 특별 행정 구역으로, 평안도 지방인 서계(西界)와 함경도 지방인 동계(東界)를 아울러 이르던 말.

절충장군(折衝將軍)을 당상관(堂上官)으로 올리고, 과의장군(果毅將軍)을 어모장군(禦侮將軍)으로, 보의장군(保義將軍)을 건공장군(建功將軍)으로, 위용장군(威勇將軍)을 진위장군(振威將軍)으로, 선절장군(宣節將軍)을 정략장군(定略將軍)으로 개정하였다. 충의교위(忠毅校尉)를 과의교위(果毅校尉)로 하고, 현의교위(顯毅校尉)를 충의교위(忠毅校尉)로, 승의교위(承義校尉)를 여절교위(勵節校尉)로, 수의교위(修義校尉)를 병절교위(秉節校尉)로 하였다. 돈용부위(敦勇副尉)를 적순부위(迪順副尉)로, 진용부위(進勇副尉)를 분순부위(奮順副尉)로, 진무부위(進武副尉)를 효력부위(效力副尉)로 하고, 진의부위(進義副尉)를 전력부위(展力副尉)로 개정하고, 나머지는 모두 그대로 두었다.

잡직(雜職)은 전력도위(展力都尉)를 여력도위(勵力都尉)로, 효력도위(效力都尉)를 탄력도위(彈力都尉)로 개정하고, 나머지는 모두 그대로 두었다. 섭호군(攝護軍)을 부호군(副護軍)으로, 섭사직(攝司直)을 부사직(副司直)으로, 부사직을 사과(司果)로, 섭부사직(攝副司直)을 부사과(副司果)로, 섭사정(攝司正)을 부사정(副司正)으로, 부사정을 사맹(司猛)으로, 섭부사정(攝副司正)을 부사맹(副司猛)으로, 섭사용(攝司勇)을 부사용(副司勇)으로 개정하고, 나머지는 모두 그대로 두었다.

동요(東窯)와 서요(西窯)는 바로 합쳐서 와요(瓦窯)라 일컫고 별좌(別坐) 2명을 두었다. 경창부(慶昌府)와 도관서(導官署)를 없애고 사선서(司善署)에 합속(合屬)시키고, 사섬시(司贍寺)를 없애고 전농시(典農寺)에 합속시키고, 도염서(都染署)를 없애고 제용감(濟用監)에 합속시키고, 제생원(濟生院)을 없애고 혜민국(惠民局)에 합속시키고, 분예빈시(分禮賓寺)와 사련소(司臠所)를 합속시켜 사축소(司畜所)라 일컬었다. 위의색(威儀色)을 없애고 공조(工曹)에 합속시키고, 금화도감(禁火都監)을 없애고 한성부(漢城府)에 합속시키고, 전선색(典船色)을 없애고 전운색(轉運色)에 합속시키고, 복홍고(福興庫)를 없애고 예빈시(禮賓寺)에 합속시키고, 주자소(鑄字所)를 없애고 전교서(典校署)에 합속시켰다. 나중에 전농시(典農寺)를 사섬시(司贍寺)로, 전구서(典廏署)를 전생서(典牲署)로 이름을 바꾸었다.[38]

14 덕수궁(德壽宮)의 궁편(宮扁)

국초에 태상왕궁(太上王宮)을 덕수궁(德壽宮)이라 하고, 부(府)를 승녕부(承寧府)라 하였는데, 태조(太祖)가 그곳에 거처하였다. 세자부(世子府)를 인수부(仁壽府)라 하였는데, 태종(太宗)이 그곳에 거처하였다. 중궁부(中宮府)를 인녕부(仁寧府)라 하였는데, 정안왕후(定安王后)가 그곳에 거처하였다.

15 은도장[銀印]

태종은 소헌왕후(昭憲王后)에게 효부은인(孝婦銀印)을 주고, 또 효부도(孝婦圖)를 내려주었다. 세조는 소혜왕후(昭惠王后)에게 효부도서(孝婦圖書)를 내려 주었다. 영묘(英廟, 영조)도 이 규례를 이용하여 직접 유서(諭書)를 짓고, 또 '효손(孝孫)' 두 글자를 친히 써서 호조에 명하여 은인(銀印, 은으로 만든 도장)으로 주조(鑄造)하게 하여 금상(今上, 정조)에게 내려주었다. 그래서 상께서 매양 법좌(法座)에 나아가거나 동가(動駕)할 때 충의위(忠義衛)에서 이 유서와 은인을 가지고 있다가 상의 앞에다 놓아두었다.[39]

38 이 항목은 『국조보감』 정종조, 2년(1400) 4월과 『세조실록』 세조 12년(1466) 1월 15일과 세조 6년(1460) 5월 22일과 세조 6년 5월 26일 조목 중에 보인다.

39 이 항목과 관련해서는 『영조실록』 52년(1776) 2월 7일 두 번째 기사와 『정조실록』 부록속

16 『내훈(內訓)』

『내훈(內訓)』은 인수왕후(仁粹王后)가 편찬한 책인데, 상의(尙儀) 조씨(曹氏)의 발문(跋文)이 갖추어져 있다. 그 발문은 다음과 같다.

우리 인수대비(仁粹大妃)께서 세조대왕의 잠저(潛邸) 때부터 시부모님을 받들어 모셔 밤낮으로 게을리 하지 않았다. 빈(嬪)으로 책봉된 뒤에는 더욱 부도(婦道)를 삼가하여 몸소 어찬(御饌)을 장만하시고 세조대왕의 곁에서 떠나시지 않으시니, 세조대왕께서 항상 효부라고 칭찬하시고 효부도서(孝婦圖書)를 만들어 내려주어 그 효성을 드러내주었다. 왕후께서는 천품(天稟)이 엄정(嚴正)하여 왕손들을 양육할 적에 조금이라도 과실이 있으면 대강 덮어 주지 않고 곧 얼굴빛을 바로 하고 경계하였으므로 시부모는 농담으로 폭빈(暴嬪)이라 하였다. 세조대왕께서 우리 주상전하를 '내 아들'이라 하고, 대왕대비께서는 월산대군(月山大君)을 '내 아들'이라 하며 위안삼으셨다. 하지만 이처럼 엄한 가르침을 지금까지도 이루 다 말할 수 있겠는가?

효성으로 봉양하여 시부모님을 기쁘게 해드린 여가에 부녀자의 무식함을 걱정하여서 이들을 부지런히 가르쳐 일깨우려하셨다. 그런데 『열녀전(烈女傳)』·『여교명감(女敎明鑑)』·『소학(小學)』 등의 책들은 그 분량이 많아서 초학자들이 배우기 어려웠다. 이에 몸소 예단(叡斷)하셔서 이 책들 가운데 절실하고 중요한 부분을 뽑아서 모두 일곱 장으로 만들어 『내훈(內訓)』이라 이름하고, 이어서 언문으로 번역하여 부녀자들이 쉽게 이해할 수 있게 하였다. 그래서 비록 아주 어리석은 사람일지라도 이 책을 한 번 보면 훤히 알 수 있어 문득 익히고 외울 수 있었다.

신이 역대의 현비(賢妃)를 가만히 살펴보건대, 시부모님을 부지런히

편 「정조대왕 천릉지문(遷陵誌文)」 1을 참고할 것.

섬겨 어질고 효성스런 덕을 다하고, 자식 교육을 엄히 하여 국가의 경사를 많게 하며, 몸소 교훈서를 만들어 경계를 드리운 자 드물었다. 인수대비께서 이 책을 지으신 것이 어찌 자식들을 가르치려 해서 일 뿐이겠는가? 여항간의 어리석은 아녀자의 경우엔 여공(女工, 여자들이 하는 일)하는 여가에 아침에 익히고 저녁에 외워 마음속으로 곰곰이 생각해보면 점차 집안을 잘 다스리는 방도를 터득할 것이니, 그 풍속을 교화함에 있어서 어찌 보탬이 적다고 할 수 있겠는가? 오호라, 지극하시도다! 성화(成化) 을미년(1475) 맹동(孟冬, 음력 10월) 15일 상의(尙儀) 조씨가 삼가 발문을 쓴다.

우리 왕조의 왕비들은 심히 훌륭하셔서 앞 시대의 왕비들 중에 따라올 자가 없다. 그러니 왕비의 성스러움을 서로 이어나가 아래로는 궁인(宮人)에게 영향을 미치게 한다면 모두 동관(彤管)[40]을 아름답게 함이 이와 같을 것이다. 그런데 시대가 이미 오래되어 그 판본이 전해지기 어려워서 고가(故家)에서 전해 내려온 것이 아니라면 또한 볼 수 없는 것이 안타깝다. 당시에 훈계한 책이 어찌 사라져 없어지는 데 이르지 않겠는가?

17 전부악(前部樂)과 후부악(後部樂)

세종조에 임금이 대궐 밖으로 행차할 적에 어가(御駕)의 앞과 뒤에 고취(鼓吹)[41]가 있었는데, 고취의 연주는 숭례문에서 시작하여 운종가(雲從

40 동관(彤管) : 자루에 붉은색을 칠한 붓을 가리킨다. 고대 후부인(后夫人)의 공과(功過)를 기록하던 여사(女史)의 붓으로, 거짓 없이 참된 마음인 적심(赤心)을 나타내기 위해 붉은 대롱의 붓을 사용했다고 한다. 이후로는 일반적으로 여인의 문묵(文墨)에 관한 일을 말할 때 쓰는 표현이다.

41 고취(鼓吹) : 원래 고(鼓)는 타악기를, 취(吹)는 관악기를 지칭하는데, 여기서는 음악을 연주하는 악대를 가리킨다.

街)에 이르러 1장을 마쳤고, 운종가에서 시작하여 혜정교(惠政橋)에 이르러 2장을 마쳤으며, 혜정교에서 시작하여 광화문에 이르러 3장을 마쳤다. 고취의 연주는 번성하면서도 간결한 음(音)[42]으로 완만하고 화평하여 치세(治世)의 음이 되는데, 이것을 만든 시대가 오래되어 그 음이 점차 촉급해졌다. 이에 상께서 이를 근심하여 장악원(掌樂院) 제거(提擧)에게 여러 번 신칙하자, 제거가 공사(工師)들에게 이 음을 익혀 고음(古音)을 보존하게 하였다.

18 의상(儀象)

세종조에 의상(儀象)[43]을 처음 만들고 경복궁에 흠경각(欽敬閣)을 지었는데, 임진왜란 때 불에 다 타버렸다. 그런데 선조(宣祖)께서 피난 갔다 돌아오셔서 제일 먼저 영의정 이항복(李恒福)에게 명하여 옛 제도를 강구하여 창덕궁 서린문(瑞麟門) 안에 각(閣)을 세우도록 하였다. 이 각은 나중에 만수전(萬壽殿)이 되었는데, 의상 또한 이지러져 온전하지 않았다.

현종조에 좨주(祭酒) 송준길(宋浚吉)이 흠경각(欽敬閣)[44]의 옛 제도를 복원하도록 청하니, 이민철(李敏哲)에게 명하여 『채씨전(蔡氏傳)』[45]에서 그 제도를 약간 가감하도록 하여 의상을 만들게 하였다. 그 제도는 안

42 번성하면서도 간결한 음(音) : 『예기(禮記)』「악기(樂記)」에, "기뻐하고 화합하며 번성하고 간결한 음이 일어나는 것은 백성들이 편안하고 즐거워해서이다.[嘽諧慢易繁文簡節之音作, 而民康樂.]"라는 구절이 있다.

43 의상(儀象) : 관측기기를 말하는데, 여기서는 천문을 관측하는 혼천의(渾天儀)를 가리킨다.

44 흠경(欽敬) : 『서경(書經)』「우서(虞書)」요전(堯典)에 있는 "넓은 하늘을 삼가 따르게 하시고 해와 달과 별들의 운행을 관찰하여 사람들에게 때를 알린다.[欽若昊天, 曆象日月星辰, 敬授人時.]"라는 구절에서 따온 말이다. 즉 하늘을 공경하여 공손히 사람에게 필요한 시간을 알려 준다는 뜻이다.

45 『채씨전(蔡氏傳)』: 채씨는 주자(朱子)의 제자인 채침(蔡沈)으로, 『채씨전(蔡氏傳)』은 그가 지은 『서경채씨전(書經蔡氏傳)』, 즉 『서경집전(書經集傳)』을 가리킨다.

에 사유(四游)와 옥형(玉衡)이 빠져 있고 또 백단환(白單環)을 없앤 것이었다.

숙종조에 다시 이민철에게 명하여 예전의 의상을 중수(重修)하도록 하고, 창덕궁 희정당(熙政堂) 남쪽에 제정각(齊政閣)을 지어 봉안하였다. 영종조에 이르러 안중태(安重泰) 등에게 명하여 경희궁(慶熙宮)의 흥정당(興政堂) 동쪽에 규정각(揆政閣)을 지어 봉안하였다.46

19 흠경각(欽敬閣)

세종조 무오년(1438) 천추전(千秋殿) 서쪽 뜰에 작은 누각 한 칸을 지어 놓고, 종이를 발라서 높이가 7척쯤 되는 산을 만들어 누각 안에 두고, 그 속에다 옥루기륜(玉漏機輪)을 설치하여 물로써 움직이게 하였다. 또 사신(四神)·십이신(十二神)·고인(鼓人)·종인(鐘人)·사신(司辰)·옥녀(玉女)와 같은 모든 기관(機關)들이 사람의 힘을 빌리지 않고 저절로 치고 저절로 움직이는 것이 마치 신이 그렇게 시키는 것처럼 만들었는데, 하늘의 해를 표시한 각도와 구루(晷漏)의 눈금이 천체가 운행하는 것과 조금도 차이가 나지 않았다.

또 옥루에서 남는 물을 이용하여 의기(欹器)를 만들었다. 의기는 비어 있으면 기울어지고 적당히 차면 똑바로 되며 가득 차면 엎어지도록 만든 것인데, 이것은 모두 고훈(古訓, 옛 선인이 남긴 가르침)과 같이 하여 천도(天道)의 차고 비고 하는 이치를 보여준 것이다. 산의 사방에는 『시경』「빈풍(豳風)」의 〈칠월시(七月詩)〉에 의거하여 사계절의 풍경을 만들고 나무를 깎아서 인물과 짐승과 초목의 형상을 만들어 그 계절에 맞게

46 이 항목은 『국조보감』 권60, 영조조 4, 8년(1732) 1월 부분에 보인다.

배열하여 백성들의 농사짓는 어려움을 보여주었다. 이 누각의 이름을 흠경각(欽敬閣)이라 하였다.47

20 경행(經行)

고려시대 매년 중춘(仲春)과 중추(仲秋)에 승도(僧徒)를 모아 반야경(般若經)을 외우면서 나발도 불고 깃대와 일산을 들게 하며, 향불을 들고 앞에서 인도하여 거리를 돌아다니면서 질병과 재액을 물리치게 하였다. 이때 2품 이상의 관원이 명을 받아 행향(行香)하였는데, 이를 경행(經行)이라 하였다. 세종 4년(1422)에 이 제도를 혁파하였다.48

21 중궁(中宮)이 관(冠)을 하사받다

세조(世祖) 원년(1455) 태감(太監) 윤봉(尹鳳, 명나라 사신)이 관복(冠服)을 가지고 우리나라에 오자, 상이 환관(宦官) 전균(田畇)을 보내어 윤봉에게 물었다.

"중궁(中宮)께서 하사받은 관이 협소합니다. 또 비녀는 어떻게 꽂습니까?"

이에 윤봉이 답하였다.

"머리를 빗은 뒤에 이마 뒤로부터 좌우로 머리를 갈라 서로 엇갈려 틀어 올려서 쪽을 찌고 그 위에 관을 쓰고 비녀를 꽂습니다."

전균이 또 물었다.

"보전(寶鈿)은 어디에 사용합니까?"

---

47 이 항목은 『국조보감』 권7, 세종조 3, 20년(1438) 부분과 『연려실기술』 권3, 「세종조 고사본말(世宗祖故事本末)」 찬술(纂述)과 제작(制作) 등에 보인다.

48 이 항목은 『국조보감』 권5, 세종조 1, 4년(1422) 2월 부분에 보인다.

이에 윤봉이, 답하였다.

“그 이름은 금보(禁步)인데, 머리에 꽂아 양어깨로부터 앞으로 드리우는 것이니, 걸음걸이를 조절하여 함부로 걷지 못하게 하는 것입니다.”[49]

22 임금이 성복(聖服)으로 알현하다

당나라 제도에 황제가 문묘(文廟)[50]에 알현할 때 위포(韠袍)를 입는 것이 의례(儀禮)였다고 한다. 세종 원년(1418) 왕이 문묘에 알현할 때, 예조판서 허조(許稠)가 아뢰었다.

“위포에 대해서는 그 제도를 자세히 알 수 없지만 지금의 강사포(絳紗袍)인 듯합니다.”

이에 상이 말하였다.

“강사포는 신하들을 접견할 때 입는 옷인데, 어찌 이것을 입고 선성(先聖)을 알현 할 수 있겠는가. 나는 곤면(袞冕)을 입고 알현하겠다.”

드디어 이를 제도로 삼았다.[51]

23 윤대(輪對)

우리 왕조의 윤대(輪對)는 실제로 송나라 제도를 본받았다. 세종조에는 매일 한 사람이 입대(入對)[52]하였는데, 승지(承旨)와 사관(史官)은 모두

---

49 이 항목은 『청장관전서(靑莊館全書)』 권61, 『앙엽기(盎葉記)』 8 「여족종화제(女服從華制)」에 보인다. 또한 『오주연문장전산고(五洲衍文長箋散稿)』 인사편(人事篇) 복식류(服食類) 「동국부녀수식변증설(東國婦女首飾辨證說)」에도 보이는데, 고염무의 『일지록(日知錄)』에서 인용했음을 언급해 두었다.

50 문묘(文廟) : 공자의 위패(位牌)를 모신 사당. 성균관과 각 고을 향교(鄕校)의 대성전(大聖殿).

51 이 항목은 『국조보감』 권5, 세종조 1, 즉위년(1418) 부분에 보인다.

52 입대(入對) : 궁중에 들어가 임금을 뵙고 자문(諮問)에 응하는 일.

들어갈 수 없었다. 성종조에는 15일마다 한 번씩 입대하였는데, 만약 일이 있으면 혹 한두 달 입대하지 않았다. 사간(司諫) 박숭질(朴崇質)이 옛 규례를 다시 복원할 것을 청하자, 5일에 한 번씩 입대하다가 10일에 한 번씩 입대하여 지금까지 이를 시행하고 있다.

24 재상이 초헌(軺軒)을 타다

옛 제도에 재상 가운데 연로한 자가 초헌(軺軒)을 타기 시작하였다. 세종조에 초헌에 대해 논의하여 일률적으로 양(梁)나라 제도를 따랐다. 초헌 위에 푸른색 일산을 세워 햇빛을 가렸는데, 노재상을 위해 설치한 것이다. 나중에는 재상의 반열에 오른 자라면 비록 젊더라도 초헌을 탔고, 초헌 앞부분에 흑산(黑傘)을 펼쳐놓아 멀리서 바라보면 마치 동궁(東宮)의 청산(青繖)과 같았다.

그런데 중종조에 정언(正言) 민기문(閔起文)이 일찍이 그 잘못된 점을 말하여 지금은 설치하지 않는다. 대신(大臣)이 평교자(平轎子)를 탈 적에 파초선(芭蕉扇)을 펼쳐놓았는데, 이것은 어느 때부터 시작된 것인지 모르겠다. 파초선이 흑산과 비슷해서 그 제도를 변개시킨 것인 듯하다.[53]

25 문종(文宗)의 지극한 효성

문종은 성품이 지극히 효성스러워 항상 후원(後苑)에 손수 앵두나무를 심어 제철에 앵두를 진상(進上)하였다. 세종은 반드시 이것을 맛보고 말하였다.

53 이 항목은 『중종실록』 39년(1544) 5월 27일 첫 번째 기사 중에 초헌 관련 부분을 참고할 것.

"외부에서 진상하는 것이 어찌 세자가 직접 심은 것만 하겠는가?"

26 자미당(紫薇堂)

자미당(紫薇堂)은 경복궁에 있는데 세종이 일찍이 거처하던 곳이다. 단종이 어린 나이에 왕위에 올랐는데, 자미당 난간에 기대어 울며 말하였다.

"상왕(上王, 세종)께서 살아계셨을 때 내가 사랑을 크게 받았었다."

자미당은 지금 그 터가 사라졌다.[54]

27 황표 정사(黃標政事)

단종 임신년(1452)에 의정부 당상(堂上)들이 매일 빈청(賓廳)에 나아갔고, 이조와 병조의 관원이 모두 의논에 참여하여 매양 관리를 제수(除授)할 적에 반드시 삼망(三望)을 모방했다. 하지만 그 중에 쓸 만한 자 1인을 취하여 황표(黃標)를 붙여서 아뢰면, 상이 다만 붓으로 점찍을 뿐이었다. 당시 사람들은 이를 '황표 정사(黃標政事)'라고 일컬었다.

28 장칙사(張勅使)

명나라 사신 장방주(張方洲)[55]가 우리나라에 왔을 때, 세조가 모화관(慕華館)에서 맞이하였다. 장방주가 상에게 걸어서 인도하게 하자 상이 장방주에게 예로써 아뢰도록 하고 이와 같이 하지 않았다. 장방주가 말을 듣지 않자 상이 자못 기뻐하지 않았다. 대개 장방주는 이미 상이 전

---

54 이 항목은 『국조보감』 권9, 단종조, 2년(1454) 11월 기사를 참고할 것.

55 장방주(張方洲) : 명나라 사신 장녕(張寧)을 가리킨다. 방주는 그의 호이다. 그는 예과 급사중(禮科給事中)의 벼슬에 있던 1469년(세조 6) 정사(正使)의 자격으로 조선에 왔다.

선(傳禪)했다는 소문을 듣고 아마도 모욕을 주고자해서 그렇게 했던 것이다. 세조의 영민함과 용맹함으로도 끝내 장방주를 감히 저지할 수 없었다.

29 전폐(箭幣)

세조 때 일반적으로 통용된 전폐[56]는 그 모양이 유엽전(柳葉箭)과 같았는데, 살촉의 길이가 1촌(寸) 8푼(分)이고, 줄기가 1촌(寸) 7푼(分)이며, 줄기 끝의 양면에 '팔방통화(八方通貨)'라는 네 글자를 나누어 주조하였다. 전폐 한개(箇)의 값이 저화(楮貨) 3장(張)에 맞먹었는데, 백성들이 이것을 불편하게 여겨 시행되지 않았다.[57]

30 열두 준마(駿馬)

세조의 열두 준마는 첫 번째가 정세표(靖世驃), 두 번째가 유하류(流霞騮), 세 번째가 이화려(梨花驪), 네 번째가 옥영규(玉英虯), 다섯 번째가 능공곡(凌空鵠), 여섯 번째가 축풍구(逐風駒), 일곱 번째가 이운리(蘙雲螭), 여덟 번째가 등무표(騰霧豹), 아홉 번째가 질경홍(軼驚鴻), 열 번째가 익비홍(翼飛鴻), 열한 번째가 대방린(戴芳麟), 열두 번째가 조야기(照夜驥)이다.

56 전폐((箭幣) : 평소에는 화폐로, 전시에는 화살촉으로 사용할 수 있도록 만든 독특한 화폐로, 세조 때 만들어졌다.

57 이 항목은 『세조실록』 10년(1464) 11월 13일 세 번째 기사에 보인다.

31 도성(都城)의 종(鐘)

흥인문(興仁門) 안과 광화문(光化門) 밖에 모두 종이 있었는데, 종의 표면에 광묘(光廟)와 내전(內殿)의 휘호(徽號)를 새겼고, 게다가 어제(御製)도 있었다. 광화문 밖의 종은 임진왜란 때 녹아 없어졌고, 흥인문 안의 종은 현재 남아있어 영종(英宗) 무진년(1748)에 집(屋)을 지어 보관하였다.[58]

32 깃대 피리

세조가 일찍이 서교(西郊)에 행차했을 때, 멀리서 한 병사의 깃대를 바라보면서 말하였다.

"다만 몇 개의 장대를 가져와라."

장대를 가져오자 이것으로 피리를 만들라 명하였는데, 그 피리 소리가 매우 뛰어났다.

33 기주(記注)

지금의 주서법(注書法)과 기주법(記注法)은 세조 2년(1456)에 정해진 것이다.

34 공신(功臣)의 자제가 공사(公事)를 출납하다

세조조에 공신 정인지의 아들 숭조(崇祖)와 신숙주의 아들 정(瀞) 등 35인을 매일 두 사람씩 승전관(承傳官) 관원의 규례에 따라 공사를 출납하

58 이 항목은 『국조보감』 권63, 영조조 7, 24년(1748) 5월 기사와 심수경(沈守慶)의 『견한잡록(遣閑雜錄)』을 참조할 것.

게 하여 그들의 현부(賢否)를 살폈는데, 이는 한(漢)나라 때 시중(侍中)의 직무와 같았다.

35 방백(方伯)을 경(卿)이라 칭하다

세종 11년(1429)에 황해도 관찰사 남윤(南倫)에게 하유(下諭)하였다.

"경(卿)의 아내가 아프니 속히 와서 보아라."

대개 통정(通政)은 '이(爾)'라 칭하였고, 2품 이상은 '경(卿)'이라 칭하였었다. 당시 남윤의 품계는 통정이었지만 상이 특별히 경이라 칭하였으니, 3품으로 방백이 된 자를 경이라 칭한 것은 남윤으로부터 비롯되었다.[59]

36 표신(標信)

우리 왕조에서는 예전에 오매표신(烏梅標信)을 사용했는데, 잃어버리는 경우가 많고 간사한 짓을 하기 쉬웠기 때문에 예종조에 상아로 바꾸었다. 그 형태는 둥글고 앞면에 선전(宣傳)이라는 글자를, 뒷면에 어압(御押)이라는 글자를 새겼다.

왕대비전의 표신은 그 형태가 네모반듯했고, 앞면에 의지(懿旨)라는 글자를, 뒷면에 어압이라는 글자를 새겼다. 중궁전의 표신은 그 형태가 뾰족하고 앞면에 내지(內旨)라는 글자를, 뒷면에 어압이라는 글자를 새겼다. 세자궁의 표신은 그 형태가 곧았고, 앞면에 휘지(徽旨)라는 글자를, 뒷면에 어압이라는 글자를 새겼다.

대개 각전(各殿)의 표신은 궁궐에 머무를 때 사용하였다. 승정원은 반드시 표신을 출납하는 사람의 성명을 적어 유실(遺失)을 방지하였다.[60]

59 이 항목은 『세조실록』 11년(1465) 10월 8일 첫 번째 기사에 보인다.

37 궁문(宮門)의 개폐(開閉)

성문과 궁문은 모두 새벽종이 울리면 열고 저녁종이 울리면 닫았다. 그런데 남이(南怡)의 난이 있은 이후부터 궁문은 평명(平明)에 열고 초저녁에 닫으라고 비로소 명하였다.[61]

38 남소문(南小門)

도성의 동남쪽에는 옛날에 남소문(南小門)[62]이 있었는데 지금은 없어졌다. 숙종 기미년(1679)에 비변사 당상들이 모여 소양문(少陽門)이 폐쇄되었던 까닭에 대해 말하길, 국가의 종사(螽斯)와 인지(麟趾)의 경사[63]에 매양 여자가 많고 남자가 적은데, 만일 그 옛 터를 찾아서 소양의 기운을 통하게 한다면, 마땅히 상서롭고 좋은 일이 있을 것이라 하였다. 게다가 남소문은 김안로(金安老)가 제멋대로 폐쇄했던 것이라 말하였다.

이때 오정위(吳挺緯)가 이 의견을 더욱 주장하였고, 구관당상(勾管堂上)을 내보내어 그 공사를 할 방민(坊民)들을 뽑아 그 역사(役事)를 조만간 시작하려 하였다. 그런데 청성부원군(淸城府院君, 김석주의 봉호)이 상차(上箚)하여 이 역사를 중지시켰다. 김안로가 제멋대로 폐쇄했다는 말

60 이 항목은 『국조보감』 권14, 예종조, 1년(1469) 5월 기사에 보인다.

61 이 항목은 『용재총화』 권1과 『해동야언』 권2에 보인다.

62 남소문 : 조선시대 서울 광희문(光熙門) 남쪽 남산 봉수대(烽燧臺) 동쪽에 있었던 성문. 손방(巽方)에 있었기 때문에 소양문(少陽門)이라고도 일컬었다.

63 종사(螽斯)와 인지(麟趾)의 경사 : 자손의 번창을 비유할 때 쓰는 표현이다. 『시경』 「주남(周南)」의 〈종사(螽斯)〉에, "수많은 베짱이들 화목하게 모여들듯, 그대의 자손 또한 번성하리라.[螽斯羽 詵詵兮 宜爾子孫 振振兮]"라는 구절이 있다. 또한 『시경』 「주남」의 〈인지지(麟之趾)〉에, "기린의 이마여, 인후한 공성이니, 아, 이들이 기린이로다.[麟之定 振振公姓 于嗟麟兮]"라는 구절이 있다. 주나라 문왕이 후비(后妃)의 덕으로 자손이 많고 현명했다는 의미로, 인후한 후비를, 살아있는 풀은 절대로 밟지 않는다는 인수(仁獸) 기린에 비유하고 있다.

은 실제로 근거할만한 증거가 없고, 성종 원년 기축년(1469)에 이 문을 막았던 것은 음양가(陰陽家)가 손방(巽方)을 꺼려해서였다.[64]

39 궁문(宮門)의 편액(扁額)

지금 창덕궁 문의 편액은 모두 성종조에 대제학 서거정(徐居正)이 정한 것이다. 창덕궁 바깥쪽의 동쪽 담장문은 선인문(宣仁門), 중간의 동쪽 담장문은 경양문(景陽門), 새로 만든 대문(大門)은 장춘문(長春門), 중간의 대문(大門)은 선명문(宣明門), 남쪽의 협문(夾門)은 춘흥문(春興門), 창덕궁 안쪽의 동쪽 담장문은 건양문(建陽門), 북동쪽의 담장문은 기화문(綺華門), 광연루(廣延樓)의 서쪽 고개문은 평창문(平昌門), 남쪽 행랑문(行廊門)은 영화문(永和門), 북쪽 행랑문(行廊門)은 영평문(永平門), 내사복(內司僕)의 남문(南門)은 운금문(雲錦門), 바깥쪽의 동쪽 산문(山門)은 연양문(延陽門), 왼쪽 협문(夾門)은 광범문(光範門), 오른쪽 협문(夾門)은 숭범문(崇範門), 남쪽 담장문은 단봉문(丹鳳門), 안쪽의 서쪽 담장문은 의추문(宜秋門), 왼쪽의 달문(闥門)은 숙장문(肅章門), 겸사복청(兼司僕廳)의 새로 만든 대문(大門)은 연복문(延福門), 내사옹(內司饔)의 위쪽 동문(上東門)은 소춘문(小春門), 북문(北門)은 소동문(小東門), 중궁(中宮)의 차비문(差備門)은 연희문(延禧門), 승정원(承政院)의 남문(南門)은 연영문(延英門), 서쪽 행랑문(行廊門)은 금호문(金虎門), 바깥쪽의 서쪽 담장문은 진금문(鎭金門), 서쪽 담장문은 요금문(曜金門), 후원(後苑)의 북쪽 담장문은 공진문(拱辰門), 새로 쌓은 북쪽 담장문은 창합문(閶闔門), 동쪽 담장문은 청양문(青陽門), 바깥쪽의 북쪽 담장문은 광지문(廣智門)이라

64 이 항목은 『연려실기술』 별집 권16, 「지리전고(地理典故)」 〈도성과 궁궐〉 조에, 숙종 5년(1679) 4월 허적의 상소와 6월 김석주의 차자를 참고할 것.

하였다.[65]

40 궁궐의 편액(扁額)

궁궐의 편액은 대부분 사가(四佳) 서거정이 정한 것인데, 성종 3년(1472)에 왕의 명령으로 궁문(宮門) 가운데 편액이 없는 곳에 나아가 각각 이름을 써서 편액하였다.

경복궁(景福宮)의 다와지문(多臥只門)은 망춘문(望春門), 옛 동궁(東宮)의 남문(南門)은 동양문(東陽門), 동쪽 담장문은 소화문(昭華門), 남쪽 담장문은 소휘문(昭暉門), 동쪽 장자문(障子門)은 요의문(曜儀門), 남쪽 행랑문(行廊門)은 금란문(金鑾門), 후원(後苑)의 사복문(司僕門)은 상원문(上苑門), 북쪽 성문(城門)은 신무문(神武門)이라 하였다.

41 창경궁(昌慶宮)의 편액(扁額)

창경궁은 성종 15년 갑진년(1484)에 정희대비(貞熹大妃)·인수대비(仁粹大妃)·안순대비(安順大妃)를 위해 지은 것이다. 창덕궁 동쪽 수강궁(壽康宮) 터에 있었는데, 왕이 또한 서거정에게 궁궐의 편액을 짓도록 명하였다.

전(殿)은 명정전(明政殿)·문정전(文政殿)·수녕전(壽寧殿)·관경전(觀慶殿)·경춘전(景春殿)·인양전(仁陽殿)·통명전(通明殿)으로, 당(堂)은 선화당(養和堂)과 여휘당(麗暉堂)으로, 각(閣)은 사성각(思誠閣)으로, 정(亭)은 환취정(環翠亭)으로 하였다.[66]

65 이 항목은 『성종실록』 6년(1475) 8월 23일 일곱 번째 기사에 보인다.
66 이 항목은 『성종실록』 15년(1484) 2월 11일 기사에 보인다.

42 창덕궁(昌德宮)

창덕궁은 종묘(宗廟)와 사직(社稷)의 대제(大祭) 때 재거(齋居)하기 위해 지었다. 그 후원(後苑)에 담연문(淡烟門)이 있는데, 대궐 문의 편액 이름으로 적합하지 않다고 하여 중종 무자년(1528)에 영숙문(永肅門)으로 바꾸었다.[67]

43 창경궁(昌慶宮) 터

세조조에 창경궁의 담장을 쌓을 때 구치관(具致寬)이 그 터를 정했는데, 반수(泮水)로 수백 보(步)가 넘어갔다. 성종 6년(1475)에 사간(司諫) 박숭질(朴崇質)이 창경궁의 담장을 헐어버려 반수의 형태를 온전히 복구시킬 것을 청하자, 왕이 그 말을 따랐다. 그래서 동·서반(東西班) 문무관은 그 관직과 품계에 따라 장정인 노비를 보냈는데, 1품은 4명, 2품은 3명, 3품과 4품은 2명, 5품에서 9품까지는 1명씩을 내어 3일 동안 역사(助事)를 거들어 도와주게 하였다. 이에 반수를 온전히 복구하고 장서각(藏書閣)를 지었다.[68]

44 향축(香祝)을 친압(親押)하다

세조는 비록 양암(諒闇)[69]에 있을 적에도 반드시 조복(朝服)을 입고 종묘와 사직에 향을 먼저 전하였고, 그 다음에 흰색 의복을 입고 헌릉(獻陵)

---

67 이 항목은 『중종실록』 23년(1528) 4월 10일 다섯 번째 기사와 『국조보감』 권20, 중종조 3, 23년(1528) 기사에 보인다.

68 이 항목은 『세조실록』 9년(1463) 2월 11일 기사와 『성종실록』 6년(1475) 2월 29일 세 번째 기사와 3월 9일 첫 번째 기사에 보인다. 3월 12일 첫 번째 기사는 참고할 것.

69 양암(諒闇): 임금이 부모의 상중(喪中)에 있을 때 거처하던 방.

에 향을 전하였다. 성종은 축문에 조종(祖宗)의 시호가 있으매, 연침(燕寢, 임금이 쉬는 전殿)에 들고 들어갈 수 없어서 반드시 직접 향실(香室)에 나아가 수압(手押)하였는데, 이 예(禮)를 '친압(親押)[70]'이라 비로소 이름하였다. 명종은 비록 친림(親臨)하지 않았지만, 반드시 맑은 새벽에 축첩(祝貼)을 올리도록 향실에 명하였다.

45 어휘(御諱)를 대신한 글자

국초(國初)에는 어휘(御諱, 임금의 이름)에 모두 대신 사용한 글자가 있었다. 성종(成宗) 임인년(1482) 홍문관(弘文館)에서 갖추어 아뢰었다.

"세종(世宗)의 휘(諱)는 '이(以)' 자로 대신하였고, 문종(文宗)의 휘는 '임(琳)' 자로 대신하였으며, 세조(世祖)의 휘는 '정(珵)' 자로 대신하였고, 덕종(德宗)의 휘는 '명(明)' 자로 대신하였으며, 예종(睿宗)의 휘는 '흔(欣)' 자로 대신하였습니다."

46 독서당(讀書堂)의 수정배(水晶盃)

옛날 용산(龍山)의 폐허가 된 절이 한강 북쪽 언덕에 있었는데, 성종 연간에 개수(改修)하여 당(堂)을 만들어서 홍문관의 독서하는 장소로 삼았다. 일찍이 왕이 이곳에 궁온(宮醞)[71]을 하사하고 수정배(水精杯)로 마시기를 권하면서 홍문관의 관원에게 수정배를 보내주었다. 이에 도금(鍍金)하여 잔대를 만들고 김일손(金馹孫)이 명(銘)을 지었다.

---

70 친압(親押) : 임금이 제향(祭享)에 쓸 향봉(香封)과 축문(祝文)을 살피고 친히 어압(御押)을 적어 내리는 일을 말한다. 축문을 일일이 대조하는 일은 향실의 관원 또는 승지가 하였다. 신하들이 임금을 대신하여 어압이나 어휘(御諱)를 적어 넣는 것을 대압(代押)이라고 하였다.

71 궁온(宮醞) : 옛날에 임금이 신하나 백성에게 내려주었던 술.

맑아서 흐려지지 않고 비어서 받아들일 수 있네　　　清不涅虛能受,
그 물건 주심 감사히 여겨 저버리지 않을 것 생각하네. 德其物思勿負.

또 '내사독서당(內賜讀書堂)' 다섯 글자가 있는데, 이 글자는 임희재(任熙載)가 팔분체 글씨로 볼록하게 썼고, 명(銘)은 강혼(姜渾)이 전자체(篆字體)로 오목하게 썼다.[72]

47 원점과(圓點科)

성종 초기에 생원(生員)과 진사(進士)로 반궁(泮宮)에 거처하는 자들은 원점(圓點)[73]이 150점을 채워야 비로소 성균관시(成均館試)를 볼 수 있도록 허여하라고 명하였다. 명종 연간에는 관학(館學) 유생으로 원점을 15점 이상만 채우면 정시(庭試)를 볼 수 있도록 허여하라고 명하였다.[74]

48 중금(中禁)의 복식(復飾)

지금 중금(中禁)[75]의 복식과 의절(儀節)은 모두 성종 15년(1484)에 승지(承旨)와 내관(內官)에게 명하여 정한 것이다. 그 복식은 자건(紫巾)·금환(金環)·채사대(綵絲帶)·은이환(銀耳環)에 겉옷[表衣]은 자단령(紫的團領)이고, 속옷[裏衣]은 겹비개(袂飛介)인데, 여름철에는 초록사(草綠紗)를, 겨울철에는 필단(匹段)을 사용하게 하였다. 그 임무는, 조하(朝賀)·조참

72 이 항목은 『연려실기술』 별집 권7, 「관직전고(官職典故)」 〈독서당(讀書堂)〉 조목에 보인다.

73 원점(圓點) : 조선시대 성균관 유생의 출결을 점검하기 위하여 찍던 점. 식당에 들어갈 때 출석부에 찍던 점으로, 아침과 저녁의 두 끼니를 1점으로 하였다.

74 『국조보감』 권15, 성종조 1, 2년(1471) 6월 기사와 『국조보감』 권22, 명종조 1, 2년(1547) 2월 기사에 보인다.

75 중금(中禁) : 액정서의 별감 밑에 두었던 심부름꾼.

(朝參) 및 동가(動駕)[76] 때에 엄(嚴)[77]을 전하는 것과 방방(放榜)[78] 때에 전창(傳唱)을 하는 것이다.

동가 때에는 좌우로 나누어 벌여 서고 한 사람은 산선(繖扇)[79] 뒤에 앉는다. 삼엄(三嚴)의 북소리가 그치면 승전색(承傳色)[80]인 중관(中官)이 월랑(月廊)에 나가서 사알(司謁)로 하여금 엄(嚴)을 전하게 하면 사알이 중계(中階)로 내려가서 엄(嚴)을 외치게 한다. 앉은 자가 땅에 엎드렸다가 일어나서 손을 맞잡고 읍(揖)하고는 곧 남쪽을 향하여 엄을 외치고 한 걸음 앞으로 나가서 또 엄을 외친다. 이처럼 세 번을 한 뒤에 다시 북쪽을 향하여 읍하기를 마치고 돌아와서 벌여 선 곳에 이르러 대가(大駕) 앞에서 시위(侍衛)한다. 대가가 교량(橋梁)이나 길이 좁은 곳에 이르면, 중금이 '시신(侍臣)은 달려 나오라.'고 외친다.

방방(放榜) 때에는 전정(殿庭)의 동쪽과 서쪽에 서있고, 통례원(通禮院) 관원이 먼저 성명(姓名)을 부르면 사알(司謁)이 작은 종이에 써서 중금에게 전해 준다. 그러면 중금이 '아무개의 아들 아무개'라고 외친다. 중금의 인원은 대개 40명인데, 넷으로 나누어 대내(大內)에서 교대로 당

76 동가(動駕) : 어가(御駕)가 대궐 밖으로 나감.

77 엄(嚴) : 나라의 큰 의식(儀式)이나 행사에 임금이 거둥할 때 궁중에서 이에 참여하는 여러 관원에게 준비를 서두르도록 알리기 위하여 세 차례 치던 북소리를 말함. 초엄(初嚴) · 이엄(二嚴) · 삼엄(三嚴)이 있었다.

78 방방(放榜) : 조선시대 과거에 급제한 사람에게 성명을 큰 소리로 불러서 합격 증서(證書)를 주던 일. 문 · 무과(文武科)의 대과(大科)에 합격한 사람에게는 홍패(紅牌)를, 소과(小科)에 합격한 사람에게는 백패(白牌)를 각각 내려 주었다. 부형(父兄)과 족친(族親)이 이때 모두 따라 들어와서 숙배(肅拜)하였다.

79 산선(繖扇) : 산(傘)과 선(扇). 둘 다 임금이 거둥할 때 쓰는 의장(儀仗)으로 산은 일산 모양이고 선은 부채 모양인데 긴 대가 달려있어 이를 잡고 받쳐 들었다. 산선의 종류로는 홍양산(紅陽繖) · 청양산(青陽繖) · 작선(雀扇) · 연화작선(蓮花雀扇) · 봉선(鳳扇) · 용선(龍扇) · 청선(青扇) 등이 있다. 또는 산선을 든 사람을 가리키기도 한다.

80 승전색(承傳色) : 조선조 때 내시부(內侍府)의 한 벼슬. 왕명(王命)을 출납하는 일을 맡았다.

직(當直)을 하였고, 액정서(掖庭署)에 소속되었다.[81]

49 경작놀이[耕種戲]

나라 풍습에 정월 보름날 볏짚을 묶어 곡식의 이삭을 본뜨고 건너지른 나무를 줄로 이어 곡식이 잘 익기를 기원하였다. 대궐에서는 그 풍습을 약간 변경하여 『시경』 「빈풍(豳風)」 〈칠월〉편에 실려 있는 사람과 물상(物象)을 본떠서 경작하는 형상을 만들었다. 이 제도는 대개 세조 때 시작되었다. 세조 신사년(1461) 이래로 승정원에 명하여 좌우로 나누어 승부를 겨루게 하여 이긴 편에 상을 주자, 승지들은 공장(工匠)을 많이 모아서 새기고 꾸며 아주 정교하게 하였다.

성종조에는 이 놀이를 여러 번 마련하였는데, 당시 조정의 신하 이빈(李蘋)이 좋은 생각을 내어 그 무리를 보고 승부를 판가름하였다. 대신(臺臣)이 일찍이 일식(日蝕) 때문에 놀이하는 기구를 설치하지 말 것을 청하자, 상께서 조종조(祖宗朝) 때부터 전해오는 전례(前例)이니 없애지 말라고 명하였다. 그런데 지금 대궐에서는 오랫동안 이 제도를 시행하지 않고 있고, 다만 길거리에서 종종 볏짚 장대를 만드는데, 바로 이것이 전해오는 예전의 제도이다.[82]

50 근시(近侍)에 대한 부의(賻儀)

판서 이승건(李承健)이 일찍이 응교(應敎)였을 적에 부모상을 당하자, 성종이 특별히 부미(賻米)를 하사하였다. 근신(近臣)에게 부의하는 것은 이

81 이 항목은 『성종실록』 15년(1484) 11월 23일 네 번째 기사에 보인다.
82 이 항목은 『성종실록』 24년(1493) 1월 8일 두 번째 기사를 참고할 것.

승건에게서 비롯되었다.

51 관풍각(觀豊閣)

창덕궁 후원의 장원봉(壯元峯) 북쪽에 있는 관덕정(觀德亭)은 바로 성종 3년(1472)에 지은 것으로, 채상단(採桑壇)의 옛 터인데 공혜왕후(恭惠王后, 성종의 비)가 항상 이곳에서 잠례(蠶禮)를 행하였다. 또 단풍정(丹楓亭) 앞에 있는 논 몇 이랑은 성종 10년(1479)에 일구었는데, 내관(內官)으로 하여금 맡아 짓도록 하였다.

또 청양문(靑陽門) 왼쪽에 있는 관풍각(觀豊閣)은 전답(田畓) 가까이에 세워졌는데, 바로 숙종조에 만들어진 것이다. 그 구조가 질박하고 협소하여 겨우 한 칸 정도였는데, 당시 장령(掌令) 김호(金灝)가 상소하여 그 공사를 그만둘 것을 청하자 숙종이 너그럽게 받아들였다.

52 잠례(蠶禮)

성종 초기에 왕비가 일찍이 잠례(蠶禮)를 후원에서 시행했는데, 단(壇)의 사방이 3장(丈)이고 높이가 5척(尺)이며 사방으로 계단을 내었다. 단의 옆에 잠실(蠶室)을 지었는데, 사면의 각 담장 높이가 한 길 3척이고 담장 위쪽을 가시로 덮었으며, 한 가운데 잠실 27개를 만들었다. 또 악전(幄殿)[83] 하나를 지어 직접 누에치는 장소로 삼았다.

당일(當日)에 왕비가 국의(鞠衣)[84]를 입고 가마를 타고 나가고, 내·외명부(內外命婦)[85]는 광주리를 받들고 상공(尙功)[86]은 주석 갈고리를 받들

83 악전(幄殿) : 차일을 치고 휘장을 사방에 둘러서 막고 그 안에 임시로 어좌를 꾸민 것.

84 국의(鞠衣) : 조선시대 왕비가 친잠례(親蠶禮, 왕비의 누에치기 장려 의식)를 행할 때 입은 복식으로 황색이다.

며 상궁(尙宮)이 인도하여 단에 이른다.

왕비가 뽕잎을 따면 음악으로 역성(繹成)[87]을 연주하였다.

누에치는 이로움	維蠶之利,
백성에게 옷을 입혀줌이니	衣被生民.
여자들의 일을 인도하여	道我女紅,
반드시 먼저 솔선한다네.	必躬必親.
부드러운 저 뽕잎을 따서	菀彼桑柔,
어여쁜 광주리에 담아 놓고	承我懿筐.
수고로움 감히 꺼리지 않아	靡敢憚勩,
사방 백성을 가르친다네.	以訓四方.

왕비가 뽕잎 따기를 마치면 내외 명부가 차례대로 뽕잎을 따고서 자리로 돌아간다.

왕비가 악차(幄次)로 돌아가면 음악으로 여민락(與民樂)[88]을 연주하였다.

---

85 내·외명부(內外命婦) : 조선시대 때 내명부는 궁중에서 품계를 받은 여인을 통틀어 이르던 말이고, 외명부는 왕족과 종친의 여자와 처 그리고 문무관의 처로서 남편의 관직에 따라 봉작을 받은 여자를 통틀어 이르는 말이다.

86 상공(尙功) : 조선시대 내명부(內命婦)의 정육품 벼슬. 보통 상궁(尙宮) 이하의 궁녀를 일컬었다.

87 역성(繹成) : 보태평지악(保太平之樂)의 11번째 곡으로 마지막 곡이다. 세종 때 회례악(會禮樂)으로 창제되었지만, 세조 때 종묘제례악으로 채택되었다. 노랫말은 끝 제사를 올린다는 뜻으로 조종(祖宗)의 문덕(文德)과 태평함을 찬양한 4언 12구의 한시였는데, 세조 때 4언 8구로 축소되었다.

88 여민락(與民樂) : 조선시대 아악(雅樂)의 한 가지로서, 세종 때 창제된 「봉래의(鳳來儀)」에 포함되어 있다. 세종 때 「용비어천가(龍飛御天歌)」의 앞부분의 네 장과 마지막 장을 가사로 하여 불렀다. 임금의 거둥 때나 궁중의 잔치 때에 연주되었다.

위의가 모두 법도에 맞고　　威儀卒度,
삼가함을 잊지 않으셨네.　　淑愼不忘.
많은 궁중의 여인들　　曰嬪曰嬙,
일하느라 겨를이 없네.　　承事靡遑.
오르고 내림이 때에 맞으니　　陟降孔時,
예가 이뤄짐을 고하였도다.　　禮云告成.
하늘의 커다란 복을 받아　　受天之祜,
우리에게 은혜 베푸시리라.　　惠我函生.

명부(命婦)[89] 또한 잠실로 나아가고, 상공(尙功)이 뽕잎을 잠모(蠶母)에게 준다. 잠모가 뽕잎을 받아서 실처럼 썰어서 명부에게 주어 누에에게 먹인다. 잠박(蠶薄)[90] 하나에 뽕잎 뿌리는 것을 마치면, 명부는 왕비를 따라 환궁하였다.[91]

53 양관(兩館)

국초에 예문관(藝文館)과 춘추관(春秋館) 두 개의 관을 설치하여 사한(詞翰)을 담당하게 하였고, 집현전(集賢殿)을 설치하여 강론(講論)을 담당하게 하였다. 그런데 세조 때는 집현전을 없애고 두 개의 관(館)만을 남겨놓았다.

성종 9년(1478)에는 홍문관(弘文館)을 설치하였다. 또 예문관을 증설(增設)하여 수찬(脩撰) 이상의 관원 15명은 경연관(經筵官)과 춘추관(春

89 명부(命婦) : 조선시대 국가로부터 작위를 받은 여인들의 통칭. 봉작을 받은 부인은 내명부(內命婦)와 외명부(外命婦)로 구분되었다.
90 잠박(蠶薄) : 누에를 치는데 쓰는 채반.
91 이 항목은 『성종실록』 8년(1477) 윤 2월 27일 네 번째 기사와 『국조보감』 권16, 성종조 2, 8년(1477) 3월 기사를 참고할 것.

秋官)을 겸대(兼帶)하도록 하였고, 시강(侍講)과 논사(論事)에 치중하도록 하였다. 봉교(奉敎) 이하의 관원은 경연관만을 겸대하도록 하였고, 기언(記言)과 서사(書事)에 치중하도록 하였다. 명칭상으로는 비록 동료이지만 수행하는 직무가 달랐다.

이조(吏曹)에서 또한 말하길, "예문관 관원의 품계가 모두 6품 이상이므로 새로 급제하여 품계가 낮은 사람은 예문관에 들어오지 못합니다. 이 때문에 여러 관사(官司)에 분임(分任)되어 문서 더미 속에 머리를 파묻고 있어 비록 훌륭한 자질을 가지고 있더라도 성취한 것이 없습니다. 그래서 정7품 박사(博士)와 정8품 저작(著作) 각각 한 명과 정9품 정자(正字) 두 명을 증원하여, 나이가 젊고 학행(學行)이 있는 자를 가려서 충차(充差)하여 차례로 승진시킬 것을 본관(本館)에서 요청하였습니다." 라고 하자, 상이 이를 따랐다.

그리하여 사관(史官) 8명이 뒤섞여 예문 참외관(藝文參外官)이 되자, 봉교 최을두(崔乙斗) 등이 별도로 한 국(局)을 설치하여 그 임무에 전념(專念)하게 할 것을 요청하였다. 이에 상이 명하여 예문관 부제학 이하 각 관원을 홍문관으로 이속시키고, 봉교 이하 8명은 예문관원을 겸대하도록 하였다. 홍문관 응교 2명 중에 주문(主文)에 적합한 자 1명도 예문관 응교를 겸대하도록 하고, 홍문관 도승지는 의례적으로 홍문관 직제학을 겸대했는데, 또한 부서를 옮겨 예문관(藝文館) 직제학을 겸대하도록 하였다.[92]

54 진대(進對)

무릇 진대(進對)는 품계가 낮은 자가 으레 먼저 물러났었다. 그런데 중

92 이 항목은 『성종실록』 9년(1478) 3월 19일 세 번째 기사와 『성종실록』 9년(1478) 2월 28일 여섯 번째 기사를 참고할 것.

종 14년(1519) 검열(檢閱) 신잠(申潛)이, 사관(史官)이 먼저 물러갈 수 없다고 말하자, 마침내 상이 수좌(首座)가 먼저 물러가라고 명하였다. 때문에 이것이 규례가 되었다.[93]

55 관차(館箚)의 주점(朱點)

중종 초기 홍문관에서 차자(箚子)를 지었는데, 구두(句讀)할 곳에 붉은색으로 점을 찍어 올렸다. 이는 대개 을람(乙覽)[94]을 편하게 하려는 것이었다. 상이 여유로운 때에는 푸른색으로 점을 찍었다. 그런데 상이 내각(內閣, 규장각)을 창설하자, 각신(閣臣)이 차자를 지을 적에 이 방식을 사용하였다. 다만 대신(大臣)과 양사(兩司, 사헌부와 사간원)의 차자는 이렇게 하지 않았다.

56 어린 나이로 관직에 제수되다

본조(本朝) 중엽 이전에 어린 나이로 관직을 제수 받은 자가 있었다. 청천부원군(菁川府院君) 유순정(柳順汀)의 손자 사필(師弼)이 여섯 살에 조상의 음덕[祖蔭]으로 부사용(副司勇)에 제수되었다.[95]

---

93 이 항목은 『중종실록』 14년(1519) 6월 2일 첫 번째 기사를 참고할 것.

94 을람(乙覽) : 밤 9시에서 11시 사이인 을야(乙夜)에 책을 열람한다는 뜻이다. 처음에는 왕의 여유롭고 자발적인 공부시간을 의미했으나 신료들이 늦은 밤까지 열심히 공부할 것을 권장하면서 거의 공식적인 일과가 됐다. 즉, 왕이 한밤중에도 독서와 상소문 읽는 것을 말한다.

95 이 항목은 『연려실기술』 별집 권10, 「관직전고(官職典故)」 〈음사(蔭仕)〉 조목에도 보인다.

57 한림(翰林)이 사록(司錄)을 겸하다

옛날에는 중서성(中書省)이 정치하는 본부였으므로 공사(公事)의 출납은 모두 이곳을 거쳤다. 그런데 승정원(承政院)이 후설(喉舌)의 기관이 되어 왕명(王命)의 출납을 관장하고부터 의정부는 이것에 관여하지 못하게 되었다. 중종조에 사록(司錄) 1명을 승정원에 항상 출사(出仕)시킬 것을 논의했었는데, 대개 조보(朝報)[96]를 듣는 내로 의정부에 통보하게 하기 위해서였다. 그런데 논의가 막혀서 시행되지 못하였다. 예전의 규정에 한림(翰林) 1명이 항상 사록을 겸하도록 한 것은 아마도 이 때문일 것이다.[97]

58 재능에 따라 사람을 기용하다

김인손(金麟孫)은 사인(舍人)을 거쳐 제포 첨사(薺浦僉使)에 제수되었고, 이윽고 대사간(大司諫)으로 조정에 불러들여졌다. 김백순(金伯淳)은 검열(檢閱)과 사성(司成)을 지내고 인산 첨사(麟山僉使)로 옮겼으며, 정5품으로 품계가 오르고 의주 목사(義州牧使)에 제수되었다. 심사손(沈思遜)은 사인(舍人)과 전한(典翰)과 직제학(直提學)을 지내고, 만포 첨사(滿浦僉使)에 제수되었다.

이는 모두 중종조에 있었던 일이니, 조종조(祖宗朝)에서는 재능과 기량에 따라 사람을 기용하여 이처럼 상격(常格, 일정한 격식)에 얽매이지 않도록 하였다.

---

96 조보(朝報): 조선시대 승정원에서 처리한 사항을 매일 아침에 기록하여 반포(頒布)하던 관보(官報)·기별(奇別)·난보(爛報)·조지(朝紙) 등을 가리킨다.

97 이 항목은『중종실록』15년(1520) 3월 26일 첫 번째 기사를 참고할 것.

59 붉은 보자기로 진헌(進獻)하다

무릇 서울과 지방에서 진상(進上)할 적에는 물건을 황색 보자기에 쌌었는데, 중종 14년(1519)에 이것이 참례(僭禮, 지나친 예)에 가깝다고 하여 붉은 보자기로 바꾸어 사용하였다. 이는 황해도 관찰사 김정국(金正國)의 상주(上奏)로 말미암은 것이다.

60 소격서(昭格署)

고사(故事)에 따르면, 소격서(昭格署)는 중국의 초사(醮祀)를 모방하여 태일전(太一殿)에서 칠성제수(七星諸宿)에 제사지냈는데, 모두 머리를 풀어헤친 여자의 형상이었다. 삼청전(三淸殿)에서는 옥황상제(玉皇上帝)·태상노군(太上老君)·보화천존(普化天尊)·재당제군(梓潼諸君) 등 10여위(位)를 제사지냈는데, 모두 남자의 형상이었다. 또 안팎의 여러 제단(祭壇)에는 사해용왕(四海龍王)과 신장(神將)과 명부시왕(冥府十王), 그리고 수부(水府)의 여러 신의 위판(位板)을 무려 수백 개나 설치하였다.

헌관(獻官)과 소격서 관원은 모두 흰 옷에 검은 두건을 착용하고선 치제(致齋)[98]하였고, 장차 제사지낼 때는 그 복장에 관(冠)을 쓰고 홀(笏)을 들었다. 제물(祭物)은 과일과 음식, 차와 탕(湯), 그리고 술이었고, 분향백배(焚香百拜)하였다. 도사류(道士流)는 소요관(逍遙冠)을 쓰고 얼룩얼룩한 검은 옷을 입었으며, 경쇠[磬]를 24편(遍) 울렸고, 두 사람이 앞에서 도경(道經)을 읽었다. 또 축언(祝言)을 푸른 종이에 써서 태웠는데, 그 일이 어린아이 장난과 같았다. 하지만 관서(官署)를 설치하여 발사(祓祀)했으니, 매양 제사지낼 적마다 드는 비용이 헤아릴 수 없었다.

98 치제(致齋) : 제관이 된 사람이 사흘 동안 몸과 마음을 깨끗이 하고 부정한 일을 멀리하는 것을 말한다.

중종 13년(1518)에 정암(靜菴, 조광조의 호)이 임금을 면대(面對)하여 극렬히 논하였고, 또 복각(伏閣)[99]하여 네 번 아뢰자 요청이 받아들여졌다. 하지만 얼마 안 되어 복원시키라 명하였고,[100] 임진란 뒤에 드디어 폐지하였다.[101]

61 독서당(讀書堂)의 은잔[銀杯]

중종 37년(1542)에 청주(淸州)의 민전(民田) 안에서 은준(銀樽) 네 개를 얻었다. 관찰사가 이것을 진상하자, 상이 은잔을 만들어 승정원과 춘방(春坊)과 예문관, 그리고 독서당에 나누어주라고 명하였다.

62 태학(太學)의 서치법(序齒法)

태학(太學)의 서치(序齒)[102]는 중종조에서부터 시작되었다. 다만 하재(下齋)[103]에서 시행되었는데, 시의(時議)가 상제(上齋)에서도 아울러 시행하길 바랐다. 이준경(李浚慶)과 송세형(宋世珩)이 모두 좋다고 여겼지만,

---

99 복각(伏閣) : 복합(伏閤)이라고도 함. 원래 나라의 큰 일이 있을 적에 조신(朝臣)이나 유생(儒生)들이 대궐문 밖에 엎드려 거듭 상소(上疏)하여 임금의 재가(裁可)를 기다리는 행위인데, 여기서는 홍문관 부제학이었던 조광조가 관원들을 거느리고 대궐문 밖에 엎드려 소격서 폐지를 네 번이나 중종에게 아뢴 일을 가리킨다. (『동각잡기(東閣雜記)』 상권 본조예원보록(本朝璿源寶錄) 참고)

100 중종은 자전(慈殿)의 건강이 좋지 못하다는 이유를 들어 1518년 폐지했던 소격서를 1525년(중종 20)에 다시 설치하였다.

101 이 항목은 『용재총화(慵齋叢話)』 권2와 『연려실기술』 별집 권7, 「관직전고(官職典故)」 〈혁파제사(革罷諸司)〉에 보인다. 또한 『신증동국여지승람 권2, 비고편, 『동국여지비고』 권1 경도(京都), 『동각잡기(東閣雜記)』 상권 본조예원보록(本朝璿源寶錄)을 참고할 것.

102 서치(序齒) : 연령순으로 자리를 차례로 앉는 것을 말한다. 원래 관학(館學, 성균관과 四學의 총칭)에서는 방차(榜次, 과거의 급제한 서열)를 따라 차례로 앉았는데, 이를 서치법으로 바꾸었다.

103 하재(下齋) : 성균관의 동서(東西) 양재(兩齋)의 각각 맨 아래쪽의 두 칸.

성세창(成世昌)이 반대하여 의론이 마침내 중지되었다. 선조 초기에 율곡(栗谷)이 건의하여 잠시 시행되다가 바로 폐지되었고, 효종 9년(1658)에 이후원(李厚源)이 논의하여 비로소 시행되었다.

63 용경석(龍鏡石)

중종 17년(1522) 일본에서 소이전(小二殿)의 사송(使送) 공부수좌(功夫首座)가 와서 용경석(龍鏡石) 3개를 바쳤다. 누런 바탕에 흰 무늬가 있고 광채가 투명하여 머리카락을 헤아릴 수 있을 정도이니, 마치 금석(錦石)과 같았는데, 상이 이를 물리쳤다.[104]

64 내농작(內農作)의 여러 도구

중종 9년(1514)에 일찍이 후원에 내농작(內農作)의 여러 도구를 배설하였다. 왼편은 경회지(慶會池) 북쪽으로부터 북쪽 담장까지 이르렀는데, 주공이 〈칠월(七月)〉편[105]을 드리는 것을 형상하였다. 오른편은 충순당(忠順堂) 앞으로부터 취로당(翠露堂)까지 이르렀는데, 주공(周公)이 〈무일(無逸)〉편[106]을 드리는 것을 형상하였다. 해의지(海衣紙)로 족자를 만

104 이 항목은 『중종실록』 17년(1522) 4월 13일 첫 번째 기사와 『국조보감』 권20, 중종조 3, 17년(1522) 4월 기사에 보인다.

105 〈칠월(七月)〉편 : 『시경』 「빈풍(豳風)」의 편명(篇名)으로, 그 내용 중에 "7월에 심성(心星)이 서쪽으로 내려가면, 9월에는 옷을 만들어 주어야 한다. 양이 하나인 달에는 바람이 차갑고, 양이 둘인 달에는 기온이 싸늘해지니, 옷이 없고 털옷이 없으면, 어떻게 한 해를 보내겠는가.[七月流火 九月授衣 一之日觱發 二之日栗烈 無衣無褐 何以卒歲]"라는 내용이 있으므로 이와 같이 말한 것이다.

106 무일(無逸)편 : 『서경(書經)』 「주서(周書)」의 편명. 임금은 놀기를 즐기지 말고 정사에 부지런해야 된다는 내용이다. 주나라 주공(周公)은 7년 동안 보살펴 오던 정사를 성왕(成王)에게 완전히 맡기면서, 천한 백성의 일로부터 은나라를 일으킨 조을(祖乙)·무정(武丁) 등과 주나라 문왕(文王)의 사례 및 방탕으로 나라를 망친 주(紂)에 이르기까지 차례차례 예를

들고 벚나무 껍질로 장식하였으며 거기에 글자를 새겨서 기산(岐山) 사계절의 경치를 만들었는데, 모든 기화(奇花)・이초(異草)・충어(蟲魚)・금수(禽獸)가 다 갖추어지지 않은 것이 없었다. 상께서 승지(承旨)와 감조관(監造官)에게 선온(宣醞)하라 명하였다.

65 용봉차일(龍鳳遮日)

용봉차일(龍鳳遮日)은 바로 원나라 조정에서 고려왕에게 선물로 보내주어서 팔관회(八關會) 때 펼쳐 사용한 것이다. 그 폭이 매우 넓어서 다만 한 사람이 펼치는 법을 전수받아 펼쳤다. 중종 13년(1518)에 일찍이 이것을 개조하였다.

66 열조(列朝)의 책보(册寶)

선대왕(先代王)마다 시책(諡冊)과 금보(金寶)를 반드시 태묘(太廟)의 당실(堂室) 옆에 봉안하였는데, 인종의 시책은 유실되어 전하지 않고 있었다. 그런데 영종(英宗) 정축년(1757)에 정성왕후(貞聖王后, 영조의 원비元妃)의 우주(虞主)[107]를 태묘의 뜰에 묻으려고 땅을 파다가 옥찰(玉札) 한 조각을 얻어 자세히 살펴보니, 바로 인종의 시책이었다. 상이 매우 기이하게 여겨 친히 전문(全文)을 베껴 쓰고, 옥에 새겨 합해서 완전한 편(篇)으로 만들어 인종실에 보관하도록 하였다.[108]

들어 성왕을 경계했다고 한다.

107 우주(虞主) : 궁중에서 장사지낸 후 첫 제사인 우제(虞祭) 때 사용하는 뽕나무로 만든 위패(位牌).

108 이 항목은 『국조보감』 권64, 영조조 8, 33년(1757) 12월 기사에 보인다. 또 『영조실록』 33년(1757) 12월 10일 두 번째 기사를 참고할 것.

67 두 귀에 귀고리를 매달다

나라 풍속에 남자 어른이나 남자 아이나 반드시 두 귀를 뚫어 귀고리를 매달았었는데, 중국 사람들이 이를 기롱하면서 오랑캐 풍습이라 하였다. 그래서 선조조에 서울과 지방에 효시(曉示)하여 그 풍습을 과감히 혁파하였다.[109]

68 도포(道袍)

우리나라에서 도포(道袍)는 임진왜란 이후에 착용하기 시작하였다. 나라의 의복제도에 호이엄(胡耳掩)이 있었다. 그 형태가 조붓하고 가벼웠는데 지금은 없어졌다. 선조가 일찍이 중국의 의복제도를 따라서 상하 계층의 사람들이 모두 소모자(小帽子)[110]를 쓰도록 했는데, 끝내 시행되지 않았다.[111]

69 이현궁(梨峴宮)

이현궁(梨峴宮)[112]은 인헌왕후(仁獻王后, 인조의 모친)를 위해 마련되었는

109 이 항목은 『선조실록』 5년(1572) 9월 28일 두 번째 기사를 참고할 것.

110 소모자(小帽子) : 평상복과 함께 사용되었던 모자. 보통 비단 여섯 쪽을 이어 모자의 형태를 만들고, 그 아래는 약 12~15cm의 테를 만들어 연결하거나, 직사각형 옷감을 연결하여 양쪽 모서리만 접어 넣어 바느질한 형태도 있다. 계절에 따라 솜을 넣은 모자도 있다.

111 이 항목은 『선조실록』 26년(1593) 윤 11월 22일 아홉 번째 기사를 참고할 것.

112 이현궁(梨峴宮) : 원래는 광해군의 잠저(潛邸)로, 한성 동부 연화방(蓮花坊, 종로구 인의동)에 있었다. 배고개[梨峴]에 있었기 때문에 '이현궁' 또는 '이현본궁'이라 불리게 되었다. 창건연혁은 알 수 없으나 1610년(광해군 2)에 세자빈 간택이 있은 뒤 새로 수리하고 가례(嘉禮) 전에 옮겨 생활하는 별궁으로 삼게 하였다. 그 뒤 1623년(인조 1)에 원종(元宗, 인조의 부친)과 인헌왕후(仁獻王后, 인조의 모친)의 처소로 삼으면서 궁호를 계운궁(啓運宮)으로 바꾸었다. 병자호란 뒤에는 인조의 아우인 능원대군(綾原大君)의 거처로 삼기도 했다. 이후 숙종 때에는 숙빈방(淑嬪房)으로 삼았다가 1711년(숙종 37)에는 연잉군(延礽君, 훗날

데, 계운궁(啓運宮)이라 일컬었다. 숙종 연간에 최숙빈(崔淑嬪)이 일찍이 이곳에 거처했었는데, 지금은 장용외영(壯勇外營)이 되었다.

70 친부모를 추증(追贈)하다

인조조에 여러 신하들이 힘껏 경쟁하듯 추숭(追崇)하자, 상이 말하였다.

"신하들은 무슨 이유로 모두 친부(親父)를 추은(推恩)[113]하려 하는가?"

이로부터 마침내 친부를 추증하는 일을 그만두었고, 상의 특별한 명이 있으면 혹 대신(大臣)이 진정(陳情)하여 청한 이후에 추증할 수 있었다.

71 국출신(局出身)

인조조 정축년(1637)에 남한산성에서 호종(扈從)할 사람을 시험하였는데, 무과 출신(出身) 6천 5백여 명 중에 훈련도감의 포수(砲手)가 절반이었다. 그런데 이들은 모두 자신들이 졸오(卒伍)에 편성되는 것을 원하지 않았다. 그래서 별도로 7개 국(局)을 설치하여 포수 출신은 거기에 예속시키고 명칭을 국출신(局出身)[114]이라 했으며, 별장(別將)을 두어 그들을 영솔하게 하였다. 지금은 영숙문(永肅門)에서 당직(當直)한다.[115]

영고)의 집지를 이곳에 두기도 하였다. 정조 때에 이 궁을 폐지하면서 이 지역을 중심으로 장용영(壯勇營)을 설치하였고, 순조 때는 장용영의 폐지와 함께 훈국(訓局)·동별궁(東別宮)·선혜청(宣惠廳)·동창(東倉) 등이 설치되었다.

113 추은(推恩): 조선시대 시종관이나 병사·수사 등의 아버지가 70세 이상이 되었을 때, 나라에서 그 아버지에게 정3품 통정대부 이상의 품계를 주는 것을 말한다.

114 국출신(局出身): 조선시대 훈련도감(訓鍊都監)에 속한 가장 낮은 직급의 장교.

115 이 항목은 『인조실록』 15년(1637) 10월 20일 기사와 『국조보감』 권36, 인조조 3, 15년(1637) 10월 기사에 보인다.

72 포오시(哺烏詩)

인조가 일찍이 여러 신하들에게 월과(月課)를 보였는데, 정언(正言) 박장원(朴長遠)이 포오시(哺烏詩)[116]를 지어 올렸다. 그 시는 아래와 같다.

선비에게 어버이 집에 계시지만	士有親在堂,
가난해 맛난 음식 마련하지 못하네.	貧無甘旨具.
숲속 새도 사람을 감동시키니	林禽亦動人,
반포(反哺)하는 까마귀에 눈물 흘리네.	淚落林烏哺.

상이, 박장원에게 부모가 있느냐고 묻자, 승정원에서 박정원에게는 어미만 있다고 답하였다. 상이 말하길, "그 마음이 말 속에 드러나 있다. 풍수(風樹)의 슬픔[117]에 옛사람도 상심(傷心)하였다."라 하고, 그에게 쌀과 베를 하사하도록 명하였다.[118]

73 원손(元孫)의 수정대(水晶帶)

인조 26년(1648), 대신들에게 원손(元孫) 책봉(冊封) 때의 장복(章服, 복장)에 대해 의논하여 정하라고 명하였다. 이에 의정부에서 논의하였다.

『회전(會典)』을 살펴보니, 공(公)·후(侯)·부마(駙馬)·백(伯)은 꽃무늬에 기린(麒麟)이 있는데 바로 문무(文武) 1품관의 위이니, 이것을 취해

116 포오시(哺烏詩) : 반포지효(反哺之孝)를 읊조린 시. '반포지효'란 까마귀 새끼가 자라서 늙은 어미에게 먹이를 물어다 주는 효성이라는 뜻으로, 자식이 자라서 어버이의 은혜에 보답하는 지극한 효를 이르는 말.

117 풍수(風樹)의 슬픔 : 풍수지탄(風樹之嘆). 효도를 아직 다하지 못했는데 어버이가 이미 돌아가시어, 효도하고 싶어도 할 수 없는 슬픔을 이르는 말. '수욕정이풍부지(樹欲靜而風不止), 자욕양이친부대(子欲養而親不待)'라는 옛 글귀에서 유래하였다.

118 이 항목은 『인조실록』 18년(1640) 10월 28일 기사에 보인다.

다가 모방하겠습니다. 군주(郡主)의 장자(長子)는 방용수(方龍繡)를 쓰게 되어있는데, 지금 견용(肩龍)을 제거하고 다만 방용수를 쓴다면 의례도 줄이고 일도 근거할 데가 있게 됩니다. 1품은 옥대(玉帶)를 쓰고 2품은 서대(犀帶)를 쓰는데, 옥대를 쓰는 것은 너무 중하고 서대를 쓰는 것은 다소 가볍습니다.

『통전(通典)』에는 황태자가 금으로 장식한 상홀(象笏)을 지니는 법제가 있고, 또한 관례를 하지 않은 세손(世孫)이 보배로 꾸민 옥도(玉導)를 쓰는 법제가 있으니, 이것을 모방하여 옥 바탕에 금으로 장식한 법제를 쓴다면, 위로는 세자와 구분이 되고 아래로는 군신들과 다르게 됩니다. 상이 수정대(水晶帶)를 사용하라 명하였다.[119]

74 군사를 맡은 자가 깍지를 끼다

효종이 일찍이 유혁연(柳赫然)에게 이르길, "조대수(祖大壽)[120]는 항상 손가락에 깍지[121]를 끼고 있어 깍지와 손가락이 하나가 되었다."라 하고, 이에 무인들에게 신칙하여 이를 본받으라 하였다. 지금 군사를 맡은 자는 비록 문재(文宰, 종2품 이상의 문관)라도 감히 깍지를 벗지 않는다.[122]

75 추고 전지(推考傳旨)

옛날 추고 전지(推考傳旨)에 '하(下)' 자만을 적고, '아무 아문[某衙門]'이라

119 이 항목은 『인조실록』 26년(1648) 8월 3일 기사에 보인다.

120 조대수(祖大壽): 명나라 말기의 장수.

121 깍지[決]: 활을 쏠 때 오른쪽 엄지에 끼는 기구.

122 이 항목은 『숙종실록』 10년(1684) 12월 16일 첫 번째 기사와 『국조보감』 권47, 숙종조 7, 10년(1684) 12월 기사를 참고할 것.

적지 않고 아뢰면, 상이 '금부(禁府)' 자를 전서(塡書)[123]하고 즉시 죄인을 잡아 가두었는데, 이것을 이른바 '금추(禁推)'라 한다. 또 행공 추고(行公推考)[124]와 구전 정사(口傳政事)[125]는 옛날에는 없었으니, 대체로 임진난 이후에 생겨난 것이다.

효종 2년(1651) 추고 전지에, 고례(古例)를 따라 '행공(行公)' 자와 '아무 아문[某衙門]'을 적지 말고 '하(下)' 자만을 적으라고 명하였는데, 상의 결재를 기다렸다 적는 것이 법식이 되었다. 지방관은 그 업무의 공백이 염려되어 이전의 행공(行公, 공무를 집행하는 것)을 따르도록 하였다. 또 사헌부에서는 날마다 개좌(開座)[126]하고 육조(六曹)의 규례를 따라 참석과 불참을 기록하여 매달 보름과 말일에 서계(書啓)하도록 하였다.

76 후원(後苑)에서 꿩을 태우다

효종이 일찍이 심양(瀋陽)에 있을 때, 시종들과 함께 북녘 들판에서 말 타고 활 쏘며 사냥을 했었는데, 직접 앞에다 숯을 피워 꿩의 몸체를 쪼개어 굽고 함께한 사람들에게 마시고 먹도록 하여 즐거움으로 삼았다.

환국(還國)하여 왕위에 오른 후에는 매년 겨울 한가로운 때, 별군직(別軍職)과 선전관(宣傳官) 등에게 후원에서 시사(試射)[127]를 하게하고 예전처럼 불에 구운 꿩을 나누어 주었는데, 지금까지 이것이 시행되어 마침

123 전서(塡書) : 빠진 글자를 채워서 써 넣는 것.

124 행공 추고(行公推考) : 직접 체포하여 추고(推考)하는 나추(拿推)와 구별하여, 피의자로 하여금 직무는 수행하면서 추고를 받게 하는 것을 말함.

125 구전 정사(口傳政事) : 임금이 분부를 내릴 적에 문서상의 절차를 다 갖추지 않는 것을 말한다. 즉 이조 판서 또는 병조 판서가 직접 임금의 구두 명령(口頭命令)을 받아 관원을 임명하는 것.

126 개좌(開座) : 관리들이 모여 공무를 집행하는 것을 말함.

127 시사(試射) : 활 쏘는 것을 시험함.

내 대궐의 고사가 되었다.[128]

77 대궐 안의 금교(禁轎)

조종조(祖宗朝)의 구례(舊例)에 세자는 대궐 안에서 가마를 탈 수 없었다. 인종이 춘궁(春宮)에 있을 적에 옥체(玉體)가 허약하였는데, 중종이 세자가 걷다가 몸을 해치는 데 이를까 염려하여 가마를 타고 다니라고 명하였다. 드디어 이것이 규례가 되었다. 대군 이하는 가마를 탈 수 없었는데, 효종이 봉림대군 시절 일찍이 가마를 타고 입궐(入闕)하자 대신(臺臣)[129]들이 이를 논의하여 배행(陪行)한 내관(內官)을 추고하였다.[130]

78 심양(瀋陽)의 야판(野坂)

심양성 남쪽에 높은 언덕 하나가 있는데, 이른바 야판(野坂)이라 하는 곳이다. 이는 효종이 관(館)을 쌓은 터이다.

79 어수당(魚水堂)

세간에서 일컫기를, 어수당(魚水堂)은 효종이 우암(尤庵)을 독대(獨對)하기 위해 지었다고 한다. 하지만 인조반정으로 대궐이 소란스러워지자 광해군이 달아났고 폐비 유씨가 어수당으로 달아났으니, 어수당이 지어진 것은 아마 오래 전일 것이다. 아마도 혹 효종 때에 이르러 중수(重修)되었을 것이다.

---

128 이 항목은 『정조실록』 15년(1791) 12월 20일 기사를 참고할 것.
129 대신(臺臣) : 사헌부(司憲府)의 대사헌(大司憲) 이하 지평(持平)까지 이르는 관원의 총칭.
130 이 항목은 『인조실록』 4년(1626) 12월 30일 다섯 번째 기사를 참고할 것.

80 만수전(萬壽殿)

만수전(萬壽殿)은 왕대비께서 때때로 행차하던 곳이다. 효종이 자의대비(慈懿大妃, 인조의 계비)를 위해 직접 흠경각(欽敬閣) 옛 터의 땅을 살펴보고선 별도로 전(殿)을 지어 '만수(萬壽)'라 하고, '춘휘(春暉)'라 하였다.

81 위요(圍繞)

효종 6년(1655)에 숙안공주(淑安公主)[131]가 익평군(益平君) 홍득기(洪得箕)에게 하가(下嫁)하였는데, 상은 위요(圍繞)[132]의 복색이 변례(變禮)에 관련되기 때문에 대신들에게 논의하라고 명하였다. 이에 영의정 이경여(李敬輿)가 아뢰었다.

"혼인할 적에 위요는 고례(古禮)에 없는데, 하물며 전하께서 바야흐로 상중(喪中)에 계시고, 백관이 최마(衰麻)의 복을 입고, 온 나라 백성이 흰 소복을 입고 있어서이겠습니까? 2품 이상의 모든 관원들이 길복(吉服)을 입고 수행하는 것은 마땅하지 않습니다."

이에 상이 그대로 따라서 위요의 복색을 흰 옷으로 정하였다.

위요는 불경(佛經)에서 나왔다. 『당서(唐書)』에 이르길, 대종(代宗)이 경운(景雲) 2년(711) 9월 3일 태어났는데, 이 날을 천성지평절(天成地平節)이라 하고 세 개의 전(殿)에 도장(道場)을 설치하였다. 궁인(宮人)을 불보살(佛菩薩)로 삼고 북문의 무사(武士)를 금강신(金剛神)으로 삼았으며, 왕이 대신들을 불러 엎드려 절하고 위요하게 하였다고 한다. 고려가

131 숙안공주(淑安公主) : 효종과 인선왕후 사이에서 태어난 둘째 딸이다. 어릴 적부터 총명하여 『효경』·『내훈』·『소학』에 능통하였으며, 성품이 인자하고 효성스러워 부왕의 사랑을 받았다.

132 위요(圍繞) : 혼인할 때 가족 중에서 신랑이나 신부를 데리고 가는 사람. 상객(上客)이라고도 한다.

불법을 숭상하고부터 혼례에도 위요를 하였고, 여전히 제사지낼 적에 반드시 승재(僧齋)를 하며 지금까지 바꾸지 않았다.[133]

82 구장릉(舊長陵)에 손수 소나무를 심다

효종조에 일찍이 손수 구장릉(舊長陵)[134]에 소나무와 가래나무를 심었고, 신왕조(先王朝, 영조) 신해년(1731)에 또 성적(聖蹟)을 좇아 손수 세 그루의 소나무를 새로 옮긴 능침(陵寢)에 심었다. 금상(今上, 정조)이 기유년(1789)에 비로소 능침을 알현하고 세 그루의 소나무를 직접 보고 동갑(銅甲)으로 에워싸고 봉(封)하여 표지해 두었다.[135]

83 태학(太學)의 은잔

태종(太宗)이 고려 국자박사(國子博士)를 위해 반중(泮中)에서 잔을 돌릴 적에 청화잔[靑花盃]이 있었다. 태종이 즉위하여 이 잔을 보물로 간직하라고 신칙하였는데, 다만 많은 선비들이 태학에 모여 연회를 할 적에는 이 잔에 술을 따라 돌리는 것을 허여하였다. 성종조에 잔이 파손되자 다시 만들었는데, 끝내 임진난 때 잃어버렸다.

효종 연간에 대사성(大司成) 김익희(金益熙)가 다시 만들어 조종조(祖宗朝)의 고사(故事)를 계승할 것을 거듭 청하자, 상이 두 개의 은잔을 만들도록 명하여 중사(中使)에게 태학에 하사하도록 하였다. 지금까지 태

---

133 이 항목은 『연려실기술』 별집 권12권 「정교전고(政敎典故)」를 참고할 것.

134 구장릉(舊長陵) : 인조와 원비 인렬왕후(仁烈王后) 한씨의 합장릉. 경기도 파주시 탄현면 갈현리에 있다.

135 이 항목은 『정조실록』 13년(1789) 2월 13일 첫 번째 기사와 『정조실록』 22년(1798) 5월 29일 세 번째 기사를 참고할 것.

학 안에 보관되어 있다.[136]

84 융복(戎服)의 호수(虎鬚)

호수(虎鬚)[137]는 옛날에 없었던 법제였다. 예전에 현종이 온양(溫陽)으로 행차하셨을 때 보리밭에 크게 풍년이 들었는데, 상이 매우 기뻐서 호종(扈從)하던 여러 신하들에게 각자 보리 이삭 하나를 꽂아 풍년의 상서로움을 표지하도록 하였다. 지금까지 융복(戎服)에 호수를 꽂는 것은 바로 보리 이삭의 유지(遺志) 때문인데, 금려(禁旅, 근위병)가 궁핍하여 호수를 구비할 수 없게 되자 간혹 보리 이삭을 꽂았다.[138]

85 경덕궁(慶德宮)

경덕궁(慶德宮)[139]의 집상전(集祥殿)은 만수전(萬壽殿) 동쪽에 있는데, 현종이 인선대비(仁宣大妃, 효종의 비)를 위해 지었다.

86 숙종의 궁관(宮官)

현종 정미년(1667) 정월에 숙종을 왕세자로 책봉(冊封)하였는데, 병오년(1666) 11월 27일 정사(政事)에서 미리 궁관(宮官)[140]을 배설하였다.

---

136 이 항목은 『효종실록』 6년(1655) 7월 13일 세 번째 기사와 『국조보감』 권38권, 효종조 2, 6년(1655) 7월 기사에 보인다.

137 호수(虎鬚) : 주립(朱笠, 붉은 전립)의 양 옆에 꾸밈새로 꽂던 하얀 털.

138 이 항목은 『정조실록』 15년(1791) 1월 14일 첫 번째 기사를 참고할 것.

139 경덕궁(慶德宮) : 경희궁의 옛 이름. 광해군 9년(1617)에 공사를 시작해 광해군 15년(1623)에 완공되었는데, 영조 때 경희궁으로 이름을 바꾸었다.

140 궁관(宮官) : 조선시대 동궁(東宮)에 속해 있는 벼슬아치를 이르던 말.

겸 세자사(兼世子師)로 영의정 정태화(鄭太和)를, 겸 세자부(兼世子傅)로 좌의정 홍명하(洪命夏)와 우의정 허적(許積)을, 이사(貳師)로 송시열(宋時烈)을, 행 찬선(行贊善)으로 송준길(宋浚吉)을, 찬선으로 이유태(李惟泰)를, 진선(進善)으로 윤선거(尹宣擧)를, 좌빈객(左賓客)으로 김수항(金壽恒)을, 우빈객(右賓客)으로 박장원(朴長遠)을, 좌부빈객(左副賓客)으로 조복양(趙復陽)을, 우부빈객(右副賓客)으로 이정기(李廷夔)를, 겸 보덕(兼輔德)으로 이단상(李端相)을, 겸 문학으로(兼文學)으로 홍만용(洪萬容)을, 필선(弼善)으로 김익겸(金益廉)을, 문학(文學)으로 김석주(金錫胄)를, 설서(說書)로 신익상(申翼相)을, 겸 설서(兼說書)로 윤경교(尹敬敎)를, 사서(司書)로 김만중(金萬重)을, 보덕(輔德)으로 이숙(李翻)을, 겸 사서(兼司書)로 이단하(李端夏)를, 겸 필선(兼弼善)으로 이익(李翊)을, 익위(翊衛)로 윤순거(尹舜擧)와 최휘지(崔徽之)를, 사어(司禦)로 박세채(朴世采)와 송기후(宋基厚)를, 부솔(副率)로 이지렴(李之濂)과 신계징(申啓澄)을, 세마(洗馬)로 서문상(徐文尙)과 남수정(南壽挺)을, 익찬(翊贊)으로 서필성(徐必成)과 윤증(尹拯)을, 위솔(衛率)로 윤리(尹理)와 홍억(洪億)을, 시직(侍直)으로 이의악(李宜岳)과 최후량(崔後亮)을 삼았다.[141]

87 숙종의 관례(冠禮)

현종 경술년(1670) 3월에 숙종의 관례(冠禮)를 시민당(時敏堂)[142]에서 거행하였는데, 주관한 사람은 낙선군(樂善君) 이숙(李潚)[143], 내광보국숭록

141 이 항목은 『현종실록』 7년(16665) 11월 26일 세 번째 기사에 보인다.

142 시민당(時敏堂) : 창경궁에 있던 왕세자의 외당(外堂)으로, 이곳에서 세자가 주로 집무를 보았다.

143 낙선군(樂善君) 이숙(李潚) : (1641~1695). 인조와 귀인(貴人) 조씨(趙氏) 사이에서 태어난 둘째 아들이며, 자는 자숙(子淑), 호는 정헌(靖憲)이다.

대부((大匡輔國崇祿大夫) 의정부 영의정 겸 영경연사(兼領經筵事) 홍문관사(弘文館事) 예문관사(藝文館事) 춘추관사(春秋館事) 관상감사(觀象監事) 세자사(世子師) 정태화(鄭大和)였다. 빈객은 대광보국숭록대부 의정부 좌의정 겸 영경연사 감춘추관사(監春秋館事) 세자부(世子傅) 허적(許積)이었다.

찬자(贊者)는 정헌대부(正憲大夫) 예조판서 겸 지춘추관사 동지성균관사(同知成均館事) 세자좌빈객(世子左賓客) 박장원(朴長遠), 정헌대부 의정부 좌참찬(左參贊) 겸 세자시강원 찬선(贊善) 성균관 좨주(祭酒) 송준길(宋浚吉), 정헌대부 행 용양위(龍驤衛) 부호군(副護軍) 겸 동지성균관사 세자우빈객 민정중(閔鼎重), 자헌대부(資憲大夫) 의정부 우참찬 겸 동지경연사 세자좌부빈객(世子左副賓客) 이경억(李慶億), 자헌대부 이조판서 겸 지의금부사(兼知義禁府事) 홍문관 대제학 예문관 대제학 지성균관사 동지춘추관사 세자우빈객 조복양(趙復陽), 명선대부(明善大夫) 사옹원(司饔院) 부제조(副提調) 창성 도정(昌城都正) 이필(李佖), 통정대부(通政大夫) 세자시강원 찬선 이유태(李惟泰)였다. 찬관(贊冠)은 통훈대부(通訓大夫) 행 세자시강원 보덕(輔德) 지제교(知製敎) 김만균(金萬均), 통훈대부 행 의정부 사인(舍人) 지제교 겸 춘추관 편수관(編修官) 교서관(校書館) 교리(校理) 중학 교수(中學敎授) 세자시강원 보덕 이단하(李端夏)였다.

찬인(贊引)은 통훈대부 행 세자시강원 필선(弼善) 이규령(李奎齡), 어모장군(禦侮將軍) 행 용양위(龍驤衛) 부사과(副司果) 겸 세자시강원 필선 홍주국(洪柱國), 통훈대부 행 세자시강원 문학(文學) 윤계(尹堦), 중순대부(中訓大夫) 행 이조 좌랑 지제교 남학 교수(南學敎授) 세자시강원 문학 김석주(金錫胄), 통훈대부 행 세자시강원 사서(司書) 이유(李柚), 통훈대부 행 이조 정랑 지제교 겸 교서관 교리(校理) 서학 교수(西學敎授) 세자시강원 사서 이익상(李翊相), 통사랑(通仕郎) 수(守) 세자시강원 설서

(說書) 정유악(鄭維岳), 통훈대부 행 예문관 겸 봉교(奉敎) 춘추관 기사관(記事官) 세자시강원 설서 신익상(申翼相), 어모장군 행 세자익위사(世子翊衛司) 익위(翊衛) 백홍일(白弘一), 어모장군 행 세자익위사 익위 이숙진(李淑鎭), 어모장군 행 세자익위사 사어(司禦) 윤채(尹埰), 어모장군 행 세자익위사 사어 김홍진(金弘振), 어모장군 행 세자익위사 익찬(翊贊) 이후걸(李後傑), 진위장군(振威將軍) 행 세자익위사 익찬(翊贊) 홍주문(洪柱文), 어모장군 행 세자익위사 위솔(衛率) 윤평(尹坪), 보공장군(保功將軍) 행 세자익위사 위솔 김석익(金錫翼), 소위장군(昭威將軍) 행 세자익위사 부솔(副率) 송기태(宋基泰), 소위장군 행 세자익위사 부솔 이인악(李寅岳), 진위장군 행 세자익위사 시직(侍直) 조지항(趙持恒), 진위장군 행 세자익위사 시직 정재악(鄭載岳), 보공장군 행 세자익위사 세마(洗馬) 신필화(申弼華), 보공장군(保功將軍) 행 세자익위사 세마 김만증(金萬增)이었다.[144]

88 세시(歲時)의 솔잎

궁중의 고례(故例)에는 세시(歲時)에 솔잎을 진상하였는데, 치성을 드리는 것에 신물이 났기 때문에 현종 연간에 솔잎의 진상을 그만두게 하였다. 아울러 복숭아나무 작대기・복숭아나무 가지[145]・인승(人勝)[146]・채

144 이 항목은 『현종실록』 11년(1670) 3월 9일 세 번째 기사 참고할 것.

145 복숭아나무 가지 : 무당에게 복숭아나무는 귀신을 쫓아내는 나무로 여겨져, 푸닥거리할 때 귀신들린 집기나 빙의된 사람을 때릴 적에 복숭아나무 가지를 사용한다.(『한국환상사전』 참고)

146 인승(人勝) : 정월 초이렛날 인일(人日)에 궁중에서 의식을 행하면서 신하들에게 나누어 주었던 장식품으로, '화승(花勝)'이라고도 한다. 형태는 사람 모양 혹은 꽃 모양으로 만들었으며, 종류는 재료에 따라 금인승(金人勝)・은인승(銀人勝)・동인승(銅人勝) 등이 있다. 중국의 『형초세시기(荊楚歲時記)』에, 인일에 화승을 만들어 서로 선물을 하는 풍속이 기록

색 그림의 진상도 그만두도록 명하였다.[147]

89 도성(都城) 안의 니원(尼院)

도성 안에 자수원(慈壽院)과 인수원(仁壽院) 두 개의 이원(尼院)이 있었는데, 후궁 중에 늙고 의지할 데 없는 자들이 대부분 이곳에 머물렀다. 그런데 현종 2년(1661)에 옥당(玉堂)의 차자(箚子)로 인해 철거되었다. 자수원에는 열성조(列聖朝)의 위판(位版)이 있었는데, 봉은사(奉恩寺)의 규례에 따라 깨끗한 땅에 묻으라고 즉시 명하였다. 이어서 동춘당(同春堂, 송준길의 호)의 의론으로 인해 철거한 니원의 재목과 기와로 북학(北學)[148]을 지었고, 지금 반궁(泮宮, 성균관)의 일양재(一兩齋)가 이것이다.[149]

90 희우정(喜雨亭)

숙종조에 일찍이 오랫동안 가뭄이 들자 대신들을 보내 비가 내리도록 기원하였다. 이날 비가 내리자 상이 매우 기뻐서 금원(禁苑)의 취향정(醉香亭)을 희우정(喜雨亭)으로 이름을 바꾸고, 직접 정자의 명(銘)을 지어 표지로 삼았다. 지금 규장각 옆에 있다.

되어 있다. 만드는 방법은 비단을 베어 사람을 만들거나 혹은 금박을 새겨서 인승을 만들어 병풍에 붙이거나 머리에 꽂는다고 하였다.(『한국민족문화대백과사전』 참고)

147 이 항목은 『현종실록』 10년(1669) 2월 13일 첫 번째 기사와 『국조보감』 권40, 현종조 2, 9년(1668) 12월 기사를 참고할 것.

148 북학(北學) : 오학(五學)의 하나. 오학은 인재를 배양하기 위해 서울의 중앙과 동서남북에 세운 학교, 즉 중학(中學)·동학(東學)·서학(西學)·남학(南學)·북학(北學)을 말한다. 그런데 북학(北學)은 바로 폐지되었다.

149 이 항목은 『현종실록』 2년(1661) 1월 4일과 5일 기사, 그리고 『연려실기술』 별집 권13, 「정교전고(政敎典故)」를 참고할 것.

91 상이 기사(耆社)에 들어가다

숙종 기해년(1719)에 상이 기사(耆社)에 들어갔는데, 경현당(景賢堂)에서 잔치를 베풀었다. 상이 익선관(翼善冠)과 곤룡포(袞龍袍)를 갖추어 입고 선 보련(步輦)[150]을 타고 나가니, 내시(內侍)가 궤장(几杖)을 받들고 따랐다. 고취(鼓吹)를 울려 진작(振作)하자 여민락(與民樂)을 연주하고, 상이 경현당(景賢堂)에 들어가자 고취가 그치고 헌가악(軒架樂)을 연주하였다.

상이 어좌(御座)에 오르자 내시가 궤장을 받들어 어좌 곁에 두고, 상서랑(尙瑞郎)이 어보(御寶)를 받들어 안(案)에 놓았다. 근시(近侍)와 여러 집사관(執事官)들이 전(殿)에 내려와 절하기를 마치고 자리[位]로 돌아갔고, 세자(世子)가 종친(宗親)과 문무백관(文武百官)을 거느리고 자리에 나아가 절을 하였다.

제거(提擧)가 주기(酒器)를 바치자 왕세자 이하가 모두 꿇어앉았다. 제거가 휘건(揮巾)과 찬안(饌案)과 행과(行果)를 바치고, 승지(承旨)가 화반(花盤)을 바치고, 제조(提調)가 다시 염수(鹽水)를 바치고, 세자 이하가 부복(俯伏)하고 일어났다 다시 꿇어앉았다. 제조가 소병(小餠)을 바치고, 세자 이하가 부복하고 일어났다.

2인의 전악(典樂)이 동서로 나누어 서서 존숭 악장(尊崇樂章)을 창하여 유천지곡(維天之曲)[151]을 마치자, 상례(相禮)가 세자를 인도하여 동계(東階)로 올라가 동문(東門)을 거쳐 들어가서 제1작(爵)을 올려 제조에게 주고 자리에 나아가 꿇어앉았다. 치사관(致詞官)이 서계(西階)로 올라가 서문(西門)을 거쳐 들어가서 어좌(御座) 앞에서 꿇어앉아 치사(致詞)하고 물러났다.

---

150 보련(步輦): 임금이 타던 교자. 보련(寶輦) 또는 옥교(玉轎)라고도 한다.

151 유천지곡(維天之曲): 칠작행례(七爵行禮) 때 연주된 연례악곡 가운데 하나.

상이 작(爵)을 들자 음악은 천세만세곡(千歲萬歲曲)[152]이 연주되고, 제조가 나아가 작(爵)을 받아 다시 점(坫)[153] 위에 놓았다. 세자 이하가 부복하고 일어났다가 꿇어앉았다. 제조가 고기를 베어 꿇어앉아 찬안(饌案)의 오른쪽에 바치자 음악은 청평곡(淸平曲)이 연주되었고, 제조가 만두(饅頭)를 바치고, 왕세자 이하가 부복하고 일어났다.

영의정(領議政) 김창집(金昌集)이 제2작을 바치고, 치사관(致詞官)이 치사(致詞)[154] 바치기를 예전의 의식(儀式)과 같이 하였다. 전교관(傳教官)이 동문(東門)을 거쳐 나가서 계단에 임하여 서쪽을 향해 서서 전교(傳教)하기를, '공경히 경들의 작(爵)을 들라.' 하고, 상이 작을 들자 음악은 오운개서조(五雲開瑞朝)[155]가 연주되고, 세자 이하가 삼고두(三叩頭)와 산호(山呼)의 예(禮)를 거행하니, 음악은 환환곡(桓桓曲)[156]이 연주되었다. 세자 이하가 사배(四拜)하자 음악이 그쳤다. 상례(相禮)가 세자를 인도하고, 인의(引儀)가 종친과 문무백관을 인도하여 전(殿)에 올라 자리에 나아갔다. 상이 시위(侍衛)하는 여러 신하들에게 명하여 자리에 나아가게 하였다.

전악(典樂)이 가자(歌者)와 금슬(琴瑟)을 인도하여 동서(東西)로 나누어 계단에 올라가 서게 하였다. 부제조가 세자의 찬탁(饌卓)에 별행과(別行果)를 바치고, 보덕(輔德)이 꽃을 바쳤으며, 부제조가 찬(饌)을 바쳤다.

---

152 천세만세곡(千歲萬歲曲) : 칠작행례 때 연주된 연례악곡 가운데 하나.

153 점(坫) : 음식·술잔·홀(笏) 따위를 얹어두는 대(臺).

154 치사(致詞) : 임금의 덕을 찬양한 글로서, 주로 진연 때에 진작(進爵)을 하면서 바친다.

155 오운개서조(五雲開瑞朝) : 오운개서조인자(五雲開瑞朝引子)라고도 한다. 고려시대와 조선전기 당악정재에서 반주음악으로 사용되었고, 조선후기에는 여민락의 현명(絃名)으로 사용되었다.

156 환환곡(桓桓曲) : 조선 세종 때 창제된 악곡으로, 태조의 무용(武勇)과 건국의 위업을 찬양하였다.

집사자(執事者)가 종친과 문무백관의 찬탁(饌卓)을 배설하였다. 산화(散花)를 마치고, 제조가 탕(湯)을 바치자 음악이 연주되고, 세자 이하가 자리를 떠나 부복하였다가 바치기를 마치고 도로 자리에 나아갔다. 부제조가 세자에게 탕(湯)을 바치고, 집사자가 종친과 문무백관에게 탕을 배설하기를 마쳤다.

판중추부사(判中樞府事) 이이명(李頤命)이 제3작을 바쳤는데, 의식은 예전과 같이 하였으며, 음악은 보허자령(步虛子令)[157]이 연주되고, 무동(舞童)이 들어와서 춤을 추었다. 부제조가 세자에게 술을 바치고, 집사자가 종친과 문무백관에게 술을 돌렸다. 여러 신하들이 작(爵)을 바칠 때에는 다 이것을 모방하였다. 탕 바치기를 마치고, 전성군(全城君) 이혼(李混)이 제4작을 바치자, 음악은 정읍만기(井邑慢機)[158]가 연주되고, 무동이 들어와서 춤을 추었다.

금평위(錦平尉) 박필성(朴弼成)이 제5작을 바치자 음악은 보허자령이 연주되고, 무동이 들어와 춤을 추었으며, 천세만세곡이 연주되었다. 영돈녕부사(領敦寧府事) 김주신(金柱臣)이 제6작을 바치자 음악은 정읍만기가 연주되고, 무동이 들어와서 춤을 추었으며, 청평곡(淸平曲)[159]이 연주되었다. 행 호조판서(行戶曹判書) 송상기(宋相琦)가 제7작을 바치자 음악은 여민락령(與民樂令)[160]이 연주되고 무동이 들어와 춤을 추었다. 제조가 소찬(小饌)을 물리고 대찬(大饌)을 바치자 음악은 태평년지곡(太平年之曲)[161]이 연주되고, 이어서 여민락이 연주되었으며, 향악(鄕樂)과 당

157 보허자령(步虛子令) : 조선시대 궁중의 연회에서 사용되던 악곡명.
158 정읍만기(井邑慢機) : 조선후기 연례악 및 정재(呈才) 반주음악의 한 곡명.
159 청평곡(淸平曲) : 조선후기 연례악의 한 곡명.
160 여민락령(與民樂令) : 여민락의 한 갈래로서, 조선시대 행악에 사용되던 곡.
161 태평년지곡(太平年之曲) : 조선후기 연례악의 한 곡명.

악(唐樂)을 교대로 연주하고, 처용무(處容舞)가 들어와 펼쳐졌다.

부제조가 세자에게 찬을 바치고, 집사자(執事者)가 종친과 문무백관에게 찬을 배설하였다. 조금 후에 제조가 나아가 찬안(饌案)을 거두고, 부제조가 왕세자의 찬탁을 거두었으며, 집사자가 종친과 문무백관의 상(床)을 거두기를 마쳤다. 이에 여러 대신(大臣)들이 함께 나아가 경축(慶祝)하는 말을 아뢰고선 물러나 자리로 나아갔다. 세자가 내려가서 배위(拜位)에 나아가 종친과 문무백관을 거느리고 사배례(四拜禮)를 행하였다.

통례(通禮)가 예(禮)가 끝났음을 아뢰자, 공인(工人)이 축(柷)을 두드려 음악이 연주되었고, 상이 보련을 타고 궐내(闕內)로 돌아가매, 공인이 어(敔)를 두드리자 음악이 그쳤다. 세자가 대궐로 돌아가고, 의장(儀仗)을 해산하였다.[162]

92 승지(承旨) 임명

승지의 임명은 당상관(堂上官)으로 명망(名望)이 있는 자와 삼사(三司)[163]의 아장(亞長)[164]을 그 인원수에 따라 비의(備擬)[165]하는 것이 옛 규례였다. 그런데 숙종 초기에 허적(許積)이 삼망(三望)으로 매우 정밀하게 선택하여 비의할 것을 청하자, 상이 허적을 매일 입시하여 일일이 아뢰어 정하게 하고, 이윽고 옛 제도를 따라 장망(長望)[166]으로 임명하였다.

162 이 항목은『숙종실록』45년(1719) 9월 28일 기사에 보인다.

163 삼사(三司) : 조선시대 언론을 담당한 사헌부·사간원·홍문관을 가리킨다.

164 아장(亞長) : 장관에 버금가는 벼슬이라는 뜻으로, 조선시대 사헌부(司憲府)의 집의(執義)와 사간원(司諫院)의 사간(司諫)을 이르던 말.

165 비의(備擬) : 관원을 임명할 때 이조(吏曹)와 병조(兵曹)에서 세 사람의 후보자를 추천하던 일.

166 장망(長望) : 벼슬아치를 천거할 때에 여러 후보자를 추천하게 하여 그 가운데서 골라 정하

93 빈대(賓對)할 때 양사(兩司)에서 입참(入參)하다

빈대(賓對)[167]할 때 양사(兩司)[168]에서 입참하지 않는 규례는 숙종조에 처음 시작되었다. 옥당(玉堂) 또한 그러했는데, 금상(今上)이 내각(內閣)을 설치하여 각신(閣臣)이 숙직(宿直)을 하게 되면서 또한 입참할 수 있었다.

94 육대(六對)

송나라 시대 육참(六參)의 제도는 우리 왕조의 육대(六對)와 같은데, 육대는 바로 근래의 제도이다. 예전에는 매일 상참(常參)을 시행했고, 또 아침과 낮과 저녁의 삼강(三講)을 시행했으며, 소대(召對)와 야대(夜對)도 시행하였다. 만일 재일(齋日)이 되면 상께서 규례대로 정사(政事)를 보지 않고, 소대와 야대만을 시행했고, 또 틈틈이 승지가 공무를 가지고 입시하여 상에게 아뢰어 결정토록 하였는데, 이는 조종조(祖宗朝) 때의 옛 규례이다.

명종조에 비변사(備邊司)를 새로 설치하여 의정부에서 서사(署事)[169]하던 방식을 마침내 폐지하였다. 이에 각사(各司)에 또 제조(提調)를 두고, 육조(六曹)에 소속된 각사에서는 이미 육조에 품의(稟議)하지 않으며, 육조 또한 의정부에 품의하지 않았으니, 의정부와 육조는 불필요한 부서가 되었고, 비변사가 중요한 임무를 수행하게 되었다. 상참(常參)의

는 일.

167 빈대(賓對) : 매달 여섯 차례씩 정승·대간·옥당(玉堂)들이 임금 앞에 나가 정무(政務)를 보고하던 일.

168 양사(兩司) : 사헌부와 사간원을 가리킴.

169 서사(署事) : 조선시대에, 육조의 소관 사무 가운데 의정부에 보고된 것을 세 의정(議政)이 함께 의결하던 일.

제도는 유명무실해져 육조의 당상관과 낭청이 다만 배례(拜禮)를 행할 뿐이었다. 이 때문에 숙종조에 육대의 제도를 특별히 설치하였는데, 이 제도는 송나라 육참의 옛 제도를 모방한 것이다.

95 승지가 공무(公務)를 가지고 입시할 적에 옥당이 함께 참석하다

옛 규례에는 승지가 공무를 가지고 입시할 적에 옥당이 함께 참석하지 않았었다. 그런데 경종 초기에 승지와 옥당이 함께 입시하는 것을 허여하여 소대(召對)하던 옛 제도를 존속시켰고, 지금은 각신(閣臣)도 함께 참석한다.

96 태(胎)를 보관한 석함(石函)

영종[영조] 을유년(1765)에 경복궁 위장(衛將)이 옛 궁궐의 옆에서 석함(石函) 하나를 발견했는데, 바로 태(胎)를 봉(封)한 석함이었다. 그 겉면에 '왕자 을사 오월 일 인시 생(王子乙巳五月日寅時生)'이라 새겨져있었다.

상이 말하기를, "태(胎)를 보관하는 데 따른 폐단을 내가 잘 알고 있지만, 오히려 옛 규례이기 때문에 고치기 어려웠다. 지금 태를 보관한 석함을 발견하였으니, 이는 중엽 이후의 일이다. 지금부터는 태를 보관할 때 반드시 어원(御苑)의 정결한 곳으로 하고, 도자기 항아리에 넣어 묻고, 이를 예조에 기록해 두도록 하라."고 하였다.[170]

170 이 항목은 『영조실록』 41년(1765) 5월 13일 두 번째 기사와 『국조보감』 권66권, 영조조 10, 41년(1765) 5월 기사에 보인다.

97 세자가 2품 이상의 신하에게 배례하다

『오례의(五禮儀)』에 세자궁에 진하(陳賀)할 적에 2품 이상의 신하가 재배(再拜)하면 세자는 재배로 답례한다고 되어 있다. 영조가 왕위를 계승할 왕세자로 정해졌을 때 영의정 김창집(金昌集)과 좌의정 이건명(李健命)이 배례를 서서 받기 어려워하여 세자와 아울러 동시에 맞절을 하였다. 영조 정미년(1727)에 영중추(領中樞) 민진원(閔鎭遠)이 말하길, "맞절은 바로 항례(抗禮)이니, 절을 서서 받는 것보다 더욱 편치 않음을 느끼게 됩니다."라고 하자, 다시 『오례의』의 규정을 따랐다.[171]

98 옥당(玉堂)의 명패(命牌)

고사(故事)에 양사(兩司)를 부를 적에는, 모두 명패(命牌)를 사용했는데, 홍문관에 대해서만은 분패(粉牌)[172]를 사용하였다. 영조 계미년(1763)에 하교하기를, "나는 옥당의 관원들을 어릴 적 친구로 여겨 예로 대우하는데, 어찌 도리어 양사보다도 낮게 해서야 되겠는가."라고 하고, 마침내 명패를 똑같이 사용하도록 명하였다.[173]

99 공포 당상(貢布堂上)

영조 계유년(1753)에 상이 입문(臨門)하여 공포(貢布)의 민폐(民弊)에 대해 소문(召問)하고, 박문수(朴文秀) 등에게 명하여 절목(節目)을 다시 정리하여 바로잡아 고치게 하였다. 이어서 공포 당상(貢布堂上) 2명을 파

171 이 항목은 『영조실록』 3년(1727) 3월 9일 두 번째 기사에 보인다.

172 분패(粉牌) : 조선시대 당하관(堂下官)의 호패. 나무 조각을 길쭉하게 만들어 여기에 흰 분을 발랐다.

173 이 항목은 『국조보감』 권65, 영조조 9, 39년(1763) 4월 기사에 보인다.

견하여 일을 처리하게 하였는데, 비국(備局, 비변사)의 공포 당상은 여기에서 비롯되었다.

100 귤을 하사하다

임금이 당(堂)에서 귤 한 쟁반을 정원(政院)에 내렸다. 귤이 다 소진되자, 어제시(御製詩)를 내려 대궐 안에 입직한 여러 신하들에게 화답시를 지어 올리게 하였다. 이는 문종조(文宗朝)의 고사(故事)를 이용한 것이다. 이어서 야대(夜對)를 행하고 주찬(酒饌)을 내렸다.[174]

101 옥당(玉堂)의 학(鶴)

옥당에서는 예로부터 학을 길들였는데, 매양 격문(檄文)으로 연안군(延安郡)에서 취하였다. 홍익필(洪益弼)이 연안군에서 고을 원을 하고 있었을 때, 일찍이 학을 요청하는 격문에 맞서 이렇게 말하였다.

"여러 학사(學士)들이 독서하지 않고 학을 구해 무엇을 하려고 합니까?"

윤면헌(尹勉憲)이 당시 옥당에서 당직하고 있었는데, 상소하여 홍익필을 벌주라고 청하였다. 선대(先代) 임금께서는 한 마리 학을 옥당의 대문짝에 그리게 하고 이렇게 말하였다.

"학을 보고 싶다면 그림을 보는 것으로 충분하니, 다시 학을 요구하지 말라."

이로부터 옥당에서는 감히 학을 기르지 못하였고, 근래에 비로소 학을 길들이게 되었다.

---

174 이 항목은 『영조실록』 26년(1750) 1월 8일 기사와 『국조보감』 권64, 영조조 8, 26년(1750) 1월 기사에 보인다.

102 고려 왕조를 휘(諱)하다

영조 초기에 경연관들을 불러놓고 직접 『강목(綱目)』[175]을 강론할 적에, 상이 고려 왕조의 제왕은 전대(前代)의 제왕과 달라서 우리 왕조 네 분의 왕이 고려 왕조에서 벼슬살이를 했으니, 태조(太祖)의 이름을 휘(諱)하라고 명하였다.

103 청주(淸州)의 보리

영조 기사년(1749)에 청주(淸州)의 보리 가운데 두 개 혹은 세 개의 이삭이 있었는데, 충청감사 이일제(李日躋)가 홍무(洪武) 연간의 서맥(瑞麥)[176]에 관한 사실을 인용하고 궤짝에 넣어 올렸다. 승정원에서, 아름다운 상서이지만 태평성세에는 귀중하게 여길 바는 아니라고 하자, 상이 이 말을 따랐다.[177]

104 제복(祭服)에 모시[苧布]를 사용하다

제향(祭享)할 때 제향관(祭享官)의 제복(祭服)은 으레 명주[紬絹]를 사용했는데, 물로 세탁할 수 없어 오래되면 때가 타서 더러워졌다. 영조가

175 『강목(綱目)』: 『자치통감강목(資治通鑑綱目)』 또는 『통감강목』이라 한다. 중국 송나라 때 주희가 펴낸 역사서로, 전체 59권이다. 주희가 손수 만든 한 권의 범례(凡例)에 의거(依據)하여 사마광의 『사치동삼』을 상복으로 나누어 편집한 것으로, 강에서는 주자가 사실(史實)을 요약하고, 목에서는 제자인 조사연이 사평(史評)을 하였다. 중국의 역대 왕조에 관하여 정통(正統)과 비(非) 정통을 구별하고 대요(大要)와 세목으로 나누어 서술했다.

176 홍무(洪武) 연간의 서맥(瑞麥): 홍무는 중국 명나라 태조의 연호로, 기간은 1368~1398이다. 홍무 3년에 섬서성(陝西省) 보계현(寶鷄縣)에 보리 이삭이 두 갈래로 익은 상서로움이 있었다고 한다.

177 이 항목은 『영조실록』 25년(1749) 5월 2일 첫 번째 기사와 『국조보감』 권63, 영조조 7, 25년(1749) 5월 기사에 보인다.

일찍이 말하기를, 제명(齊明)[178]하고 성복(成服)하는 뜻이 아니니, 대신 모시를 사용하여 더러워지는 대로 세탁하여 『예경(禮經)』의 비단[帛]을 세탁하는 뜻을 모방하는 것만 못하다고 하면서 대신(大臣)들에게 의논하였다.

그러자 대신이 이르길, 제향(祭享)의 예폐(禮幣)는 모시로써 비단을 대신하였으니, 제복(祭服)에 대해서도 어찌 유독 그렇게 할 수 없겠느냐고 하였다. 드디어 이를 시행하라 명하였고, 지금까지 의례로 삼았다.[179]

105 청옥규(靑玉圭)

영조 17년(1741)에 양양(襄陽)의 문관 최규태(崔逵泰)가 청옥규(靑玉圭)를 우의정 조현명(趙顯命)에게 보내면서 이렇게 말하였다.

"강릉부(江陵府)에서 임진년에 진(陣)을 쳤던 곳에서 이 규를 얻었습니다."

조현명이 이 말을 상에게 아뢰자, 상이 이를 가져다 보고 경연(經筵) 신하에게 묻자, 이렇게 대답하였다.

"주(周)나라 제도에서, 환규(桓圭)는 길이가 9치이고 신규(信圭)와 궁규(躬圭)는 길이가 7치이고 너비는 모두 3치이고 두께는 모두 반(半)치이고 좌우로 깎아낸 것이 모두 반치라고 하였습니다. 지금 고금의 예기척(禮器尺)[180]으로써 그 규를 재어 보니, 길이는 과연 7치인데 너비가 채 2치가 안 되고 두께와 깎아낸 부분도 다 다릅니다."

178 제명(齊明) : 부정(不淨)을 금기(禁忌)하고 심신(心身)을 깨끗이 함.

179 이 항목은 『영조실록』 영조 9년(1733) 12월 28일 세 번째 기사와 『국조보감』 권60, 영조조 4, 9년(1733) 12월 기사에 보인다.

180 예기척(禮器尺) : 옛 척제(尺制)의 하나. 한 자가 지금의 9촌 2푼 6리에 해당한다.

상이 상방(尙方)[181]에 명하여 옛 제도에 의거하여 청옥으로 제후 및 세자의 규를 만들되, 주척(周尺)으로 길이 9치, 너비 3치, 두께 5푼이 되게 하도록 하였다. 이는 대개 영락제(永樂帝)[182]가 하사한 제도를 본뜬 것이었다.[183]

106 백관(百官)의 제복(祭服)

영조 때 친히 태묘(太廟)에 제사지낼 적에, 백관(百官)의 제복(祭服)이 제도에 맞지 않는다고 하여, 홍문관에 명하여 『대명회전(大明會典)』[184]을 상고하여 아뢰도록 명하였다. 그리고 이렇게 하교하였다.

"면복(冕服)의 훈상(纁裳)[185]이 현의(玄衣)에 가려지니 상의원으로 하여금 그 제도를 고치되 그 길이를 줄여 위는 현색(玄色) 아래는 훈색(纁色)이라는 뜻을 드러내도록 하라. 백관의 제복은 의상(衣裳) 이외에 관(冠)·대(帶)·홀(笏)·패옥(佩玉)·후수(後綬)·폐슬(蔽膝)을 아울러 조복(朝服)으로 통용하고, 혹 가난하여 이것들을 구비할 수 없는 자는 제용감(濟用監)의 제복을 편의에 따라 쓰도록 하라. 홀은 4품 이상은 상아를 쓰고, 5품 이하는 나무를 사용하여, 정규 제도로 삼도록 하라."[186]

181 상방(尙方): 상의원(尙衣院)을 가리킴. 조선시대에, 임금의 의복과 궁내의 일용품, 보물 따위의 관리를 맡아보던 관아.

182 영락제(永樂帝): 명나라 세3대 황인 성조(成祖)를 가리킴.

183 이 항목은 『영조실록』 17년(1741) 2월 5일 다섯 번째 기사와 『국조보감』 권62, 영조조 6, 17년(1741) 2월 기사에 보인다.

184 『대명회전(大明會典)』: 중국 명나라 시대의 제도를 기록한 총 180권의 책. 1502년 이동(李東陽) 등이 명나라 효종의 칙명(勅命)을 받들어 편찬했다.

185 훈상(纁裳): 왕의 면복 위에 입는 치마. 분홍색[纁色] 비단으로 앞 3폭과 뒤 4폭을 각각 이어 두 자락으로 만든 후 가장자리에 같은 색의 선을 둘러 만들었다.

186 이 항목은 『영조실록』 19년(1743) 4월 14일 세 번째 기사와 『국조보감』 권63, 영조조 7,

107 복두(幞頭)와 난삼(襴衫)

영조 때에 일찍이 중국 진사과(進士科)의 복두(幞頭)·난삼(襴衫)·대연화(戴蓮花)·문희연(聞喜宴)[187] 등의 제도를 복원하고자 하였으나 그 제도를 알 수 없었다. 이때 경연의 신하가 아뢰었다.

"고 이조 참판 김륵(金玏)이 일찍이 사신의 임무를 띠고 연경(燕經)에 갔을 적에 신종(神宗) 황제가 연회를 베풀고 복두와 난삼 및 『대학연의(大學衍義)』 1부를 선사하였습니다. 김륵이 돌아와 복두와 난삼을 안동(安東)의 객사(客舍)에 보관하였고, 『대학연의』에도 어보(御寶)의 진적(眞蹟)이 있는데, 지금 병조 정랑 권만(權萬)이 보관하고 있다고 합니다."

상이 말하였다.

"권만은 바로 충정공(忠定公) 권벌(權橃)의 후손이 아닌가? 예전에 중묘(中廟, 중종)께서 문무의 고관(高官) 대작(大爵)들과 더불어 경회루(慶會樓) 아래에서 상화연(賞花宴)을 벌였는데, 파하고 나자 내시가 주운 수진본(袖珍本) 『근사록(近思錄)』을 중종께 올렸다. 이에 중종이 하교하기를, '이는 필시 권벌이 소매 속에 넣고 다니는 것일 것이다' 하고 돌려주도록 명하였으니, 이는 참으로 천년 동안의 훌륭한 일이었다. 아! 승정원에서는 영남에 관문(關文)을 보내어 두 신하의 후손에게 두 책과 의관(衣冠)을 가져오도록 하라."

권만과 김륵의 손자 김홍운(金弘運)이 책과 의관을 가져 왔다. 이때 상이 편찮으셨는데도 억지로 일어나 세수하고 머리 빗고 옷을 입고 관

19년(1743) 4월 기사에 보인다.

187 문희연(聞喜宴) : 과거에 급제한 사람이 3일 동안의 유가(遊街) 후에 가까운 친구와 친척을 불러 자축하는 의미로 베푸는 잔치를 가리킨다.

을 쓰고서 앉았다. 그리고 두 사람을 불러보고 이렇게 말하였다.

"추(鄒)나라와 노(魯)나라의 선비[188]를 대접하는데 한나라 고조(高祖)가 두 다리를 뻗고 앉아 거만히 맞이한 것[189]을 본받아서는 안 될 것이다. 더구나 중국 조정에서 선사한 옛 물건에 대해서이겠는가?"

마침내 삼경(三經)·『근사록(近思錄)』·『대학연의』를 하사하였다. 이 일을 맡은 관사에 신칙하여 복두와 난삼을 그 복식제도 대로 만들고, 그 옛 물건은 김홍운에게 돌려주도록 하였다. 이에 생원과 진사의 의관이 모두 명나라의 제도로 복원되었으나, 대연화와 문희연은 의논이 일치하지 않아 이내 중지하였다.[190]

108 면복(冕服)의 도식(圖式)

상방(尙方)에는 예전에 면복도(冕服圖)가 있었는데, 바로 황조(皇朝)에서 반사(頒賜)한 것이었다. 면복은 조수(組綬)를 대(帶)에 차는데, 모두 북경에서 구입한 것으로 대부분이 도식(圖式)에 맞지 않았다. 영조 때 예관(禮官) 및 상방(尙方)의 여러 신하들에게 명하여 오로지 도식에 의거하여 면복의 제도를 정하도록 하였다.[191]

188 추(鄒)나라와 노(魯)나라의 선비 : 추(鄒)나라는 맹자의 출생지이고, 노(魯)나라는 공자의 출생지이니, 바로 공자와 맹자가 제창한 유학(儒學)을 공부하여 예의와 법도를 아는 사람들을 가리킨다.

189 한나라 고조(高祖)가 … 맞이한 것 : 한(漢)나라 고조 유방(劉邦)은 평소에 유자(儒者)들을 멸시하여 유자의 관(冠)을 벗겨 그 안에다가 소변을 보고, 선비들을 접견할 때 다리를 쭉 펴고 거만한 태도를 취하곤 하였다.

190 이 항목은 『국조보감』 권63, 영조조 7, 22년(1746) 9월 기사와 『영조실록』 22년(1746) 8월 22일 네 번째 기사를 참고할 것.

191 이 항목은 『국조보감』 권63, 영조조 7, 23년(1747) 2월 기사와 『영조실록』 23년(1747) 2월 6일 두 번째 기사에 보인다.

109 옥대(玉帶)

인원왕후(仁元王后)께서 일찍이 집상전(集祥殿)의 예전 보관물들을 점검하다가 옥대(玉帶) 하나를 얻었는데, 이것은 바로 선조(宣祖)께서 일찍이 차시던 것이었다. 숙종께서 을해년(1695)에 이 대를 차고 조참(朝參)하였고 언문(諺文)으로 그 일을 대갑(帶匣)에 갖추어 적었으며, 영조에게 하사하였다. 영조께서 다시 이 옥대를 매고 선원전(璿源殿)에 분향(焚香)하고, 근정전(勤政殿)에서 시사(試士)하였으며, 대명(帶銘)을 친히 지어 갑(匣)에 적어 넣었다.[192]

110 계축년에 만들어진 경쇠[磬]와 명나라 황실에서 하사한 종(鍾)

세종 계축년(1433)에 해주(海州)에서 기장을 얻고, 남양(南陽) 바다 속에서 창옥(蒼玉)을 얻자, 박연(朴堧)에게 명하여 경쇠를 만들도록 명하였다. 그런데 이후 전란 때 잃어버렸다. 영조 임술년(1742)에 사직(社稷)의 악기고(樂器庫)와 비변사 우물 안에서 경쇠 15개를 발견했는데, '癸丑[계축]' 두 글자가 새겨져 있었다.

명나라 영락(永樂) 연간에 명나라 황실에서 특림 종(特林鍾) 5개를 하사하였다. 지금 이문원(摛文院)[193] 안에 동서(東西)로 가설(架設)되어 있는 경쇠 15개와 종 5개 가운데 하나에 '永樂欽賜[영락흠사]'라고 새겨져 있다. 그 나머지 종 4개와 경쇠 3개는 대내(大內)에 있고, 경쇠 5개는 장악원(掌樂院)에 있으며, 경쇠 6개는 상호도감(上號都監)[194]에 있다. 금상

192 이 항목은 『국조보감』 권63, 영조조 7, 23년(1747) 3월 기사와 『영조실록』 23년(1747) 3월 14일 첫 번째 기사에 보인다.

193 이문원(摛文院): 조선시대 역대 임금의 어제(御製)·어필(御筆)·어진(御眞)·고명(顧命)·지장(誌狀) 등을 봉안(奉安)·편찬·간행·보관하던 곳이다. 창덕궁 안에 설치하였으며 규장각의 부대시설이었다.

(今上, 정조) 무신년(1788)에 또 태학(太學)의 땅 속에서 경쇠 2개를 발견했는데, 또한 '癸丑[계축]'이란 글자가 새겨져 있고 그 중간이 잘라져나가 다만 그 굽은 부분 반쪽만이 남아있었다. 상이 태학에 보관하도록 명하였다.[195]

111 이원(梨園)이라는 명칭을 금하다

장악원(掌樂院)은 옛날에 이원(梨園)이라 일컬었다. 영조께서 일찍이 경연(經筵)의 신하에게 말하길, "이원은 바로 당나라 때의 바르지 않은 명칭이다."라 하고, 이를 금지하라 명하였다.[196]

112 태묘(太廟)의 관지통(灌地筒)

태묘(太廟, 종묘)의 관지통(灌地筒)[197]은 영조 무신년(1728)에 설치한 것이다. 삭망제(朔望祭) 때 대축(大祝)[198]은 옛날에는 다만 1명이었는데, 지금은 1명을 가차(加差)하였다.

194 상호도감(上號都監) : 조선시대 왕이나 왕비 등의 시호(諡號)를 짓기 위하여 설치한 임시 관아.

195 이 항목은 『정조실록』 12년(1788) 8월 8일 기사와 『국조보감』 권72, 정조조 4, 12년(1788) 8월 기사를 참고할 것.

196 이 항목은 『영조실록』 29년(1753) 9월 3일 다섯 번째 기사와 『국조보감』 권64, 영조조 8, 29년(1753) 8월 기사에 보인다.

197 관지통(灌地筒) : 구리로 만든 길쭉한 원통형태의 제기(祭器)로서 위에서부터 아래로 다섯 부분으로 분리되게 되어 있으며, 가장 아랫부분에는 작은 구멍이 나 있다. 제사의 처음에 울창주(鬱鬯酒)를 용찬(龍瓚)이라는 제기에 담아 관지통에 부으면, 관지통에 난 구멍을 통해 술이 땅으로 흘러나가게 된다. 관지는 땅에 술을 부어 신령의 강림(降臨)을 구하는 제사 의식이다.

198 대축(大祝) : 종묘나 문묘의 제향 때에 초헌관(初獻官)이 술을 따르면 신위(神位) 옆에서 축문을 읽던 사람. 또는 그 일을 맡아보던 벼슬.

113 세손(世孫)의 입학의(入學儀)

영조 신사년(1761)에 금상(今上)께서 왕세손으로 입학하였는데, 그 의례(儀禮)는 다음과 같다.

○왕세손이 문묘(文廟)에 작헌례(酌獻禮)를 마치고 명륜당의 동쪽에 있는 편차(便次)에 이르러 연건(軟巾)·청포(靑袍)·세조대(細條帶)·흑화(黑靴)를 착용한다.

○집사자(執事者)가 폐백인 모시[紵] 3필을 광주리에 담고, 단술 2곡(斛)을 술동이에 담으며, 포[脩] 2정(脡)을 상[案]에 놓는다. 이를 각각 편차의 서남쪽에 있는 탁상에 올려놓고 북향하여 서쪽을 위로 하여 머무른다.

○박사 찬홀(博士贊笏)은 박사(博士)의 왼쪽 조금 뒤에 서쪽을 향해 서 있는다.

○왕세손 찬홀(王世孫贊笏)은 왕세손의 왼쪽 조금 앞의 북쪽에 서 있고, 왕세손이 이미 당(堂)에 오르면 찬홀 등은 당 아래에 서 있는다.

○박사가 명륜당 동쪽 담장 안쪽으로 나아가 복두(幞頭)·홍포(紅袍)·금대(金帶)·상홀(象笏)·흑석(黑舃)을 갖추어 입는다.

○동서재(東西齋)의 장의(掌議)가 유생을 인솔하여 명륜당 뜰에 차례대로 서되, 좌우로 나뉘어 서로 마주보고 북쪽을 위로 한다.

○주시관(奏時官)이 편차 앞으로 나아가서 엎드려 입학 정시(正時)가 되었음을 고한다.

○필선(弼善)이 꿇어앉아 편차에서 나오도록 청하면, 왕세손이 나온다.

○찬인(贊引)이 박사를 인도하여 명륜당 동쪽 계단 위에서 서쪽을 향해 서 있는다.

○장명자(將命者)가 나와 문의 서쪽에서 동쪽을 향해 서서, "감히 일을

청합니다."라고 한다.

○왕세손이 조금 앞으로 나와, "아무개가 선생께 수업(受業)하기를 원합니다."라고 한다.

○장명자가 들어가 박사 앞으로 나아가서, "세손(世孫) 아무개가 선생께 수업하기를 원합니다."라고 고한다.

○박사가 읍(揖)하고 답하기를, "아무개는 부덕(不德)합니다. 왕세손을 욕되게 하지 않도록 해 주소서."라고 한다.

○장명자가 왕세손 앞으로 나아가 고한다.

○왕세손이 굳이 청하여 말하길, "아무개가 선생께 수업하기를 원합니다."라고 한다.

○장명자가 들어가 박사 앞으로 나아가서, "세손 아무개가 선생께 수업하기를 원합니다."라고 말한다.

○박사가 읍하고 답하기를, "아무개는 부덕합니다. 청컨대 왕세손께서는 자리로 나아가소서. 아무개가 감히 뵙겠습니다."라고 한다.

○장명자가 나가 왕세손 앞으로 나아가 고한다.

○왕세손이, "아무개가 감히 빈객(賓客)으로 뵐 수 없습니다. 청컨대 끝내 뵙게 해 주소서."라고 한다.

○박사가 읍하고 답하기를, "아무개가 사양하여도 허락을 받지 못하였으니 감히 명을 따르지 않겠습니까."라고 한다.

○장명자가 나가 왕세손 앞으로 나아가 고한다.

○이에 집비자(執篚者)가 나와서 광주리를 가지고 동쪽을 향하여 왕세손에게 올린다.

○왕세손이 광주리를 잡았다가 광주리를 다시 집비자에게 준다.

○박사가 동쪽 계단 아래로 내려와 서쪽을 향해 서 있는다.

○익선이 왕세손을 인도하여 문으로 들어와 왼쪽으로 가서 서쪽 계단

의 남쪽으로 나아가 동쪽을 향해 서 있는다. 집비자는 앞줄에 서고 산선(繖扇)과 배위(陪衛)는 문 앞에 정지해 있고, 다만 소환(小宦) 3인과 사약(司鑰) 1인이 따라 들어온다. 집사자는 단술 병과 포[脩]를 놓은 상을 받들고 따라와서 왕세손의 서쪽에 남쪽 가까이로 동쪽을 향해 북쪽을 위로 하여 서 있는다. 집비자는 광주리를 왕세손에게 올리고 물러나 뒤로 선다.

○왕세손은 무릎을 꿇고 광주리를 올려놓고 두 번 절하고 일어난다.

○박사는 답배(答拜)한다.

○왕세손은 무릎을 꿇고 광주리를 취하여 일어나 조금 앞으로 나와 무릎을 꿇고 박사에게 드리고, 단술과 포를 받든 자는 무릎을 꿇고 단술과 포를 박사 앞에 올린다.

○박사는 무릎을 꿇고 광주리를 받아 집사자에게 주고, 집사자는 무릎을 꿇고 단술과 포를 받아 물러난다.

○왕세손이 일어난다.

○박사도 일어난다.

○익선은 왕세손을 인도하여 계단 사이에 서서 북쪽을 향해 두 번 절하게 한다.

○왕세손이 명륜당 서쪽 협실(挾室)의 기둥 밖 소차(小次)[199]로 들어간다.

○찬인(贊引)이 박사를 인도하여 막차로 들어가 오사모(烏紗帽)·흑단령(黑團領)·품대(品帶)·화자(靴子)로 갈아입게 하고, 당(堂)으로 올라가 동벽(東壁)에서 서쪽을 향해 앉게 하고 자리는 세 겹으로 한다.

○필선이 소차(小次) 앞으로 나와서 소차에서 나오도록 무릎을 꿇고 아뢴다. 왕세손이 소차에서 나와 선다.

199 소차(小次): 임금이 거둥할 때 잠깐 쉬기 위해 임시로 막을 쳐 놓은 곳.

○익선이 왕세손을 인도하여 서쪽 계단에서 올라와 박사 앞으로 나아가게 한다.

○집사자가 박사 앞으로 나뉘어 나아가 무릎 꿇고 서안(書案)을 펴놓고 물러난다.

○집사자는 또 왕세손 앞으로 나아가 무릎을 꿇고 자리를 설치하는데, 자리 사이의 거리는 한 자리 정도의 사이를 두도록 하니 이른바 이것이 함장(函丈)[200]이다. 자리를 설치하고 나서 물러난다.

○집사자는 또 나아가 무릎 꿇고 박사 앞의 서안 위에 강(講)할 책을 놓는다.

○왕세손은 자리로 나아가 동쪽을 향하여 무릎을 꿇는다.

○집사자는 다시 나아가 무릎 꿇고 강할 책을 왕세손 앞에 놓고 나서 물러난다.

○왕세손이 책을 강한다.

○박사가 뜻풀이를 한다.

○협책자(挾冊者)가 무릎 꿇고 책을 거두고, 집안자(執案者)가 무릎 꿇고 서안을 거둔다.

○왕세손이 일어난다.

○익선이 왕세손을 인도하여 편차로 나간다.

○찬인이 박사를 인도하여 명륜당의 동쪽 협실로 나간다.

○왕세손이 내엄(內嚴)[201]과 외비(外備)[202]를 하여 궁으로 돌아온다.[203]

---

200 함장(函丈) : 스승과 제자의 자리를 1장(丈, 10자) 간격으로 떼어놓는 것.

201 내엄(內嚴) : 대궐 내에서 큰 의식이 있을 때 임금이 행차하는 것을 알리기 위해 북을 울리는 일. 보통 3번 치는데 첫 번째 치는 북을 초엄(初嚴), 두 번째 치는 북을 재엄(再嚴), 세 번째 치는 북을 삼엄(三嚴)이라 함.

202 외비(外備) : 왕세자나 왕세손이 거둥할 때 의장(儀仗) · 호종(扈從)들을 제자리에 정돈시켜 의식 준비가 빠짐없이 갖추어졌음을 알리는 신호의 말. 임금의 거둥 때에는 이를 외판(外

114 왕비의 헌종의(獻種儀)

영조 정해년(1767)에 상이 왕세손을 거느리고 적전(籍田)을 친히 경작하였다. 왕비는 의례와 같이 헌종(獻種)하였다.

하루 전에 상침(尙寢)[204]이 그 소속의 사람들을 이끌고 상의 자리를 편전(便殿) 북쪽 벽의 조금 동쪽에 설치하고, 왕비의 자리는 편전 안 북쪽 벽의 조금 서쪽에 설치하며, 전(殿)의 앞쪽 좌우에 2개의 향안(香案)을 설치한다. 전정(前庭) 길 서쪽에 혜빈(惠嬪)의 배위(拜位)를 설치하고, 길 동쪽 조금 남쪽에 왕세손의 배위를 설치하며, 혜빈의 자리 뒤에 왕세손빈(嬪)의 배위를 설치하고, 그 뒤에 명부(命婦)의 배위를 설치하는데, 모두 동쪽을 위로 하여 자리를 달리하고 겹줄로 하되, 모두 북향으로 한다.

그날 상공(尙功)이 청상(靑箱)에 곡식 씨앗을 담아서 상[案]에 놓아 전(殿)의 동쪽 조금 남쪽에 먼저 설치한다. 3각(三刻) 전에 명부(命婦)가 각기 예복(禮服)을 갖추고 나란히 이른다. 2각 전에 혜빈이 예복을 갖추면 수규(守閨)가 인도하여 자리로 들어간다. 왕세손이 익선관과 곤룡포(袞龍袍)를 갖추면 전빈(典賓)이 인도하여 자리로 들어가고, 왕세손 빈이 예복을 갖추면 수규가 인도하여 자리로 들어가며, 전빈이 명부(命婦)를 인도하며 자리로 들어간다.

때가 이르면 상의(尙儀)가 중엄(中嚴)[205]을 아뢴다. 조금 있다가 또 외판(外辦)을 계청하면, 전하께서 익선관과 곤룡포를 갖추고 상궁이 인도

辦)이라 한다.

203 이 항목은 『영조실록』 37년(1761) 3월 10일 두 번째 기사와 『국조보감』 권65, 영조조 9, 37년(1761) 3월 기사에 보인다.

204 상침(尙寢) : 조선시대 정6품 내명부(內命婦)의 궁관직. 국왕의 연견(燕見)이나 진어(進御)의 차서(次序)에 관한 일을 총괄하는 궁관(宮官)이다.

205 중엄(中嚴) : 3개의 엄(嚴) 가운데 이엄(二嚴)을 가리킨다. 바깥 준비(準備)가 다 되어 임금의 거둥을 알리는 엄(嚴)인데, 중엄이 울리면 임금이 바로 거둥했다.

하여 나와서 자리에 오르며, 왕비가 예복을 갖추면 상궁이 인도하여 자리에 오른다. 향로에 연기가 오르면 산선(繖扇)과 시위(侍衛)를 나란히 서있게 한다. 사찬(司贊)이 '사배(四拜)'라고 외치고, 전찬(典贊)이 국궁(鞠躬)·사배(四拜)·흥(興)·평신(平身)이라 외치면, 혜빈·왕세손·왕세손 빈 이하 명부가 모두 절을 한다.

상공(尙功)이 상자(箱子)를 받들고 꿇어앉아 올리면, 왕비가 자리에서 내려와 무릎을 꿇고 받는다. 정해진 시간이 되어 상을 설치하고 상의에게 전해준다. 상의가 무릎을 꿇고 받아서 상에게 바치면, 상이 자리에서 내려가 무릎을 꿇고 받는다. 정해진 시간이 되어 상을 설치하고 다시 상의에게 전해준다. 상의가 무릎을 꿇고 받아서 나가면 상이 자리에 올라가고, 왕비 또한 자리로 올라간다.

상의가 내시(內侍)에게 전하면 내시가 승지에게 준다. 승지가 경적사(耕耤使)에게 전하면 경적사가 적전령(耤田令)에게 주고, 상의가 복명(復命)한다. 사찬(司贊)이 '사배(四拜)'라고 외치고, 전찬이 '국궁·사배·흥(興)·평신(平身)'이라 외치면, 혜빈·왕세손·왕세손 빈 이하 명부가 절을 한다. 상의가 꿇어앉아 예필(禮畢)을 아뢰면, 상이 자리에서 내려오고, 왕비 또한 자리에서 내려와 내전으로 돌아가고, 수규(守閨)와 전빈(典賓)이 각기 혜빈·왕세손·왕세손 빈 이하 명부를 인도하여 나간다.[206]

115 왕비의 친잠의(親蠶儀)

왕비의 친잠의(親蠶禮)는 『오례의(五禮儀)』[207]에 실려 있지 않은데, 국조

206 이 항목은 『영조실록』 43년(1767) 2월 26일 여섯 번째 기사와 『국조보감』 권66, 영조조 10, 43년 2월 기사에 보인다.

207 『오례의(五禮儀)』: 『국조오례의(國朝五禮儀)』의 약칭. 오례에 관한 책. 세종의 명령으로 허주 등이 편찬에 착수하여, 세조 때 강희맹 등의 손을 거쳐 성종 5년(1474)에 신숙주·

(國朝)에서는 오직 성종조에 3번 시행되고, 중종조에 2번 시행되고, 선조조에 1번 시행되었다. 하지만 친잠의에 대한 문서가 흩어지고 없어져버려 증거로 삼을 만한 것이 없었다.

영조 정해년(1767)에 왕비가 친잠례를 행하여 춘추관의 당상관과 당하관에게 명하여 세 조정의 『실록』을 강화도(江華島) 사고(史庫)에서 상고해 보고, 『대명집례(大明集禮)』로 참고해 보게 하여 상이 친히 절충하였다. 그리고 이렇게 하교하였다.

"『오례의』에 관계된 내용이 없으니 지금 그 뜻을 일으켜야 할 것이다. 조신(朝臣) 명부(命婦)들의 경우, 지난 무진년에 자의대비(慈懿大妃)에게 진연(進宴)할 때에도 들어와 참석한 규례가 없다. 다만 혜빈과 세손빈, 여러 옹주와 군주(郡主)들, 왕손부(王孫婦)는 들어와 참석하였다.

중종조의 고사((故事)에 의거하여 경복궁의 어원(御苑)에 2개의 단(壇)을 설치하되, 하나는 유문(壝門)에 설치하여 내전이 친제(親祭)를 행하고, 그 아래 단은 관경대(觀耕臺)의 규례에 의거하여 내전이 내명부와 외명부를 거느리고 먼저 채상(採桑)을 하도록 하라. 하루 전에 내전이 혜빈궁 및 내명부·외명부와 더불어 먼저 경복궁에 나아가 재숙(齋宿)하고 한결같이 명나라 조정의 고사(故事)에 의거하여 내전이 모두 삼헌(三獻)을 행하라.

예의사(禮儀使) 이하 여러 집사(執事)는 옛 규례에 의거하여 여관(女官)으로 임명하라. 진폐찬작관(進幣瓚爵官)과 천조관(薦俎官)은 안에서 차임하라."

또 이렇게 하교하였다.

"친잠례(親蠶禮)는 3월 상사일(上巳日)에 시행하되, 11일에 서릉씨(西

정척 등이 완성하였다.

陵氏)의 제향에 쓸 향(香) 전하는 것을 숭례문(崇禮門) 안에서 먼저 시행하라. 혜빈·세손빈·내명부와 외명부가 수행하라. 축문(祝文)에는 '조선국왕비 모씨(朝鮮國王妃某氏)'라고 하라."

이에 의례와 같이 친잠을 행하였다.

그날 상침(尙寢)이 왕비의 채상욕위(採桑褥位)를 단(壇) 위의 조금 동쪽에 동쪽을 향하여 설치하고, 혜빈과 왕세손빈의 채상위(採桑位)를 단 아래 북쪽 가까이에 남쪽을 향하여 설치하고, 또 채상할 내명부와 외명부의 채상위를 단 아래 남쪽 가까이에 북쪽을 향하여 설치하였는데, 모두 위치를 다르게 하고 겹줄로 서쪽을 위로 하여 설치하였다. 왕비가 쓸 갈고리와 광주리를 잡고 있을 자의 자리를 혜빈 자리의 서쪽에 조금 남쪽으로 서쪽을 위로 하여 설치하였는데, 상공(尙功)이 갈고리를 잡고, 전제(典製)가 광주리를 잡았다. 또 단 위에 왕비가 쓸 갈고리와 광주리를 잡고 있는 자의 자리를 왕비 채상위의 북쪽에 조금 동남쪽을 향하여 서쪽을 위로 하여 설치하였다.

혜빈 이하가 쓸 갈고리와 광주리를 잡고 있는 자의 자리를 각 자리의 뒤에 설치하였다. 여사(女史) 1인이 갈고리를 잡고 1인이 광주리를 잡았다. 여시(女侍)가 잠종(蠶種)·갈고리·박(箔)·광주리·시렁 및 양잠(養蠶)에 필요한 기물들을 상전(尙傳)에게 주자, 상전이 받아서 갈고리와 광주리를 잡고 있을 자 및 잠모(蠶母)에게 주고, 왕비가 작헌(酌獻)하기를 기다렸다. 예가 끝나자 도로 악차(幄次)로 들어왔다.

상궁(尙宮) 이하가 각각 복장을 갖추고, 상기(尙記)가 보(寶)를 받들어 모두 악차 앞으로 나아가 동정을 살피며 기다렸다. 채상할 시간이 되자, 상의가 악차 앞에 나아가 몸을 구부리고 무릎을 꿇고서 중엄(中嚴)을 계청(啓請)하였다.

혜빈과 세손빈 및 채상할 내명부와 외명부가 각각 복장을 갖추자, 전빈이 혜빈과 세손빈 및 채상할 내명부와 외명부를 인도하여 모두 단 아래의 자리로 나가도록 하였다. 갈고리와 광주리를 잡고 있는 자들이 각각 자리로 나아갔다. 상의가 몸을 구부리고 무릎을 꿇고서 예를 행하도록 계청하였다. 왕비가 평상복으로 갈아입고 나오자 상궁이 앞에서 인도하여 채상할 단으로 나아갔는데, 남쪽 계단으로 올라가 채상 위로 나아가 동쪽을 향하여 서고, 갈고리와 광주리를 잡고 있는 자가 북쪽 계단으로 올라와 자리로 나아갔다. 전빈이 상공과 전제를 인도하여 상위(桑位)로 나아가 서쪽을 향해 서도록 하였다.

상공이 갈고리를 받들어 올리자 왕비가 갈고리를 받아 뽕을 따고, 전제가 광주리를 받들어 올려 뽕을 받았다. 왕비가 다섯 가지[條]의 뽕을 따고 그만두고선 갈고리를 상공에게 주자 상공이 갈고리를 받고, 전제가 광주리를 받들어 모두 내려와 단 아래의 자리로 돌아갔다.

상궁이 왕비를 인도하여 단의 남쪽 자리로 나아가서 혜빈 이하가 채상하는 것을 보았다. 처음에 왕비가 채상하면 여사(女史)가 각각 갈고리를 혜빈과 세손빈 및 채상할 내명부와 외명부에게 주었다. 왕비가 채상을 끝내자 전빈이 혜빈과 세손빈 및 내명부와 외명부를 인도하여 차례대로 채상하도록 하였다. 광주리를 잡고 있는 자가 혜빈과 세손빈에게 광주리를 주자 각각 일곱 가지씩 땄다. 내명부와 외명부는 각각 아홉 가지씩 땄다.

여사가 갈고리를 받아 광주리를 잡고 있던 자와 함께 물러나 자리로 돌아왔다. 전빈이 혜빈과 세손빈 및 내명부와 외명부를 인도하여 도로 자리로 돌아오자, 전빈이 바로 혜빈 이하를 인도하여 잠실(蠶室)로 나아갔다. 처음에 채상한 내명부 한 사람이 먼저 잠실로 나아가고, 상공이 갈고리와 광주리를 잡고 있는 자를 거느리고 차례대로 따라 잠실로 들어왔다. 상공이 뽕을 잠모(蠶母)에게 주자 잠모가 뽕을 받아 잘게 썰어서 내명부에게 주었다. 내명부가 이를 누에에게 먹이려고 한 잠박(蠶箔)에 뿌려주고 나자, 전빈이 혜빈과 세손빈 및 내명부와 외명부를 인도하여 도로 자리로 돌아왔다. 잠모가 단 아래로 나아가 먼저 고두례(叩頭禮)를 행하였다. 반상(頒賞)을 내집사(內執事) 이하에게 똑같이 반상한다. 마치자 잠모가 다시 고두례를 행하였다.

상의가 왕비 앞으로 나아가 몸을 구부리고 무릎을 꿇고서 예가 끝났다고 아뢰자, 왕비가 소차(小次)로 들어와 예복으로 갈아입고 수식(首飾)을 더하고 나와 자리에 올랐다. 전빈이 혜빈과 세손빈 및 내명부와 외명부 이하를 인도하여 예복으로 갈아입고 배위(拜位)로 나아가게 하였다. 전찬(典贊)이 국궁(鞠躬)·사배(四拜)·흥(興)·평신(平身)이라 외치면, 혜빈 이하가 몸을 구부려 네 번 절하고 일어나 몸을 폈다. 전빈이 혜빈 이하를 인도하여 단에 올라 시좌(侍坐)하도록 한 뒤, 잠모 등이 단 아래에 나열해 앉았다. 하사한 음식을 먹고 나서 물러나 서있자, 상의가 무릎 꿇고 예가 끝났다고 아뢰었다. 왕비가 자리에서 내려오자 상궁이 앞에서 인도하여 악차(幄次)로 들어왔고, 전빈이 혜빈 이하를 인도하여 각각 소차로 돌아갔다.[208]

116 수견의(受繭儀)

이 달에 왕비가 또 수견례(受繭禮)를 행하였다. 하루 전날에 상침(尙寢)이 그 소속의 사람들을 이끌고 상의 자리를 편전(便殿) 북쪽 벽의 조금 동쪽에 설치하고, 왕비의 자리를 편전 안 북쪽 벽의 조금 서쪽에 설치하였는데, 모두 남쪽을 향하도록 하였다. 향안(香案) 2개를 전(殿) 밖의 좌

208 이 항목은 『영조실록』 43년(1767) 3월 10일 다섯 번째 기사와 『국조보감』 권66, 영조조 10, 43년(1767) 3월 기사에 보인다.

우에 설치하였다. 혜빈(惠嬪)의 배위(拜位)를 전정(前庭) 길 서쪽에 설치하고, 왕세손의 배위를 길의 동쪽에 조금 남쪽으로 설치하고, 왕세손 빈의 배위를 혜빈 자리의 뒤에 설치하고, 명부(命婦)의 배위를 그 뒤에 설치하였는데, 모두 동쪽을 위로 하여 자리를 다르게 겹줄로 설치하되 모두 북쪽을 향하도록 하였다.

그날 상공(尙功)이 대나무 상자에 누에고치를 담아 안상(案床)에 놓고 먼저 편전의 동쪽 조금 남쪽에 설치하였다. 3각(刻) 전에 명부가 각각 예복(禮服)을 갖추고 모였다. 2각 전에 혜빈이 예복을 갖추고 수규(守閨)가 앞에서 인도하여 자리로 들어가고, 왕세손은 익선관(翼善冠)과 곤룡포(袞龍袍)를 갖추고 전빈(典賓)이 앞에서 인도하여 자리로 들어가며, 왕세손 빈은 예복을 갖추고 수규가 앞에서 인도하여 자리로 들어갔다. 때가 되자, 상의(尙儀)가 무릎 꿇고 중엄(中嚴)을 계청하고, 조금 있다가 또 외판(外辦)을 아뢰었다. 상이 익선관과 곤룡포를 갖추고 상궁(尙宮)이 앞에서 인도하여 나와 자리로 올랐다. 왕비가 예복을 갖추고 상궁이 앞에서 인도하여 나와 자리로 올랐다. 향로에 연기가 올라가자, 산선(繖扇)과 시위(侍衛)를 나란히 서있게 하였다. 사찬(司贊)이 사배(四拜)라고 말하자, 전찬(典贊)이 국궁(鞠躬)·사배(四拜)·흥(興)·평신(平身)이라 외쳤다. 전찬이 외치는 것은 모두 사찬의 말을 받아서 하였는데, 뒤에도 이를 모방하였다.

혜빈과 왕세손, 왕세손 빈 이하 명부가 몸을 구부려 네 번 절하고 일어나 몸을 폈다. 상공이 상자를 받들어 상의 자리에 나아가자, 상이 서고 상공이 상자를 받들어 보였다. 그 뒤 왕비의 자리 앞에 나아가자 왕비가 서서 받았다가 상의에게 주었다. 상의가 무릎 꿇고 받아 상복(尙服)209에게 주었다. 상이 자리로 오르고 왕비도 자리로 올랐다. 사찬이 사배라고 말하자, 전찬이 국궁·사배·흥·평신이라 외쳤다. 혜빈과 왕세손, 왕세손 빈 이하 명부가 모두 몸을 구부려 네 번 절하고 일어나 몸을 폈다. 상의가 그 자리 앞으로 나가 몸을 구부려 무릎 꿇고 예가 끝났다고 아뢰자, 전찬이 또 외쳤다. 상이 자리에서 내려오고 왕비도 자리에서 내려와 내전으로 돌아왔다. 수규와 전빈이 각각 혜빈과 왕세손, 왕세손 빈 이하 명부를 인도하여 나왔다.

마침내 누에고치를 의정부·중추부·종친·도위(都尉)·예조와 호조 판서·정원(政院)·옥당(玉堂)·입시 사관(入侍史官)·약원 제조(藥院提調)·양도 유수(兩都留守)·팔도 도신(八道道臣)·광주 부윤(廣州府尹)·양주 목사(楊州牧使)에게 나누어주니, 신하들이 모두 전문(箋文)을 올려 사례하였다.[210]

117 수맥의(受麥儀)

영조 기축년(1769)에 상이 관경대(觀耕臺)에 거둥하여 보리 베는 것을 보고, 마침내 수맥례(受麥禮)를 행하였다.

하루 전에 액정서(掖庭署)가 상의 판위(版位)를 편전(便殿) 뜰 가운데 남쪽을 향하여 설치하고, 왕세손의 시좌위(侍坐位)를 판위의 동쪽에 서쪽을 향하여 설치하였다. 그날 예조 판서 및 경적사(耕耤使)와 적전령(耤田令)이 모두 흑단령(黑團領)을 갖추어 입고 동적전(東耤田)으로 나가 전민(田民) 40명을 거느린 채 청건(靑巾)을 착용하고 곡식을 베었다.

그리고 적전령의 감시 아래 푸른색 상자 2개에 벤 곡식을 담았는데, 하나는 자성(粢盛)[211]에 대비하는 것이고 하나는 장종(藏種)에 쓰도록 올

209 상복(尙服) : 조선시대 종5품 내명부(內命婦)의 궁관직으로, 궁중의 의복에 대한 일을 맡아 보았다.

210 이 항목은 『영조실록』 43년(1767), 3월 10일 일곱 번째 기사와 『국조보감』 권66, 영조조 10, 43년(1767), 4월 기사에 보인다.

리는 것이다. 이것을 가자(架子)에 받들어 푸른색 보자기로 덮었다. 청건(青巾)을 쓴 인로(引路)가 가자군(架子軍)과 함께 먼저 가고, 그 다음으로 가자가 가고, 그 다음으로 적전령, 그 다음으로 경적사와 예조 판서가 갔다. 이들은 좌우로 나뉘어 대궐로 나아갔는데, 가자는 정문(正門)을 통하여 들어와 임시로 합문(閤門) 밖에 두고, 기일에 앞서 막차(幕次)를 설치하였다.

수맥(受麥)할 때가 되자 승지와 사관은 흑단령을 차려 입고, 시위는 기물(器物)과 복장을 차려 갖추고선 합문 밖으로 나아갔다. 좌통례(左通禮)가 무릎 꿇고 중엄(中嚴)을 계청하고, 조금 있다가 또 외판(外辦)을 아뢰었다. 상이 익선관(翼善冠)과 곤룡포(袞龍袍)를 갖추고 나오자 좌우 통례가 인도하여 뜰 가운데 판위에 이르러 남쪽을 향해 서도록 하였다. 적전령이 자성(粢盛)으로 쓸 보리를 담은 상자를 받들어 무릎 꿇고 경적사에게 주자, 경적사가 무릎 꿇고 받아서 근시(近侍)에게 주고 근시가 무릎 꿇고 받아서 올렸다.

찬의(贊儀)가 궤(跪)라고 외치자, 좌통례가 무릎 꿇고 상에게 무릎을 꿇도록 계청하였다. 상이 무릎 꿇고 받았는데, 임시로 안상(案床)을 설치하고 다시 근시에게 주자 근시가 무릎 꿇고 받았다. 찬의가 흥(興)이라고 외치자, 좌통례가 그 자리 앞으로 나아가 무릎 꿇고 엎드려서 일어나도록 계청하였다. 상이 일어나자 근시가 상자를 경적사에게 주고, 경적사가 무릎 꿇고 받아 적전령에게 주며, 적전령이 무릎 꿇고 받아 나갔다. 상자를 임시로 합문 밖에 두었다가 장종(藏種) 상자 안에 넣고, 이어서 가자에 담아서 태상시(太常寺)로 나아가서 보관하였다. 좌통례가 나

211 자성(粢盛) : 제사에 올리는 정결한 곡식. 일반적으로 기장이나 쌀을 의미한다. 조선시대의 경우, 종묘나 사직과 같은 국가대제에 사용되는 자성은 임금이 적전(籍田)에서 직접 밭을 갈아 심은 곡식을 이용하였다.

아가 무릎 꿇고 엎드려서 예가 끝났다고 아뢰자, 상이 내전으로 돌아가고 왕세손이 또한 뒤따라 들어갔다.[212]

118 왕비의 장종의(藏種儀)

이달 왕비가 장종례(藏種禮)를 행하였다.

하루 전에 상침(尙寢)이 그 소속의 사람들을 이끌고 상의 자리를 편전(便殿) 북쪽 벽의 조금 동쪽에 설치하고, 왕비의 자리를 편전 안 북쪽 벽의 조금 서쪽에 설치하였는데, 모두 남쪽을 향하도록 하였다. 향안(香案) 2개를 편전 밖의 좌우에 설치하였다. 혜빈(惠嬪)의 배위(拜位)를 전정(前庭) 길 서쪽에 설치하고, 왕세손의 배위를 길의 동쪽에 조금 남쪽으로 설치하며, 왕세손 빈의 배위를 혜빈 자리의 뒤에 설치하고, 명부(命婦)의 배위를 그 뒤에 설치하였는데, 모두 동쪽을 위로 하여 자리를 다르게 겹줄로 설치하되 다 북쪽을 향하도록 하였다.

그날 장종(藏種)할 때, 3각(刻) 전에 명부가 각각 예복을 갖추고 모였다. 2각 전에 혜빈이 예복을 갖추고 수규(守閨)가 앞에서 인도하여 자리로 들어가고, 왕세손은 익선관과 곤룡포를 갖추고 전빈(典賓)이 앞에서 인도하여 자리로 들어가고, 왕세손 빈은 예복을 갖추고 수규가 앞에서 인도하여 자리로 들어가고, 전빈이 명부를 인도하여 자리로 들어가도록 하였다. 때가 되자, 상의(尙儀)가 무릎 꿇고 중엄(中嚴)을 계청하고, 조금 있다가 또 외판(外辦)을 아뢰었다. 상이 익선관과 곤룡포를 갖추고 상궁(尙宮)이 앞에서 인도하여 나와 자리로 올랐다. 왕비가 예복을 갖추고

212 이 항목은 『영조실록』 43년(1767) 2월 26일 일곱 번째 기사와 『국조보감』 권67, 영조조 11, 45년(1769) 5월 기사에 보인다. 『영조실록』 45년(1769) 5월 5일 두 번째 기사에는 관경대에서 보리 베는 것을 살피고, 맥상을 창덕궁 진전에 바쳤다는 사실만 간단히 기록했고, 수맥례(受麥禮)의 절차는 생략하였다.

상궁이 앞에서 인도하여 나와 자리로 올랐다.

향로에 연기가 올라가자, 산선(繖扇)과 시위(侍衛)를 나란히 서있게 하였다. 사찬(司贊)이 사배(四拜)라고 말하자, 전찬(典贊)이 국궁(鞠躬) · 사배(四拜) · 흥(興) · 평신(平身)이라 외쳤다. 혜빈과 왕세손, 왕세손 빈 이하 명부가 몸을 구부려 네 번 절하고 일어나 몸을 폈다.

해방(該房) 승지는 흑단령(黑團領)을 입고, 예조 판서 이하가 보리 상자를 받든 채 모두 합문 밖으로 나아가 승전색(承傳色)을 청하였다. 승전색이 나와 합문 밖에 이르러 서쪽을 향해 섰다. 적전령이 상자를 가지고 무릎 꿇고 경적사에게 주자 경적사가 무릎 꿇고 받아 승지에게 주고, 승지가 무릎 꿇고 받아 승전색에게 전하고, 승전색이 무릎 꿇고 받아 들어가서 상의에게 전하고, 상의가 받아 들어가서 상에게 받들어 올렸다.

상이 자리에서 내려오자, 전찬이 무릎 꿇으라고 외치고, 상궁이 무릎 꿇고 상에게 무릎을 꿇도록 계청하였다. 상이 무릎 꿇고 받았는데, 임시로 안상(案床)을 설치하였다. 상이 무릎 꿇고 있을 때 왕비는 자리에서 내려와 서있었고, 상이 상자를 다시 상의에게 주자, 상의가 무릎 꿇고 받아 왕비에게 받들어 올렸다. 전찬이 무릎을 꿇으라고 외치자, 상궁이 무릎 꿇고 왕비에게 무릎을 꿇도록 계청하였다. 왕비가 무릎을 꿇고 받았는데, 임시로 안상을 설치하였다. 상공에게 주자, 상공이 무릎 꿇고 받아 보관하였다. 상이 자리로 오르고 왕비가 자리로 올랐다.

사찬이 사배라고 말하자, 전찬이 국궁 · 사배 · 흥 · 평신이라고 외쳤다. 혜빈과 왕세손, 왕세손 빈 이하 명부가 몸을 구부려 네 번 절하고 일어나 몸을 폈다. 상의가 그 자리 앞으로 나가 무릎 꿇고 엎드려 예가 끝났다고 아뢰자, 상이 자리에서 내려오고 왕비도 자리에서 내려와 내전으로 돌아왔다. 수규와 전빈이 각각 혜빈과 왕세손, 왕세손 빈 이하 명부를 인도하여 나왔다.[213]

119 경희궁(慶熙宮)

경희궁(慶熙宮)의 옛 이름은 경덕궁(慶德宮)이다. 영조 36년(1760)에 장릉(章陵)의 시호와 음(音)이 같았기 때문에 지금의 이름으로 고쳤다.

120 임금[法座]이 삼문(三門)을 열게 하다

상이 법전(法殿)[214]에 행차할 적에 오직 2개의 협문(夾門)만을 열었다. 그런데 영조가 일찍이 이렇게 하교하였다.

"임금이 법전에 행차할 적에 어찌 평상시와 같이 하는가?"

마침내 삼문(三門)[215]을 활짝 열라고 명하였다.[216]

121 금군(禁軍)의 점고(點考)

옛 제도에 입직(入直)하는 금군(禁軍)은 3일마다 차비문(差備門) 밖에서 참알(參謁)[217]하였는데, 중관(中官, 내시)으로 하여금 이들의 활과 화살, 그리고 복장을 일일이 점검하게 하였다. 숙종 임신년(1692)에 중관이 위세를 부릴까 염려하여 다만 이를 혁파하였다. 신축년(1721) 환국(換局) 시에 중관이 무예청(武藝廳)으로 하여금 각문(各問)을 호위하게 하였다.

영조 때는 금군이 참알하는 법을 복원시킬 것을 요청하는 자가 있자,

---

213 이 항목은 『영조실록』 43년(1767) 2월 26일 여덟 번째 기사와 『국조보감』 권67, 영조조 11, 45년(1769) 5월 기사에 보인다.

214 법전(法殿) : 임금이 백관(百官)의 조하(朝賀)를 받는 정전(正殿).

215 삼문(三門) : 대궐이나 관청 앞의 문. 정문(正門)과 두 개의 협문, 즉 동협문(東夾門)과 서협문(西夾門)으로 되어 있다.

216 이 항목은 『영조실록』 15년(1739) 6월 11일 두 번째 기사에 보인다.

217 참알(參謁) : 당참(堂參). 조선시대 새로 벼슬을 받은 중하급 관원들이 상급 관청을 방문하여 인사하는 의식.

상이 이를 허여하였다. 하지만 군장(軍裝)이 소홀해질까 염려되어 매년 사중삭(四仲朔)[218]의 10일 이전의 일이 없는 날에 병방 승지(兵房承旨)가 입직하는 금군의 군장을 점검한다는 것을 곧바로 아뢰고, 명정전(明政殿)의 월대(月臺)로 나아가 병조에서 지급한 군장을 일일이 점검한 후에 돌아와 아뢰도록 하였다. 그리고 이를 기록하여 정식(正式)으로 삼도록 하였다.[219]

122 왕원자(王元子)의 백완반(百玩盤)

신해년(1791) 6월 18일은 바로 혜경궁(惠慶宮)의 탄신일이자, 원자의 돌이었다. 창경궁 집복헌(集福軒)에 백완반(百玩盤)[220]을 차려놓았다. 원자는 사유화양건(四斿華陽巾)을 쓰고 자주색 비단 겹저고리를 입었다. 먼저 채색 실을 집고, 다음으로 백면(白麵)을 취하고 그 다음으로 활과 화살을 끌어당겼고, 그 다음으로 소반 안의 쌀과 향고(香糕, 향기로운 떡)를 쥐었다. 각신(閣臣)과 승지와 사관이 빙 둘러 모시고 쳐다보았다. 원자가 천천히 좌우를 흘끗 바라보았는데, 그 모습이 의젓하여 어른스러웠다. 여러 신하들이 서로 돌아보고 경하(慶賀)드리고 물러났다. 상이 떡 한 합(盒)을 내려주면서 말하길, "이는 원자가 손으로 집은 것이니, 경(卿)들은 나누어 드시게."라 하였다.[221]

218 사중삭(四仲朔) : 네 철의 각각 가운데 달. 음력으로 2월·5월·8월·11월을 이른다.
219 이 항목은 『영조실록』 30년(1754) 10월 2일 두 번째 기사와 『국조보감』 64권, 영조조 8, 30년(1754) 10월 기사에 보인다.
220 백완반(百玩盤) : 돌날에 돌잡이할 때, 아이 앞에 여러 가지 물건을 벌여 담아 놓은 상.
221 이 항목은 『정조실록』 15년(1791) 6월 18일 첫 번째 기사에 보인다.

123 왕원자(王元子)의 고권(考券)

신해년(1791)년 5월 23일에 상이 친히 강제 문신(講製文臣)의 과시(課試) 답안지를 살피고 있었다. 원자가 곁에 있다가 문득 흔연히 주필(朱筆)을 가져다 첫 번째 시권(試券, 답안지)에 좌우로 붓을 휘두르는데 팔을 움직이는 것이 빠르고 굳세었다. 쓰기를 마치자 손으로 이를 들어올렸다. 두 번째 시권에도 붓을 휘둘러 다시 그와 같이 하자, 상이 매우 기뻐하였다. 마침내 첫 번째 시권에는 이상일(二上一)이라 쓰고, 두 번째 시권에는 이상이(二上二)라고 썼다. 첫 번째 시권은 홍수만(洪秀晩)의 것이고, 두 번째 시권은 한용탁(韓用鐸)의 것이었다.

이에 승지 이조승(李祖承)과 각신(閣臣) 서영보(徐榮輔)를 불러 보여주었는데, 종이 가득히 붉은 먹빛깔이 밝게 빛나고 붓이 지나간 곳은 저절로 글자가 되어 완연히 '上(상)' 자가 되었다. 상이 두 문신의 품계를 여섯 단계 올려주도록 명하여 기쁨을 표시했고, 또 서영보를 내각으로 불러들여 두 문신으로 하여금 시권을 직접 받아 집에 보배롭게 보관하도록 명하였다.[222]

124 반낭(頒囊)

궁중의 고사(故事)에, 매년 정월 해일(亥日)과 자일(子日) 밤에 소관(小官) 수백 명이 횃불을 땅에 끌면서 일제히 '돼지를 태워라, 쥐를 태워라.' 외치면서 태운 곡식을 주머니에 담았고, 이를 재상과 근시(近侍)에게 하사하였다. 이것을 해자낭(亥子囊)이라 이름하였다.

대개 주(周)나라 풍속에 명충(螟蟲)과 황충(蝗蟲)을 없애려고 불길에

222 이 항목은 『일성록』 정조 15년(1791) 5월 23일 두 번째 기사에 보인다.

넘겨주는 뜻을 본뜬 것으로, 불에 태우는 제도는 지금까지 행해진다. 반낭(頒囊)의 제도는 어느 때 궁중에서 폐지되었는지 모르겠지만, 상[정조]이 즉위한 뒤에 궁중의 고사를 추술(追述)하여 반낭을 규례대로 하였다.

125 섬돌 위의 부평초

경술년(1790) 정월 상의 체후(體候)가 편하지 않았다. 격담(膈痰)[223]이 헝클어진 실 같고 엉긴 기름 같아 차를 마셔도 내려가지 않았다. 이날 밤 어지럼증이 더욱 심했는데, 비몽사몽간에 별을 머리에 쓰고 달을 허리에 찬 어떤 노인이 이렇게 고하였다.

"이 약을 올리오니 증상이 나을 것입니다."

그리고 한 폭의 동여맨 종이를 꺼냈는데, 그 종이에 '섬돌 위의 부평초'라고 네 글자가 적혀있었다.

잠에서 깨어나자 우연임을 알게 되었다. 이윽고 다시 꿈을 꾸었는데, 노인이 또 이렇게 고하였다.

"조금 전에 좋은 약제를 알려드렸는데, 어찌 즉시 처방하지 않습니까?"

그리고 또 '섬돌 위의 부평초'라는 네 글자를 보여주었다.

상이 이상히 여겨 의원에게 물어보자, 의원이 대답하였다.

"이는 인동초(忍冬草)의 일종으로, 덩굴처럼 뻗어나가 서로 이어진 모양이 부평초 같습니다."

이에 인동초 5돈[錢]을 달여 올리라 명하였다. 조금 처방했는데도 문득 상쾌해지고 흉격 사이에 막힌 것이 없어졌다.

---

223 격담(膈痰) : 가슴에 막힌 담수(痰水, 가래). 담수가 흉격(胸膈)에 뭉치면 기기승강(氣機升降)이 안 되어 가슴과 배가 답답하고 호흡이 곤란해진다.

126 석류(石榴)꽃을 늘어놓다

궁중에 옛날 석류꽃 5, 6백 동이가 있었는데, 상이 연침(燕寢)[224]의 뜰에 팔진법(八陣法)을 이용하여 늘어놓으라고 명하였다.

127 자전(慈殿) 앞뜰의 소나무

자전(慈殿)의 앞뜰에 소나무를 심어 병풍처럼 둘러쳤는데, 자성(慈聖, 임금의 어머니)께서 매우 사랑하고 아꼈다. 상이 매양 문안드릴 때 문득 소나무 병풍에 이르러 서너 번을 어루만지며 그 푸른빛이 손상될까 염려하였다.

128 『식목총안(植木摠案)』

경모궁(景慕宮)[225]은 사방이 산기슭으로 둘러싸여 있는데, 나무가 아주 드물었다. 상이 일찍이 궁관(宮官)에게 명하여 매년 봄가을로 소나무 · 삼나무 · 단풍나무 · 녹나무 · 매화나무 · 살구나무 · 복숭아나무 · 버드나무 따위를 섞어 선택해 심으라고 명하였다. 그 나무들의 그늘이 무성하여 길게 이어지고 푸른빛이 서로 비추자 묘(廟)의 모습이 한층 그윽하고 엄숙해졌다. 마침내 궁관에게 첩(帖) 하나를 만들어 수목의 수량과 이름을 갖추어 기재하도록 명하고, 이를 '식목실총(植木實摠)'이라 하였다. 본궁(本宮)의 도제거(都提擧) 서명선(徐命善)에게 그 서문(序文)을 짓도록 하고, 사계삭(四季朔)[226]이 되면, 궁관이 이것을 꺼내어 수정하여

---

224 연침(燕寢) : 임금이 평상시에 한가롭게 거처하던 전각(殿閣).

225 경모궁(景慕宮) : 조선 영조의 둘째 왕자인 사도 세자와 그의 비 헌경 왕후의 신위를 모신 사당.

226 사계삭(四季朔) : 음력으로 사철의 마지막 달. 즉, 계춘인 3월, 계하(季夏)인 6월, 계추(季

올리도록 명하였다.

경모궁의 『식목총안』이 완성되자 상이 경연의 신하에게 이렇게 말하였다.

"선대왕께서 일찍이 육상궁(毓祥宮)[227]에 나아가 좋은 나무를 심으라고 명하면서 말하길, '이 궁 안에 나무를 매양 부지런히 심는 것은 나무가 울창해져서 묘(廟)의 모습이 그윽하고 엄숙해지는 것을 바라보고 싶어서일 뿐만이 아니다. 이 나무들이 8자[尺] 즈음 되어 한 아름이 되었을 적에 후인들이 필시 가리키고 어루만지면서 어떤 나무는 어느 때 심은 것이라고 하면서 크게 사랑하고 아끼게 될 것이다. 『시경』에, 「뽕나무며 가래나무를 반드시 공경한다.」[228]고 한 것이 바로 그런 뜻이다.'라고 하셨다. 나는 그 말씀을 받들어 따르며 감히 잊지 못하였다. 이제 이곳[경모궁]에 나무를 심은 것은 바로 선대왕의 뜻을 이어받은 일단(一端)이다."[229]

129 대귤(大橘)

청장관(靑莊館) 이덕무(李德懋)가 항상 대내(大內)에서 책을 편찬하였는데, 상이 시자(侍者)를 시켜 귤 하나를 내려주며 이렇게 말하였다.

"이것의 이름은 대귤(大橘)로, 숙종조에 일찍이 해박(海舶, 상선商船)을 따라 들어온 것이다. 탐라(耽羅)에 심도록 명하였는데, 맺힌 열매가 많지 않아 다만 선원전(璿源殿)에만 올리고, 지금 그대에게 내려주는

秋)인 9월, 계동(季冬)인 12월을 이른다.

227 육상궁(毓祥宮) : 조선시대 숙종의 후궁이자 영조의 친어머니인 숙빈 최씨(淑嬪崔氏)의 신주(神主)를 모신 곳. 1725년에 창건되었는데, 당시는 숙빈묘라고 일컬었다가 뒤에 육상묘라고 개칭하였으며, 1753년에 묘를 승격하여 육상궁으로 고쳤다.

228 뽕나무며 … 공경한다[維桑與梓 必恭敬止] : 『시경』 「소아(小雅)」 〈소변(小弁)〉의 구절이다.

229 이 항목은 『홍재전서』 권161, 『일득록(日得錄)』 1, 문학(文學) 1에 일부분이 보인다.

것이니, 그대는 그것을 먹어보아라."[230]

130 대내(大內)의 사슴

대내에서 일찍이 사슴을 길렀는데, 하루는 사슴이 전(殿)의 처마 아래 꽃가지를 뜯어 먹었다. 주위 사람들이 급히 사슴을 쫓아내자 상이 이렇게 말하였다.

"갑작스럽게 쫓아내면 필시 놀라 달아날 것이다. 놀라서 달아나면 쉬이 넘어져 상처를 입을 것이니, 다만 손을 휘둘러서 보내버려 사슴이 다시 뜯어 먹게 하지 말라."

131 임금의 복식(服飾)

상께서 일찍이 춘당대(春塘臺)에 거둥하여 연사례(燕射禮)[231]를 시행하였는데, 이렇게 말하였다.

"지금 내 복식은 모두 열조(列朝)에서 착용했던 것이다. 대구(帶鉤)[232]는 효종께서 쓰셨던 것이고, 자립(紫笠)은 현종께서 쓰셨던 것이고, 금대(錦帶)는 숙종께서 쓰셨던 것이고, 협수(夾袖)[233]는 선조(先朝)께서 입으셨던 것이고, 패도(佩刀)도 경모궁(景慕宮)께서 착용하셨던 것

230 이 항목과 관련하여 『청장관전서(青莊館全書)』 권71, 「선고적성현감부군년보(先考積城縣監府君年譜)」 하에 이덕무가 51세 때인 1791년 2월 12일 입직했을 적에 내규 하나를 받았다는 기록이 보인다.

231 연사례(燕射禮) : 공식적인 왕의 활쏘기 행사 가운데 하나. 대사례(大射禮)는 활쏘기를 통해 완력과 덕행을 살펴 인재를 선발하는 것이고, 연사례는 궁중에서 사사로이 시행하던 활쏘기였다.

232 대구(帶鉤) : 띠를 맬 때에 걸도록 만든 부속품.

233 협수(夾袖) : 순우리말로 동다리(同多里)라고도 함. 조선 후기에 만들어진 군복의 하나로, 소매가 좁아 날렵하고 간편하여 활동하기에 매우 편리하였다.

이다. 이것들은 본래의 체취가 가시지 않고, 쓰시던 손때가 아직도 남아 있으니 대대로 전해진 보장(寶藏)이 적도(赤刀)나 천구(天球)뿐만이 아니다. 내가 때때로 이것들을 착용하는 것은 경모(敬慕)하고 추념(追念)하는 마음[234]을 담으려는 것이다."[235]

132 북시옥(北寺獄)

궁중에는 북시옥(北寺獄)이 있고, 또 토우(土宇)가 와린평(臥麟坪)에 있는데, 중죄인을 이곳에 가두었다. 그 형장(刑杖)은 참나무를 깎아 세 개의 모서리를 내는데, 크기가 넓적다리만 하여 이것으로 맞은 자는 온전한 사람이 드물었다. 그래서 숙종조에 비로소 북시옥을 혁파하였고, 선조(先朝, 영조조) 갑자년(1744)에는 형장을 대부분 줄였다. 그리고 상[정조]이 즉위한 뒤에 토우를 아울러 혁파하고, 형구(刑具)는 더 줄여서 너비는 5,6치를 넘지 않고 두께는 1치[寸]에 못 미쳤다.[236]

133 「마도견잠(磨兜堅箴)」

상이 일찍이 도승지 조종현(趙宗鉉)에게 명하여 「마도견잠(磨兜堅箴)」을 써서 올리게 하였다. 마도견은 옛날에 말을 삼간 사람인데, 송렴(宋濂)이

234 경모(敬慕)하고 추념(追念)하는 마음 : 저본은 갱장지본(羹墻之慕)으로, 국과 담장을 연모한다는 의미이다. 『후한서(後漢書)』 「이고전(李固傳)」에, "옛날 요(堯) 임금이 죽은 뒤에 순(舜) 임금이 3년 동안이나 요임금을 사모하여, 앉았을 적에는 요 임금이 담장에서 보이고 밥 먹을 적에는 요 임금이 국에서 보였다."고 하였다.

235 이 항목은 『홍재전서』 권175권, 『일득록(日得錄)』 15, 훈어(訓語) 2에 보인다.

236 이 항목은 『일성록』 정조 7년(1783) 7월 19일 두 번째 기사와 『국조보감』 권71, 정조조 3, 7년(1783) 7월 기사, 그리고 『홍재전서』 권166, 『일득록(日得錄)』 6, 정사(政事) 1에 보인다.

이에 대해 잠(箴)을 지었으니, 도종의(陶宗儀)의 『철경록(輟耕錄)』에 그 내용이 보인다.[237]

134 『주자대전(朱子大全)』 영락본(永樂本)

『주자대전』 영락본은 경주(慶州) 옥산서원(玉山書院)에 있는데, 회재(晦齋, 이언적의 호)가 이 책을 서원 문밖으로 유출시키지 말라고 경계하였다. 상이 일찍이 이 책을 가져다 보았는데, 이언적의 경계 때문에 도로 서원으로 돌려보냈다.

135 신해년(辛亥年)의 어진(御眞)

상이 신축년(1781)에 어진(御眞) 한 본(本)을 모사(模寫)하여 규장각 주합루(宙合樓)의 가운데 기둥에 받들어 보관하였다. 신해년(1791)에는 어진 3본을 모사하여 그 중에 1본을 주합루의 오른쪽 기둥에 받들어 보관하였다. 그런데 이날 내각에서 문안을 아뢰었기 때문에 이렇게 비답(批答)하였다.

"선조(先朝) 계축년(1733)의 고사를 따라 금년에 또 1본을 그렸다. 이는 비록 혹 선왕(先王) 때의 일을 계승하는 일단이 될 수도 있겠지만, 10년 사이에 정사(政事)와 교화(敎化)가 날로 융성해진 성과가 있고 세상의 도리가 날로 새로워진 아름다움이 있으며 시속의 기상(氣象)이 날로 안정되는 조짐이 있고 백성들이 날로 편안해지는 기쁨이 있었던 것이로다!

이를 가만히 살펴보면 예전과 같고, 다만 희끗희끗하던 머리가 하

---

237 이 항목은 『홍재전서』 권162, 『일득록(日得錄)』 2, 문학(文學) 2에 보인다. 또 『성호사설』 권23, 경사문(經史門) 마도견(磨兜堅) 조항을 참고할 것.

양게 되어 화공(畵工)이 붓끝에 흰색을 섞어 사용하였으니, 부끄럽고 도 우스운 일이다. 하지만 소본(小本) 1본을 경모궁의 망묘루(望廟樓)에 보관하여 아침저녁으로 살펴보는 예를 대신하고 나의 우러르고 의지하는 생각을 붙일 수 있게 되었으며, 나머지 1본은 또 장차 현륭원(顯隆園, 사도세자의 묘)의 재전(齋殿)에 보관하려고 하니, 이것이 흔연히 마음에 드는 이유이다."[238]

136 공윤항(孔胤恒)이 과거에 합격하다

공윤항은 선성(先聖, 공자)의 후손으로 대대로 수원부(水原府)에 살고 있었다. 공윤항은 대강 글을 알아 하재(下齋)[239]에 거처했는데, 하재생(下齋生)은 으레 관학(館學)의 재임(齋任)[240]과 더불어 전정(殿庭)에서 강경(講經)[241]을 하게 되어 있어 응시생 명단에 공윤항의 이름이 이미 올라가 있었다. 그래서 상이 그를 알게 되었는데, 장차 경연에 임하여 시관(試官)에게 이렇게 전교하였다.

"공씨(孔氏)가 현달하지 못한 것은 국조(國朝)의 궐전(闕典)[242]이다. 지금 듣건대, 공윤항이란 자가 강경에 응시했다고 하는데, 그가 비록 경

238 이 항목은 『정조실록』 15년(1791) 10월 7일 세 번째 기사와 『홍재전서』 권43, 비답(批答) 2에 보인다. 또 『국조보감』 권79, 정조조 2, 5년(1781) 9월 기사를 참고할 것.

239 하재(下齋) : 조선시대 성균관(成均館)에 부속된 기숙사의 하나. 성균관의 동서 양재(兩齋) 각 맨 아래쪽 2칸에 위치하였음. 이곳에서는 중외(中外)에서 뽑혀 온 사학(四學)의 승보생(陞補生)인 유학(幼學)들이 거처하였다.

240 재임(齋任) : 조선시대 성균관이나 향교 따위에서 숙식하며 공부하는 유생으로서 그 안의 일을 맡아보던 임원.

241 강경(講經) : 조선시대 경서(經書)에 정통한 사람을 뽑는 과시(科試)에서, 시험관이 지정하는 경서 가운데 몇 구절을 배송(背誦)하고 강해(講解)하게 하는 것.

242 궐전(闕典) : 규정이나 의식 등에 빠진 부분이 있어 완전하지 않고 불충분한 법전(法典)이나 전례(典禮).

전에 익숙하지 못하더라도 반드시 임시방편으로 급제를 내려주도록 해야 한다. 선성의 후손에게 한 번 운(運) 좋게 급제를 내주더라도 어찌 해가 되겠는가?"

이미 나아가 그에게 『시경』 「관저장(關雎章)」을 강(講)하게 했는데, 멍하니 읽지를 못하였다. 억지로 시키니 겨우 첫째 장을 강하였는데, 말소리가 껄끄럽고 더듬거리며 자구(字句)가 모호하였다.

그래서 상이 이렇게 말하였다.

"너는 모시(毛詩) 첫째 장을 읽지도 못하면서 오히려 과거에 응시했느냐?"

그가 대답하였다.

"성균관 유생 맹현대(孟賢大)가 저를 가르치면서 경전을 읽을 적에는 어려운 부분부터 먼저 공부해야 한다고 말해서 모름지기 하경(下經)부터 시작했습니다. 그래서 이 장(章)은 비록 아주 쉽게 이해했지만 강(講)하지 않았습니다."

맹현대가 그때 마침 반제(泮製)[243]로써 선발되자, 상이 이렇게 말하였다.

"맹현대는 아성(亞聖, 맹자)의 후손으로 선성의 후손을 잘못 가르쳐 결국 급제를 내려줄 수 없게 하였으니, 그 잘못을 경계해야 한다."

마침내 그 시권(試券)을 빼내도록 하였다. 공윤항은 마침내 그해 겨울에 강경에 응시하여 과거에 합격하였다.[244]

243 반제(泮製) : 성균관 유생(儒生)들이 출근하여 식당에서 밥 먹은 수를 세어 아침과 저녁 두 끼를 1도(到)로 계산해서 50도가 되면 과거를 보게 하던 제도.

244 이 항목은 『정조실록』 16년(1792) 8월 21일 첫 번째 기사와 16년 10월 16일 첫 번째 기사, 그리고 『홍재전서』 권176, 『일득록』 16, 훈어(訓語) 3에 보인다.

137 왕태(王太)

금호문(金虎門) 밖에 왕태(王太)라는 자가 있었는데, 주막의 품팔이꾼이었다. 그는 책읽기를 좋아하고 시를 잘 지었지만 가난하여 스스로를 보존할 수조차 없었다. 상이 그 소문을 듣고 왕태를 불러다 시(詩)로써 시험해보았는데, 그가 능히 시를 지어 올렸다. 상이 원하는 것을 물어보자, 왕태가 『자치통감강목(資治通鑑綱目)』과 『시경』·『서경』 및 제자백가(諸子百家)의 글 읽기를 원한다고 대답하였다. 이에 상이 장용영(壯勇營)에 명하여 왕태의 이름을 군안(軍案)에 올리고 그에게 월급을 주어 독서할 수 있도록 해주었다.[245]

138 배다리[舟橋]

상이 기유년(1789)에 현륭원(顯隆園)을 수원(水原)으로 옮겼는데, 배를 내버려두고 배다리[舟橋]를 이용하였다. 이는 성인의 지혜로부터 시작되었는데, 갖추고 살펴서 그 방법이 공교하고 치밀하였다. 그 제도는 배 36척을 이어놓아 다리를 만드는 것이다.

먼저 횡량(橫樑)을 설치하여 지탱시키고 배 위에는 5개의 종량(縱樑)을 각각 걸쳐놓아 곧바로 남쪽과 북쪽의 언덕에 다다르게 한다. 또 종량 위에 널빤지를 펼쳐놓아 서로 붙이고 9개의 은잠(隱簪)을 설치한다. 또 종량 위에 펼쳐놓은 널빤지에 못질을 하여 서로 베개 삼게 만나게 하고, 이를 갈고리로 이어 놓는다. 그리고 널빤지 위아래 양쪽 끝에 각각 2개의 구멍을 뚫어 좌우의 종량 밖 1척 사이에 먼저 목잠(木簪)을 설치한다. 그리고 삼줄로 서로 이어 팽팽하게 묶는다.

245 이 항목은 『홍재전서』 권172, 『일득록』 12, 인물(人物) 2에 보인다.

또 둥둥 뜨는 대난(隊欄)을 설치하여 횡으로 남쪽과 북쪽의 언덕에 이르게 한다. 첫 번째 배 위 종량의 양 끝에 또 조교(吊橋)[246]를 설치하면 위아래로 뜨고 가라앉는데, 한번 물이 들어와 조수가 일어나면 무지개처럼 활모양이 되고, 조수가 물러나면 숫돌처럼 평평하게 된다. 중앙의 위쪽 배에는 문을 설치하여 꾸미는데, 붉은 문기둥 위에 각각 삼지창(三枝鎗)을 꽂고, 주락(朱絡)[247]과 소사기(小絲旗)는 그네처럼 가설(架設)한다. 좌우의 양 기둥 위에는 황색과 흑색의 큰 깃발을 가로로 매달아 놓는데, 흑색 깃발에는 해 · 달 · 별 · 은하(銀河) · 팔괘(八卦)의 형상을 그려 놓고, 깃발의 가장자리는 흰색으로 하고, 불꽃같은 붉은 기운이 황대(黃帶) · 치미(雉尾)[248] · 영두(纓頭)[249] · 주락을 통과하게 한다. 황색 깃발에는 사해(四海) · 오악(五獄) · 병형(兵形)의 형상을 그려 놓고, 깃발의 가장자리는 붉은 색으로 하고, 불꽃같은 붉은 기운이 황대와 치미를 통과하게 하는데, 한결같이 흑색 깃발의 제도와 같이 한다.

배에는 각각 오색(五色) 호기(號旗, 신호용 깃발)를 세우는데, 가운데 배에는 협총(協捴)과 인기(認旗)[250]를 배치한다. 앞쪽 5개의 선단[艅]과 뒤쪽 5개의 선단[艅]에 협총을 소속시키고, 매 선단마다 각각 3개의 배로 되어 있는데, 앞쪽 배의 왼편과 가운데 배와 뒤쪽 배의 오른편은 오방색

246 조교(吊橋) : 두 쪽 언덕에 줄이나 쇠사슬을 건너지르고, 거기에 의지하여 매달아 놓은 다리. 현수교(懸垂橋) 또는 매단다리라고도 한다.

247 주락(朱絡) : 임금이나 벼슬아치가 타는 말 등에 다는 붉은 술과 붉은 털로 만든 꾸밈새.

248 치미(雉尾) : 꿩의 꽁지깃을 모아 묶어서 깃대 따위의 끝에 꽂는 장식.

249 영두(纓頭) : 끝에 술이 달려 있는 장식용 끈. 깃발 · 주머니 · 도장 따위를 꾸미는 데 쓰인다.

250 인기(認旗) : 조선시대 각 군영의 지휘관이 사용하던 신호용 기. 지휘용인 사명기(司命旗)에 응답하는 회신용 기를 말한다. 형태는 정사각형이며 영두(纓頭) · 주락(珠絡) · 치미(雉尾)가 부착되어 있다. 바탕 · 언저리 · 띠의 색깔은 부대와 부대의 방위에 따라 다르게 하였다. 각 부대의 지휘관이 작전이나 훈련 때 반드시 사명기와 함께 사용하였다.

(五方色)으로 신호를 한다. 앞쪽 15척의 배는 전영장(前領將)에게 소속시키고, 뒤쪽 15척의 배는 후영장(後領將)에게 소속시키며, 나머지 배는 황색 호기(號旗)에 '중협(中協)'이라 쓴다.

첫 번째 배에서 여섯 번째 배에 이르기까지 고물[船尾]의 난간 밖에 송골매와 익조(鷁鳥)를 그려 넣은 오색기를 세워두는데, 오방색은 종선기(粽船旗)의 제도를 따른다. 각 배의 고물에는 한 쌍의 상풍기(相風旗)[251]를 세워두고, 매 배마다 격군(格軍)[252] 12명을 배속시키면 모두 합쳐 4백 3십 2명이 된다. 도감(都監)은 협총 앞쪽에서 지휘를 따르고 부감(副監)은 전영장(前領將)과 후영장(後領將) 된다. 선단의 우두머리는 10명인데, 이들은 각자 3개의 배를 주관한다. 대가(大駕, 임금이 타는 수레)가 이르면 주사대장(舟師大將)[253]이 위의(威儀)를 갖추고 오른쪽 난간 밖에서 맞이하고 협총은 왼쪽 난간 밖에서 맞이한다.

139 사직단(社稷壇)의 음악

상이 일찍이 친히 사직단에 제례를 올릴 때, 판위(版位)에 나아가 서자 헌가악(軒架樂)[254]이 연주되었는데, 근신(近臣)을 돌아보며 말하였다.

"정악(庭樂)은 이성(二成)이 고르지 못하고 촉급하구나."

이에 근신이 종종걸음으로 물러나 전악(典樂)[255]에게 물어보자, 전악

---

251 상풍기(相風旗) : 바람의 풍향과 풍속을 알 수 있는 깃발.

252 격군(格軍) : '곁꾼'을 이두식 한자로 쓴 말. 조선시대 사공의 일을 돕는 수부(水夫)로, 배에 짐을 싣거나 잡다한 일을 맡아 하면서 사공을 도왔다. 방언에 노질을 능숙하게 하는 자를 격군이라 하기도 했다.

253 주사대장(舟師大將) : 조선시대 주교사(舟橋司)에 속하여 임금이 거둥할 때 한강에 부교(浮橋) 놓는 일을 맡아보던 임시 벼슬.

254 헌가악(軒架樂) : 궁중이나 국가의 제사나 의식 때에, 대청 아래 뜰에서 음악을 연주하는 아악 편성.

이 이렇게 답하였다.

"제이성(第二成)에서 당 아래 왼쪽에 있는 특경(特磬)이 두 박자를 빠뜨렸습니다."[256]

140 향춘헌(向春軒)

고양(高陽)의 아각(衙閣)에 걸어 놓은 편액(扁額)이 없었다. 상이 일찍이 영릉(永陵)에 거둥했다가 이 각에 머물렀는데, 향춘헌(向春軒)이라 이름 지어 하사하였다. 해를 향함에 쉬이 봄이 된다는 뜻을 취한 것이다.[257]

141 정조(正祖)의 기이한 일

상이 일찍이 판서 구상(具庠)에게 화성(華城) 유여택(維與宅)[258]의 상량문을 지어 올리라 명하였다. 상량문을 올리자 상이 살펴보셨다. 명을 어기고 며칠 늦게 지어 올렸는데, 이날 구판서가 죽었다.

상이 일찍이 한가로이 지낼 때 초저녁 무렵에 선전관(宣傳官)을 재촉하여 불러서 표신(標信)을 갖고 선인문(宣仁門)을 나가 천경졸(踐更卒)[259]

---

255 전악(典樂) : 조선시대 장악원(掌樂院)에 딸린 정6품 잡직(雜織)의 하나.

256 이 항목은 『홍재전서』 제175권, 『일득록』 15, 훈어(訓語) 2에 보인다.

257 이 항목은 『정조실록』 13년(1789) 2월 11일 두 번째 기사와 『홍재전서』 권167, 『일득록』 7, 정사(政事) 2에 보인다.

258 유여택(維與宅) : 수원시 팔달구 신풍동 화성행궁에 있는 건물. 임금이 행차할 때 잠시 머무르며 집무를 하던 공간으로 평상시에는 화성유수의 처소로 사용되었다. '유여택(維與宅)'이란 『시경』 「대아(大雅)」 〈황의(皇矣)〉 장의 '상제께서 모두 물리치시고 나라의 규모를 크게 하리라. 이내 서녘을 돌아보시고 이 집을 주었다.[上帝耆之 憎其式廓 乃眷西顧 此維與宅]'란 구절에서 유래한 말로, 정조가 화성유수를 임명하여 내려 보낸 곳이라는 의미이다.

259 천경졸(踐更卒) : 병졸로 징발된 자가 자기 대신 사람을 사서 보내는 것을 천경(踐更)이라 하는데, 대신 병졸이 된 자를 일컬어 천경졸이라 함.

을 일일이 살펴보게 하였다. 선전관이 문을 나서매 문의 동쪽에 있던 편군(偏軍)이 골조틀을 펼치다가 불을 내어 골조틀 안에 있던 군졸들이 거의 죽었다. 하지만 선전관에게 의지한 자들은 구제되어 죽음을 면할 수 있었다.

상이 일찍이 남소영(南小營, 어영청의 분영)에서 친히 사열하셨다. 당시 날씨가 청명하고 화창하였는데 장용영(壯勇營)에 급히 명하여 사용하는 깃발 전부를 낡은 것으로 바꾸도록 하였다. 상이 자리에 올라 활을 쏘자 갑자기 서북쪽에서 구름이 일어나면서 큰 비가 쏟아져 내렸다. 비록 깃발들이 젖었지만 새로 만든 것은 손상되지 않았다.

『연경재전집외집』 권57

『난실담총』 권2

1 예혜(禮鞵)

고사(故事)에 조정의 신하들이 무릇 조회(朝會)할 적에 가죽신 위에 대혜(大鞵)를 신도록 허여했는데, 이것을 대분투(大粉套)[1]라 하였다. 대분투는 명나라 제도에서 예혜((禮鞵)라고 일컬었는데, 홍무(洪武) 6년(1373)에 정해진 제도이다. 이에 앞서 백관(百官)이 조정에 들어갈 적에 비를 만나면 모두 정화(釘鞾)[2]를 신었는데, 그 신발 소리가 대궐의 섬돌까지 들리자 시위사(侍衛司)에서 이를 금지시킬 것을 청하였다.

명나라 태조가 말하길, "옛날 신하들이 조정에 들어올 적엔 짚신[屨]를 신었는데, 당나라 때부터 가죽신[鞾]을 신었다. 그때 조정의 관리들에게 연한 가죽신[皮鞵]을 만들어 가죽신[鞾] 밖에 덧신도록 하고 조정에서 나가면 벗도록 명했다."고 하였다.

우리 조정에서는 한결같이 명나라 제도를 따랐으므로 조정의 관리들

1 대분투(大粉套): 큰 가죽신의 속명(俗名)으로, 신을 보호하기 위하여 겉에 신는 덧신.
2 정화(釘鞾): 옛날에 비가 올 때 신는 징을 박은 신.

이 이 신발을 수 십 년 동안 서로 경쟁하듯 신었고, 세간에서는 간편함을 따라 모두 유화(油靴)[3]를 신어서 예혜는 찾아볼 수가 없다.

2 취진자(聚珍字)

태종 계미년(1403)에 경연청(經筵廳)의 고주본(古註本) 『시경』·『서경』·『춘추좌씨전』의 글자를 전범(典範)으로 삼아 이직(李稷) 등에게 10만 자를 주조하도록 명하였으니, 이것이 계미자(癸未字)이다. 세종조 경자년(1420)에 이천(李蕆) 등에게 계미자를 고쳐 주조하도록 명하였으니, 이것이 경자자(庚子字)이다. 갑인년(1434)에는 경자자가 조밀하다는 이유로 경연청에 소장된 『효순사실(孝順事實)』과 『위선음즐(爲善陰騭)』 등의 책을 글자의 전범으로 삼아 김돈(金墩) 등에게 20여만 자를 주조하도록 명하였는데, 이것이 갑인자이다.

이에 계미자와 경자자를 모두 거듭 주조하여 3백여 년을 사용하다가 영조조 임진년(1772) 금상(今上)이 세손(世孫)으로 있을 적에 갑인자를 전범으로 삼아 예문각에서 15만 자를 주조하도록 명하였으니 이것이 임인자이다. 즉위한 원년(1776)에 다시 갑인자를 전범으로 삼아 관서(關西) 지방에서 15만 자를 주조하여 내각에 보관하였으니, 이것이 정유자이다. 바로 『팔자백선(八子百選)』 등의 책과 계축년에 탑본(搨本)한 경서본(經書本)이다.

내각과 외각에 보관되어 있는 것이 무릇 30만 자인데, 선조조에 안평대군의 글씨로 전범을 삼아 훈국(訓局)에서 주조하였다. 지금 『창려집(昌黎集)』과 여러 서책들의 인본(印本)이 바로 이것이다. 실록(實錄)·지

3 유화(油靴): 옛날에 동백기름을 바른 우천용(雨天用)의 가죽신.

장(誌狀)·『사기(史記)』·『한서(漢書)』 등의 서책을 인쇄한 글자와 『문헌비고(文獻備考)』를 인쇄한 글자가 각각 1본 있는데, 년조(年條)를 상고할 수 없다. 살펴보건대, 중종 13년(1518) 조정에서 서사(書肆)를 설치함에 따라 소격서의 유기(鍮器)와 폐허가 된 사찰의 유종(鍮鍾)으로 글자를 주조하여 서책을 인쇄하도록 명하였는데, 어떤 책이 바로 그 인본(印本)인지 미상이다.[4]

3 왕세자(王世子)·박사(博士)·장명유생(將命儒生)

왕세자의 성균관 입학은 세종 3년(1421)부터 시작되었는데, 문종이 입학할 때에는 겸대사성(兼大司成) 윤상(尹祥)을 박사(博士)로 삼았고, 세조 11년(1465) 예종이 입학할 때에는 대제학 최항(崔恒)을 박사로 삼았다. 이로부터 대제학을 박사로 삼았는데, 성종 18년(1487) 연산군이 입학할 때에는 서거정(徐居正)을 박사로 삼았고, 중종 17년(1522) 인종이 입학할 때에는 이행(李荇)을 박사로 삼았고, 명종 15년(1560) 순회세자(順懷世子)가 입학할 때에는 홍섬(洪暹)을 박사로 삼았고, 광해군 2년(1610) 폐세자(廢世子) 지(祬)가 입학할 때에는 이정구(李廷龜)를 박사로 삼았다.

인조 3년(1625) 소현세자(昭顯世子)가 입학할 때에는 김류(金瑬)를 박사로 삼았고, 인조 23년(1645) 효종이 입학할 때에는 이식(李植)을 박사로 삼고, 조귀석(趙龜錫)을 장명유생(將命儒生)[5]으로 삼았다. 효종 3년(1652) 현종이 입학할 때에는 채유후(蔡裕後)를 박사로 삼고, 김수홍(金

4 이 항목은 『일성록』 정조 18년(1794) 1월 24일 열한 번째 기사와 『정조실록』 18년(1794), 1월 24일 세 번째 기사와 『정조실록』 20년(1796) 3월 17일 네 번째 기사와 『국조보감』 권74, 정조조 6, 20년(1796) 3월 기사에 보인다.

5 장명유생(將命儒生) : 세자(世子)가 입학식을 올릴 때에 집사(執事)가 되어 세자의 시중을 들던 성균관의 유생(儒生).

壽興)을 장명유생으로 삼았다. 현종 10년(1669) 숙종이 입학할 때에는 조복양(趙復陽)을 박사로 삼고, 조상우(趙相愚)를 장명유생으로 삼았다. 숙종 21년(1695) 경종이 입학할 때에는 박태상(朴泰尙)을 박사로 삼고, 이관명(李觀命)을 장명유생으로 삼았다.

경종 2년(1722) 영조가 입학할 때에는 조태억(趙泰億)을 박사로 삼고, 조귀명(趙龜命)을 장명유생으로 삼았다. 영조 3년 진종(眞宗)이 입학할 때에는 이의현(李宜顯)을 박사로 삼고, 남유상(南有常)을 장명유생으로 삼았다. 영조 18년(1742) 장헌세자(莊獻世子)가 입학했을 때엔 이병상(李秉常)을 박사로 삼고, 윤득민(尹得敏)을 장명유생으로 삼았다. 영조 37년(1761) 정조가 입학했을 때에는 김양택(金陽澤)을 박사로 삼고, 홍용한(洪龍漢)을 장명유생로 삼았다. 금상(今上) 17년(1793) 세자가 입학했을 때에는 남공철(南公轍)을 박사로 삼고, 김홍근(金弘根)을 장명유생으로 삼았다.

4 정순왕후(定順王后)의 문권(文券)

영조 신묘년(1771) 가을 8월, 정업원(淨業院)[6]에 비석을 세웠다. 정업원은 홍인문 밖 영빈정동(英嬪貞洞)에 있는데, 정순왕후(定順王后) 송씨(宋氏)가 양위(讓位)한 후에 일찍이 거처하던 곳이다. 이때에 이르러 각(閣)을 세우라고 특별히 명하고 '淨業院舊基[정업원구기]' 다섯 글자를 친히 쓰셔서 비석을 세웠다. 또 '東望峯[동망봉]' 세 글자를 친히 쓰셔서 정업원과 마주하고 있는 동망봉의 바윗돌 위에 새기라고 명하였는데, 이곳은 정순왕후께서 일찍이 올라가서 영월(寧越)을 바라보던 장소이다. 이후에

6 정업원(淨業院) : 고려 · 조선시대 도성(都城) 안에 있었던 여승방(女僧房). 선비의 집안이나 궁중의 여인들이 출가하여 머물렀다.

연세가 이미 높아지자 해평위(海平尉) 정종(鄭悰)의 아들 정미수(鄭眉壽)에게 의지했는데, 정미수가 죽자 후사(後事)를 정미수의 처 이씨에게 맡겼다.

그 말이 몹시 서글프고 한스러운데, 지금 아래에 기록한다.

정덕(正德) 13년(1518, 중종 13년) 9월 초2일에 드디어 해평부원군(海平府院君) 정미수의 아내 이씨의 처소에서 문사(文事)를 작성한다. 이 단락이다.

여성인 저는 후사(後嗣)가 없는 과부(寡婦)로서 죽은 뒤의 여러 일들을 의지할 데가 없습니다. 밤낮으로 슬피 울던 때인 지난 병자년 11월 그분 노산군(魯山君)을 사제(賜祭)[7]하였지만, 또한 의지하여 부칠 데가 없으니 정리(情理)가 가련한 바입니다. 이 때문에 자신의 가옹(家翁, 정미수)에게 허여하였더니, 인창방(仁昌坊) 내에 있는 집 담장 안쪽 사당의 전퇴(前退)[8] 3칸[間]과 숙설청(熟設廳) 3칸을 각별히 조성할 것을 허여하였습니다.

여자가 생전(生前)에 설전(設奠)하던 것과 같이 사당의 제사를 전수(傳守)하여 봉행(奉行)할 사람을 여자의 주변 친척으로서 전계(傳係)할 수 없었습니다. 그런데 저의 가옹(家翁)은 문종(文宗) 상전(上典)의 유일한 외손으로 노산군의 아주 가까운 친족일 뿐만 아니고, 여자인 저에게 잠시도 마음을 어기지 않고 항상 따르며 보호해주었습니다. 이 때문에 전에 저의 가옹에게 허여해 준 노비 중에서 계집종 보노미(寶老未)가 낳은 1명은 사내종 매읍동(每邑同)으로 나이 30세이고, 계집종 울직덕(乭叱德)이 낳은 3명은 나이 31세의 사내종 김산(金山) 등인데, 여자의 사후(死

7 사제(賜祭) : 임금이 죽은 신하에게 제사를 내려 주는 것. 단문(袒免) 이상의 종친(宗親), 시마(緦麻) 이상의 이성친(異姓親), 종2품 이상의 문무공신(文武功臣) 및 외방에서 공사(公事)로 죽은 자와 전사자 등에게 행하였다.

8 전퇴(前退) : 집채의 앞쪽에 다른 기둥을 세워 만든 조그마한 칸살.

後)에 행자(幸者)로서 정체(定體)합니다. 그리고 계집종 녹덕(彔德)·사내종 사동(四同)·계집종 학비(鶴非)·사내종 석금(石金)·사내종 막동(莫同) 등 5명은 묘지기로 정체하고, 뒤에 태어난 노비 등을 아울러 영원히 전해주려고 합니다.

위의 글은 상언(上言)[9]을 요약한 것인데, 재주(財主)[10]가 원하는 뜻에 따라 사급(賜給)[11]하기 위해 계하(啓下)[12]하고 성급(成給)[13]한다고 운운하였다.

재주는 노산군 부인 송씨이고, 증인(證人)은 사촌 오라비 병충분의 정국공신(秉忠奮義靖國功臣) 가선대부(嘉善大夫) 여흥군(驪興君) 민회창(閔懷昌)이며, 필집자(筆執者)[14]는 사촌 오라비 병충분의 정국공신 가선대부 여성군(驪城君) 민회발(閔懷發)이다.

5 기우관(騎牛官)

세속에서 촌스러운 모습을 일컬어 '기우관(騎牛官, 소를 탄 관리)'이라 하는데 그 출처를 모르겠다. 낙전(樂全) 신익성(申翊聖) 공의 「금강기(金

9 상언(上言): 조선시대 국왕에게 올리는 문서양식으로, 위로는 관원으로부터 아래로는 공사천(公私賤)에 이르는 모든 사람들이 쓸 수 있는 문서이다. 상언은 상소(上疏)와 달리 관원으로서가 아니라 사인(私人)으로서 국왕에게 올리는 것이고, 상소에는 이두(吏讀)를 쓰지 않지만 상언에는 이두를 사용할 수 있다.

10 재주(財主): 땅이나 종의 주인이 죽은 뒤에 그 재산을 처리하기 위하여 정부나 관청에서 관리인으로 지정한 사람.

11 사급(賜給) 관청에서 토지나 노비 등의 매매증명서(買賣證明書)나 어떤 권리를 증명하는 문서를 작성하여 발급하는 것.

12 계하(啓下): 임금에게 올려진 계문(啓聞)에 대한 임금의 답이나 의견으로 내려진 것. 임금은 계문을 보고 계자인(啓字印)을 찍어 친람(親覽)과 결재(決裁)를 마쳤음을 표시하였다.

13 성급(成給): 문서나 증서 따위를 작성하여 줌.

14 필집자(筆執者): 증인으로서 증서를 쓴 사람.

剛記)」[15]에 이런 내용이 있다.

"오대산 앞의 들판을 성평(省坪)이라 부른다. 그곳에 어림대(御林臺)가 있는데, 바로 작은 언덕이다. 세간에 전하길, 광해군이 오대산에 거둥했을 때 이곳에 잠시 머물면서 문무의 선비를 취재(取才)했는데, 무과(武科)에서 활쏘기와 말타기를 시험하지 않고, 소를 타고 가파른 비탈길을 달려 내려가게 하여 소에서 떨어지지 않는 자를 입격(入格)시켰다고 한다. 그러므로 기우관은 강릉 사람으로 소를 타서 급제한 자를 일컬은 것이다."

이에 기우관(騎牛官)이 아님을 알겠다. 즉 기우과(騎牛科)의 '과(科)' 자와 '관(官)' 자의 음(音)이 서로 비슷하기 때문에 그렇게 된 것이다.

6 국초(國初)에 여러 국가에서 조빙(朝聘)하다

우리 왕조 초기에 해중(海中)의 여러 나라와 동북쪽의 여러 오랑캐들이 모두 와서 조빙(朝聘)[16]하자, 관(館)을 설치하여 그들을 접대하였다. 가령 만주 추장은 가선첩(嘉善帖)을 얻자 압록강변에서 머리를 조아리며 사례(謝禮)하였다. 왜노(倭奴)가 화를 얽어 만들고부터 공사(貢使)[17]가 우리나라에 이르지 않았고, 만주족이 중원(中原)을 어지럽히자 야인(野人)들이 우리나라에 다 달라붙었으며, 유구국(琉球國) 태자가 제주에서 죽자 마침내 틈이 벌어졌다. 지금은 주유(侏儒)와 적제(狄鞮, 서역 오랑캐)로 다시 조빙하러오는 자가 없다. 마침 국승(國乘)을 살펴보니, 일본 국

15 「금강기(金剛記)」: 신익성의 『낙전당집(樂全堂集)』 권7에 수록되어 있는 「유금강산기(遊金剛小記)」를 가리킨다.

16 조빙(朝聘): 조현(朝見)과 교빙(交聘). 조(朝)는 인군(隣君)을 알현한다는 뜻이고, 빙(聘)은 인국((隣國) 사신의 교빙을 의미한다.

17 공사(貢使): 옛날에 공물(貢物)을 바치는 일을 맡아보는 사신을 이르던 말.

서(國書)와 유구 국서(琉球國書) 및 야인(野人)의 토속(土俗)에 종종 이를 기록하였으니, 조종조(祖宗朝)의 성대했음을 뜻하는 것이다.

성종 4년(1473)에 일본 비후주(肥後州)의 국지등원(菊池藤原)이 서계(書契)에서 이렇게 말하였다.

"부상 낙하(扶桑洛下)께서 군사를 일으키신 이래로 유영(柳營)[18]의 졸오(卒伍) 가운데 있어 군사(軍士) 일로 겨를이 없었습니다. 이 때문에 귀국(貴國)에 진하(陳賀)하는 것과 조문(弔問)하는 것이 자못 태만함에 이르렀으니, 죄과(罪過)가 하늘까지 두루 닿았습니다. 청컨대 위행(爲幸)이라는 두 자(字)의 도서(圖書)[19]를 내려주시어 해마다 입공(入貢)하는 신표로 삼게 해주소서."

이에 예조(禮曹)에 명하여 도서(圖書)를 만들어서 보내도록 하였다.

성종 25년(1494)에 일본 국왕(日本國王) 원의재(源義材)가 승려 원국(元匊) 등을 보내 와서 조빙(朝聘)하였는데, 그 글에 이렇게 말하였다.

"삼한(三韓)은 바다가 넓은 나라로, 오래 전 주(周)나라 때 봉작(封爵)한 봉토(封土)를 계승하였습니다. 8월에 풍파(風波)가 높았지만, 조선에서 보낸 사신이 거듭 이르렀습니다. 이보다 앞서 요구한 용궁(龍宮)의 비전(秘典, 불경)·취우(翠羽)·진금(珍禽)과 방물(方物) 등이 모두 회서(回書)와 함께 도착하였으므로, 기뻐하고 축하하는 마음이 이루 말할 수가 없습니다.

또한 성(城) 남쪽에 있는 절로서 이름은 소승사(少勝寺)인데, 폐읍(弊邑)은 어려움이 많아 수선(修繕)하여 완성시킬 겨를이 없었습니다. 그래서 전사(專使) 원국 장로(元匊長老)를 보내어 상국(上國)에 가서

18 유영(柳營) : 장군이 있는 진영.

19 도서(圖書) : 조선조 때 왜인(倭人)이나 야인(野人)의 대소 추장, 혹은 입공자(入貢者)에게 왕복 문서에 사용하도록 내려 주던 동인(銅印).

뵙고, 정상을 말씀드리게 하였습니다. 벽옥(璧玉)을 얻고 검(劍)을 구하는 데 한정이 없다는 책망을 받을까 걱정됩니다. 비록 그렇더라도 흉년으로 굶주릴 때에 이웃 나라에 구제해주길 요청하는 것은 곧 『춘추(春秋)』의 상례(常例)입니다. 송(宋)나라에서 만약 백뢰(百牢)의 책망[20]이 있었다면, 진(晉)나라에서는 아마도 삼사(三舍)의 보답[21]이 없었을 것입니다."

성종 25년(1494) 유구국(琉球國) 중산부주(中山府主)와 사승(使僧) 천장(天章) 등이 내빙(來聘)하여 방물(方物)을 바쳤다. 그 글에 이렇게 말하였다.

"대체로 삼한(三韓)은 만방(萬邦)의 우두머리이니, 많은 백성들의 영광입니다. 덕택(德澤)은 사이(四夷)에게 두루 미치고, 인성(仁聲)은 이의(二儀, 천지天地)와 같으니, 참으로 위대합니다! 몇 해 전 이래로 음문(音問, 편지)은 통하지 못했지만 함께 맹세한 의리는 소홀하거나 간략하지 않고 온전했으며, 건너야 할 바다가 너무 멀어서 소식을 전할 겨를을 갖지 못했습니다.

그런데 대마주(對馬州) 사람 평피고삼보라(平皮古三甫羅) 일족(一族)은 대대로 귀국(貴國)에 귀부(歸付)하여 신하로서 관위(官位)에 끼었는데 이것을 다행으로 여긴다고 하며, 폐하(陛下)와 곤의(袞衣, 삼공

20 백뢰(百牢)의 책망 : 소·양·돼지 각 1마리씩을 합하여 1뢰(牢)라고 한다. 음식을 대접할 때, 손님의 비중에 따라 1뢰에서 100뢰까지 내접했는데, 100뢰는 최고의 극진한 대접을 말한다. 『춘추(春秋)』 애공(哀公) 7년 조에, 송(宋)나라에서 노(魯)나라에 백뢰(百牢)를 바쳤으므로, 노나라에서도 뒤질 수 없다고 하여 답례를 그만큼 보냈다고 한다.

21 삼사(三舍)의 보답 : 『춘추(春秋)』 희공(僖公) 23년 조를 보면, 초(楚)나라 성왕(成王)이 진(晉)나라 공자(公子)를 잘 대접하자, 진나라 공자가 말하기를, "우리 진나라와 귀하의 초나라가 군사를 거느리고 중원(中原)에서 싸우게 된다면 나는 임금님과 싸움을 피하여 삼사(三舍, 1사(舍)는 30리)를 후퇴하겠습니다."라고 하여 그 은혜를 보답하여 싸움을 피하고자 하였다.

三公)의 안부(安否)를 받들어 여쭈었습니다. 근년에 이 나라의 사자(使者)라고 부르는 자가 공선(貢船)을 타고 건너와서 장사를 했다하니, 이것은 모서(謀書, 위조한 도서)입니다. 그것이 어느 곳에서 나왔는가는 모르겠습니다. 놀랍고 두려움이 적지 않았으므로 삼가 사승(使僧)을 보내어 빙문(聘問)하는 예(禮)를 이루도록 하였습니다. 그러자 특별히 부합(符合)하는 것을 새로 내려 주셨으니, 훗날 사선(使船)의 성신(誠信)을 삼게 하려는 것입니다."

당시에 예조에서 이렇게 아뢰었다.

"유구국의 서계(書契)에 답하는 것은 소관처(所管處)인 모사(某司)에서 마땅히 해야 하기 때문에 통사(通事)로 하여금 그 나라에서는 어떤 직분이 교린(交隣)의 일을 관장하느냐고 묻게 하였더니, 포방 대인(浦傍大人)이 있는데, 조선(朝鮮)의 예조(禮曹)와 같다고 하였습니다. 하지만 이 말은 믿을 만하지 못합니다. 지금 『해동제국기(海東諸國記)』를 살펴보니, 유국국에서는 장사(長史)가 왕명을 출납하고, 또 오군통제부(五軍統制府)·의정사(議政司)·육조(六曹) 등의 관이 있으니, 신 등은 '의정사 대인(議政司大人) 봉복(奉復)'이라고 쓰는 것이 괜찮다고 생각합니다."

이극배(李克培) 등이 의논하여 말하였다.

"중산부주(中山府主)가 이미 예조(禮曹)에 글을 보내었으니, 예조에서는 의당 부주(府主)에게 회답 편지를 해야 합니다."

이에 상이 그대로 따르도록 명하였다.

성종 14년(1483)에 야인(野人) 조이시합(趙伊時哈) 등 여덟 사람이 하직인사를 하고 자기 나라로 돌아가려하자, 도승지 이세좌(李世佐)에게 명하여 술을 내려주도록 하고 이어서 이렇게 물었다.

"너희 위(衛)에서는 남녀가 혼인할 적에 어떻게 예식을 하느냐?"

그들이 대답하였다.

"남자 집에서 근래에 갑주(甲胄)와 궁시(弓矢)를 폐물(幣物)로 삼아서 여자 집에 보내고, 다음은 금배(金杯), 다음은 소 두 마리와 말 두 필, 다음은 의복과 노비를 보내는데, 각각 그 집안 빈부(貧富)의 형편을 가늠하여 줍니다. 사위가 가는 날 저녁에 여자 집에서 소를 잡아 잔치하여 술을 마시고 이튿날 사위 집안의 친척을 맞이하여 위로합니다."

또 제사지내는 예가 있느냐고 물으니, 이렇게 대답하였다.

"하늘에 제사지낼 경우 제사 전후로 재계(齋戒)하고 소를 잡아 제사지내며, 또 보름날에 칠성(七星)에 제사지냅니다. 병이 있으면 기도하고, 어버이가 죽으면 집에서 염(殮)하고, 또한 소를 잡아서 제사하며, 3일 후에 양지바른 곳에 장사지냅니다. 또 평소에 타던 말을 죽여서 그 고기는 버리고 그 가죽을 장사합니다."

너희 위(衛)에서는 갑옷과 투구를 어떤 물건으로 만드냐고 물으니, 이렇게 대답하였다.

"쇠로 만듭니다."

너희는 달자(達子)와 서로 통하느냐고 물으니, 이렇게 대답하였다.

"항상 왕래합니다."

또 달자(達子)의 인구와 물량에 대해 물으니, 이렇게 대답하였다.

"그 번성함이 중국보다 낫습니다. 수레로 집을 삼고 유둔(油芚)[22]으로 덮어서 살고 있습니다."

22 유둔(油芚) : 질긴 종이를 두껍고 넓게 붙여서 기름을 먹여 물이 배지 않게 한 종이. 비를 피하기 위하여 사용하였다.

7 감사(監司)가 교자(轎子)를 타다

관설(觀雪) 허후(許厚)가, 일찍이 감사가 독교자(獨轎子) 타는 것을 비난하였다. 독교는 사면에 휘장을 설치하여 더우면 걷어 올리고 추우면 덮어 가리는데, 어련(御輦)의 제도를 참람한 것이다. 지금은 감사가 모두 쌍교자(雙轎子)를 타고 수령은 독교자를 타며, 심지어 무관(武官) 출신의 수령도 간혹 이를 따라하였다. 그런데 관설이 이를 보고서 어찌 비난한 것인가?

어떤 사람이 말하였다.

"감사가 쌍교자를 타는 것은 명종·선조 때부터 시작되었다. 대개 두 조정에서 후원(喉院, 승정원)을 가장 중하게 여겼으므로 승선(承宣, 승지)를 지낸 사람이면 쌍교자를 타도록 허락하였다. 그런데 감사가 된 자는 승지를 지내지 않은 자가 없었기 때문에 그러한 것이다."

당하관으로 수령이 된 자가 교자를 타는 것은 참으로 금지된 법인데, 금상(今上) 경술년(1790)에 서쪽 고을의 여러 수령들이 제도를 어기고 제멋대로 교자를 타는 일이 계속되었다. 이로부터 당상관으로 수령이 된 자가 아니면 교자를 탈 수 없게 되었다.[23]

8 관직(官職)으로 인재(人材)를 뽑다

선조 경인년(1590)에 상이 우계(牛溪, 성혼의 호) 선생을 대사성(大司成)으로 삼으려 했는데, 대신(大臣)들의 의견이 일치하지 않아 그만두었다. 옛날에 이런 전례가 있었는지 전혀 모르겠다. 세종조에 강석덕(姜碩德)이 과거를 거치지 않고 대사성 및 지예조사(知禮曹事)가 되었다. 조종조(祖

23 이 항목은 『연려실기술』 별집 권8, 「관직전고(官職典故)」 감사(監司)와 『임하필기』 권17권, 「문헌지장(文獻指掌)」 교건삼면(轎褰三面)을 참조할 것.

宗朝)에서는 이처럼 관직을 위해 인재를 뽑았었는데, 『경국대전』이 반포되고부터 이러한 일이 없어졌다.

9 선조(宣祖)가 승려 의엄(義嚴)에게 시를 하사하다

선조대왕이 용만(龍灣)에 있을 때 총섭(摠攝)인 승려 의엄 화상(義嚴和尙)에게 시를 하사하였다.

자비는 본디 인간 세상 헤아리는 것	慈悲元自度人間,
하물며 나라에 온갖 일 어려움에랴.	何况邦家萬事艱.
월인반강(月印半江)은 향 한 심지요	月印半江香一炷,
마음속 보제(普濟)와 지혜는 천 가지라네.	心懷普濟智千般.
곧장 충의 행하여 현명한 임금께 보답하고자	直將忠義酬明主,
안개 노을 향해 푸른 산에 깃들지 않았네.	莫向烟霞棲碧山.
가도(賈島)와 유공(劉公), 진견(眞見) 터득했으니	賈島劉公眞見得,
예로부터 호걸들 더욱 환히 빛나네.	古來豪傑更班班.

의엄은 바로 임진란 때 의병장이었는데, 후에 환속하였다. 즉 곽진경(郭震卿)으로, 관직이 동지중추부사(同知中樞府事)에 이르렀다.

10 이조(吏曹)의 홍문록(弘文錄)

이조(吏曹)의 홍문록(弘文錄)[24]은 당하관(堂下官)을 아주 세심하게 골라 뽑았다. 인조 임신년(1632) 이후로 홍문록에 등재된 인원은 52명인데,

24 홍문록(弘文錄) : 홍문관원의 후보로 결정된 사람 또는 홍문관원의 후보자로 간선(揀選)하는 일을 가리키며, 홍문관·이조·의정부의 투표를 통해 다득점자의 순으로 결정되었다.

조계원(趙啓遠)・권대운(權大運)・김수항(金壽恒)・이민적(李敏迪)・남구만(南九萬)・이숙(李翻)・이단하(李端夏)・이혜(李嵇)・신정(申晸)・조사석(趙師錫)・권해(權瑎)・유하익(兪夏益)・오시대(吳始大)・이수언(李秀彦)・신엽(申燁)・박태유(朴泰維)・조상우(趙相愚)・이만원(李萬元)・권중경(權重經)・김문하(金文夏)・민홍도(閔興道)・이인병(李寅炳)・이건명(李健命)・조태노(趙泰老)・이해조(李海朝)・이태좌(李台佐)・이재(李縡)・홍만적(洪萬迪)・이병상(李秉常)・이진망(李眞望)・최상리(崔尙履)・심운택(金雲澤)・신절(申晢)・신방(申昉)・유필항(柳弼恒)・이진급(李眞伋)・이병태(李秉泰)・신노(申魯)・윤섭(尹涉)・조현명(趙顯命)・서명빈(徐命彬)・이종백(李宗白)・이흡(李潝)・이주진(李周鎭)・신만(申晩)・이석표(李錫杓)・이제원(李濟遠)・이태중(李台重)・심염조(沈念祖)・정지검(鄭志儉)・서용보(徐龍輔)・정동준(鄭東浚)이다.

11 봉림(鳳林)과 인평(麟坪)

대군(大君)의 작호(爵號)는 으레 왕비의 관향(貫鄕)으로 정하였다. 인렬왕후(仁烈王后)의 관향은 청주(淸州)인데, 효종은 처음에는 봉림대군(鳳林大君)에 봉해졌고, 충민공(忠敏公)은 인평대군(麟坪大君)에 봉해졌다. 인평[25]은 읍성 남쪽 수십 보(步)에 있는데, 물가에 임해있고 버드나무가 늘어서 있다. 봉림[26]은 읍성 북쪽 작천(鵲川, 까치내) 위쪽에 있고, 초목이

25 인평(麟坪) : 충청북도 청주시 흥덕구 수곡동 일대에 있었던 숲. 남석교 너머 수곡동 일대에 있었으므로 일명 '남숲'이라 불렀다. 청주의 남쪽에 조성되었기 때문에 붙여진 이름이다. 조선시대에 청주의 남쪽과 북쪽에 인공 숲을 조성하였는데, 북쪽에 조성한 숲을, '북숲', 남쪽에 조성한 숲을 '남숲'이라 했다. 조선 영조 때 편찬된 『여지도서(輿地圖書)』에, "청주 남쪽 5리(里)에 있었으며 인평(麟坪)이라 하였는데 지금은 없어졌다."라는 기록으로 보아, 조선 중기에 이미 없어졌음을 알 수 있다.

26 봉림(鳳林) : 충청북도 청주시 흥덕구 운천동 일대에 있던 숲. 일명 북숲이라 한다. 『임하필

지금까지 우거지고 빽빽한데, 바로 역적 이인좌가 병사를 숨겼던 곳이다. 내가 그곳을 지나가다가 무신년(1728)의 일[27]을 떠올려 보매, 나도 모르게 머리카락이 쭈뼛거렸다. 성조(聖祖)께서 작위를 봉해준 곳이 바로 역수(賊竪, 역적놈)에게 더럽혀졌다. 이를 생각하니, 또 분하고 원통하다.

12 치사(致仕)하고 상망(相望)에 들다

국가의 제도에 치사(致仕)[28]한 자는 재상의 의망(擬望)[29]에 들지 못하였다. 그런데 노봉(老峰, 민정중의 호) 민공(閔公)이, 사마온공(司馬溫公)이 문로공(文潞公)을 청한 고사[30]를 인용하여 처음으로 우암(尤菴) 송선생(宋先生)을 의망하였는데, 마침내 이것이 규례가 되었다.

13 옥당(玉堂)의 학

옥당에서 학을 길들였는데, 양식이 없자 옥당에 입직(入直)하는 자들이 아침저녁으로 남긴 밥을 먹였다. 상·하번(上下番)이 모두 공번(空番)이어서 원(院)의 구실아치가 학을 합문(閤門) 밖에 데려다 놓으면, 상이 문

기』에, "청주(淸州)의 서쪽 5리에 북수(北藪)란 수풀이 있는데 효종(孝宗)이 잠저(潛邸) 때에 이를 고쳐서 봉림이라고 명명(命名)하였다."라는 기록이 보인다.

27 무신년의 일 : 이인좌의 난을 가리킨다. 무신년에 일어났기 때문에 '무신란'이라고도 한다.

28 치사(致仕) : 조선시대 벼슬아치가 70세가 되면 벼슬을 사양하고 물러나던 제도.

29 의망(擬望) : 조선시대 관원을 임명할 때, 이조와 병조에서 후보자 세 사람을 추천하는 일을 이르던 말.

30 사마온공(司馬溫公)이 문로공(文潞公)을 청한 고사 : 사마온공은 송나라의 재상이었던 사마광(司馬光)을, 문로공은 역시 송나라 재상을 지낸 문언박(文彦博)을 가리킨다. 문언박은 신종(神宗) 때 왕안석(王安石)의 시역법(市易法)을 반대했다가 지방관으로 좌천되었고, 원풍(元豊) 6년(1083) 태사(太師)로 치사(致仕)했다. 이후 철종(哲宗) 원우(元祐) 초에 구법당(舊法黨)이 부활하자 사마광(司馬光)의 추천으로 재상보다 지위가 높은 평장군국중사(平章軍國重事)가 되었다.

득 쌀과 콩을 주었다.

금상 갑인년(1794)에 교리 송익효(宋翼孝)가 입직하였는데, 집이 가난하여 밥을 계속 주지 못하자 학은 마침내 굶주려 힘이 빠졌다. 상이 이를 알고 송익효를 용강 현령(龍岡縣令)에 제수하였다.

규장각의 학이 새끼를 낳았는데, 문득 보니 암컷 한 마리와 수컷 한 마리였다. 새끼가 조금 자라 날개를 퍼덕이자 어미 학이 문득 그 새끼 한 마리를 쪼아 죽였다. 대개 한 배에서 난 자매가 친압할까 염려해서이다. 근래에 학이 또 새끼를 낳았는데, 그 새끼를 장차 죽이려 하자, 상이 이를 불쌍히 여겨 데려다가 다른 곳에 놓아두었다. 근시(近侍) 집안에 한 쌍의 학이 있어 장차 그와 짝을 맺어주려 했지만, 새끼 학이 스스로 떨쳐 일어나 바위에 머리를 부수기에 이르렀고, 끝내 먹지 않다가 죽었다.

14 개원례(開元禮)

무오년(1798) 겨울 상이 신(臣, 성해응)에게 천오문(千五門) 안에서 대기하라 명하고, 『사부수권(四部手圈)』[31] 1부(部)를 내려주면서 집에 돌아가 노부(老父, 성대중)에게 보여주라고 하면서 이렇게 말씀하셨다.

"처음엔 그대의 부친에게 입시(入侍)하도록 명하여 이 책을 한 번 읽어보라 하고 싶었다. 그런데 지금 들으니, 아파서 경연에 참석할 수 없다고 하니, 참으로 한탄스럽다. 근래에 여러 사람들이 고루하여 '개

31 『사부수권(四部手圈)』: 정조가 편찬한 책. 정조는 학문을 좋아하여 평소에 삼례(三禮)와 『사기(史記)』·『한서(漢書)』, 송나라 5가(五家)의 책, 당나라 육지(陸贄)와 당송팔대가(唐宋八大家)의 글을 가져다가 매일같이 돌려 읽으면서 마음에 드는 구절을 만나면 손수 권점(圈點)을 치고, 나중에 규장각 관원들에게 명하여 베끼게 하여 『사부수권(四部手圈)』이란 이름으로 편찬하였다.

원례(開元禮)[32]'가 언제 만들어졌는지 모르고, 당나라 현종 때의 일로 만 알고 있다. 허경종(許敬宗)과 이의부(李義府)[33]가 이것을 참람히 이용함에 이르렀는데, 허경종과 이의부는 현종 때 사람이 아니다. 당나라 때 방례(邦禮)을 '개원례'라고 통칭했으니, 현종 때보다 시기가 앞선 것이 또한 개원례이다.

그대의 부친은 필시 이를 알고 있을 것이니, 이를 보는 자들이 모두 이 의미를 알 수 있게 하여 그들이 고루한 인습(因習)을 버리게 할 것이다."

당시 「어제삼례수권의례(御製三禮手圈義例)」에서는, 가령 개원례 중에 한 조항을 빠뜨렸으니 허경종과 이의부 등 여러 사람들이 그 책임을 면할 수 없을 것이라고 운운하였다. 그러므로 성상의 가르침이 이와 같아서 당나라 태종 때를 삼가 살펴보니, 중서령(中書令) 방현령(房玄齡)과 비서감(秘書監) 위징(魏徵)이 예관학사(禮官學士)와 더불어 예를 따라서 길례(吉禮) 61편(篇)·빈례(賓禮) 4편·군례(軍禮) 20편·가례(嘉禮) 42편·흉례(凶禮) 11편을 만들어, 이를 '정관례(貞觀禮)'라 하였다.

고종이 또 태위(太尉) 장손무기(長孫無忌), 중서령 두정윤(杜正倫)·이의부(李義府), 중서시랑(中書侍郎) 이우익(李友益), 황문시랑(黃門侍郎) 유상도(劉祥道)·허어사(許圉師), 태자빈객(太子賓客) 허경종(許敬宗), 태상경(太常卿) 위곤(韋琨)에게 명하여 '정관례'를 131권으로 증보하도록 하였으니, 이것이 '현경례(顯慶禮)'이다. '현경례'는 그 내용이 잡스럽지만

32 개원례(開元禮) : 중국 당나라 현종 때 제정하고 시행한 관복제도(冠服制度). 황제 이하 문무관복을 비롯하여 황후 및 내명부(內命婦)·외명부(外命婦)의 관복까지 광범위하게 관복을 제정하였다. 이 제도는 당나라 이후 중국 역대조정에서 관복을 제정할 때마다 기준이 되었다.

33 허경종(許敬宗)과 이의부(李義府) : 당나라 고종 때의 간신(奸臣)들이다.

그 형식이 훌륭하였다. 이의부와 허경종이 바야흐로 총애를 많이 받았으며, 왕의 비위를 잘 맞추어 견강부회하자 일이 이미 시행되었다. 그러자 이에 대해 논의하던 자들이 모두 잘못되었다고 하였다. 그래서 상원(上元) 3년(676)에 조서(詔書)를 내려 다시 '정관례'를 사용하도록 하였고, 이 때문에 결국 고종 시대에는 '정관례'와 '현경례'가 아울러 시행되었다.

현종 개원(開元) 10년(722)에, 국자사업(國子司業) 위도(韋縚)가 예의사(禮儀使)가 되어 오례(五禮)를 주관하였고, 마침내 집현원 학사(集賢院學士) 서견(徐堅), 좌습유(左拾遺) 이예(李銳), 태상박사(太常博士) 시경본(施敬本)이 찬술(撰述)하였다. 그런데 '정관례'와 '현경례'의 주석(注釋) 전후가 동일하지 않아 곧바로 절충하여 '대당개원례(大唐開元禮)'를 만들었으니, 이로부터 당 오례(唐五禮)의 문장이 비로소 갖추어졌다.

15 왕월(王越)

시랑(侍郎) 이서구(李書九)가 일찍이 승지에 제수되었을 때, 상이 인정전(仁政殿)에 거둥하여 관학 유생(館學儒生)에게 시험을 보였다. 이서구가 비점(批點)을 받아 집책 승지(執冊承旨)가 되었는데, 명단(名單)이 갑자기 바람에 날아가 버려 향한 곳을 알 수 없었다. 이에 상이 왕월(王越)의 고사를 인용하여 이서구를 특별히 대사헌(大司憲)에 제수하고, 궁중의 여러 신하들에게 명하여 이서구의 사전(謝箋)[34]으로 글을 지어 올리도록 하였다. 승지 임제원(林濟遠)이 일등을 차지하였다.

왕월(王越)은 명나라 가정(嘉靖) 연간 사람으로, 과거에 응시하여 장옥(場屋, 과거 시험장)에 들어갔는데, 바람에 그의 시권이 날아가 이리저리

34 사전(謝箋) : 임금에게 올리는 감사의 글.

흩날리다가 우리나라에 떨어져 내렸다. 이에 우리나라에서 부사(附使)가 중국 조정에 알리자, 황제가 왕월에게 풍헌(風憲)[35]의 조짐이 있다고 여겨 그를 섬서 감찰어사(陝西監察御史)에 제수하였다.[36]

16 매복(枚卜)되었지만 정승에 들지 못하다

우리 조정에서 매복(枚卜)[37]되었지만 정치권력을 잡지 못한 자는 성혼(成渾)・이기(李塈)・유근(柳根)・임국로(任國老)・홍진(洪進)・윤근수(尹根壽)・유희분(柳希奮)・이광정(李光庭)・이상의(李尙毅)・이이첨(李爾瞻)・이경전(李慶全)・이귀(李貴)・장현광(張顯光)・이현영(李顯英)・이식(李植)・조경(趙絅)・이기조(李基祚)・임담(林墰)・송준길(宋浚吉)・박장원(朴長遠)・이민서(李敏叙)・신정(申晸)・유명천(柳命天)・이관징(李觀徵)・이세화(李世華)・홍수헌(洪受瀗)・정재희(鄭載禧)・이조(李肇)・신임(申銋)・이병상(李秉常)・이기진(李箕鎭)・조영국(趙榮國)・서명응(徐命膺)이다. 선조 이전은 상고(詳考)할 수 없다.

17 삼완(三浣)

지금 월기(月紀)로 한 달[月]은 상순(上旬)・중순(中旬)・하순(下旬)인데, 상한(上澣)・중한(中澣)・하한(下澣)이라고도 일컫는다. 이는 한(漢)나라와 당(唐)나라에서 비롯되었다. 시종관(侍從官)은 열흘마다 하루를 휴가

35 풍헌(風憲): 풍기(風氣)를 바로잡고, 관리의 정사청탁(正邪淸濁)을 감찰 규탄하는 직임.

36 이 항목은 『정조실록』 17년(1793) 2월 11일 기사에 보인다.

37 매복(枚卜): 정승을 발탁하는 것. 매복이란 원래 점을 쳐서 그 가운데서 가장 길한 것을 선택한다는 뜻으로, 정승(政丞)의 자리는 국가의 중임(重任)이므로 옛날에는 길흉을 점쳐서 뽑았던 데서 유래하였다.

받아 목욕하고 의복을 세탁하였는데, 삼순(三旬, 30일) 중에 세 번 세탁하기 때문에 이렇게 이름 붙인 것이다. 한(澣)은 완(浣)과 같은 의미이다.

18 정부석(政府石)

지금 의정부 안에 네모반듯한 돌이 늘어 놓여 있는데, 서로 간의 거리가 두세 걸음[武] 정도이다. 전해지는 말에, 옛날 감찰이 사람들의 죄악을 기록하여 공회(公會) 때마다 의정부의 문으로 들어와 이 돌 위를 빨리 지나치면서 쪽지를 던지되 누가 던졌는지 사람들이 알지 못하게 하였다고 한다. 즉 밀통(密筩)[38]의 뜻이었다.

19 남별궁(南別宮)

남별궁(南別宮)[39]은 고(故) 부마(駙馬) 조대림(趙大臨)의 저택이었는데, 조대림이 지나치게 탐욕스러워 도성 사람들이 이를 괴롭게 여겼다. 이에 감찰이 그 집 대문에 옻칠한 고사가 있다. 대문에 옻칠을 하여 대문 안쪽에 있는 사람들이 대문을 통해 출입할 수 없게 되자, 조대림이 후문으로 드나들었다. 감찰이 또 후문에 옻칠하자 두 개의 대문이 모두 가로막혔다. 남별궁은 지금 예빈시(禮賓寺)인데, 옻칠한 흔적이 아직도 남아있다.

---

38 밀통(密筩) : 비밀에 부칠 내용을 글로 써서 넣으면 비밀이 보장되는 통.

39 남별궁(南別宮) : 남부(南部) 회현방(會賢坊) 소공주동(小公主洞)에 있던 별궁. 본디 태종의 둘째 공주인 경정공주(慶貞公主)의 남편 조대림에게 이 땅을 내려준 뒤부터 소공주제(小公主第), 소공주택(小公主宅) 등으로 불리다가 그 뒤에 국유(國有)로 환속되었고, 선조 16년(1583)에 이곳에 크게 궁실을 지어 왕자 의안군(義安君) 이성(李珹)에게 내린 뒤로 소공주동궁(小公主洞宮)·남별궁 등으로 불리었다.

20 무신(武臣)이 견마(牽馬) 잡히는 것을 금하다

국조(國朝) 중엽에 중국의 예에 따라 무신(武臣)이 견마(牽馬) 잡히는 것을 허여하지 말도록 명하였었다. 지금 법사(法司)[40]에서 규찰하여 꾸짖었지만, 한두 달이 안 되어 그만두었다. 우리나라에서는 금령(禁令)이 으레 이처럼 시행되지 않았으니, 속담에 "고려의 공사(公事)는 3일만 믿을 만하다."라 하였다.[41]

21 문재(文宰)가 말을 타다

옛날에 문재(文宰, 종2품 이상의 문관)로서 병조를 맡은 자는 초헌(軺軒)[42]을 타지 않고 말을 탔고, 도포를 입지 않고 직령(直領, 무관이 입던 옷)을 입었는데, 이는 바로 군복을 입고 창을 벤다[43]는 뜻이다.

22 면신(免新)

국속(國俗)에 각사(各司)의 관원이 새로 들어오면 혹 '벌례(罰禮)'라 칭하고, 혹 '면신(免新)'이라 칭하여 술과 고기를 내게 하여 취하도록 마시고 배불리 먹었다. 이때 찬품(饌品)에 신경을 써서 풍성하고 사치스럽게 하였다. 문관의 사관(四館)과 무신의 내삼청(內三廳)[44]에서 이러한 병폐가

40 법사(法司) : 조선시대 사법업무를 담당하던 관서. 형조·사헌부·한성부·의금부·장례원 등을 가리킨다.

41 이 항목은 『광해군일기』 1년(1609) 6월 29일 여섯 번째 기사를 참조할 것.

42 초헌(軺軒) : 조선시대 종이품 이상의 벼슬아치가 타던 수레.

43 군복을 입고 창을 벤다[服戎枕戈] : 군국(軍國)의 일을 걱정하여 편안히 자지 않는 태도. 날이 새면 적을 공격하려는 생각에 밤에도 군복을 입은 채로 창을 베고 잔다는 말이다.

44 문관의 사관(四館)과 무신의 내삼청(內三廳) : 사관(四館)은 성균관·예문관·승문원·교서관을 합쳐 일컫는 말이고, 내삼청은 내금위(內禁衛)·겸사복(兼司僕)·우림위(羽林衛)

더욱 심하였다.

예문관에서는 '장미음(薔薇飮)'이라 칭하고, 성균관에서는 '벽송음(碧松飮)'이라 칭하고, 교서관에서는 '홍도음(紅桃飮)'이라 칭하였다. 심지어 은자(銀子)와 포(布)를 대신 바쳐 그 빚을 감당해야 하기도 하였다. 아래로 서리(胥吏)와 조례(皁隷)까지도 이를 따라서 본받았고, 관직의 경중에 따라 각각 정해진 규칙이 있었는데, 지금은 조금 줄어들었다. 하지만 내삼청과 의금부의 음관직(蔭官職), 그리고 각사(各司)의 이례(吏隷)는 아직도 그 강제적인 요구를 감당하지 못하고 있다.[45]

23 옥당(玉堂)이 양사(兩司)의 위에 있다

당나라 시대에 중서사인(中書舍人)을 추천하여 엄선(嚴選)함이 여러 관직과 비교할 수 없었다. 유공권(柳公權)이 중서사인(中書舍人)을 거쳐 간의대부(諫議大夫)가 되자, 당나라 문종이 그의 굳셈을 칭찬하였다. 그런데 오히려 우리 조정에서는 옥당이 양사(兩司, 사헌부와 사간원)의 위에 있다.

24 정낭(正郎)과 산낭(散郎)

당나라 때 여러 관청의 낭중(郎中)을 정랑(正郎)이라 하고, 원외랑(員外郎)을 산랑(散郎)이라 하였다. 우리나라 제도에서 정랑은 낭중과 같고, 좌랑(佐郎)은 원외랑과 같다.

를 합쳐 일컫는 말이다.

45 이 항목은 『현종개수실록』 5년(1664) 10월 23일 두 번째 기사와 남구만의 『약천집(藥泉集)』 권13에 보인다.

25 헌관(獻官)이 서쪽을 향해 절하다

국가제도에 크고 작은 신사(神祀)에서 제관(祭官)은 모두 동쪽에 서서 서쪽을 향해 절한다. 『주자어류(朱子語類)』를 살펴보니 이런 내용이 있었다.

"옛사람들은 신위(神位)를 서쪽에 두고 동쪽을 향하게 한다. 그래서 헌관은 모두 서쪽을 향해 절을 한다. 그런데 지금은 모두 남쪽을 향한다. 석전(釋奠) 때에도 헌관이 오히려 서쪽을 향해 절하니 이것이 어떤 예절인지 모르겠다."

자양(紫陽, 주자의 호)도 일찍이 이것을 의심스러워했으니, 예(禮)에 박식한 자가 이를 바로잡아주길 기다려야 한다.

26 신하의 시호가 국휘(國諱)[46]를 범하다

국계(國系, 국왕의 계보) 11대 시기에는 '忠[충]' 자와 '敏[민]' 자를 휘하였는데, 시호(諡號)에서 이 두 글자를 쉽게 범하였다. 앞 시기의 기록을 살펴보니, 증(贈) 좌의정 황신(黃愼)의 시호는 말의(末擬)였고, 증 영의정 박동량(朴東亮)의 시호는 부의(副擬)였으며, 영부사(領府事) 서명선(徐命善)의 시호는 말의였으니, 모두 이 휘(諱)자를 범하여 몽점(蒙點)되지 못했던 것이다. 증 영의정 정곤수(鄭崑壽)·인평대군(麟坪大君)·증 영의정 권징(權徵)·증 영의정 이해(李瀣)의 첫 시호는 모두 휘자를 범하여 바로 시호를 바꾸었다. 증 이조판서 김운택(金雲澤)의 시호는 부의(副擬)인데, 휘자를 범했으므로 대신들의 차자(箚子) 때문에 첫 번째 시호를 없애버렸다. 다만 지중추(知中樞) 권건(權健)·형조판서 정사호(鄭賜湖)의 시호

46 국휘(國諱): 임금의 이름자와 같은 자를 피하여 다른 자를 쓰거나 획수를 줄여 쓰는 것.

는 휘자를 범했지만, 아직 바꾸지 않았다.

27 사헌부(司憲府)의 청사(廳事)

사헌부의 청사(廳事, 관아에서 하는 일)는 두 가지가 있는데, 하나는 다시(茶時)라 하고, 다른 하나는 제좌(齊坐)라 한다. 다시는 다례(茶禮)의 뜻을 취한 것으로, 고려와 조선 초기에 대신(臺臣)[47]은 다만 언책(言責)을 맡았고 일반적인 사무를 처리하지 않았으므로 날마다 한 번씩 만나 차를 마련해 놓고 업무를 논의하고 마쳤다. 그런데 국가제도가 점차 갖추어지면서 대관(臺官)들도 청단(聽斷)[48]하는 일을 겸하게 되어 일이 아주 번잡해지자, 마침내 상사(常仕)하는 장소를 만들었다. 하지만 정식 관아는 아니었다.

재좌청(齋坐廳)은 길일(吉日)을 골라 대대적으로 모여서 대례(大禮)를 강론하고 대사(大事)를 논의하는 곳인데, 그 재좌하는 의식은 출입(出入)하고 영송(迎送)하며 진퇴(進退)하고 배읍(拜揖)하는 절목이 상세하고 엄격하여 타사(他司)가 모이는 예절에 견줄 바가 아니다. 또한 사헌부 안의 고사(故事)를 가려 뽑아 겸용(兼用)한다. 예절은 이주 번잡하지만 상하의 사이에 은연중 경계(警戒)하는 뜻이 있다. 재좌청은 사헌부 안에 있다.[49]

47 대신(臺臣) : 조선시대 사헌부의 대사헌 이하 지평((持平)까지의 벼슬을 통틀어 이르던 말.

48 청단(聽斷) : 분쟁이나 소송 등의 내용을 자세히 들어서 옳고 그름을 판단함.

49 이 항목은 서거정의 『사가집(四佳集)』 중의 『사가문집』 권1 「사헌부제좌청중신기(司憲府齊坐廳重新記」와 『연려실기술』 별집 권6, 「관직전고(官職典故)」 사헌부(司憲府)와 『임하필기』 권22, 「문헌지장(文獻指掌)」 다시청(茶時廳)에 보인다.

28 녹사(錄事)

조종조(祖宗朝)에서는 대개 궁벽한 시골 사족(士族)들이 스스로 현달하지 못하는 것을 걱정하여 그들에게 의관 관정(衣冠觀政)[50]을 시켜 점차 이사(吏事, 관원의 업무)를 배우게 하였고, 출사(出仕)하면 대대로 임용하였으며, 마침내 녹사법(錄事法)을 정하였다. 시골 사람들은 대부분 교활하고 거짓말을 잘하여 비록 사족이 아니더라도 여러 관아에 들어가 소속되어 군역을 피하였다. 그래서 선조조에 동고(東皐, 이준경의 호)가 일찍이 이들이 소속되어 있는 관아에서 샅샅이 조사할 것을 요청하였다. 근래에는 더욱이 위항(委巷)의 하류(下流)들로 녹사를 채웠는데, 사람들이 이들을 서리(胥吏)처럼 대하였다.

금상(今上) 무신년(1788)에 대신이 경연(經筵) 석상에서 임금에게 직접 이 일을 아뢰어 관직의 천전법(遷轉法)을 거듭 의논하였다. 하지만 국속(國俗)에서 오랫동안 녹사를 하찮게 여겨 사족 중에 원하는 자가 드물었다. 강제 문신(講製文臣) 이명연(李明淵)이 일찍이 가주서(假注書)로서 정병(呈病)[51]했었는데, 의정부 녹사로 기용(起用)하도록 명하였다.

29 양전(兩銓)의 상피(相避)

양전(兩銓, 이조와 병조)은 으레 상피하였다. 명종조에 신영(申瑛)이 병조참판이었는데, 송인수(宋麟壽)가 이조 참판이 되자, 이조에 있던 자신의 인아(姻婭)[52]를 신영과 교체하였나. 선조 때는 김상용(金尙容)이 이조 판

50 의관 관정(衣冠觀政) : 관정은 각부(各部)에 소속된 하급 관직인 듯하다. 의관 관정이란 자세히 알 수 없지만 의관을 담당하는 하급 관직이 아닌가 한다.

51 정병(呈病) : 병 때문에 출사(出仕)하지 못한다고 올리는 글.

52 인아(姻婭) : 사위 집안의 사돈과 동서 집안의 사돈을 두루 일컫는 말. 사위의 아버지 곧 사돈을 인(姻)이라 하고, 여자 형제의 남편, 곧 동서 사이를 아(婭)라 한다.

서였는데, 김상헌(金尙憲)이 병조 참의가 되자, 형제가 모두 체직(遞職)되었다. 현종조에는 홍명하(洪命夏)가 이조 판서였는데, 홍중보(洪重普, 홍명하의 조카)가 병조 판서가 되자, 이 때문에 홍중보를 체직시켰다. 금상(今上)의 조정에서는 오재순(吳載純)이 이조 판서가 되었는데, 이문원(李文源)이 병조 판서를 하고 있었다. 그런데 이문원은 오재순 부인의 남동생이었기 때문에 오재순이 진소(陳疏)하여 체직하였다.[53]

30 거조(擧條)

고사(故事)를 여러 신하들이 경연(經筵) 석상에서 임금에서 직접 아뢸 적에 승지가 즉시 베껴서 난보(爛報, 조보朝報)에 올리는데, 이것이 이른바 거조(擧條)[54]이다. 거조란 조건(條件, 조항)을 들어 올리는 것이다. 기주법(記注法)이 점차 옛날과 같지 않아서, 마침내 초책(草冊)[55]을 계하(啓下)하는 방식이 있다. 또 거조가 소략해지는 것을 우려하여 승정원에서 임금에게 아뢰었던 신하에게 보내어 보여주어 빠진 부분을 보충하도록 하였다. 그런데 삭제하거나 고친 것이 몇 글자에 불과했으니, 이것이 이른바 간통(簡通)[56]이다. 근래에 간통이 지나치게 거칠어져서 매양 경연하고 물러나면, 일의 개략만을 들어 올려 어떤 일은 서너 글자로만 말한다. 그리고 상주(上奏)한 신하가 부연하여 문장을 만들도록 하였다. 그래서 비록 아주 작은 일이라도 직접 펼쳐 서술하는 것을 간과하고 문장을 아름답게 수식하는 것만 힘써서, 차자(箚子)나 계문(啓文)과 비슷해져

53 이 항목은 『정조실록』 12년(1788) 12월 11일 두 번째 기사를 참고할 것.
54 거조(擧條) : 예전에 신하가 임금에게 아뢰는 조항을 이르던 말.
55 초책(草冊) : 초벌로 거칠게 기록한 문서.
56 간통(簡通) : 사헌부나 사간원의 벼슬아치가 서로의 의견을 글로 주고받는 것.

거조의 체단(體段, 형식)을 이루지 못하자, 상이 일찍이 승정원에 신칙하여 옛 규례를 보존하도록 하였다.

31 학정(鶴頂)

학정(鶴頂)은 새 이름인데, 그 산지(産地)는 구항국(舊港國)이다. 몸집은 오리보다 크고 털이 검고 목이 길며, 머릿골의 두께는 한 치[寸] 남짓 된다. 안쪽은 누런색이고 바깥쪽은 붉은색으로 몸 전체가 곱고 아름다워 사랑할 만하다. 지금 종2품 관원이 착용한 학정금대(鶴頂金帶)[57]는 바로 이 새의 뼈로 장식한 것이다.

32 비답(批答)

지금 소본(疏本)의 비답에 반드시 먼저 "소(疏)를 보고 모두 다 알았다." 라고 하는데, 송나라 때 비답의 말에, "표문(表文, 상주문)을 살펴보고 자세히 알았다."고 말한 것과 같다. 이 구절은 진(晉)나라 때 처음 생겼는데, 「유송전(劉頌傳)」에 있는 조서(詔書)에 이르길, "진문(陳聞)한 것을 자세히 알았다. 경(卿)이 마음으로 나라를 위하고 있음을 알겠다."라고 하였다.

33 아미반(蛾眉班)

당나라 때는 양성(兩省)[58]의 관원을 마주 서있게 하였는데, 이를 아미반

57 학정금대(鶴頂金帶) : 조선시대 품대(品帶)의 하나. 가장자리는 황금으로 하고 가운데는 붉은 장식물을 붙인 띠.

58 양성(兩省) : 문하성(門下省)과 중서성(中書省).

(蛾眉班)이라 하였다. 국가 제도에 무릇 동가(動駕)나 방방(放榜)[59]할 때, 삼사(三司)의 관원이 좌우로 나누어 서는데, 이를 시신(侍臣)이라 한다. 즉 아미반은 오늘날 강제 문신(講製文臣)이 계획(計劃)[60]하거나 창방(唱榜)할 때, 각신(閣臣)이 시신이 되고, 각신이 일이 있을 경우엔 외각신(外閣官)이 이를 대신하였다.

34 휘자(諱字)는 사용해서는 안 된다

우리나라 종묘(宗廟)와 사직(社稷)의 축문(祝文)에서는 혹 사대 문자(事大文字) 등을 쓴 초본(草本)에 매번 국왕과 신하의 성(姓)을 휘(諱)한다. 그런데 휘자(諱字)는 참으로 잘못된 제도로서 사용해서는 안 된다. 가령 『대명회전(大明會典)』[61]의 종사(宗社) 축문에는 황제의 성명을 아울러 적고 있고, 휘자(諱字)가 한 글자라도 대강 보이지 않으니, 우리 조정에서는 진실로 이를 본받아야 한다.

35 옥당고사(玉堂故事)

옥당고사(玉堂故事)는 임금의 덕을 보도(輔導)하는 데 유익함이 특히 적지 않다. 대개 신하가 나아가 임금을 뵙는 것은 그 때가 있고, 소장(疏章) 또한 날마다 올릴 수 없으니, 훌륭한 말과 좋은 계책이 임금에게 자주 전달될 수 없다. 그러므로 이 옥당고사에 의지하여 임금의 마음을

59 방방(放榜) : 조선시대 과거 급제자 발표와 그 의식. 문과 · 무과, 소과(小科)인 생원 · 진사(進士)에 급제한 자를 발표한 뒤 일관(日官)이 택한 길일에 궁중에서 창방의(唱傍儀), 또는 방방의(放榜儀)라는 의식이 거행되었다. 이는 동 · 서반(東西班)과 시신(侍臣)들이 시립하고, 신급제자(新及弟者)의 부모형제들이 참관한 가운데 거행되었다.

60 계획(計劃) : 성균관 유생(儒生)의 평소 성적을 따져서 시험의 등급을 정하던 일.

61 『대명회전(大明會典)』: 중국 명나라 때의 제도를 기록한 책.

계옥(啓沃)[62]하는 것이다. 그런데 근래에 이 법이 폐지되었고, 심지어 이런 법이 있는 지 전혀 알지 못하니, 매우 안타깝다.

송나라 인종은 경력(慶曆)[63] 초기에 유신(儒臣)들을 불러놓고 당나라 고사를 검토하여 날마다 5개 조항을 올리라고 하였고, 임금에게 도움이 되게 할 것을 신하들에게 자주 타일렀다. 원우(元祐)[64] 연간에 소자용(蘓子容)이 경연(經筵)에서 고사(故事)를 이르게 하자고 다시 청하자, 이 때문에 강독관(講讀官)을 불러 강독하지 않는 날에는 각각 한나라와 당나라의 고실(故實) 세 가지 조목을 올리도록 하였다. 소자용은 이에 각 조목의 아래에다 득실(得失)의 대의(大義)를 대략 논하였고, 마침내 이것이 규례가 되었다. 지금의 옥당고사는 실로 이것에서 비롯되었다.[65]

36 정사(呈辭)

무릇 관원이 정사(呈辭)[66]함에, 한 관아에서 두 번 올릴 수 없었다. 이는 율곡(栗谷)의 건의를 따른 것이다.

62 계옥(啓沃): 신하가 충성스런 마음으로 좋은 의견을 아뢰어 임금을 보좌하고 좋은 곳으로 인도하는 것. 『서경(書經)』「열명(說命)」 상(上)에, "너의 마음을 열어서 나의 마음을 넉넉하게 하라.[啓乃心 沃朕心]"라고 한 데서 유래한 말이다.

63 경력(慶曆): 북송(北宋) 인종 때의 연호로, 사용 기간은 1041~1048년이다.

64 원우(元祐): 북송 철종의 첫 번째 연호로, 사용 기간은 1086~1094년이다.

65 이 항목은 조선고서간행회본 『연려실기술』 권10에 보인다.

66 정사(呈辭): 벼슬아치가 벼슬을 그만두거나 말미를 청하는 따위의 청원서를 작성하여 제출하는 일을 이르던 말.

『연경재전집외집』 권58

『난실담총』 권3

1 지덕함(池德涵)

내가 단양(丹陽)에 들어갔을 적에 노교(老校) 이홍삼(李興彬)을 불러서 군내(郡內)의 고사를 이야기해 달라고 하자, 이홍삼이 이런 이야기를 해 주었다.

고을의 아전 중에 지씨(池氏) 성을 갖고 있는 자의 조상인 덕함(德涵)은 선조(宣祖) 때에 이 고을의 아전 집안 사람이었는데, 중간에 몰락하여 남의 집 고용인이 되었다. 덕함이 군첩(郡牒)을 가지고 관아에 갔을 적에 당시 심대(沈岱)[1]가 감사(監司)였고, 관아에 일이 있어 조회(朝會)를 하고 있었다. 관아의 이속(吏屬)이 문서의 초안을 완성하지 못했는데, 덕

1 심대(沈岱) : (1546～1592). 조선 중기의 문신. 본관은 청송(靑松). 자는 공망(公望). 호는 서돈(西墩). 임진왜란이 일어나자 보덕으로서 근왕병 모집에 힘썼다. 그 공로로 왕의 신임을 받아 우부승지·좌부승지를 지내며 승정원에서 왕을 가까이에서 호종하였다. 왜군의 기세가 심해지면서 선조를 호종하여, 평양에서 다시 의주로 수행하였다. 이후 경기도 관찰사(京畿道觀察使)가 되어 서울 수복 작전을 계획·추진하여 도성민과 내응하면서 삭령(朔寧)에서 때를 기다리던 중에 왜군의 야습을 받아 전사하였다. 1604년 호성공신(扈聖功臣) 2등에 책록되고, 청원군(靑原君)에 봉하여졌으며, 이조판서가 추증되었다.

함이 곁에서 가만히 이렇게 말하였다.

"저것이 뭐가 어렵다고 이렇게 난리법석이십니까?"

그러자 여러 아전들이 네가 무엇을 안다고 하느냐고 꾸짖었다.

늙은 아전이 이렇게 말하였다.

"저 사람은 필시 한자를 아는 자일 것이다. 그렇지 않다면 어찌 이처럼 망언(妄言)을 할 수 있겠느냐?"

그 문서 초안을 맡겨 바로잡도록 하자, 덕함이 즉시 붓을 잡고 쓸데없는 말을 다 지워버리고, 즉시 바로잡아 몇 줄로 만들었다. 심대가 이를 보고 기특하게 여겨 덕함이 항상 자신을 따르도록 하였다. 심대가 자못 자신의 강기(強記)함을 자부했지만, 번번이 덕함에게 굴복당하였다.

임진왜란 때 심대가 경기감사로 삭녕(朔寧)에 주둔하여 왜적을 막았는데, 덕함은 심대가 반드시 패할 것을 알고 채색 비단 한 조각을 잘라내어 자신의 옷깃에 꿰매 붙여 집안사람들이 그를 알아볼 수 있도록 하였다. 심대가 과연 삭녕에서 패하여 전사하자 덕함도 그를 따라 죽었다. 그 집안사람들이 덕함의 시신을 알아보고 단양으로 돌아와 장사지냈다고 한다. 덕함의 후손에게 물어보니 과연 그렇다고 하였다. 그 유적을 물어보니 간간히 화재가 나서 유실되었다고 하였다. 심공이 삭녕에 사당을 세워 종사관(從事官) 3인, 즉 양지(梁誌)와 윤경원(尹敬元)과 강수남(姜壽男)을 제향(祭享)하였다. 덕함의 의열(義烈) 또한 의당 사라지지 않을 것이다.

기령 금산(錦山)의 종용사(從容祠)에 고제봉(高霽峰, 고경명의 호)과 조중봉(趙重峯, 조헌의 자)을 제향할 적에 이들의 비장(裨將)과 사졸(士卒)들도 함께 제향하였다. 동래(東萊)의 안락서원(安樂書院)은 충렬공(忠烈公) 송상현(宋象賢)과 충장공(忠莊公) 정발(鄭撥)을 제향할 적에 동래부 호장(戶長)과 동래부 백성, 이들의 겸인(傔人)과 남녀 하인들을 함께 제향하였다. 상주(尙州)의 충의단(忠義壇)에는 윤문렬(尹文烈) 등 4인의 종사관을 제향하였을 적에 전사한 사졸들도 함께 제향하였으니, 미천한 사람들을 사당의 제향에 올리는 것은 진실로 의례가 있었다. 지금 만약 표절사(表節祠)의 곁에 별도로 사당을 지어서 덕함 등 여러 의사(義士)를 천거하여 제향하는 것도 괜찮지 않겠는가? 드디어 이를 기록하여 유사(有司)의 채택을 대비한다.

2 유계분(柳桂芬)

유공(柳公) 계분(桂芬)은 자가 자향(自馨)이고, 호는 연균(緣筠)·어수(漁叟)이며, 충경공(忠景公) 유성원(柳誠源) 형의 아들이다. 정통(正統) 신유년에 생원(生員)과 진사(進士) 두 시험에 합격하였고, 경태(景泰) 계유년(1453)에 문과 급제하여 승문원 정자(正字)에 선보(選補)되었으며, 세조가 즉위하자 원종(原從)[2]의 공(功)이 녹훈(錄勳)되었다. 병자년(1456)에 사간원(司諫院)의 우정언(右正言)과 지제교(知製敎)로 승진하였는데, 이때 충경공(忠景公) 사건[3]이 발생하였다. 상[세조]이 심신(沈愼)을 국문하자, 심신이 스스로 이렇게 말하였다.

"박팽년(朴彭年)이 비록 이웃에 살고 있었지만 항상 신이 입을 삼갈 수 없었기 때문에 왕래하며 모의하는 것을 허여하지 않았습니다."

상이 말하였다.

"너희들은 서너 번 모여서 활쏘기를 했으니, 어찌 서로 아는 사이가

2 원종(原從): 공신에게 부여되는 일종의 사호(賜號)로, 임금의 잠저(潛邸) 때부터 시종해 온 공로가 있는 자에게 부여되었다.

3 충경공(忠景公) 사건: 충경공은 유성원(柳誠源)의 시호이다. 충경공 사건이란 성삼문·박팽년·하위지·이개·유성원·유응부 등이 주축이 되어 단종의 복위를 도모한 사건을 말한다.

아니겠느냐?"

심신이 말하였다.

"다른 사람은 만난 적이 없습니다. 다만 유계분과 동료였기 때문에 그의 집에 가서 참석했던 것입니다."

그러자 상이 시신(侍臣)에게 이렇게 말하였다.

"유계분이 활쏘기를 제안하였고 또 유성원 형의 아들이니, 이 사람이 참으로 의심스럽다."

이때 잡아들인 사람은 심신(沈愼)과 이정상(李貞祥)과 이지영(李智英) 등인데, 모두 극형(極刑)으로 처치되었고 유계분만이 극형을 받지 않았다. 다만 충경공 때문에 연루(連累)되어 칠원현(漆原縣)에 유배되었다가 무인년(1458)에 양이(量移)[4]되고 경진년(1460)에 집으로 돌아왔으며, 기축년(1469)에 다시 벼슬길이 허여되어 전교서(典校署) 교리에 제수되었다. 사람들은, 계분이 처한 상황을 괴로워하고 좌절하여 필시 그 고통을 견디지 못했을 것이라 여겼다. 하지만 계분이 유배에서 돌아왔을 적에 정신이 충만하고 기세가 꿋꿋하며, 그 모습과 행동이 정돈되어있어, 그를 본 사람들이 그의 소양(素養)에 감탄하였다.

유계분은 예조 정랑을 거쳐 지방관으로 나가 괴산(槐山) 수령을 하였는데, 정사를 너그럽고 공평하게 하여 백성들이 편안하였다. 얼마 있다가 파직되었고, 벼슬길에서 물러나 음성(陰城)의 서쪽 조촌동(助村洞)에 살았으며, 성화(成化) 경자년(1480) 5월에 졸(卒)하자 조촌동에 장사지냈다. 두 아들 인동(麟童)과 인종(麟種)은 나란히 과거에 급제하여 청현직(淸顯職)을 두루 역임하였다.

공(公)에 대해 전해 오는 말과 그분이 추구했던 것은 육신(六臣)[5]과 동

4 양이(量移): 귀양간 사람의 정상을 참작하여 조금 나은 지방으로 옮겨 주는 것.

일하다. 더구나 그 이름이 심신의 공초(供招)에서 나왔지만 형화(刑禍)를 벗어난 것이 다만 요행일 뿐임에랴! 용서받고 유배지에서 돌아와서 지방의 고을에 거처하다가 천수(天壽)를 누리고 생을 마쳤으니, 충경공의 조카로서 부끄럽지 않았다. 슬프도다! 그분의 무덤이 황량하고 후손들도 몰락하였으니, 훗날 지켜보는 자도 필시 처연한 느낌이 일어날 뿐일 것이다.[6]

3 윤씨(尹氏)의 절의(節義)

파평 윤씨(坡平尹氏)의 절의(節義)는 윤충의(尹忠毅) 집안이 최고이다. 윤충의는 유근(柳瓘) 등 세 사람과 함께 화를 당했는데, 그의 아들 윤홍인(尹興仁)과 윤홍례(尹興禮)도 죽었다. 또 다른 아들 윤홍신(尹興信)과 윤홍제(尹興悌)는 임진왜란 때 죽었는데, 형제의 모습이 비슷하여 분별할 수 없자 관(棺)을 함께 썼다. 윤홍인의 손자 윤정준(尹廷俊)은 인조 갑자년(1624)에 옹진 현령(甕津縣令)이었는데, 역적 이괄(李适)의 난 때 저탄(猪灘)[7]에서 순절(殉節)하였다. 윤홍지(尹興智)의 외손은 바로 충민공(忠愍公) 임경업(林慶業)이니, 또한 기이하다 할만하다.

4 노인(魯認)

노인(魯認)의 일은 아주 기이하다. 『월사집(月沙集)』 중에는 노인이 천장

5 육신(六臣): 단종의 복위를 꾀했던 사육신(死六臣)과 생육신(生六臣)을 가리킨다.

6 이 항목은 『세조실록』 2년(1456) 6월 18일 두 번째 기사와 『예종실록』 1년(1469) 윤 2월 10일 네 번째 기사, 그리고 『홍재전서』 권60, 잡저(雜著) 7, 「별단(別壇) 236인」을 참고할 것.

7 저탄(猪灘): 원래 물살이 세고 깊은 곳을 저탄이라 하는데, 여기서는 황해도 평산(平山) 동남쪽 25리 지점인 예성강 상류지역을 가리킨다.

(泉漳)에 들어갔을 적에 학구(學究)들이 월사의 정유년 「변무주(辨誣奏)」를 익히고, 이를 정식(程式)의 문자로 여기고 있는 것을 보았다는 말이 있다. 지금 박회원(朴會源)이 지은 「노인전(魯認傳)」을 보니, 그에 대한 자세한 자료를 얻어 전(傳)을 지었고, 그의 일사(逸事)[8]를 수습하여 빠짐 없이 모두 기록하였다.

노인의 고조부인 노여(魯畀)와 증조부인 노자정(魯自貞)은 모두 진사였고, 조부 노행권(魯行權)은 기자전(箕子殿)의 참봉(參奉)이었으며, 부친 노사증(魯師曾)은 참의(參議)로 추증(追贈)되었다.

노인은 정유년(1597)에 왜적에게 사로잡혔다가 무술년(1598)에 바다를 항해하는 선박을 따라 복건성(福建省)에 이르러 군문(軍門)에 글을 올려 고향으로 돌아가길 요청하였다. 이에 군문에서 이런 글을 적어주었다.

"사정을 갖추어 올린 글은 모든 것이 바로 충과 효이니, 안심하고 몸을 보전하여 기다리시오."

얼마 후에 군문이 감찰어사의 간섭을 받게 되어 불시(不時)에 노인의 일을 아뢰었다. 노인이 또 어사의 문하에 글을 올리자, 어사가 또한 이렇게 말하였다.

"우리나라 수원(綏遠)[9]에는 본래 규정이 있으니, 잠시 기다리시오."

그런데 점점 시간이 흘러도 명을 얻지 못하자, 노인은 또 여러 관원들의 회합을 기다렸다가 글을 올려 고향으로 돌아가길 애걸하였다. 포정사(布政使) 서광악(徐匡嶽)이 노인을 보고 가엾게 여겨 그를 위해 군문에 발해수려고 출타하여 노인의 뜻을 전하여 이렇게 말하였다.

"빗물이 바야흐로 넘쳐나고 있는데, 조금 기다려 가을이 되면 장마가

8 일사(逸事): 일화(逸話). 기록에 빠지거나 알려지지 않아서 세상에 드러나지 않은 흥미로운 일.

9 수원(綏遠): 중국 길림성(吉林省)의 북동쪽에 있는 지역 이름.

개일 것입니다. 말을 타고 만리를 달려 수십 일이면 고국에 도착할 것입니다."

다음날 포정사는 또 하인을 보내 『문중문답(閩中問答)』 8권과 은자(銀子) 10냥을 가지고 와서 노인에게 주었고, 노인이 현명하고 문장력이 있음을 알았다.

노인이 아침에 사례하고자 길을 나섰다가 포정사 서광악과 우포정사 주운창(朱運昌)을 우연히 만났고, 장차 어사에게 나아가려 하였다. 노인이 길옆에 서서 첩(帖)을 올리자, 서광악과 주운창이 번갈아 이것을 보고 "문장이 묘하도다!"라고 칭송하였다. 그리고 문지기에게 노인을 데리고 서원(書院)으로 가서 그곳에 머물면서 강학(講學)에 참여시키라고 분부하였다. 그러자 문기지가 으쓱이며 이렇게 말하였다.

"성안에 수재(秀才)[10]가 많지만, 강학에 참여할 수 있는 자는 적습니다."

문지기가 노인을 데리고 서원에 도착하자 서원의 문에 '양현사(兩賢祠)'라 적혀있었다. 이곳에서는 주위재(朱韋齋, 주희의 부친)와 회암(晦菴, 주희의 호) 두 분 선생을 제사지낸다. 중문(中門)에 들어서자 명도당(明道堂)이 있었다. 당(堂)의 추녀 동쪽에 종이 걸려 있었는데 종의 등 부분에 '행단유종(杏壇遺鍾)'이라 새겨져 있었다. 추녀 서쪽에는 경쇠가 걸려 있었는데, 그 표면에 '사빈부경(泗濱浮磬)'이라 새겨져 있었다. 명도당의 전후좌우로는 모두 제생(諸生)들이 거처하는 방이었다.

얼마 뒤에 수재 한 명이 나와서 노인에게 읍(揖)을 하였다. 두 사람은 들어가면서 서로 겸양하여 당(堂)에 이르자, 제생(諸生)들이 각기 방에서 나와 겸양하면서 자리를 청하였다. 노인이 자리를 정해 앉자, 제생들은

---

10 수재(秀才) : 사전적 의미로는 학문과 재능이 매우 뛰어난 사람을 가리키는데, 송나라 때는 과거 응시자를 수재라 일컬었고, 명나라와 청나라 때는 부(府)·주(州)·현(縣)의 학교에 입학한 자를 수재라 일컬었다.

노인에게 이름을 듣길 원하다고 말하였다. 노인이 빠짐없이 대답해주고 제생들의 이름을 물어보자, 각자 스스로 자신의 이름을, 예사화(倪士和)·사조신(謝兆申)·진의(陳儀)라고 적었다. 여러 수재(秀才)들의 이름은 황응양(黃應暘)·주천구(朱天球)·진만년(陳萬年)·마훌(馬欻)·위부경(韋孚敬)·왕가재(王家材)·원경렬(袁敬烈)·진렴(陳濂)·사국전(謝國槇)·손계방(孫繼芳)·증광증(曾光曾)·손창예(孫昌裔)·창기(昌朞)·왕계무(王繼武)·계고(繼皐)·왕육덕(王毓德)·황정의(黃正誼)·진천천(陳薦天)·오지재(吳志在)·서발(徐炦)·강언등(康彦登)·이개태(李開泰)·양동(楊棟)·홍여눌(洪汝訥)·여양(汝讓)이다.

예사화가 이렇게 말하였다.

"공자 문하(門下)의 3천 제자가 행단(杏壇)[11]에 들어가 직접 공자의 가르침을 받았습니다. 하지만 만약 '지수(止修)'의 학문을 꿰뚫지 못했다면 이는 헛되이 행단에 들어갔을 뿐입니다. 선생께서는 부질없이 이 명도당에 들어오지 마시길 바랍니다."

노인이 이미 서원에 머문 지 한참 되었는데, 날마다 명도당에 모여 『대학(大學)』과 『심경(心經)』을 강론하였다. 때때로 예사화를 보고 종사(宗師) 명도(明道) 선생 학문의 핵심에 대해 듣기를 원한다고 하자, 그가 이렇게 말하였다.

"우리 유자(儒者)들은 공성(孔聖, 공자의 존칭)과 공성의 학문을 종주(宗主)로 삼고 있는데, 다만 이것은 『대학(大學)』의 경문(經文) 1장에 있습니다. 종지(宗旨)를 발해보자면 다만 '지지선(止至善)'이요, 공부하는 과정을 말해보자면 다만 '수신위본(修身爲本)'으로 사람들을 가르칩니

11 행단(杏壇): 공자가 은행나무 단에서 제자들을 가르쳤다는 고사가 있다. 이후로 행단은 학문을 닦는 곳을 일컫는 말이 되었다.

다. '지지선'이란 것은 '수신위본'의 명맥(命脉)이요, '수신위본'이란 것은 '지지선'의 입문(入門)입니다."

요컨대 이 몇 마디 말을 가지고 반복하여 서로의 생각을 주고받았다. 이 때 한 종류의 학문이 크게 성행했는데, 마음과 몸의 공부에는 소략하면서 초탈함으로써 깊은 경지에 도달한 것으로 여기고, 융통함으로써 오묘한 깨달음으로 여겼다. 그 말을 들어보면 분명히 노자(老子)에서 나와 석가(釋迦)로 들어갔는데, 그 학문을 말해보게 하면 공자라고 말하기 때문에 사람들 또한 공자의 학문으로 지목하니, 서광악은 "이것의 해로움이 적지 않다."고 말하였다.

그래서 서광악은 문장을 지어 나무 병풍에 적어 명도당에 펼쳐놓았는데, 그 내용은 이러하다.

"아! 공자께서 떠나셨지만 그 분의 책은 아직 남아 있어 고증할 수 있다. 『노론(魯論)』[12]에서 함께 문답한 제자 중에 누가 인(仁)을 구하지 않았겠는가마는 그 정통을 전해 받는 것에 있어서 자신을 반성하고 자신의 개인적 욕망을 누른 안회(顔回)와 증삼(曾參)이 아니면 끼지 못한 것은 무슨 까닭인가? 『대학(大學)』을 지어 후세에 길이 전해질 교육 목표를 세웠는데, '명명덕(明明德)'·'친민(親民)'이라 하였고, 반드시 '지지선(止至善)'이라 하였다. '명명덕'과 '친민'의 대목을 열거함은 격물(格物)·치지(致知)·성의(誠意)·정심(正心)·수신(修身)·제가(齊家)·치국(治國)·평천하(平天下)가 질서 있게 구분되어 있는 것이다. 다시 결론지어 말한다면, 천자로부터 서민에 이르기까지 한결같이 모두 수신(修身)으로 근본을 삼는다고 하였다. 만약 본(本)도 여기

12 『노론(魯論)』: 한(漢)나라 때 세 종류의 『논어』 중의 하나. 즉 노(魯) 나라에 전해진 『논어』를 가리킨다.

에 있고 지(止)도 여기에 있다고 한다면, 또한 무엇을 요약하여 진력할 것인가?

이를 통해 말해보자면 내 몸은 가정과 국가와 천하에 연관되어 속해 있는 것으로, 행동마다 실제 아닌 것이 없으니, 어찌 넓고 크지 않겠는가? 내 몸에 정심·성의·치지·격물이 완전하게 갖추어져 있다면, 그 여러 가지가 모두 참된 수양이니, 어찌 정밀하고 미묘하지 않겠는가? 하지만 확실히 가정에서도 그것을 구하지 못하고 나라에서도 그것을 구하지 못하고 천하에서도 그것을 구하지 못할 것이다. 온전히 정신을 도와 진정 내면으로 돌아간다면 내가 내 마음을 바로잡고, 내가 내 뜻을 정성스럽게 하며, 내가 내 지혜를 이루고 내가 내 물(物)을 궁리하여, 털끝만한 의혹이라도 다른 사람에게 미치지 않게 되는 것이니, 어찌 쉽고 간단한 것이 아니겠는가? 이것이 공자의 진성(盡性)의 학문이다. 이것을 아는 것을 '지본(知本)'이라 이르고, 여기에 그치는 것을 '지선(止善)'이라 이르고, 이것을 인식하는 것을 '식인(識仁)'이라 이르고, 이것과 다른 것을 '이단(異端)'이라 이른다."

그리고 서쪽 벽의 작은 병풍에도 이렇게 적어놓았다.

"기욕(嗜慾)은 자신을 죽이고, 학정(虐政)은 백성을 죽이고, 재화(財貨)는 자손을 죽이고, 학술(學術)은 천하 후세를 죽이니, 사군자(士君子)는 이런 죄과가 있어서는 안 된다."

또 동쪽 벽의 작은 병풍에도 이렇게 적어놓았다.

"천지를 위하여 뜻을 세우고, 옛 성인을 위하여 끊어진 학문을 잇고, 만세(萬世)를 위하여 태평함을 여니, 사군자에게 이러한 공업(功業)이 없어서는 안 된다."

대개 이 글은 당세(當世) 육상산(陸象山)과 왕양명(王陽明)을 배척하여 말한 것이다.

노인이 또 사조신(謝兆申)에게 가서 배움을 청하자, 사조신이 이렇게 말하였다.

"『심경(心經)』은 다만 인심(人心)과 도심(道心)의 구분을 규명한 것인데, 그것의 주가 되는 말은 오로지 '경(敬)'이란 한 글자입니다. '경(敬)'이란, '주일무적(主一無適)'[13]하여야 항상 깨닫는 법이요, 하나의 물(物)도 그 안에 포용되지 않음이 없습니다. 그러므로 성현의 철두철미(徹頭徹尾)한 공은 모두가 '경(敬)'에 있을 뿐입니다. 족하가 본국에 있을 때, 이미 사우(師友)와 강론하여 밝히셨을 것이니, 모름지기 『심경』은 내가 거듭 강의하지 않을 것입니다. 또 '오도일이관지(吾道一以貫之)'[14]에서 일(一)이란 정일(精一)의 일(一) 자이니, 다만 인(人)과 도(道)를 구분하는 사이에서, 경(敬)으로써 조종할 뿐입니다."

이에 노인이 이렇게 말하였다.

"공부로 말하면, 정일(精一)은 곧 성의(誠意)·정심(正心)·수신(修身)인데, 그 중(中)을 잡으면 곧 지극히 선한 데 그치는 것[止至善]입니다. 성(性)의 본체(本體)는 혼연(渾然)해서 지선(至善)에는 본디 과불급(過不及)의 차이가 없는 것입니다. 그렇지 않겠습니까?"

사조신이 이렇게 대답하였다.

"족하는 이미 심학(心學)의 본체에 밝으니, 절충하여 비유하면 대체로 그럴 것입니다."

다른 날 서광악이 행인(行人, 관직명) 이여규(李汝奎)를 위해 명도당에

13 주일무적(主一無適) : 송나라 정자와 주자의 수양설(修養說). 정이천(程伊川)이 처음 주장했고, 주자(朱子)가 이것을 이어받아 주장한 견해. 곧 마음에 '경(敬)'을 두고 정신을 집중하여 외물(外物)에 마음을 주지 말라는 학설이다.

14 오도일이관지(吾道一以貫之) : 『논어』「이인(里仁)」편에 나오는 구절로, 공자가 한 말이다. '나의 도는 하나로써 꿰뚫었다.'는 것은 바로 '나의 도는 하나로써 일관되었다.'는 의미이다.

서 강학(講學)을 하였다. 그래서 지봉서원(芝峯書院)·근강서원(謹江書院)·삼산서원(三山書院)의 수재들이 모두 이곳에 이르러 지켜보았는데, 노인도 강학에 참여하게 되었다. 먼저 『대학』 경전 1장을 강의했는데, '지수(止修)' 두 글자를 가지고 답변하기 어려운 질문들을 서로 하자, 서광악이 의젓하게 앉아 질문에 따라 답을 하였다. 다음으로 『심경』을 강의했는데, 또한 아주 자세하게 설명하였다.

"요순(堯舜) 이전에는 모두 생지(生知)[15]였으므로, 다만 유위(惟危)·유미(惟微)의 구분만이 있었다.[16] 그러다가 거듭 우(禹) 임금에게 전해져 여덟 글자가 더해졌으니, 학문의 근원이 여기서부터 시작되었으며 그 후에 이 학문이 잘못되었다. 우씨(牛氏)와 마씨(馬氏)가 진(晉)나라 조종을 같이 하고[17] 여씨(呂氏)와 영씨(嬴氏)가 진(秦)나라를 함께 하여[18] 쓸쓸히 천년을 내려왔다!"

강학을 마치자, 수재 두 명이 강안(講案)을 들고 물러 나갔다. 여러 수재들이 서광악을 전송하려고 문 밖으로 나갔는데, 노인도 그 대열에 있었다. 서광악이 노인을 주시하면서 이렇게 말하였다.

"그대는 여기에 편안히 있으면서 공부하시오. 물이 줄어들 시기에 보내 주겠소."

15 생지(生知) : 태어날 때부터 아는 지혜. 삼지(三知)의 하나.

16 유위(惟危) … 있었다 : 『서경(書經)』「대우모(大禹謨)」에, "사람의 마음은 오직 위험하고, 도의 마음은 오직 희미하므로, 오직 정밀하고 오직 한결같아야, 진실로 그 중정(中正)을 잡을 수 있나.[人心惟危, 道心惟微, 惟精惟一 允執闕中원문]"라고 하였다. 여기서는 인심과 도심의 구분을 의미한다.

17 우씨(牛氏)와 … 같이 하고[牛馬同晉] : 우씨(牛氏)가 사마씨(司馬氏)를 대신하여 진(晉)나라를 이었다는 의미. 진(晉)나라 원제(元帝)는 민제(愍帝)의 뒤를 이어 즉위했는데, 그의 어머니가 말단 관리 우금(牛金)과 간통하여 낳은 아들이기 때문에 사마씨의 진나라는 우씨의 것이 되었다는 의미이다.

18 여씨(呂氏)와 … 함께 하여[呂嬴並秦] : 영씨인 진 시황은 원래 여불위의 사생아였으므로 여불위와 진 시황이 진나라를 함께 차지했다는 의미이다.

9월에 군문에서 노인을 위해 길 떠날 채비를 하여 황경(皇京)으로 호송했는데, 병부(兵部)에서 노인을 설득하여 이렇게 말하였다.

"그대는 전란 당시 매우 다급하였고 나랏일을 부지런히 생각하여 어려움과 험난함을 계산하지 않고 분연히 일어나 왜적을 죽였지만, 왜적에게 사로잡혀 낭패를 당하였다. 그래서 원수를 갚고자 하는 마음이 간절하고 한스러움이 부모에게 맺혀 상제(喪制)를 그만두지 않았으니 또한 가상하다. 그런데 지금 이미 날씨가 추워졌으니 내년 봄에 호송할 수 있겠다."

경자년(1600) 3월에 병부의 원외랑(員外郎) 사여매(史汝梅)가 비로소 황제의 명령으로 노인을 의주(義州)로 호송하여 고향집으로 돌아가게 해주었다.

강항(姜沆)의 『수은집(睡隱集)』에 「증노공식지계(贈魯公識之啓)」[19]라는 글이 있는데, 그 내용은 이러하였다.

"만리 밖 봉후가 이미 반정원(班定遠)의 붓을 던져버리고[20] 대궐에 책문을 바쳤네. 또 종태위(宗太尉)의 바람을 탔으니,[21] 소장부(小丈夫)가

---

19 「증노공식지계(贈魯公識之啓)」: 강항의 『수은집(睡隱集)』 권2에는 「답노공식인계(答魯公識認啓)」라는 제목으로, 『금계집(錦溪集)』 권5 부록에는 「강수은 항 계(姜睡隱 沆 啓)」라는 제목으로 실려 있다.

20 반정원(班定遠)의 붓을 던져버리고: 반정원은 반초(班超)를 가리킨다. 정원은 그의 봉호(封號)이다. 후한(後漢) 초기 사람으로, 반고(班固)의 동생이다. 반초는 집이 가난하여 관청의 고용인이 되어 서사(書寫) 품을 팔아 부모를 봉양하고 살며 매우 고생하였다. 하루는 붓을 던지고 탄식하기를, "장건(張騫)이 이역(異域)에서 공을 세워 후(侯)에 봉해졌는데, 어찌 오랫동안 글씨나 쓰고 있으리오." 하고는, 서역으로 사신 가서 50여 개 국이 한나라에 조공하도록 하여 서역도호(西域都護)가 되고 정원후(定遠侯)에 봉해졌다.

21 종태위(宗太尉)의 … 탔으니: 태위 벼슬을 한 적이 있는 종요(鍾繇, 151~230)를 가리킨다. 종요는 처음엔 후한의 신하로서 헌제(獻帝)를 섬겼지만, 조조(曹操)를 섬긴 후에는 공로를 세워 위나라에서 재상으로까지 승진하였다. 그런데 219년 위풍(魏諷)의 반란 때, 위풍을 공직에 추천한 사람이 종요였으므로 추궁 받아 일시적으로 관직을 박탈당했다. 하지만 조비(曹丕)가 황제로 즉위 한 후 태위 벼슬로 복귀하였다.

할 수 있는 것이 아니요, 바로 기남자(奇男子)의 일이라네. 신포서(申包胥)가 치욕을 진언(進言)하여 씻어버린 것[22]과 오자서(吳子胥)가 원수를 거듭 갚는 것[23]을 아마 볼 수 있을 것이네. 남오왕(南奧王)의 머리는 필시 한(漢)나라 북궐(北闕) 아래 매달아 놓았고, 서역을 평정한 공업은 우리 동방 사람에게서 거듭 나왔네.[24] 낭성(狼星)[25]은 두괴(斗魁)[26]를 항상 끼고 있고 고래 파도는 접해(鰈海, 고려 바다)에 영원히 맑네. 지금 태양이 이글거리는데 날라 다니던 솔개가 떨어졌네. 누선장군(樓船將軍)[27]과 하뢰장군(下瀨將軍)[28]이 아무 탈 없으니, 예주자사(豫

22 신포서(申包胥)가 … 씻어버린 것 : 신포서는 초나라 사람으로 초나라에서 벼슬을 하고 있었다. 그런데 친구인 오자서가 자신의 부친과 형을 죽인 초나라 평왕에게 복수하기 위해 오나라로 망명하여 오나라 군사를 이끌고 초나라 수도로 쳐들어왔다. 이에 신포서는 위기에 처한 초나라를 구제하기 위해 진(秦)나라에 가서 구원을 요청하였다. 하지만 진나라가 응해주지 않자, 신포서는 진나라 대궐 앞뜰에서 7일 동안 밤낮으로 통곡하였다. 이에 진나라 애공은 비록 초나라가 무도하지만 신포서와 같은 충신이 있으니 망하게 할 수 없다고 하면서 초나라에 구원병을 보냈다. 그리하여 오나라 군사는 철수를 하고 초나라는 간신히 나라를 유지할 수 있었다.

23 오자서(伍子胥)가 … 갚는 것 : 오자서는 초나라 사람인데, 부친과 형이 초나라 평왕에게 억울하게 죽임을 당하자, 복수할 것을 다짐하며 초나라를 떠났다. 이후 정나라로 망명하여 정공에게 군대를 동원하여 초나라로 진격해 줄 것을 요청했지만 받아들여지지 않았다. 오자서는 다시 오나라로 가서 먼저 오나라를 부국강병하게 만든 이후에 오왕 합려의 마음을 움직여 초나라 수도로 진격하였다. 하지만 초왕은 이미 죽고, 그의 뒤를 이은 소왕은 도망가고 없었다. 이에 오자서는 평왕의 무덤을 파헤쳐 그의 시신을 꺼내어 300번이나 매질하여 복수하였다.

24 서역을 … 나왔네 : 고구려 유민출신의 장군인 고선지(高仙芝)가 당나라 현종 때 서역을 정벌한 일이 있다.

25 낭성(狼星) : 천낭성(天狼星)의 준말. 큰개자리에서 으뜸가는 별로, 반란이나 전쟁을 상징하는 불길한 별 이름.

26 두괴(斗魁) : 북두칠성 앞쪽의 네 개의 별, 즉 천추(天樞)·선(璇)·기(璣)·권(權)을 가리킨다.

27 누선장군(樓船將軍) : 한(漢)나라 무제(武帝) 때 사람인 양복(楊僕)을 가리킨다. 그는 남월(南越)이 반란을 일으켰을 때 누선장군(樓船將軍)으로 전공(戰功)을 세웠다.

28 하뢰장군(下瀨將軍) : 한(漢)나라 때 장군의 명호(名號)로, 외이(外夷)를 정벌(征伐)하는 일이 있을 때에 임시로 임명하였다. 『한서(漢書)』 권95 「남월전(南粵傳)」에, "옛날 귀의(歸

州刺使)가 노를 두드림이 어떠하겠는가?"

이 글에서 노인을 격려함이 이와 같았다.[29]

5 성로(成輅)

석전(石田) 성로(成輅)는 젊어서 정송강(鄭松江)과 교분을 맺었었는데, 송강이 실패한 후에 마침내 세상을 버리고 홀로 수십 년을 살았다. 다만 술에 취해 살면서 세상을 피하였고, 혹 성(城)에 들어오면 반드시 소를 타고 지팡이를 짚고 눈을 감은 척하며 비록 재상을 만나더라도 피하지 않았다. 하루는 크게 취하여 땔감을 실은 소 등을 타고 종가(鍾街, 종로거리)를 지나가고 있었는데, 월사(月沙) 이정구(李廷龜)가 지나가자 문득 눈을 뜨고 지팡이를 휘두르며 이렇게 말하였다.

"성징(聖徵, 이정구의 자)! 어디에 있는가?"

월사가 가마를 멈추고 한참을 서서 정중함을 다한 후에 돌아가매, 길 가는 사람들이 이상하게 여겼다. 대개 그는 기이한 선비이다. 언젠가 그가 지은 시가 있다.

백발에 평량자 쓰고	白髮平凉子,
평생 술에 잔뜩 취해 있었네.	生涯爛醉中.
세간에 나를 아는 자	世間知我者,
오직 주인옹이라네.	惟有主人翁.

義)와 월후(粵侯) 두 사람이 과선장군(戈船將軍)과 하뢰장군이 되어 영릉(零陵)에서 출발하여 이수(離水)로 내려가기도 하고 창오(蒼梧)로 가기도 하였다."라고 하였다.

29 이 항목은 노인의 『금계일기』 5월 12일, 5월 14일, 5월 23일, 5월 30일 등의 내용과 강항의 『수은집(睡隱集)』 권2, 「답노공식인계(答魯公識認啓)」를 참고할 것.

6 서울 안 두 명의 절부(節婦)

상사동(相思衕)에 미모의 한 여인이 있었는데, 비서(婢壻, 여종과 간통한 외부인)인 모갑(某甲)[30]이 그 여인을 탐하고자 하였다. 하루는 모갑이, 아무 골목의 부자가 죽은 부인을 위해 복을 구하여 동교(東郊)에서 설재(設齋)[31]하는데, 서울의 부녀자로 구경하는 자들이 끊이지 않고 이어진다고 알려주면서 주인마님께서는 어찌 가보지 않느냐고 하였다. 그 여인이 구경 가고 싶어 하자 모갑은 쾌마(快馬)를 돈 주고 빌려 여인을 기다렸다. 여인이 치장을 하고 나와 말에 오르자, 모갑이 질주하여 그 여인의 계집종이 따라갈 수 없었다. 모갑이 산골짝을 향해 말을 달려가서 사방을 둘러보아도 아무도 없자, 이에 여인을 부축하여 말에서 내리게 하였다. 그 여인이 이렇게 말하였다.

"너는 나를 불러 부처님께 공양하는 것을 구경하자고 했는데, 지금 갑자기 산골짝 안에 나를 놓아둔 것은 어째서이냐?"

그러자 모갑이 이렇게 대답하였다.

"제가 주인마님의 자태를 사모하다가 꾀를 내어 이곳에 이르렀습니다. 깊은 산속인데 누가 다시 알겠습니까?"

그 여인이 벗어날 수 없음을 알고 거짓으로 웃는 척하며 이렇게 말하였다.

"네가 차마 내 계집종을 탐하고 나를 탐하려 하니, 빨리 몸을 씻어 깨끗이 하고 와라."

모갑이 그 여인의 말처럼 씻고 오자, 여인은 그의 생식기를 급히 뽑아 없애 그를 자빠져 죽게 하고 홀로 말에 올라타고 떠났다. 길을 가다 마

30 모갑(某甲) : 사당패나 선소리패 따위를 이끄는 우두머리.

31 설재(設齋) : 불공을 드리기 위해 음식물을 마련하여 승려에게 공양하는 일.

침 나무하는 아이를 만나 말을 몰게 하고 집에 도착하여 시부모님을 모셔놓고선 칼을 잡고 오른손을 잘라 땅에 던지며 이렇게 말하였다.

"이 손은 더럽혀졌으니 반드시 다른 곳에 묻어야 합니다."

그리고 나서 스스로 목을 베고 죽었다. 마을 사람들이 그 여인을 의롭게 여겨 예조(禮曹)에 하소연하자, 정려(旌閭)하도록 특명(特命)을 내렸다.

광통교(廣通橋) 부근에 홍문동(紅門衕)이 있는데, 고인(故人)이 된 늙은 재상이 전해준 이야기가 있다.

여항(閭巷)[32]에 한 부인이 있었는데, 왜역관(倭譯官) 아무개의 부인으로 풍만하고 아름다워 사람들의 마음을 흔들어 놓았다. 그 남편이 바다를 건너가매 소식이 오랫동안 끊기자, 그 부인은 일찍이 문 앞에 서서 그리운 마음에 애타하였다. 그런데 창문 아래 마침 한 소년이 부인을 보고 기뻐하며 집적거려 꼬드기고자 했지만 방법이 없었다. 그래서 안암사(安巖寺)의 늙은 여승을 찾아가 돈을 넉넉히 주자, 그 여승이 요구사항을 물었다. 소년이 여승을 조용한 곳으로 끌고 가서 자세히 말해주었다. 여승이 즉시 그 부인의 집으로 가서 예의를 표하며 이렇게 말하였다.

"소승(小僧)은 동교 안암사에 거처하고 있고 바야흐로 금불상을 개수(改修)하고자 하매, 위로 궁가(宮家)에서부터 아래로 하천민에 이르기까지 모두 다투어 보시(布施)하고 있습니다. 진실로 성심(誠心)으로 부처를 공경하면 재앙이 변하여 상서로움이 되고 복을 얻음이 헤아릴 수 없을 정도입니다."

이에 앞으로 나아가 또 이렇게 말하였다.

32 여항(閭巷) : 조선시대 중인층 이하가 살던 곳을 일컫던 말.

"지금 작은 마님을 뵈오니 자태가 풍만하고 복스럽게 생겼는데, 오히려 근심하는 기색이 있으니 어째서입니까?"

그러자 주인 노파가 이렇게 말하였다.

"어떻게 그 이유를 아는 것이오?"

여승이 대답하였다.

"상기법(相氣法)[33]을 배워 시험해 보았는데, 백번 시험해 보아 한 번도 실수하지 않았습니다."

주인 노파가 그 이유를 갖추어 말해주자, 여승이 이렇게 말하였다.

"이는 쉽습니다. 암자 안에 불상이 아주 영이(靈異)하니 삼가 정성을 다해 공양하고 분향(焚香)하여 기도드리면, 자식이 없는 자는 자식을 낳고 병든 자는 병이 낫고 운수가 나쁜 자는 길하게 되고 죽은 자는 살아납니다. 부인께서는 과연 이렇게 할 의향이 있으신지요? 의향이 있으시면 필히 먼저 시주(施主)하십시오. 작은 마님께서는 하루 동안 식소(食素)[34]하고 청재(淸齋)[35]하고선 다음날 이른 아침에 저를 방문하십시오. 밤이 깊어지길 기다려 일을 시행하면 응당 그 지아비가 속히 돌아올 수 있을 것입니다."

주인 노파가 이렇게 말하였다.

"필요한 비용이 얼마입니까?"

여승이 대답하였다.

"정미(精米) 한 말[斗], 초 한 쌍, 향 한 덩이에 불과합니다."

드디어 그 여승의 말과 같이 보시하고 또 거듭 더불어 약속하였다. 여승은 즉시 작별 인사를 하고 떠났다.

---

33 상기법(相氣法) : 안색(顔色)을 살펴서 화복(禍福)을 점치는 방법.

34 식소(食素) : 육류나 생선류의 반찬이 없는 식사를 가리킨다.

35 청재(淸齋) : 몸을 깨끗이 하고 행동을 삼감.

여승은 소년과 약속하였는데, 약속한 날짜가 되자 그 부인이 잘 차려 입고 계집종 두 명을 데리고 왔다. 여승이 부인을 이끌고 깨끗한 방 안에 이르러 음식과 과일로 대접하였다. 한밤중인 삼경(三更)에 여승이 먼저 불전(佛殿)에 들어가 촛불을 켜고 공양하고선 부인을 이끌고 불전으로 올라가면서 말하였다.

"계집종과 심부름꾼은 정결하지 않으니 속히 물러가도록 하십시오."

부인이 서안(書案) 앞에 꿇어앉아 향을 집어 향로에 꽂고 태운 후에 네 번 절하자, 여승이 경쇠를 치면서 축원(祝願)하였다. 이때 소년이 불전 옆에서 갑자기 튀어나와 부인을 유인하여 잠자리를 요구하였다. 부인이 속은 것을 알았지만 어찌 할 수 없어 우선 그 소년의 말을 따랐다. 또 아무 시간에 나를 찾아오라고 약속하고선 즉시 집으로 돌아왔다.

이때 노파는 자기 집에 돌아와 있었고, 그 부인 혼자 집을 지키고 있었는데, 혼잣말로 욕하면서 이렇게 말하였다.

"원수가 응당 이때 올 것이니 내 수치스러움을 씻어버리겠다."

들창을 들어 올리고 보니 소년이 마침 도착해 있었다. 그 부인이 즉시 맞아들이고 또 계집종을 시어머니에게 보내어 안부를 여쭙게 하였다. 소년은 뛸 듯이 기뻐서 그 부인에게 가까이 갔다. 부인이 "먼저 누우시지요."라고 하자, 소년은 즉시 누웠다. 그 부인은 예리한 칼을 베개 뒤에 미리 숨겨두었었는데, 급히 그 칼을 가져다 소년의 목구멍을 찌르자 곧바로 자빠져 죽었다. 그 시신을 마당 주변에 옮겨놓고 거적으로 덮었다. 얼마 후에 계집종이 돌아와 상황을 보고 급히 달려가 시어머니에게 알렸다. 시어머니가 집으로 돌아오자 그 부인이 이렇게 말하였다.

"요사스런 여승에게 미혹되어 몸을 더럽히게 되었지만, 꾹 참고 죽지 않은 것은 원수를 갚기 위해서였습니다. 원수를 이미 갚았으니 무슨 소용이 있어 살겠습니까?"

말을 마치고 통곡하다 스스로 목을 베어 죽었다. 이 일이 알려지자 정려(旌閭)되었다.

저 두 부인은 참으로 나무랄만하다. 만일 예로써 자신을 방비하여 집 문 밖으로 나가지 않았다면 나라 사람들이 어찌 그들을 탐할 수 있었겠는가? 내가 보건대, 사대부가 부녀자들은 나라에 행행(行幸, 임금의 궁궐 밖 행차)이 있거나, 혹 청나라 사신이 온다는 소문을 들으면 반드시 길가에 모여 구경하는데, 여염집의 가마 덮개가 북적거리고 복잡하여 행군(行軍)하는 것 같으니, 심히 아름다운 관습은 아니다. 근래에 청나라 사신이 이르렀는데, 어떤 부인이 누(樓) 위에서 발[簾]을 걷어 올리고 훤히 바라보았다. 이에 청나라 사신이 이를 가리키면서 이렇게 말하였다.

"듣자 하니, 조선에는 예로부터 미인이 많다고 하던데, 과연 그렇습니다."

마침내 규방의 기롱거리가 되었다.

7 유상(柳鏛)

어의(御醫) 유상(柳鏛)은 젊은 시절에 항상 말을 타고 홀로 다녔는데, 산골짝 안으로 들어갔다 헤매다가 길을 잃어버렸다. 호랑이가 말고삐를 물었는데도 말이 놀라지 않았다. 산속 끝까지 가보니 초가집 한 채가 있었는데, 동자(童子)가 문을 열고 쳐다보면서 "손님이 오셨습니다."라고 말하였다. 유상이 그 집으로 들어가자 수염과 눈썹이 새하얀 노인 한 분이 있었는데, 아주 정성스럽게 대접하였다. 잠시 뒤에 또 두 명의 노인이 이르자, 주인 노인이 유상에게 이렇게 말하였다.

"내가 잠시 나갔다가 얼마 뒤에 돌아올 것입니다. 손님께서는 머물러 있으십시오."

드디어 두 사람이 나갔다가 닭이 우는 때가 되자 돌아왔는데, 비린내가 사람을 엄습하였다. 유상이 괴이하여 그 이유를 물어보자, 노인이 이렇게 답변해 주었다.

"서해안의 구석진 곳에서 해적들이 자주 세곡(稅穀)을 약탈해서 우리들이 가서 그들을 죽였습니다."

또 노인이 하나의 비결(秘訣)을 전해 주면서 이렇게 말하였다.

"이는 천연두 처방법인데, 이를 읽어보면 응당 유용할 것입니다."

유상이 과연 이를 익혔다. 후에 숙종이 천연두에 걸렸을 때 유상이 신옹(神翁)이 전수해준 방법으로 치료하여 무사히 나았다. 유상의 집안에서는 대대로 그 방법을 지키고 있다.

8 원주(原州)의 열부(烈婦)

원주의 아무개 집안에 새로 사위를 들였다. 초저녁 때 신부가 방으로 들어갔는데, 신랑이 갑자기 측간에 가고자 하였다. 신부가 요강을 밀어주면서 신랑이 밖으로 나가지 못하게 하였다. 그런데 신랑이 부끄러워 신부의 말을 듣지 않고 방문을 열고 나가자 호랑이가 신랑의 옷깃을 물고 잡아가버렸다. 신부가 호랑이 고리를 잡고 놓아주지 않았는데 호랑이가 달리면 신부도 달리고 호랑이가 뛰면 신부도 뛰었다. 40리 정도를 이와 같이 하자 호랑이가 힘이 빠지고 지쳐 그 신랑을 놓고 가버렸다.

신부가 멀리서 바라보니 시골집에 불빛이 보여 신랑을 업고 그 집에 이르러 사람 살리라고 외쳤다. 그 집 사람이 나와서 보니 상투가 흐트러지고 옷이 망가졌는데도 새신랑인지 알고선 급히 안채의 빈방 하나를 비워 머물게 해주었다. 신부가 신랑을 온갖 방법으로 치료하자 마침내 신랑이 소생하였다. 신랑은 정신이 안정된 후에 집을 자세히 쳐다보다가 말하였다. "이곳은 우리 집이다." 그리하여 온 집안이 기뻐하며 비로소 자기 집안 사람인줄 알았다. 그 처가에 가서 이 사실을 알리자 신부의 열(烈)이 마침내 알려져 고을 사람들이 의롭게 여겨 신부의 행위를 조정에 아뢰었다.

아녀자는 참으로 연약한 존재인데 호랑이와 대적하여 꾸짖었으니, 지극한 정성과 돈독한 뜻이 아니었다면 어찌 이와 같이 할 수 있었겠는가? 장부(丈夫)는 경계해야 할 것이다!

9 양구(楊口)의 열부(烈婦)

양구(楊口)에서 온 객이 이런 이야기를 해주었다.

양구현에 열부가 있었는데, 아무개의 신부였다. 그 남편은 한창 산밭을 갈고 있었고, 열부는 남편을 따라 곡식 씨앗을 뿌리면서 또 싸리 빗자루로 뿌린 씨앗을 덮고 있었는데, 호랑이가 숲속에서 나와 그 남편을 잡아채 가버렸다. 그러자 열부가 한 손으로 호랑이 꼬리를 꽉 잡고 한 손으로 싸리 빗자루를 들어 올려 호랑이를 때리면서 수십 리를 갔다. 싸리 빗자루가 뭉뚝해질 즈음 호랑이가 화가 나서 그 남편을 버리고 다시 열부를 잡아채 먹어버렸다. 그 남편이 집에 도착한 지 며칠 만에 죽자, 마을 사람들은 호랑이가 해친 것이라 생각하였다. 호랑이가 다시 촌락에 침입하여 포학하게 굴자, 마을 사람들이 열부 시신의 남은 살점을 수습하고 그 남편 시신을 아울러 소각하여 묻어주었다. 소나무 두 그루가 그 땅에서 자라났는데, 서로 합쳐져 꼬이면서 자랐다.

객이 이를 보고 나에게 말해주었다. 양구현 사람들이 열부의 행위를 관아에 알리자 또 정려(旌閭)해 주려한다고 하였다.

10 김간(金簡)

청(淸)나라 공부상서(工部尙書) 김간(金簡)은 김상명(金常明)의 종손이다. 김상명은 바로 우리나라 의주(義州) 사람인데, 첨중추(僉中樞) 김덕운(金德雲)의 증손이다. 김덕운의 묘는 의주 남산(南山)에 있는데, 그 묘비(墓碑)에 옹정(雍正) 원년(1723)에 고명(誥命)을 받았다고 새겨져 있었다.

"봉천승운황제(奉天承運皇帝)는 다음과 같이 제(制)하노라. '나라에서 조아지신(爪牙之臣)[36]으로 선발되어 능히 기상(旂常)[37]에서 힘을 펼쳤으니, 조정에서는 영화로운 윤발(綸綍, 임금의 말씀)을 반포하노라. 오로지 물가와 숲에서 부지런히 임무를 수행하여 이것으로써 선조(先祖)를 기려 크게 추숭(追崇)하였다. 그대 김덕운은 상사원(上駟院)의 업무를 관리하고, 산질대신(散秩大臣)으로 남해자(南海子)[38]를 감독하였으며, 총리조창겸좌랑(總理鳥鎗兼佐領)으로 2등급에 가자(加資)되었다.

그는 김상명의 증조부인데 덕을 쌓아 커지도록 힘써 저절로 상서로운 일이 생겼다. 시(詩)에 힘쓰고 예를 좋아하여 준조(樽俎)의 계책[39]을 능히 드리웠고, 용감하게 싸우고 관의 직무를 정중히 하여 일찍 빛나는 계책을 펼쳤다. 이에 은혜를 널리 베풀어 그대를 광록대부(光祿大夫)에 추증하도록 고명을 내리노라.'"

아! 빼어난 공적은 그를 기리고 영화롭게 하여 그의 삶을 소급케 하였

---

36 조아지신(爪牙之臣) : 범의 날카로운 발톱과 어금니처럼 임금을 든든하게 지켜주는 신하. 나아가 국가를 보필하는 신하를 일컫는다.

37 기상(旂常) : 교룡(蛟龍)을 그린 기(旂) 깃발과 일월(日月)을 그린 상(常) 깃발을 가리키는데, 이는 왕후(王侯)의 기치(旗幟)이다.

38 남해자(南海子) : 북경 숭문문(崇文門) 남쪽에 있는 동산으로, 청나라 때 황실 사냥터였다.

39 준조(樽俎)의 계책 : 절충준조(折衝樽俎)의 계책을 의미함. 준조는 술을 담는 단지와 안주를 놓는 도마를 의미하는데, 전(轉)하여 연회(宴會)를 가리킴. '절충준조'란 술자리에서 외교상의 담판을 하여 적의 침략을 막는 것을 말한다.

고, 경사를 축하하는 의식으로 흔쾌히 은혜를 받게 하여 그의 스스로 빼어남을 잊지 않게 하였다. 이에 황제의 총애와 관직이 더해졌고 또한 공경스럽게 황제의 명을 받았다. 건륭(乾隆) 24년에 태자보령시위내대신(太子保領侍衛內大臣)으로 가증(加贈)되었고, 그의 정성스러움과 부지런함은 공공연하게 만인(灣人, 의주 사람)에게 알려졌다. 김덕운은 일찍이 의주부(義州府)의 지인(知引)이었다고 한다.

김간은 우리나라 사람을 아주 후하게 대우하였는데, 의주부의 쇄마구인(刷馬驅人)들 가운데 성(姓)이 김씨인 자들은 매양 길가에서 지체 높은 사람을 마주치면 삼가 엎드려 뵙고 김간에게 상을 내려주기를 바라자, 지체 높은 자들이 자못 이를 싫어하였다. 역관들 또한 김간 때문에 귀하게 대접받았다. 하지만 그는 실제로 평범한 재상이었고, 화신(和珅)[40]을 정중히 섬기는 자였다.

11 한 사람의 이름과 자(字)가 동일하다

우리나라 종계(宗系)를 변무(辨誣)할 때 상주문(上奏文) 중에 국조(國祖)에서는 자춘(子春)이란 자(字)와 자춘이 들어간 구절을 휘(諱)한다고 하였다. 그러자 명나라 예부(禮部)의 관리가 의아스럽게 여겨 물어보았다.

"자춘은 이인임(李仁任, 이성계의 부친)의 자가 아닙니까? 사신은 돌아가시오."

김황강(金黃岡)이 이렇게 말하였다.

40 화신(和珅) : (?~1799). 청나라 중기의 정치가로, 자는 치제(致齊)이다. 정홍기 만주기인(正紅旗滿洲旗人)으로, 한미한 가문에서 입신양명하여 건륭제(乾隆帝)의 총애를 받았다. 숭문문 세무감독(崇文門稅務監督) 등의 지위를 이용하여 뇌물을 모으는 등 횡포가 극에 달하였다. 건륭제가 퇴위한 후 가경제(嘉慶帝)는 그를 체포하였고, 대죄 20조를 들어 스스로 목숨을 끊게 하였다.

"안타깝게도 대답할 수 없습니다. 옛사람 중에 이름과 자가 동일한 자가 아주 많았습니다. 가령 곽자의(郭子儀)의 자는 자의이고 양연기(楊燕奇)의 자는 연기였습니다."

이에 이름과 자가 동일한 자 무릇 7명을 두루 거론하였다고 하니, 윤월정(尹月汀, 윤근수의 호)이 김황강의 박식함에 깊이 감탄하였다.

내가 역사를 살펴보니 이름과 자가 동일한 자가 20명이었다. 한(漢)나라 공안국(孔安國), 진(晉)나라의 안제(安帝)인 덕종(德宗)과 공제(恭帝)인 덕문(德文), 회계왕(會稽王) 도자(道子), 은중문(殷仲文), 북제(北齊)의 모용소종(慕容紹宗), 풍자종(馮子琮), 위난근(魏蘭根), 송(宋)나라 채흥종(蔡興宗), 당(唐)나라 신경고(辛京杲), 대휴언(戴休顔), 장효충(張孝忠), 상가호(尙可孤), 맹호연(孟浩然), 안견원(顔見遠), 전승사(田承嗣), 전서(田緖), 장희정(張嘉貞), 우문심(宇文審), 이사업(李嗣業)은 모두 이름을 자(字)로 삼았다. 조씨(趙氏)의 송(宋)나라 이후에는 이름과 자가 동일한 자를 살피지 못하였다.[41]

12 당(唐)나라의 휘(諱)

당나라 월령(月令)에 치구(雉雊, 꿩)를 야계(野鷄)라 하였다. 처음엔 '구(雊)' 자가 고종(高宗)의 이름을 휘(諱)한 것 같았는데, 고종의 이름은 야(治)이고, 어린 시절 이름은 치노(雉奴)이다. 따라서 이름을 휘하여 꺼린 것이 아니라 바로 어린 시절 이름을 휘한 것이다.

41 이 항목은 윤근수의 『월정만필(月汀漫筆)』을 참고할 것.

13 휘(諱)

옛날 왕의 이름[御諱]은 글자를 바꾸어 대체하였는데, 진(秦)나라 시황(始皇)이 '초(楚)'를 '형(荊)'으로 바꾼 것으로부터 시작되었다. 한(漢)나라에서는 '치(雉)'를 '야계(野鷄)'로 바꾸고 '철(徹)'을 '통(通)'으로 바꾸었으며, 위(魏)나라에서는 '조(操)'를 '삼(摻)'으로 바꾸었고, 진(晉)나라에서는 '소(昭)'를 '소(佋)'로 바꾸었는데, 이는 역대에 혹 행해지기도 하고 혹 행해지지 않기도 하였다.

대개 글을 읽을 적에는 휘하지 않는 것이 옛 사람의 가르침이다. 만일 휘하고자 하면 이리저리 더욱 많아질 것이다. 주(周)나라 사람은 휘하여 신(神)을 섬겼는데, 다만 마땅한 지위를 얻으면 다른 것과 통용하여 가리키지 않았다.

14 시호(諡號)

우리나라 사시(私諡)[42]는 고려 급제(高麗及第) 오세재(吳世才)의 현정(玄靜), 고려 형부상서(高麗刑部尙書) 정운경(鄭云敬)의 염의(廉義), 본조(本朝)의 처사(處士) 김극일(金克一)과 급제(及第) 성수종(成守琮)의 절효(節孝), 본조의 처사 김익호(金翼虎)의 독성(篤誠), 본조의 진사(進士) 김유(金濡)의 수효(粹孝), 본조의 감역(監役) 이익(李瀷)의 홍도(弘道)이다.

환자(宦者)로서 증시(贈諡)된 자는 고려 영원부원군(高麗寧原府院君) 신소봉(申小鳳)의 충희(忠僖), 본조 하음군(河陰君) 전균(田畇)의 양경(襄敬)이다. 유생(儒生)으로 증시된 자는 본조의 진사 남효온(南孝溫)의 문정(文貞), 조여(趙旅)의 정절(貞節), 생원(生員) 김익겸(金益兼)의 충정(忠

42 사시(私諡) : 학자나 문인 등이 죽었을 때, 친족·문인 등이 칭송하여 붙이는 시호(諡號).

正), 학생(學生) 김시습(金時習)의 청간(淸簡), 최수성(崔壽峸)의 문정(文正)이다.

조부(祖父)와 손자의 시호가 동일한 경우는 고려 평장사(高麗平章事) 허백(許伯)과 전리판서(典理判書) 허금(許錦)의 문정(文正), 본조 영의정(領議政) 오성부원군(鰲城府院君) 이항복(李恒福)과 영의정 이종성(李宗城), 좌의정 김상용(金尙容)과 영의정 김수항(金壽恒)이 모두 문충(文忠)이다. 부자(父子)의 시호가 동일한 경우는 고려 좌복야(高麗左僕射) 정목(鄭穆)과 지추밀원사(知樞密院事) 정항(鄭沆)의 문안(文安), 고려 급제(高麗及第) 안석(安碩)과, 정당문학(政堂文學) 안보(安輔)의 문경(文敬), 고려 제양백(高麗濟陽伯) 고경(高慶)과 간의동지(諫議同知) 고용현(高用賢)의 문영(文英), 고려 여흥군(高麗驪興君) 민변(閔忭)과 본조 좌정승(左政丞) 민제(閔霽)의 문도(文度)이다.

형제의 시호가 동일한 경우는 본조의 수춘군(壽春君) 현(玹)과 영해군(寧海君) 당(瑭)의 안도(安悼), 본조의 단원군(端原君) 실(宲)과 낙안군(樂安君) 영(寧)의 이안(夷安), 본조의 해안군(海安君) 기(峬)와 덕양군(德陽君) 기(岐)의 정희(靖僖)이다. 숙부와 조카로서 시호가 동일한 경우는 좌의정 민정중(閔鼎重)과 좌의정 민진원(閔鎭遠)의 문충(文忠)이다.

15 악비(岳飛)의 시호

송(宋)나라에서는 악왕(鄂王) 악비(岳飛)에게 충무(忠武)라고 증시(贈諡)하였는데, 그 증시하는 글에 이런 말이 있다.

"처음엔 충무(忠武)라고 불렀었는데, 기(旂)[43]에서 무목(武穆)이라 바

43 기(旂): 왕명을 받은 신하에게 신임의 표시로 주던 깃발.

꾸어 일컬었다. 이에 일신(一身)의 위험을 무릅쓰고 임금을 받든 사실을 취하고 화란(禍亂)을 평정했다는 글을 채택하였다. 그는 공명(孔明)의 의지로 한(漢)나라 왕실을 일으켰고,[44] 자의(子儀)의 기세로 당(唐)나라 수도를 회복시킨 것에 견주어진다.[45] 그런데 지금 세상에 악비를 모신 사당에서는 모두 무목(武穆)이라 일컫는다. 이는 아직 시호를 정하지 않았기 때문이니, 응당 충무(忠武)라고 일컫는 것이 마땅하다."

16 외국에서 중국인[華人]을 일컫는 말

한(漢)나라 때는 흉노(凶奴)가 중국인을 진인(秦人)이라 일컬었고, 당(唐)나라 때는 이인(夷人)이 중국인을 한인(漢人)이라 일컬었으며, 명(明)나라 때는 외국인이 중국인을 당인(唐人)이라 일컬었다. 모두 그 위령(威靈)을 두려워하여 오래도록 이처럼 잊지 않고 있었다.

17 한인(漢人)과 당인(唐人)

여괴증(黎媿曾)[46]의 필기(筆記)에 이런 말이 있다.

"일본의 속국[支國] 캄보디아[柬浦寨]에서는 중국인을 당인(唐人)이라

44 공명의 의지 … 일으켰고, 공명은 제갈량의 자(字). 그는 한나라 왕실의 후예인 유비의 참모역할을 했으므로 한나라 왕실의 부흥에 일조했다고 할 수 있다.

45 자의의 기세 … 회복시켰다 : 자의(子儀)는 당(唐)나라의 무장(武將)이었던 곽자의를 가리킴. 안녹산(安祿山)이 반란을 일으켜 수도인 장안을 점령하자, 곽자의가 이들 반란군을 토벌하여 장안을 수복(收復)하였다.

46 여괴증(黎媿曾) : 여사홍(黎士弘)을 가리킴. 괴증은 그의 자이고, 청나라 복건인(福建人)이다. 강희(康熙) 연간에 포정사참정(布政司參政)까지 올랐다가 사직하고 죽을 때까지 벼슬하지 않았다. 젊었을 때 이세웅(李世雄)을 사사하여 입실제자(入室弟子)란 소리를 들었고, 시문으로 명성을 떨쳤다. 저서에 『탁소재시문집(托素齋詩文集)』과 『인서재필기(仁恕齋筆記)』 등이 있다.

불렀는데, 서북인(西北人)이 중국인을 한인(漢人)이라 부른 것과 같다."

우리나라[조선]에서는 중국인을 당인(唐人)이나 한인(漢人)이라 불렀는데, 동남쪽과 서북쪽의 말을 아우른 것은 어째서인가?

18 변발(辮髮)은 오랑캐 풍속

중국에서 부인(婦人)과 동자(童子) 중에 아직 관례(冠禮)를 하지 않은 자는 변발을 하였는데, 이는 모두 오랑캐의 풍속이다. 우암(尤菴, 송시열의 호)이 동자들에게 쌍갈래 상투를 하게 시켰는데, 이는 바로 쌍계(雙髻)이지 변발이 아니다. 또 부인들에게는 중국 제도를 따라 머리를 묶어 올려 장식을 하도록 하였다.

19 갓끈[笠纓]에 구슬을 달다

중국 사람은 우리나라 사람들이 흰옷을 잘 입고 겨울에 부채를 흔들며 턱 아래까지 구슬이 있는 것을 기롱하였다. 우리나라 풍속에는 갓끈에 구슬을 꿰어 턱 아래까지 구슬이 내려와서 마치 중들이 목에 염주를 두른 것과 같았다. 우암(尤庵)은 갓을 쓰고 일찍이 갓끈에 구슬을 매달지 않았고, 학도들에게는 관(冠)을 착용하고 관학(官學)에 나오도록 하였다. 우암이 말하길, "관(冠)은 중국 제도이고 갓은 우리나라 제도이다."라 하였다.[47]

47 이 항목은 우암의 『화양어록(華陽語錄)』을 참고할 것.

20 여존위(女尊位)

양근(楊根)[48]에 여존위(女尊位)[49]로서 마을안의 일을 주관하는 자가 있는데, 바로 이오봉(李五峯)의 7대 손부(孫婦)이다. 그녀는 남편이 죽고 후사(後嗣)가 없으며 늙은 과부로서 존위의 일을 수행하였다. 유혜보(柳惠甫)가 양근 군수였는데, 그 여존위를 그만두게 하고자 하여 그 계첩(稧帖)과 후포(帿布, 베로 만든 과녁)를 거둬들였다. 계첩은 마을 백성들의 성명이 기록되어 있는 것이고, 후포는 활쏘기 모임[射會]의 도구인데, 존위의 집안에서 맡아 관리하였다.

여존위는 소리 높여 공공연히 이렇게 말하였다.

"선조이신 오봉 선생께서 마을의 계(稧)를 처음 만드시고, 백금(白金) 50냥, 면포(綿布) 1동(同) 50필을 동同이라 함, 대미(大米) 30석(石), 청주 몇 병, 탁주 몇 병, 흰떡 몇 쟁반을 마련하셨으며, 적장자(嫡長子)가 서로 계승하여 존위가 되게 하셨습니다. 늙은 이 몸이 7대가 되기에 이르렀는데, 내 존위궤(尊位櫃)를 전해주고 싶은 자가 있습니다. 오봉 선생께서는 스스로 물건을 마련하여 몇 차례 오셔서 함에 넣어두신 듯한데, 존위함은 바로 계첩을 보관해 두는 것입니다."

마을의 사족(士族)으로 원래부터 위세가 있는 자가 감히 존위를 교체시키지 못하였다. 마을 주민들이 서로 다투면 여존위가 사립문 밖으로 이들을 불러두고 여종이 여존위의 말을 전하여 처분하였는데, 종종 엄정(嚴正)하였다.

송(宋)나라 영화현(寧化縣)에 안씨(晏氏)가 소종(紹定)[50] 연간 외적의

48 양근(楊根): 경기도 양평 지역의 옛 이름.

49 여존위(女尊位): 여성 존위를 가리킴. 존위는 한 면(面)이나 한 동네에서 어른이 되는 사람을 이르는 말.

50 소종(紹定): 남송(南宋) 이종(理宗)의 두 번째 연호로, 사용 기간은 1228~1233년이다.

침입을 당했을 적에 전정(田丁)[51]들을 규합하여 외적에게 대항하자 적들이 물러났다. 또 집안의 양식으로 넉넉하지 못한 사람들을 도와주고 진터를 확장하여 대열(隊列)을 만들어 호응하며 도와주니 적들이 공격할 수 없었다. 규중(閨中)에서 재간(才幹)과 지략(智略)으로 스스로 뛰어남을 드러낸 자 아주 많다. 가령 여존위가 어찌 안씨의 부류가 아니겠는가.

21 신간(神杆)

우리나라 풍속은 종종 만주의 풍속과 대략 같다. 가령 무당굿의 신(神) 중에 손님신이 있는데, 신의 존칭이다. 참나무 가지에 나뭇잎을 둘러 신상(神床) 위에 세워놓고, 혹 굿을 하는 주인집의 여자에게 이를 잡고 빙빙 돌며 신이 내려오게 한다. 『청회전(淸會典)』에 따르면, 당자(堂子)는 천신(天神)을 모시는 장소이다. 매년 봄가을에 신간(神杆)을 세우고 당자에서 제사를 지낼 적에 소나무 한 그루를 사용하는데, 나무 끝의 가지 10개를 남겨두어 세 개의 층(層)이 되게 하고 나머지는 모두 베어 버려 길이가 2장(丈)이 되게 한다. 황자(皇子)의 신간은 앞의 첫째 줄에 늘어 세우고, 그 다음은 친왕(親王) · 군왕(郡王) · 패륵(貝勒) · 패자(貝子)[52]의 신간을 각기 줄을 살펴서 배열한다.

51 전정(田丁): 농사를 짓는 일에 종사하는 장정(壯丁).

52 친왕(親王) · 군왕(郡王) · 패륵(貝勒) · 패자(貝子): 청나라 때 만주인 종실(宗室)과 몽고(蒙古)의 외번(外藩)들에게 여섯 가지의 작위를 나누어 봉했는데, 그 여섯 가지는 친왕(親王) · 군왕(郡王) · 패륵 · 패자(貝子) · 진국공(鎭國公) · 보국공(輔國公)이다.

22 연등(燃燈)

원문(袁文)의 『옹유한평(甕牖閑評)』에 이런 말이 있다.

"서역(西域)에서는 정월 1일에 연등하고 중국에서는 정월 15일에 연등한다. 다만 서역에서의 연등은 본래 부처님을 공양하는 것이고, 중국의 연등은 다만 술 마시는 것을 구실 삼을 따름이다. 고려에서는 또 2월 25일에 연등하고 천신에게 제사지낸다."

『고려사(高麗史)』를 살펴보건대, "예를 들면 춘정월(春正月) 연등대회 때에 문종(文宗)이 대궐의 뜰에서 절의 문에 이르기까지 채붕(彩棚)[53]을 꾸미고 등산(燈山)과 화수(火樹)를 만들게 하였는데, 불빛이 대낮과 같이 밝았다. 어느 시기에 국속(國俗)에서 날짜를 바꾸어 욕불일(浴佛日)[54]을 따라서 4월 8일에 연등했는지 모르겠다.

23 속어(俗語)

국속(國俗)에서 무당이 신을 맞이하면서 "만수(曼殊)가 내려준다."고 하는데, 만수는 국초(國初)의 정승 유만수(柳曼殊)이다. 우는 아이를 으르면서 "곽재우(郭再祐)가 온다."고 하는데, 곽재우는 홍의장군(紅衣將軍)이다. 욕심스런 사람을 일컬어 원(源)이라 하고, 정명수(鄭命壽)라 하고, 하

53 채붕(彩棚) : 색종이 · 꽃비단 · 송백(松柏) 가지 등으로 아름답게 장식한 경축 행사용 가설 천막.

54 욕불일(浴佛日) : 음력 사월 초파일을 달리 부르는 말. 불탄일에 연등행사와 함께 2대 행사의 하나로 욕불행사(浴佛行事)를 행하기 때문에 붙여진 이름이다. 욕불(浴佛)이란 부처를 목욕시키는 의례를 말한다. 부처는 마야부인의 왼쪽 겨드랑이에서 태어났는데, 천상의 구룡(九龍)이 내려와 아기 부처를 목욕시키며 그의 탄생을 찬탄하였다는 전설이 있다. 이에 따라 아기 부처를 욕불기(浴佛器)에 모셔놓고 바가지에 물을 담아 탄생불에 붓는 목욕의례를 행한다.

천도정(夏川都正)이라 한다. 원은 왜(倭)에서 음식이나 재물을 탐내는 자이고, 정명수는 은산(殷山)의 관노(官奴)였는데 병자호란과 정묘호란 때 오랑캐를 인도하여 우리 백성들을 학대한 자이며, 하천도정은 근래의 종실(宗室)이다.

지혜롭지 못한 사람을 일컬어 "우(瑀)와 반(璠)이 단청(丹靑)을 본다." 고 하는데, 우와 반은 율곡선생의 형인 이우(李瑀)와 이반(李璠)이다. 천하고 욕하는 사람을 난정자(蘭貞子)라 하는데, 난정은 윤원형(尹元衡)의 첩이다. 독한 사람을 일컬어 자(磁)라 하거나 기(芑)라 하는데, 자(磁)와 기(芑)는 기묘사화(己卯士禍) 때 간신 허자(許磁)와 이기(李芑)이다. 저주스런 사람을 발(潑)이나 길(洁)이라 하는데, 발과 길은 이발(李潑)과 이길(李洁)이다. 이들은 정여립(鄭汝立)의 옥사(獄事)에서 죽은 자들이다.

24 북상투[北髻]

신라 때에 국도(國都)의 정방향(正方向)이 비어서 허(虛)하였기 때문에 여자들이 머리 뒤에 상투를 틀었다. 이 때문에 그 이름을 북상투[北髻, 쪽찐 머리]라 하였다. 남자들도 이를 모방하여 북상두(北上頭)라 일컬었는데, 상두(上頭)는 남자의 상투를 일컫는 것이다. 짧은 꼬리의 개를 또한 동갱이[東京狗]라 일컬었는데, 국도의 북쪽이 비었기 때문이다.[55]

25 팔씨름[鬪臂]

지금 거리의 아이들과 협사(俠邪) 소년들이 팔의 힘을 견주어 승부를 다

55 이 항목에서 북계(北髻)에 대한 내용은 『연경재전집 외집(外集)』 권43, 의장류(儀章類) 「복식고(婦服攷)」의 후계(後髻) 항목에도 보인다.

투는데, 이 법은 대체로 옛날부터 있었다. 『남사(南史)』 「제기(齊紀)」에, 울림왕(鬱林王)의 하비(何妃)가 그 정부(情夫)와 팔씨름을 하면서 힘을 겨루었던 일이 바로 이것이다.

26 줄타기[繩伎]

지금 세상의 광대놀이 중에 줄타기가 있는데 대개 한(漢)나라 때부터 있었던 것이다. 도로연당(都盧緣橦)[56]이 바로 이 재주인데, 회부(回部)[57] 사람이 이것을 잘하였다.

27 제일골(第一骨)

신라 풍습에 씨족(氏族)의 지체와 문벌을 오로지 숭상하여 제일골(第一骨)과 제이골(第二骨)로 구분하였다. 왕족은 제일골로서, 형제의 딸과 고모와 이모, 사촌 자매들 모두에게 장가들어 아내 삼을 수 있고, 아들을 낳으면 모두 제일골이 된다. 제일골의 남성은 제이골의 여성에게 장가들지 않는데, 만약 제이골의 여자에게 장가들면 제이골의 여자는 잉첩(媵妾)이 된다.

고려에서도 이 법을 따라 후비가 모두 왕씨 여자였으니 문벌을 숭상함이 지나쳤다. 이에 이처럼 무례하게 친압(親狎)하는 지경에 이르렀다. 우리 왕조에서도 이것이 크게 변하지 않았으니 예의가 있는 나라로 일

56 도로연당(都盧緣橦) : 『성호사설』 권5, 만물문(萬物門) 답색연당(踏索緣橦) 항목에 의하면, 줄타기를 답색(踏索) 놀이라 하고, 사다리 위에서 재주부리는 것을 연당놀이[緣橦戲] 또는 도로기(都盧伎)라 한다고 했다. 도로(都盧)는 나라 이름인데, 도로 사람은 몸이 가벼워서 장대를 잘 오르고, 발꿈치를 걸고 장대 끝에서 빙빙 돌면서 온갖 재주를 부린다고 했다.

57 회부(回部) : 중국 청나라 때, 터키계 이슬람교도들이 모여 살던 동투르키스탄 지역을 가리킨다. 18세기 중엽에는 이 지역을 신장(新疆)이라 일컬었다.

컫기 곤란하다. 지금은 벼슬이 높고 문벌이 훌륭한 자를 일골(一骨)이라 일컫는다.

28 서방(西房)

우리나라 풍속에 반드시 서방(西房)에서 사위를 맞이하므로 부인이 남편을 일컬어 '서방'이라 한다. 대내(大內)에 별감(別監)이라는 노비가 있었기 때문에 여항간(閭巷間)의 노복들이 서로 '별감'이라 부르는데, 이는 참칭(僭稱)이다. 잡일을 하는 노복들이 주인집 계집종을 '항아주(姮娥主)'라 부르는데, 그 미모를 취한 것이다.

29 혼례(婚禮)

우리나라 혼례는 혼인하는 첫날 저녁에 촛불을 내오고 신부를 방안에 들여보내 잠자리에 들게 한다. 다음날 신랑의 오랜 친구들이 신부의 집을 일제히 방문하여 술과 음식을 요구하여 실컷 먹는데, 이를 '남침(覽寢)'이라 부른다. '남침'이란 이름은 고려 말에 생겼다. 혼인한 지 3일째 되는 날에 부부가 비로소 동뢰연(同牢宴)[58]을 행하는데, 이를 '독좌(獨坐)'라 한다.

중종 무인년(1518)에 조정암(趙靜菴, 조광조의 호)이 처음으로 친영례(親迎禮)를 시행하도록 하였다. 혼인 첫날 저녁 『가례(家禮)』에 의거하여 혼사를 치르는 것을 '진친영(眞親迎)'이라 하는데, 신랑이 혼인날 저녁에 신부의 집으로 가서 교배(交拜)하고 합근연(合巹宴)을 행한다. 다음날

58 동뢰연(同牢宴) : 전통혼례에서 신랑과 신부가 교배(交拜)를 마치고 나서 서로 술잔을 나누던 잔치.

신부가 시부모를 뵙는 것을 '반친영(半親迎)'이라 하고, 동뢰연은 지금 '독좌상(獨坐床)'이라 일컬으며, 남침이 변하여 동상례(東床禮)가 된 것이다. 혼인하는 날에 사람들이 모여 신랑의 발을 때리면서 무례한 말로 따져 묻고, 술잔과 안주 그릇을 마구 달라고 하면서 심하게 업신여기고 못되게 군다. 그런데 다시 어떤 사람이 신랑을 일으켜 바로 세우는지 모르겠다.

30 우리나라의 방언(方言)

일찍이 살펴보건대, 양자운(揚子雲)이 한(漢)나라 때 낙랑(樂浪)과 현토(玄菟) 두 군(郡)의 상계(上計)[59]였기 때문에 『방언(方言)』 중에서 그 두 군(郡)의 말을 기술했는데, 지금은 모두 그 소리[音]가 전하지 않는다. 다만 작은 솥[小鼎]을 일컬어 가마[鏃]라 하고, 화(化)를 화(譁)라 하며, 참새 새끼와 병아리를 구(轂)라 하였는데, 약간의 조목일 따름이다.

우리나라 북쪽 경계(境界) 지역은 옛날에 금(金)나라에 속해있었다. 금나라 말에 지아비가 그 아내를 살나한(薩那罕)이라 하고, 아내가 지아비를 애근(愛根)이라 하는데, 지금 풍속에선 '애근'이라 일컫는 것을 듣지 못하였다. 다만 살나한은 남자를 두루 일컫는 말이지 지아비가 아내를 일컫는 말이 아니다.

금나라 풍속에 따르면, 이인(夷人)으로 중국 땅에서 벼슬한 이들은 모두 통사(通事)를 두었는데, 벼슬의 높고 낮음과 가볍고 무거움이 모두 통사들의 손에서 나왔다. 이 때문에 통사들은 말재간을 부려 뇌물을 요

59 상계(上計) : 중국 전국시대 진(秦)나라・한(漢)나라 때의 지방관(地方官). 연말에 경내(境內)의 호구(戶口)・부세(賦稅)・도적(盜賊)・옥사(獄事)・송사(訟事) 등의 항목을 장부로 만들어 상부(上部)에 보고하였다.

구하였다. 이러한 습속은 옛날이나 지금이나 할 것 없이 그러하다.

31 화호유창(花戶油窓)

전방표(錢芳標)의 『순어사화(蒓𪇆詞話)』에 이런 내용이 있다.

"경사(京師, 북경)에서는 겨울철에 종이를 창살에 붙이고 그 사이에 화초(花草)와 인물(人物)을 그려 넣은 유리조각을 끼우는데, 방안에서 밖을 볼 경우엔 관심 있게 보면 보이지 않는 것이 없지만, 밖에서 안을 보면 아무것도 보이지 않는다. 이것은 구양초공(歐陽楚公, 구양수)의 「십이월어가오(十二月漁家傲)」[60]라는 사(詞) 작품에서 말한 화호유창(花戶油窓)인데, 대개 원(元)나라 때의 습속이다."

우리나라 종이는 깨끗하고 질겨서 창문을 바르는데 적합하고 유납(油蠟)을 바르면 광택이 니은색(泥銀色)[61]과 같다. 원나라 때 이 방법을 고안하여 사용하였다.

서울의 근래 풍속은 문짝 안쪽에 반드시 '卍[만]' 자를 배치해 놓고 기름을 발랐으며, 창을 이중으로 하였고 문을 자유롭게 열고 닫게 하였다. 또 유리를 끼워 넣어 밖을 엿볼 수 있게 하였는데, 이것을 이른바 화호유창(花戶油窓)이라 하였다.

32 사화봉(絲花鳳) 유밀과(油蜜果)

사화봉(絲花鳳)[62] 유밀과(油蜜果)는 고려 시대에 만들어져 팔관회(八關

60 「십이월어가오(十二月漁家傲)」: 이 작품의 원제목은 「어가오(漁家傲) 기십이(其十二)」이다. 어가오는 사패(詞牌)의 명칭이고, 북송 시기에 유행하였다.

61 니은색(泥銀色): 니은(泥銀)은 은가루를 아교에 갠 것을 말한다.

62 사화봉(絲花鳳): 구리철사에 색실을 감아서 꽃과 봉황(鳳凰)의 형상으로 만든 조화(造花).

會)에서 사용되었던 것이다. 우리 왕조에서는 이 제도를 따라서 위로 궁중에서부터 아래로 주(州)나 부(府), 여항(閭巷)에 이르기까지 무릇 잔치 모임을 하면 문득 이를 사용하여 숭상하였다. 동월(董越)[63]의 「조선부(朝鮮賦)」 주석에 이런 내용이 있다.

"그릇의 줄은 다섯 겹인데 모두 과실을 쓰지 않고 꿀로 밀가루를 반죽하여 모나고 둥근 떡과 유전(油煎) 등을 만들어 영롱하게 첩첩이 쌓아 올리니 높이와 크기가 한 자쯤 된다. 백은(白銀)이나 백동(白銅)으로 팔각(八角)으로 된 둘레를 두르고, 푸른 구슬로 그물을 만들어 놓고 그 위에 푸른 비단을 잘라 네 개의 꽃잎을 만들고 또 붉은 비단을 잘라 네 개의 꽃을 만드는데, 꽃잎마다 그 둘레를 백동으로 된 작은 못으로 엮으니, 중국의 진주화(珍珠花) 모양과 같다. 그 꼭대기에는 동선(銅線)에 다섯 빛깔의 채색실을 감아놓아 날아가는 봉새나 공작, 또는 날아오르는 신선을 만들어 놓았는데, 그 꽁지깃을 치켜 올리고 날개를 펼치고선 머리는 모두 숙이고 손님을 향해있었다."

이것이 연회석상의 사화봉 유밀과의 제도인데, 그 비용이 아주 많이 들어 국가에서는 제도적으로 금지시켰지만, 세속에서는 여전히 숭상하고 본받아서 아직 개선되지 않았다. 또 각 릉(陵)의 기신제(忌辰祭)에서 사화(絲花)[64]에 유과(油果)와 여러 종류의 과실을 보태어 사용하는데, 심히 예의가 아니다.

숙종조에 대사헌 이단하(李端夏)가 이것의 불편함을 말하자 상이 없애버리라고 명하였다. 하지만 국혼(國婚)에서는 여전히 장식하는 데 사

63 동월(董越) : 동월은 1488년(성종 19) 조선에 왔던 명나라 사신인데, 본국에 돌아가 「조선부」를 지었으며, 자신이 직접 주(註)를 달았다. 『난실담총』에는 예겸(倪謙)으로 되어 있는데 오류이다. 예겸 또한 1450년(세종 32) 조선에 왔던 명나라 사신이었기 때문에 성해응이 착각을 일으킨 듯하다.

64 사화(絲花) : 색 비단에 금실로 수를 놓은 조화(造花).

용하였다. 영조 25년(1749)에 특별히 어필을 내려 이를 줄이도록 하자 종이꽃으로 대체하였고, 지금은 감히 이를 배설(排設)하는 자가 없다. 다만 유밀과는 아직 바뀌지 않았다.

33 망건(網巾)

서위(徐渭)[65]의 『노사(路史)』에 이런 내용이 있다.

"세상에 전해진 망건의 제도는 홍무(洪武) 연간에 시작되었다. 조천궁도사(朝天宮道士)가 이것을 처음 만드는 것을 보고선 도사에게 그 의미를 물어보자, 도사가 '모든 것이 언젠가는 반드시 한군데로 돌아간다[萬法歸一]'고 대답하였다."

세상에서는 법식처럼 망건을 착용하였다. 살펴보건대, 원나라 사람 사종가(謝宗可)[66]에게 이런 시(詩)가 있다.

오사모(烏紗帽) 벗지 않으매 먼지 털기 번거로운데	烏紗未解滌塵煩,
망건 사이의 맑은 바람에 두 귀밑살쩍 시원하네.	一網淸風兩鬢寒.
체 그림자 가늘게 나뉘고 구름 가닥 반드러운데	篩影細分雲縷滑,
바둑무늬 비스듬히 경계지고 눈발 사라졌네.	棊紋斜界雪絲乾.
어부는 등잔 앞에서 묶을 필요가 없지만	不須漁父燈前結,
또한 시옹(詩翁)을 향해 거울 안을 본다네.	且向詩翁鏡裏看.
머리 위에 망건 맡겨 전부 감싸 두르지만	頭上任渠籠絡盡,
종종 성난 머리카락 또한 관을 찌르네.	有時怒髮亦衝冠.

65 서위(徐渭) : (1521~1593). 중국 명대의 문인. 자는 문청(文淸), 후에 문장(文長)이라고 고쳤다. 서화를 잘하고, 희곡도 지었다.

66 사종가(謝宗可) : (1341-1427). 원(元)나라 시인. 『영물시(詠物詩)』 1권을 편찬했다.

이 시를 자세히 음미해보면, 원나라 때도 망건이 있었으니, 어찌 홍무(洪武) 연간 초기에 이르러 망건에 대한 일체의 법을 시행하였겠는가.

34 행전(行纏)과 유화(油靴)

내가 젊었을 때는 선배들이 사핍(邪偪)[67]을 착용했는데, 지금은 모두 통행전(筩行纏)을 착용한다. 통행전은 서리(吏胥)의 복장이다. 서리는 직령(直領)을 입었는데, 지금은 모두 도복(道服)을 입는다. 다만 무변(武弁)과 하례(下隷)도 서리를 따라 도복을 입는다. 도복은 바로 옛날의 베옷인데 천한 남정네의 복장이다.

옛날에는 조복(朝服)에 갖추어 신는 가죽신[靴]으로 진창을 걷게 되면 가죽신 위에 예혜(禮鞵)를 착용하였는데, 세속에서는 이를 '대분투(大粉套)'라 일컬었다. 지금은 유화(油靴)[68]를 착용한다. 유화는 유혜(油鞋)[69]에서 나왔는데, 유혜는 무뢰한 청년들이 신는 것이다. 부인은 넓은 바지[廣袴]를 착용하는데, 당(襠)[70]이 없는 바지는 기녀의 복식이다.

35 남녀의 의복 제도

옛날에는 남녀의 의복 제도가 모두 동일하였다. 대개 심의(深衣)[71]의 제

67 사핍(邪偪) : 행전(行纏). 바지나 고의(袴衣)를 입을 때 바짓가랑이를 좁혀 보행과 행동을 간편하게 하기 위해 정강이에 감아 무릎 아래에 매는 물건. 신분에 귀천 없이 사용했으며 광목이나 옥양목으로 만들었다.

68 유화(油靴) : 동유(桐油)를 칠한 우천용 장화.

69 유혜(油鞋) : 가죽에 기름을 먹여 만든 신으로, 진땅에서 신었다 하여 진신이라고도 일컬었다.

70 당(襠) : 고의(袴衣)의 샅 부분에 덧대는 천 조각.

71 심의(深衣) : 조선시대 높은 선비들이 입던 웃옷. 대개 흰 베로 두루마기 모양으로 만들며, 소매를 넓게 하고 검은 비단으로 가장자리를 둘렀다.

도는 오로지 도포의 제도에서 나와 유행하였으니, 남자의 의복은 모두 도포류이다. 다만 부인의 평상복은 윗도리와 아랫도리로 되어있는데, 그 윗도리는 저고리이고 아랫도리는 치마이니, 더욱이 심의의 제도가 아니다.

36 우리나라의 복색(服色)

충렬왕(忠烈王) 원년(1275)에 태사국(太史局)에서 아뢰기를, "동방은 목(木)의 위치이니 빛깔은 청색을 숭상하여야 할 것입니다. 그런데 백색은 금(金)의 빛깔입니다. 백성들이 대부분 흰 모시옷을 겉에 입는데, 이것은 목(木)이 금(金)에 제어당하는 형상입니다. 청컨대 백색을 금지하게 하소서."라 하니, 왕이 그 말을 따랐다.

우리나라 풍속에 흰 옷은 고려시대부터 이미 입었는데, 전후로 여러 번 금지했지만 끝내 금지할 수 없었다. 습속은 이처럼 바꾸기 어려운 것이다.[72]

37 가리맛조개[蟶]

임진 난 때에 중국인들의 음식 접대는 모두 우리나라에서 하였다. 일찍이 중국인들에게 음식을 내려주매, 그들은 가리맛조개를 찾았다. 그런데 우리나라 사람들은 모두 이를 알지 못하였다. 중국인들이 여러 번 찾았지만 그 요구에 부응할 수 없었다. 그러자 중국인이 성을 내며 말하길, "일찍이 그대 나라의 저자에서 가리맛조개를 파는 자가 거리의 여기저기 많은 것을 보았었다. 그런데 지금 우리들에게 이를 주지 않으니, 이

72 이 항목은 『고려사절요』 권19 충렬왕 1, 원년 6월조에 보인다.

는 우리를 업신여기는 것이다."라고 하였다.

우리나라 사람들이 끝내 이를 알지 못했었는데, 그 모양을 물어보니 바로 토화(土花)[73]였다.

38 나제립(羅濟笠)

『삼국지(三國志)』에 의하면, 고구려 관원인 대가(大加)[74]와 주부(主簿)는 책(幘, 머리쓰개의 일종)을 쓰고 소가(小加)[75]는 절풍(折風)[76]을 썼는데, 그 모양은 고깔과 비슷했다고 하였다. 『남제서(南齊書)』에 의하면, 고구려 사신이 절풍을 쓰고 경사(京師)에 있었는데, 중서랑(中書郎) 왕융(王融)이 이를 희롱하여 이렇게 말하였다.

"복식이 적합하지 않으면 신체에 재앙이 내리는데, 머리 위에 쓰고 있는 것은 어떤 물건입니까?"

이에 이것은 바로 옛날의 고깔에서 영향을 받아 전해진 형태라고 답변하였다.

『지봉유설(芝峯類說)』에서는 나제립(羅濟笠)은 신라와 백제에서 나온 것이 아닌가하고 의심하였다. 고려 신우(辛禑) 원년(1375)에 여러 관사(官司)의 서리(胥吏)들에게 흰 방립(方笠)을 쓰게 하였다고 했다. 본조(本朝)에서는 경기 감사가 된 자가 관아의 아전들에게 나제립을 쓰게 하였는데, 아전들이 이를 심히 괴롭게 여기자 얼마 안 되어 마침내 폐

73 토화(土花) : 죽합과의 일종으로, 길이는 10센티미터 정도이고, 껍데기는 옆으로 길며 황색의 각피(殼皮)로 덮여 있다. 개펄에서 살고, 살은 맛이 좋아 식용한다. 우리나라·중국·일본 등지에 분포한다.

74 대가(大加) : 고구려 때 각부(各部)의 대인(大人), 즉 부족장을 가리킨다.

75 소가(小加) : 고구려 때 부족장의 일종.

76 절풍(折風) : 관모의 일종. 위로 솟아 있고 밑으로 넓게 퍼진 삼각형 비슷한 고깔 형태의 쓰개이다. 절풍건(折風巾)·소골(蘇骨)이라고도 한다.

지하였다.

살펴보건대, 나제립은 바로 고구려의 절풍이 아닌가 한다. 그 형태는 고깔과 비슷하고 고려 때부터 국초(國初)에 이르기까지 서리들이 썼는데, 소가(小加)의 유풍(遺風)이다. 이 갓은 바람을 맞으면 사이가 뜨면서 꺾일 수 있기 때문에 옛날에 절풍(折風)이라 일컬은 것이다. 신라와 백제에서는 고구려의 것을 본받아 이를 썼기 때문에 나제립이라고 이름하였다. 그런데 지금 서리들은 자신들이 쓰고 있는 것을 거듭 알지 못하고, 목이 높은 갓을 절풍건이라 여긴다.

39 차음모(遮蔭帽)

명(明)나라 고황제(高皇帝)가 학궁(學宮)에 행차했을 적에 제생(諸生)들이 뜨겁게 내리쬐는 햇볕 속에 줄지어 서있는 것을 보고 이에 차음모(遮陰帽)를 하사하였다. 이는 대모(大帽)의 제도인데, 기가자(起家者)[77]와 과공자(科貢者)[78]가 이를 썼다. 예전에 우리나라 ○○절에 제독 이여송(李如松)이 쓴 대모가 있었는데, 그 제도는 지금의 갓과 매우 비슷하였다.

살펴보건대, 우리나라에서는 본래 절풍건(折風巾)을 썼는데, 이른바 나제립(羅濟笠)이다. 그런데 언제 갓으로 바꾸어 썼는지 모르겠다. 지금은 위로 재상으로부터 아래로 이속(吏屬)의 천한 신분에 이르기까지 일색(一色)이다. 혹 차음모의 전해 내려온 제도가 우리나라에 전래되었는데, 마침내 순순히 이 제도를 따르게 된 것인가! 그런데 함흥(咸興)의 본궁(本宮)에 강헌대왕(康獻大王, 태조 이성계)이 입었던 융복(戎服)이 있는데, 바로 갓과 철릭(帖裏)[79]이다. 강헌왕이 즐목(櫛沐)[80]한 업적은 고려

77 기가자(起家者) : 벼슬자리에 천거되어 입신출세한 자를 가리킨다.

78 과공자(科貢者) : 지방에서 천거된 인재로서 국학(國學)에 들어가 공부하는 자를 가리킨다.

말기에 드러나는데, 이때 이미 이와 같은 복색(服色)이 있었으니, 또한 의심할 만하다.

살펴보건대, 만력(萬曆) 29년(1601)에 명나라 병부(兵部)에서 조선의 편의칠사(便宜七事)를 복주(覆奏)하였는데, 그 가운데 하나는 다음과 같다.

"고려 사람은 사납고 고충을 잘 견디며 소매가 넓은 장삼(長衫)을 입는데, 훈련하는 방법이 좋지 않으니 마땅히 속오법(束伍法)으로 가르쳐야 합니다."

여기서 소매가 넓은 장삼은 지금의 융복(戎服)을 가리킨다. 조선 사람은 본디 성질이 부드럽다고 일컬어진다. 대관(大冠)를 쓰고 철릭을 입고 선 당당하게 싸움에 임하였으니, 어찌 경솔하게 몸을 날리고 성급하며 모질고 억세었겠는가? 금상(今上, 정조) 계축년(1793)에 일찍이 논의하여 제도를 개선하고자 했었다. 이윽고 논의해보았지만 성과를 내지 못한 것이 한 둘이 아니었다.

40 유모(帷帽)와 면의(面衣)

당(唐)나라 『여복지(輿服志)』에 이런 내용이 있다.

"유모(帷帽)는 수(隋)나라 시대에 처음 만들어졌고, 영휘(永徽)[81] 연간 중에 비로소 사용하였는데, 치마를 펴서 목 부분까지 이르게 하였다."

송(宋)나라 때 선비들은 종종 푸른빛을 띤 검은 깁[皂紗]을 사용하였는데, 가령 푸른색의 전체 폭(幅)이 유모(油帽)에 연결되어 있었다. 이것은

79 철릭(帖裏) : 상의와 주름 잡힌 치마를 따로 만들되 허리 부분에서 서로 연결되도록 하고 직령교임(直領交衽)의 형태로 입는 포(袍).

80 즐목(櫛沐) : 즐풍목우(櫛風沐雨)의 준말. 즉 바람에 머리를 빗고, 비에 몸을 씻는다는 뜻으로, 긴 세월을 이리저리 떠돌며 온갖 고생을 다함을 이르는 말.

81 영휘(永徽) : 당나라 고종(高宗)의 첫 번째 연호로, 사용 기간은 650~655년이다.

혹 전립(氈笠)의 앞쪽에서 먼지를 막았는데, 원행(遠行)할 때의 복장이었다. 왕사의(王思義)의 『속삼재도회(續三才圖會)』를 살펴보면, 유모의 제도는 지금의 너울[羅兀][82]과 아주 비슷하다.

면의(面衣)는 일명 면모(面帽)인데, 여자들이 원행(遠行)할 때 쓰는 복식이다. 앞뒤 전체에 자주색 비단을 사용하여 폭을 만들어 아래로 드리우고, 다른 색으로 배색(配色)하여 4개의 띠를 만들어 등 쪽으로 드리운다. 지금 한양 성안에 여항(閭巷)의 부녀자들이 외출할 때 반드시 장의(長衣)를 쓰는데, 이것은 바로 면의의 유제(遺制)이다. 『서경잡기(西京雜記)』를 살펴보건대, 조비연(趙飛燕)이 황후가 되자 여동생 조소의(趙昭儀)가 언니에게 옷 35벌을 올렸는데, 그 중에 금화(金花) 무늬의 자주색 비단 면의가 있었으니, 한(漢)나라 시대에 이미 면의가 있었던 것이다.

41 고고관(顧姑冠)

『몽달비록(蒙韃備錄)』에 의하면, 무릇 여러 추장의 부인들은 고고관(顧姑冠)을 가지고 있다. 고고관은 철사를 이용하여 엮어 만드는데, 죽부인(竹夫人)과 같고 길이가 3척쯤 되며 청색과 홍색 비단이나 혹 구슬로써 장식한다. 『초목자(草木子)』에 의하면, 원나라 조정의 후비(后妃)와 대신(大臣)의 정실(正室)은 모두 고고(姑姑)를 둘렀다. 고고는 높고 둥근 형태로 2척쯤 되고 홍색 비단을 사용하는데, 대개 당(唐)나라 보요관(步搖冠)의 유제(遺制)이다.

도남촌(陶南村, 도종의의 호)의 『철경록(輟耕錄)』에 의하면, 한림학사(翰林學士) 승지(承旨) 아목가팔랄(阿目茄八剌)이 낭자(娘子) 15인에게 고고(罟

82 너울[羅兀]: 조선시대 상층의 부녀자들이 외출할 때 얼굴을 가리기 위하여 쓰던 물건.

罟)를 둘러주었다. 섭벽창(聶碧牕)의 「호부(胡婦)」 시에 이런 말이 있다.

쌍 버들 쪽진 머리에 드리우니 별스런 얼레빗	雙柳垂鬟別樣梳,
술 취해 말 위에서 다른 사람의 부축 받네.	醉來馬上倩人扶.
강남에서 본 적 있는데 일찍이 언제 보았을까	江南有眼何曾見,
다투어 주렴 말아 올려 고고(固姑)를 보네.	爭捲珠簾看固姑.

전사초(鄭思肖)의 『심사(心史)』에 의하면, 고고관(固姑冠)은 대껍질로 골격을 만들어 바깥부분에 금박을 입히고 붉은색 비단으로 장식한다. 고고(顧姑)·고고(姑姑)·고고(罟罟)·고고(固姑)는 실제로 동일한 물건이다.

고려시대 때 원나라 공주가 대대로 고려 왕실로 시집오면서 이 물건이 마침내 우리나라에 들어왔는데, 숙창원주(淑昌院主)가 일찍이 이것을 썼다. 오랑캐 방언에 봉황을 '고고매(姑姑妹)'라고 하는데, 지금 궁중의 부인들이 착용하는 봉관(鳳冠)이 바로 이것이다. 건륭(乾隆)[83] 중에 지어진 『예기도식(禮器圖式)』을 자세히 살펴보면, 지금 서울 성안 아이들이 새털 모자를 떨쳐 쓰고 다니는데, 이를 또한 '고고매'라고 한다.

42 멱리(冪䍦)

공평중(孔平仲)의 『잡기(雜記)』[84]에 의하면, 제(齊)나라와 수(隋)나라의 부녀자들은 멱리(冪䍦)를 착용하여 드리웠는데, 멱리는 온몸을 가리는 것이다. 당나라 영휘(永徽) 연간 이후로 부녀자들이 모두 유모(帷帽)를

83 건륭(乾隆): 청(淸)나라 고종의 연호로, 사용 기간은 1736~1795년이다.

84 『잡기(雜記)』: 『공씨잡설(孔氏雜說)』을 가리킨다.

착용하여 치마를 목 부분까지 끌어올렸는데, 점차 몸을 겉으로 드러냈다. 유모는 지금의 개두(盖頭)와 같다.

예전의 부녀자들은 오히려 가마를 타고 다녔는데, 가마꾼이 당나라 건원(乾元) 이래로 두롱(兜籠)을 사용하였다. 두롱은 지금의 담자(擔子)와 같다.

『당지(唐志)』의 「함녕사칙(咸寧寺勅)」에 이런 내용이 있다.

> "유모(帷帽)를 많이 착용하게 되자, 마침내 멱리를 사용하지 않게 되었고, 일찍이 가마를 타지 않고 별스럽게 담자(擔子)에 앉았다."

살펴보건대, 멱리는 지금의 장의(長衣)와 비슷하고, 개두는 지금의 너울[羅兀]과 비슷하며, 담자는 지금의 교자(轎子)와 비슷하다.[85]

43 치포관(緇布冠)

『의례(儀禮)』의 사관(士冠)과 『예기(禮記)』의 시관(始冠)이 치포관(緇布冠)이다. 관끈에 대해 공자가 말하길, "나는 그렇게 하는 예를 아직 들은 적이 없다. 관례가 끝나면 폐(敝)하는 것이 좋겠다."[86]라 하였다.

후세의 오계공(敖繼公)[87] 같은 유학자(儒學者)는 '폐(敝)'를 훼손하는 것이라 여겼다. 매공언(賈公彦)[88]은, "폐(敝)하여 다시 착용하지 않는다."

85 이 항목은 『연경재전집 외집』 권53, 고사류(故事類), 당제고(唐制攷)의 유모(帷帽) 항목을 참조할 것.

86 나는 … 좋겠다.[吾未之聞, 冠而敝之, 可也.] : 『예기』 「교특생(郊特生)」과 『의례』 「사관례(士冠禮)」에 나온다.

87 오계공(敖繼公) : 원(元)나라 때 학자. 자는 군선(君善)·군수(君壽)이고, 또 다른 이름은 계옹(繼翁)임. 『의례』를 깊이 연구하여 『의례집설(儀禮集說)』을 저술했다.

88 매공언(賈公彦) : 당(唐)나라 때 학자. 예학(禮學)에 정통하여 공영달(孔穎達) 등과 『예기정의(禮記正義)』 편찬에 참여했다. 그가 가려낸 『주례소(周禮疏)』 50권과 『의례소(儀禮疏)』 50권은 『십삼경주소(十三經注疏)』에 들어가 있다. 그 중에서도 『주례소』는 주자(朱子)가 "오경소(五經疏) 중 가장 좋은 것"이라고 평하였다. 그 밖의 저서에 『예기소(禮記疏)』 80권

고 말하였는데, 폐(敝)라는 것은 드물게 사용하였기 때문에 쉽게 폐기한 것이라고 마음속으로 의심해본다.

선비들이 만약 다시 착용하지 않았다면, 『시경』에, '저 왕도의 인사들, 띠풀로 만든 검은 갓[緇撮]을 썼구나.'[89]라고 어찌 일컬었겠는가? 치촬(緇撮)은 바로 치포관(緇布冠)이다. 또 『춘추좌씨전(春秋左氏傳)』에 이르길, "어찌 치모(弁髦) 같은 것 때문에 폐하겠는가?"[90]라고 했는데, 두씨(杜氏)는 치모를 변관(弁冠)이라 여겼다. 삼가례(三加禮)[91] 이후엔 변(弁)[92]을 버려두고 쓰지 않았다.

대저 작변(爵弁)은 선비와 임금이 제사지낼 때의 복식이고, 피변(皮弁)은 선비와 임금이 시삭(視朔)할 때의 복식인데, 어찌 사용하지 않을 수 있겠는가? 대개 현단(玄端)과 조복(朝服)과 심의(深衣)는 평상시에 입는 것인데, 변(弁)은 다만 드물게 사용하였다.

44 회회모(回回帽)

나라 풍속에 부녀자들은 귀천을 막론하고 외출할 때 반드시 너울을 쓴다. 그 제도는 머리에 대모(大帽) 같은 광주리 하나를 올려놓고, 검은 비단으로 사방을 덮어 드리워지게 하여 얼굴을 가린다. 지금은 사족(士族)의 부녀자들이 모두 가마를 타고, 여항의 부녀자들 또한 장의(長衣)을 써서 제 몸을 가린다. 다만 궁중에서는 아직도 너울을 쓴다. 정사초(鄭思肖)의 『심사(心史)』를 살펴보면, "몽고의 부녀자들은 회회모(回回帽)를

과 『효경소(孝經疏)』 5권, 『논어소(論語疏)』 15권 등이 있다.

89 저 왕도의 … 썼구나 : 『시경』 「소아(小雅)」 〈도인사(都人士)〉에 나온다.

90 어찌 … 폐하겠는가 : 『춘추좌씨전』 소공(昭公) 9년에 나온다.

91 삼가례(三加禮) : 관례(冠禮)의 세 번째 절차로, 사모를 쓰고 관복을 입게 하였다.

92 변(弁) : 위가 뾰족하거나 둥근 모자를 가리킨다.

쓰는데, 검은색 비단을 보태어 면렴(面簾)이라 하고, 이어서 머릿수건으로 입을 가려 모래 먼지를 막는다."라고 하였다. 생각건대 너울이 바로 회회모일 것이다.

45 종의(鬃衣)

옛날에 종의(鬃衣)[93]가 있었는데, 제주 수령이 매양 직조하여 보내왔다. 말의 갈기털이 이 때문에 다 잘려나갔다. 최부(崔溥)[94]라는 자가 일찍이 표류하다 중국에 이르렀었는데, 중국 사람들이 종의가 있느냐고 묻자, 최부가 없다고 대답하였다. 그러자 중국 사람들이 이렇게 말하였다.

"예전에 이섬(李暹)[95]이 왔을 적에는 종의를 많이 주었었는데, 지금 너는 없다고만 하니 참으로 한심한 선비로구나!"

성종 21년(1490)에 일찍이 종의를 금지하는 법을 시행하였다.

46 석회장(石灰葬)

지금의 석회장(石灰葬)은 『주자어류(朱子語類)』에 보인다. 선생께서 만

---

93 종의(鬃衣) : 말의 갈기털로 만든 옷.

94 최부(崔溥) : (1454~1504). 자는 연연(淵淵), 호는 금남(錦南), 본관은 탐진(耽津)이다. 나주 출신으로, 김종직(金宗直)의 문인이다. 1478년(성종 9) 성균관에 들어가 문명을 떨쳤다. 1487년 제주 등 3읍의 추쇄경차관(推刷敬差官)으로 임명되어 제주로 건너갔는데, 이듬해 초에 부친상을 당해 배를 타고 고향으로 오는 도중에 풍랑을 만났다. 이에 43인이 탄 배는 14일 동안 동지나해를 표류하다가 명나라 태주부(台州府) 임해현(臨海縣)에 도착하였다. 이후 북경을 거쳐 조선으로 돌아올 수 있었다. 귀국하자 성종은 최부에게 그동안 견문한 사실을 기술하여 바치도록 명하였다. 이에 최부는 남대문 밖에서 8일간 머물면서 『금남표해록(錦南漂海錄)』을 지었다.

95 이섬(李暹) : (1612~1673). 조선 중기의 문신. 이섬은 제주도 정의현감으로 있던 1483년에 정의훈도 김효반 등과 함께 추자도에서 표류를 당해 명나라 양저우[楊洲]에 이르렀고, 베이징을 거쳐 6개월 만에 귀국한 일이 있었다.

아들을 장사지냈는데, 그 광중(壙中)은 돌을 이용하여 위에 1촌(寸)쯤 덮었는데, 돌 여섯 조각이 가로로 향하게 하였다. 양쪽 곁에서 바닥에 이르기까지 5촌쯤 되는데, 안팎으로 모두 석회(石灰)·잡탄(雜炭) 가루·가는 모래·누런 진흙을 이용하여 쌓았다. 대저 회격(灰隔)[96]은 습기를 막을 수 있기 때문이다. 『포박자(抱朴子)』에, "회(灰)가 땅에 들어가면 천년이 지나도 변하지 않는다."라고 하였다. 이것이 비록 탄회(炭灰)를 가리키지만 석회도 실제로 그러하다.

위숙자(魏叔子)의 『회곽기사(灰槨紀事)』에 이런 내용이 있다.

"회(灰)를 사용하는 법은 너무 건조하게 해서는 안 되는데 건조하면 끈기가 없어진다. 너무 습하게 해서도 안 되는데 습하면 기가 흩어진다. 제때에 모름지기 소량을 물을 뿌리고 고르게 뒤섞어서 손을 이용하여 가볍게 짓이겨 덩어리를 만들고, 거듭 짓이겨서 바로 나누어 모양을 만든다."

옛날에는 석곽(石槨)을 사용한 자가 많았다. 살펴보건대, 구양공(歐陽公)이 어머니 정부인(鄭夫人) 석곽의 명(銘)을 지은 것이 이것이다. 지금 사람들은 비록 가난하고 세력이 없더라도 석회를 사용하여 장사를 치르니, 대개 석곽의 유풍(遺風)이다. 다만 땅이 너무 습하면 단단하고 치밀하게 되지 않는다.

47 망주(望柱)와 상석(床石)

지금의 묘표(墓表) 길에는 망주(望柱)와 상석(床石)[97]이 있다. 강예지(康

96 회격(灰隔): 회다짐. 광중(壙中)에 관(棺)을 내려놓고, 그 사이를 석회(石灰)로 메워서 다지는 것을 말한다.

97 망주(望柱)와 상석(床石): 망주는 무덤 앞의 양쪽에 세우는 여덟 모로 깎은 한 쌍의 돌기둥이고, 상석은 무덤 앞에 제물(祭物)을 차리고 제사를 지내기 위해 돌로 만들어 놓은 상(床)

譽之)의 『방비록(訪碑錄)』에 이르길, "북해현(北海縣) 동쪽 20리에서 한(漢)나라 박사가 커다란 무덤 앞에 전서(篆書)로 되어 있는 쌍석주(雙石柱)를 보았다."라고 하였다. 이에 근거해 보면, 망주(望柱)의 제도는 한나라에서 시작되었다.

또 『수서(隋書)』에 이르길, "양(梁)나라 천감(天監)[98] 6년에 장례 제도를 거듭 밝혔는데, 무릇 묘청(墓廳)에 석주(石柱)를 세워 성명과 관위(官位)를 적을 따름이다."라고 하였다.

48 비(碑)

손종감(孫宗鑑)의 『잡록(雜錄)』[99] 「예지(禮志)」에 이르길, "궁중에는 반드시 비(碑)가 있는데, 해 그림자를 기록하기 때문이다."라고 하였다. 『예기(禮記)』 「제의(祭義)」에 이르길, "임금이 희생(犧牲)을 끌고 이미 사당의 문에 들어가 비(碑)에 매어놓았다."라고 하였다. 여기서 매어놓는[麗] 것은 묶어놓는[繫] 것이다. 희생을 매어놓을 경우엔 반드시 비에 구멍을 뚫어놓았다.

「단궁(檀弓)」[100]에 이르길, "공실(公室, 제후의 궁실)은 풍비(豊碑)에 준(準)하여 사용하고 삼가(三家)[101]는 환영(桓楹)에 준하여 사용한다."라고 하였는데, 이를 설명한 자[정현(鄭玄)]가 이렇게 말하였다. "커다란 나무를 깎아서 그 형태를 석비(石碑)같이 만들어 덧널[外棺] 앞뒤의 사방 모

이다.

98 천감(天監) : 중국 위진남북조시대 양나라 무제의 연호로 사용 기간은 502~519년이다.

99 『잡록(雜錄)』 : 『동고잡록(東皐雜錄)』을 가리킨다.

100 「단궁(檀弓)」 : 『예기』의 편명.

101 삼가(三家) : 춘추시대 노(魯)나라의 권신(權臣)이었던 맹손씨(孟孫氏) · 숙손씨(叔孫氏) · 계손씨(季孫氏)를 가리킨다.

서리에 세우고, 그 중간을 뚫어 도르래를 만든다. 그리고 밧줄을 둘러 관을 내린다. 천자는 6개의 밧줄과 4개의 비(碑)를 사용하고, 제후는 4개의 밧줄과 2개의 비를 사용하며, 대부는 2개의 밧줄을 사용하고 비를 사용할 수 없다."라 하였다.

주(周)나라가 쇠망하고부터 전국시대와 진(秦)나라 한(漢)나라 때에 모두 비(碑)에 관을 매달았는데, 혹 나무에 매달기도 하고 돌기둥에 매달기도 하였다. 이미 장례를 치르고 나서는 비를 광중(壙中)에 남겨두어 다시 드러나지 않았다. 그런데 그 후에 점차 무덤 주인의 성명과 관직, 그리고 살던 마을 이름을 비 위에 적었고, 후한(後漢) 시대에는 마침내 비에 문자를 새겨 넣었다. 대개 옛날의 비에는 모두 둥근 구멍[圓孔]이 있었는데, 오늘날 사당의 비에 둥근 구멍을 만들지 않은 것은 다만 묘비(墓碑)에 둥근 구멍이 있기 때문이다.

49 비지체(碑誌體)

비지(碑誌)와 전(傳)의 체격(體格, 체제와 격식)이 비록 같지 않지만, 요점은 말이 간소하고 사실이 정직한 데[言簡事直] 있으며, 그 인물에 딱 맞게 서술하면 그만이다. 옛날의 입전(立傳) 대상자는 뜻이 크고 뛰어난 인물이 아니면 낄 수 없었다. 비록 황헌(黃憲)처럼 풍지(風旨)와 언론(言論)이 드러나 전해지지 않는 자는 한때 명현(名賢)이라 일컬어진 점을 살폈으니, 그 말은 간략하지만 뜻이 깊은 것을 볼만하다.

대개 전(傳)을 짓는 체격(體格)은 먼저 그 인물의 품행과 기절(氣節)을 몇 개의 구절로 드러내고, 그 구절 아래의 수천 마디의 말들은 모두 이 구절을 따라서 부연한다. 만일 그 인물과 일이 상응하지 않으면 다른 인물의 전(傳)으로 옮겨 놓는다. 가령 회남왕(淮南王) 안(安)의 「간벌남

월소(諫伐南越疏)」가 「엄조전(嚴助傳)」에 있는 것이 이런 경우이다.

또한 가령 비지류(碑誌類)의 체단(體段)은 매우 엄격하여 비록 작은 부서(部署)나 작은 관직이라도 그 직분을 다 기록한다. 그런데 생년월일은 똑같지 않으니, 다만 연수(年壽)와 졸장(卒葬)한 연월일과 장지(葬地)를 엄격하게 한다. 장지는 또한 좌향(坐向)을 기록하지 않는다. 자녀는 기록하는데 비록 요절한 자식이라도 빼지 않는다. 사위도 반드시 기록하지만, 며느리와 손자는 기록하지 않고 모친이 모씨(某氏)라는 것과 외손을 기록하지 않는다. 혹 모친 쪽에 일이 있으면 기록하지만, 또한 모친이 모씨라는 것을 기록하지 않는 경우가 대부분이다.

한문공(韓文公, 韓愈)은 비지의 몇 부분을 격식에서 벗어나 기록했지만, 또한 모(某) 지역 사람이라는 것과 아내 집안의 세계(世系)와 관서(官署)는 반드시 기록하였다. 비지류의 제도를 살펴보면, 연수와 졸장의 날짜는 비(碑)가 갖추어야할 것이요, 좌향을 기록하지 않음은 방술(方術)을 중시하지 않음이다. 자녀를 기록함은 내가 낳았기 때문이요, 사위의 이름을 기록함은 그 딸의 존재를 드러내기 위함이다. 모친의 씨계(氏系)는 부친의 지(誌)에서 드러낸다. 지역을 기록함은 태어난 곳을 중시함이요, 아내의 세계(世系)를 기록함은 함께 장사지내기 때문이다.

50 서인(庶人)의 예(禮)

『주례(周禮)』의 「소종백(小宗伯)」에서 길흉사에 입는 오복(五服)[102]을 밝혔는데, 그 주석(注釋)에 "왕과 공(公)·경(卿)·대부(大夫)·사(士)의 복제(服制)이다."라 하였고, 서인(庶人)을 언급하지 않았다. 그런데 살펴보

102 오복(五服) : 왕과 공(公)·경(卿)·대부(大夫)·사(士)의 다섯 등급의 사람들이 입는 의복.

니, 기공(寄公)[103]은 의탁하고 있는 군주를 위해 복을 입었고, 대부와 사(士)는 그 옛 군주를 위해 복을 입었으며, 또한 그 아래로 백성도 동일하였으니, 서인에게 복제가 있었던 것이 분명하다.

내가 고향에 살적에 서인의 부모가 죽은 것을 여러 번 보았는데, 무릇 장례를 치르고 대상(大祥)[104]을 지내기 전날 저녁에 사람들이 서로 이끌고 와서 조문하였다. 이것이 고례(古禮)이다. 또한 예에 태만한데 문득 이를 비웃지 않는다면 사대부가 도리어 부끄럽지 않겠는가.

51 우리나라의 병서(兵書)

우리나라의 병서는 아주 적어서 통틀어 헤아려보아도 십수종이다.

『무오병법(武烏兵法)』과 『화령도(花鈴圖)』 신라 원성왕(元聖王) 때에 대사(大舍)인 무오(武烏)가 『병법(兵法)』 15권과 『화령도』 2권을 바치고 이에 굴갑 현령(屈岬縣令)에 제수되었다. 『김해병서(金海兵書)』 고려 정종(靖宗) 때에 서북로 병마사(西北路兵馬使)가, "『김해병서』는 군사전략의 핵심 비결이니 이를 연변(沿邊)의 주진(州鎭)에 각 한 권씩 하사하도록 하십시오."라고 상주(上奏)하자 이를 따랐다.

『역대병요(歷代兵要)』 본조(本朝)의 세종이 세조에게 총괄하여 편찬하라고 명하였고, 단종 초기에 완성되었으며 세조의 「어제서(御製序)」가 있다. 『진설(陳說)』 세종조 때 편찬되었다. 『동국병감(東國兵鑑)』 문종조에 편찬되었다. 『오위진법(五衛陣法)』 문종이 세조에게 편집하라고 명하였다. 세조의 「어제서」와 영조의 「어제서」가 있다. 『무경칠서요해(武經七書要解)』 세조가 편집하였고, 세조의 「어제서」와 최항(崔恒)의 발문(跋文)이 있다. 『병정(兵政)』 세조조에 편찬되었고, 신숙주(申叔舟)의 발문이 있다. 『병장설(兵將說)』 세조가 지었고, 신숙주의 발문이 있다. 『병법

103 기공(寄公) : 나라를 잃고, 다른 나라에 망명한 군주.
104 대상(大祥) : 장사를 지낸 뒤 두 돌 만에 지내는 제사.

대지(兵法大旨)』 세조가 지었다. 『유장편(諭將篇)』 세조가 지었고, 최항의 발문이 있다. 『제승방략(制勝方略)』 육진(六鎭)의 방수(防戍)를 논하였는데, 김종서(金宗瑞)가 짓고 이일(李鎰)이 보충하였다.

『속병장도설(續兵將圖說)』 영조조에 편찬되었고, 영조의 「어제서」가 있다. 『위장필람(爲將必覽)』 영조조에 편찬되었다. 『훈영차록(訓營箚錄)』 영조조에 편찬되었다. 『행군수지(行軍須知)』 김석주(金錫胄)가 산정(刪定)하였다. 『병학통(兵學通)』 금상(今上)께서 명하여 지었고, 「어제서」가 있다. 『무예도보통지(武藝圖譜通志)』 금상께서 명하여 지었고, 「어제서」가 있다.

52 일본(日本)과 만주(滿洲)의 장수

무릇 싸워 이길 수 있는 계책은 먼저 적군의 장수 이름·관직·나이·용모, 그리고 용감한지 겁이 많은지를 알아야 하고, 그런 후에야 임기응변할 수 있다. 그런데 우리나라는 병사에 대해서 전혀 알지 못해서 일본이 쳐들어와 노략질하고 만주에서 침입했을 적에 망연히 그 장수가 누구인지도 몰랐으니, 또한 기병(騎兵)과 보병(步兵)이 얼마나 되는지 어찌 알았겠는가? 지금 일본의 양안 상순(良安尙順)이 기록한 것과 『청일통지(淸一統志)』에 실려 있는 것을 참고하여 여기에 기록해 둔다.

태합 수길(太閤秀吉, 타이코 히데요시)공이 생각하길, 우리는 참으로 천하를 장악하여 독보적인 존재로 비록 가장 높은 지위에 도달했지만 아직 중국을 궁구하지 못했다. 그러니 속히 명나라를 멸망시켜 이국(異國)에서 황제가 되어야 한다고 하였다. 그리하여 조선을 전도(前導)로 삼으려 조선에 그 일을 말하였으나, 조선이 수긍하지 않았다. 이에 수길이 크게 분노하여 조선을 먼저 정벌하려 하였다. 문록(文祿)105 원년(1592)에 여러 장수를 거느리고 비전(肥前, 히센)의 명고옥(名古屋, 나고야)에 진

(陣)을 치자 장병 10만 인이 따랐다.

1번(一番)은 대마 시종(對馬侍從) 종의지(宗義智), 섭진 수(攝津守) 소서행장(小西行長), 송포 형부경(松浦刑部卿), 유마수리(有馬修理), 대촌 신팔랑(大村新八郎)인데, 도합(都合) 1만 8천 7백여 명이다.

2번(二番)은 주계두(主計頭, 벼슬이름) 가등 청정(加藤淸正, 가토 기요마사), 가하 수(加賀守) 과도 직무(鍋島直茂, 나베시마 나오시게), 궁내 태보(宮內太輔) 상량 장안(相良長安)인데, 도합 8천 7백여 명이다.

3번(三番)은 갑비 수(甲斐守) 흑전장정(黑田長政, 쿠로다 나가마사), 풍후 시종(豊後侍從) 대우 의통(大友義統, 오토모 요시무네)인데, 도합 1만 천명이다.

4번(四番)은 일기 수(壹岐守) 모리 원강(毛利元康, 모리 모토야스), 살마 시종(薩摩侍從) 도진 의홍(島津義弘, 시마즈 요시히로), 고교 구랑(高橋九郎, 다까하시 구로오), 추월 삼랑(秋月三郎, 아끼즈끼 사부로), 이등 민부 태보(伊藤民部太輔)인데, 도합 1만 4천 명이다.

5번(五番)은 좌위문 대부(左衛門大夫) 복도 정칙(福島正則, 후쿠시마 마사노리), 호전 민부 소보(戶田民部小輔) 장증아부(長曾我部, 쵸소카베), 토좌 수(土佐守) 봉수하(蜂須賀, 하치스카), 아파 수(阿波守) 생구(生駒, 이코마), 아악두(雅樂頭) 미도 형제(未島兄弟)인데, 도합 2만 5천명이다.

6번(六番)은 시종(侍從) 소조하 융경(小早河隆景, 코바야카와 타카카게), 시종 구유미 수포(久留米秀包, 구류미 수포), 비탄 수(飛驒守) 입화종무(立花宗茂, 타치바나 무네시게), 주선(主膳) 고교(高橋, 다카하시), 축자(筑紫, 구주九州의 옛이름) 상야개(上野介)인데, 합쳐서 1만 5천 7백 명이다.

---

105 문록(文祿) : 분로쿠. 일본 무로마치(室町) 시대 고요제이(後陽成) 천황의 연호로, 사용 기간은 1592~1596년이다.

7번(七番)은 안예(安藝, 아키) 재상(宰相)인데, 3만 명이다.

8번(八番)은 포전(蒲前) 재상인데, 1만 명이 대마도(對馬島)에 진을 쳤다.

9번(九番)은 기부(歧阜) 재상과 단파(丹波) 소장(小將)인데, 합쳐서 1만 1천 5백 명이 대마도에 진을 쳤다.

의지(義智)·행장(行長)·청정(淸正)· 직무(直茂)·장안(長安)·장정(長政)·의통(義統)·원강(元康)·의홍(義弘)·정칙(正則)·융경(隆景)·향포(香包)·종무(宗茂)·주선(主膳)은 바로 그 장수들의 명칭이다.

가령 형부경(刑部卿)·수리 대부(修理大夫)·민부 태보(民部太輔)·민부 소보(民部小輔)·토좌 수(土佐守)·아파 수(阿波守)·상야개(上野介)·안예(安藝) 재상·포전(蒲前) 재상·기부(歧阜) 재상 등과 단파 소장(丹波小將)은 그 관직명이다. 신팔랑(新八郎)·고교 구랑(高橋九郎)·추월 삼랑(秋月三郎)·아악두 형제(雅樂頭兄弟)는 모두 그 장수들의 작호(綽號)일 것인데, 이들에 대해서는 전부 미상(未詳)이다.

4월 12일 출범(出帆)하였는데, 3명의 봉행(奉行)[106]은 증전장성(增田長盛, 마시타 나가모리)·석전삼성(石田三成, 이시다 미쓰나리)·대곡길륭(大谷吉隆, 오다니 요시쓰구)이었다. 1번 배는 일찍 조선에 당도하여 소서행장(小西行長)과 종의지(宗義智)가 먼저 부산포(釜山浦)의 성(城)을 취하였고, 다음으로 동래성(東萊城)을 공략하여 빼앗았으며, 이어서 충주성을 취하였다. 2번 배의 청정(淸正) 등은 충주에서 모였는데, 청정이 늦어서 분발하였지만 참전하지 못하였다. 충주에서 왕성(王城, 서울)으로 가는 데는 두 개의 길이 있었는데, 하나는 남문(南門)을 통하는 길로 험난하였고, 또 하나는 동문(東門)을 통하는 길로 평탄하였다. 이에 청정 등은 남문쪽으로 향하였고, 행장과 의지는 동문쪽으로 향하였다. 그런데 3일 전에 대왕(大王, 선조)은 의주(義州)로 달아났고, 왕자(王子)인 임해군(臨海君)과 화순군(順和君)이 올량합(兀良哈, 여진족 거주지) 부락으로 도망쳤다. 청정

106 봉행(奉行): 일본 무가(武家) 시대에 행정 사무를 담당한 각 부처의 장관을 가리킨다.

은 이들을 사로잡고자 하여 함경도로 향하였고, 과도직무(鍋島直茂)는 그 뒤를 따라갔다.

행장과 의지는 평양에 주둔하였고, 대우의통은 봉산(鳳山)에 진을 쳤으며, 흑전장정은 백천(白川)에 진을 쳤고, 소조천 융경(小早川隆景)[107]과 구유미 수포(久留米秀包) 등은 그 다음 곳에 진을 쳤다. 명나라 장수 조승훈(祖承訓)과 사유(史儒)가 병사 3천 명을 거느리고 평양의 안정관(安定舘)에 주둔했는데, 행장이 나아가 치자 명나라 군사들이 패하여 달아났다.

청정과 직무는 길을 떠나 개성에 이르렀고 6월 18일에 안변에 당도하였다. 두 장수는 이곳의 두 갈림길에서 헤어져 청정은 올량합으로 향하였고, 직무는 길주(吉州)로 떠났다. 직무는 먼저 안평성(安平城)을 정평(定平)의 오류 도륙(屠戮)내어 6백 명을 참수(斬首)하고, 북단(北丹)과 북청(北青)의 오류 홍원(洪原)을 약탈하고선 정평부(定平府)에 머물렀으며, 과도(鍋島)와 오랑(五郎)과 무리(茂里)를 홍원에 배치시켰다.

청정은 올량합에 당도하여 두 왕자와 대신(大臣)들을 사로잡아 장차 안변으로 돌아가려 하였다. 그런데 7월 24일 올량합 사람과 한남(漢南) 사람[108]이 이들[왜군]을 추격하였고, 게다가 길주의 대군이 참가하자, 청정이 직무에게 원병을 요청하였다. 이에 직무가 성부(成富)와 지영(持永) 두 사람을 시켜 그를 구원하도록 하였다. 청정이 함흥에 이르러 직무를 찾아보고 원병(援兵)을 보내준 것에 대해 사의를 표하였다. 성부와 무안(茂安)의 상고하건대, 지영(持永)을 말하지 않고 갑자기 무안을 일컬었으니, 의아하다. 용맹은 이국(異國)에도 알려졌다.

---

107 소조천 융경(小早川隆景) : 앞에 나온 소조하 융경(小早河隆景)을 가리킨다.

108 한남(漢南) 사람 : 임진왜란 때 조선을 구원하러 왔던 명나라 군대를 북군과 남군으로 나누었는데, 남군을 한남인(漢南人)이라 일컬은 듯하다.

이윽고 청정과 직무가 함경도 22개 군(郡)을 평정하고, 과도 직무가 영강산(永岡山)에 본주(本註)에, '함흥의 변두리'라고 했다. 진을 쳤다. 매천(梅天)과 매백(梅白) 형제가 군사를 일으켰는데, 직무가 이들을 공격하여 1천 5백의 수급(首級)을 얻었다. 또 올평산(兀平山)에서 본주에 '함흥의 북쪽 80리에 있다.'라 했다. 관찰사가 수만의 군사를 일으켰는데, 직무가 3천여 기병(騎兵)으로 이를 공격하여 1천 3백여 명의 머리를 베고 귀를 잘라 일본으로 보내왔다.

명나라의 장군 이여송(李如松)이 군사 5만을 거느리고 안정관(安定舘)에 당도하여 조선군과 합세하니, 도합 20만이었다. 행장이 평양에 있다가 군사가 겨우 5천이어서 왕도(王都)로 퇴각하자 적이 추격하였고 흑전장정(黑田長政)이 그 후군(後軍)이 되어 지켰다. 직무가 획득한 8개의 성(城)은 덕원(德源)·문천(文川)·고원(高原)·영흥(永興)·정평(定平)·홍원(洪原)·금산(金山)·함흥(咸興)이었다. 이여송이 10만의 군사를 거느리고 개성부에 주둔하였는데, 소조천 융경(小早川隆景)과 입화 종무(立花宗茂)와 모리 원강(毛利元康)이 이를 무너뜨렸다.

문록 2년(1593) 4월에 명나라의 심유경(沈惟敬)·서일관(徐一貫)·사용자(謝用梓) 3명의 사신이 명고옥(名古屋)에 와서 강화(講和)하자, 태합(太閤)이 승락하고 포로로 잡아온 것을 사과한 다음 왕자를 조선으로 보내고, 또 강화를 서약한 혈서(血書)를 청정에게 보냈다.

경장(慶長)109 원년(1596) 9월에 명나라 정사(正使) 양방형(楊方亨)과 부사(副使), 유격(遊擊, 심유경의 관직명) 등이 내공(來貢)하여 화의(和議)의 예를 체결하였다. 이에 중 승태(承兌)를 시켜 신종황제(神宗皇帝)의 글을

---

109 경장(慶長): 게이초(けいちょう). 일본의 연호이다. 분로쿠(文祿) 이후 겐나(元和) 이전, 즉 1596~1615년의 시기이다.

읽게 하였는데, '수길(秀吉)을 일본국왕에 봉한다'는 문구를 듣고선 분노하면서 "나는 성왕(成王)과 같은데, 어찌 그의 힘을 이용하겠는가?"라고 하였다. 그리하여 화의(和議)는 갑작스럽게 결렬되었다.

경장 2년(1597) 2월에 일본은 다시 대장(大將)을 보내 조선과 대명(大明)을 쳤는데, 상대편 또한 병선(兵船) 수백 척으로 이를 막아 왜군이 매우 위태로웠다. 과도 승무(鍋島勝茂)가 본주에 '직무의 아들로서 호는 신농수(信濃守, 시나노 노카미)이다.'라 했다. 크게 쳐부숴 7백여 명의 머리를 베었다. 청정과 직무와 승무가 전라도 가야산의 성을 공격하자, 명나라 형개(邢玠)가 수만의 군사를 거느리고 와서 습격하므로 금구(金溝)와 김제(金堤)에서 맞붙어 싸웠는데, 왜적은 3천 3백 69명의 머리를 베고 코를 베어 일본으로 보냈다.

가등 청정과 천야 행장(淺野幸長)이 본주에 '장정(長政)의 아들로 어리지만 용기가 있었다.'라고 했다. 울산성(蔚山城)에 여러 달 동안 있다가 명나라 군사가 그곳을 포위하자, 행장 등이 수천 명의 머리를 베었다. 이리하여 후등 가신(後藤家信)이 말을 타고 큰 강을 건넜고 사졸들이 이어서 건너왔으며, 흑전 장정(黑田長政)도 달려와 합세하여 마침내 한 지역을 격파하였다.

경장 3년(1598) 3월에 명나라 진린(陳璘)이 당도(唐島)에 수백 척의 병선(兵船)을 보내자 등당 고호(藤堂高虎, 도도 다카토라)와 복도 정칙(福島正則, 후쿠시마 마사노리)과 구귀 협판(九鬼脇坂, 구키 와키자카) 등이 이를 맞아 크게 싸웠고, 가등 좌마개(加藤左馬介, 가토 요시아키)가 힘껏 싸워 공을 세웠다.

도진 의홍(島津義弘, 시마즈 요시히로)과 충항(忠恒, 다다쓰네) 등이 쇄주(泗州)의 신채(新寨)에 있다가 명나라의 동일원(董一元)이 군사 수십만을 거느리고 와서 포위하자, 의홍이 포위망을 뚫고 나와서 적 3만 8천을 치고 이들의 코를 베어 일본으로 보냈다. 이국인(異國人)들이 도진 의홍을 '귀사만자(鬼思曼子)'라 일컫고, 청정을 '귀장군(鬼將軍)'이라 불렀다. 이윽고 태합이 홍거(薨去)하자, 일본 군사가 서서히 철수하였고, 획득한 귀와 코를 대불전(大佛殿) 가에 묻었다. 본주에 '지금 이총(耳塚)이라 하는 것이 바로 그것이다.'라 하였다.

원화(元和)[110] 원년(1615)에 동조신군(東照神君, 德川家康)이 천하를 통일한 이후로 조선에 화해를 요청하였고, 조선에서도 공방가(公方家)에 후사(後嗣)를 잇는 가례(嘉禮)가 있을 적에는 반드시 삼사(三使)를 보내어 축하하였는데, 그 증답(贈答) 서한(書翰)의 대법(大法)은 족리(足利, 아시카가)의 시풍(時風)을 기준으로 하였다. 옛날 양안상순(良安尙順)이 기록한 글에는 참람됨이 많고 내용상 잘못된 부분이 있지만, 종종 사실대로 기록된 부분이 있다. 이 때문에 여기에 그 대략을 기록하였다.

화석 성친왕 악탁(和碩成親王岳托) 천총(天聰) 원년인 병인년(1627)에 조선에 출정했다가 강화도에서 화의를 체결하였다. • 화석 정친왕 제이합랑(和碩鄭親王濟爾哈朗) 서이합이(舒爾哈爾)의 아들로 천총(天聰) 연간(1627~1636)에 조선에 출정하였다. • 섭신(葉臣) 만주 양홍기(鑲黃旗) 출신으로, 성(姓)은 완안씨(完顔氏)이다. 조선에 출정하여 명나라 초소(哨所)가 있는 곳을 지나다가 6명의 초소 병사를 잡았고, 의주를 공격하여 제2위로 성에 올라 왕경성(王京城)을 공격하여 그 재물과 가축을 아주 많이 빼앗았으며, 피도(皮島) 공격을 도와 수장(守將) 심세괴(沈世魁)를 죽였다. • 이솔태(李率泰) 한군(漢軍) 정람기(正藍旗) 출신으로, 부친은 영방(永芳)이다. 천총 연간에 조선에 출정하였다. • 맹탄(孟坦) 조선에 출정하여 두 차례나 성(城)에 먼저 올

110 원화(元和) : 겐나(げんな). 일본의 연호이다. 게이초(慶長) 이후 간에이(寬永) 이전, 즉 1615～1624년의 시기이다. 고미즈노오 천황의 즉위에 맞추어 개원(開元)하였는데, 도쿠가와 이에야스의 명에 의해, 당나라 헌종의 연호를 사용하였다.

라간 공으로 상을 획득하였다. ·양고리(楊古利) 만주 정황기(正黃旗) 출신으로 태조(太祖)의 사위이다. 조선에 출정했다가 어떤 패잔병이 벼랑 사이에 숨어서 몰래 쏜 조총을 맞고 상처가 심하여 죽었다. 무훈왕(武勳王)으로 추봉하였다. ·능액례(楞額禮) 양고리(楊古里)의 아우로, 조선에 출정하여 의주에 들어갔고, 한인(漢人)들이 조선의 철산(鐵山)에 버티고 있었으므로 정병(精兵)을 거느리고 그들을 공격하였다. ·달이한(達爾漢) 천총 초기에 조선에 출정하였다. ·오파해(吳巴海) 천총 원년에 조선에 출정하여 두 차례나 성에 올랐다. ·소노매(蘇魯邁) 천총 초기에 조선에 출정하였다. ·예군왕 다탁(豫郡王多鐸) 숭덕(崇德) 원년 병자년(1636)에 조선에 출정하였다. ·화석 경친왕 이감(和碩敬親王尼堪) 토문패륵 저연(土門貝勒褚燕)의 셋째 아들로서, 조선에 출정하여 그 구원군을 패주시켰다. ·화석 숙친왕 호격(和碩肅親王豪格) 태종의 맏아들로 조선에 출정하였다. ·패자 박화탁(貝子博和托) 요여친왕(饒親王) 아파태(阿巴泰)의 아들로서, 조선에 출정하여 많은 공을 세웠다. ·진국장군 나탁(鎭國將軍羅託) 정친왕(鄭親王) 제이합랑(濟爾哈朗)의 형의 아들로서, 조선에 출정하여 남한성(南漢城)을 포위하였다. ·오배(吳拜) 만주 정백기(滿洲正白旗) 출신으로, 조선에 출정하였다. ·영아이대(英俄爾岱) 만주 정백기(正白旗) 출신으로, 천총 연간에 조선에 사신으로 와서 사명(使命)을 욕되게 하지 않고서 돌아갔다. ·아산(阿山) 만주 정람기(正藍旗) 출신으로, 조선에 출정하여 의주에서 승전하였다. ·악라새신(鄂羅塞臣) 만주 정람기(正藍旗) 출신으로, 조선에 출정하였다. ·이감(尼堪) 만주 양백기(鑲白旗) 출신으로, 성(姓)은 납란씨(納蘭氏)이다. 천총 원년에 몽고의 와이합(瓦爾哈)을 정벌하고, 그 무리를 이끌고 조선으로 출정하여 회령(會寧)으로 나가려 할 때, 조선의 여러 군영이 몽고군에 항거하고, 또 몽고가 군사로써 우리군대의 후미를 습격했지만 이감이 그들을 다 패배시키고 합망성(哈忙城)을 항복 받았다. ·악막극도(鄂莫克圖) 만주 정람기 출신으로, 조선에 출정하여 의주에서 승전하였다. ·아적격이감(阿積格尼堪) 만주 정백기 출신이고, 성은 타합라씨(他哈喇氏)로서, 조선에 출정하였다. ·동정원(董廷元) 한군(漢軍) 정백기 출신으로, 조선에 출정하였다가 물에 빠져 죽었다. ·주마라(朱瑪喇) 만주 양백기 출신이고, 성은 필로씨(畢魯氏)로서, 조선에 출정하여 용맹을 떨쳐 성문을 빼앗았다. **·아이진(阿爾津)** 만주 정람기 출신으로, 조선에 출정하여 피도(皮島)를 공격하여 명나라 군사를 무너뜨렸다. **·색이격극(色爾格克)** 몽고 정백기 출신이고, 성은 박이제격씨(博爾濟格氏)로서, 조선에 출정하여 부상을 당했고 상을 받았다. **·안평패륵 두도(安平貝勒杜度)** 패륵 저영(褚英)의 아들로서, 다이곤(多爾袞)과 함께 조선의 수군을 패배시키고 강화도를 취하였다. **·패륵 편고(貝勒篇古)** 정친왕(鄭親王) 제이합낭(濟尒哈朗)의 아우로서, 조선을 침입할 때 사다리를 세워 조선왕의 궁성에 올라갔다. 그 공으로 고산 패자(固山貝子)에 봉해졌다. **·파독리(巴篤里)** 조선에 출정하였다. **·노살(勞薩)** 만주 양홍기 출신으로, 조선에 출정할 때 군사 3백명을 거느렸는데, 상인으로 위장하고 먼저 조선에 이르러 성을 포위하고 그 군사를 패배시켰다. **·액삼(額參)** 만주 정황기 출신으로, 조선에 출정했다가 조선의 국서를 가지고 명나라로 가는 사람을 쏘아 잡았으므로 태종이 그 능력을 가상히 여겼다. 그 이듬해 양고리(楊古利)와 함께 조선 군사를 크게 격파시켰는데, 양고리가 부상을 당하자 태종이 몹시 슬퍼하였다. 산마루로 달아나는 한 졸병을 발견했는데, 어떤 사람이, 저자가 바로 양고리를 해친 자라고 하므로 액삼을 시켜 그를 쫓아가게 하였다. 그 이튿날 그 수급을 가져다 바쳤다. **·엽혁 주마리(葉赫朱瑪利)** 조선에 출정하여 개평(開平)을 공격하여 무수히 많은 사람들을 베었다. **·가이곤(柯爾崑)** 건주(建州) 영춘리(靈春里) 사람으로, 태종을 따라 조선을 침입하였다. ○ 위의 내용은 『청일통지(淸一統志)』에 보인다.[111]

53 찰건(紮巾)

지금 오영(五營)의 병졸들이 착용하는 장건(將巾)은 바로 세간에서 전건(戰巾)이라 일컫는 것이다. 한 자 길이의 비단으로 머리를 감싸고, 또 그 뒷부분에 비단 조각을 연결하여 그 끝부분을 아래로 드리운다. 이것을

111 이 항목은 이덕무의 『청장관전서』 권55, 『앙엽기(盎葉記)』 2 「남북적장(南北敵將)」에도 보인다.

찰건(紮巾)이라고도 한다. 효종 2년(1651)에는 훈국(訓局)의 군인들에게 모단건(毛緞巾)을 착용하라는 특명을 내렸다.

54 차한일기(車漢日記)

효종(孝宗) 9년 무술년(1658)에 청(淸)나라가 우리나라의 군사를 동원하여 청나라를 도와 차한(車漢)을 치라 하였는데, 차한은 나선(羅禪, 러시아)이다. 그리하여 우리나라에서는 혜산 첨사(惠山僉使) 신류(申瀏)를 북우후(北虞候)에 이배(移拜)하여 군사를 거느리고 전장(戰場)으로 가게 하였다.

이보다 앞서 왈개(曰介)·개부락(介夫落)·퍅개(愎介) 세 나라가 조공(朝貢)을 바치지 않자, 청나라에서 장차 이를 문죄(問罪)하려 하였다. 세 나라가 모두 말하기를, “소방(小邦, 자기 나라의 겸칭)이 차한의 침략을 받아 난리를 구제하기에도 겨를이 없었습니다. 어찌 다른 생각이 있어서이겠습니까? 대국(大國)이 위엄을 떨쳐 차한을 섬멸한다면, 대국은 소방을 구제하신 은혜가 있게 되고 소방은 사대(事大)의 정성을 다할 수 있을 것입니다.”라고 하였다.

이리하여 청나라에서는 해마다 군사를 출동시켜 차한을 토벌하였으나, 모두 차한에게 패하였다. 갑오년(1654)에 우리나라에 사신을 보내어 군사를 출동시키라 하니, 우리나라에서는 북우후 변업(邊岋)을 장수로 삼아 총수(銃手) 1백 명과 기고(旗鼓)·화정(火丁) 48명을 거느리고 가게 하였다. 우리 군사는 후통강(厚通江)에서 적[차한]을 만났는데, 적들은 우리 군사의 탄환에 맞아 많이 죽었다. 우리 군사가 호통(好通)·골지(骨地)까지 추격하자, 적들은 멀리 도망쳤고, 변업은 한 명의 군사도 잃지 않고 온전히 돌아온 일이 있었다. 그래서 이번에도 북변(北邊) 9읍(邑)의 총수(銃手) 2백 명과 표하군(標下軍)·기고수(旗鼓手)·화정 60명을 선발하여 3개월의 군량을 가지고 앞서 가게 하였다.

무술년(1658) 봄 3월 1일에 두만강(豆滿江)을 건너고, 13일에 어제강(魚濟江)을 건너고, 16일에 모단강(毛段江)을 건너 19일에 영고탑(靈古塔)에 당도하였다. 영고탑까지의 노정(路程) 중에는 나무들이 하늘을 가릴 정도이고 인적(人迹)이 미치지 않아, 사슴이 무리를 이루고 물고기가 사람을 피하지 않는 곳도 있었다. 물고기의 길이가 혹 10여 척이나 되기도 했는데, 사슴을 사냥하고 물고기를 잡아 군졸들을 배불리 먹였다. 영고탑은 성이 높고 호(濠)가 깊으며, 인구가 많고 가축들이 들판을 두루 돌아다니고 있었으며, 농경지는 성 10리 밖에 있었다.

후통강에 이르니, 강의 너비가 10여 리나 되었다. 또 10여 일 만에 몽고(蒙古)를 거쳐 4월 19일에 가리강(加里江)을 건너서 금천강(金泉江)에 이르렀는데, 여기서 만리장성까지 엿새 길이라고 한다. 퍅개국(愎介國)를 지났는데, 그 나라 풍속은 남녀가 같은 옷을 입기 때문에 수염으로 남녀를 구별하였다. 5월 5일에는 왈개국(曰介國)에 이르렀는데, 이 나라는 본래 청나라에서 떨어져 나간 종족의 나라로서 청나라의 종족과 서로 섞여있다. 15일에는 송가라강(宋加羅江)에 도착하였다. 이 강은 흑룡강(黑龍江)과 합류(合流)하는데, 이 강이 바로 차한이 왕래하는 요충지이다. 차한은 배를 거처로 삼아, 농사와 길쌈을 하지 않고 노략질로 생업(生業)을 삼는데, 수전(水戰)이 아니고는 이들을 제압할 수가 없으므로, 전함(戰艦)이 오기를 기다렸다. 기다린 지 8일 만에 전함이 왔는데, 큰 것은 길이가 50장(丈)이나 되고 작은 것도 길이가 13장은 되며 높이도 3,4장은 되었다. 내부(內部)를 3층(層)으로 만들고 판자(板子)로 칸막이를 만들어서, 아래층에는 군량을 저장하고 중간층에는 무기를 보관하였으며, 위층은 5백 명을 수용(收容)할 수 있었다. 전함마다 작은 배 5척을 거느렸는데, 매우 정교하게 제작되었다. 왈개의 군졸들이 길이가 5장이나 되는 큰 물고기들을 잡았는데, 그 중에 반으로 우리 군사들을 배불리 먹였다.

청나라 원수(元帥)는 왈개·개부락·퍅개와 몽고 등의 군사를 거느리고, 6월 5일에 배를 출발하여 10일에 흑룡강에 도착하였다. 흑룡강은 너비가 2십여 리나 되고 깊이를 알 수 없을 정도이며, 빛깔은 옻칠한 것처럼 검고 물고기류와 강가에 들짐승·날짐승도 모두 검었다. 사람들은 "송가라강은 만리장성 밖에서부터 흘러온다."고 하였다.

10일에는 적이 흑룡강 하류로부터 오다가 멀리서 청나라 연합군을 바라보고 깜짝 놀라 일자(一字)로 늘어서서 반(半)은 섬으로 올라가서, 수륙(水陸)으로 서로 응(應)하여 청나라 군사를 견제하였다.

청나라 원수가 군사를 출동시켜 거듭 적을 시험하게 하자, 적은 일제히 총탄을 발사하여 청나라 연합군의 과반수를 죽이거나 부상당하게 하였다. 청나라 원수는 우리의 부장(副將) 배시황(裵是煌)의 계책을 이용하여, 커다란 군함(軍艦)으로 해상(海上)의 적이 육지의 적과 통하는 길을 차단시키고 철책(鐵柵)을 세워 성을 만들어, 수륙의 적이 서로 구원할 수 없게 하고선 먼저 섬의 적을 섬멸하였는데, 북군(北軍, 청나라 군대)도 사상자(死傷者)가 많았다. 다시 전진하여 해상의 적을 공격하였으나, 전황(戰況)이 불리하여 5일 동안을 서로 버티게 되자, 군사들의 기세가 매우 떨어졌다. 이때 우리 조선 측 장수가 화공(火攻)의 계책으로 청나라 원수를 설득했지만, 청나라 원수는 적군이 가지고 있는 재물을 탐내어 듣지 않다가, 궁지에 몰린 뒤에야 허락하였다. 이에 배시황과 유응천(劉應天)에게 겹으로 된 갑옷을 입고 흐름을 따라 가게 하였다. 배시황과 유응천이 서로 말하길, "적선(賊船)은 모두 자작나무 껍질로 겹겹이 덮여 있고 화약을 많이 싣고 있으니, 불화살[火箭]을 쏜 뒤에 빨리 피하지 않으면 필시 사나운 불꽃을 벗어나지 못할 것이다."라고 하였다.

적은 이 두 사람만이 오는 것을 보았으나, 의병(疑兵)[112]이라 생각하여 치려하지 않았다. 두 사람이 탄 배가 점점 적선(賊船)에 다가서서 불화살을 쏘매, 일시에 불길이 번져 배가 타들어 가고, 폭약이 터지는 소리가 광풍과 우레처럼 마구 일어나 천지를 진동시켰다. 두 사람은 배를 돌려 급히 도망치며 허둥지둥하다가 서로를 놓쳐버렸다. 10리쯤을 도망쳐왔는데도 여전히 파도는 날아갈듯 높고 배는 기우뚱거리며, 전포(戰袍)는 다 젖고 바다에는 연기가 자욱하여 어두컴컴하여서, 필시 죽을 것이라 스스로 생각하였다. 한나절이 지나 비로소 바람이 잠잠해지고 파도가 멎으니, 마치 동녘이 차츰 밝아오듯 살 희망이 보였다. 며칠 만에 비로소 대군(大軍)이 있는 곳에 당도하니, 청나라 원수 연(延)이 말하길, "사나운 파도가 갑자기 일어나서 나는 그대들이 죽은 줄 알았다."고 하였다. 다음 날 배를 몰아 적이 있던 곳으로 가서 보니, 적선은 전부 잿더미가 되었고 살이 타는 누릿한 냄새를 차마 맡을 수가 없었다. 여러 나라 군사들이 모두 말하길, "적을 이처럼 섬멸한 것은 조선(朝鮮)의 힘이다."라고 하였다.

적은 신장(身長)이 10척(尺)이나 되고 눈은 길고 깊으며, 머리털은 붉고 수염은 헝클어져 마치 해초(海草)가 어깨에 늘어진 것 같았다.

적의 군기(軍器)는 화포(火炮)와 장창(長槍)이고, 총(銃)은 화선(火線)[113]을 쓰지 않고, 만호석(瑻瑚石)을 화문(火門)[114]에 단단히 고착시켜

112 의병(疑兵) : 적을 속이기 위하여 가짜로 만들어 배치한 군사.

113 화선(火線) : 불을 붙게 하는 데 쓰는 노끈인데, 대의 속살을 부수어서 아주 부드럽게 만들어 꼰다. 옛날 총열에 화약(火藥)과 탄알을 재고 이 노끈에 불을 붙이어 귀약통에 대어 화약에 불을 붙여 터지게 했다. 화승(火繩)이라고도 한다.

114 화문(火門) : 화승의 불로 화약에 점화하는 곳.

움직이지 않게 하고, 또 용두(龍頭) 위에 금수(金燧)를 달아 놓았는데, 용두가 떨어지면 금수와 만호석이 서로 부딪쳐 격렬하게 불이 붙게 되며, 불이 붙어 일어나면 곧 발사되도록 되어 있다. 배는 나무판자로 덮거나 서까래를 걸어 떡갈나무로 덮었는데, 밖은 모두 자작나무 껍질로 두껍게 덮고 총을 쏠 수 있는 구멍을 많이 뚫어 놓았다.

우리 군사 중에 전사한 자가 8명이고 부상당한 자가 약간 명 있었다. 7월 10일에 첩서(捷書)를 아뢰고 회군(回軍)하였는데, 열 사람이 들어 올리지 못한 철정(鐵碇, 쇠로 만든 닻)을 포로로 잡혀 갇혀있는 차한 사람이 마치 지푸라기를 잡듯 한 번에 들어 올리니, 그 완력(腕力)이 이와 같았다.

9월 27일에는 우리나라로 돌아오다 영고탑에 이르렀는데, 황제가 칙명을 내려 조선 장수에게 용골대(龍骨大)·부골대(副骨大)의 벼슬을 내리고 상(賞)을 차등 있게 주었다. 청나라 원수는 배시황을 이끌고 집으로 가서 자기의 세 아내와 인사시켰는데, 세 아내는 한 팔은 올리고 한 팔은 내려 예를 표하고서 앞으로 나와 자신들의 얼굴을 배시황의 얼굴에 대었으며, 성찬(盛饌)으로 대접하였다. 생각건대, 한 팔은 올리고 한 팔은 내린 것은 천지(天地)를 가리킴이요, 사람의 마음은 사람의 얼굴처럼 서로 다르므로, 얼굴을 갖다 대면 마음도 합쳐진다는 뜻인 듯하다.

11월 18일에 영고탑을 출발하여 12월 15일에 두만강에 도착하였다. 그 이듬해 청나라에서는 공사(貢使) 편에 부탁하여 전사한 여덟 사람의 집에는 각각 은(銀) 30냥(兩)을 하사하고, 부상자 25명에게는 5등급으로 나누어 은을 차등 있게 하사하였다. 신류(申瀏)와 배시황은 모두 영남 사람이다.

살펴보건대 나선(羅禪)은 악라사(鄂羅斯) 지역으로 북쪽 맨 끝에 위치해 있는데, 진(秦)나라와 한(漢)나라 때는 흉노(凶奴)에 복속(服屬)되었다. 한(漢)나라에서는 견곤(堅昆)과 정령(丁令)이라 하였고, 당(唐)나라에서는 힐알사(黠戛斯) '힐알사'란 회흘어(回紇語)로 황적색(黃赤色) 얼굴이란 뜻이다.·골리간(骨利幹)이라 하였다. 원(元)나라 때 아라사(阿羅思)와 길리길사(吉利吉斯)·감합납(撼合納)·겸주(謙州)·익란주(益蘭州) 고을에 뱀의 이름을 붙인 것은 그곳에 큰 뱀이 있었기 때문이다. 등의 지역이 모두 그 영토였다.

명(明)나라 때는 삭한(朔漢, 북방의 사막)을 막아 사막을 오고가지 못하였다. 청나라 순치(順治) 연간 초기에 그 무리를 '나찰(羅刹)'이라 했는데, 흑룡강의 아극살(雅克薩, 알바진) 지역에 몰래 자리 잡고 성(城)을 쌓아 거주하면서 색륜(索倫)과 달륜(達倫)의 무리를 침입하여 소란을 피웠다. 강희(康熙) 15년(1676)에는 청나라에 사신을 보내 조공(朝貢)을 바쳤는데, 청나라 조정에서는 나찰을 엄금(嚴禁)하여 청나라 변방 지역에서 소요를 일으키지 말라고 타일렀다. 하지만 나찰은 정리개(淨里溪) 등의 지역을 몰래 침입하였고 시일을 미루어 가면서 청나라 조정의 뜻대로 하지 않자 도통(都統) 팽춘(彭春)에게 명하여 군사를 거느리고 나아가 공격하도록 하였다. 이에 몹시 곤란하게 되자 항복을 요청하였다. 청나라 군대가 돌아가자 나찰은 예전처럼 몰래 아극살 지역에 자리 잡고 살았다.

강희 24년(1685) 청나라 조정에서는 흑룡강 장수 살포소(薩布素) 등에게 다시 명하여 총병(銃兵)으로 나찰을 포위하도록 하니, 항복하는 자가 날마다 이르렀다. 강희 25년(1686)에 그 나라 찰한한(察漢汗)이 사신을 보내 소(疏)를 올려 말하길, "저희 하국(下國)의 변방 백성들이 불화의 원인을 만들었으니 마땅히 엄금하겠습니다."라 하였다. 그리고 아극살을 포위하고 있는 총병을 철수시켜 줄 것을 요청하고, 또 변방의 경계(境界)를 구분하여 정할 것을 요구하자, 청나라 조정에서 이를 허여하였다.

강희 28년(1689) 나찰에서 내대신(內大臣) 색액도(索額圖, 소어투) 등과 그 사신 비요다라(費要多羅) 등을 보내어 니포초(尼布楚, 네르친스크)에서 회의를 하여 격이필제하(格爾必齊河, 게르비치강)의 북쪽에 있는 대흥안산(大興安山) 일대를 경계로 정하였다. 그리고 예전에 침입했던 니포초와 아극살 등 여러 지역을 모두 돌려주었다. 청나라는 격이필제하 곁에 비(碑)를 세워 표지로 삼았다.

그 지역은 흑룡강 지역에서 관할하던 북쪽 경계와 접해있고, 서쪽으로는 서양에 접해 있으며, 서남쪽으로는 토이고특국(土爾古特國)과 준갈이(準噶爾, 중가르)의 국경에 이르고, 중국과의 거리가 2만여 리이다. 그 사람들은 모두 키가 크고 머리털이 붉으며, 얼굴빛이 밝고 눈동자가 푸른빛을 띠었다. 그래서 눈동자가 검은 사람은 필시 이릉(李陵)[115]의 후예라고 말해졌다.

효종 무술년은 바로 순치(順治) 15년(1658)인데, 신류(申瀏)가 행군(行軍)했던 시기는 바로 나찰이 흑룡강 지역에 몰래 자리 잡고 살았던 때이다. 이후에 팽춘(彭春) 등이 그 지역을 정벌하였고, 다시 그들에 대한 소식을 듣지 못하였다.[116]

55 오소(五所)

오위(五衛)가 오소(五所)로 바뀌었지만, 총관(摠管)·위장(衛將)·부장(部將)의 직책은 예전과 같이 그대로 배치되었다. 상번(上番)의 기·보병제

115 이릉(李陵) : (?~BC 74). 전한(前漢)시대의 무장(武將). 농서(隴西, 甘肅省) 출신으로, 젊어서부터 기마와 궁사에 능하였다. BC 99년 이광리(李廣利)가 흉노를 쳤을 때 보병 5천 명을 인솔하여 출정, 흉노의 배후를 기습하여 이광리를 도왔다. 그러나 귀로에 무기와 식량이 떨어지고 8만의 흉노군에게 포위되어 항복하였다. 그는 흉노에 항복한 후 선우(單于)의 딸을 아내로 맞아들였고, 우교왕(右校王)으로 봉해져 선우의 군사·정치의 고문으로서 활약하다 몽골고원에서 병사하였다.

116 이 항목은 이익의 『성호사설』 권8 인사문(人事門)의 「차한일기(車漢日記)」에 보인다. 그런데 이익의 「차한일기」에 내용을 추가하였다.

(騎步兵制)도 여전히 존재하였다. 그런데 총부(摠府)에는 비원(備員)과 시위(侍衛)가 있을 뿐이고, 위장과 부장은 분경(分更)[117]하고 행순(行巡)[118]하며 병권(兵權)을 맡지 않았다. 용양(龍驤)·충좌(忠佐)·충무(忠武)는 군함(軍啣)에 붙이고, 충의(忠義)는 훈부(勳府)에 소속시키며, 족친(族親)은 종부(宗簿)에 소속시키고, 충찬(忠贊)·충순(忠順)·보충대(補充隊)는 병조(兵曹)에 소속시켰다. 그 명칭은 비록 남아있었지만 다시는 오소(五所)에 소속시키지 않았다. 의흥(義興)·호분(虎賁)·별시위(別侍衛)·친군(親軍)·팽배(彭排)·파적위(破敵衛) 등의 위(衛)는 모두 이름과 더불어 전하지 않는다.

위장이 획출(劃出)한 부장은 2명이고, 각처에 분군(分軍)하였다. 종묘서(宗廟署)에 20명, 사직서(社稷署)에 7명, 영희전(永禧殿)에 8명, 경모궁(景慕宮)에 9명, 문희묘(文禧廟)에 3명, 대보단(大報壇)에 4명, 돈화문(敦化門)에 17명, 금호문(金虎門)에 13명, 단봉문(丹鳳門)에 10명, 요금문(曜金門)에 7명, 경추문(景秋門)에 4명, 황화문(弘化門)에 4명, 선인문(宣仁門)에 10명, 통화문(通化門)에 9명, 경희궁(慶熙宮)에 16명, 경복궁(景福宮)에 9명, 사소(四所)[119]에 각 5명, 동룡문(銅龍門)·동수구(東水口)·어정(御井)·경화문(景化門)·숭지문(崇智門)·인정문(仁政門)·진선문(進善門)·마군영(馬軍營)·경추문(景秋門)·북수각(北水閣)·영숙문(永肅門)·전루(傳漏)에 각 2명, 승정원(承政院)에 1명, 내병조(內兵曹)에 3명, 외병

---

117 분경(分更): 통행금지 시간인 5경(更)을 나누어 순행(巡行)을 교대하는 것.

118 행순(行巡): 밤에 인정(人定)에서 파루(罷樓)까지 순작군(巡綽軍)이 순찰을 행하던 일. 궁성 안의 순찰은 위장과 부장이 각각 일정한 시간을 담당하고, 도성 안은 삼군문(三軍門) 곧 훈련도감·어영청·금위영, 그리고 좌·우포도청(左右捕盜廳)에서 일정한 구역을 순찰하였다.

119 사소(四所): 조선시대 서울 안에 두었던 네 곳의 위장소(衛將所)를 말함. 곧 동소(東所)는 창덕궁(昌德宮)의 순청(巡廳)이고, 서소(西所)는 운종가(雲從街)의 순청이며, 남소(南所)는 용양위(龍驤衛)이고, 북소(北所)는 의금부(義禁府)였다.

조(外兵曹)에 3명, 의금부(義禁府)에 12명, 군기시(軍器寺)에 4명, 상의원(尙衣院)에 2명, 대악고(大藥庫)에 4명, 누국(漏局)에 1명, 외소(外所)에 29명이다.

56 맹화유(猛火油)

강예지(康譽之)의 『작몽록(昨夢錄)』에 이르길, "맹화유(猛火油)는 고려(高麗) 동쪽 수 십리에서 난다."라 하였다. 『거란지(契丹志)』에 이르길, "오왕(吳王)이 사신을 파견하여 태조(太祖)에게 맹화유를 보내주면서 말하길, '성(城)을 공격할 적에 이 기름에 불을 붙여 누로(樓櫓)[120]를 불태운다면, 적(敵)이 물을 댈 것인데, 그렇게 하면 불길이 더욱 성해질 것입니다.'라 하니, 태조가 매우 기뻐하면서 유주(幽州)를 공격하고자 했다."라 하였다.

맹화유는 아마도 유황(硫黃)이나 망초(芒硝) 따위인 듯하다.

57 우리나라의 군제(軍制)

우리나라의 군제(軍制)는 국초(國初)에는 다만 오위(五衛)가 있었고, 임진년 이후에는 오위가 폐지되고 훈국(訓局)이 이어서 설치되었다. 그런데 병마(兵馬) 5천으로는 군제를 꾸려나갈 수 없게 되자, 병조(兵曹)에서는 오위를 선발하였고, 징발하지 않은 군졸에게는 포(布)를 걷는다고 통보하였다. 또 포보(砲保)[121]와 향보(餉保)[122]를 훈국전(訓局錢)이라 했는

120 누로(樓櫓) : 적을 경계하기 위하여 성 위에 설치한 지붕이 없는 전망대.

121 포보(砲保) : 군보(軍保)의 하나. 포군(砲軍) 네 사람 중에서 한 사람은 군역(軍役)에 복무하고, 세 사람은 그 보(保)로 쌀이나 베를 바치던 일.

122 향보(餉保) : 군보(軍保). 군역 부담자 가운데 직접 복무하는 것 대신에 군량으로 쓸 식량을

데, 바로 16만냥이었고 쌀도 이에 준(准)하였다.

유서애(柳西涯, 유성룡의 호)가 군사 2만을 선발하여 그 반은 서울에 주둔하게 하고 나마지 반은 농사짓게 하여 서울에 있는 군사에게 대줄 것을 청하였다. 이것은 바로 농업에 군사를 기탁한 것이다.

유서애의 이 제안은 논쟁하다 시행되지 않았는데, 유혁연(柳赫然)[123]이 장수가 되어 일찍이 바로잡아 고치려고 했지만 묘당(廟堂, 의정부)의 논의가 이를 꺼려하였다. 효종이 유혁연의 의견을 신속히 따르자 유혁연은 별도로 정초청(精抄廳)[124]을 설치하여 기군(騎軍)과 보군(步軍) 수만을 확보하여 중군(中軍) 이하 여러 장좌(將佐)[125]에 배치하였고, 그 후에 김청성(金淸城, 청성부원군 김석주)이 금위영(禁衛營)으로 옮겨 설치하였다. 금위영에서는 향군(鄕軍)을 전적으로 배치할 수 없어 훈국(訓局)의 중부군(中部軍)을 경표하(京標下)[126]로 삼았다. 이로부터 금위·훈국·어영이 삼영(三營)이 되었으니, 훈국의 경군(京軍)을 혁파하지 않았을 뿐만이 아니었다.

또 금위영에 신군(新軍)을 추가하는 폐단이 지금에 이르기까지 굳건하여 혁파할 수 없고, 금위영과 어영청 두 군영(軍營)의 향군이 거의 5,6만에 가까웠는데, 각기 보인(保人) 2명이 있다. 이외에 또 향보와 포보가 경표하와 봉족(奉足)[127]의 수요와 군영의 급료의 자금이 된다. 군사로써

제공하는 장정.

123 유혁연(柳赫然) : (1616~1680). 이완(李浣)과 함께 효종의 북벌계획을 적극적으로 추진하고, 두 번이나 한성부(漢城府) 판윤(判尹)을 역임하였다.

124 정초청(精抄廳) : 인조 때 병조판서 이시백(李時白)에 의하여 기병(騎兵) 중에서 정장자(精壯者)를 뽑아 설치한 관청으로 기병양성을 목적으로 하였다.

125 장좌(將佐) : 장군과 보좌 임무를 수행하는 직책을 맡은 사람.

126 경표하(京標下) : 경표하군(京標下軍). 조선시대에 서울의 금위영(禁衛營) 등 각 군영(軍營) 장수의 막하(幕下)에 있던 수하 친병(手下親兵)을 가리킨다.

127 봉족(奉足) : 조선시대에 평민이나 천민이 나라의 토목이나 건축 따위의 일에 나가는 경우,

말하자면 한정(閑丁)[128]은 감축을 당해도 거의 10만에 이르고, 군량(軍糧)으로 말하자면 곡부(穀簿, 곡식 장부)의 모축(耗縮)이 또한 만포(包)에 가깝다. 게다가 목전(木錢)을 헤아려보면 누만금이 될 뿐만 아니라 균역청(均役廳) 급대(給代, 다른 물건으로 대신 줌)의 수요는 소출(所出)로 감당할 수 없으니, 민생(民生)이 시달리고 지치는 것은 오직 이 때문이다.

58 오위(五衛)의 형태와 명칭

국가제도에 오위(五衛)의 형태와 명칭은 다음과 같다. 친병(親兵)은 내금위(內禁衛)·겸사복(兼司僕)이라 하고, 위병(衛兵)은 갑사(甲士)·별시위(別侍衛)라 하고, 훈위(勳位)는 충의위(忠義衛)·충찬위(忠贊衛)라 하고, 숙위(宿衛)는 봉충위(奉忠衛)·공신위(拱辰衛)라 하고, 번상(番上) 기병(騎兵)은 정병(正兵)·평로위(平虜衛)라 하고, 보군(步軍)은 파적위(破敵衛)라 하고, 공역군(工役軍)은 방패(防牌)라 하고, 사령군(使令軍)은 섭육십(攝六十)이라 하고, 공학군(控鶴軍)은 근장(近仗)이라 하고, 노군(奴軍)은 장용대(壯勇隊)라 하고, 군기감(軍器監)은 별군(別軍)이라 하고, 의금부(義禁府)는 도부외(都府外)라 하고, 진수군(鎭守軍)은 진군(鎭軍)이라 하는데, 진수군에는 또 선군(船軍)·수성군(守城軍)·연호잡색군(烟戶雜色軍)이 있다. 이것이 안팎의 기병(騎兵)과 보병(步兵)의 액수(額數)이다.

그런데 오위(五衛)는 이미 혁파되었고, 여러 군(軍)도 모두 혁파되었으며, 다만 내금위(內禁衛)·겸사복(兼司僕)·충의위(忠義衛)·충찬위(忠贊衛)·근장군(近仗軍)이 남아 있을 뿐이다.[129]

남아 있던 사람 중에 그 집에 보내져서 집안일을 도와주던 장정.

128 한정(閑丁): 15세부터 60세 사이의 장정으로서 국역(國役)에 나가지 않는 사람을 가리킨다.

129 이 항목은 『세조실록』 10년(1464) 8월 1일 두 번째 기사를 참조할 것.

59 냉단갑(冷端甲)

악가(岳珂)의 『괴담록(愧郯錄)』에 이런 내용이 있다.

"태감(太監) 양간(楊簡)이 융감(戎監)으로 있었을 적에, 일찍이 위부(尉府) 이현충(李顯忠)의 족자(族子)를 만나 말하길, 갑옷은 불길을 통과하지 못하지만, 갑옷에 붙이는 철침(鐵砧)을 차갑게 하면 갑옷이 견고해져 화살을 막을 수 있다. 이를 냉단(冷端)이라 한다고 하였다. 마침내 조정에 말하여 군기(軍器)로 만들어줄 것을 요청하였다. 당시 이현충(李顯忠)의 아들 이사윤(李師尹)이 지합문사(知閤門事)였는데, 그렇지 않다고 힘껏 변론하여 공문서가 관아를 오갔는데, 실은 공인(工人)이 수고로움과 비용을 꺼렸기 때문에 이와 같이 한 것이다."

60 철포삼(鐵布衫)

광신(廣信) 지방의 정용여(鄭龍如)가 지은 문집에 이런 이야기가 실려 있다.

"유정(劉綎)의 문객(門客)으로 철포삼(鐵布衫)이라 이름 지은 자가 이술(異術)을 부릴 줄 알았는데, 다른 사람과 각희(角戱, 씨름)를 할 적에 그 몸을 곳곳이 세우고 움직이지 않았다. 또 화살과 돌과 주먹과 몽둥이를 가해도 거의 상처를 입지 않았다.

동시대의 이인(異人) 서씨(徐氏) 성(姓)을 가진 자도 이 술법을 전수받았다. 그는 몇 사람과 함께 창기관(娼妓館)에서 술을 마시고, 몰래 친구와 더불어 약속하고 취한 척하며 힘을 겨루었는데, 친구가 도끼를 가지고 서씨를 베었지만 서씨는 거의 상처를 입지 않았다. 이에 창기들이 깜짝 놀라며 혐오하였다. 서씨는 후에 술법을 믿고 역모를 꾸며 마을을 위협하고 노략질하다 토병(土兵)들에게 살해당하였다."

61 유기(劉錡)의 대나무통[竹筒]

유기(劉錡)[130]가 순창(順昌) 전투에서 갑사(甲士)들에게 대나무통 하나씩을 가져다 그 속에 삶은 콩을 담고 군진(軍陣)에 들어가 대나무통을 쪼개 버려 바닥에 콩들이 낭자하게 흩어지게 하라고 지시하였다. 이에 말들이 굶주리다 콩 냄새를 맡고 머리를 숙여 콩을 먹었다. 또 심하게 대나무통들이 나뒹굴어 다리 아래로 발을 디딜 땅을 확보할 수 없었다. 이 때문에 군사와 말들이 모두 넘어져 죽었다.

62 위단(韋丹)의 철몽둥이[鐵棒]

위단(韋丹)[131]은 당(唐)나라 때 사람이다. 홍주(洪州)에 부임했을 적에 모학(毛鶴)의 반란을 당했는데, 갑자기 적을 방어할 무기가 없었다. 이에 위단은 질려봉(蒺藜棒)[132] 천 개를 만들고, 아울러 봉(棒)의 머리 부분에 철못을 박아 고슴도치 털처럼 만들었다. 차부(車夫)가 방비하고 구원할 적에 관건(官健)[133]이 각자 질령봉 하나씩을 들고 함께 때리자 빠르게 이겨 승패가 쉽게 판가름 났다. 질령봉은 칼날과 다르지 않았다.

---

130 유기(劉錡) : 송(宋)나라 덕순군인(德順軍人)으로 자는 신숙(信叔), 시호는 무목(武穆)이다. 순창(順昌)에 침입한 금병(金兵)을 격파하였고, 벼슬은 농우도호(隴右都護)·동경부유수(東京副留守)를 지냈다.

131 위단(韋丹) : 당(唐)나라 사람으로 자는 문명(文明)이다. 안진경(顔眞卿)의 외손으로서 안진경에게 학문을 익히고 용주 자사(容州刺史)·서도 관찰사(西道觀察使) 등 여러 지방관을 역임하였다. 학교를 일으키고 농업을 권장하는 등 많은 치적이 있다.

132 질려봉(蒺藜棒) : 질려 열매를 박은 몽둥이를 말하는 듯함. 질려는 남가샛과에 속한 한해살이풀인데, 열매는 껍질이 단단하고 가시와 털이 있다. 이 때문에 질려 열매는 춘추전국시대부터 적의 이동을 저지하기 위한 방해물로서 사용되기 시작하였다.

133 관건(官健) : 당나라 때 번진(藩鎭)의 정규 병력에 해당하는 상비군(常備軍)으로서, 관에서 경비를 지급했다.

63 흰 무지개가 해를 관통하다

내가 일찍이 알고 있었는데, 만력(萬曆) 계사년(1593)에 제독(提督) 이여송(李如松)이 평양을 포위하여 왜군을 공격하였다. 당시에 흰 무지개가 해를 관통했는데, 이제독은 적을 무너뜨릴 조짐임을 알고 기뻐하였다. 금상(今上) 임신년(1812) 정월에 관서(關西) 지역의 적이 관군(官軍)에게 패하여 가산(嘉山)의 송림(松林)에서 도망쳐 정주(定州)로 들어갔다.[134] 관군이 뒤쫓아 가서 포위하였는데 바로 초파일[初八日]이었다. 이날 흰 무지개가 또한 해를 관통하였다. 내가 도성(都城)에 들어갔는데, 도성 사람들이 모두 그 재앙을 근심하였다. 하지만 나 혼자만이 적을 무너뜨릴 조짐이라 여겨 기뻐하였는데, 과연 그러하였다.

64 삼현령(三懸鈴)

금(金)나라 장종(章宗) 태화(泰和) 6년(1206)에, 급체포(急遞鋪)[135]를 설치하고 요령(腰鈴)으로 전체(轉遞)[136]하였는데, 날마다 30 리를 갔다. 지금 비국(備局)에서 급히 행회(行會)[137]할 적에 봉함(封緘)에 세 개의 방울을 그렸는데, 이것을 삼현령(三懸鈴)[138]이라 하였다. 생각건대 이 제도가 전

134 금상(今上) … 들어갔다 : 1811년 홍경래가 관서지역에서 난을 일으켰었는데, 홍경래가 이끌던 봉기군이 이듬해 정월에 관권에게 패하여 정주성으로 퇴각한 일을 가리킨다.

135 급체포(急遞鋪) : 금(金)·원(元)나라의 공문서 전달기관. 1260년에 확립된 것으로 대도(大都)를 중심으로 역전로(驛傳路)를 따라 10·15·25지리(支里)마다 1포(鋪)를 설치하고, 1포에 5명의 포정(鋪丁)을, 10포마다 1우장(郵長)을 두었다. 포정은 공용 통행증인 패(牌)·창·비옷을 지녔으며, 야간에는 횃불을 들고 허리에 방울을 달았다. 문서는 비단주머니에 넣고, 1주야에 400지리를 달렸다.

136 전체(轉遞) : 이 사람 저 사람 손을 거쳐 차례대로 전하여 보내는 인편.

137 행회(行會) : 조정의 지시와 명령을 각 관아의 우두머리가 그 부하에게 전달하고 실행 방법을 토의하기 위한 모임.

138 삼현령(三懸鈴) : 조선시대 매우 급한 공문을 보낼 때, 봉투에 동그라미 세 개를 찍는 일을

해진 것이다.

65 잠곡(潛谷)의 대동법(大同法)

잠곡(潛谷, 김육의 호) 김공(金公)이 대동법을 시행하려하자, 서울의 사대부와 이서배(吏胥輩)와 방납자(防納者)[139]들이 모두 이를 하고 싶어 하지 않았다. 그래서 잠곡이 입궐했다가 집으로 돌아갈 때를 기다려 우인(偶人)을 만들어 그 머리를 베고, 피를 칠해 김육(金堉)이라 썼다. 그런데 김공은 이를 보지 못한 듯이 하고 지나가길 여러 차례 했고, 끝내 김공의 뜻을 꺾지 못하였다. 마침내 대동법을 시행하여 지금 국가에서 이것에 힘입고 있다. 선현(先賢)이 일을 함이 이처럼 확고하였다.

66 영남(嶺南)의 목면(木綿) 재해

상서(尙書) 제암(濟菴) 조엄(趙曮)이 영남 관찰사였을 적에 백성들에게 은혜를 많이 베풀었고 목면밭에는 일찍이 재해가 없었다. 조공(趙公)은 목면밭에 재해가 없어야 거듭 수확할 수 있다고 여겼다. 목면은 다만 한 번밖에 경작할 수 없는데, 흉년이 들면 백성들은 부질없이 그 세금을 감당해야 해서 조공이 마침내 조정에 알려 급재(給災)[140]하였고, 이를 팔도(八道)까지 넓혀나갔다.

조공은 병신년(1776)에 김해로 귀양 갔고, 이듬해 9월에 병이 위독해져 바야흐로 임종할 상황까지 이르렀다. 그런데 그의 아들 승지공(承旨

일컫던 말.

139 방납자(防納者) : 조선시대 공납제(貢納制)를 시행했을 적에 다른 사람의 공물(貢物)을 대신 납부해 주고 중간 이윤을 취하던 상인 등을 가리킨다.

140 급재(給災) : 재해를 입은 논밭의 조세를 면제하여 주던 일.

公)도 병환이 누적되어 부친을 보살펴 섬길 수 없었다. 그런데 승지공이 비몽사몽(非夢似夢)하던 중에 홀연 어떤 사람이 말하길, "상서(尙書)께서 은혜롭고 영공(令公)께서 효성스러웠다. 이 두 사람이 모두 위태롭고 지쳐있는데 구제하지 않을 수 있겠는가?"라고 하였다. 드디어 승지공의 가슴을 더듬어 찾아 핏덩어리 몇 조각을 뽑아내자, 승지공의 병이 이 때문에 나아서 부친의 임종 시에 곁에서 정성을 다할 수 있었다.

67 열하(熱河)의 노정(路程)

열하(熱河)의 노정(路程)을 우리나라 사람들은 알지 못한다. 내가 혜풍(柳惠) 유검서(柳檢書, 유득공)를 종유(從遊)하였는데, 그가 신점(新店)에서부터 붙여 기록한 열하 노정을 보았다. 신점(新店)에서부터 백대자(白臺子)를 지나 정안보(正安堡)에 이르기까지 50리요, 망산포(望山舖)까지 10리요, 사방포(四方舖)까지 10리요, 사보자(四堡子)까지 10리요, 위가령(魏家嶺)까지 10리요, 동쪽으로 광녕(廣寧)을 경계를 삼고, 서쪽으로 의주(義州)를 경계로 삼았으며 목책(木柵)이 있다.

화아루(花兒樓)까지 10리요, 황토감(黃土坎)까지 10리요, 세하(細河)까지 10리요, 관제묘참(關帝廟站)까지 5리요, 고대자(高臺子)까지 20리요, 사하(沙河)를 건너고 공주릉(公主陵)을 지나서 묘구참(廟口站)에 이르기까지 20리요, 대릉하(大凌河)를 건너, 의주성(義州城)까지 35리요, 최가구(崔家口)까지 20리요, 두도하자(頭到河子)까지 10리요, 육대변문(六臺邊門, 六臺邊墻)까지 25리요, 조양현(朝陽縣) 경계이다.

유하(柳河)를 건너 석인구(石人溝)의 지장사(地藏寺)까지 5리요, 만자령(蠻子嶺)까지 20리요, 수촌자(水村子)까지 30리요, 장가영(張家營)의 소주국(燒酒局)을 지나 망우영(蟒牛營)의 복녕사(福寧寺)까지 25리요, 다시

대릉하(大凌河)를 건너기까지 25리요, 조양현(朝陽縣)에 이르기까지 15리요, 대영자(大營子)에 이르기까지 20리요, 호접구(蝴蝶溝)를 지나 삼가아(三家兒)에 이르기까지 30리요, 라마구(喇嘛溝)까지 25리요, 행호자대(杏胡子臺)까지 10리요, 담장구량(擔杖溝梁)까지 30리요, 건창현(建昌縣) 경계이다.

공영자(公營子)까지 20리요, 야불수(夜不收)까지 25리요, 장호자(張鬍子)까지 30리요, 건창현(建昌縣)까지 35리요, 송가장(宋家莊)까지 30리요, 쌍묘(雙廟)까지 25리요, 북궁(北宮)까지 40리요, 양수구(楊樹溝)까지 35리요, 평천주(平泉州) 경계이다. 태묘참(太廟站)까지 20리요, 평천주(平泉州)까지 30리요, 봉황령(鳳凰嶺)까지 30리요, 칠구(七溝)까지 20리요, 상운령(祥雲嶺)까지 15리요, 승덕주(承德州)에 교계비(交界碑)가 있다.

서륙구(西六溝)에 이르기까지 25리요, 황토량자(黃土梁子)까지 30리요, 홍석령(紅石嶺)을 지나 평대자(平臺子)까지 30리요, 열하(熱河)의 승덕부(承德府)까지 30리인데, 모두 합쳐 960리이다. 열하에서 광인령(廣仁嶺)까지와 난평현(灤平縣)까지 40리요, 왕가영(王家營)까지 30리요, 장산욕(長山峪)까지 40리요, 양간방(兩間房)까지 40리요, 고북구(古北口)까지 40리요, 남천문(南天門)을 나와서 낙가선경(洛伽仙境)을 지나, 석갑성(石匣城)까지 40리요, 밀운현(密雲縣)까지 60리요, 회유현(懷柔縣)까지 40리요, 남석(南石)까지 30리요, 청하(淸河)까지 60리요, 연경(燕京)의 덕승문(德勝門)까지 20리인데, 모두 합쳐 440리이다.

68 여진(女眞) 들판

교리(校理) 이명연(李明淵)이 단천(端川)의 이동만호(梨洞萬戶)로 외보(外補)되었었는데, 돌아와서 다음과 같이 말하였다.

“본진(本鎭)의 진산(鎭山)에서 백 여리를 가면 용이 숨어 있다는 덕봉대(德烽臺)가 있는데, 북쪽 지방의 풍속에 산 정상을 덕봉대라 하였다. 이곳에 올라오면 여진(女眞)의 들판이 멀리 바라보이는데, 시야가 미치는 곳이 한계가 없었다. 이곳은 동북쪽으로 무산(茂山)에 접해있고 서북쪽으로 갑산(甲山)의 들판에 접해있으며, 둘레가 7백리라고 하였다. 그 서북쪽의 3,40리쯤에 산이 높이 솟아 있고 그 주변이 약성(若城)인데, 성 안에 백탑(白塔)이 그 수를 알 수 없을 정도로 빽빽하게 서있었다. 진졸(鎭卒)에게 이것을 무어라 부르냐고 물으니, 만탑(萬塔)이라한다고 대답하였다. 이를 자세히 살펴보니, 성(城)과 탑은 필시 하늘이 만든 것이었다. 진졸에게 그대는 일찍이 가서 본 적이 있느냐고 물어보니, 보지 못했다고 대답하였다.”

일찍이 살펴보건대, 여진 들판을 여러 사지(史志)에서 고증해보니 아마도 고구려 동명왕(東明王)이 도읍한 졸본천(卒本川)인 듯하고, 만탑은 아마도 『위서(魏書)』에서 지칭한 흘승골성(紇升骨城)인 듯하다. 영재(泠齋) 유검서(柳檢書)가 편찬한 『발해고(渤海考)』에서는 삼수(三水)와 갑산(甲山) 등의 지역이 바로 솔빈부(率賓府)라고 하였다.

이에 대해 논란하는 자가 말하길, “『당서(唐書)』에서 솔빈마(率賓馬)를 지칭했지만, 삼수와 갑산의 산골짝 안에 무슨 말이 있었겠는가?”라고 하였는데, 영재(泠齋)가 이 견해를 심히 안타깝게 여겼다. 이에 갑산에서 단천에 이르기까지 약간의 여진 들판으로 막혀있다는 것을 지금에야 비로소 알게 되었고, 단천에서 좋은 말이 생산되니, 이것이 하나의 증거가 아니겠는가?

여진 들판은 예전에 야인(野人)의 소굴이었고, 이동(梨洞)・쌍청(雙青)・황토기(黃土岐) 등의 진(鎭)은 야인을 대비하여 설치하였다. 지금은 야인이 한 명도 없어 여러 진장(鎭將)이 빈 들판을 멀리서 살피는 것은 심히 아무런 의미가 없다. 또한 그 지역을 내버려두고 경작하여 추수하지 않으니 매우 안타깝다.

이교리가 또 말하길, 진(鎭)을 유람할 때면 혹 들판 중에 이리떼가 내달리다 가버렸다. 혹 영양(羱羊)이 절벽에 뿔이 걸려 매달려 있는 것을 보았는데, 눈이 멀어서였다. 촌락들이 드문드문 있었고 여러 진장(鎭將)에게 수탈당하고 시달려 편안히 살 수 없었다. 또한 그들이 사냥을 하는지는 모르겠다고 하였다.

69 바다 속의 동주(銅柱)

남양(南陽)[141] 바다 속에 우뚝이 높고 웅장한 기둥이 있는데, 멀리서 바라보면 검은색이어서 동(銅)인지 돌인지 구분할 수 없었고, '연초(燕初)'라는 커다란 두 글자가 예서(隸書)로 새겨져 있었다. 바닷물이 북쪽에서 흘러와 기둥에서 갈라지는데 하나의 하얀 선(線) 같았다. 뱃사람들이 이곳을 지날 때면 두려워서 벌벌 떨며 기둥 동쪽을 따라 지나갔는데, 만일 기둥 서쪽으로 나오면 배가 물 위를 떠돌다가 가라앉을 것 같았다고 하였다.

살펴보건대 '연초(燕初)'란 글자는 연나라 초년(初年)이거나 초경(初境)인 듯하다. 그런데 춘추(春秋)시대 때와 연왕(燕王) 노관(盧綰)[142]과 전연

141 남양(南陽) : 경기도 화성 지역의 옛 지명.

142 노관(盧綰) : (BC 265~BC 193). 전한(前漢) 초기 패현(沛縣) 사람. 유방(劉邦)과 같은 마을 친구였다. 유방을 따라 병사를 일으켰고 한나라가 들어서자 장군이 되었다. 동쪽으로 항우를 공격할 때 태위(太尉)가 되고, 장안후(長安侯)에 봉해졌다. 유방을 따라 연왕(燕王) 장도(臧荼)를 격파하는 데 공을 세워 연왕에 봉해졌다. 진희(陳豨)가 반란을 일으키자 사람을 보내 연합을 제의하고 흉노(匈奴)와도 결탁했지만 일이 실패하자 흉노로 망명하였다. 흉노가 동호노왕(東胡盧王)을 삼았는데, 이 여파로 위만(衛滿)이 고조선(古朝鮮)으로 망명하였다. 그 해 말에 흉노에서 죽었다.

(前燕)의 모용황(慕容皝)[143]이 일찍이 땅을 개척하여 이곳까지 이르지 못했으니 의심스럽다. 진사(進士) 김안기(金安基)가 이런 말을 해주었다.

70 지자성(枳子城)

위만(衛滿)이 기씨(箕氏)를 쫓아내고 조선(朝鮮)에서 왕노릇 하자, 기씨가 바다에서 배를 타고 남쪽으로 내려가 금마저(金馬渚)에서 왕노릇 했는데, 지금 익산(益山) 고을의 용화산(龍華山)이 바로 그 옛터이다. 그 담장의 성가퀴, 우물 안의 벽돌, 섬돌과 주춧돌 따위가 아직도 남아 있다. 세상에 전하길, 기씨가 지자(枳子, 탱자나무)를 심어 성을 만들었는데, 지자(枳子)가 무성해지자 기씨가 쇠퇴하였다고 한다.

71 궁예(弓裔)의 옛 도읍지

궁예의 옛 도읍지가 철원(鐵原) 풍천원(楓川原)에 있었다. 궁궐의 유지(遺址)가 있어 마을 주민들이 집을 짓고 살았는데, 주민들의 꿈에, 궁예가 이들을 붙잡아 마당에 내던지고 매질하면서 말하길, "너희들이 어찌 감히 내 집에 이처럼 번번이 거처하느냐?"라고 하자, 주민들이 이에 집을 철거하고 이후에는 감히 그곳에 사는 자가 없었다.

143 모용황(慕容皝) : 5호 16국시대 전연(前燕)의 제1대 왕(재위 337~348)으로 모용외의 아들이다. 모용외가 죽자 요동군공(遼東郡公)의 자리를 이어받아 선정을 펴고, 중국문화 보급에 힘썼다. 337년 연왕이라 칭하고 조양에 도읍을 정했다. 고구려를 격파하고, 시라무렌강 유역, 북경·톈진 등 북방 지역에 미치는 대세력이 되었다.

72 발해(渤海)의 동주(銅州)

『당서(唐書)』「발해전(渤海傳)」에, "독주주(獨奏州)[144]에 영주(郢州)·동주(銅州)·속주(涑州)의 3주를 배치했는데, 속주란 명칭은 속말강(涑沫江)에 가깝기 때문이다."라고 하였다. 속말강은 바로 혼동강(混同江)이다. 지금 듣건대, 갑산(甲山)의 경계 지역에서 동(銅)이 난다고 하는데, 아마도 동주(銅州)는 이 때문에 이름 붙여졌을 것이다. 갑산은 백두산 서쪽 기슭 아래이고, 혼동강은 백두산 북쪽에서 흘러나오는 물이다.

144 독주주(獨奏州) : 부(府)에 소속되지 않고 중앙 정부에 직속되어 있어서 보고 사항을 곧장 경사(京師)에 보고하는 주(州)를 말한다.

『연경재전집외집』 권59

『난실담총』 권4

1 토유(土乳)

연기(燕岐) 남쪽에 토산(土山)이 있는데, 토산 중에 누렇고 둥근 물건이 있었다. 이 물건의 길이는 손가락처럼 3, 4촌(寸) 정도 되었다. 나무꾼이 이것을 파내어 씹어 먹어보니, 그 맛이 참마와 같았고 요기(療飢)하기에 좋았다. 그런데 만일 조금 오래된 것을 캐면 하나같이 풍기(風氣)를 받아 단단해져 씹어 먹을 수 없었다. 『본초강목(本草綱目)』을 살펴보니, 이시진(李時珍)이 말하길, "토은얼(土殷孼)은 바로 종유(種乳)가 절벽의 흙 속에서 자란 것이다."라고 하였다. 일명(一名) 토유(土乳)인데, 아마도 이 물건인 듯하다.

2 아주(鵝洲)의 단혈(丹穴)

거제부(巨濟府)에는 아주(鵝洲)[1]의 옛터가 있다. 주(洲)의 남쪽에 옥순봉

1 아주(鵝洲) : 경상남도 거제 지역의 옛 지명. 본래 거로현(巨老縣), 또는 거속현(巨續縣)이

(玉笋峯)이 있는데, 옥순봉 서북쪽은 육지로 이어져 있고 남동쪽은 바다에 임해있으며, 백 장(丈)이나 높이 깎아지른 듯이 서있고 절벽의 빛깔은 모두 붉은색이다. 매양 동풍(東風)이 불면 석이(石茸)가 절벽을 뒤덮는데, 이 지역 토착민들은 절벽의 등쪽에 후림새를 매달아놓고 내려가서 석이 채취하는 것을 생업으로 삼았다.

석벽(石壁)의 윗부분은 1척 정도 으깨어 터져있었고 단사(丹砂)가 그 속에 돌출해 있었는데, 마치 누에고치 같고 낱알 같았다. 그 빛이 사람을 비추면, 마치 운모(雲母)[2]같고 참 거울[眞鏡]의 표면 같고 밝고 환한 종류의 모래 같았다. 석이를 채취하고 나서 열흘 쯤 뒤에 다시 가서 보면 이전처럼 그득히 넘쳐나 있었다. 대개 단혈(丹穴)은 토착민들이 비밀로 하여 외부사람들에게 알리지 않았다. 살펴보건대, 사(砂)가 생산되는 곳은 물이 아주 붉고 연무(烟霧)와 훈증(薰蒸)의 기운도 적황색(赤黃色)이며, 더욱이 장려(瘴癘)[3]를 만들어 사람에게 우환이 되게 한다. 듣건대 아주(鵝洲)의 바다 기운은 아주 독하다고 하는데, 아마도 주사(朱砂)의 기운인 듯하다.

었는데, 효소왕 때 학생들의 녹읍(祿邑)으로 만들어 청주(菁州, 지금의 晋州)에 예속시켰다. 경덕왕 때 아주현으로 고쳐 거제현에 예속시켰다. 통일신라 때 거제섬에는 아주·명진(溟珍)·송변(松邊)의 3개 현이 있었는데, 아주는 섬의 동북부 지방을 관할하였다. 1423년(세종 5) 아주를 이운면(二運面)으로 개칭하였고, 1914년 행정구역개편 때 통영군에 속하였으며, 현재는 거제시에 속해 있다.

2 운모(雲母) : 화강암 가운데 많이 들어 있는 규산염 광물의 하나이다. 단사 정계에 속하는 결정으로, 흔히 육각의 판(板) 모양을 띠며 얇은 조각으로 잘 갈라지는 성질이 있다. 백운모와 흑운모·견운모 등이 있다.

3 장려(瘴癘) : 기후가 덥고 습한 지역에서 생기는 유행성 열병이나 학질.

3 누에치는 법[養蠶法]과 면화 심는 법[種綿法]

마순상(麻舜裳)[4]은 중국 사람으로, 준화현(遵化縣) 총병(總兵) 마리광(麻里光)의 아들이고 도독(都督) 마귀(麻貴)의 손자이다. 가문 대대로 지휘동지(指揮同知)의 관직을 세습하였기 때문에 동지(同知)라고 일컬어졌다고 한다. 그의 부친은 심하(深河) 전투에서 죽었고, 그는 적중(賊中)에 6년 동안 잡혀 있다가 중국[명나라]으로 도망쳤다. 정묘년(1627)에 등주(登州)에서 독량관(督粮官)으로 있었는데, 묘도(廟島)에서 풍랑을 만나 3일 만에 풍천(豊川)에 이르렀다. 함께 배에 탔던 29명이 물에 빠져 죽었고 마순상 혼자 살아남아 호서(湖西) 지방을 정처 없이 떠돌다 광주(光州)로 옮겨가 살다 일생을 마쳤다.

마순상은 중국에서 누에를 치고 면화를 심는 일에 대해 아주 자세하게 다음과 같이 말해주었다.

"남쪽 지방에서 누에를 치는 자는 6,7월에 뽕잎을 많이 뜯어다 말려서 집안에 쌓아 두고, 습기와 연기에 손상되지 않게 합니다. 이듬해 누에가 세 번 잠을 자고 나온 후에 이 마른 뽕잎을 물에 적셔 먹이면 누에가 왕성해지고 좋아집니다.

목면(木綿)에도 암수가 있는데, 잎사귀가 많고 줄기가 거친 것은 수놈이고 잎사귀가 적고 줄기가 가는 것은 암놈입니다. 잎사귀가 처음 두 마디정도 나왔을 즈음에 수놈을 가려 뽑아버리고 암놈만을 남겨두며, 그 가운데 줄기를 꺾어 따주면 무성해지고 꽃이 많아집니다."

4 마순상(麻舜裳) : 마순상에 대해서는 『연경재전집』 권43 「황명유민전(皇明遺民傳)」과 『청장관전서』 권47 「뇌뇌낙낙서보편(磊磊落落書補編)」 하(下)의 〈마순상(麻舜裳)〉 조에도 보인다.

4 목면(木綿)

목면(木綿)은 민(閩)·광(廣)·교지(交趾)[5] 등의 지역에서 생산되는데, 그 씨 뭉치가 술잔만큼 크다. 그 지역 사람들은 목면을 길패[吉貝]라고 한다. 송강(松江) 사람이 오니경(烏泥涇, 지금의 상해지역)에서 심기 시작하였는데, 처음에는 씨아[踏車]와 솜타는 활[推弓] 따위의 도구가 없었으므로 손을 이용해서 씨를 빼내고 활줄로써 타서 솜을 뽑았는데, 그 공력이 매우 고생스러웠다.

애주(崖州)의 황도파(黃道婆)[6]가 솜을 틀고 무명을 짜는 도구로써 가르쳐 주었고, 깁[紗]을 섞어서 배색(配色)을 하고 깁을 가로 세로로 엇갈려 꽃무늬를 만들기까지 하였는데, 각각 방법이 있었다. 피륙을 짜서 옷·이불·띠·수건을 만들었는데, 오(吳)지역 사람들이 서로 다투어 이를 배웠다. 황노파가 죽자 사람들이 함께 사당을 지어 제사지냈다. 고려 말기에 문익점(文益漸)을 통해 우리나라에 또 그 방법이 전해졌다.[7]

5 담뱃잎

담뱃잎은 민중(閩中)[8] 지역에서 나왔는데, 일본사람들이 이를 담파고(淡巴菰)라고 일컬었다. 변방지역 사람들의 한질(寒疾, 감기)은 이것이 아니면 치료하지 못하였고, 관외(關外) 지역 사람들은 한 필의 말을 담뱃잎 1근(斤)과 바꾸었다. 숭정(崇禎) 계미년(1643)에 담배를 금지하였는데,

5 민(閩)·광(廣)·교지(交趾) : 민 지역은 지금의 복건성 일대를, 광 지역은 광동성 일대를, 교지는 베트남을 가리킨다.

6 황도파(黃道婆) : 황파(黃婆)라고도 함. 원나라 때의 여성으로 방직기술을 개발한 인물이다.

7 위 항목은 조신(曺伸)의 『소문쇄록(謏聞瑣錄)』 목면 관련 부분을 참조할 것.

8 민중(閩中) : 한(漢)나라 때의 군(郡) 이름. 지금의 복건성(福建省)과 절강성(浙江省) 동남부에 속한다.

담배에 대한 법령은 가볍고 담배의 이익은 커서 백성들이 법령을 따르지 않았다. 이윽고 법령을 범한 자를 참수형에 처하였다. 오래지 않아 변방의 군사들이 한질을 앓았지만 치료할 수 없게 되자 결국에는 담배를 금하는 법령을 정지시켰다.

담배가 우리나라에 전래된 것은 광해군 때인 무오년(1618) 즈음인데, 계곡(谿谷) 장유(張維)가 가장 먼저 담배를 즐겼고, 이후 마침내 온 나라에 전파되었다. 임술년(1622)에 이현영(李顯英)이 연경(燕京)에 갔을 적에 섬라국(暹羅國, 태국) 사신이 담뱃잎을 예물로 하였는데, 그 잎사귀가 쟁반보다도 컸다. 사람들이 모두 담뱃잎을 가져다 구경했지만 먹지는 않았다. 청나라 사람들은 이를 아주 좋아하였다.

내가 사행(使行)했을 적에 사상(私商)들이 담배를 줄줄이 피우다가 일찍이 이 때문에 불을 내어 사람들이 많이 불에 타 죽었다. 홍타이시[皇太極, 청나라 태종]가 담배를 일체 금지시켰고 공문서를 보내 우리[조선]에게 따져 물으며 꾸짖었지만,[9] 청나라 사람들은 오히려 담배 금지령을 무릅쓰고 몰래 담배를 구입하였다. 담배 한 줌의 값이 백 금(金)이나 되자, 우리나라에 은화(銀貨)가 드디어 흔해졌다. 그런데 어떤 상인이 몰래 담배씨를 남겨두었다가 심어서 중국에 퍼뜨리자 우리나라에 은화가 유통되지 않았다.

---

9 홍타이시 … 꾸짖었지만 : 17세기 초기에 담배는 조선의 특산물로 청나라 사람들에게 인기가 높았고, 연행 사신을 따라갔던 상인들의 주요 무역 품목 중 하나가 바로 담배였다. 이뿐만 아니라 돈도 쌀도 없던 당시 조선 사람들이 청나라로 잡혀간 인질들을 데려오기 위해 돈 대신 가져갔던 물건이 바로 담배였다. 이 때문에 청나라 태종은 조선 사람들의 담배 유입을 법적으로 금지하기까지 하였다.

6 함양(咸陽)에서 차(茶)를 공납(貢納)하다

함양에서 차를 공납한 적이 있었는데, 본군(本郡)에서는 차가 생산되지 않아서 매년 이곳 백성들에게 차를 공물(貢物)로 부과하였다. 이에 백성들은 전라도에서 차를 구입하였는데, 대략 쌀 한 말에 차 한 홉[合]을 얻을 수 있었다. 성종 초기, 점필재(佔畢齋, 김종직의 호)가 함양 군수였을 적에 일찍이 『삼국사(三國史)』를 열람하다가 '신라시대 때 대렴(大廉)[10]이 당나라에서 차의 씨앗을 얻어다가 지리산에 심었다.'는 구절을 보게 되었다. 이에 고을 부노(父老)들에게 차에 대해 두루 물어보아 과연 엄천사(嚴川寺) 북쪽 대숲 속에서 차 몇 떨기를 얻었고, 백성들의 밭을 사들여 그 땅에 채마밭을 만들어 차의 씨앗을 심었는데, 몇 년 안 되어 과연 무성하게 자라서 공납에 충당할 수 있었다. 지희시(志喜詩)[11]가 있다.[12]

7 일본의 밤

『고려사』 충렬왕(忠烈王) 2년 조에, 원나라에 일본 밤을 진상했다고 하였다. 이에 앞서 조양필(趙良弼)이 일본에 사신 갔을 때 밤 종자를 얻어다 의안(義安, 경상도 창원)에 심었었는데, 이때에 이르러 열매를 맺었다. 지금 창원부(昌原府) 안의 차의상리(車衣上里)에 옛 성터가 있는데, 토착민들은 이곳을 의안의 옛 읍터라고 하였다.

그 곳에 밤나무가 초장(草場)[13]에 섞여있어 매년 가을이면 풀과 함께

10 대렴(大廉): 신라 흥덕왕 때 신하로서, 흥덕왕 3년(828) 당(唐)나라에 사신으로 갔다가 귀국할 때 중국 차의 씨앗을 가지고 와서 지리산에 심었다고 한다.

11 지희시(志喜詩): 기쁨을 나타내기 위해 지은 시. 김종직은 함양군수 시절에 관영(官營) 다원(茶園)을 만들어 차의 공납을 충당할 수 있게 하였다. 이에 「다원(茶園)」 2수를 지어 함양에서 차를 생산할 수 있게 된 기쁨을 드러내었다.

12 위의 항목은 『점필재선생연보(佔畢齋先生年譜)』의 1474년 4월조를 참고할 것.

섞어 베어내었다. 그 다음해 봄에 나뭇가지를 제거했더니 그해에 열매를 맺었는데, 밤송이가 개암나무 열매처럼 자그마했다. 서리가 내릴 때면 밤송이 속의 밤이 떨어졌는데, 겨우 큰 콩알만 하였다. 하지만 맛은 아주 달았다. 토착민들이 이를 전파하여 '왜밤'이라 하였는데, 조양필이 심은 것인지 모르겠다. 서영보(徐榮輔) 공께서 일찍이 창원에서 벼슬살이 할 적에,[14] 이 밤나무 20개를 얻어다 분배하여 나에게 보냈다.

8 단심국(丹心菊)

청음(淸陰)[15]이 심양의 북관(北館)에 있다가 을유년(1645)에 비로소 우리나라로 돌아오게 되었는데, 어떤 중이 단심국(丹心菊)을 그려 주면서 말하길, "어르신께서 임금을 향한 충성어린 마음은 이 그림과 같습니다."라 하였다.

청음이 이 그림을 가지고 우리나라로 돌아왔는데, 이리저리 여러 번 전해지다가 지금은 김종건(金鍾健) 집안에 있다. 그런데 현재 아직도 그 집에 있는지는 모르겠다.

9 이월사(李月沙)의 글씨와 매화

월사(月沙) 이문충공(李文忠公)은 원래 명나라 사신 웅화(熊化)[16]와 서로

---

13 초장(草場) : 시초장(柴草場)을 가리킨다. 시초장이란 땔나무를 채취하는 곳으로, 땔나무를 쓰는 여러 관사(官司)에는 일정한 면적의 시초장을 두었고, 이곳을 보호하기 위해 백성들이 개간하여 농사짓는 것을 법으로 금지하였다.

14 서영보 … 할 적에 : 서영보(1759~1816)는 1798년 1월부터 8월까지 창원부사로 재직하였다.

15 청음(淸陰) : 김상헌(金尙憲, 1570~1652)의 호. 그는 병자호란 이후 척화(斥和)를 강력하게 주장하다 1640년 11월 심양으로 압송되어 1641년 심양의 북관(北館)에 구류되었다가 1645년 귀국하였다.

알고 있었다. 공(公)이 명나라로 사신 갔을 적에 웅화와 더불어 황제가 하사한 『송원강목(宋元綱目)』을 걸고 내기 바둑을 두어 이를 취하였다. 또 웅화가 침실의 고매(古梅) 한 그루를 가져와서 이에 부응하였는데, 그 고매의 종자가 호서(湖西) 지방에 크게 전파되었다. 숭정 이후 두 번째 병진년(1736)에 호사자(好事者)가 문충공의 후손에게 매화 한 그루를 보내왔으니, 글씨와 매화가 2백년을 떨어져 있다가 다시 합쳐진 것이다.

10 선원(仙源)의 배

선원(仙源)[17]은 선조 말기에 안변부(安邊府)에서 벼슬살이 했었는데,[18] 동헌(東軒)의 북쪽에 배나무를 죽 늘어 심고선 그 동헌을 향설헌(香雪軒)이라 이름하였다. 그곳엔 선원이 전자체(篆字體)로 손수 쓴 편액(篇額)이 있는데, 지금까지 2백여 년이 되었다. 옛 노인들이 그 배나무 열매를 먹었다는 말을 서로 전하였다. 그밖에 뜰에 죽 늘어 심은 것도 모두 그 배나무 종자였다. 선원의 후손으로 이 안변부에서 벼슬살이 한 자가 이 동헌 건물을 중수(重修)하여 새롭게 하였다. 청음(淸陰) 시에 이런 내용이 있다.

---

16 웅화(熊化) : 명나라 사람. 자는 중용(仲龍), 호는 극봉(極峰) 또는 진연거사(盡緣居士)이다. 강서(江西) 청강(淸江) 사람으로 만력29년(1601) 진사에 합격하였다. 1609년 소경대왕(昭敬大王, 선조의 존호) 제사의 칙사로 임명되어 조선에 왔다.

17 선원(仙源) : 김상용(金尙容, 1561~1637)의 호. 조선 중기의 문신. 1590년 증광 문과에 병과로 급제하여 출사하였고, 임진왜란이 일어나자 강화 선원촌(江華仙源村)으로 피난했다가 양호체찰사(兩湖體察使) 정철(鄭澈)의 종사관이 되어 왜군 토벌과 명나라 군사 접대로 공을 세워 1598년 승지에 발탁되었다. 1601년 대사간이 되었으나 북인의 배척을 받아 정주목사로 좌천, 이후 지방관을 전전하다가 1608년(광해군 즉위년) 잠시 한성우윤·도승지를 지낸 뒤 계속 한직(閑職)에 머물렀다.

18 선조 말기에 … 했었는데 : 김상용은 1607년(선조 40) 2월 안변부사에 제수되어 1년여 동안 재직하였다.

그대 다시 좋은 나무 심을 뜻이 있거들랑 憑君有意封嘉樹,
앞사람이 손수 심던 때의 마음 잊지 마오. 莫忘前人手種時.[19]

이 시에서 나무는 바로 배나무를 가리킨 것인데, 이 시는 판목에 새겨져 아직도 벽 위에 있다.

11 석송(石松)

창의문(彰義門)[20] 안에서 어떤 사람이 돌 하나를 얻었다. 돌 위에는 푸른 소나무가 있었는데, 가지와 잎이 매우 펴져 있고 길이는 겨우 한 척이며 뿌리는 벌어져 있었다. 수려하여 가짜 토우(土偶)는 아니었는데, 사물에 부딪치면 부서졌다. 소나무 뿌리에는 물이 있고, 물속에는 물고기가 있었는데, 해를 보면 죽었다.

12 정방산성(定方山城)의 소나무

황주(黃州, 황해도) 정방산성(定方山城)[21]의 성불사(成佛寺)에 수령(樹齡)

---

19 그대 … 잊지 마오[憑君有意封嘉樹, 莫忘前人手種時] : 이 시는 『청음집』 권3에 있고, 제목은 '안변 부사(安邊府使) 심자순(沈子順)에게 주다. 나의 큰형님께서 이곳을 다스리던 때에 새로 아헌(衙軒)을 짓고 그 주위에 배나무를 빙 둘러 심고선 향설헌(香雪軒)이라 이름하였는데, 지금 이미 25년이나 지나 배꽃이 몹시 무성하게 피었기에 감회가 일어 이 시를 읊다. [贈安邊使君沈子順. 我伯氏在政日, 新構衙軒, 遍植梨樹, 命曰香雪, 今已二十五年, 開花甚盛, 感懷賦此.]'이다.

20 창의문(彰義門) : 서울 종로구 청운동에 있는 문(門). 북문(北門) 또는 자하문(紫霞門)으로도 불린다. 1396년(태조 5) 서울 성곽을 쌓을 때 세운 사소문(四小門)의 하나이다.

21 정방산성(定方山城) : 황해도 사리원시 정방리 정방산에 있는 고려시대의 성곽. 한반도 서부의 남북을 이어주는 주요한 교통로를 지키는 천혜의 요충지인 산성이다. 성내에는 물이 풍부해서 연못터 4개소, 우물터 7개소가 있고, 성불사와 성장(城將) 김성업비 등 역사유적들이 남아 있다.

이 몇 백 년인지 알 수 없는 소나무가 있다. 한 줄기에 두 개의 나뭇가지가 서로 엇갈려 의지하고 있어 그 모양이 마치 규룡(虯龍) 같았다. 한 나뭇가지에는 잣나무 잎이 붙어 있고 또 다른 나뭇가지에는 노송(老松) 잎이 붙어있었는데, 날짐승이나 벌레가 감히 침입하여 가까이 다가오지 못하였다. 아마도 기이한 나무일 것이다. 나무 몸통의 구멍에서 기름 같은 진액(津液)이 흘러내리므로 시험 삼아 작은 그릇에 진액을 받았는데 잠깐 사이에 그릇을 가득 채웠다.

13 명천(明川)의 나복(蘿葍)

명천(明川, 함경북도 소재) 칠보산(七寶山)에 자생(自生)하는 무[蘿葍]가 있고, 호남(湖南) 추자도(楸子島)에 자생하는 배추[菘菜]가 있다.

14 퇴계(退溪) 댁 마당의 회나무[檜]

퇴계 선생의 옛집은 도성(都城) 내 서문(西門) 안쪽에 있었는데, 마당에 높이가 수십 장(丈)되는 오래된 회나무가 있었다. 병난(兵難) 후에 고택(故宅)의 교목(喬木)들이 흔적 없이 사라졌지만, 이 나무만은 홀로 온전하였다. 그래서 사람들이 모두 이 나무를 기이하게 여겼는데, 신해년(1611) 봄에 홀연 꺾이고 부러졌다. 그해 여름에 정인홍(鄭仁弘)이 박여량(朴汝樑)과 박건갑(朴乾甲) 무리를 사주하여 퇴계를 비방하였는데, 회나무가 꺾이는 변고(變故)는 아마 그 조짐이었던 것이다.

15 옥(玉)

중국에서 생산되는 옥을 옛날에는 남전(藍田)이라 일컬었는데, 지금은 이 품종이 없고, 다만 화전옥(和闐玉)을 재료로 사용한다. 지금 연경(燕京)의 옥그릇은 모두 화전(和闐)에서 난다. 오중(吳中) 지역에는 오직 옥 장인이 거주하는 여러 마을이 있는데 이들이 깎고 새기는 정밀함은 화전 지역의 옥 장인에 크게 못 미친다.

우리나라의 옥은 남양(南陽)·성천(成川)·단천(端川)에서 채취하는데, 이곳에서 생산되는 옥은 모두 무부(碔砆)[22]의 종류이다. 그러니 옥에는 일찍이 종류가 없는 것이 아니었다. 성종 말기에 옥 장인 김효련(金孝連) 등이 과천현(果川縣) 관악산(冠岳山) 서쪽에서 얻은 백옥(白玉) 4개를 진상하자, 상(上)께서 이 옥이 생산되는 곳을 본읍(本邑)에서 잘 지킬 것을 명하였다. 또 통진현(通津縣)에서 항상 옥을 채취하였는데, 승지(承旨)가 옥을 채취하는 부역을 중지시킬 것을 청하자, 상께서 이 때문에 갓을 만들 적에 옥으로 장식하는 것을 허여하지 않았다.

16 용각(龍角)

상서(尙書) 이유수(李惟秀)가 일찍이 연경에 갔을 적에 어떤 사람이 한 덩이의 물건을 가지고 팔았는데 옥도 아니고 돌도 아니었다. 이상서는 옛 것을 좋아하여 마음속으로 이를 보물이라 여겨 사서 귀국하였는데 사용법을 몰랐다. 그래서 나중에 역관에게 주어 연경에서 다시 팔도록 하였다. 그 역관이 저자의 문에 이를 걸어두었지만 연경 사람들 또한 이를 알지 못하였다. 마지막으로 촉(蜀) 지방 사람이 지나가다 "이는 용각(龍角)인데, 어디에서 가져왔는가?"라 말하면서 감탄하고 어루만지며 가지고 놀기를 멈추지 않았다.

22 무부(碔砆) : 붉은 바탕에 흰무늬가 있는, 옥(玉)과 비슷한 돌.

우리나라 사람이 마침내 이를 다시 가지고 귀국하여 이것으로 패도(佩刀)를 장식하였다. 그 패도가 이상서 집안에 있었는데, 이상서가 죽자 집안 사정이 더욱 형편없어져 이것이 안상서(安尙書)에게 돌아가 오랫동안 그 집안에서 전해졌다. 이것의 값은 7백 민(緡)이었는데, 지금은 값이 떨어져 2백 민(緡)에 이르렀지만 사려는 사람이 없었다. 이것을 살펴보면, 청흑색이고 물빛처럼 맑아 옥과 같고, 한 가운데 붉은 빛이 밝게 빛나 마치 횃불 같았다.

17 남포석(藍浦石)

남포(藍浦)의 화초석(花草石)에는 매화·죽·난초·고사리·파초의 형상이 있는데, 벼루를 만들면 상품(上品)이 된다. 파주(坡州) 오산산성(烏山山城)[23]에 바위 하나가 있는데, 이를 쪼개어 내면 조각조각이 모두 분죽(粉竹)이어서 그 무늬가 그림 같았다. 문경(聞慶) 마포원(馬浦院) 시냇가의 잡석(雜石)은 대부분 모양과 무늬가 기이하다고 한다.[24]

18 먹[墨]

지금 우리나라 먹의 품질은 해주(海州)의 것을 보배라고 일컫는다. 원(元)나라 사람 육우인(陸友仁)[25]의 『묵사(墨史)』에 외국에서 만든 먹에 대한 글이 실려 있는데, 고려에서 공납(貢納)한 먹 가운데 맹주(猛州)의

23 오산산성(烏山山城): 오두산성(烏頭山城)을 가리킴. 경기 파주시 탄현면(炭縣面) 성동리(城東里) 오두산에 있는 백제 때의 산성이다.

24 이 항목은 『국포집(菊圃集)』 권12, 『한묵만희(翰墨漫戲)』에 수록되어 있는 「총명쇄록(聰明瑣錄)」에 보인다.

25 육우인(陸友仁): 육우(陸友)를 가리킨다. 우인은 그의 자이다. 저술이 아주 많지만 지금까지 전해오는 것으로는 『묵사(墨史)』와 『연북잡지(硯北雜誌)』 등이 있다.

것이 상품(上品)이고 순주(順州)의 것이 그 다음이었다. 그 글에 "평로성(平鹵城)에서 공물로 바친 것을 혹은 순주에서 공납한 먹이라 하고 혹은 맹주에서 공납한 먹이라 한다."라고 하였다. 살펴보건대 평로성은 지금의 영유현(永柔縣)이고, 순주는 지금의 순천군(順川郡)이며, 맹주는 지금의 맹산현(孟山縣)이다. 세 읍이 모두 관서(關西) 지방에 속하는데 지금은 공납하는 먹이 없다.

19 제지법(製紙法)

성종 6년(1475)에 지장(紙匠)[26] 박비(朴比)로 하여금 일찍이 사은사(謝恩使)를 따라 북경에 가서 제지법(製紙法)을 배워오게 하였다. 그 방법은 생마(生麻)를 잘게 쪼개어 물에 담그고, 석회(石灰)를 섞어 뭉개질 정도로 쪄서 조직이 촘촘한 포대에 담아 뒤집어가며 비벼서 석회를 깨끗이 제거하고 꼼꼼하게 문지른다. 다시 촘촘하게 엮어진 대광주리에 담아 또다시 깨끗이 씻어 건져내어 나무통에 담고 맑은 물을 섞어 종이를 만들며 아교를 사용하지 않는다.

주본지(奏本紙)[27]를 만드는 방법은 다음과 같다. 남방(南方) 사람들은 죽순을 베어다 연이어진 껍질을 한마디씩 잘라 물을 뿌리고 석회를 섞어 통 안에 넣어 놓는다. 6, 7일이 지나면 삶아서 이미 푹 익으면 대광주리에 담아 씻어서 석회를 깨끗하게 제거하고 뭉개질 정도로 찧어서 포대에 담아 다시 깨끗하게 하고, 활척수(滑滌水)를 섞어 만든다. 활석(滑石)은 풀이름인데, 방망이로 그 뿌리와 줄기를 잘게 부수어 물에 담가

26 지장(紙匠) : 조선시대 교서관(校書館)이나 조지서(造紙署)에 소속되어 종이를 다루거나 만들던 공장(工匠).

27 주본지(奏本紙) : 임금님에게 올리는 문서에 특별히 사용되었던 종이.

아교를 만든다. 분지(粉紙)[28]를 만드는 방법은 다음과 같다. 볏짚 소량과 노끈 1천장(丈)을 섞어 사용하는데, 여기에다 쌀가루 1근을 섞으면 빛깔이 희고 종이의 품질이 고와진다.

요동(遼東) 지역의 동문(東門) 밖에 있는 태자하(太子河) 주변에 제지소(製紙所)가 있는데, 그곳에서 종이 만드는 방법은 생마(生麻)와 생뽕나무 껍질을 사용하고, 진목회(眞木灰)와 수석회(水石灰)를 섞어 익히고 쪄서 햇볕에 말려 건조시키며, 나무방망이로 두드려 거친 껍질과 석회를 제거하고, 잘게 쪼개어 대광주리에 담아 씻어서 깨끗이 하고 꼼꼼하게 문지른 다음 활척수를 섞어 만든다. 이는 으레 사용하는 종이이다.

20 고려(高麗)의 먹[墨]

원(元)나라 사람 원우인(陸友仁)의 『묵사(墨史)』에, 외국에서 만든 먹에 대한 글이 실려 있는데, 고려의 먹은 맹주(猛州)의 지금의 맹산(孟山) 것이 상품(上品)이고, 순주(順州)의 지금의 순천(順川) 것이 그 다음이었다. 그 글에 "평로성(平鹵城)에서 공물로 바친 것을 혹은 순주에서 공납한 먹이라 하고, 혹은 맹주에서 공납한 먹이라 한다."라고 하였다.

이공택(李公擇)이 동파(東坡)의 먹 반쪽을 남겨두었는데, 그 먹에 '장력강(張力剛)'이라는 문자가 찍혀있었으니 고려 사신에게 얻은 것이다. 위태(魏泰)[29] 도보(道輔)는, "신라(新羅)의 먹은 파리가 그 먹물을 먹으면

---

28 분지(粉紙) : 전라북도에서 생산한 두루마리용 종이로서 종이의 표면에 쌀가루를 뿌리고 두드려서 만든 종이.

29 위태(魏泰) : 북송(北宋)시대 신종·철종·휘종 연간(1067-1125)에 활동했으나, 정확한 생몰연대는 알 수 없다. 자는 도보(道輔), 호는 계상장인(溪上丈人)이고, 양주(揚州) 양양(襄陽) 사람이다. 미불(米芾)은 위태와 왕안국을 시호(詩豪)로 불렀다고 한다. 저서로 『동헌필록(東軒筆錄』과 『임한은거시화(臨漢隱居詩話)』를 남겼다.

바로 죽는다."라고 하였으니, 항상 사람들은 먹에 약을 섞었는지를 경계하고 신라의 먹을 사용하지 않았다.

일본의 먹은 그 표면에 감꼭지 같은 모양의 무늬가 찍혀있다. 육자리(陸子履)가 거란(契丹)에 사신으로 갔다가 먹을 구해왔는데, 그 먹에 '양암진 제조[陽巖鎭造]'라고 새겨져 있었다. 그 나라에서 품질이 아주 좋은 먹이다. 등자제(滕子濟)가 커다란 홀(笏)만한 먹을 가지고 있었는데, 용봉(龍鳳) 무늬로 되어있고, 그 표면에 '진고(鎭庫)'라고 적혀있었으니 만년토록 훼손되지 않을 것이다.

또 서역(西域)의 승이 소태간(蘓太簡)에게 말하길, "자신의 나라에 훌륭한 먹이 있는데 중국에 들어오지 않았습니다. 이 먹은 계족산(鷄足山)의 고송(古松)으로 만든 것입니다."라고 하였다. 금(金)나라에 유법(劉法)이라는 사람이 있었는데, 그의 자는 언구(彥矩)이고 상산(常山) 사람이다. 그는 스스로 먹을 제조하여 '서신암 제조[栖神巖造]'라고 새겼다. 양문수(楊文秀)는 금(金)나라 때 좋은 먹이 있다는 소문을 들었는데, 그 먹의 제조법은 관솔불[松炬]을 사용하지 않고 등잔 그을음[燈煤]을 사용하였다. 양문수의 아들인 양빈(楊彬)이 그 제조법을 전수받아 야율초재(耶律楚材)에게 전수해 주었다. 야율초재는 그 아들 야율주(耶律鑄)에게 전수해 주었는데, 야율주가 1만 개를 제조하여 '옥천만홀(玉泉萬笏)'이라 새겼다.

21 옛날의 역법(曆法)

옛날의 역법(曆法)은 자시(子時)와 오시(午時)가 모두 10각(刻)이고, 나머지 시(時)는 모두 8각(刻)이므로, 1백각이다. 그런데 지금 청나라 역법에서는 시(時)가 모두 8각이므로 밤과 낮[晝夜]을 합쳐 96각이다. 하늘에는 원래 도수(度數)가 없는데, 하늘을 365도(度) 4분(分)의 1도(度)라 한 것은 해가 하늘에 미치지 못하는 것을 계산한 것이다. 하늘은 또한 형체가 없지만 해와 달이 지나가는 28수(宿)를 가리켜 형체를 삼고, 반드시 365일 3시간 이후에 해가 궤도를 따라 돌아 지난해와 같아진다. 그러면 365도 4분의 1도가 된다.

하늘에서는 해와 달과 오성(五星)이 모두 동쪽에서 떠오르고 남쪽에서 한 가운데 있다가 서쪽으로 들어가며 북쪽에서 어두워진다. 그래서 하늘은 왼쪽으로 돌고 해와 달과 오성(五星)은 오른쪽으로 돈다고 말하는 것이다. 해를 중심으로 하면, 해가 나오면 일어나고 해가 들어가면 쉬는데, 사람들이 일어나고 쉬는 것은 모두 해를 본받은 것이다. 그러므로 해를 중심으로 삼은 것이다. 해가 동쪽에서 나오므로 기일(紀日)로 별자리를 관찰하는데, 이는 창룡(蒼龍)[30]에서부터 시작한다. 하늘의 운행이 빠르면 해가 돌아서 왼쪽으로 가고, 하늘의 운행이 더디면 해가 돌아서 오른쪽으로 간다. 그러므로 기일(紀日)이 도수(度數)에 미치지 못해서 각(角) 1도·각 2도라 하는 것인데, 모두 동쪽에서 북쪽으로, 북쪽에서 서쪽으로, 서쪽에서 남쪽으로, 남쪽에서 다시 동쪽으로 가기 때문에 기일(紀日)인 것이다. 해가 하늘을 운행함에 매일 한 번 도는데, 1도(度)에 이르지 못하면 1년 동안 하늘의 운행은 해의 운행에 견주어 1주(周) 많아진다.

달 또한 매일 한 번 하늘을 돌지만 30도 이르지 못하고 우수리가 있으면 29일 남짓이 되어 해에 미치지 못하는데, 이미 한 번 돌면 해와 만난다. 이른바 현효(玄枵)·성기(星紀) 등의 12별자리는 매 별자리마다 30도

30 창룡(蒼龍) : 고대의 28수(宿) 가운데 동쪽의 7개 별인 각(角)·항(亢)·저(氐)·방(房)·심(心)·미(尾)·기(箕)를 총칭하는 용어. 7개의 별을 연결하면 용모양이 된다.

96분의 42도가 기월(紀月)인 것이다. 1시간은 8로 나누고 1일은 96으로 나누며 3시간은 24로 나눈다. 총괄해보건대, 날은 해를 따르므로 새벽과 황혼이 있는 것이요, 달은 달을 따르므로 반달[弦][31]과 보름[望]과 그믐[晦]과 초하루[朔]가 있는 것이다. 년은 하늘을 따라 4입(立) 2분(分) 2지(至)[32]의 분기가 있는 것이다. 이 세 가지는 역법 중에서도 대법(大法)이다.

하늘에는 남음이 있고 해와 달은 부족한데, 윤(閏)이라는 것은 해와 달의 부족함을 보충해 주어 하늘에 남음이 있는 것을 따른 것이다. 이는 성인(聖人)들이 보충해 만들어낸 묘법(妙法)인데, 옛날 유학자들은 도리어 해의 운행이 더디고 달의 운행이 빠르다고 말하였다. 또한 해가 하루 동안 하늘을 한 번 돌고, 달이 한 달 동안 하늘을 한 번 돌며, 별이 1년 동안 하늘을 한 번 돈다고 하였는데, 대략 산가(算家)의 첩법(捷法)으로 말해보건대, 사람으로 하여금 더욱 그 이치를 밝혀내지 못하게 한다.

22 고금(古今)의 말[斗]과 곡(斛)

『예기의소(禮記義疏)』에 말하길, "『좌전이의(左傳異義)』에 이런 말이 있다. '북위(北魏)와 제(齊)나라에서는 말[斗]로 옛 것을 헤아려 2말을 1말로 하였고, 북주(北周)와 수(隋)나라에서는 말로 옛 것을 헤아려 3말을 1말로 하였다.'"라고 하였다. 또 『당육전(唐六典)』[33]과, 내외(內外) 관사(官司)에서는 모두 수나라 제도를 따랐고, 태사(大史)와 태상(大常)과 태의(大醫)는 옛 제도를 사용하였다. 그러므로 당시에 대말[大斗]·소말[小

31 반달[弦]: 음력 7, 8일 즈음과 22, 23일 즈음에 활 모양을 이룬 반달.

32 4입(立) 2분(分) 2지(至): 4입은 입춘(立春)·입하(立夏)·입추(立秋)·입동(立冬)을, 2분은 춘분(春分)과 추분(秋分)을, 2지는 하지(夏至)와 동지(冬至)를 가리킨다.

33 『당육전(唐六典)』: 중국 당나라 현종이 짓고 이임보(李林甫)가 주(註)를 단 관직 제도에 관한 책. 『주례』를 모범으로 삼았으며, 행정 기구·관직·정원·직무 따위를 열거하였다.

斗]·대량(大兩)·소량(小兩)의 명칭이 있었다. 구양수(歐陽脩)의 『집고록(集古錄)』에서 한대(漢代)의 동용(銅甬)을 보았는데, 거기에 '용량 10말[容十斗], 무게 40근[重四十斤]'이라 새겨져 있었다. 지금의 것과 비교해보면 용량 3말, 무게 15근이다. 이것은 말[斗]로는 3말 남짓이고, 근(斤)으로는 15근이 안 된다. 또한 왕망(王莽)은 포(布)의 길이를 2촌(寸) 5푼[分]으로 하였는데, 지금의 1촌 6푼 남짓이요, 너비는 1촌으로 하였는데, 지금의 6푼 반이다. 이는 후대의 것이 옛 것보다 큰 것인데, 용량이 가장 큰 차이가 나고 저울이 그 다음이며 자[度]가 그 다음이다.

또 심괄(沈括)이 말하길, "진한(秦漢)시대의 6말은 지금의 1말[斗] 7승(升) 9홉[合]이고, 3근은 지금의 13량(兩)이다."[34]라고 하였으니, 이는 송(宋)나라의 저울과 용량이 당나라 때보다 큰 것이다. 『원사(元史)』에 이르길, "송나라의 1석(石)은 지금의 7말이다."라고 하였으니, 이는 원나라의 말과 곡(斛)이 또한 송나라보다 큰 것이다.

23 묘(畝)와 척(尺)

『주례(周禮)』에 장인(匠人)이 밭도랑[溝洫]을 만드는데, 보습의 너비가 5촌(寸)이고, 두 개의 보습은 한 겨리[耦]가 되며, 한 겨리가 갈아엎은 땅[一耦之伐]은 너비가 1척(尺) 깊이가 1척이다. 이것을 견(甽, 밭도랑)이라 한다. '견(甽)' 자의 고자(古字)는 '견(畎)' 자이다. 대개 3견(甽) 3벌(三伐)은 6척이 1보(步)가 되고 백 보가 묘(畝)가 되니, 묘법(畝法)과 보법(步法)은, 서로 기준이 된다. 농기구도 이 기준을 따라서 질서정연하여 혼란스럽지 않았다. 그러므로 전야(田野)와 지면(地面)에 이미 주척(周尺)의 도수(度

34 진한(秦漢)시대의 … 13량(兩)이다[秦漢六斗, 當今一斗七升九合, 三斤當今十三兩]: 이 구절은 심괄이 지은 『도량형고(度量衡考)』에 나온다.

數)를 갖추어 제산(制産)의 바탕이 되었다.

그런데 묘법이 무너진 것이 어느 때인지 모르겠다. 어떤 사람은 진(秦)나라 효공(孝公) 때부터라 하고, 어떤 사람은 한(漢)나라 고조(高祖) 때부터라고 하는데, 아마도 상군(商君)이 병탄할 때부터 이미 묘법이 변했을 것이다. 관중(關中) 지역에서만 묘법이 시행되다가 한나라 초기에 이르러 비로소 천하에 반포되었다. 때문에 묘법이 무너진 것이 진나라 때라 하고 한나라 때라 하는데, 두 견해 모두 일리가 있다.

보법(步法)이 무너진 것도 그 원인이 상세하지 않지만, 「진시황본기(秦始皇本紀)」에서 수(數)는 6을 기본으로 하고, 6척을 1보(步)라고 하였다. 「왕제(王制)」[35]에 이르길, "지금 주척(周尺)에서 6척 4촌(寸)을 1보라 한다."라 하였다. 초주(譙周)[36]가 「진시황본기」의 문장을 논하여 말하길, "보(步)는 사람의 발로 수(數)를 삼은 것이니 오직 진나라 제도에서만 그러했던 것이 아니다."라고 하였다. 그렇다면 진나라에서부터 동한(東漢) 말기에 이르기까지 모두 6척을 보라 하였다.

그런데 왕정(王禎)이 구전(區田)[37]의 제도를 논하여 말하길, "구설(舊說)에 구전(區田)의 1묘(畝)는 너비가 15보이고 각각의 보는 5척이니, 계산해보면 75척이다."라고 하였다. 왕씨가 말한 구설이란 범승지(氾勝之)[38]의 것이 아니라 바로 가사협(賈思勰)[39]의 것이니, 5척을 1보라고 함

---

35 「왕제(王制)」: 『예기(禮記)』의 편명.

36 초주(譙周): 중국 삼국 시대 촉한(蜀漢) 사람. 자는 윤남(允南)이다. 학자로서 경사(經史)에 정통했고, 서찰을 잘 썼으며, 천문(天文)에 밝았다. 제갈량에 의해 천거되어 태자의 가령(家令)이 되었고 벼슬이 광록대부(光祿大夫)에 이르렀다.

37 구전(區田): 고대 전제(田制)의 하나이다. 전지(田地) 1묘(畝)를 쪼개어 몇 개의 구(區)로 만들고 한 구씩 건너뛰어 곡식을 심었다. 사이사이 비워 둔 구(區)는 가물 때에는 물을 대는 용도로 사용하고 결실기에는 곡식 뿌리를 두텁게 북돋아서 바람에 흔들리는 피해를 막았다고 한다.

38 범승지(氾勝之): 전한(前漢)시대의 뛰어난 농학자. 성제(成帝) 때 의랑(議郎)을 지냈다. 그

이 육조시대에 있지 않을 수 있었겠는가? 그런데 척(尺)의 수에서 남고 척의 길이에서 남았기 때문에 두 발로 평행 이동한 1보는 6척이나 5척이나 매한가지이다.

대저 묘법(畝法)과 보법(步法)은 비록 손익(損益)이 있지만, 척(尺)으로써 보(步)를 규정하고 보로써 묘(畝)를 계산하는 것은 동일하니, 오히려 옛 제도에 어긋나지 않는다. 그런데 우리나라에서 밭도랑과 밭두둑의 이랑[畝]에는 모두 법도가 없고, 6등척(六等尺)[40]은 또 제멋대로이고 통일된 규칙이 없어서 간사함과 폐단이 쉽게 늘어났다. 똑같이 1평(坪)이지만, 동쪽 변방 지역에서 1결(結)의 면적이 서쪽 변방 지역에서는 1결의 반(半)에도 해당되지 않았다. 이와 같으니 어찌 주척(周尺)을 사용했겠는가?

고려시대에는 농부의 손가락으로 기준을 삼아 두 손가락을 10으로 계산하여 상등(上等)의 전척(田尺)[41]으로 삼고, 두 손가락을 5로 계산하거나 세 손가락은 5로 계산하여 중등(中等)의 전척으로 삼았으며, 세 손가락을 10으로 계산하여 하등(下等)의 전척으로 삼았으니, 그 제도가 무디고 거칠어서 이처럼 법도가 없었다.

우리 세종조에 이르러 이를 혁파하고 주척을 사용하며 결부법(結負法)을 고쳐 경묘법(頃畝法)을 따르라고 명하였다. 그런데 이를 담당한 신하가 임금의 명령을 받들어 그 뜻을 백성들에게 널리 알리지 못하고, 고루한 법을 그대로 따라 간편하게 일을 처리하여 마침내 결부구법(結負舊

가 지은 농업서인 『범승지서(氾勝之書)』는 후세에 널리 알려졌다.

39 가사협(賈思勰) : 위진남북조시대 후위(後魏)의 사람으로, 고양(高陽, 山東省) 태수를 지냈다. 그가 지은 농업서인 『제민요술(齊民要術)』은 후세에 큰 영향을 미쳤다.

40 6등척(六等尺) : 세종 26년(1444)에 제정한 것인데, 주척(周尺)으로 따져서, 1등척은 4척 7촌 7분 5리, 2등척은 5척 1촌 7분 9리, 3등척은 5척 7촌 3리, 4등척은 6척 4촌 3분 4리, 5등척은 7척 5촌 5분, 6등척은 9척 5촌 6분이었다.

41 전척(田尺) : 논밭을 재는 데 쓰던 자.

法)을 그대로 따라서 대략 늘리거나 줄이는 것을 보태었다. 명분상으로는 비록 주척을 사용했지만 실제로는 주척을 이용하여 구분하지 못하였다. 지금 주척으로 4척 7촌 7푼[分] 5리(釐)로써 양척(量尺)의 길이를 삼았는데, 이것은 세간에서 일컫는바 가지런하게 하는 수(數)가 아니다. 이미 척법(尺法)이 성립되지 않았고, 보법(步法)도 성립되지 않았으며, 대개 앞 시기 왕조 때 농부의 지척(指尺)으로 논쟁한 것이 얼마 되지 않았다.

24 서울 도성(都城)의 종

한양 도성 안 경복궁(景福宮)의 광화문(光化門) 위에 커다란 종(鍾)이 있고, 종루(鍾樓)에도 커다란 종이 있는데, 모두 새벽녘과 저물녘에 울린다. 신덕왕후(神德王后)[42]의 정릉(貞陵)이 돈의문(敦義門) 안에 있었고, 능 곁에 흥천사(興天寺)가 있었다. 능이 옮겨가면서 절은 폐지되었지만, 커다란 종은 그대로 남아있었다. 원각사(圓覺寺)가 도성 안에 있었는데 절은 폐지되었지만 커다란 종 역시 거기에 남아 있었다. 중종조에 김안로(金安老)가 재상이었을 적에 동대문과 남대문에 두 개의 종을 설치하자고 건의했었는데, 김안로가 죄를 당하자 종이 마침내 걸리지 못하고 풀덤불 속에 내버려졌다.

만력(萬曆) 임진년(1592) 여름에 왜구(倭寇)가 도성을 함락시키고 마음대로 분탕질을 행하여 광화문의 종과 종루의 종을 모두 녹여버렸다. 계사년(1593)에 왜구가 물러가고, 그해 겨울 거가(車駕, 임금의 행차)가 도성으로 돌아오고, 갑오년(1594) 가을에 남대문에 종을 매달아 새벽녘과 저

42 신덕왕후(神德王后) : 태조 이성계의 계비(繼妃)인 강씨(康氏).

물녘에 울리도록 명하자 도성 사람들이 종소리를 듣고선 슬퍼하거나 기뻐하지 않음이 없었다. 정유년(1597) 겨울에 명나라 장수 양호(楊鎬)가 서울에 왔었는데, 명례동(明禮洞)의 현산(峴山)으로 종을 옮기라고 명하였으니, 지금의 종현(鍾峴)[43]이 바로 이곳이다.

25 얼굴에 분칠한 귀신

세간에 다음과 같은 이야기가 전해진다.

남이(南怡)가 소년시절에 일찍이 길거리를 지나가다가 어린 계집종이 물건 하나를 이고 있는 것을 보았는데, 얼굴에 분칠한 여자 귀신이 그 위에 걸터앉아 있었다. 다른 사람들은 그 귀신을 보지 못했지만 남이는 괴이하게 여겨 그 뒤를 따라서 이리저리 가보니 어떤 붉은 대문으로 들어갔다. 이윽고 곡(哭)하는 소리가 대문 안쪽에서 나왔는데, 젊은 아씨가 갑자기 죽었다는 말이 전해졌다. 남이가 그 까닭을 묻자, 말을 전해준 자가 이르길, "계집종이 홍시 한 쟁반을 내와서 겨우 봉한 것을 풀었는데, 젊은 아씨가 갑자기 홍시 하나를 가져다 먹고 마침내 완연히 구르며 일어나지 못하게 되었습니다."라고 하였다.

남이가 집안으로 들어가 살펴볼 것을 청했지만, 그 주인집에서는 애초에 이를 곤란하게 여겼다. 남이가 힘껏 요청한 이후에야 허락되었다. 남이가 집안으로 들어가서 보니 귀신이 여자의 배에 걸터앉아 있었는데, 귀신이 갑자기 피하자 그 여자가 잠시 후에 다시 살아났다. 그런데 남이가 집에서 나오자 그 여자는 다시 기절하였다. 주인집에서는 마침내 그 여자를 남이에게 시집보냈는데, 바로 권람(權擥)의 딸이었다. 지금 여항

43 종현(鍾峴): 지금의 중구 명동성당 일대를 가리키는 지명.

(閭巷)의 풍속에 전해 받은 음식이 있으면, 문득 조금 떼어내 버린 후에 먹는다.

26 득옥(得玉) 귀신

성천(成川) 기녀 중에 득옥(得玉)이라는 자가 있었는데, 일찍이 인평대군(麟坪大君) 댁에 들어가 있었다. 득옥이 몰래 외간 남자와 간통하자 인평대군이 매질하여 죽였고, 그 후 인평대군은 병마에 시달렸다. 무당이 말하길, 득옥이 머물면서 인평대군을 죽이려 한다고 하였다. 재앙을 물리치려 빌어보고 온갖 방법을 써보았지만 끝내 병이 낫지 않았다. 다만 효종 임금께서 들르시자 아픈 것이 약간 덜하였다. 대개 귀신이 임금의 위엄을 두려워한 것이다.

인평대군의 집안사람이 꿈에 득옥을 보았으니 필시 재앙이 있었고, 그 집에는 이 때문에 역루(逆累)가 많았던 것이다. 세간에서는 득옥이 빌미를 내렸기 때문이라고 말하였다. 그 집안에서 서로 전하는 말에 의하면, 장마철에는 바닥이 진흙창이 되어 사방이 미끄러운데 다만 득옥이 죽은 곳은 말라있어 먼지가 날린다고 하였다. 지금까지도 못된 귀신을 가리켜 '득옥 귀신'이라 한다.

27 경려장군(京癘將軍)

지평(持平) 박시수(朴蓍壽)가 무오년(1798) 10월 그믐날에 일찍이 꿈속에서 창의문(彰義門)을 나섰는데, 백성들이 분주히 달아나는 것을 보고 물어보았다. 어떤 백성이 대답하길, "어떤 물(物)이 이르렀는데 두려워할 정도입니다."라고 하였다. 이윽고 그 물(物)이 점점 가까이 다가왔는데,

바로 잡귀 4명이 수레를 타고 이르렀고, 그 형상이 비석 같았고 바스락거리는 소리가 났다. 중서성(中書省)의 경려장군(京癘將軍)이 붉은색으로 이것들을 진정시키고 창의문을 굳게 막고 들어와서 가까이 다가가 이것들을 보니, 바로 나무에 옻칠 한 것이었다. 뒤에서 오재신(吳在臣)[44]이 그를 따라갔다.

박시수가 잠에서 깨어나 자신이 꾼 꿈을 이상하게 여겼다. 그런데 그해 12월에 이르러 병의 기세가 매우 성해져서 요동지역에서부터 남쪽으로 전파되어 양서(兩西, 황해도와 평안도) 지역에 죽은 사람이 삼대처럼 즐비하였다. 이 전염병[45]으로 죽은 자들이 팔도(八道)에 두루 그득했는데, 대신(大臣)으로 죽은 자가 3명, 번신(藩臣)으로 죽은 자가 4명, 팔좌(八座) 가운데 죽은 자가 11명, 수령 가운데 죽은 자가 14명이었고, 팔도의 사망자가 만 명으로 추산(推算)되었다. 오재신은 조지서(造紙署) 별제(別提)였는데 병에 걸려 죽었다.

28 지촉(脂燭)

하원(何薳)의 『춘저기문(春渚記聞)』에 이런 이야기가 있다.

"내가 허사정(許師正)과 더불어 평강촌(平江村)을 지나가는데, 마을 사람들이 북을 묻고 모여서 새신(賽神)[46]의 모임을 가졌다. 그 신(神)은 용태보(龍太保)라 불리는 자이다. 실방촌(實傍村) 육씨(陸氏)의 아들은 참

44 오재신(吳在臣) : 정조 10년(1786) 3월에 식년시(式年試) 무과에 급제하여 동빙고 별제 등을 지냈다.

45 전염병 : 1798년(정조 22) 겨울에 성행한 독감을 가리킨다. 『목민심서』 애민육조(愛民六條)에 의하면, 정약용이 황해도 곡산부사로 있던 1798년 겨울에 독감이 유행하여 많은 사람들이 죽었다는 기록이 있다.

46 새신(賽神) : 농촌에서 가을걷이가 끝난 뒤 마을의 수호신에게 집단으로 제사지내는 일.

으로 무양(无恙)한데도 매양 신을 부르면 그 신이 갔으니, 생혼신(生魂神)이라 하였다. 신이 이미 나아가 흠향하면 마을 사람들이 질병에 대해 물었다. 비록 거리가 수 백리라도 신은 전부 자신을 부른 그 집에 바로 도착할 수 있었는데, 회회(回回) 말로 사람들의 상황을 걱정해주었다.

허사정의 아내가 삽천(霅川)으로 돌아가 모친을 보살피다가 병이 났다. 허사정은 신(神)이 그곳에 가서 살펴봐주기를 원하였다. 신이 허사정의 바람에 응하여 갔다가 잠깐사이에 돌아와 말하길, '내가 네 아내의 집에 도착해보니 바야흐로 재계(齋戒)하고 중을 청하여 『법화경(法華經)』을 암송하고 있었고, 시계(施戒)하는 여러 신들이 앞에 그득히 있으면서 모두 합장(合掌)하여 삼가 존경을 다하고 있어 내가 들어갈 수 없었다. 잠깐 사이 이웃의 아낙네가 와서 살펴보니, 앞에서 빛나는 2개의 등불은 바로 쇠기름[牛脂]이었다. 다만 냄새 맡아보니 피비린내가 코를 찌를 정도여서 여러 신들이 깜짝 놀라 흩어졌다. 내가 비로소 감히 앞으로 나아가자, 병자(病者)가 약간의 죽을 먹을 수 있었고, 이로부터 편안해졌다.'라고 하였다. 이 일을 증험해보니 과연 그러했다."라고 하였다.

요즘 사람들이 선인을 제사지낼 적에 지촉(脂燭)[47]의 사용을 경계하는 것은 대개 이유가 있는 것이다.

29 우리나라의 연호(年號)

신라 법흥왕(法興王) 23년은 바로 양 무제(梁武帝)의 대동(大同) 2년이었는데, 처음 연호를 세워 건원(建元) 원년(元年)이라 일컬었다. 진흥왕(眞興王) 12년은 바로 간문제(簡文帝)의 태보(太寶) 2년인데, 연호를 고쳐 건

47 지촉(脂燭) : 소나 돼지의 지방을 끓여 찌꺼기를 여러 번 버려서 깨끗한 기름을 걸러낸 다음 반으로 쪼갠 대나무 통에 넣어 굳힌 것. 지초라고도 한다.

국(建國) 원년이라 하였다. 건국 18년은 바로 진 문제(陳文帝) 광대(光大) 2년인데, 연호를 고쳐 대창(大昌) 원년이라 하였다. 대창 5년은 바로 진 선제(陳宣帝)의 대건(大建) 4년인데, 연호를 고쳐 홍제(鴻濟) 원년이라 하였다. 진평왕(眞平王) 6년은 바로 진 후주(陳後主)의 지덕(至德) 2년인데, 연호를 고쳐 건복(建福) 원년이라 하였다. 선덕주(善德主) 2년은, 바로 당 태종(唐太宗)의 정관(貞觀) 8년인데, 연호를 고쳐 인평(仁平) 원년이라 하였다. 진덕왕(眞德主) 2년은 바로 정관(貞觀) 21년인데, 연호를 고쳐 태화(太和) 원년이라 하였다.

장안국왕(長安國王) 헌창(憲昌)은 그의 부친 김주원(金周元)이 무열왕(武烈王)의 후손인데도 왕이 되지 못하자, 명주(溟州, 지금의 강릉)에 근거하여 국호(國號)를 장안(長安)이라 하였다. 당 목종(唐穆宗) 장경(長慶) 2년, 헌덕왕(憲德王) 14년에 연호를 정해 경운(慶雲) 원년이라 하였는데, 그 해에 망하였다.

태봉왕(泰封王) 궁예(弓裔)는 반란을 일으켜 당 소종(唐昭宗) 천우(天祐) 원년에 자칭(自稱) 왕이라 하였다. 신라 효공왕(孝恭王) 8년에 국호(國號)를 마진(摩震)이라 하고, 연호를 정해 무태(武泰) 원년이라 하였으며, 무태 2년에 연호를 고쳐 성책(聖冊) 원년이라 하였는데, 후량(後梁)의 주전충(朱全忠) 건화(乾化) 원년이었다. 국호를 태봉(泰封)으로 바꾸고 연호를 고쳐 수덕만세(水德萬歲) 원년이라 하였다. 수덕만세 4년에 연호를 다시 고쳐 정개(政開) 원년이라 했는데, 정개 5년에 망하였다.

고려 태조(太祖) 왕건(王建)은 후량(後梁) 전(瑱)[48]의 정명(貞明) 5년, 신라 영명왕(景明王) 3년에 연호를 정해 천수(天授)라 하였는데, 나중에

48 전(瑱) : 정명(貞明)이라는 연호를 사용한 후량의 마지막 황제인 주우정(朱友貞)을 가리키는 듯하다.

후당(後唐)의 연호를 따랐다.

30 송(宋)나라 15개 조정의 어압(御押)

 태조(太祖)의 어압(御押)[49]  태조의 원압(元押)[50]  태종(太宗)의 어압  태종의 어압 ㅇ진종(眞宗)의 원압(元押)  인종(仁宗)의 어압  영종(英宗)의 어압  신종(神宗)의 어압  철종(哲宗)의 어압  휘종(徽宗)의 어압  흠종(欽宗)의 어압  고종(高宗)의 어압  효종(孝宗)의 어압 ㅇ광종(光宗)의 어압  영종(寧宗)의 어압  이종(理宗)의 어압  도종(度宗)의 어압이다.

31 당(唐)나라 명황(明皇)의 해골[髑髏]

안원헌(晏元獻, 안수晏殊의 시호)이 장안(長安, 서안)을 지키고 있을 적에 마을의 부유한 백성이 기이한 재화를 가지고 있었는데, 그가 말하길, "본디 옥으로 된 해골 하나를 섬기고 있었는데, 이 때문에 크게 부유해졌습니다. 지금 형제들이 다른 곳에 살고 있어 이것을 나누어 몇 조각으로 만들려고 합니다."라 하였다. 안원헌이 그것을 취해 살펴보니 이마의 뼈 좌우가 모두 옥이었는데, 아름답고 기이하여 범상치 않았다. 공[안원헌]이 말하길, "이것은 아마도 화주(華州) 포성현(蒲城縣)에 있는 당나라 명황릉(明皇陵)에서 얻은 것이다."라 하였다. 그 백성은 자신의 할아버지가 실은 그곳에서 해골을 얻었다고 말하였다.

이에 원헌이 아래 동료들에게 이런 이야기를 해주었다.

"당나라 현종(玄宗)은 상황(上皇)으로 거처를 서내(西內)[51]로 옮겼는데,

49 어압(御押) : 임금의 수결(手決)을 새긴 도장.

50 원압(元押) : 원나라 때 유행한 화압인(花押印)을 가리킨다. 도장 윗면에 해서체로 성씨를 새기고 아랫면에는 파스파문자[몽골문자]를 새겨 넣었다.

이보국(李輔國, 환관)이 자객을 시켜 밤에 쇠몽둥이를 가져다 현종의 두개골을 치게 하였다. 현종이 누워 일어나지 못하였는데, 그 두개골을 명중하여 경쇠 소리가 나자, 상황이 깜짝 놀라 자객에게 말하길, '나는 목숨이 너의 손에 다할 것이라는 것을 참으로 안다. 하지만 섭법선(葉法善)이 일찍이 나에게 옥을 복용하라고 권하였기 때문에 지금 나의 두개골은 모두 옥으로 되어있다. 게다가 섭법선이 나에게 금단(金丹)을 복용하라 권하였기 때문에 지금 단(丹)을 가지고 있다. 예전에는 참으로 스스로 죽기 어려웠다. 네가 나의 두개골을 깨뜨려 단을 취할 수 있는데, 그러면 나는 바로 죽을 것이다.'라 하였다. 자객이 상황의 말과 같이 단을 취하자 바로 죽었다."

손광헌(孫光憲)의 『속통록(續通錄)』에 이르길, "현종이 장차 죽으려 할 때에 '상제(上帝)께서 나에게 공승진인(孔昇眞人)이 되라고 명하셨다.'고 말씀하셨다. 터질듯하게 소리가 나서 보니 붕어(崩御)하셨다. 이것은 하찮은 내 생각인데, 그렇다면 이것이 바로 현종의 진짜 해골인 것이다. 이 때문에 몰래 태릉(泰陵)[52]에 묻었으니 숙종(肅宗, 현종의 아들)의 죄가 드러난 것이다. 어떤 사람은, 숙종이 무을(武乙)[53]처럼 죽었으니 그것이 허황된 말이 아님을 징험할 수 있다."고 하였다.

51 서내(西內) : 당 나라 때의 궁전 이름. 즉 태극궁(太極宮)을 가리킨다.

52 태릉(泰陵) : 당 현종의 능묘. 지금의 섬서성 포성현(蒲城縣) 동북쪽으로 30 리 지점의 금속산(金粟山)에 있다.

53 무을(武乙) : 상(商)나라 제27대 왕으로 재위기간은 4년이다. 무을 때에 상나라가 쇠퇴하고 동이(東夷)의 세력이 강해졌다. 『사기(史記)』「은본기(殷本紀)」에, 무을이 하늘을 업신여기고 도리에 어긋난 일을 자주 저질렀다. 또한 무을이 하위(河渭)에서 사냥을 하다가 갑자기 천둥이 치는 바람에 그 소리에 놀라서 죽었다고 기록되어 있다.

32 호구(戶口)

인조 무자년(1648)에 서울과 지방의 호수(戶數)는 44만 1천 3백 2십 1이고, 인구수는 1백 50만 1천 3백 6십 5이다. 효종 정유년(1657)에 호수는 65만 8천 7백 7십 1이고, 인구수는 2백 29만 8십 3이다. 현종 기유년(1669)에 호수는 1백 31만 3천 4백 5십 3이고, 인구수는 5백 1만 8천 6백 4십 4이다. 숙종 무오년(1678)에 호수는 1백 34만 2천 4백 2십 8이고, 인구수는 5백 24만 6천 9백이다. 경종 계묘년(1723)에 호수는 1백 57만 4천 6십 6이고, 인구수는 6백 86만 5천 2백 8십 6이다. 영종 병오년(1726)에 호수는 1백 57만 6천 5백 9십 8이고, 인구수는 7백 3만 2천 4백 2십 5이다. 지금의 임금 을유년(1765)에 호수는 1백 73만 6천 5백 9십 2이고, 인구수는 7백 34만 7천 3백 8십 8이다.

요사이는 수령들이 호구를 상세히 파악할 수 없었고, 다만 아전과 서리들에게 맡겼다. 그런데 아전과 서리들이 그것의 번거롭고 복잡함을 싫어하고 게다가 상관(上官)이 호구수가 줄어든 것을 문책할까 두려워하였다. 이에 문득 새로운 호적(戶籍)을 가져다 옛 호적과 비교하면서 6, 7호 혹은 10여 호를 늘려 관아에 보고하면, 관아에서는 조정에 올리는 것이 상례(常例)가 되었다. 진실로 마음을 다해 호구를 꼼꼼하게 낱낱이 조사한다면 호구가 늘어나고 줄어드는 것이 응당 해마다 다를 것이다.

33 기인(其人)

고려 태조가 삼한(三韓)을 통일시키고서, 토호(土豪)를 호장(戶長)으로 삼고 향직(鄕職)을 마련하였다. 그리고 여러 군리(郡吏)의 자손들을 기인(其人)[54]으로 삼아 번갈아가며 시위(侍衛)하도록 하였다. 이는 바로 옛날의 볼모를 의미하는 것으로, 후대에 이르러서는 천예(賤隸)로 여겨져 이들을 심히 고통스럽게 하였다. 이들이 번(番)을 들기 위해 상경할 때 포화(布貨)[55]를 많이 거두어들여 자루에 그득히 넘쳐날 정도였다.

부상(富商)과 대고(大賈)가 대가를 받고 이들의 역(役)을 대신해 주었는데, 그 값은 6개월에 45필(疋)이었다. 부상과 대고는 이 값으로 땔감을 마련하고 그 나머지는 자신들의 이득으로 삼았다. 대개 백성의 고혈(膏血)을 짜내어 경사(京師)의 놀고먹는 자들에게 이바지한 것이니, 심히 아무런 의미가 없었다. 그래서 논의하는 자들이 대부분 이 제도가 불편하다 말하였고, 대동법(大同法)을 설치함에 이르게 되자 이 폐단을 드디어 없앴다.

34 사명(使命)을 받든 태감(太監)

명(明)나라 초기에 사명(使命)을 받들고 동쪽으로 조선(朝鮮)에 온 자들은 모두 태감(太監)이었다. 성화(成化) 4년(1468)에 이르러 우리 세조대왕께서 승하(昇遐)하시자, 명나라 황실에서 시호를 내리고 태감 정동(鄭同)과 최안(崔安)을 파견하여 세자를 왕으로 책봉(冊封)하게 하였다. 이들이 이미 출발했는데 요동순안어사(遼東巡按御史) 후영(侯英)이 이렇게 아뢰었다. "정동과 최안은 모두 조선 사람으로 그들의 분묘와 종족이 모두 조선 땅에 있으니, 그 국왕을 뵙고 무릎을 꿇은 채 절하는 것을 면치 못할 것이니, 거의 중국의 체모를 업신여기게 하는 것입니다. 청하옵건대, 이미 내리신 명을 취소하소서. 혹 한림(翰林)이나 혹은 급사중(給事

54 기인(其人) : 고려시대부터 조선 중기까지 지방 세력을 견제하기 위해 토호세력의 자제를 볼모로 서울에 머물러 있게 한 제도이다. 고려의 기인제도는 태조가 후삼국을 통일해가는 과정에서 지방호족들을 포섭하고 이들의 독자적인 기반을 효과적으로 제압하기 위한 조처의 하나였다.

55 포화(布貨) : 화폐로 쓰이는 포목(布木).

中)과 행인(行人) 중에서 한 명을 뽑아 사신으로 가게 하는 것이 편리하겠습니다."

이로부터 상(賞)을 가져올 경우에는 내신(內臣)을 파견하고, 책봉(冊封)할 경우에는 정신(廷臣) 가운데 학행(學行)이 있는 자를 정사(正使)나 부사(副使)로서 파견하였다.[56]

35 고역사(高力士)

고역사(高力士)는 중국 영남(嶺南) 지역 추장(酋長)인 풍앙(馮盎)의 증손(曾孫)이다. 영남토포사(嶺南討捕使)가 두 명의 거세 소년을 바쳤는데, 이들을 역사(力士)라 일컫고 금강(金剛)이라 일컬었다. 환관 고연복(高延福)이 역사를 양자(養子)로 삼았기 때문에 그의 성을 사용한 것이다.

36 대만(臺灣) 사람의 구리방울[銅鈴]

계룡산(鷄籠山)은 바로 대만(臺灣)이다. 영락 연간에 정화(鄭和)[57]가 두루 돌아다니자, 동・서양에서 보배로운 물건을 황제에게 바치지 않음이 없었다. 다만 동번(東番)[58]은 멀고 후미진 곳에 있어 이르지 못하였는데, 정화가 이를 미워하여 동번의 집집마다 구리방울[銅鈴] 하나씩을 주어

56 위의 항목은 『해동역사』 권70, 인물고(人物考) 4, 정동(鄭同)・최안(崔安) 조항과 『청장관전서』 권55, 『앙엽기(盎葉記)』 2, 정동(鄭同) 조항에 보인다.

57 정화(鄭和) : (1371~1433). 명나라 성조(成祖) 때의 환관(宦官). 회교도 대선단(大船團)을 거느리고 인도양(印度洋)・남양 방면에서 활약하여 통상(通商) 무역(貿易)에 공헌(貢獻)하였다.

58 동번(東番) : 대만(臺灣)을 가리킨다. 동한(東漢)과 삼국시대에는 이주(夷洲)라 일컬었고, 수(隋)나라 때는 유구(流求)라고 일컬었으며, 송・원(宋元)시대에도 계속 유규라고 불렀다. 명나라 중엽 이후에는 북항(北港) 또는 동번(東番)이라 불리다가 명나라 말기에 비로소 대만이라 일컬어졌다.

그들로 하여금 목에 걸도록 하였다. 이는 대개 동번을 개나라[狗國]에 비유한 것이다. 그런데 그 후손들은 도리어 이를 보배롭게 여겼고, 부자들은 심지어 구리방울 두세 개를 취하여 "이것은 우리 조상들이 물려준 것이다."라고 하였다.

검서관(檢書官) 영재(泠齋)[59]는 일찍이 열하(熱河)에 들어갔을 적에 대만 출신 사람을 만나보았다. 그 대만 사람이 번관(番冠)의 좌우에 매단 작은 구리방울 각각 세 줄이 바로 이것이다.[60]

37 교지(交阯)에서 '이(李)' 자를 휘(諱)하다

교지(交阯, 북베트남 지역)에서는 '이(李)' 자를 휘(諱)하므로 '이(李)' 자 성(姓)을 모두 '완(阮)' 자로 바꾸었다. 이 말은 조안(曹安)의 『난어장어(讕言長語)』에 나온다.

38 악라사(鄂羅斯)

지금 몽고(蒙古)의 서쪽을 차지하고 있는 호남(胡南) 악라사(鄂羅斯)는 아마도 『당서(唐書)』에서 이른바 점알사(點戛斯)일 것이다. 그 종족은 모두 머리털이 붉고 얼굴이 희며 눈동자가 초록빛이다. 일찍이 금(金)나라 사람이 기록한 것을 보았는데, 황두 여진(黃頭女眞)[61]은 모두 산에 거주

59 영재(泠齋) : 조선후기의 실학자인 유득공(柳得恭, 1749~1807)의 호이다. 그는 1790년 여름에 건융제(乾隆帝)의 생일을 축하하기 위한 사절단을 따라 열하에 간 적이 있다.

60 그 대만 사람이 … 이것이다. 유득공이 지은 『열하기행시주(熱河紀行詩註)』「대만 생번(臺灣生番)」의 시에 "그림 그린 관(冠)에 닭 깃털 흐드러지게 꽂고서 방울은 딸랑딸랑 걸음걸음 재촉하네.(畫冠鷄羽挿毰毸, 鈴子郎當步步催.)"라는 구절이 있고, 그 시의 주석에 "갓의 앞뒤에는 작은 구리방울을 각각 세 개씩 매달아 걸을 때마다 딸랑거렸다."라고 하였다.

61 황두 여진(黃頭女眞) : 여진족 가운데 한 부락(部落)의 명칭.

하고, 합소관 여진(合蘇館女眞)이라 일컫는다고 했으니, 황두 여진이 바로 악라사일 것이다. 그런데 지금 악라사가 청나라에 조공(朝貢)하는 것은 호랑이 입안으로 들어가 스스로 죽는 것이다.

악라사가 비록 우리나라와는 좀 멀리 떨어져 있지만, 그 부족은 바로 몽고족이다. 몽고 지역은 개원(開源)·철령(鐵嶺)과 인접해 있고, 우리나라와는 다만 만주(滿洲)를 사이에 두고 떨어져 있다. 고려시대 때에 몽고가 자주 변경의 근심거리가 되었던 것은 이유가 있다. 또 『요사(遼史)』와 『국어해(國語解)』에 이르길, "합소관 여진은 특별한 부락 명칭인데, 또 갈소관(曷蘇館)이기도 하다."라고 하였다. 그런데 갈소관은 요양(遼陽)의 경계에 있으니, 황두 여진의 부족과는 아주 멀다. 따라서 이 말은 『요사』의 오류이다.

39 유구국(琉球國)

해중(海中) 여러 나라 가운데 오직 유구국(琉球國)이 우리나라와 가장 가까워서 고려시대 이래로 사신의 왕래가 서로 이어졌었는데, 지금은 왕래하지 않는다. 다만 표류인이 간혹 서로 오가다 했던 견문(見聞)을 기록한 것이 지금 모두 빠짐없이 실려 있다.

세조 원년(1455)에 제주(濟州) 사람 양성(梁成) 등이 표류하다 유구국에 이르렀다가 돌아왔었다. 애초에 양성 등이 표류하다 유구국의 미도(彌島)에 이르렀었다.

섬의 성 안에는 백여 채의 가옥이 있었는데 거기에는 모두 우리나라 사람과 중국 사람이 있었다. 왕성(王城)은 대체로 보아 세 겹으로 되어 있었는데, 외성(外城)에는 곳집과 마구간이 있었고, 중성(中城)에는 위사(衛士) 2백여 명의 집이 있었으며, 내성(內城)에는 3층으로 된 각(閣)이 있었다. 왕은 길일을 택해 이곳에 와서 머물렀다. 이 3층각은 널빤지를 덮고 널빤지 위를 주석으로 도금하였는데, 위층에는 보물을 보관하고 아래층에는 술과 밥을 놓아두었다. 왕은 중간층에 거처하였는데, 시녀 백여 명이 전명(傳命)을 맡고 있었다.

그 땅은, 가운데가 좁고 남쪽과 북쪽이 넓어 마치 장구 모양 같았다. 섬에는 각기 군현(郡縣)을 설치하였고 마을에는 각기 우두머리가 있었다. 집의 형태는 일자 모양이고 띠로 지붕을 덮었다. 날씨가 항상 따뜻하여 겨울에도 서리와 눈이 없었고 초목이 시들어 떨어지지 않았으며, 솜옷을 입지 않았다. 여름에는 사람들이 정북(正北) 방향에 머물러 있고, 정월 초하루에는 짚을 왼쪽으로 꼬아 문 위에 걸어놓았다. 또한 쪼갠 나무를 묶어 모래 속에 세워 두고 그 가운데 떡그릇[餠器]을 올려놓고 소나무 가지를 묶은 나무 위에 꽂아 놓고선 5일 동안 놓아두었다. 이를 세속에서는 기도(祈禱)라고 하는데, 술을 차려놓고 서로 즐겼다. 7월 15일에는 절에 올라가 그 부모의 성명을 적어 서안에 올려놓았다. 또 상에 쌀을 올려놓고 댓잎을 물에 적셔 땅에 물을 뿌리고 중들로 하여금 불경을 소리 내어 읽으며 모배(膜拜)하도록 하였다. 노비들은 족당(族黨)을 벗어나지 못하게 하였다.

또 간혹 여인국(女人國)에서 와 사는 자가 있었다. 장인들은 금속과 나무만을 다루고, 골풀자리[菅席]는 모두 중국에 내다 팔았다. 남녀의 복식 제도는 우리나라와 같았는데, 다만 남자 의복은 직령(直領)과 같고 소매가 넓으며, 색은 검은빛을 숭상하였다. 임금이나 신하, 상층이나 하층, 남자나 여자 모두 관(冠)을 쓰지 않고 맨발이었다. 소와 말을 잡아 그 가죽을 관청에 제공하면 갑옷을 만들고 억새 같은 힘줄을 식용(食用)하였다.

부인이 행차할 적엔 말을 탔는데, 반드시 걸터앉아 다리를 아래로 드리워 마치 의자에 앉아있는 것과 같았다. 돈을 사용하지만 주조할 줄 몰라 모두 중국에 의뢰하였고, 중국인이 와서 주조법을 가르쳐 주었다. 10문(文)에 쌀 1되였고, 상인들은 바닷가 일대의 여러 곳에 거주하였으며, 일본과 여인국에서 와서 곡식을 사갔다. 1되는 10홉[合]이고, 1말[斗]은 혹 5되이거나 혹 10되였다. 혹 30말 정도의 용량이 되게 나무를 깎아 물시계[漏器]를 만들어 대궐 남쪽 문에 설치에 놓았다. 그 모양이 둥글고 속을 텅 비웠으며, 그 배를 뚫어 물의 용량을 헤아려 붓고 물이 다 없어지면 1도(度)가 되었는데, 이를 1경(更)이라 하였다. 이때 드디어 북을 쳤는데, 경(更)의 수효만큼 북을 치고 매양 새벽과 저녁에 문득 북을 쳤다. 무릇 먼 지방의 읍장(邑長)들에게 조회(朝會)를 받게 되면 길일(吉日)을 택해 대궐 뜰에서 잔치를 하였다. 이때 국왕은 층각(層閣)에 앉아 있고 여러 신하들은 뜰에 늘어서서 마시고 먹었는데, 음악도 없고 서로 술을 권하지도 않았다.

중국의 조칙(詔勅)과 우리나라의 서계(書契)가 이 나라에 이르면, 기(旗)와 독(纛)[62]을 세워두고 군사들은 모두 갑옷과 투구를 갖추어 입고선 이것을 맞이하여 여교(轝轎, 수레)에 봉안(奉安)해 놓았는데, 그 좌우에서 북과 징을 치고 태평소를 불며 왕궁으로 들어갔다. 왕은 봉포(絳袍)를 입고 관을 쓰고선 절하고 앉아서 이것을 읽고, 읽기를 마치면 뜰에 내려와 경의를 표하듯이 절을 하였다.

왕이 승하하면 신하와 백성들은 베옷을 입고 베로 만든 관을 쓰며, 곡(哭)을 하여 슬픔을 극진히 하다가 27일이 지나면 멈추었다. 무릇 백성들은 부모의 상(喪)을 당하면 친족들이 모여 조문하였다. 상을 당한

62 기(旗)와 독(纛) : 기는 곰과 범을 그린 붉은 깃발이고, 독은 소꼬리나 꿩의 꽁지로 장식한 큰 깃발.

자식들은 흰옷을 입고 3일 후에나 고기를 먹으며 7일 동안 가축과 새나 짐승을 죽이지 않았다.

국왕을 장례지낼 적엔 바위를 뚫어 광(壙)을 만들고 광의 사방 둘레에 널빤지를 세워 이어놓았다. 하관(下官)하고 나선 널빤지의 문을 닫아걸고 양쪽 곁에 집을 지어 묘지기가 그곳에 거처하며 묘를 지키게 하였다. 그리고 묘를 빙 둘러 석성(石城)을 쌓았는데, 성에는 문 하나가 있었다. 무릇 백성들의 장례법도 광을 뚫어 관을 넣는 것은 국왕의 장례 제도와 동일하였는데, 집을 짓거나 성을 쌓지 않고 제사를 지내지 않았다.

무릇 혼인은 남자 집안에서 먼저 중매하고 날을 잡으며, 그 친족들과 함께 신부를 맞이하여 집으로 돌아와 혼례를 치렀다. 양쪽 집안에서는 친족들을 모아놓고 술을 마시며 밤을 지새우다 헤어졌다. 관직에 있는 자가 매양 거인(擧人)을 천거하면 관(官)에서는 그 거인에게 노비와 전장(田庄)과 사택(舍宅)과 군기(軍器)를 제공하였는데, 만약 그 직임을 감당하지 못하면 쫓아내고 아울러 제공한 것들을 환수하였다.

궁중에는 일을 처리하는 자가 백여 명이었는데, 이들은 5일마다 교대하였다. 이들 가운데 4,5명은 항상 숙직(宿直)을 하였는데, 만약 자주 궁궐을 들락날락하면 그 사람을 쫓아내었다. 숙직을 할 때는 모두 공름(公廩)[63]을 받았다. 나라에는 도적이 없고 일본에서 팔려온 자들이 종종 재물을 훔쳤다. 도적질하면 바로 잡아다 국문하였는데, 죄가 크면 죽이고 작으면 다른 섬에 유배 보냈다. 형벌에는 태형(笞刑)이나 장형(杖刑)이 없고, 다만 땅에 두 개의 널빤지를 놓아두고 죄인의 다리를 끼워 넣어 그 양쪽 끝을 묶어 6명이 나누어서 죄인의 다리를 누르게 하였다. 죄를 5번 범한 후에야 참형(斬刑)에 처하였다.

---

63 공름(公廩) : 나라에서 녹봉으로 받는 쌀.

옷에는 모시를 사용하였는데 모시의 길이는 2장(丈) 정도이고 1년에 3번 베어 거두어들였다. 논과 밭에서는 쟁기와 따비를 사용하지 않고, 손으로 일을 하였다. 땅에서는 금과 은이 생산되지 않아 남만(南蠻)의 여러 나라에서 사왔다.

가축에는 소·말·돼지·닭·개가 있고, 조류에는 제비·꾀꼬리·까마귀·까치·비둘기·참새가 있었는데, 나라 풍속에 앵무새를 가지고 노는 것을 좋아하여 중국에서 많이 사왔다. 충류(蟲類)에는 거북이·뱀·두꺼비·개구리·모기·파리·박쥐·벌·나비·사마귀·지네·지렁이·개똥벌레·게가 있고, 과일에는 귤·유자·밀감이 있었다.

군졸 백여 명은 하루씩 교대로 숙직을 하고, 종이처럼 얇은 철 조각을 갑옷의 옷깃에 붙여 마치 목을 감싸는 듯한 모양이었다. 또 철가면을 쓰고 칼·방패·창·화통(火筒)을 지닌 것은 우리나라 제도와 동일하였다. 철을 주조하여 사지인(四枝刃)을 만드는데 그 형태는 굴곡이 있고 칼자루는 2장(丈) 정도였다. 세간에서 이를 갈고리[鉤]라고 하였는데, 이것으로 중죄인을 참수하였다. 뽕나무를 깎아 활을 만들고 모시실을 꼬아 시위를 만들며, 혹 화살은 대로 만든 활촉이었다.

그 나라는 중국에서 동남풍에 의지하여 배로 7일을 가면 당도하였고, 일본에서 서풍(西風)을 따라 배로 18일을 가면 당도하였다.

또 제주 사람 초득성(肖得誠) 등이 표류하다 유구국 미아괴도(彌阿槐島)에 이르렀는데, 당시는 2월이어서 보리는 이미 수확하고 밀은 한창 무르익었으며, 오이와 가지는 열매를 맺었다.

성(城)과 문(門)은 우리나라 제도와 같았다. 그 성은 굽이져서 마치 곡수(曲水)와 같았고, 3겹으로 되어 있었으며, 성(城)과 성 사이의 서로 떨어져 있는 거리가 겨우 1필(匹)의 베를 펼쳐 놓은 길이 정도였다. 조회

(朝會)하거나 죄수를 국문(鞠問)할 때에 시위하는 군사들은 모두 갑옷을 입었고, 철투구는 사슴뿔 같았는데 금와 은으로 도금하였다. 다리에는 철로 된 행등(行縢)을 묶었다.

국왕은 아들이 4명 있었는데, 맏아들이 출입할 때는 시종하는 자가 10여 명이었다. 국왕이 행차할 때는 시위하는 군사가 대략 3백여 명이었다. 국왕은 혹은 가마를 타거나 혹은 말을 타기도 하였으며, 시위하는 군사들이 노래를 불렀는데, 곡절이 농가(農歌)와 같았다.

국왕이 평상시 한가롭게 지낼 때는 붉은 비단[紅綃]이나 흰 비단[白綃], 또는 검은 비단[黑綃]을 이용하여 머리를 싸맸다. 5일마다 한 번씩 조회하였는데, 좌우에 각각 하나의 큰 깃발을 세웠고 다른 의장(儀仗)은 없었다. 조정의 신하들은 대궐의 뜰에 들어가 합장하고 3번 절하였다. 이날 백성들은 술통과 생모시[生苧]를 바쳤다.

국중(國中)에는 취락(聚落)이 조밀하였고 집들이 즐비하여 담장이 이어져있었으며, 길거리가 매우 좁았는데, 인가(人家)에서는 커다란 소나무와 종려나무 두 종류의 나무를 좋아하였다.

의복제도는 왜복(倭服)의 제도와 똑같았는데, 바지를 입지 않았다. 그 복장에는 단자(緞子)·사초(紗綃)·저포(紵布)를 사용하였는데, 남녀가 같은 복장이었다. 그 풍속에 크고 작은 칼 2자루를 차고 다니는 것을 좋아하였다.

상·하층의 남녀는 모두 맨발로 다녔다. 다만 성 밖에서는 신을 신고 성 안에 들어오면 신지 않았으며, 어른을 만나면 신을 벗었다. 대체로 남자는 상투를 머리 왼쪽에 두었고, 여자는 상투를 머릿골 뒤쪽에 두었는데, 두건을 쓰지는 않았다.

조정 신하들의 녹봉은 5일마다 한 번씩 나누어 주었다. 선박은 항상 벌레들이 갉아먹을까 염려하여 해구(海口)의 초가집에 보관해 놓았다.

채소에는 파·마늘·부추·토란·무우·상추가 있고, 약에는 양하(蘘荷)·참마·파초(芭蕉)가 있으며, 과실에는 배·밤·복숭아·도토리·귤이 있고, 재목으로는 소나무와 종려나무가 있었다.

성종 8년(1477) 제주 사람 김비의(金非衣) 등이 표류하여 유구국에 이르렀다가 돌아왔었다. 애초에 김비의 등은 추자도로 가다가 크게 불어오는 동풍을 만나 서쪽으로 흘러갔었다. 6일째 되던 날 바닷물이 맑고 푸르다가 7일·8일째 되던 날 물이 뜨물처럼 혼탁하였고, 9일째 되던 날에 또 서풍을 만나 남쪽을 향해 표류해 가니 물이 다시 맑고 푸르러졌다. 14일째 되던 날에 한 작은 섬에 정박하였는데, 섬의 이름은 윤이시마(閏伊是麽)라고 하였다. 방언에 섬을 시마(是麽)라고 한다.

그 나라 풍속은 귀를 뚫어 푸르고 작은 구슬을 꿰어 2, 3치[寸]쯤 드리웠다. 또 꿴 구슬로 목에 3,4겹을 둘러서 1자[尺]쯤 드리웠다. 남녀(男女)가 모두 이렇게 하였는데 늙은 자는 하지 않았다.

남자는 머리카락을 꼬아 곱치고 포개어 모시 끈으로 묶어서 목 주변에 상투를 틀었는데 망건(網巾)을 쓰지 않았다. 수염은 길어서 배꼽을 지나갈 정도였는데, 꼬아서 상투를 틀어 두어 겹으로 둘렀다. 부인(婦人)의 머리카락도 길어서 서있으면 머리카락이 발뒤꿈치까지 미치는 자도 있었고, 머리카락이 짧은 자는 무릎에 이르렀다.

흙을 뭉쳐서 솥을 만들어 햇볕에 건조시켰고, 짚불을 태워 밥을 지었는데, 5, 6일이면 솥이 문득 무너져 버렸다. 쌀[稻米]이 아주 흔하였고, 조(粟)가 있었지만 즐겨 심지 않았다. 밥은 대[竹]상자에 담았는데, 손으로 뭉쳐서 주먹만 한 덩어리를 만들었다. 매양 밥을 먹을 때 작은 나무궤(几)를 사용하여 각각 사람 앞에 놓았고, 부인이 상자를 잡고 사람들에게 한 덩어리씩 나누어 주었다. 그러면 사람들은 나뭇잎을 손바닥에 놓고 밥 덩어리를 받아서 먹었는데, 그 나뭇잎은 연잎과 같았다. 한 덩어리를 다 먹으면 또 한 덩어리를 나누어 주어 세 덩어리를 한도를 삼았다. 식욕이 왕성한 자는 덩어리 수를 헤아리지 않았다.

염시(塩豉)64는 없고, 바닷물에 채소를 넣어서 국을 만들었으며, 그릇은 바가지[瓠子]를 사용하거나 혹은 나무를 파서 만들기도 하였다. 술은 탁주(濁酒)가 있고 청주(淸酒)가 없었는데, 물에 쌀을 담가서 여자로 하여금 씹게 하여 죽처럼 만들었고, 누룩을 사용하지 않았으며 나무통에서 빚었다. 3, 4일이 지나면 문득 술이 익었는데, 그 맛이 매우 담박하고 오래 되면 신맛이 났다. 많이 마시면 약간 취하였다. 물에 담갔던 쌀을 찧고 뭉쳐서 떡을 만들었는데, 그 떡을 종려나무 잎으로 싸고 짚으로 묶어서 익혀 먹었다.

그 거처는 집 한 채 짓는 것을 기준으로 하였는데, 방이 따로 없고 창[戶牖]도 없었으며, 앞면은 약간 트여 있었고, 뒷면은 처마가 땅에 드리워져 있었다. 대개 띠풀[茅]을 사용하였다. 잠자리는 평상을 사용하였고, 이불과 요가 없고 포석(蒲席)을 깔아서 사용하였다. 집 앞에 별도로 누(樓)와 창고를 세워서 온갖 곡식을 저장하였다. 그 풍속에 관(冠)과 하의(下衣)가 없고, 더우면 종려나무 잎으로 만든 삿갓 모양의 것을 썼는데, 우리나라의 승립(僧笠)과 같았다.

삼베[麻]와 목면(木綿)이 없고, 양잠(養蠶)도 하지 않았으며, 오직 모시[苧]를 짜서 베를 만들었다. 옷은 직령(直領)과 같았는데, 옷깃과 주름이 없고 소매는 짧고 넓었다. 염색(染色)에는 쪽[藍]을 사용하였다. 백포(白布) 3폭을 사용하여 속옷[中裙]를 만들어 볼기에 둘러매었다. 부인의 옷도 이와 같았는데, 다만 안쪽에 푸른 치마를 입고 속옷은 없었다.

64 염시(塩豉) : 옛날에 된장 비슷한 양념장.

집에서는 소·닭·고양이를 길렀는데, 소와 닭이 죽으면 바로 묻어버렸다. 김비의 등이 소와 닭을 먹는 방법을 가르쳐주었지만, 섬사람들은 비웃었다.

쇠로 물건을 만들 수 있으면서도 쟁기와 따비를 만들지 않았고, 작은 삽을 사용하여 밭을 파헤치고 풀을 제거하여 조[粟]를 심었다. 12월 사이에 수전(水田)에 씨를 뿌렸고, 정월에 이앙(移秧)을 하되 풀을 베지 않았다. 2월에 벼가 바야흐로 무성하여 높이가 한 자쯤 되었고, 4월에 비로소 무르익었는데, 4월에 올벼[早稻]를 거두어들였고 5월에 늦벼[晩稻]를 거두어들였다. 수확하고 난 나머지 뿌리에서 이삭이 다시 자라나 처음 자랄 때에 견주어질 정도여서 7,8월 사이에 다시 수확하였다. 그런데 수확하기 전에는 사람들이 모두 경계하여, 말소리를 높이지 않았고, 입을 오므려 휘파람을 불지 않았다. 이미 수확하고 나서야 작은 피리[管]를 불었는데, 소리가 매우 가늘었다.

그 풍속에 도적이 없고, 길에서는 떨어진 것을 줍지 않았으며, 서로 시끄럽게 싸우지 않았다. 국왕의 어머니가 출유(出遊)할 때는 칠련(漆輦)을 탔고 네 모퉁이에 발을 드리웠다. 칠련을 멘 자가 20인이었고 시위(侍衛)하는 자는 긴 칼을 가지고 활과 화살을 찼다. 칠련의 앞뒤로 거의 1백여 명이 있었는데, 쌍각(雙角)과 태평소(雙太平嘯)를 불었고, 화포(火砲)를 쏘았다.

아름다운 부인 4,5명이 비단옷을 입고, 국왕의 어머니를 모셨는데, 김비의 등이 길 곁에서 엎드려 배알(拜謁)하니, 국왕의 어머니가 칠련을 멈추고선 납병(鑞甁)에 담긴 술을 칠기 그릇에 따라 주었다. 국인(國人)이 이르기를, 국왕(國王)이 훙(薨)하고, 국군(國君)이 어리면 모후(母后)가 임조(臨朝)한다고 하였다. 김비의 등은 바람을 타고 배를 출발시켜 9일 밤낮을 항해하다 염포(塩浦)에 배를 대었다.

현종 4년(1663) 해남현 백성 김여휘(金麗輝) 등이 표류하다 유구국에 이르렀다가 돌아왔다. 신축년(1661) 호남 지방에 큰 기근(饑饉)이 들어 김여휘 등 29명은 제주로 들어갔고, 임인년(1662) 9월에 별도포(別刀浦)에서 출발하였다. 중간에 서북풍을 만나 6일 동안 남쪽 바다를 표류하였는데, 바다 빛깔이 먹빛과 같았다.

또 4일을 가니 바닷물이 다시 희어졌고, 흑해(黑海)를 지날 때 멀리 바라보니 섬 같은 것이 있어 점점 가까이 가서 살펴보니 바로 커다란 자라였다. 자라의 색깔은 옅은 황색이고 사이사이는 청색이었는데, 머리를 들고 눈을 떴으며 잠깐 가라앉았다 잠깐 떴다하였다. 뱃사람들이 쌀을 흩뿌려 던져주고 기도하며 지나갔다.

배 안에 물이 고갈되자, 바닷물을 끓여 그 액을 취해 마셨는데, 그 방법은 솥 안에 바닷물을 담고 빈 그릇을 놓아두고선 솥뚜껑을 뒤집어 위를 쳐다보게 하여 덮는다. 또 그 위에 물을 담고 끓이면 잠시 뒤에 달달한 액체가 이슬처럼 응결되어 그릇 안에 방울져 떨어진다.

유구국에 정박했을 때에 김여휘 등은 몹시 굶주려 섬사람들이 우모채(牛毛菜)를 주었는데, 껍질은 붉고 살은 희며 맛은 참마 같았다. 정말 오랫동안 굶주렸고, 같은 배에는 갈증이 나서 죽은 자가 있었는데, 땅을 1장(丈)쯤 파고 염의(斂衣)를 다 벗겨 구덩이 속에 시신을 앉히고 옷과 이불로 두르고선 긴 통으로 덮었다. 김여휘 등이 곡(哭)하는 것을 즉시 멈추게 하고선 땅을 메워 평평하게 하였고, 또 김여휘 등이 곡을 하게 하였다. 봉분(封墳)을 만들지 않고 다만 돌 하나를 세웠는데, 무덤이 각각 다른 빛깔의 돌이었다. 또 무덤 앞에 치대초(緇帶艸)를 일렬로 심어 놓았는데, 그 풀잎이 길고 등 쪽에 가시가 돋아있으며 그 색이 순전한 비취색이었고, 하늘거리는 것이 마치 공작의 깃털 같았다.

나라의 풍속이 돈후하여 서로 다툼이 없었다. 복식으로는 정수리의 머리카락을 자르고, 남은 머리를 수습하여 오른쪽으로 상투를 틀어 은비녀를 꼽았다. 가난한 자는 대나무로 비녀를 하였다. 긴 헝겊으로 머리를 싸고 귀밑털과 콧수염을 모두 자르고 구레나룻만 남겼다. 옷은 긴 겹옷이었는데 두 겹으로 된 띠로 묶었고, 왼쪽에는 크고 작은 두 개의 칼을 찼다. 버선도 신지 않고 바지도 입지 않았으며, 다만 무명 2,3자[尺]로 허벅지 사이로부터 허리까지 서로 묶어놓았다.

여자는 정수리에 상투를 틀고 연지는 바르지 않았으며, 겹옷을 입고 홑옷으로 덮어 가렸다. 홑치마 십여 폭을 허리 위로 둘렀는데, 치마 귀퉁이 폭을 끌어당겨 허리 사이로부터 앞으로 가리며 위로 올라오게 하여 치마 띠에 이르게 하였다. 시집을 가면 손등에 문신을 하였고, 남녀 모두 짚신을 신었다.

춤을 출 때는 한 곳에 모여서서 뛰었지만 돌지 않았고, 반복하여 손을 아래로 드리워 각자 열 손가락을 희롱하면서 작은 목소리로 속삭이고 자기들끼리 서로 주시하였다. 한 사람이 박수를 치면 많은 사람들이 이에 응하였고, 노래는 승려들이 『식경(食經)』을 외는 모습과 비슷하였다. 줄이 3개인 비파와 줄이 2개인 거문고가 있다. 국희(局戲)[65]에는 바둑과 쌍륙이 있다.

백성들이 부모의 상(喪)을 당하면 한 번 곡을 하고선 그만두었고, 옷을 바꿔 입지는 않았다. 사람들의 거처는 모두 판자 집이고 구들이 없었다. 세속에서는 불교를 숭상하였지만 사찰이 없었다. 책은 오직 불경뿐이었다. 장리(長吏)가 우리들[김여휘 무리]을 두 배에 나누어 실었는데, 사종전시병위(使種田市兵衛)와 관직 이름 고견여인(古見與人)이 뱃사람의 이름이다. 우리가 탄 배를 거느리고 일본으로 호송(護送)하여 마침내 고국으

65 국희(局戲) : 국면(局面)을 향하여 하는 유희(遊戲). 장기나 바둑 따위를 가리킨다.

로 돌아올 수 있었다.[66]

40 무신년(戊申年)의 도적

영종(英宗, 영조) 무신년(1728)에 도적이 청주(淸州)를 범하였다. 음성(陰城)에서 청주까지의 거리는 90리인데, 민심이 동요하자 현감 박진량(朴震亮)은 어찌 할 줄을 몰랐고, 집안 식구들을 봉학곡(奉鶴谷)에 숨겨두었다. 도적의 우두머리가 또 관아에 이르러 근거지로 삼고 고을의 백성들을 불러내어 관곡(官穀)을 방출하였다. 이에 박진량이 고을에서 명망이 있던 진사 김중백(金重白)과 그 아우 김중려(金重呂)와 박원서(朴元瑞)에게 계책을 물어보자, 이들은 모두 이렇게 말하였다. "박공께서는 급히 병사를 출동시켜 충주 진영(陣營)으로 보내야 합니다. 이렇게 하지 않으면 형벌이 장차 미칠 것입니다."

마침 고을 백성 정○○(丁○○)가 도적의 우두머리를 활로 쏘려고 했지만, 도적의 우두머리가 도망쳤다. 박진량이 마침내 아전과 사내종과 병사를 모아서 충주를 지켰다. 위무사(慰撫使)가 이곳을 지나갔는데, 박진량이 위무사를 거부하여 문득 받아들이지 않았다. 이 때문에 이름이 알려졌다. 이때 이태(李泰)가 사건에 연좌되어 음성에 유배와 있었는데, 도적이 일어났다는 소문을 듣고 속오(束伍)[67]의 초관(哨官)에 예속되길 자청하였다. 그 모친이 김공(金公) 댁에 있었는데, 이태가 가서 작별인사를 하고 뜰아래에서 절을 하자 모친이 만류하였다. 하지만 이태는 즉시 옷을 떨치며 떠나갔고, 도적이 패하였다는 소식을 듣고 그만두었다.

---

66 이 항목은 『세조실록』 8년(1462) 2월 16일 두 번째 기사와 『성종실록』 10년(1479) 6월 10일 첫 번째 기사와 『현종개수실록』 4년(1663) 7월 6일 세 번째 기사를 참조할 것.

67 속오(束伍) : 속오군(束伍軍). 지방의 15세 이상 양민과 벼슬 없는 양반을 골라서 조직한 군대로, 평상시에는 군포를 바치고 유사시에는 군역을 치르도록 했다.

41 왜국(倭國)의 연호(年號)

왜국에서 참람히 연호를 사용한지 오래 되었지만 우리나라와 관계되어 소통하는 문서에는 감히 드러내놓고 쓰지 않았다. 그런데 병자년(1636) 이후에 갑자기 '너희 나라는 이미 청나라의 연호를 따랐다. 우리의 연호가 어찌 청나라의 연호보다 낮겠는가?'라고 하면서 드디어 제멋대로 연호를 써서 보냈다. 조정에서 의논하였는데, 혹 이를 받아들일 수 없다고 하였다. 하지만 재상 최명길(崔鳴吉)이, 우리는 이미 대꾸할 말이 없고 저들과 비교할 필요가 없다고 여겨서 드디어 이를 받아들였다.

42 만(蠻)의 종족(種族)

요(猺) 팔만(八蠻)에 속함 ·동(獞) 오령(五嶺) 남쪽의 만인(蠻人) ·중(狆) 묘인(苗人)의 명칭 ·영(狑) 개의 이름 ·요(獠) 팔만(八蠻)의 유종(遺種) ·무(狃) 짐승이름 ·황(獚) 황견(黃犬) ·낭(狼) 승냥이 무리 ·동(狪) 모양이 돼지와 같고, 구슬이 있음 ·힐로목(犵狫狇) 만(蠻)이다 ·수(㺎) 광서(廣西)지역 묘족(苗族)이다 ·예(猊) 서남(西南)지역 묘인(苗人)의 명칭 ·과(猓) 과연(猓然)으로 짐승이름 ·충(狁) 갈(猰)이다 ·모(貘) 세속에서는 '맥(貘)' 자이다 ·반호(猕狐) 오계만(五溪蠻)과 반호(盤瓠)의 종족 ·이(狎) 요성(獠姓) ·녹(獹)·당(獞)·라(玀)·율(獜)·서(㹫)·예(猊)는 모두 광서(廣西) 지역 만(蠻)의 종족이다. 만(蠻)의 종족은 모두 반호(盤瓠, 전설상의 개)의 후예이므로 모두 개에서 유래하였다. 『광지(廣志)』에 이르길, "요민(獠民)은 모두 7개월 만에 태어나니, 대개 짐승의 종류이다."라고 하였다.[68]

68 이 항목은 『청장관전서』 권55, 『앙엽기』 2 「만종(蠻種)」에도 보인다.

43 서양배

효종 4년 계사년(1653)에 서양배가 표류하다 대정현(大靜縣)에 이르렀는데, 이곳에 머물면서 돌아가지 않았다. 서양 사람들은 모두 눈동자가 파랗고 콧수염이 붉었으며, 코가 높고 키가 컸다. 자른 머리카락이 길게 어깨를 덮었고 양털 모자를 썼으며, 뒤축이 높은 가죽신을 신었다. 여러 가시 색이 섞인 웃옷은 길어서 넓적다리에 이르렀고, 옷깃과 소매에는 모두 단추들이 연이어 달려 있었는데 한번 잡아당겨 오그리면 여러 단추들이 일제히 풀어졌다. 버선은 무릎까지 올라오며 바지 안쪽으로 묶었다.

절을 할 적엔 모자와 신발을 벗고, 손으로 땅을 짚은 채 무릎을 꿇고 머리를 숙였다. 그들이 부르는 노래는 중국인의 음조(音調)와 비슷하였고, 그들은 눈물을 흘리며 울었지만 곡(哭)을 하지는 않았다. 밥을 모르고 오직 술과 고기와 떡[麪]과 국수를 먹었으며, 또 뱀을 잘 먹었다. 그들의 글자는 대략 오랑캐의 글자와 비슷하고 가로로 써서 줄을 만들며 왼쪽으로부터 써나갔다. 무릇 숫자는 그 수(數) 만큼 획을 그어 나갔다. 다만 '십(十)' 자는 'X'이고, '오(五)' 자는 '〉'이며, 또 '육(六)' 이상의 숫자는 '〉' 자 아래에 그 수(數)에 따라 획을 하나씩 보태었다.

말소리와 문자가 모두 통하지 않아서 한 번 왜어(倭語)로 서양의 길리시단(吉利是段, 크리스챤)을 거론하며 부르자, 그들 모두가 기뻐하면서 "야, 야(邪邪)."라 했는데, "야, 야."란 '예, 예(是是)'란 말과 같은 것이다. 그들에게 각자 이름과 나이를 적게 하고, 이를 한글로 번역해 보니, 그들의 우두머리는 백계(白鷄)이고, 음(音)은 사이은(斯伊隱)이었다. 나머지 사람의 이름도 역시 사이은(斯伊隱)이라 칭하는 자가 많았는데, 사이은(斯伊隱)이란 아마 중국의 성씨와 같을 것이다.

목사 이원진(李元鎭)이 이 사실을 조정에 보고하자, 비변사는 박연(朴延)에게 내려가서 알아보도록 하였다. 박연 또한 서양인으로, 십 수 년 전에 바다에서 표류하다 우리나라에 이르러 훈련도감에 배치되었는데, 본명인 호탄만(胡呑萬)을 박연이라 고쳤다. 박연이 표류하던 서양인[蠻人]을 만났을 때, 그들을 경계하여 먼저 말하지 않고 그들의 행동을 살펴보았다. 표류했던 서양인들이 박연을 뚫어지게 쳐다보더니, "이 사람은 우리와는 형제와 같다."고 말하고 나서 비로소 마주 대하여 눈물을 흘렸다. 서양인들이 말하기를, "우리나라 상선(商船)들이 일본에 많이 왕래하니, 만일 우리를 일본으로 보내 준다면 우리나라로 돌아갈 수 있습니다."라 하였다.

박연이 말하길, "일본에는 나가사키[郞可朔其]에만 시장이 열려있습니다. 상선은 관례에 따라 육지에 내릴 수 없고, 모두 선상(船上)에서 교역합니다. 게다가 일본의 법은 비록 자기 나라 사람이라 해도 다른 나라에 표류했다 돌아오면 문득 죽여 버립니다. 더군다나 몇 해 전에 야소종문(耶蘇宗門, 그리스도교도)이 조선에 들어왔을 때, 조선이 그들을 대마도(對馬島)로 보내자 대마도주는 그들을 모두 도륙하고 그들의 재화를 빼앗아 버렸습니다. 지금 여러분을 일본으로 보낸다면 필시 온전할 리가 없습니다. 그래서 내가 여기에 온 것입니다. 나는 훈련도감에 소속되어 있어 몸이 편하고 먹을 것이 풍족합니다. 당신들은 나를 따라 서울에 가는 것이 어떻겠습니까."라 하니, 서양인들은 이에 승낙하였다. 그들은 다음해에 서울로 보내졌으며, 서울과 지방의 여러 군영에 분산 배치되었다.

서양인들은 기술이 많고 역법과 의술에 가장 정치(精緻)하였는데 능숙한 장인과 쇠를 잘 다루는 사람은 대부분 배안에서 죽었고, 다만 성력(星曆)을 이해하는 사람 1명, 권법(拳法)을 이해하는 사람 1명, 조총(鳥銃)을 잘 다루는 사람 1명, 대포에 대해 아는 자 10여명이 있었다. 대포를 쏠 때, 그들은 반드시 대포를 수레 위에 올려놓고 쏘았다. 이렇게 하면 대포를 상하좌우의 방향으로 바꾸는데 편리하고, 게다가 대포를 발사할 때, 바퀴가 뒤로 굴러가기 때문에 뒤로 반동하는 힘을 줄여 주고, 대포통이 부서지는 것을 예방해 준다. 대포에 장착하는 화약은 8근이며, 중포에는 6근, 소포에는 4근이다. 조총은 9전이고, 납 탄알의 무게는 8전인데, 2,3개의 탄알을 철사로 연결하여 쏘면 그것이 맞을 때 문득 커다란 구멍이 난다.

배 안에 있던 물건은 모두 50여 종인데, 그 가운데 기이한 물건들이 제법 있었다. 용뇌 수십 근, 왜은(倭銀) 600냥, 2개의 병 입구를 서로 붙여 그 가운데 모래가 흐르도록 만든 유리루(琉璃漏)가 하나 있었다. 또 해의 각도를 측정하는 둥근 기구가 있었는데, 제련이 잘된 동(銅)이 그 둘레에 걸려 있어 중심축[樞]이 전후좌우로 능히 움직일 수 있게 만들었으며, 중국에서 만든 것과는 약간 차이가 났다. 그 밖에 측구척(測晷尺)·천리경(千里鏡)·유리경(琉璃鏡)·운모창(雲母牕)과 동·주석·은을 많이 섞어 만든 그릇들이 있었다. 병기는 모두 무기고로 수송되었다. 조총을 주척(周尺)으로 재어보니, 길이가 5척 6촌, 둘레를 재어보니 밑이 6촌, 끝이 4촌이며, 구경(口經)은 1촌, 방아쇠의 넓이는 1촌 5분이었다. 방아쇠에는 덮개가 있고 잠금장치가 있어 함께 하나의 작동장치[樞]를 이루며, 모두 잡아당길 수도 있고 풀 수도 있게 되어 있다.

화기(火機)는 안쪽을 향하여 철을 가볍게 스치고, 총신(銃身) 끝에 있는 총구멍은 녹두알처럼 작다. 총신 본체는 가운데가 갈라져 있고 철편이 가로로 붙어있는데, 이 갈라진 틈을 통해 조준을 한다. 그 만든 방법이 심히 기묘하지만 지금은 화약통이 없어 시험해볼 수가 없다. 그들의 긴 칼은 왜국에서 만든 것과 비슷하였다. 창 자루는 어떤 나무로 만들었는지 모르겠으나 가볍고 질겨 부러지지 않았으며, 창고에 50여 년을 보관했는데도 좀이 슬지 않았다. 배를 단장했던 철을 거두니 1만여 근에 달하였고, 돛의 폭을 펼쳐보니 46길[尋]이 넘었다. 표류해 온 서양인들은 모두 장정이었지만, 그 가운데 몇 명은 십여 세의 소년들이었다. 그들 가운데 장사하려 중국에 갔었던 자가 3명이고, 일본에 갔었던 자가 7명이라고 그들 스스로 말하였다.

44 비휴(貔貅)

오랑캐 지역 안에 '비(貔)'[69]라고 하는 짐승이 있다. 그 형상이 커다란 쥐와 같고, 몹시 살이 쪘으며 해를 아주 두려워하여 틈새로 빛이 비추면 바로 죽는다. 그 성질은 고기를 문드러지게 할 수 있어서 한 솥의 고기를 한결같이 저며서 비휴에게 던져주면 바로 부수어 문드러지게 하였다. 오랑캐 사람[청나라 사람]들은 비휴를 아주 귀하게 여기지 않았다. 육유(陸游)의 『가세구문(家世舊聞)』에 이르길, "선조 초공(楚公) 전(佃)께서 오랑캐 나라로 사신을 다녀왔을 적에 일찍이 비휴를 데리고 경사에 이르렀다."라고 하였다.

45 우도(牛島)의 말

제주도는 우리나라의 굴산(屈産)[70]이다. 주(州)의 동쪽 경계에 둘레가 50리인 우도(牛島)가 있는데, 이곳에서 나오는 말이 타기에 가장 좋다. 이 섬의 서남쪽에 작은 배 한 척이 들어갈 수 있는 동굴이 있는데, 차츰 안으로 들어가면 5, 6척의 배를 보관할 만하였다. 그 위의 집처럼 큰 바

69 비(貔): 표범의 일종인 비휴(貔貅)를 가리킨다. 수컷을 '비(貔)'라 하고 암컷을 '휴(貅)'라 한다.

70 굴산(屈産): 옛날 중국에서 명마(名馬)의 산지(産地)였던 곳.

위는 햇빛이 있으면 떠서 빛을 발하는 것 같고, 별빛이 찬란히 늘어서면 뿜어내는 기운이 심히 차가워서 모발이 쭈뼛해진다. 세속에서는 신룡(神龍)이 숨어있는 곳이라 일컫는데, 7,8월 사이에는 이곳에 갈 수 없다. 만일 이때 이곳에 가면 큰 바람과 뇌우(雷雨)가 나무를 뽑아버리고 벼를 손상시킨다.

제주에서 벼슬살이하는 자가 이곳에서 말을 얻었는데, 말의 머리가 낮고 배는 널찍하여 그 모습이 잉어와 비슷하였다. 그런데 성격이 아주 사나워 발길질하고 물어뜯어 가까이 할 수 없어서, 마침내 다시 섬에 풀어놓았다. 대개 이는 용의 종류라고 한다.

46 비둘기[鵓鳩]

서울의 풍속에 비둘기를 기르는데, 8가지 종류를 귀하게 여긴다. 첫 번째 온몸이 흰 것은 '전백(全白)'이라 하고, 두 번째 몸은 희고 꼬리는 검으며 머리에 검은 점이 있는 것은 '점오(點烏)'라 하고, 세 번째 몸이 붉고 꼬리가 흰 것은 '자단(紫丹)'이라 하고, 네 번째 몸의 희고 머리와 목이 검은 것은 '흑허두(黑虛頭)'라 하고, 다섯 번째 몸이 희고 머리와 목이 붉은 것은 '자허두(紫虛頭)'라 하고, 여섯 번째 몸이 희고 목이 붉으며 깃털 끝에 붉은 점이 2개의 층으로 되어 있는 것은 '천앙백(天仰白)'이라 하고, 일곱 번째 몸이 검고 꼬리가 흰 것은 '흑층(黑層)'이라 하고, 여덟 번째 갈색(褐色)이면서 깃털 끝에 금빛 점이 2개의 층으로 되어 있는 것은 '승(僧)'이라 한다.

47 개

공자가 말하길, "해진 일산을 버리지 않는 것은 개를 묻어주기 위해서이다."[71]라고 하였다. 이는 전견(田犬)과 수견(守犬)을 가리킨다. 가령 식견(食犬)은 헌갱(羹獻)[72]이라 일컫는다고 전해진다. 대저 전견은 사냥을 대비하기 위한 것이요, 수견은 도둑을 방비하기 위한 것이니, 사람에게 공로가 있다. 이 때문에 식용하지 않는다.

그런데 노(魯)나라의 숙손표(叔孫豹)가 진(晉)나라에서 돌아와 폐견(吠犬)[73]을 죽여 관리(舘吏)에게 주어서 먹도록 하였다. 이 개는 지키는 개였으니 이 말과는 다르다. 내가 일찍이 『예경(禮經)』을 살펴보았는데, 희생(犧牲)은 제향(祭享)에 대비하기 위한 것이어서 길들여 일을 시키는데 이용하지 않았다고 하였다.

복우(服牛, 길들인 소)는 경작을 대비했던 소였지, 희생으로 이용하지 않았다. 그런데 지금 사람들은 이미 소로써 경작하다가 그 소의 힘이 고갈 되면 그에 따라 잡아 먹으니 심히 탄식할 만하다. 하지만 나 또한 이런 적이 있다. 대개 소의 기운을 빌려 노쇠해서 생긴 병을 보충하려 했으니 어쩔 수 없었다. 옛사람들이 거의 소고기를 먹지 않은 것은 참으로 타고난 기운이 아주 성하였기 때문이다. 나는 그렇게 할 수 없었으니 또한 부끄럽다.

48 용담(龍潭)의 말

본조(本朝)의 영조 때 용담현(龍潭縣)[74]에서 말이 생산되었는데, 그 키의

71 해진 일산을 … 위해서이다.[弊盖不棄, 爲埋狗也.] : 『예기』 「단궁」 하편에 보인다.
72 헌갱(羹獻) : 종묘(宗廟)나 그 밖의 제사에 쓰기 위해 삶은 개고기.
73 폐견(吠犬) : 주둥이가 짧고 잘 짖어대어 주로 집을 지키는 데에 이용되던 개.

높이가 9척이고 신마(神馬)로서 견줄 만한 말이 없었다. 영조가 이 말을 명나라 성종 황제에게 바치자, 황제가 이렇게 말하였다. "조선 국왕이 나를 사랑하고, 신마(神馬)를 얻었지만 스스로 탈 수 없어 나에게 보냈도다."

일찍이 극시(棨詩)에 이런 구절이 있다.

조선 국왕이 얻었지만 감히 타지 못하고,	朝鮮得之不敢騎,
대궐에 와서 바치니 출중한 자태 즐겼네.	來獻赤墀弄神姿.

49 양화척(楊禾尺)

양화척(楊禾尺)은 고려 태조가 견훤(甄萱)을 공격했을 때에 제어하기 어려웠던 유종(遺種)[75]이었는데, 운중도(雲中道)[76]에 많이 살고 있었다. 이의민(李義旼)의 아들 지영(至榮)은 삭주 장군(朔州將軍)이었는데, 양화척 등이 부역(賦役)이 없자 자신이 데리고 있던 기녀 자운선(紫雲仙)에게 소속시켜 공물(貢物)을 징수하였다. 그러다가 지영이 죽자 최충헌이 또 자운선을 취해 첩(妾)으로 삼아 각박하게 공물을 징수함이 날로 심해지자 양화척 등이 크게 원망하였다.

고종 연간에 이르러 양화척은 거란(契丹)의 유종(遺種)인 김시(金始)와 김산(金山) 등에게 항복하여 향도(鄕導, 그 지역을 잘 아는 길 안내인)가 되었고, 또 왜적(倭賊)으로 위장(僞裝)하여 관동 지역에서 시작하여 연이어 영남 지역까지 이르자, 조정에서는 장수를 파견하여 이들을 토벌하기에

74 용담현(龍潭縣) : 전라북도 진안군 용담면 일대의 옛 행정 구역.
75 유종(遺種) : 망한 나라의 유민(遺民).
76 운중도(雲中道) : 고려시대 장수역(長壽驛, 지금의 평양)을 중심으로 한 22개의 역도(驛道).

이르렀다. 국가에서는 이들이 일반 백성들의 위치와 동일하지 않은 것을 불쌍히 여겨서 옛 호칭을 변경하여 백정(白丁)으로 개칭(改稱)해 주고 군(軍)의 대오(隊伍)에 소속시켰으며, 벼슬길을 열어주었다. 하지만 유풍(遺風)을 바꾸지 않았고 서로 혼인하였다.

이들은 관적(貫籍)이 없었고, 혹 소를 도살하거나 혹 유기(柳器)[77]를 엮는 것을 업(業)으로 삼았다. 그래서 지금까지 도살하는 자를 '백정'이라 하고, 유기를 엮는 자를 '고리백정(古里白丁)'이라 일컫는다. '고리'란 유기를 세속에서 일컫는 칭호이다. 이들은 도살하는 자보다 더 천하여 주현(州縣)에서 사형수가 있으면 문득 이들로 하여금 처형하게 하였다. 또한 관기(館妓)를 양화척이라 하였는데, 이는 옛날 풍속 때문에 약간 잘못된 것이다.[78]

50 운선(雲仙)

청주(淸州) 기녀 운선(雲仙)은 상방(尙方)에 선발되어 들어가 침선비(針線婢)가 되었는데, 자못 재예(才藝)가 있어서 그 당시 공경대부와 협사소년(狹邪少年)들이 거의 대부분 전두(纏頭)[79]를 서로 전해주어 차림새가 제법 참신하였다.

을묘년(1795) 경사스런 날[80] 상[정조]께서 자궁(慈宮)[81]을 모시고 화성

77 유기(柳器): 키버들의 가지나 대오리 따위로 엮어서 둥글거나 모나게 상자 형태로 만든 물건.

78 이 항목은 『고려사절요』 권14 고종 안효대왕(高宗安孝大王) 1, 3년(1216) 9월 기사와 『고려사절요』 권31권 신우(辛禑) 2, 8년(1382) 4월 기사를 참조할 것.

79 전두(纏頭): 광대나 기생, 악공 등에게 사례의 뜻으로 주는 금품.

80 을묘년(1795) 경사스런 날: 정조의 모친인 혜경궁 홍씨의 회갑날을 가리키는 듯하다.

81 자궁(慈宮): 왕세자가 왕위에 오르기 전에 죽고 왕세손이 즉위하였을 때, 그 죽은 왕세자의 빈(嬪)을 지칭하던 말.

행궁(華城行宮)으로 나아가 진찬(進饌)[82]을 거행했을 적에 운선은 여령(女伶)으로써 따라갔다. 운선은 자신의 어여쁨을 스스로 자랑하면서 돌아보며 곁눈질하여 마음을 얻자, 자신이 속해 있던 무리를 멸시하였다. 풍악이 시작되자 상이 운선에게 특별히 명하여 처용무(處容舞)를 추게 하였다.

처용은 나무로 만든 탈을 써서 그 형상이 아주 흉측해서 이 탈을 쓰면 사람들이 경시하였다. 이에 운선은 기색이 꺾여 낡은 옷으로 갈아입고 앞으로 나아가 그 춤을 마무리 지었는데, 구경하던 자들이 유쾌해 하지 않음이 없었다. 당시 직각(直閣) 남공철(南公轍)이 탄식하며 이렇게 말하였다. "교만함이 해를 만들어서 바로 이 지경에 이르렀으니 사대부가 어찌 거울삼아 경계하지 않을 수 있겠는가?" 남공이 나에게 이처럼 말해주었다.

51 적(聻)

우리나라 세속에서는 주사(硃砂)로 '적(聻)' 자를 써서 문미(門楣)에 붙인다. 자전(字典)에서 이 글자를 살펴보니, 음(音)이 '적(積)'이다. 전해지는 말에, 사람이 죽으면 귀신이 되는데 사람들은 귀신을 보면 두려워한다. 또 귀신이 죽으면 적(聻)이 되는데 귀신들은 적을 보면 두려워한다. 이 글자를 전서체(篆書體)로 문미(門楣)에 써놓으면 온갖 귀신들이 멀리 물러난다고 하였다. 이 말이 어디에서 나왔는지 모르겠다. 하지만 '적(聻)' 자의 음이 흔하여 세속에서는 사특함을 물리치는 부적으로 여기는데, 이 글자는 바로 귀신의 이름이다.

82 진찬(進饌) : 국가의 큰 경사를 맞이하여 거행되는 궁중연의 한 가지. 진연(進宴)보다 규모가 작고 의식이 간단했다.

52 논[畓]

우리나라에서 수전(水田)을 논이라 하는데, 그 음(音)은 '답(畓)'이고, 우리나라 사람이 처음 만들었다. 일본에서는 보리를 경작하는 땅을 '전(畠)'이라 하는데, 이를 귀하게 여김은 '전산전(畠山殿)'이라는 명칭에 있다. 세간에서는 이 글자를 일본에서 처음 만든 것이라 하였다.

53 만(卍)

『법원주림(法苑珠林)』에서 부처가 처음 탄생한 일을 서술하기를, "앞가슴에 '만(卍)' 자를 펴놓고, 발바닥에는 천폭륜(千輻輪)[83]의 형상을 가지고 있었다."라고 하였다. 『능엄경요해(楞嚴經要解)』에서 "부처의 가슴에 '만(卍)' 자가 있는 것은 길함과 상서로움을 표시한 것으로 모든 덕(德)이 모이게 하는 것이다."라고 하였다.

『화엄경음의(華嚴經音義)』에서 "만(卍)은 본래 글자가 아닌데 대주(大周) 장수(長壽, 측천무후의 연호) 2년(693)에 측천무후(則天武后)가 임시로 이 글자를 만들어서 천추(天樞)[84]에 붙이고 음(音)을 '만(萬)'이라 했다."고 하였다. '만(萬)'은 중국 음으로는 '완(宛)'이고, 우리나라의 음(音)으로는 '만(晩)'이다.

---

83 천폭륜(千輻輪) : 부처의 발바닥에 천폭륜이 그려져 있는데, 이는 부처의 설법(說法)이 이르지 않는 곳이 없다는 의미이다. 『관무양수경(觀無量壽經)』에 "발바닥에 천복륜의 상이 있다."라 하였다.

84 천추(天樞) : 당(唐)나라 측천무후(則天武后)가 자신의 공덕을 기록했던 기둥의 이름. 『당서(唐書)』「측천무후전(則天武后傳)」에 "연재(延載) 2년에 무삼사(武三思)가 번이(蕃夷)의 여러 추장과 기로(耆老)들을 거느리고 천추(天樞)를 만들어 태후(太后)의 공덕을 기록하여 당(唐)을 축출하고 주(周)를 일으키자고 청하였다. 이에 납언(納言) 요도(姚璹)로 하여금 천추를 만들게 했더니, 요도가 구리와 쇠를 많이 수집하여 만들고 '대주만국송덕천추(大周萬國頌德天樞)'라 새겨 단문(端門) 밖에 세웠다."라는 기록이 있다.

『육서정온(六書精蘊)』에서 "만(卍)은 수(數)의 끝이다. 옛사람이 2개의 일(一)자를 취한 것은, 만물을 고동(鼓動)시키는 시작은 일(一)에서부터 일어나고 일(一)로 되돌아와 끝나며, 그 순환이 무궁하여 왕복(往復)이 서로 통하는 이치를 취한 것이다."라고 하였다.

『명시종(明詩綜)』에서 "항패(項珮)는 자(字)가 취령(吹聆)이요, 수수(秀水) 사람인데, 처사(處士) 오통지(吳統持)의 집에 써 준 시(詩)가 있다. 이하는 시제(詩題)이다. 그 제(題)에 '부자(夫子)가 서옥(書屋)을 낙성(落成)하고 난간에 모두 만(卍)자를 썼다. 상고하건대, '만(卍)' 자는 길상(吉祥)의 뜻을 취(取)한 것으로 '복(福)' 자 · '수(壽)' 자와 함께 사용하고 있다. 그러므로 무릇 기완(器玩)과 금수(錦繡)의 부류에는 이렇게 '만(卍)' 자를 조각(雕刻)하였다. 드디어 서옥(書屋) 이름을 만재(卍齋)라 하고, 부(賦) 40글자를 지어 붙인다.'라고 하였다. 제(題)는 여기까지이다. 그 시는 이러하다.

부자가 기이한 글자 사랑하여	夫子愛奇字,
난간을 빙 둘러 얽어 놓았네.	廻闌繚繞之.
한 때 일제히 만(卍) 자를 쓰고서	一時齊作卍,
세 점으로 ∴는 쓰지 않았네.	三點不成∴.

∴은 바로 '이(伊)' 자이다.

봄은 나무 빛과 함께 짙어지는데	樹色春浮並,
수불은 재실에 봉안되었네	齋居繡佛定.
친구가 술을 실어 보내니	知人載酒送,
기쁨 선하는 까치가 있네.	送喜有芻尼.

주이준(朱彝尊)이 말하길, "시(詩)는 모두 범협(梵夾, 범어로 새긴 경전)에서 나왔다."라 하였다.

『자휘보(字彙補)』의 '만(乱)' 자 주석에, "만(萬) 자는 여래(如來)의 가슴에 있는 길상문(吉祥文)이다."라는 하였는데, 바로 이것이다. '만(卍)' 자와 '만(卍)' 자는 글자 모양은 다르지만 뜻은 같다. 『이견정지(夷堅丁志)』에서 말하길, "채경(蔡京)은 죽은 지 42년 만에 천장(遷葬)되었는데, 살갗과 살은 이미 없어졌지만 가슴 위에 '만(卍)' 자 하나가 볼록하게 일어나 있어 높이가 2푼 남짓하였는데, 마치 전각(鐫刻)한 것과 같았다."라고 하였다.[85]

54 선(鐥)

우리나라에는 술 4잔을 담을 수 있는 그릇을 일대(一大)라 하는데, 이 글자는 혹 '이(匜, 술 주전자)' 자의 잘못일 것이다. 또 일선(一鐥)이라고도 일컫는데, '선(鐥)' 자는 자전(字典)에 없다. 『고려사세가(高麗史世家)』 충선왕(忠宣王) 3년에, 좌상시(左常侍) 김지겸을 원(元)나라로 보내어 황태자의 생일을 축하하고, 금선(金鐥) 2개를 바치도록 하였다. 대개 고려에서는 이미 '선(鐥)' 자를 사용하였던 것이다. 세속에서도 세면하는 대야를 '대(大)'라고 일컫는데, 술그릇과 이름은 같지만 그 크기는 현격하게 달랐다.

55 겁(迲)

『단연록(丹鉛錄)』에 이런 말이 있다. "옛날 『비릉지(毗陵志)』에, 「한 사농 유부인 비문(漢司農劉夫人碑文)」은 허소(許劭)가 지은 것으로, 겨우 1백 10자가 남아 있었지만, 그 가운데 '倰'과 '迲' 2개의 글자는 무슨 음(音)인지 무슨 뜻인지 알 수 없다고 했다."

우리나라 주현(州縣)에서는 철삭(鐵索)으로 땔나무를 묶어 그 수량을

85 이 항목은 『청장관전서』 권57, 「앙엽기」 4에 보인다.

헤아릴 적에 일거(一法)나 이거(二法)라고 한다.[86]『여지승람(輿地勝覽)』에, 간성(杆城)을 일명 겁성(法城)이라 불렀다고 하였다.[87]

86 우리나라 … 한다 : 땔나무나 나뭇단 따위의 묶음을 세는 단위를 거래[法乃]라 하였다. 6바리가 1거래이다.

87 이 항목은 『오주연문장전산고』 경사편 1－경전류 2, 「박아문자변증설(博雅文字辨證說)」에 보인다.

『연경재전집외집』 권60

『난실담총』 권5

1 객씨(客氏)와 위충현(魏忠賢)

궁중(宮中)의 옛 규례(規例)에, 내감(內監, 환관)과 궁녀(宮女)가 각기 부부로서 짝이 되었는데, 한(漢)나라 시대부터 그러하였다. 이를 대식(對食)[1]이라 한다. 궁녀는 내감을 통하여 물품을 사들이고, 내감은 궁녀에게 의뢰하여 옷을 꿰매 입었으니, 이들이 하는 행동을 견주어보면 민간의 부부와 다름이 없었다.

객씨(客氏)[2]는 자태가 요염하고, 위충현(魏忠賢)[3]의 교활함을 좋게 여겼으며, 먼저 그에게 접근하여 사통(私通)하였다. 대개 위충현은 기괴한 술법을 얻어 소아(小兒)의 뇌(腦)를 생으로 씹어 먹고는 양도(陽道, 남자의 정력)를 다시 회복시키곤 하였다. 위충현은 또 환자(宦者) 위조(魏朝)라는

1 대식(對食) : 궁인들이 서로 부부(夫婦)가 되는 것을 말한다.

2 객씨(客氏) : 객씨는 명나라 희종(熹宗)의 유모로서 봉성부인(奉聖夫人)에 봉해졌고, 위충현(魏忠賢)과 사통(私通)하면서 온갖 간악한 일을 자행하였다.

3 위충현(魏忠賢) : (?~1627). 명(明)나라 말엽의 환관. 스스로 거세(去勢)한 다음 궁중에 뽑혀 들어갔는데, 희종(熹宗) 때에는 사례병필태감(司禮秉筆太監)이 되었고, 특별히 왕의 총애를 받아 희종의 유모인 객씨와 사통하면서 위권(威權)을 자행하였다.

자를 끌어들여 그와 함께 객씨와 사통하였다. 희종(熹宗)도 특별히 객씨를 위충현에게 주어 아내삼아 주었으니, 두 사람이 황제의 좌우에 있으면서 황제를 부추기거나 조종한 것이 한두 번이 아니었다. 그래서 드디어 하늘까지 뒤덮을 정도의 화(禍)가 이른 것이다.[4]

2 위귀(委鬼)

만력(萬曆) 말년에 도사(道士)가 저자에게 노래 부르길, "위귀(委鬼)가 머리 꼭대기에 앉아 있고, 가지꽃[茄花]이 땅에 그득히 붉어라."라고 하였다. 위귀는 '위(魏)'[5]를 의미하고, 북쪽 사람들은 '客(객)' 자를 '茄(가)' 자로 읽으니 바로 봉성부인(奉聖夫人, 객씨의 봉호)을 가리킨다.

3 이선시(李選侍)

명나라 광종(光宗) 때의 이선시(李選侍)[6]는 왕조가 바뀐 이후에도 여전히 생존하였다. 청나라 강희(康熙) 갑인년(1674) 5월 18일에 비로소 죽었다.

4 숭정(崇禎) 연간의 흰쥐

숭정(崇禎) 연간에 호광(湖廣, 호북성과 호남성) 사람이 흰쥐 수 백 마리를

4 이 항목은 청나라 화촌간행시자(花村看行侍者)가 찬(撰)한 『담왕(談往)』에 보인다. 또 『오주연문장전산고』 경사편 5, 「한궁대식변증설(漢宮對食辨證說)」에서도 이 내용을 인용하였다.

5 위(魏) : 위충현을 가리킨다.

6 이선시(李選侍) : 선시(選侍)는 명나라 때 비빈(妃嬪)의 호칭. 이선시는 광종(光宗)의 총애를 받았었는데, 광종이 갑자기 죽은 뒤 희종(熹宗) 주유교(朱由校)가 16살의 어린 나이에 황위를 계승하였음에도 건청궁(乾清宮)에 계속 머무르며 환관 위충현(魏忠賢)과 결탁하여 조정의 실권을 장악하려 했다.

가지고 북경 시장에 와서 팔았다. 그 털 빛깔은 눈[雪]과 같고, 눈은 불처럼 붉고 번쩍거리며 빛이 났다. 식자들이 말하길, "이 커다란 쥐가 나타나면 천하가 어지러워진다."고 했는데, 과연 그러하였다.

5 연도(燕都)의 새

숭정(崇禎) 연간 연도(燕都, 북경)에 모습이 반구(斑鳩, 산비둘기)와 같은 새가 있었는데, 사계(沙鷄)라 불렀다. 이 새는 예전엔 없었는데 북방의 만리장성 밖에서 유입되었다. 수천 수백 마리가 무리를 이루고 있는데, 한밤중에 횃불을 밝혀 비추면 밝을 곳을 향해 날아가 빙빙 돈다. 몽둥이로 치면 허공을 돌다가 떨어져 굽어보고 쳐다보다가 겹겹이 쌓인다.

풀이[解][7]에서는, "소강절(邵康節)이 낙양에서 두견새 소리를 듣고선 남쪽 사람이 재상이 되고 천하에 일이 많아질 것을 미리 알았다. 그런데 이 새가 사막 북쪽에서 중원(中原) 지역으로 들어왔으므로 봉화(烽火)와 샘[甘泉]에 대한 경계가 없을 수 없었다. 과연 10년간 사교(四郊)에 보루(堡壘)를 많이 설치했고,[8] 정(鼎)을 사옥(社屋)으로 옮겼다."라고 하였다. 이 이야기는 강소서(姜紹書)의 『운석재필담(韻石齋筆談)』에 나온다.

6 송아조(宋阿棗)

숭정(崇禎) 말기, 경사(京師)와 오하(吳下, 현재 소주蘇州 주변지역)의 시전(市廛)에서 사람들이 구어(口語)로 모두 '송아조(宋阿罩)'라 하였다. 나중

7 풀이[解]: 위의 문장에 대해 자세히 부연 설명한 문장을 가리킨다.

8 사교(四郊)에 보루(堡壘)를 많이 설치했고: 사교는 도성(都城)의 동서남북을 가리킨다. 나라에 외침과 내란이 끊이질 않아 도성의 사방 교외에 보루를 많이 구축했다는 의미이다. 『예기』에, "四郊多壘, 此卿大夫之辱也."라는 구절이 있다.

에 이적(李賊, 이자성)이 성을 무너뜨리자, 황제와 황후가 아울러 목매어 죽었고, 마침내 천하가 이자성에게 넘어갔다. 이자성의 어릴 때 이름이 조아(棗兒)였는데, 아조(阿罩)라고 잘못 전해진 것은 상성(上聲)과 거성(去聲) 때문이다.

7 마형전(馬形錢)[9]

숭정 말년, 뒷면에 말 모양이 있는 돈이 제법 많이 통용되었는데, 강남의 역졸들에 의해 사용되다가 마사영(馬士英)[10]의 손에서 없어졌다.[11]

8 비황(飛黃)의 전말(顚末)

비황(飛黃)의 전말(顚末)은 『담왕(談往)』에 보인다. 『담왕』은 화촌 간행시자(花邨看行侍者)가 기록한 책인데, 그의 자·호(字號)와 벼슬, 그리고 고향은 밝혀지지 않았다. 아마도 명나라 말기의 유민(遺民)인듯한데 자세한 것은 알 수 없다.

정지룡(鄭之龍)의 호는 비황이고, 복건성(福建省) 장주부(漳州府)의 장진(漳鎭) 사람으로, 그의 집안은 대대로 부(府)의 이서(吏胥)였다. 열여덟 살의 정지룡은 외모가 곱상하고 남의 비위를 잘 맞추는 성격이었는데,

---

9 마형전(馬形錢) : 말 모양이 새겨진 동전인 듯하다.

10 마사영(馬士英) : (1591?~1646년). 자는 요초(瑤草), 명나라 귀주(貴州) 귀양(貴陽) 사람이다. 1619년 진사(進士)가 되어 남경호부주사(南京戶部主事)에 오르고, 낭중(郎中)과 지부(知府)를 역임했다. 청나라 군대가 북경을 함락하자 강북의 진장(鎭將)들과 함께 복왕(福王) 주유숭(朱由崧)을 옹립해 동각대학사겸병부상서(東閣大學士兼兵部尚書)에 오르고 이어 봉양(鳳陽)의 군사를 감독했다. 재직하면서 완대월을 지원해 동림당(東林黨) 사람들에게 타격을 입히고 권력을 독점하면서 이익을 챙겼다.

11 이 항목은 『속문헌통고(續文獻通考)』에 보인다.

음률과 저포(樗蒲) 놀이에 능숙하였고, 이를 애호하지 않음이 없었다. 이에 그의 부친이 아들의 방탕함에 분노하여 몽둥이를 가지고 그를 뒤쫓아 가자, 정지룡은 바닷가에 있는 함선(艦船)으로 달아나 감히 집으로 돌아가지 못하였다.

그리하여 일본에 이르렀는데, 날마다 도주(島主)에게 나아가 연회에서 술을 마시며 가무(歌舞)를 즐겼다. 당시 도주에게는 딸이 있었는데, 정지룡은 그녀와 은밀하게 정(情)을 통하여 아들을 낳았다. 이른바 주성공(朱成功)이 바로 그 아들이다. 정지룡은 이곳에 1년을 머물렀는데, 이전의 함선이 다시 이르자 처자식과 헤어져 아들을 남겨두고 다시 복건성으로 돌아오던 중에 해적에게 위협과 약탈을 당하였다.

당시 안진천(顔振泉)이라는 자가 해상에 열 개의 성채를 거느리고 있었는데, 정지룡이 그에게 천금을 뇌물로 주면서 주인으로 삼았다. 반년이 지나서 주인이 병들어 죽으려 하자, 구주(九主)가 그를 위해 병을 치료하고 제사를 지냈다. 이에 정지룡이 주인에게 울면서 아뢰길, "내일 제사가 끝나면 반드시 술을 마실 수 있을 것입니다. 여러 사람들의 힘을 구하고자 생각하신다면 저를 한 번 바다에 내려놓으십시오. 얻는 것의 많고 적음은 저의 운명에 달려있습니다."라고 하였다. 주인이 그의 말을 따르고 여러 사람들이 이를 허여하였다. 이에 정지룡은 네 개의 배를 약탈하여, 그 배안에 있던 섬라(暹羅)의 재화를 모조리 취하였다.

그리하여 정지룡의 부유함은 열 명의 도주(島主)를 능가할 정도였다. 해중(海中)에서는 부유함으로 지위의 고하를 정하였는데, 정지룡의 주인이 또한 죽게 되자 정지룡의 지위를 승격시켜 10채(寨)의 하나로 삼았다. 이때 정지룡은 고향집의 소식을 알아보았고 황금을 실고 집으로 돌아왔으며, 소주(蘇州)와 항주(杭州) 두 도시의 휴대하기 편리한 귀중품과 완상품들을 사들이고 외국의 물건을 홍정하여 팔았다. 또한 해안가의 고을들을 하나도 빠짐없이 노략질하였다.

숭정(崇禎) 연간에 양광(兩廣, 광동과 광서)의 총제(總制) 웅문찬(熊文燦)이 상소하여 위무(慰撫)해 주기를 요청하자, 조정의 의론이 이를 주장하여 정지룡을 장주 참장(漳州參將)에 제수하였다. 황제의 칙유(勅諭)가 내려져 칭송될 때 10만의 군사로 정지룡을 돕도록 하였다. 이에 정지룡이 언덕에 올라가 그 직책에 나아가매 허리에 황금을 찼으니, 대개 특별한 은덕이었다. 부(部)에서 그 품계가 사도(司道)와 대등하다고 기록하였는데, 흠수(欽授, 황제의 하사)로부터 나온 것이어서 정지룡의 고향마을에서는 이를 영광스럽게 여겼다.

구채(九寨)의 우두머리인 유향(劉香)이란 자는 해상의 골칫거리여서 정지룡이 몇 번 그를 곤란하게 하였다. 그러자 유향은 이를 매우 한스럽게 여겨 장진(漳鎭)에 있는 정지룡을 찾아왔고 장사를 보내 그를 협박하기도 하였다. 이에 정지룡은 기뻐하는 척하면서 말하길, "내가 투항하여 높은 지위에 올랐지만 탐관오리(貪官汚吏)에게 속박을 당해 바로 우리들의 성채로 들어가고자 합니다. 그래서 지금 많은 의사(義士)들을 만나보고 있고, 즉시 가족을 데리고 왔습니다."라고 하였다.

이에 집안에 술과 고기가 많이 있으니 어찌 한번 배불리 먹고 취하지 않을 수 있겠느냐고 말하고, 속히 손님 접대할 준비를 하라고 하였다. 무리들이 모두 취하자, 징과 북이 갑자기 울리면서 문이 모두 잠기고, 힘 있고 혈기 왕성한 남자들이 지붕에서 뛰어내려 이들을 다 베어 죽였다. 정지룡은 이에 배 안으로 데리고 왔던 가족들에게 갑옷을 걸치고 그 배를 타게 하였다. 정지룡이 돛대 아래 우뚝이 서서 유향을 향해 나아갔다.

유향이 배 위에 있는 사람의 옷차림새를 멀리서 바라보았고, 또 배 곁에 우뚝 서 있는 자가 정지룡이어서 크게 기뻐하며 외쳤다. "오셨소!"

정지룡이 공수(拱手)하고 "예"라고 대답하였다. 차츰 언덕에 가까이 오자 뛰어 올라 휘두르며 유향을 베었다. 유향이 이미 죽자 유향의 잔당들이 모두 항복하였다. 그 팔주(八主)는 모두 정지룡의 정예부대가 되었고, 내객(內客)과 이족(夷族) 상인들은 정지룡의 기호(旗號)[12]를 사용하였으며, 해도(海島)에서는 감히 누구냐고 물어보지 않았다. 승진하여 벼슬이 장조 부총(漳潮副摠)에 이르렀다.

홍광(弘光) 초기에 5등급 벼슬에 진급하였고 정해후(靖海侯)에 봉해졌다. 융무제(隆武帝)가 즉위하자 이로 인해 상보(尙父)가 되었고, 상소하여 아들 삼(森)이 일본에 있다고 말하자, 융무제가 그를 취하여 자신의 아들로 삼고 주씨(朱氏) 성과 성공(成功)이라는 이름을 내려주었다. 패륵(貝勒)[13]이 강남으로 내려오자 정지룡은 항복하고 성경(盛京, 심양)으로 나아갔다.

9 정지룡(鄭芝龍)

숭정(崇禎) 연간에 민(閩) 땅의 승려 관일(貫一)이 옛날 벽돌 하나를 얻었는데, 그 뒷면에 돌출된 두 개의 둥근 꽃이 찍혀 있고, 표면에는 예서체로 이런 문장이 새겨져있었다.

초계는 밤에 울고 장이는 크게 교미하네.	艸鷄夜鳴, 長耳大尾.
처음에 쥐를 품고 손뼉을 치며 일어났네.	于頭啣鼠, 拍手而起.

12 기호(旗號) : 깃발로 나타낸 부호나 휘장.

13 패륵(貝勒) : 만주어로 부장(部長)을 가리킨다. 청나라 때 만주인 종실(宗室)과 몽고(蒙古)의 외번(外藩)들을 여섯 가지 작위에 봉해주었는데, 패륵은 그 중 하나이다. 참고로 여섯 가지 작위는 친왕(親王)·군왕(郡王)·패륵·패자(貝子)·진국공(鎭國公)·보국공(輔國公)이다.

삼대를 베듯 살인하여 피가 바닷물 이루었네. 殺人如麻, 血成海水.
딸을 낳고 닭을 멸하자 십억이 의지하네. 生女滅鷄, 十億爲倚.
일어난 해가 망한 해이니 육갑이 다시 시작되었네.
起年滅年, 六甲更始.
나이 젊어 빛나고 밝으니 태평 시절이라네. 庚小熙皥, 太平八紀.

관일이 이상함을 느끼고 묵묵히 그 문장을 적어두고선 바다 속에 그 벽돌을 던졌다. 이 문장을 풀이한 자가 이렇게 말하였다. "초계(艸鷄)와 장이(長耳)와 대미(大尾)를 분리하고 합치면 '정(鄭)' 자가 되니, 지룡(芝龍)을 말한 것이다. 처음에 쥐를 품은 것[于頭啣鼠]은 갑자(甲子)이니, 정지룡이 갑자년에 반란을 일으켰다가 갑자년에 죽었기 때문에 이렇게 말한 것이니, 육갑이 다시 시작된 것이다. '생녀(生女)'와 '십억(十億)'은 '女' 자에 '兆' 자를 보태면 '姚' 자가 되니, 총독 조계성(姚啓聖)이 대만을 이기고, 정씨(鄭氏)에게 유종(遺種)이 없는 것이다. '경소희호(庚小熙皥)'는 강희(康熙)이고, 태평팔기(太平八紀)는 그 수명이 다함없음을 말한 것이다.

10 심유경(沈維敬)

심유경이 실의에 빠져 연경(燕京)에 임시로 살고 있었다. 집 근처에 관옥(官屋)이 있었는데, 얼음을 파는 집에서 짐꾼을 하고 있는 심가왕(沈嘉旺)이 그곳에 살게 하였다. 심가왕은 본래 낙청(樂淸) 조상길(趙常吉) 집안의 하인이었는데, 어려서 왜노(倭奴)에게 붙잡혔다가 18년 만에 비로소 바다를 건너 돌아왔고, 다시 연경으로 가서 조상길에게 의탁하였다. 그런데 조상길이 그에게 일을 시키지 않자 나물을 팔아 스스로 살아갔다. 심유경은 틈이 날 때면 문득 심가왕과 상종(相從)하여 왜국[蠻中]의 실상과 풍속에 대해 이야기를 나누었는데, 심가왕은 비록 왜국의 기물(器物)이나 사투리라도 훤히 다 알고 있지 않음이 없었다.

때마침 석성(石星)이 동쪽 지역의 일을 다스려 처리하였는데, 석성이 총애하는 여인의 부친인 원아무개[袁某]가 심유경과 사이좋게 지내고 있었다. 심유경이 날마다 원아무개와 더불어 왜국의 일을 이야기하였는데, 심유경은 마치 몸소 왜국의 땅을 밟아 본 자 같았다. 그래서 원아무개가 석성에게 고하자, 석성이 심유경을 불러들여 이야기해보고 대단히 기뻐하였다. 마침내 위에 아뢰어 심유경을 유격장군(遊擊將軍)에 제수하고 일본으로 사신 보내자, 봉공(封貢, 벼슬을 봉하여 주고 조공하게 함)의 의론이 나오게 되었다. 심유경의 아내 진씨(陳氏)의 이름은 담여(澹如)인데, 본래 창기였다. 그녀는 심유경이 이미 멀리 떠나자 석성에게 매양 자신의 집에 이르러 위로하게 하였는데, 석성이 당도하면 그녀를 심부인이라고 불렀다. 이 이야기는 『갑을잉언(甲乙剩言)』에 나온다.

11 유적(流賊)

유적의 재앙은 역체(驛遞)를 없앤 데서 비롯되었고, 역체가 없어진 것은 어사(御史) 모우건(毛羽健)에게서 주창되어 과신(科臣) 유무(劉懋)에게서 성립되었다. 모우건이 진(秦) 땅에 있을 적에 첩(妾)을 얻어 매우 총애하였다. 그의 본처가 역마(驛馬)를 타고 그가 있는 곳에 이르면, 즉시 되돌려 보내곤 했는데, 오는 시간이 너무 빨라서 미리 방비할 겨를이 없었다. 이에 모우건이 자신의 분노를 역체(驛遞)에 전가하여 역부(驛夫)를 없애자는 설(說)을 제안하였고, 유무가 이 제안에 부화(附和)하였다. 역체가 한번 없어지자 일이 없어 빈둥거리는 자가 천만 명이나 되었고, 역체에 의지하여 생계(生計)를 꾸리던 자들이 밥을 벌어먹을 곳이 없게 되자, 서로 어울려 도둑이 되었다. 이에 틈적(闖賊, 이자성)이 이들을 불러 모아 종사(宗社)를 복멸(覆滅)시키고 말았다.[14]

12 성도(成都)의 회란탑(迴瀾塔)

성도(成都)의 동문(東門) 밖 진강교(鎭江橋)에 있는 회란탑은 만력(萬曆) 연간에 포정사(布政使) 여일룡(余一龍)이 세운 것인데, 장헌충(張獻忠)이 촉(蜀) 지역을 격파하였을 적에 이 탑을 훼손시켰다. 땅을 파서 벽돌을 취하고 옛날 비석을 얻었는데, 비석 위에 전자(篆字)로 "탑을 세운 자는 여일룡이요, 탑을 무너뜨린 자는 장헌충이다. 갑을병(甲乙丙)년이 되면 이 땅에는 선홍빛 피가 흐르고, 요괴의 운기(運氣)가 개천의 북쪽을 채워 독기(毒氣)가 동쪽으로 퍼질 것이다. 취소(吹簫, 관악기를 불던 군악수)는 대[竹]를 사용하지 않고 화살 하나가 당흉(當胸)[15]을 꿰뚫을 것이다. 한(漢)나라 원흥(元興) 원년에 승상(丞相) 제갈공명(諸葛孔明)이 기록한다."라고 쓰여 있었다. 청나라 병사가 서쪽을 정벌했을 적에 장헌충이 화살을 맞고 죽었는데, 당시에 숙왕(肅王) 호격(豪格)[16]이 장수였다.

---

14 이 항목은 『담왕(談往)』에 보인다.

15 당흉(當胸) : 말의 몸에 늘어뜨려 가슴까지 보호하는 가죽제 말갑옷. 말갑옷의 구성은 말 몸체의 착장 부위별로 나눌 때 통상 네 부분, 즉 경갑(頸甲), 흉갑(胸甲), 복갑(腹甲), 고갑(尻甲)으로 나눈다. 이를 중국에서는 각각 계경(鷄頸), 당흉(當胸), 마신갑(馬身甲), 탑후(搭後)라고도 지칭한다.

16 호격(豪格) : 청나라 태종 황태극(皇太極)의 맏아들. 처음에 몽고의 각부(各部)를 공격하는데 따라가 공을 세워 패륵(貝勒)에 봉해졌다. 천총(天聰) 연간에 변방을 따라 들어와 박명도(薄明都)로 진입했다. 숭덕(崇德) 초에 숙친왕(肅親王)에 봉해졌다.

13 변대수(邊大綬)17의 당보(塘報) 원고

섬서(陝西) 연안부(延安府) 미지현(米脂縣) 당보(塘報)18의 내용입니다.

저는 직접 1월 2일 제대(制臺)19의 밀찰(密札, 비밀편지)을 받들었고, 이어서 공사(貢士) 애조(艾詔)를 불러 대면하여 시의(時宜)를 알려주고 이성(李成)을 찾는 일을 마무리 하였습니다. 1월 6일이 되자 애조가 현(縣)으로 돌아와서 이렇게 말하였습니다. "유림(楡林)에서 이성을 찾아보고 와서 뵙습니다." 이어서 제가 불러 후당(後堂)으로 나오게 하여 물으니, 애조가 말해주었습니다. 이 사람은 틈적(闖賊)의 마을 사람으로, 일찍이 틈적의 선조 봉분[葬墳]을 만들었기 때문에 그 무덤이 있는 장소를 알고 있었습니다. 틈적의 조부는 이해(李海)이고, 부친은 수충(守忠)인데, 본현(本縣) 쌍천(雙泉)에서 모두 훌륭한 사람이었습니다. 틈적의 이름은 이자성(李自成)인데, 어려서 일찍이 중이 되었습니다. 속명(俗名)은 황래승(黃來僧)으로, 희씨(姬氏)의 양치기 노비였었습니다. 숭정(崇禎) 3년(1630)에 서천(西川)의 적(賊)이 흙 한번 묻히지 않고 난을 일으키자, 그는 적중(賊中)으로 흘러들어가 추락이란 것을 알지 못했습니다.

숭정(崇禎) 9년(1636)에 이르러 틈적은 천여 인마(人馬)를 거느리고 현

---

17 변대수(邊大綬) : 자는 소일(素一) 호는 장백(長白). 명나라 하간부(河間府) 정해(靜海) 사람. 거인(擧人)에 올랐고, 미지 지현(米脂知縣)을 지냈다. 1642년 미지 지현이었던 변대수는 섬서 총독(陝西總督) 왕교년(汪喬年)의 비밀 조서(詔書)를 받들어, 이자성(李自成) 선조의 무덤을 찾아내 파헤쳐 없애버렸다. 얼마 뒤 관직을 그만두고 귀향했는데, 1644년 이자성의 군대에 잡혔다가 탈출하여 돌아왔다. 『호구여생기(虎口餘生記)』를 저술하여 이때의 일을 기록으로 남겼다.

18 당보(塘報) : 제당관(堤塘官)이 본성(本省)에 보내는 통보이다. 우리나라의 조보(朝報)와 같다. 당보는 날마다 간행하고 월말에 가서 종합하여 한 책으로 만든다고 한다.

19 제대(制臺) : 총독(總督)을 높여 부르는 말. 명·청 시대 지방의 행정과 군사, 경제를 담당하던 관리로서, 그 품계는 정이품이지만 통상적으로 병부상서(兵部尙書) 직함을 겸하여 종일품까지 오를 수 있었다. 한 지역[省]의 행정만을 담당하던 순수(巡撫)와는 달리 제대는 여러 지역을 아울러 관장하면서 행정 업무 이외에 군사 업무까지 관장했다.

(縣)의 성 밖에 와서 스스로 통성명(通姓名)하고, 집에 돌아와 조상에게 제사를 지내며 틈장(闖將)이라 일컫자, 사람들이 비로소 그 성씨를 알게 되었습니다. 지금 세월이 이미 오래되어 그 선조를 장사지낸 곳을 기억하지 못하였습니다. 장사지내는 당일(當日) 땅을 파자 세 개의 빈 구덩이가 있었는데, 그 안에 검은 사발 하나가 있었습니다. 이 때문에 두 개의 구덩이를 메우고 하나의 구덩이에 안장(安葬)하였습니다. 이에 검은 사발에 점등(點燈)하여 무덤 안에 놓았습니다. 지금 다만 무덤을 파헤쳐 검은 사발이 있는 곳이 바로 틈적의 조상 무덤입니다.

저는 연총(練總) 흑광정(黑光正)과 보장관(堡長官) 왕도정(王道正)을 불러오고, 전수(箭手) 30명과 향부(鄉夫) 60명을 거느리고 즉각 출발하여 산으로 들어가 하루 낮밤 동안 2백 리를 걸어 비로소 그 땅에 이르렀고 삼봉자(三峯子)라고 불리어지는 곳에서 하룻밤을 묵었습니다. 이날이 9일이었는데, 밤에 깊이가 2척 남짓 되는 큰 눈이 내렸고 산길이 험하고 미끄러워 말들이 전진할 수 없었습니다. 저는 말에서 내려 5,6리를 걸어가서 그 산에 도착했는데, 조도(鳥道)[20]가 울퉁불퉁하고 사람의 자취가 오래도록 끊어져있어 곧 길을 트면서 기어올라서 갔습니다.

또 1리쯤 가니 담장이 아직 남아 있는 요사(寮舍) 10여 곳이 보였는데, 이곳은 바로 틈적의 별장이 있는 마을입니다. 다시 산 하나를 지나니 틈적의 선조 무덤이 있었는데, 사면이 산으로 둘러있고 기세가 웅장하고 기이하며 천여 그루 정도 되는 임목(林木)들이 무더기로 빽빽하게 자라고 있었습니다. 크고 작은 무덤 23좌(座) 중에 5,6개의 무덤을 파헤쳐 보매, 그 해골들이 모두 혈색과 윤기가 있었으니 세월이 오래되었어도

20 조도(鳥道) : 산이 높고 험하여 사람이 다닐 수 없고 오직 새만이 날아 지날 수 있다는 산속의 좁고 험한 길.

마르고 썩은 듯하지 않았습니다. 하지만 모든 무덤에 검은 사발의 흔적이 없었습니다. 날이 어두워져 산을 내려오기 어렵게 되자, 마침내 적의 옛 가마[窯] 속에 앉아 불을 쬐었습니다. 날이 밝아오자 다시 몇 개의 무덤을 파헤치매, 검은 사발이 보였습니다. 바로 이해(李海)의 무덤인데 그 해골의 검은빛이 먹과 같았고, 머리와 이마에 흰털이 6,7촌쯤 자라나 있었습니다.

그 왼쪽으로 조금 아래에 있는 것은 이수충(李守忠)의 무덤이었습니다. 꼭대기에 느릅나무 한 그루가 자라고 있었는데, 그 크기가 대략 팔뚝만 하였고 뿌리와 가지가 사방을 둘러싸고 있어서 도끼로 찍어 끊어버렸습니다. 이에 그 무덤이 비로소 열리자, 중간에 길이가 1척 2촌인 흰 뱀 한 마리가 똬리를 틀고 있었는데, 두각(頭角)을 곧추세우고 3촌 높이 정도로 날듯이 일어나서 해를 향해 입을 벌렸다가 다시 서리듯이 누웠습니다.

제가 즉시 흑광정의 허리띠를 가져다 뱀을 묶고 그 해골을 쳤는데, 해골 사이가 모두 동청(銅青)같이 녹색이고 누런 털이 5,6촌쯤 자라나 있었습니다. 그 나머지 해골들 중에 털이 나있는 무덤이 7,8개였는데, 다 헤아려 파헤쳐서 불을 피워 태워버렸습니다. 게다가 크고 작은 임목 천여 그루를 다 베어버려 산맥을 끊었습니다. 적의 묘가 이미 파손되어 왕기(王氣)가 이미 새어나갔으니, 적의 기세가 저절로 떨어질 것입니다. 그 검은 사발과 흰 뱀은 군문(軍門)에 증거로 바쳐 마무리 합니다. 이치상 당보에 합치될 것입니다. 숭정 15년(1642) 5월 14일 당보.

섬서(陝西) 총독군문(總督軍門) 왕교년(汪喬年)의 수찰(手札).

내유(來諭)[21]를 읽고 문하(門下)에서 애타게 보국(報國)함을 족히 지켜보았다. 다만 모름지기 확실하게 직접 찾아가서 무고함을 파급시키지 않았으니, 거의 천리(天理)가 따라주고 사람의 공력 또한 수월하게 이루어질 것이다. 훗날 적을 멸하면 마땅히 문하(門下)의 공적을 으뜸으로 삼을 것이다. 이렇게 답장한다.

두 번째 서찰.

내유(來諭)에서 틈적의 조상 무덤을 이미 파헤쳐 죽을힘을 다해 적을 제압했으니 훗날 성공하면 반드시 첫 번째로 보답할 것이다. 대강 알린다.

장백선생(長白先生)[22] 변대수(邊大綬) 년옹(季翁)은 하간부(河間府) 청해현(靜海縣) 거인(擧人)으로, 과거 명나라의 미지현(米脂縣) 현령이었다. 틈적의 기세가 한창 거세지자 섬서 총독 왕교년이 비밀리에 변대수에게 부탁하여 틈적의 조부 무덤을 파헤쳐 그 해골을 모아놓고 불태우고 무덤에서 나온 뱀으로 포를 뜨라는 말을 전하였다. 이 때문에 양성(襄城)이 함락되었고, 적이 왕교년을 기꺼이 원하였다.

갑신년(1644) 4월에 청나라 병사가 산해관에 들어오자 적이 무너져 서쪽으로 달아났다. 적이 택주(澤州)에 이르렀을 때 변대수는 관직을 그만두고 집에 거처하고 있었는데, 적에게 사로잡혀 수양(壽陽) 남관(南關)에 이르렀다가 달아나 『호구여생기(虎口餘生記)』를 지었다. 그 책에 이런 내용이 있다.

"내가 임오년 봄에 적의 조상 무덤을 파헤치자 미지현(米脂縣) 사람들이 반드시 화를 부를 것이라고 기세등등하게 말하였다. 애조동(艾朝棟)·고영원(高映元)·풍기룡(馮起龍) 등이 실제로 적의 인당(姻黨)이 되었

---

21 내유(來諭) : 보내주신 편지의 가르침이라는 뜻으로, 다른 사람이 나에게 편지로 보내온 사연을 높여 이르는 말.

22 장백선생(長白先生) : 장백은 변대수의 호이다.

고, 적의 행패(行牌)[23]가 서안(西安)에 이르렀다는 소식을 들었다. 4월 19일 봉기한 틈적이 진(秦) 땅에 들어왔다는 말에 드디어 여러 사람이 의논하여 적이 이르기를 기다렸다가 나와 애조 그리고 흑광정 등을 적에게 바쳤다. 마침 부(部)에서 자문하여 현부(賢否)를 뚜렷하게 가렸고, 무대(撫臺)[24]가 나를 등급 매겨 추천하였다. 살펴보건대 무대가 또 공문에 연명(連名)으로 서명해 상부에 올리고자 하여 성채의 관아로 올라가자 당인(黨人)들이 벌벌 떨며 두려워하였다. 드디어 단관(單款, 이름만 적은 낙관)을 날조하고, 있는 힘껏 계략을 꾸며 함정에 빠뜨렸다. 그러나 끝내 사책(司冊, 관아문서)에 잘못이 없어 크게 해칠 수 없자 다만 속이고 내려와 머물렀다. 이때 장형순(長兄順)이 산서(山西) 택주(澤州)의 수령이 되어 택주에 다다랐다.

3월 21일 도성이 이미 격파되고 만승(萬乘, 황제)이 순국(殉國)하자 나는 북쪽을 향해 통곡하고 재배(再拜)하며 성복(成服)하였다. 4월 28일 적이 산해관을 침범했다고 사람들이 크게 떠들어대었는데, 적은 무너져 서쪽으로 달아났다. 나는 친족을 중심으로 한 족계(族契)의 제생(諸生)인 사명석(謝銘石) 등을 모이게 하여 비밀리에 모의하여 군사를 일으켜 적을 맞이하고자 하였다. 다음 달 초하루에 의병(義兵)의 군기(軍旗)를 들어 올리려고 했는데, 다음날 적의 제기(緹騎)[25]가 당도하였다.

앞서 몇 명의 기병(騎兵)이 성으로 나아가매, 영전(令箭)[26]을 가지고 공관(公館)을 찾는다고 속여 말하였는데, 실은 나의 거처를 엿본 것이다.

---

23 행패(行牌): 영패(令牌)나 공문(公文)을 내려 보내는 것을 가리킨다.

24 무대(撫臺): 순무(巡撫). 명·청 시기에 지방을 순시하며 군정(軍政)과 민정(民政)을 감찰하던 대신.

25 제기(緹騎): 정탐과 체포를 담당하던 관리로서, 그 권력이 막강하였다.

26 영전(令箭): 옛날 군중(軍中)에서 명령 전달의 증거로 사용한 화살 모양의 수기(手旗).

나는 변고(變故)가 있다는 것을 엿보아 알고 길거리에 서서 기다렸다. 잠시 후에 아역(衙役) 2명이 위령(僞令)을 전하자 관아에서 옥표(玉票)를 보내 나를 잡아들였다. 내가 앞장서 가서 보자 바로 나를 적의 사신인 백씨(白氏) 성과 오씨(吳氏) 성을 가진 자에게 넘겼다. 이 두 사람이 말하길, '만세께서 그대를 데려다 관직을 주라고 하셨으니 두려워하지 마시오.'라고 하였다. 또 사람을 파견하여 공봉(供俸)하고 아울러 나를 견제하여 몇 걸음도 떨어지지 못하게 하였고, 안팎으로 소식을 통하지 못하게 하였다. 모친과 아내와 가족들이 다 하옥되었다.

초1일 나를 잡아 서쪽으로 가서 숙령(肅寧)에 이르렀고, 2일 안평(安平)에 이르렀으며, 3일 무극(無極)에 이르렀다. 다음날 진정(眞定)에 이르러 성으로 들어가자, 만세의 수레[駕]가 장차 도착할 것이라고 적들이 떠들썩하게 말하였다. 적의 무리 중에 붉은 옷을 입은 자들이 거리에 그득했는데, 노부(老府)의 병사들이라고 하였다. 이들은 나를 보더니 모두 야유하면서 '이 자가 무덤을 파헤친 자인가?'라고 하였다. 나를 데리고 가서 위수(僞帥) 마(馬)를 뵙게 하였다. 그 문에 들어서자 남색의 비단 옷을 입은 한 명의 적이, 기고(旗鼓)를 운운하면서 무덤을 파헤친 시말을 묻고, 후당(後堂)으로 들어가 위수(僞帥)에게 아뢰었다. 말을 전하고 나와서 드디어 오기패(吳旗牌, 기패는 관직명)와 함께 자신의 집에 이르러 묵었다. 다음날인 5일이 되어서야 겨우 나오니, 적들이 와서 마노야(馬老爺, 이자성)가 남문에 올라갔다는 말을 전해주었다. 병사를 출동시키고 그의 수레가 이르기를 기다려서 바로 길을 나섰다. 오씨 성을 가진 자가 드디어 나를 데리고 가서 마노야에게 보이려고 했는데, 길거리에 이르러 말하길, '노야가 서문에 올라갔다가 다시 서성(西城)에 이르셨다.'라고 하였다.

오씨 성을 가진 자가 먼저 도착하여 나를 가리키며 '성을 나와라.'라고 말하였다. 내가 성을 나오자 적병(賊兵)이 북쪽에서 남쪽으로 내려왔는데, 흙먼지가 하늘을 가린 것을 보았다. 하지만 이들은 모두 늙은이와 어린아이들로 일사불란하지 않았고 야위고 허약하며 사정이 딱해 보였다. 10여 명의 적들이 부녀자 3, 4명을 데리고 있었는데, 전혀 기율(紀律)이 없었다. 잠시 서있었는데 오씨 성을 가진 자가 다시 임씨 성을 가진 자와 함께 나를 압송하여 성으로 들어갔다.

독부(督府) 앞에 이르러 한 두 시간을 기다렸지만 위수(僞帥)는 돌아오지 않았고, 문득 말을 전하길, '만세가 이르셨는데, 성으로 나아가지 않으시고 관제묘에서 점심을 먹고 바로 출발하실 것이다.'라고 하였다. 두 적이 또 나를 데리고 성을 나와 관제묘 밖에 이르렀다. 잠깐 사이에 신호나팔[掌號] 소리를 들었는데, 적들이 출발하였고 위수가 나를 데리고 서쪽으로 가라고 전유(傳諭)하였다.

획록(獲鹿, 하북성 소재)의 상안(上安)에 이르렀고, 다음날 고관(固關)[27]을 나왔다. 틈적(闖賊)이 한창 사람들을 죽일 즈음에 죽은 자들이 쌓여 있었다고 하는데, 고관 근처의 백성들이 우물을 막았기 때문이었다. 또 활과 화살을 지니지 않은 적의 병졸들을 데려다가 그 왼손을 다 베어버려 혈육이 뚝뚝 떨어져 내려 참혹함이 말할 수 없었다. 나는 오씨(吳氏)와 진씨(陳氏) 두 적과 함께 고관을 나와서 틈적을 만났는데, 진적(陳賊)이 아뢰려고 하자 오적(吳賊)이 손을 흔들며 지나갔다. 만일 이때 한마디 했다면 나는 가루가 되었을 것이다.

초7일 평정주(平定州) 서쪽을 지나갔다. 적중(賊中)에서 전하는 말이, 대병(大兵)이 추격하여 핵도원(核桃園)에 이르렀고, 이미 관(關)의 근처

27 고관(固關) : 산서성(山西省) 평정현(平定縣) 경내에 있다. 명나라 때 4대 명관(名關)으로, 장성(長城) 진보진(眞保鎭)의 중요한 요충지였다.

에 이르러 후영(後營)의 인마를 조율하였으며, 돌아와 관(關)을 방어하고 있다 하였다. 두 적이 다시 나를 압송하여 돌아와 평정주에 머무르며 동관(東關) 밖에서 살펴보며 지시하였다. 초10일 저녁 무렵에 다만 정병(精兵)을 조율했다는 말이 비로소 전해졌는데, 그 물자가 예전보다 많았다. 이때 틈적은 이미 먼저 태원(太原)으로 올라갔다.

오적(吳賊)이 한 명의 아이 적과 함께 나를 압송하였는데, 마병(馬兵)과 보병(步兵共) 88명이나 98명이 함께 하였다. 밤에 가다가 하룻밤 묵었고, 날이 밝자 수양(壽陽)의 남관(南關)에 이르러서 쌀과 물을 찾아 밥을 지어 먹었다. 남가로(南街路) 서쪽의 작은 문에 이르자 나를 불러 들어가라 하였다. 오적이 그 안에 있었는데, 나에게 말을 묶고 짐을 풀라고 명하였다. 또 방으로 들어가 두러 누워 달게 잠을 잤는데 그 아이 적도 루(樓)에 올라가 누웠다. 나 또한 잠을 자는 척하며 한참 동안 깨어나지 않았다. 말이 누워있는 틈을 타서 내가 말을 꾸짖어도 일어나지 않아서 두세 번 채찍을 휘둘렀지만, 적이 꼼짝 않고 누워서 깨어나지 않았다. 나는 드디어 문을 나와 북쪽으로 갔다.

도중에 누런 옷을 입은 적 한 명을 만났는데, 그 사람이 당신은 물을 찾아 얻었느냐고 물었다. 나는 거짓말로, '남두(南頭)에 물이 없어 다시 북쪽으로 찾아간다.'고 하였다 그리고 빨리 걸어 수양성 인근에 이르렀는데, 강에 물이 없어서 나는 뛰어내려 돌아서 성의 북쪽으로 갔다. 적에게 추격당할까 염려하여 산언덕의 흙 가마 속에 몸을 숨기고 있었는데, 달이 아주 높이 뜬 것을 보고선 비로소 감히 밖으로 나와서 휘어잡고 오르내렸다. 무덤이나 계곡과 못을 지나다 하룻밤 묵었는데, 도깨비불과 반딧불이 번뜩이고 거의 사람이 사는 곳이 아니었다. 30리를 가서 승방(僧房)에 이르러 머물렀다.

6일 만에 비로소 동쪽으로 갔다. 토구(土寇)가 우글거리는 곳을 지나가다 고관(固關)과 낭자관(娘子關)[28]을 적병(賊兵)들이 모두 지키고 있어 감히 지나갈 수 없다는 말을 들었다. 삼태기를 멘 자[29] 세 명을 우연히 만났는데, 이들이 소로(小路)를 알고 있어 따라갔다. 황구(黃口)로 흘러 들어가니, 만산(萬山)이 매우 험하고 원숭이가 지나다니며 숲의 나무들이 하늘의 해를 가렸다. 험준한 곳을 맞닥뜨려 머리에서 발끝까지 닳도록 문질러대었다. 정형(井陘)[30]과 호타(滹沲)[31]를 건너고 진정(眞定)을 건너 서유촌(西柳村)에 이르러 족제(族弟) 학(壆)을 만났고, 사람을 보내 소식을 알리고 현(縣)에 이르자 노모(老母)께서 세 번씩이나 넘어지면서 찾아오셔서 만났다. 저녁 무렵 비를 무릅쓰고 집에 이르렀는데, 이날이 바로 5월 19일이었다."

변대수는 후에 청나라에 벼슬하여 태원(太原) 수령이 되었다. 청계(靑溪) 정정규(程正揆)[32]가 『여생기(餘生記)』에 서문(序文)을 쓰기를, "갑신년 5월 초1일 창주(滄州)에서 내가 의병을 일으키고 발상(發喪)하였다. 위조한 도장 18개를 확보하고 적신(賊臣)[33]의 머리를 베었으며, 선군후(先君后)의 영령에 제사를 베풀었다."라고 하였다. 정정규 또한 의사(義士)이니 깊이 살펴서 유민전(遺民傳)에 실어야 한다.

---

28 낭자관(娘子關) : 중국 산서성과 하북성의 경계를 이루는 관문.

29 삼태기를 멘 자[荷蕢者] : 혼란한 세상을 피해 숨어사는 현인(賢人)을 가리킨다. 『논어』「憲問」에, "子擊磬於衛, 有荷蕢而過孔氏之門者, 曰 : '有心哉, 擊磬乎!'"라는 구절이 있다.

30 정형(井陘) : 산이름. 태항산(太行山)의 지맥(支脈). 토문관(土門關)이라고도 한다. 진한(秦漢) 시대에 군사적 요충지였다.

31 호타(滹沲) : 호타하(滹沲河). 하북성 서부(西部)에 있다. 산서성(山西省) 번치현(繁峙縣) 동쪽의 태희산(泰戲山)에서 발원한다.

32 정정규(程正揆): (1604~1676). 자는 단백(端伯), 호는 국능(鞠陵), 별호는 청계도인(淸溪道人)·청계노인(靑溪老人)이며, 지금의 호북성 효창(孝昌) 사람이다. 명망청초의 화가이자 서예가이다. 명나라 때 한림원 편수관과 상보사경(尙寶司卿)을 역임하였고, 청나라 때는 공부우시랑(工部右侍郎)에 임명되었다. 후에 관직을 그만두고 남경에 살았다.

33 적신(賊臣) : 나라나 임금을 배반한 신하.

14 손가망(孫可望)

손가망(孫可望)과 이정국(李定國)은 모두 장헌충(張獻忠)의 양아들로서, 장씨(張氏) 성(姓)을 대면서 동부(東府)와 서부(西府)에서 호령하였다. 나중에 장헌충이 패하자 모두 달아나 진(滇) 지역으로 들어갔다. 두 사람은 권력을 다투었는데, 원래부터 사이가 좋지 않았다. 청병(淸兵)이 남하(南下)하자 손가망은 패전하여 항복하였는데, 세조(世祖)가 손가망을 의왕(義王)에 봉하여 세습하게 하고 동장안문(東長安門) 밖에 저택을 하사하였다.

손가망이 죽자, 그의 아들 손징호(孫徵灝)가 습봉(襲封)하였다. 강희(康熙) 20년(1681)에 대성(臺省)이 언령(言令)을 만들고 여러 왕과 대신(大臣)과 구경(九卿)이 회의하여 의공(義公)을 강등해 봉하여 모의공(慕義公)으로 고쳤다. 촉(蜀)지역 면주(綿州) 녹두관(鹿頭關)의 방사원(龐士元)[34] 사당을 손가망이 중수(重修)했는데, 돌패방(牌坊)에 가짜 직함인 주국태사(柱國太師) 병부상서(兵部尚書)가 크게 쓰여 있었다. 무릇 수 백 글자가 다만 손가망을 칭찬하는 말이었다고 한다.

15 이자성(李自成)의 여당(餘黨)

이자성(李自成)이 이미 죽자 그 무리들이 의지할 곳이 없어 전후로 진(滇) 지역에 들어가 항복하였다. 그 군영을 충정영(忠貞營)이라 불렀고, 여러 장수들은 모두 공석을 쌓아 지체가 공후(公侯)에 이르렀는데, 침주

34 방사원(龐士元) : 사원은 방통(龐統)의 자. 그는 형주(荊州) 양양(襄陽) 사람으로, 호는 봉추(鳳雛)이다. 삼국시대 유비(劉備)의 책사(策士)로 제갈량과 동시에 군사중랑장(軍師中郎將)이 되었다. 유비가 익주(益州)를 취할 때에 계책을 내어 큰 공을 세웠다. 낙현(雒縣)을 포위 공격할 때 화살을 맞고 죽었다. 관내후(關內侯)로 추증되었다.

(郴州)에서의 패배로 인해 기세를 다시 떨치지 못하였다. 청병(淸兵)이 이미 운남(雲南) 지역을 평정하자, 곧 달아나서 흥귀(興歸)의 서산(西山)으로 들어갔는데, 이래형(李來亨)이 우두머리가 되고 십삼가군(十三家軍)이라 일컬었으며, 기주(夔州)의 도로가 중심이 되었다.

강희(康熙) 2년에 호광제독(湖廣提督) 동학례(董學禮)가 상소하여 군사를 모아 진격하여 적을 무찌를 것을 청하였다. 이에 성조(聖祖)가 금려(禁旅)[35]를 내어보내며 모예뇨(慕禮裹)를 정서장군(靖西將軍)으로 삼고, 가이곤(柯爾崑)을 좌부장군(左副將軍)으로 삼고, 도해(圖海)를 우부장군(右副將軍)으로 삼아 공격하였다. 일곱 개의 길로 군사를 분산시켜 이들을 여러 번 패배시키고선 석평(石坪)에 나아가 주둔하였다. 고필정(高必正)과 당수선(党守善) 등을 항복시키자, 전체 군사가 귀방(歸房)[36]으로 나왔다. 학요기(郝搖旗)를 사로잡고, 유여괴(劉汝魁)를 멸하였으며, 모록산(茅麓山)에 모여 장위(長圍)[37]를 쌓아 이들 무리를 포위하자, 이래형은 스스로 목매어 죽었고, 여러 적들은 모두 항복하였다.

16 청나라 태조(太祖)

우리나라 사람들이 대부분 말하길, 청나라 태조(太祖)는 어렸을 때 영원백(寧遠伯)[38]의 아이종이었다고 한다. 하루는 영원백이 베개에 기대 얼핏 잠들었는데, 청나라 태조가 시렁 위의 매를 다 풀어주고 머뭇거리다

35 금려(禁旅) : 금군(禁軍). 궁궐을 지키고 임금을 호위하던 친위병.

36 귀방(歸房) : 적에게 항복하고자 하는 자들이 머무는 장소를 가리키는 듯하다.

37 장위(長圍) : 통행 방지용 제방이나 목책.

38 영원백(寧遠伯) : 이여송(李如松)의 부친인 이성량(李成梁)을 가리킨다. 이성량은 조선인의 후예로서, 요동 철령위 지휘첨사의 자리를 대대로 세습하고 있었고, 좌도독 광녕총병관(左都督廣寧總兵官)·영원백(寧遠伯)이 되었다.

크게 숨을 쉬고선 베개 주변의 보검을 뽑아 세 번 영원백의 배를 찌르는 흉내를 내고 다시 검을 내려놓았다. 영원백이 이에 눈을 뜨고 말하길, "너는 무슨 까닭으로 이런 짓을 한 것이냐?"고 하자, 태조가 꿇어앉아 말하길, "부형(父兄)의 원수와 길러준 은혜를 모두 감히 잊지 못했습니다. 검으로 찌르는 흉내를 낸 것은 원수를 갚은 것이요, 검을 내려놓은 것은 은혜를 갚은 것입니다."라고 하였다. 영원백이 말하길, "네가 매를 풀어준 것은 어째서냐?"고 하자, 태조가 말하길, "매의 뜻이 구름이 있는 하늘에 있는데, 사람에게 잡혀있기 때문에 풀어준 것입니다."라고 하였다. 영원백은 태조를 집안에 머무르게 할 수 없음을 알고선 그를 잘 타이르길, "내게 준마가 있는데 타고 빨리 달릴 만하니, 아이들이 알게 하지마라."라고 하였다. 태조는 머리를 조아리고 눈물을 흘리며 작별인사를 하고선 말을 타고 떠났다. 이제독(李提督, 이여송)이 이 말을 듣고 몹시 분하게 여겨 급히 추격하였지만 미치지 못하였다.

나는 처음엔 이 이야기가 대부분 와전(訛傳)된 것이라 의심하였었다. 그런데 『개국방략(開國方略)』에 이르길, "태조는 영원백의 집안에서 양육되다가 열다섯 살에 비로소 돌아갔다."라고 하였다. 그러니 우리나라 사람의 말은 믿을 만하다.

17 예(濊)와 올량합(兀良哈)

동방(東方)의 나라를 옛날에는 '한(韓)'·'예(濊)'·'왜(倭)'라고 불렀는데, '한'은 삼한(三韓)이요, '예'는 부여요, '왜'는 일본이다. 지금 '한'과 '예'는 모두 조선의 지경(地境)에 속하는데, 왜국에서는 옛날 호칭을 따르며 얽매이지 않았다. 지금 왜인(倭人)의 편지를 보면 아직도 조선을 일컬어 '한'이라 하였다. 우리나라의 속음(俗音)[39]에 도리어 '왜'를 '예'라고 부르니 어째서 이렇게 일컫는지 이해하지 못하겠다.

올량합(兀狼哈)은 본디 야인(野人)의 부락[種落]인데, 국초(國初)에 올량합에서 자주 와서 공물을 바쳤고 또한 귀화한 자가 많았다. 지금 성(姓)이 낭(狼)인 자가 그 후예이다. 요즘 사람들은 만주(滿洲) · 회자(回子) · 몽고(蒙古)와 남만(南蠻) · 북적(北狄)에 이르기까지 모두 올량합이라 일컫는다. 심하구나! 우리나라 사람이 명물(名物)을 이해하지 못함이.

18 주과(朱果)

건륭제(乾隆帝)의 「전운시(全韻詩)」에, "천녀(天女)가 주과(朱果)[40]를 삼키고, 몸에서 아들을 낳았네."라는 구절이 있다.

이 사람이 청나라의 시조이다. 중국인들은 호로(胡虜)가 아주 먼 변경지역에서 개창(開創)하여 이리나 곰, 개와 양 따위와 섞여 살았기 때문에 개나 이리가 잉태한 자가 아주 많다고 마음속으로 생각하였다. 호로 또한 근거할 만한 문헌이 없어서 스스로 그렇다고 여기며 이를 밝혀내지 못하였다. 만주족은 훗날 중국이 역사를 조작했음을 자연스레 알게 되자, 필시 한 가지 예를 들어 나무라고 욕보였으며, 미리 주과의 설(說)을 만들어 사료(史料)를 준비하였으니, 그 계책이 영리하다고 할만하다.

---

39 속음(俗音) : 한자의 음을 읽을 때, 원래의 음(音)과 다르게 시속(時俗)에서 일반적으로 쓰이는 한자(漢字)의 음(音).

40 주과(朱果) : 깊은 산속이나 대택(大澤)에서 생산되는 기과(奇果)인데, 색이 붉어 주과 또는 자과(紫果)라고 한다. 중국 고대의 무협소설에 종종 등장하는 과일로, 백년에 한 번 꽃이 피고, 백 년에 한 번씩 열매를 맺는다고 한다. 이것을 먹으면 일반사람들은 신체가 건강해지고 무림인(武林人)들은 수련의 단계를 향상시키는 데 도움을 받는다고 한다. 그런데 실제로 옛날에 감을 지칭하였다.

19 사(奢)

『위서(魏書)』「고구려전(高句麗傳)」에, 관직명으로 '알사(謁奢)'와 '태사(太奢)'가 있다. 지금 청나라 제도에 군교(軍校)를 '사사(奢奢)'라고 일컫는 것은 아마도 알사와 태사를 줄인 말일 것이다. 청나라는 고구려의 옛 땅에서 발흥하였기 때문에 이처럼 그 관직명을 이어받은 것이다.

20 영평(永平)의 네 개 성(城)을 수복하다

숭정(崇禎) 연간 기사년(1809)에 청인(淸人)이 중원(中原)에 쳐들어와서 황성(皇城)에 가까워지자, 손승종(孫承宗)이 군대를 맡아보아 영평(永平)의 네 개 성을 수복하였다. 이에 청인이 적지 않게 무너져 내려 기가 꺾였지만, 사서(史書)에는 이 사건이 자세하지 않다. 일찍이 『건륭어집(乾隆御集)』의 주석을 보았었는데, 태종이 영평부에서 이겨 병비도(兵備道)인 정국창(鄭國昌) 등을 살해하고, 패륵(貝勒)인 아민(阿敏)과 석탁(碩托)을 이곳에 머무르며 병사 5천 명을 거느리고 지키게 하였다.

이윽고 명나라 병사가 홍이포(紅夷礮)로 난주성(灤州城)을 공격하자, 아민이 이 소식을 듣고 겁이 나서 구원하지 못하였다. 목태(穆泰) 등을 들여보냈지만 힘으로 지탱하지 못하매, 드디어 난주성을 버리고 영평으로 달아났다. 아민 등은 크게 놀라 준화 수장(遵化守將) 찰합라(察哈喇)로 하여금 성을 버리고 변방으로 나오게 하였다. 아민은 이에 항복한 장수 백양원(白養元) 등을 다 죽이고, 아울러 성안의 백성들을 도륙내고 선 밤을 틈타 영평을 버리고 돌아왔다.

조경남(趙慶男)의 『난중잡기(亂中雜記)』를 살펴보면, 청나라 태종이 우리나라 조정에 공문을 보내 산해관 안에서 패배한 일을 말하였는데, 병력이 약해서가 아니라 바로 두 왕자의 쌓인 원한 때문에 나라를 그르쳤다고 하면서 그 네 가지 죄를 꾸짖었다. 게다가 우리나라에서 청나라가 패배한 것을 업신여기고 병력을 성대히 베풀었다고 의심하였고, 몽고의 여러 왕이 모두 와서 복종하였다는 등의 말이 있었다. 두 왕자는 바로 아민과 석탁을 가리키는데, 이들이 원한을 품고 나라를 그르쳤다는 것이 무슨 일인지 모르겠다. 사로(四路)에서 패배하고부터 명나라 군사가 일찍이 떨쳐 일어나지 못했는데, 다만 손승종(孫承宗)[41]이 이겨 네 개의 성을 수복하였고, 원숭환(袁崇煥)[42]이 영원과 금주에서 승리하였다.

우리나라 사람이 전하는 말에, 청나라 태조 누르하치[努爾哈赤]가 영원에 쳐들어오자, 원숭환이 화기(火器)[43]로써 이들을 크게 격파시켰다. 이에 누르하치가 기병(騎兵) 몇 명을 거느리고 달아났는데, 분한 마음에 성이 나서 피를 토하고 죽었다. 지금 요동에 구혈대(嘔血臺)가 있다.

「원숭환전」을 살펴보면, 청나라가 영원과 금주를 공격하자, 원숭환은 총병(總兵) 만계(滿桂)와 조솔교(趙率教)에게 지시하여 굳게 지키면서 청군의 포위를 풀도록 하였는데, 이것이 이른바 영평과 금주의 대첩(大捷)

41 손승종(孫承宗) : (1563~1638). 자는 치승(稚繩), 호는 개양(愷陽), 보정(保定) 고양(高陽) 사람이다. 명(明)나라 말기의 군사 전략가이다. 명나라 희종(明熹宗) 주유교(朱由校)의 스승이었고, 영금(寧錦) 2백 리에 방어선을 만들어 10만 명의 군대를 통솔하였다. 혁혁한 공로를 세워 병부상서(兵部尙書)와 태부(太傅)를 지냈지만, 위충현(魏忠賢)의 시기를 받아 귀향했다. 1638년 청군(淸軍)이 침략했을 때 고양(高陽)을 지키다가 가족이 모두 전사하였다. 시호는 문충(文忠)이다.

42 원숭환(袁崇煥) : (1584~1630). 자는 원소(元素), 호는 자여(自如)다. 명나라 말기의 명장(名將)이다. 성격이 담대하고 지략이 많았으며, 문관(文官) 출신이면서도 사람들과 군사 전략에 대해 논하기를 즐겼다고 한다. 1619년 진사가 되고, 소무지현(昭武知縣)에 올랐다. 천계(天啓) 초에 병부직방사주사(兵部職方司主事)에 발탁되었다. 첨사(僉事)로 승진해 관외(關外)의 군사를 지휘하면서 영원성(寧遠城)을 쌓고 서양의 대포를 배치했다. 1626년 후금(後金) 누르하치의 군사를 격파했지만, 위충현의 비위를 거슬러 귀향했다. 1629년에 금나라 군대가 침입하여 북경을 위협하자 천 리 길을 달려와 구원했다. 숭정제가 간신들의 참언에 넘어가 원중환을 모반죄로 체포하여 능지형(凌遲刑)으로써 처참하게 죽였다.

43 화기(火器) : 화약의 힘으로 탄알을 쏘는 병기(兵器)를 통틀어 일컫는 말.

인 것이다. 이어서 말하길, 태조가 죽고 태종이 즉위하자, 원숭환이 거짓으로 조문하여 위로하고, 사신을 보며 엿보게 했다고 하였다. 『명사(明史)』는 청나라 선비들이 편찬한 것이니, 청나라가 패한 것을 자연스럽게 은폐한 것이 참으로 당연하다. 하지만 전해지는 말을 자세히 음미해 보면, 청나라 태조가 패했기 때문에 스스로 죽은 것이 확실하다.

21 사가법(史可法)

사가법(史可法)[44]은 병란에서 아주 장렬하게 순국하였는데, 사서(史書)에는 그의 죽음이 서로 다르게 기록되어 있다. 『명사(明史)』에서는 "사가법은 성이 함락되어 양주(楊州) 문밖에 나갔다가 사로잡혔을 적에 나는 사각부(史閣部)라고 외치다가 마침내 피살되었다."라고 하였다. 『비사(稗史)』에서는 "사가법이 양주성(楊州城) 위에 있다가 사로잡혀 성으로 들어갔는데 도륙이 아주 참혹하였다. 마침내 칼을 가지고 스스로 목을 베었다."라고 하였다.

왕어양(王漁洋)의 『지북우담(池北偶談)』에는 이런 이야기가 있다. "강희(康熙) 20년(1681)에 오강(吳江) 지역의 오한사(吳漢槎) 조건(兆騫)[45]이

44 사가법(史可法) : 명나라 말기의 충신으로, 자는 헌지(憲之), 시호는 충정(忠靖)이다. 그는 숭정(崇禎) 연간에 진사가 된 이후 유적(流賊) 장헌충(張獻忠) 등을 토평하여 공을 세워 남경 병부상서(南京兵部尙書)가 되었고, 복왕(福王) 때 무영전 대학사(武英殿大學士)에 이르렀다. 당시 마사영(馬士英)이 권력을 독점하자, 이를 못마땅하게 여겨 양주(揚州)로 가서 강북(江北)의 군사를 통솔하고 있다가, 청군(淸軍)이 남하(南下)하여 양주를 포위하자, 끝까지 항전하다가 청군에게 체포되어 피살당했다.

45 오한사(吳漢槎) 조건(兆騫) : 한사는 오조건(吳兆騫, 1631~1684)의 자. 호는 계자(季子), 오강(吳江) 송릉진(松陵鎭, 지금의 강소성 소주) 사람이다. 젊은 시절 재능이 있다는 명성이 있어 팽사도(彭師度)·진유숭(陳維崧)과 함께 '강좌삼봉황(江左三鳳凰)'이라 불렸다. 순치 14년에 과장안(科場案) 때문에 무고(無辜)를 당해 연루되어 변방인 영고탑으로 유배를 가서 23년 동안 수(戍)자리를 살았다. 그의 벗인 고정관(顧貞觀)이 납란성덕(納蘭性德)에게 간청하였고, 나중에 성덕의 부친이 명주영(明珠營)에서 구원하여 귀향할 수 있었다. 귀향한 후

영고탑(寧古塔)에서 경사(京師)로 돌아왔다. 주방장군(駐防將軍) 안모(安某) 자는 노장(老將)이었는데, 그에게 말하길, '그대가 돌아온 것을 사관(史館)의 여러 사람들에게 말할 만하다. 예전에 군대가 강남으로 내려가 양주를 격파했을 때, 내가 가는 도중에 두건을 쓰고 창의(氅衣)를 입고 선 나귀를 타고 군영으로 가는 한 관인(官人)을 만났었는데, 내가 사각부라고 스스로 말하였다. 이에 친왕(親王)이 사각부를 데려다 함께 앉아서 항복을 권유하면서 홍승주(洪承疇)46에 견주자, 사각부가 머리를 흔들면서 내가 여기에 온 것은 다만 한 번 힘써 죽으려 한 것이라 말하였는데, 다만 사각부가 죽음을 생각했다는 것은 명백하지 않다. 친왕이 온갖 방법으로 권유했지만 끝내 따르지 않고 도리어 죽음을 맞이하였다. 이는 내가 목격한 것이니 사서(史書)에서 이 사람을 굴복하여 물러났다고 말해서는 안 된다.'고 하였다."

세 가지 설(說)이 같지 않으니, 어느 것이 옳은지 자세하지 않다.

22 『심양일기(瀋陽日記)』

규장각의 열고관(閱古觀)에는 당본(唐本) 서적을 보관해 두고, 서고(西庫)에는 상본(常本) 서적을 보관해 두었다. 임자년(1792) 봄에 서고의 서적을 열람했었는데, 초본(抄本) 『심양일기(瀋陽日記)』 9권이 있었다. 이 책은 소현세자가 심양관에 있을 때 궁관(宮官)이 기록한 것이다. 대개

3년 만에 죽었다. 시 작품이 강개하고 애절하였으며 '변방시인'으로 명성이 있었다.

46 홍승주(洪承疇) : (1593~1665). 자는 언연(彦演), 호는 형구(亨九), 복건(福建) 천주(泉州) 사람이다. 명말청초 시기의 대신(大臣)이다. 명나라에서 섬서포정사참정(陝西布政使參政), 병부상서(官至兵部尙書), 계료총독(薊遼總督) 등을 지냈다. 금주의 송금(松錦)에서 청나라 군대에 패배하고 사로잡혀 청(淸)나라에 투항하였고, 청나라에서 무영전대학사(武英殿大學士) · 태부(太傅) · 태보(太保) · 소사(少師) 등을 역임했다. 시호는 양(襄)이다.

승후관(承候官)이 진강(進講)한 것 등의 절목을 상세히 밝혔는데, 이때의 사변(事變)이 아주 심란하였다. 그런데 이미 비본(秘本)이어서 외부 사람 중에 이 책을 본 자가 드물었다. 문득 열람하는 대로 베껴 썼는데, 무릇 58조항이다.

○정축년(1637) 정월 30일 왕세자가 대가(大駕)를 따라 남한산성의 서문(西門)을 나와 청나라 구왕(九王)의 군영이 있는 망원정(望遠亭)에 머물렀다.

○2월 초8일 서울을 떠나 심양으로 향하였다.

○무인년(1638) 정월 1일 청나라의 여러 왕이 별관에서 세자와 대군에게 연회를 베풀어 주었다. 온갖 놀이를 펼칠 때 우리나라에서 잡혀온 기녀와 광대가 앞에서 기예를 선보였는데, 눈이 마주치매 마음이 아팠다. 여악(女樂)의 무리 중에는 눈물을 훔치며 노래하는 자도 있었다.

○5월 26일 용골대(龍骨大)와 마보대(馬甫大)가 서관(西館)에 들어와 남초(南草, 연초煙草)를 가지고 있는 우리나라 사람을 찾아내어 그 남초를 다 불태워버렸다. 청나라 사람이 남초를 금지하는 법은 지극히 엄하여 심지어 법을 어겨 사형을 당한 자도 있었다.

○6월 30일 청 황제가 세자와 대군에게 연회를 베풀었는데, 한 무리의 여자들이 부인 한 명을 모시고 나와 곧장 청 황제의 자리에 올라가 포옹하는 예를 행하고, 내려와서 여러 왕과 차례로 포옹하고 곧장 안으로 들어갔다. 이 부인은 청 황제의 딸로서 차흘라(遮訖羅) 왕자의 아내가 되었는데, 이날 저녁 남편과 함께 친정에 와서 부모를 뵌 것이다.

○8월 21일 우리나라 내관(內官) 백대규(白大圭)가 시녀 10명을 거느리고 와서 청 황제에게 바쳤다. 평양(平壤)의 장옥(張玉), 용강(龍岡)의 영이(英伊), 삼화(三和)의 업생(業生), 청주(淸州)의 막춘(莫春), 이 네 사람은 관내에 머물렀다. 문천(文川)의 문옥(文玉)은 대왕가(大王家)에 보

내고, 북청(北青)의 향일(香一)은 질가왕가(質可王家)에 보내고, 안악(安岳)의 생이(生伊)는 구왕가(九王家)에 보냈다. 당진(唐津)의 목단(牧丹)과 양양(襄陽)의 영개(英介)와, 창원(昌原)의 구절(歸節)은 별도의 장소에 배치하였다.

○기묘년(1639) 정월 4일은 탄신일이어서 회은군(懷恩君)의 딸이 관소로 와서 세자를 알현하였다. 이에 앞서 회은군의 딸은 청 황제의 후궁으로 들어갔었는데, 1년 남짓 지나서 피파(皮破) 박씨(博氏)에게 하가(下嫁)하였다.

○3월 17일 팔문(八門)에서 북을 칠 것이라고 하였는데, 청나라 군사가 서쪽을 침범하여 크게 이겼다.

○4월 14일 청 황제가 회군(回軍)하므로 세자가 가서 보았다. 청 황제가 슬픈 표정으로 즐거워하지 않고 청사(廳事)에 누워있었는데, 요토(要土)와 마저(馬沮) 등이 서행(西行)에서 전사했기 때문이라 하였다. 요토와 마저는 귀영개(貴榮介)의 아들이다.

○7월 4일 호구왕(護仇王)이 청 황제에게 잔을 바쳤는데, 이를 첨과연(甛瓜宴)이라 하였다. 세자와 대군도 그 모임에 갔다.

○경진년(1640) 3월 8일 세자가 호행관(護行官)인 청나라 장수 오목도(烏木都)에게 관(館)에서 잔치를 베풀어주었다. 오목도가 말하길, "저는 젓가락을 사용하는 데 익숙하지 않아 손으로 집어 먹을 것입니다. 그러니 비웃지 마시기 바랍니다."라고 하자, 세자가 "어찌 상심하겠느냐?"라고 하였다.

○신사년(1641) 정월 8일 청 황제가 박씨(博氏)에게 세자를 형부(刑部)로 불러오게 하자, 재신(宰臣)과 강관(講官)이 모시고 갔다. 용골대 · 비파(比巴) · 가린(加鱗) · 범문정(范文程) 등이 일제히 모였다. 김상헌(金尙憲) · 신득연(申得淵) · 조한영(曺漢英) · 채이항(蔡以恒) 네 사람이 북관에

서 끌려나와 있었다. 잠시 뒤에 질가왕(質可王)이 아문(衙門)에 앉아 김상헌에게, 국왕이 남한산성에서 내려온 후에 영남(嶺南)으로 떠나버리고 관작과 교지 등 5,6개의 일을 받아들이지 않은 것을 따져 물었다. 김상헌의 말씨가 늠름하여 조금도 굽힘이 없자, 질가왕이 여러 사람을 돌아보며 말하길, "김상헌은 과연 망가(望哥)로다, 망가로다!"라고 하였다. 청나라 말로 '망가'란 '매우 어렵다'는 뜻과 같다.

○2월 29일 청나라 아문(衙門)에서 아리강(阿里江) 주변에 한달 갈이 내전(萊田)[47]을 내어주었다. 이곳에 채소 씨를 뿌리고 과일 나무를 심으며, 정자를 지어 또 목축의 장소로 삼게 하려 했는데, 이를 야판(野坂)이라 이름 하였다.

○3월 23일 용골대와 정명수(鄭命壽)[48]가 요동으로 갔다. 우리나라 장수인 유림(柳琳)의 군병에게 음식을 먹여 의주(義州)로 보내기 위해서였다.

○8월 14일 청 황제가 대군을 거느리고 금주(錦州)로 나아갔다. 전년부터 청인(淸人)이 이미 금주를 포위하였다. 금주와 송산(松山) 사이에 산이 있는데, 산 위에 있는 성에 청인이 의지하여 송산과 금주를 내려다보고 있었다. 명나라 군문(軍門) 홍승주(洪承疇)가 보병·기병 10여만 명과 참장(參將)과 유격(遊擊) 이하의 군병 2백여 명을 거느리고선 송산에 이르러 군병들을 나누어 산에 올라갔고, 산성에서 싸워 금주가 포위된 것을 풀고자 하였다. 청나라 군병이 여러 번 패하자 청 황제가 청나라와

47 내전(萊田) : 해마다 곡식이나 채소를 부치기 어려운 메마른 논밭. 즉 묵은 밭을 가리킨다.

48 정명수(鄭命壽) : (?~1653). 조선 중기의 반역자. 평안도 은산(殷山)이 고향이고, 천례(賤隷) 출신으로 성품이 교활하였다. 1629년(인조 7) 명나라 제독 유정(劉綎)의 휘하에 들어간 강홍립의 군대가 부차전투(富車戰鬪)에서 패배해 후금에 항복할 때 포로가 되었다. 이듬해 조선인 포로를 석방해 주었지만, 정명수는 청나라에 그대로 머물면서 청나라 말을 배우고 조선의 사정을 밀고하여 청나라 황제의 신임을 얻었다. 병자호란 때는 용골대 ·마부대 등 청나라 장수의 역관으로 들어와 동포를 괴롭히고 매국행위를 일삼았다.

몽고의 군병을 모두 출동시켜 금주로 가서 구원하였다.

○8월 15일 세자와 대군이 원역(員役) 111명, 말 88필, 낙타 11마리를 거느리고 심양성 북문을 나와 쫓아가 청나라의 진영(陣營)에 다다랐다.

○8월 19일 의주성(義州城) 북문으로 들어갔다가 남문으로 나왔다.

○8월 20일 가로놓인 한 언덕에 올라 금주성(錦州城)을 멀리 바라보는데, 호행관(護行官)인 청인(淸人)이 말하길, "한장(漢將, 명나라 장수) 조대수(祖大壽)가 성을 굳게 지키고, 자성(子城)[49] 밖에 화포를 많이 매설해 두어서 사람이 감히 접근하지 못합니다. 청인이 성에서 5리쯤 떨어진 곳에 협성(夾城)을 쌓고 포위하였고, 유림(柳琳) 장군의 군대가 그 동쪽 모퉁이에 있습니다."라고 하였다. 협성을 지나쳐 서남쪽으로 두 개의 개천을 건넜다. 청인과 몽고 군사가 산 위에 진을 친 것을 보았는데, 그 길이가 10여 리나 뻗쳐있었다. 호행한 박씨(博氏)가 들어가 청 황제에게 말하자, 황제는 세자에게 한 번 가서 청나라 진영 뒤쪽 언덕에 머물게 하였다.

○8월 21일 명나라 군대가 송산으로부터 청나라의 진영으로 진격하여 교전을 벌였지만 곧 달아났다. 청나라 기병대가 이들을 추격하여 산골짝으로 들어갔다가 복병(伏兵)을 만나 퇴각하였다. 그런데 갑자기 명나라 기병 수천 명이 산 뒤쪽에서 행산(杏山)으로 치달려갔다. 청나라 군병이 추격하였지만 미치지 못하였다.

○8월 22일 청 황제가 진영을 옮겨 송산에 접근하였다. 세자도 막차를 송산 서남쪽 5리쯤으로 옮겼다. 초경(初更)에 명나라 병사들이 청나라 진영에 돌입했다가 송산을 향해 갔다. 청인이 이들을 추격하여 서로 사상자(死傷者)가 있었는데, 어지러이 싸우는 병사들이 막차 밖에서 떠들

49 자성(子城) : 본성(本城)에 딸려 따로 쌓은 작은 성(城). 옹성(甕城) 따위를 가리킨다.

썩한 소리를 내었기 때문에 새벽까지 놀라고 시끄러웠다.

○8월 25일 명나라 병사들이 밤마다 나가서 행산(杏山)과 탑산(塔山)으로 향하고자 하였다. 청나라 병사들이 그들을 추격하자 명나라의 보병과 기병 수만 명이 해구(海口)로 몰려들었다. 조수(潮水)가 밀려들자 명나라 병사들이 그들의 장군을 옹위하여 바다 한가운데 서서 팔을 펴서 화살을 막았는데, 장군이 죽은 후에야 그만두었다. 산속에 숨어있던 명나라 병사들은 청인이 3일 동안 찾아내어 죽였다. 청인이 마침내 송산을 포위하여 참호를 파서 그곳을 지켰다. 병사들을 출동시켜 영원(寧遠)에 이르러 초부(樵夫)와 목부(牧夫)가 기르던 말을 사로잡아 돌아왔다.

간혹 송산·행산·탑산의 여러 성을 향해 대포를 쏘았다. 성 안에서도 이에 대응하니 포성이 우레 소리 같았다. 송산의 포탄은 거위 알보다 컸는데, 여러 번 막차 밖에 떨어졌다.[50] 두께가 1장(丈)이고 높이가 2장인 흙담을 쌓아서 포탄을 막았다.[51] 여러 진영의 낙타와 말들을 무리지어 방목한 지 며칠 만에 반나절 거리의 지역이 모두 황폐한 땅이 되어버렸다. 몽고인이 간혹 먼 곳에서 풀을 베어서 낙타에 싣고 와서 팔았는데, 아주 적은 양의 풀 가격이 금값과 같았다.[52]

○9월 13일 청 황제가 갑자기 심양으로 돌아갔다. 듣건대 둘째 부지(夫支)의 부지는 황후와 같다. 병이 위중하다고 하였다. 세자도 관소로 돌아갔다.[53] 9월 18일 부지가 죽었다. 상화지(霜華) 1백권, 백면지(白綿紙) 1

50 병사들을 … 떨어졌다 : 이 부분이 『심양일기』(규장각소장 8책본)에는 신사년 8월 30일 조에 포함되어 있다.

51 두께가 … 막았다 : 이 부분이 『심양일기』(규장각소장 8책본)에는 신사년 9월 1일 조에 포함되어 있다.

52 여러 … 같았다 : 이 부분이 『심양일기』(규장각소장 8책본)에는 신사년 9월 2일 조에 포함되어 있다.

53 청 황제가 … 돌아갔다 : 이 부분이 『심양일기』(규장각소장 8책본)에는 신사년 9월 12일 조에 포함되어 있다.

천권, 백지(白紙) 2천권, 단목(丹木) 2백근을 부의(賻儀)하였다.[54]

○9월 29일 청 황제가 북문 밖 부지의 빈소에 갔고, 세자와 대군도 함께 나아갔다. 들판에 장막을 설치하고 대자리를 둘러 담을 만들었으며, 종이 집과 종이 탑을 만들었다. 또 오색 종이로 깃발이며 술동이며 돈이며 꽃을 만들었는데, 매우 사치스러웠다. 중과 무당이 뒤섞여 기도하는 모습이 보였다. 청 황제가 비통해하였고, 돌아오는 길에 통곡을 그치지 않았다.

○10월 13일 청 황제가 3백여 명의 기병을 거느렸는데, 팔에 매를 얹고 말을 탄 자도 10여 명이었다. 이들은 심양 북문 밖을 나와 이노(伊魯)의 땅에서 사냥하였다. 세자와 대군이 따라갔다. 부지(夫支) 두 명이 노란 장막을 친 수레를 타고 청 황제의 뒤쪽에 있는 것을 보았다. 또 젊은 여자 두 명이 말을 타고 따라갔다. 부지는 간혹 수레에서 내려 말에 걸터앉았다. 또 겨우 10여 살쯤 되는 두 명의 여자 아이가 담비 갖옷을 입고 말을 타고 있었는데, 청 황제의 딸이라고 하였다. 5일 만에 돌아왔다.

○12월 2일 청 황제가 아진어(阿眞魚) 2마리와 아랑주(阿郎酒) 2병을 아진어는 큰 물고기요, 아랑주는 소주이다. 우리나라에 보냈다.

○12월 12일 아문에서 정명수를 보내 관소에 청 황제의 뜻을 전하여 이렇게 말하였다. "내년 봄부터 팔고산(八固山)의 농지에서 1천일 갈이 땅을 떼어줄 것이니, 여러 신하들과 질자(質子) 이하가 인원을 헤아려 경작하고, 농부는 본국에서 조달하십시오. 가을에 곡식이 익기를 기다렸다 관소에 지급하는 급료를 중지할 것입니다." 후에 심양 동남쪽 교외

54 부지가 … 부의하였다 : 이 부분이 『심양일기』(규장각소장 8책본)에는 신사년 9월 22일 조에 포함되어 있다.

지역에서 농지를 떼어주었는데, 그곳은 농가채(老家寨)와 철령위(鐵嶺衛) 등으로 일컬어졌다.

○임오년(1642) 2월 3일 청 황제가 사냥을 나가자 세자와 대군이 따라갔다.

○2월 5일 의로성(懿路城)에 이르렀는데, 성의 북쪽에 명 태조(太祖)의 칙명으로 세운 태안신묘(泰安神廟)가 있었다. 또 북쪽 성의 이름은 범하성(汎河城)이다. 성 남쪽에 물길을 사이에 두고 성 하나가 있는데, 이름은 성남보(城南堡)이다. 북쪽으로 30리를 가서 철령위(鐵嶺衛)에 도착하였는데, 동서의 두 개 성이 합하여 한 구역이 되었다. 성 안에는 영원백(寧遠伯, 이성량)의 집터가 있고, 성 북쪽에는 신묘(神廟)가 있으며, 신묘 아래에는 이성량 집안의 누대(神廟)가 있던 옛 터가 있다.

○2월 7일 북쪽으로 가서 장성(長城)에 이르렀는데, 장성 밖은 여허(汝許) 지역이다.

○2월 8일 장성을 나와 북쪽으로 가니, 들판 중에 동서로 성(城)이 두 곳 있었다. 동쪽은 벽돌로 쌓은 성으로 김타실(金他實)이 옛날 살던 곳이고, 서쪽은 나무로 쌓은 성으로 백양고(白羊高)가 옛날 살던 곳인데, 지금은 폐허가 되어 사는 사람이 없고 성 밖에는 쑥대가 하늘에 닿을 정도였다.

○2월 13일 사냥하여 서남쪽의 너른 들판으로 향하니 서북쪽은 끝도 없었는데 바로 큰 사막이었다. 종일토록 사나운 바람이 모래를 휘날리고 돌을 날려버렸다.

○2월 16일 동남쪽으로 가서 다시 장성으로 들어갔다.

○2월 17일 개원성(開元城) 남문 밖에서 묵었다. 개원성은 성과 해자의 장엄함이 요양의 성보다 나았지만 담이 무너지고 성가퀴가 파손되어 사람들이 참담함을 느끼게 하였다. 백탑사(白塔寺)와 현제묘(玄帝廟)는

남아 있었고, 거주민은 수십 호에 불과하였다.

○2월 22일 심양관으로 돌아왔다. 청 황제가 여러 곳의 연대(烟臺)에서 두역(痘疫)이 크게 번졌다는 소식을 듣고선 직선 대로를 거치지 않고 서남쪽으로 둘러 돌아왔다.

○4월 1일 범문정(范文程)[55]이 청 황제의 명으로 세자에게 와서 왜국의 군신과 부자의 분별, 남녀의 복장·음식·토지·물산에 대해 물어보고 갔다.

○10월 24일 청 황제의 궁에서 깃발을 많이 벌여 놓았다. 말을 탄 자가 2백여 명이었는데, 어떤 사람은 붉은 옷을 입고 어떤 사람은 갑옷과 투구를 갖추었으며, 몽고 승려와 섞여 있으면서 북을 치고 악기를 연주하고 경전을 외우며 갔다. 청 황제가 타는 말이 앞에서 인도하여 동문 밖까지 이르렀다가 파하였다. 대개 청 황제를 위해 재앙을 물리치는 것이라 하였다.

○계미년(1643) 8월 10일 청 황제가 갑자기 죽었다.

○8월 26일 새 황제[順治帝]가 즉위하였다.

○갑신년(1644) 4월 9일 구왕(九王)이 대군을 거느리고 서쪽으로 가자 세자가 따라갔다. 강원(講院)과 약방(藥房) 이외에 배종(陪從) 원역(員役)이 70명, 쇄마구인(刷馬驅人) 1백 10명, 쇄마(刷馬) 2백 8필, 사마(私馬) 22필이었다. 수레와 말이 그득하고 모래 바람이 아득하였다. 철기(鐵騎)가 너른 들판을 둘러싸서 꿩 한 마리, 토끼 한 마리라도 보면 달리기도

55 범문정(范文程): (1597~1666). 청나라의 개국공신이다. 심양(沈陽) 사람으로 자는 헌두(憲斗), 호는 휘악(輝岳)이다. 원적(原籍)은 강서(江西) 낙평(樂平)인데, 명나라 초기에 선조가 강서에서 심양 무순(撫順)으로 유배해 온 뒤부터 이곳에 살았다. 생원(生員) 출신이다. 독서를 좋아했고, 병법과 모략에 관심이 많았다. 천명(天命) 3년(1618) 누르하치에게 투항하여 총애를 받았다. 숭덕(崇德) 원년(1636) 내비서원대학사(內秘書院大學士)에 임명되어 국가 기무(機務)에 참여했는데, 태종이 많이 의지했다.

하고 쏘기도 하며 날듯이 달려 짐승들이 벗어날 수 없었다.

○4월 14일 책문(柵門)을 나왔다.

○4월 15일 구왕이 군사를 머물러있게 하고 나아가지 않았다. 듣건대 사로잡은 한인(漢人)을 역관 서상현(徐尙賢)을 시켜 탐문하게 했고, 범문정이 비밀리에 이렇게 말했다고 한다. "산해관 총병 오삼계(吳三桂)가 유적(流賊)에게 핍박을 당해 부총병 한 사람과 유격(游擊) 한 사람을 보내 구원을 요청하였다. 대략 성문을 열고 군사를 들였는데, 구왕은 일의 허실(虛實)을 알지 못해 그 부인의 아우를 보내 인사를 했다. 명나라 장수 한 사람은 산해관으로 달려가 주둔하였고, 명나라 장수 또 한 사람은 군중에 머물렀다." 저녁때 아문(衙門)의 역관이 와서 구왕의 말을 전해 주었다. "내일부터 응당 배정(倍程)해야 되니 세자 일행 중 아주 날랜 인마(人馬)를 가려 뽑아 기다리십시오."

○4월 19일 금주성에 들어갔다.

○4월 20일 연산역(連山驛)에 이르렀다. 오삼계가 또 장관을 보내 군사를 재촉하자 구왕이 즉시 출동시켰다. 세자는 다만 차림이 가벼운 날랜 기병(騎兵)을 거느리고 따랐는데, 일행이 엎어지고 넘어지고 누런 먼지가 하늘에 퍼져 그득하였다. 세자일행이 밤에 영원성(寧遠城) 아래를 지나가매 성가퀴를 분간하지 못했지만 허공의 불빛을 보았다.

○4월 21일 산해관 밖 15리 지점에 이르러 군대를 주둔시켰다. 하루 낮밤 사이에 2백리를 갔다. 청나라 군대가 갑옷을 입고 경계를 삼엄히 하였는데, 한밤중에 진(陣)의 갑옷을 입고 무장한 기병들이 이동하느라 시끄러운 소리가 사방에서 일어났고, 산해관 위에서는 포성이 그치지 않았다.

○4월 22일 청나라 군대가 진군하여 관문 앞 5리쯤까지 다가왔다. 연기와 먼지 속에서 포성이 크게 진동하였다. 이윽고 오삼계가 장수 십

수 명과 갑옷 입은 기병 수 백 명을 거느리고 성을 나와 항복하였다. 구왕이 배례(拜禮)를 받고 성 아래까지 군사를 나아가게 하였으며, 말에서 내려 자리에 앉았다. 한인(漢人)과 청인(淸人)이 자주 왕래하더니, 청나라 군대의 좌익(左翼)과 우익(右翼)이 동시에 관문으로 말을 달려 들어가 성 위에 백기(白旗)를 세운 뒤 구왕이 이에 관으로 들어갔다.

대개 이때 오삼계가 바야흐로 유적(流賊)과 교전(交戰)하다가 성을 나왔다. 양쪽 군사들이 성 안 몇 리에 있는 묘당(廟堂) 앞에서 격렬하게 싸워 성문에 탄환과 화살이 난무하였다. 세자는 성 아래 채소밭 안의 담장에 기대 앉아 있었는데, 구왕이 주둔한 곳과 가까웠다.

구왕이 세자에게 전투가 벌어지고 있는 곳에 함께 가자고 청하자, 세자가 갑옷을 걸치고 따라갔다. 청나라 군사가 세 번 뿔피리를 불고 세 번 함성을 지르더니 동시에 양쪽의 군사들이 충돌하여 화살을 세 번 쏘았고 뒤쪽에서는 검광(劍光)이 번뜩였다. 바람이 크게 일어나자 한 떼의 누런 먼지가 가까이에서 일어나 멀어지니 적병이 패배하여 물러난 것을 알았다.

한 식경(食頃)이 지나가 전장(戰場)이 텅 비었고 이러저리 널려 있는 시신이 들판에 그득하였다. 달아난 적의 기병을 뒤쫓아 성의 동쪽 해구(海口)에 이르러 다 베어 죽였다. 이들 중 물에 빠져 죽은 자도 그 수를 알지 못할 정도였다. 초경(初更)에 구왕이 관문 안으로 진(陣)을 돌렸고, 세자도 진의 안으로 따라 돌아왔다. 우리나라 포수 1백 35명이 영원(寧遠)에서 들어왔지만 전투할 때라서 미처 쓸 수 없었다.

○4월 23일 구왕이 섭정왕(攝政王)이라 칭하며 유령(諭令)을 내려 신민(臣民)에게 고하였다. 오삼계 이하 여러 장수들은 모두 삭발하였다. 오삼계는 기병 수만 명을 거느리고 청병과 함께 적을 추격하였고 세자는 구왕을 따라 갔다.

○5월 2일 황성(皇城)에서 30리 거리에 있는 곳에 이르렀는데, 포성이 멀리서 들려왔다. 대개 청나라 군대가 이미 황성에 들어와 대포로 공포탄을 쏜 것이다. 도성 백성들이 곳곳에 모여 있었는데, 혹 명함을 가지고 와서 바치기도 하였고 향을 사르며 맞이하기도 하였다. 구왕이 조양문(朝陽門)으로 들어갔다. 그는 수레를 타고 들어와 무영전(武英殿) 어탑(御榻) 위에 앉아 명나라 대소 관리들의 배례(拜禮)를 받았다. 세자는 태자궁 전성문(前星門) 밖의 문연각(文淵閣) 동쪽에 있는 공청(公廨)에 거처하였다.

○5월 11일 청나라 사람이 세자의 관소(館所)를 광인가(廣仁街) 서쪽 만력 황제의 부마인 만위(萬煒)의 아들이 살던 집으로 옮겼다.

○5월 13일 다시 세자의 관소를 융경(隆慶) 황제의 부마인 후성(侯姓)인 사람의 집으로 옮겼는데, 이 집 또한 광인가 서쪽에 있다.

○5월 18일 세자를 배위(陪衛)한 포수 1백 34명과 영장(領將)이 거느린 6백 명에게 구왕이 차등을 두어 모두에게 상을 내렸다. 영장에게는 채단(綵緞) 1백필, 편장(編將)에게는 40필, 군병에게는 20필씩 주었고, 또 이들 각각에게 돈 6관(貫)을 나누어 주었다.

○5월 24일 세자가 연경으로 출발하였다.

○5월 28일 준화현(遵化縣)에 이르러 산에 있는 둔영(屯營)에서 묵었는데, 이곳은 바로 희봉구(喜峰口)의 지름길이다.

○5월 29일 난하(灤河) 상류를 건넜다.

○6월 1일 건창성(建昌城)을 지나 냉구(冷口) 동쪽으로 나왔는데, 이곳은 산해관에서 1백 80리 거리라고 하였다. 큰 하천이 몽고 땅으로부터 남쪽으로 흐르고, 가파른 산의 가운데가 문처럼 탁 트였다. 동서쪽으로는 연대(烟臺)와 포루(砲樓)가 있는데, 그 서쪽은 최승대(最勝臺)라고 하였다.

○6월 9일 대릉하(大凌河) 상류를 건넜다.

○6월 14일 비로소 의금대로(義錦大路)로 나왔다.

○6월 18일 심양관으로 돌아왔다.

○8월 18일 세자가 여러 왕을 따라 이전 황제의 능(陵)에 가서 참배하고 돌아왔다. 대개 내일 도읍을 이전하여 서쪽으로 가기 때문에 작별 인사를 한 것이라 하였다.

23 심양의 연회(瀋陽宴會)

인조 기묘년(1639)에 서장관 이원진(李元鎭)이 심양에 나아가 청나라 사람의 연회에 참석하려고 연회 장소에 이르렀다. 교장(敎場)과 같은 작은 관소가 있었는데, 관소 앞 계단 위에 누런 막사를 설치하였다. 계단 아래 좌우에 각각 하나의 푸른 막사를 설치했는데, 여러 왕들의 자리였다. 그 약간 뒤쪽 좌우에 여러 개의 푸른 막사를 일자형으로 각각 설치했는데 여러 장수들의 자리였다. 반열(班列) 가운데 막사 하나를 설치하여 술동이와 다관(茶罐)을 비치하였고, 그 남쪽의 좌우에 각각 악기를 진설하였으며, 약간 오른쪽 줄의 모직 장막에는 광대의 대취타(大吹打)를 보관하였다.

노주(虜主)가 백마를 타고 나왔는데, 고삐를 잡은 자가 없었다. 청뇌포(淸腦袍)에 검은담비 갓옷을 착용하고, 왼손으로는 고삐를 잡고 오른손으로는 채찍을 떨쳤다. 그 앞에는 의장용 말 두 쌍이 있고, 자루가 굽은 누런 일산을 펼쳤는데, 화개성(華盖星)과 강성(杠星)의 모양과 같았다. 노주는 말에서 내려 관소로 들어가 의자 위에 앉아 동쪽을 향하였다. 오른쪽 의자에 앉은 자는 바로 귀영개(貴永介)였다.

또 오랑캐 승려를 인도하여 계단에 올라와 앉게 하였고, 계단 아래 왼쪽 막사에는 몽고왕·구왕·팔왕·십왕·압대패륵(押大貝勒)이 앉았다. 또 진왕(進王)·아월선왕(阿月宜王)·두두(頭頭)가 앉았다. 왕세자는 소현세자 두두의 아래에 앉았고, 대군은 효종대왕 병을 핑계대고 참석하지 않았다.

그 약간 뒤쪽의 여러 장수들은 다 기억할 수 없다. 나를 오른쪽 반열의 말석 아래에 비로소 앉게 하였다. 만월개(滿月介)와 오목도(五木刀)는 여러 반열을 순시하면서 정명수(鄭命壽)를 시켜 사신들을 인도하여 여러 장수들이 앉아 있는 위쪽이자 여러 왕들이 앉아 있는 북쪽 조금 뒤쪽의 막사에 앉게 하였다.

이윽고 광대들이 악기를 연주하면서 시끌벅적하게 나왔다. 첫 번째는 한인(漢人)으로 관운장(關雲長) 놀이를 하였고, 두 번째는 우리나라 사람으로 재주를 선보여 건복(巾服)을 입고 읊조리며 피리를 불었고, 소리를 내면서 몸을 솟구쳐 뛰었다. 세 번째는 한인 아이로 줄타기 놀이를 하였다. 또 다른 한인 여자는 평상 위에 누워 발로 물건을 희롱하였는데, 그 물건은 혹은 아이, 혹은 나무, 혹은 탁자 혹은 항아리 혹은 사다리였다. 놀이가 끝나자 좌우에 있던 무리들이 앉았다.

몽고부의 두 사람은 각저(角觝)[56] 놀이를 하였는데, 먼저 연유(煉乳)[57]를 탄 차 한 사발을 마시고 이어서 탁자에 나아갔다. 탁자 위에는 소고기와 양고기를 담은 커다란 쟁반 하나와 소금 한 섭(楪)과 낙주(酪酒)[58]를 담은 가죽통과 술잔 하나가 비치되어 있고, 마루 위에서는 다만 월금(月琴)[59]을 연주하고 있을 뿐이었다. 낮은 목소리로 몽고 노래를 불렀는

56 각저(角觝) : 각희(角戱)라고도 함. 두 사람이 씨름하듯이 맞붙어 힘을 겨루거나 여러 가지 기예와 활쏘기·말타기 등을 겨루었다.

57 연유(煉乳) : 달여서 진하게 만든 우유.

58 낙주(酪酒) : 가축의 젖으로 만든 술로 막걸리와 비슷하다.

데, 그 노래 소리가 물레의 나무못이 흔들리는 소리와 같았다. 탁자를 치우고 끝마치자 여러 반열에서 각각 일궤삼고두(一跪三叩頭)[60]를 행하여 예의를 표하였다. 노주(虜主)는 들어왔던 문으로 곧 나갔다.

24 함양(咸陽)의 금(金)

인조 19년(1641) 함양군 백성 원련(元連)이 밤에 꿈을 꾸었는데, 신인(神人)이 이렇게 알려주었다. "내가 응당 너에게 후한 물건을 줄 것이다."

하루는 땅을 파다가 오래된 항아리 하나를 얻었는데, 벽돌로 덮여 있었고 벽돌 위에서 '일천년(一千年)'이라는 세 글자가 쓰여 있었다. 이를 열어보니 황적색(黃赤色)의 물건이 대략 수십 조각 있었다. 어떤 한 조각에는 표면에 '의춘대길(宜春大吉)'이라는 글자가 있었다.

그런데 원련은 이것이 금인줄 알지 못하였다. 같은 고을 사람이 그를 속여서 "이것은 주석이다."라고 하여 싼 가격으로 이것을 샀는데, 말이 새나갈까 염려하여 전주부(全州府)로 이사하여 살았다. 전주부 부윤(府尹)이 이것을 급하게 구하자, 그 사람이 10냥쯤을 호조에 들여보냈는데, 호조에서 다 보내지 않았다고 의심하여 그를 형신(刑訊)하였다. 잠곡(潛谷, 김육의 호)이 이렇게 하는 것을 옳지 않다고 말하자 임금이 그를 석방하라고 명하였다. 사재정(司宰正) 이흔(李俒)을 사신으로 보내매, 청인(淸人)에게 그 금을 선물로 보냈는데, 청인이 물리쳤다.

---

59 월금(月琴) : 당비파와 비슷한데 달 모양의 둥근 울림통에 가늘고 긴 목을 달고 네 개의 현을 매었으며, 뒷면에 끈을 달아 어깨에 맬 수 있게 되어 있다.

60 일궤삼고두(一跪三叩頭) : 일배삼고두(一拜三叩頭). 한 번 절을 하고 세 번 머리를 조아리는 예로서, 임금이나 황제에게 올리는 예(禮)이다.

25 강희(康熙) 연간의 화폐

청(淸)나라 성조(聖祖)가 재위한 60여 년 동안 중국의 남쪽과 북쪽 지방이 서로 연결되어 통했으니, 거의 한(漢)나라·당(唐)나라 때가 미치지 못할 정도였다. 하지만 초(楚)지방의 후미진 마을에서는 아직도 강희 연간에 주조된 화폐가 통용되지 않았다. 게다가 광동성(廣東省) 고렴(高廉) 등의 고을에서도 여전히 송(宋)나라 때의 옛 화폐를 사용하였고, 아울러 원·명(元明)시대의 화폐 또한 유통되지 않았다.

26 방가장(房可壯)

익도(益都)[61] 사람 방가장(房可壯)은 시호가 안격(安恪)으로, 천계(天啓) 연간에 어사(御史)가 되었다. 동림당(東林黨)의 우두머리였지만, 만년에 절조를 이루지 못하였다.[62] 순치(順治) 연간 초기에는 율양상(溧陽相)에게 쫓겨났는데, 당시 나이가 70여 세였다. 경사(京師)에 있는 집의 물건들을 모두 스스로 단속하매 간혹 이것으로 말을 삼으면, 그가 말하길, "늙은이는 오래지 않아 응당 부름을 받을 것이다."라고 하였다. 왕사신(王士禛)이 항상 그 질손(侄孫) 성현(星顯)에게 묻자, 그가 말하길, "젊은 시절 혈기가 왕성하면 다만 중요 관직을 맡게 될 것이라고 공께서 일찍이 말씀하셨습니다."라고 하였다.[63]

61 익도(益都) : 산동성(山東省) 안에 있는 현(縣) 이름. 지금의 청주(青州)에 해당된다.

62 만년의 … 못하였다 : 청나라 군대가 관(關)에 들어온 후에, 방가장이 청주(青州)의 고관(高官)들을 이끌고 대순(大順) 정권의 익도현령을 사살하고 청나라 조정에 귀항(歸降)하여 대리시경(大理寺卿) 등의 관직을 역임하였다. 즉 방가장이 명나라에 대한 절조를 끝까지 지키지 못한 것을 말한다.

63 이 항목은 왕사신(王士愼)의 『지북우담(池北偶談)』 권6 「담헌(談獻)」 2의 '장상영(張商英)' 조목을 참조할 것.

27 박학굉사과(博學宏詞科)

강희(康熙) 연간 기미년(1679)에 박학굉사과(博學宏詞科)를 모집하였는데, 경사(京師)의 안팎에서 추천된 자가 180여명이었다. 그 중에서 응하지 않은 자가 네 명이었는데, 절강(浙江) 응휘겸(應撝謙) 사인(嗣寅)[64], 강서(江西) 위희(魏禧) 빙숙(氷叔),[65] 산서(山西) 범호정(范鄗鼎) 표서(彪西)[66], 섬서(陝西) 이옹(李顒) 중부(中孚)[67]이다. 범호정은 순치(順治) 연간 신축년(1661) 진사(進士)에 합격하였고, 강주(絳州) 신복원(辛復元) 전

64 응휘겸(應撝謙) 사인(嗣寅) : (1615~1683). 사인은 응휘겸의 자. 그의 호는 잠재(潛齋), 절강(浙江) 인화(仁和) 사람이다. 명(明)나라 때의 생원이자 학자이다. 성품이 효성스러워 강희(康熙) 17년(1678)에 박학굉사(博學宏詞)로 천거되었는데, 병 때문에 사양했다.

65 위희(魏禧) 빙숙(氷叔) : (1624~1680). 빙숙은 위희의 자. 또 다른 자는 숙자(叔子), 호는 유재(裕齋)이며, 강서(江西) 영도(寧都) 사람이다. 명말청초 시기의 학자이자 산문가로 평생을 문장에 전념하였다. 명나라 말기의 제생(諸生) 출신으로, 명나라가 망하자 취미봉(翠微峰) 작정(勺庭)에 은거하여 '작정선생(勺庭先生)'으로 일컬어졌다. 강희(康熙) 17년(1678) 박학홍유(博學鴻儒)에 제수되었지만 병으로 사양했다. 또한 왕완(汪琬)·후방역(侯方域)과 함께 '청초산문삼대가(淸初散文三大家)'로 불렸고, 형인 위제서(魏際瑞)·아우인 위예(魏禮)와 더불어 '영도삼위(寧都三魏)'로 알려졌으며, 본인을 포함하여 형제들과 팽사망(彭士望)·임시익(林時益)·이등교(李騰蛟)·구유병(邱維屛)·팽임(彭任)·증찬(曾燦) 등과 더불어 '역당구자(易堂九子)'로 일컬어졌다.

66 범호정(范鄗鼎) 표서(彪西) : (1626~1705). 표서는 범호정의 호. 자는 한명(漢銘), 또 다른 호는 누산(婁山)이며, 청나라 산서(山西) 홍동(洪洞) 사람이다. 강희(康熙) 6년(1667)에 진사가 되었지만 어머니가 늙어 관직에 진출하지 않았다. 이학(理學)을 공부하여 응휘겸(應撝謙)·이옹(李顒) 등과 함께 이름을 떨쳤고, 따르는 학자들이 많았다. 강희 18년(1679) 박학홍유(博學鴻儒)로 천거되었지만 나가지 않았다. 1703년에 강희제가 서순(西巡)할 때 자신이 편집한 이학서(理學書)를 올렸다.

67 이옹(李顒) 중부(中孚) : (1627~1705). 자는 중부(中孚)·이곡(二曲)이고, 호는 일운이곡(一云二曲)이며, 별호는 토실병부(土室病夫)이다. 명말청초 시기의 학자이다. 어렸을 때 아버지가 전사해 집안이 빈한했지만 경서와 사서(史書), 제자백가를 독학으로 섭렵했다. 명나라가 망하고 청나라가 일어나자 섬서(陝西)의 지방관이 천거해 조정의 초빙을 받았지만 사양했다. 손기봉(孫奇逢)·황종희(黃宗羲)와 함께 청나라 초기 '삼대유(三大儒)'로 불렸다. 송학(宋學)을 숭상하면서 주희(朱熹)와 육구연(陸九淵)의 사상을 아울러 취했다. 강희(康熙) 연간에 섬서 부평(富平), 화음(華陰) 등지에서 강학하여 많은 학자들이 따랐다. 청나라 조정의 초빙이 잦아지자 곡기를 끊으면서까지 거절의 의지를 보였다.

지(全之)는 복원의 이름 선생의 학문을 천명(闡明)하였다. 응휘겸과 이옹은 이학(理學)으로써 남쪽과 북쪽 지역에서 유명하였고, 위희는 고문(古文)으로 이름을 날렸고 여러 번 핍박당했지만 끝내 절조를 바꾸지 않았다.

28 오랑캐는 성격상 꺼리는 것이 많다

오랑캐 청나라가 연경에 도읍하매 밥 짓는 연기가 언제나 만리요, 그 너비의 광활함은 거의 한(漢)나라와 당(唐)나라 시대에도 없었다. 하지만 오랑캐가 성격상 꺼리는 것이 많아 비록 겉으로는 마음이 넓고 활달한 것처럼 보이지만 실제로 내적으로는 방색(防塞)하고 살피는 것이 많았다.

건융(乾隆) 연간 경술년(1790) 열하(熱河)에서 연회가 있어 유혜풍(柳惠風, 유득공의 자)과 박차수(朴次修, 박제가의 자)가 절사(節使)를 따라와서 조방(朝房)68에 있으면서 몽고의 여러 왕과 주선을 아주 능숙하게 하였다. 어떤 늙은 왕이 한 젊은 왕을 가리키며 말하길, "이 왕은 그림을 잘 그립니다."라 하였다. 혜풍이 말하길, "내일 우리나라 부채를 가지고 오면 왕께서 한 번 나를 위해 그려주십시오."라 하자, 왕이 수락하였다. 다음날 혜풍과 차수가 각자 부채 하나를 가지고 와서 그려주길 청하자, 그 왕이 머리를 흔들며 "그려줄 수 없습니다."라고 하였다.

후에 달이한왕(達爾漢王)이 와서 혜풍에게 말하길, "그대는 왕이 그림을 그려주지 않은 뜻을 아십니까?"라 하였다. 이때 만주왕이 자리에 있었는데, 한인(漢人)을 방색함이 더욱 심하였다. 반정균(潘庭筠)과 이조원(李調元)은 모두 한인으로 빼어난 학사인데, 반정균은 두문불출하면서

68 조방(朝房) : 조신(朝臣)들이 조회(朝會) 때를 기다리며 모여 있던 방.

부처에게 기도하고, 이조원은 관직을 그만두고 집에 거처하고 있으며, 그의 종형(從兄) 이정원(李鼎元)은 열상(洌上)의 여러 벗들에게 시를 부쳐왔는데, 그 시는 이러하다.

헤어진 후로부터 시작(詩作)을 그만두었는데,	自從別後廢吟哦,
열상(洌上)의 주선(周旋)[69]은 근래 어떠한가?	洌上周旋近若何,
몇 번이나 꿈속에서 창해 위에 노닐었건만,	幾度夢遊滄海上,
깨어나 도리어 풍파를 겁내었다네.	醒來猶自惕風波.

그 위태롭고 두려워함이 이와 같았다.

일찍이 『건륭어집(乾隆御集)』을 보았는데, 금천(金川)을 토벌하고 준이(準夷)를 공격하매, 오로지 색륜족(索倫族)[70]의 군사를 부려 만주족의 강한 무력을 스스로 자랑하였고, 중원 지역의 무서워하고 나약한 녹기(綠旗)[71]를 업신여겼다. 하지만 색륜족의 군사는 당나라 태종과 명나라 성조가 부렸으니 별다른 사람들이 아닌데, 어찌 이처럼 업신여기는가? 이치상 세상일에는 흥망성쇠가 있으니, 어찌 함부로 할 수 있겠는가?

29 호인(胡人)은 새장의 매와 같다

호인(胡人)이 중국에 들어와서는 유연해지지 않은 적이 드물었다. 요(遼)

69 주선(周旋) : 교제(交際), 수응(酬應)의 뜻이 있으므로, 이 경우 친구의 의미로 사용되었다. 연암의 글에서도 이런 뜻으로 일컬은 바가 있다.

70 색륜족(索倫族) : 아무르 강의 남쪽에 분포하는 남방 퉁구스족의 한 일파이다.

71 녹기(綠旗) : 한인(漢人)으로 편성된 청나라의 상비병(常備兵). 청군(清軍)의 근간이던 팔기(八旗)는 그 수가 적었으므로 그것을 보충하기 위하여 세워진 것인데, 녹색의 기치(旗幟)를 쓴 데서 나온 이름이다. 그 수는 오십만이 넘었으며, 각 성(省)에 주둔하여 군무와 치안을 맡아보았다.

·금(金)·원(元) 나라가 모두 이전의 본보기이니, 거의 야생의 매가 새장에 있는 것과 같았다. 이들은 날마다 고기 음식을 배불리 먹고, 치고 때리는 것을 일삼지 않았으며, 조아(爪牙) 또한 물러져서 다시 사용할 수 없었다. 만주족의 초창기에는 팔기(八旗)의 자제들이 정벌을 따라가매, 비록 싣고 온 군량이 없더라도 능히 스스로 싸움을 하여 군사들과 말들이 충분히 질주하였다. 그런데 지금은 태평스런 날들이 오래되어 가령 징집(徵集)이 있으면 비록 색륜족(索倫族)의 건장한 호인이라도 반드시 군량을 가져간다. 게다가 각라(覺羅)[72]의 여러 왕들은, 문장이 훌륭하여 그 수준이 왕씨(王氏)와 사씨(謝氏) 집안[73] 자제들보다 떨어지지 않았다. 이들은 온화하고 점잖아 모두 기품이 있지만, 결국 본색이 이와 같지 않은데 그 국업(國業)이 오래갈 수 있었겠는가?

30 여우와 호랑이

명·청(明淸)시기 사이의 문집에서는 여우와 호랑이를 많이 이야기하였는데, 여우와 호랑이란 호인(胡人)이다. 명나라 사람들은 의관 이외에 비루한 전구(氈裘)를 군색하게 껴입고 슬픔과 분함이 마음속에 그득했지만 스스로 풀어버리지 못하고, 여우와 호랑이를 빌려 이들을 욕하고 미워하였다.

듣건대 지금 호선(狐仙)이란 여전히 '낭자(狼籍)하다'는 뜻이라 하니, 명나라 사람이 호인(胡人)을 원망하는 마음이 오랜 세월 동안 사라지지 않았음을 징험할 수 있다. 조선 사신이 연경에 들어가매, 어울리는 자들

72 각라(覺羅) : 청나라 현조 선황제(顯祖宣皇帝)의 백숙형제(伯叔兄弟)의 자손을 뜻하는 말. 만주어로서 원래 부락(部落)의 명칭이었는데, 이후에는 성씨(姓氏)로도 사용되었다.

73 왕씨(王氏)와 사씨(謝氏) 집안 : 동진(東晉)의 대표적인 명문 귀족이었던 왕씨(王氏)와 사씨(謝氏) 집안. 이 집안의 왕도(王導)와 사안(謝安)은 승상을 지냈다.

은 대부분 한인(漢人) 학사였다. 서로 친숙하게 지냈는데, 매양 술자리가 끝나가서 자리가 한산해지고 곁에 엿보는 시선이 없으면, 한인 학사들은 매양 스스로 모자와 겉옷을 벗고 우리나라 의관을 한번 입어보았다. 이처럼 우리나라 의관을 우러러 사모하여 스스로 어찌할 줄 몰랐다.

31 유혜풍(柳惠風)의 『열하시주(熱河詩注)』

검서관(檢書官) 유혜풍(柳惠風)[74]은 일찍이 경술년(1790) 여름에 건륭제(乾隆帝)의 생일을 틈타서 절사(節使)[75]를 따라 열하(熱河)에 갔다가 이어서 연경에서 노닐다 돌아와서는 열하기행시(熱河紀行詩)를 지었다. 그런데 이 시들은 주석이 아주 잘 갖추어져 있기 때문에 나 또한 초록(抄錄)하여 사료(史料)로 삼았다.

만주와 몽고 사람은 눈썹과 눈이 서로 비슷하고, 의복과 모자도 똑같았다. 다만 바지 입구가 넓게 트이고 느슨하게 허리띠를 매었는데, 바지 입구를 뒤집어서 거꾸로 드리워 배와 배꼽이 전부 드러난 자가 몽고인이다.[76] 몽고의 풍속은 사납고 부끄러움이 없다. 몽고의 48부(部) 가운데 25부는 지금 비록 중국에 귀순했지만 아직도 절취하는 우환이 있고, 대

---

74 유혜풍(柳惠風) : 혜풍은 조선 후기의 실학자인 유득공(柳得恭, 1749~1807)의 자이다. 그는 1779년(정조 3) 규장각 검서(奎章閣檢書)가 되었으며 포천·제천·양근 등의 군수를 거쳐 풍천부사에 이르렀다. 시문에 뛰어났고, 규장각 검서로 재직했을 당시에 다양한 서적을 읽으면서 신라사 위주의 국사를 비판적으로 바라보았고, 이후 『발해고(渤海考)』와 『사군지(四郡志)』 등을 출간하였다. 외직에 있으면서도 검서를 겸임하여 이덕무(李德懋)·박제가(朴齊家)·서이수(徐理修) 등과 함께 '4검서'로 일컬어졌다.

75 절사(節使) : 조선시대 중국에 보내던 사신을 가리킨다. 정조사(正朝使)·동지사(冬至使)·성절사(聖節使)를 삼절사(三節使)라 한다.

76 만주와 … 몽고인이다 : 『열하기행시주』「만자령(蠻子嶺)」 시의 주석에 나오는 내용이다.

릉(大凌)의 재앙은 더욱 심하다.

조양현(朝陽縣)의 삼좌탑(三座塔)은 요(遼)·금(金)나라 때 세워진 것인데, 몽고말에 '삼(三)'은 '고이판(古爾板)'이라 하고, '탑(塔)'은 '소파이한(蘇巴爾漢)'이라 하여 '고이판소파이한성(古爾板蘇巴爾漢城)'이라고도 불렀다.[77]

건륭제의 고모가 몽고왕에게 시집을 갔는데, 의주와 사하(沙河)의 서쪽에 장사지내졌다. 높은 담으로 주위를 둘러 홍예문(虹霓門)을 만들었고 담 안에는 커다란 나무가 많았다.

조양현 석인구(石人溝)의 지장사(地藏寺)가 가장 정쇄(精灑)하였다. 망우영(蟒牛營)에 또 복녕사(福寧寺)가 있었는데, 서장(西藏)의 노승이 건륭제를 위해 복을 빌고 있었다. 혜풍이, 서장[티베트]은 여기에서 몇 리나 되느냐고 물으니, 6만리라고 답하였다. 또 반선(班禪) 액이덕니(額爾德尼) 라마(喇嘛)가 지금 또 환생하였는지를 물으니, 지금 아홉 살이라고 답하였다. 대개 서장의 승려는 옛날에 이술(異術)이 있다고 일컬어져 원(元)나라 세조는 팔사파(八思巴)에게 '황천지하일인지상선문보치대성지덕보각진지좌좌국여의대보법왕서천불자대원제사(皇天之下一人之上宣文輔治大聖至德普覺眞智佐國如意大寶法王西天佛子大元帝師)'라는 호를 내렸고, 명나라 성제는 합립마(哈立麻)에게 '만행구족시방최승원각묘지혜선보응우국연교여래대보법왕서천대선자재불(萬行具足十方最勝圓覺妙智慧善普應佑國演敎如來大寶法王西天大善自在佛)'이라는 호를 내리고, 천하의 불교도를 거느리게 하였다.

77 조양현의 … 불렀다 : 『열하기행시주』「조양현(朝陽縣)」 시의 주석에 나오는 내용이다.

건륭 연간 경자년(1780)에 반선 액이덕니가 황제를 알현했을 때, 황제는 반선이 사는 찰십륜포(札什倫布)를 본떠 수미복수(須彌福壽)의 묘(廟)를 황제 산장의 북쪽에 지어 거처하게 하였다. 우리나라 사신도 그를 만나보았는데, 몸집이 매우 크고 얼굴은 황금색이었다고 하였다. 이후에 들으니 그는 천연두에 걸려 죽었다고 하였다. 번인(番人)들은 천연두를 가장 무서워하여 이미 천연두를 앓았으면 '숙신(熟身)'이라 하고 아직 앓지 않았으면 '생신(生身)'이라 하였는데, 생신은 감히 내지(內地)에 들어가지 못한다고 하였다.[78]

청음각(淸音閣)은 연희(演戲)하는 장소이다. 정전(正殿) 앞에 있는데 위아래 층에 악공과 배우들이 함께 모여 있었다. 배우들은 분과 눈썹먹을 칠하고 머리에 두건을 쓰고 비단옷과 허리띠를 두르고 가짜 수염을 매달고선 의젓하게 한관(漢官)의 위의(威儀)[79]로, 무리를 좇아 난간을 따라 돌았다. 어떤 사람은 화축(畫軸)을 들고 어떤 사람은 선도(仙桃)[80]를 받들었다. 퉁소와 북이 야단스레 울리고 노랫소리는 구슬펐다. 회회국 왕자가 연극 제목이 있는 작은 책자를 가지고 있었는데, 모두 헌수(獻壽)하고 복을 비는 말이었다. 그중에 「반로환동(返老還童)」[81]이란 희곡명이 있었는데, 누런 머리털이 붉은 얼굴로 바뀌는 것이다.[82]

황제가 전각에 나아가 연희를 관람할 때, 동무(東廡)에는 친왕(親王)·

78 건륭제의 … 한다 : 『열하기행시주』 「야불수(夜不收)」 시의 주석에 나오는 내용이다.

79 한관(漢官)의 위의(威儀) : 중국 고대에 점잖은 관리의 풍모를 가리킨다.

80 선도(仙桃) : 『열하기행시주』 「분희(扮戲)」 시의 주석에는 '繡旛[비단깃발]'이라 되어 있다.

81 반로화동(返老還童) : 누런 머리털의 노인이 차츰 가면을 바꾸어 장년에서 어린아이로까지 변하는 모습을 보여주는 연희이다.

82 청음각 … 것이다 : 『열하기행시주』 「분희(扮戲)」 시의 주석에 나오는 내용이다.

패륵(貝勒)·다라군왕(多羅郡王)·진국공(鎭國公)·보국공(輔國公)[83] 등 여러 종실(宗室)이 차례로 모시고 앉았다. 서무(西廡)에는 몽고왕이 첫째이고, 다음으로 회회왕(回回王), 그 다음으로 안남국왕(安南國王)이 함께 앞줄에 모시고 앉았는데, 회회 두목 한 사람이 갑사(甲士)를 거느리고 모시고 섰다. 그 다음에 본국 사신, 그 다음에 안남국 배신(陪臣), 그 다음에 남장국(南掌國, 라오스) 사신, 그 다음에 면전국(緬甸國, 미얀마) 사신, 그 다음에 대만(臺灣) 생번(生番)[84]이었다.[85]

몽고와 회회의 여러 왕들이 입은 의복은 卍 글자와 구름무늬에 비단으로 만든 독특한 모양으로 매우 화려하고 고왔는데, 모두 소주(蘇州)와 항주(杭州)에서 짜서 수레로 변방에 실어 나른 것이다.

회회의 용모는 눈이 깊고 눈동자가 푸르며 수염이 사나웠다. 그 왕들은 모두 준수한 젊은이였다. 혹 조롱박처럼 살찐 자도 있고, 혹 눈썹이 풍부하고 눈이 시름겨운 자도 있었다. 의관은 만주와 동일한 모양인데, 어떤 자는 변발을 하였고 어떤 자는 머리카락을 모두 깎아 중의 머리를 만들었다. 그 두목이 머리에 쓴 전립(氈笠)의 챙은 앞뒤가 말려 있고 좌우가 뾰족하여 마치 펴지지 않은 연잎과 같다. 객사 안에 있는 자는 대부분 챙이 없는 흰 모자를 썼는데 꽃무늬가 그려져 있었으며, 10여 명의 한 무리는 투구를 착용하고 붉고 푸르게 아롱진 베옷을 입고 있으며 단단하게 띠를 매었다.

83 친왕 … 보국공 : 모두 청나라 때 종실과 몽고 귀족에 대한 작위명(爵位名)이다.

84 생번(生番) : 중화의 입장에서 야만족을 가리키는 어휘인데, 특히 대만 고산족(高山族)의 별칭으로 사용되기도 하였다. 대만 고산족은 생번, 토번(土番), 번족(蕃族) 등으로 불리기도 한다.

85 황제가 … 생번이었다 : 『열하기행시주』 「입연(入宴)」 시의 주석에 나오는 내용이다.

그 왕들은 한어와 몽고어, 청나라 말을 잘하였다. 혜풍이 이들과 어울리면서 우리나라 말을 하면 회회왕은 회회 글자로 번역하고, 회회왕이 회회 말을 하면 혜풍이 우리나라 글자로 번역하였다.

회회어로 하늘을 '아스만[阿思] 【중국음】 만(曼)', 땅을 '지(脂) 【중국음】 민(民)', 해를 '쿠[苦] 【중국음】 운(雲)', 달[月]을 '애(靉)', 나라[國]를 '세얼[社兒] 【중국음】', 국왕을 '바사[罷] 【중국음】 社(사)', 아버지를 '아타(阿陁)', 어머니를 '아나(阿那)', 형을 '악하(握何)', 아우를 '욱하(郁何)'라고 한다. 하나는 '페이을[飛] 【중국음】 을(乙)', 둘은 '이치[伊欺] 【중국음】', 셋은 '유치(由置)', 넷은 '더여[得] 【중국음】 어(於)', 다섯은 '비에씨[別] 【중국음】 씨(氏)', 여섯은 '알치(謁置)', 일곱은 '여치(如置)', 여덟은 '삭커스[朔可] 【중국음】 사(思)', 아홉은 '토옥커스[吐沃顆]', 열은 '온(溫)'이라고 한다. 앉는 것을 '올토(兀吐)]', 앉기를 청하는 말은 '올토롱(兀吐籠)', 앞으로 오라는 말은 치에을'[揭] 【중국음】 을(乙)', 일어나 오라는 말은 '고읍(姑邑)', 밥 먹는다는 말은 '아타이(阿施阿)', 잠들었다는 말은 '우후라(于候羅)', 나이가 얼마인가라는 말은 '간차야시다(干且耶施多)', 네 이름은 무엇이냐는 말은 '아칭치임[阿稱欺] 【중국음】 임(任)', 또는 '아칭니마(阿稱尼麻)', 좋은 것은 '약시(若施)', 좋은가라는 말은 '약시무(若施無)', 평안하다는 말은 '진치(眞置)', 평안한가라는 말은 '진치무(眞置無)'라고 한다.[86]

안남국의 왕인 완광평(阮光平)은 초명(初名)이 혜(惠)요, 안남의 세족(世族)으로 지난해[87] 거병(擧兵)하여 반란을 일으켰다. 국왕 여유기(黎維祈)는 패배하자 도망쳐 광서(廣西) 땅에 이르러 구원을 요청하였다. 이

---

86 몽고와 … 한다 : 『열하기행시주』 「회회제왕(回回諸王)」 시의 주석에 나오는 내용이다.
87 지난해 : 건륭 54년인 1789년을 가리킨다.

에 황제는 양광총독(兩廣總督) 복강안(福康安)과 장군 손사의(孫士毅)를 시켜 광평을 토벌하도록 하니, 광평은 패배하여 달아났다. 여유기가 황제에게 철군(撤軍)할 것을 청하매 황제가 그대로 따르자, 광평은 다시 여유기를 공격하였다. 황제가 광평을 안남왕에 봉하고, 여유기를 불러 삼품(三品)인 참령(參領)으로 삼았다.

현재 북경에는 여유기의 친족과 종신(從臣) 천여 명이 모두 한군기(漢軍旗) 아래에 배속되어 있는데, 그 실상은 이들을 금고(禁錮)하고 있는 것이다. 순치(順治) 연간에 표투성(表投誠)이란 자를 받들어 여유기(黎維祺)라고 한 적이 있으니, 지금 그 왕의 이름을 또한 '유기'라고 한 것은 의심할 만하다. 북경에서 자자하게 떠도는 말로는 광평이 금은보화를 실어 복강안에게 바쳐 드디어 왕에 책봉된 것이라고 하였다. 광평이 열하(熱河)로 와서 화신(和珅)[88]과 복장안을 반열에서 만나기만 하면 황망하게 반쯤 무릎을 꿇었는데, 이는 만주의 습속으로 천한 자가 귀한 이를 섬기는 예이다.

광평과 그의 신하들은 모두 만주식 의모(衣帽)를 착용하였다. 어떤 사람이 말하길, 광평이 변발을 하겠다고 자청하였지만 황제가 이를 허락하지 않고 다만 의모를 하사했는데, 그가 상투를 풀고서 머리를 땋았다고 한다. 꼭대기를 금으로 장식한 보교(步轎)를 탔다. 광평이 데려온 신료와 하인이 모두 184명인데, 다만 10여 명만이 광평을 따라 출입하였

88 화신(和珅) : (?~1799). 자는 치재(致齋)이고, 청나라 만주(滿洲) 정홍기(正紅旗) 사람이다. 가난한 가정에서 성장해 문생원(文生員)이 되었다. 입신양명하여 건륭제(乾隆帝)의 총애를 받고, 건륭 34년(1769) 세직(世職)을 이어 3등 경거도위(輕車都尉)와 3등 시위(侍衛)가 된 뒤부터 두각을 나타냈다. 41년(1776) 군기대신(軍機大臣)이 되어 내무부대신(內務府大臣)을 겸했다. 이때부터 20여 년 동안 정권을 잡았다. 건륭제의 의중에 잘 영합하고 자신의 지위를 잘 이용하여 뇌물을 모으는 등 횡포가 극에 달했다. 건륭제가 죽은 뒤 체포하여 대죄(大罪) 20조를 들어 스스로 목숨을 끊게 했고, 전 재산을 몰수하였다.

다. 그중 한 사람은 접부채를 거꾸로 펴서 손에 들고 있으면서 잠시도 떠나지 않았다. 사람들이 보여 달라고 해도 꽉 쥐고선 보여주지 않았다. 또 악공 10여명을 거느렸는데, 황제의 만수를 경하(慶賀)하며 아첨을 떠는 법이 극진하지 않음이 없었다.

그 종신 이부상서(吏部尙書) 반휘익(潘輝益)과 공부상서(工部尙書) 호태후(灝澤侯)·무휘진(武輝晉) 두 사람은 몸집이 작고 얼굴빛은 그을리고 말랐으며 이는 성글고 검었다. 이들이 매양 말하길, 자신들의 왕은 광남 땅의 포의였으므로 여씨(黎氏) 왕조에 대하여 신하로서 섬길 의리가 없었다고 하였다. 또 말하길, 안남의 궁실은 바로 여씨의 옛 궁실이므로 귀국하여 편액(扁額) 바꿀 것을 기다릴 것이라 하였다. 또 말하길, 공물로 바치는 물건은 황금 기린 한 쌍과 황금 봉황 한 쌍이라 하였다. 또 통서(通犀)[89]와 육계(肉桂)[90]를 대(對)와 근(斤)에 맞추어 허다히 가져왔다고 자랑하였다. 매양 연회 자리에서 임금이 앞에 있고 신하들이 뒤에 있었는데, 임금을 경외하는 빛이 거의 없었고, 물건을 주고받을 때 혹 임금 앞에 던지기도 하였다.

광평이 우연히 우리나라 사신에게, 왜국이 얼마나 머냐고 묻자, 휘익 등이 눈치를 주며 제지하였다. 이들은 만주식 의복에 대해 자못 스스로 부끄러워하였는데, 귀국하면 그렇게 하지 않는다고 말하였다. 대사마(大司馬)란 자가 병으로 객관에 누워 있다가 비로소 참반(參班)에 들어와 휘익의 윗자리에 섰다. 태화전(大和殿) 연례(宴禮)[91]에는 본국의 옛 제도에 맞추어 입참하기로 되어 있어서 세 사람이 입은 것이 전에 보던 것과 판연히 바뀌어 있었다. 복두(幞頭)와 금대(金帶)를 하였고, 포(袍)는 붉기

89 통서(通犀) : 통천서(通天犀)라고도 하는데, 무소의 뿔을 가리킨다.

90 육계(肉桂) : 계수나무의 두꺼운 껍질. 즉 계피를 가리킨다.

91 연례(宴禮) : 나라에 경사가 있을 때에 베푸는 잔치.

도 하고 푸르기도 하며 이무기와 용의 무늬가 그려져 있었다. 다만 포의 양 귀퉁이가 너무 높아서 두 어깨 위로 돌출하여 쌍각(雙角)처럼 보였다. 망건은 끈으로 매었는데, 그 망이 너무 허술하여 또한 꼭 맞게 쓸 수 없어 다만 두르고 있었다. 이는 모두 배우의 물건을 빌려 온 것이다.[92]

남장(南掌) 사람은 모두 15명이었다. 사신은 이무기를 수놓은 옷을 입고 붉은 모직 천으로 된 관을 썼는데, 그 관의 모양은 마치 자루가 반쯤 뒤로 늘어진 것 같았고, 진주조개로 장식하였다. 부사의 관이나 옷도 모두 동일했지만 진주조개 장식이 없었다. 수행하는 사람들이 쓴 것은 호연건(浩然巾)[93]과 모양이 비슷한데, 구름 문양을 그려 넣었고 울긋불긋한 직물로 만든 옷을 걸치고 있었다. 남장 사람은 면전(緬甸) 사람과 모습이 대략 비슷하였다. 키는 작고 피부는 까무잡잡한데 눈이 매우 사납고 독하며, 그 발은 나무뿌리처럼 단단하였다. 노인들도 저마다 부녀자들처럼 전신과 팔뚝에 교룡(蛟龍), 호표(虎豹), 화초(花草)의 문양을 새겼다. 남장 사람의 상투는 머리에 가깝고, 면전 사람의 상투는 이마에 가깝다. 남장의 관직은 일평(一評)・이평(二評)이고, 그 나머지는 일세무(一世撫)・이세무(二世撫)・삼세무(三世撫)・사세무(四世撫)이다.[94]

면전(緬甸) 사람은 모두 28명이었다. 사신 네 명은 금단(金緞)으로 짠 띠를 머리에 두르고, 덩굴풀을 수놓은 녹색 바탕에 붉은 무늬의 융단옷을 입었다. 수행하는 사람들은 붉은 비단 띠를 머리에 두르고 알록달록

---

92 안남국의 … 것이다 : 『열하기행시주』「안남왕(安南王)」 시의 주석에 나오는 내용이다.
93 호연건(浩然巾) : 뒤쪽이 헐렁한 두건의 일종이다.
94 남장 사람은 … 사세무이다 : 『열하기행시주』「남장사자(南掌使者)」 시의 주석에 나오는 내용이다.

한 비단옷을 입었다. 귓바퀴를 뚫고 주석통을 꽂아 앞뒤로 훤히 통하였는데, 혹은 누런 나무를 꿰어 골패(骨牌)를 매달기도 하였다. 구슬끈을 머리에 두르고 팔뚝에는 은복숭아를 꿰고 있었다. 작은 은합을 꺼내었는데, 빈랑(檳榔)[95]과 부류등(扶留藤)[96] 잎과 조개의 재가 담겨 있었다. 이 은합을 옷깃 속에 보관하였다가 때때로 뒤져 꺼내어 부류등 잎으로 재를 싸서 먹고 빈랑을 씹으며 나지막하게 노래를 부르며 마당을 걸었다. 그 이름을 물으니, 한 사람은 망란다재두교련(芒蘭多才頭狡連)이라 하고, 또 한 사람은 망지리쇠다옹(芒知俚衰多翁)이라 하였다. 후일 그들을 보고 그 이름을 부르니 바로 응답하였다.

관직명은 편기미타(便氣未駝), 편기각과(便氣覺抓), 세립각과(細立覺抓), 남달저소(南達趄素)라고 한다. 그 나라의 유명한 산과 강에 대해 물으니, 산은 없고 모두 평야이며 강은 금사강(金沙江)이 있다고 하였다. 편기미타라는 자는 순금 가락지 하나를 보여주었는데 파란 보석을 머금고 있었다. 편기각과라는 자는 손가락을 펴서 은가락지를 내보이는데 자색 보석을 머금고 있었다. 또 쌀알 같은 보석가루를 조금 꺼내었는데, 곁에 있던 사람이 가지고 있던 비연호(鼻烟壺)를 가져다가 그 가루로 문질렀다. 옥석(玉石)과 마노(瑪瑙) 따위는 모두 닳았는데, 수정은 그렇지 않아서 보석가루가 도리어 부서졌다. 붓 한 자루를 꺼내었는데, 은으로 대롱을 만들어 활석(滑石)을 머금게 하고 끝을 뾰족하게 한 것이었다. 바로 그을린 첩자(帖子) 위에 글씨를 쓰는데 왼쪽에서 오른쪽으로 가는 것이 회회 글자 같았고, 돌가루가 감기고 둘러서 달팽이가 기어가서 생

95 빈랑(檳榔) : 종려나무과의 상록교목으로, 열대우림지역에서 자란다. 열매는 식용이 가능하다.

96 부류등(扶留藤) : 구장(蒟醬). 후추과의 풀. 동남아 일대에서 빈랑을 먹을 때 석회를 발라 쌈처럼 싸서 씹어 먹는다.

긴 구불구불한 흔적 같은 전자(篆字)와 같았다.[97]

대만 생번(生番)은 모두 10명이었다. 건륭 52년(1787) 임상문(林爽文)의 난을 토벌하여 평정했을 때 임상문이 달아나 내산(內山)에 들어갔었는데 생번 등이 포박해 바쳤다. 열하의 문묘(文廟) 대성문 오른쪽 벽비(壁碑)에 그 일을 기록해 놓았다. 생번은 몸이 작고 머리카락을 잘라 이마를 덮었으며 머리카락의 색이 칠흑 같았다. 미간(眉間)이나 턱 위에 팔괘 문양 같은 낙인을 찍었다. 속에 녹색의 긴 옷을 입고 겉에 붉은색의 짧은 옷을 걸쳤는데, 가장자리를 금실로 둘렀고 비단천은 들쭉날쭉하였다.

갓 앞뒤의 양태가 솟아 있는데 또한 들쭉날쭉하였다. 구름무늬를 그렸으며, 한가운데는 궁륭(穹窿) 모양의 양(梁)을 덧대어 닭 깃털을 줄지어 꽂았다. 갓의 좌우에는 작은 구슬방울을 각각 세 개씩 매달아 걸을 때마다 딸랑거렸다. 목에는 나무패를 걸고 있었는데, 한 면에는 이름을 적고 다른 한 면에는 거처하는 사(社)의 명칭을 적었으니, 대개 사람의 무리로 대우하지 않은 것이었다. 중로다라대보사(中路多蘿大埔社) 투왕(投旺), 남로망자립사(南路望仔立社) 균력력(均力力), 북로말독사(北路末篤社) 나사회축(囉沙懷祝), 북로옥오사(北路屋鰲社) 야황왜단(也璜哇丹), 북로사자사(北路獅子社) 회목회(懷同懷)가 있다.[98]

조정의 대신 아계(阿桂)[99]는 현명하고도 연로하였는데, 본래 만주 정

97 면전 사람은 … 같았다 : 『열하기행시주』「면전사자(緬甸使者)」 시의 주석에 나오는 내용이다.

98 대만 생번 … 이다 : 『열하기행시주』「대만 생번(臺灣生番)」 시의 주석에 나오는 내용이다.

99 아계(阿桂) : (1717~1797). 자는 광정(廣廷), 호는 운암(雲岩)·장가씨(章佳氏)로서, 만주 정람기 출신이다. 태학사 아극돈(阿克敦)의 아들로, 음직으로 출사한 뒤 신강에서 전공을 세워 정백기에 소속되었고, 군기대신·정홍기 만주도통·공부상서·태자태보 등 내외직에

백기(正白旗) 사람이다. 일찍이 금천(金川)을 평정하여 위명(威名)을 천하에 떨쳤다. 올해 나이가 78세인데 바라보는 시선이 진중하여 대신의 풍모가 있었다. 화신(和珅)에게 아부하지 않는 자는 오직 아계 한 사람뿐이라고 하였다. 아계의 아들 건청문(乾淸門) 시위(侍衛)[100] 아미달(阿弥達)[101]은 건륭 연간 무술년(1778)에 명을 받들어 청해(青海)로 사신 가서 황하의 수원지를 찾았다.

화신의 권력이 천하를 기울였다. 만주의 풍속에는 귀천의 등급과 위계가 아주 분명하지 않아서 화신을 멀리서 보면 앉아 있는 자들이 모두 일어났다. 한인(漢人) 각로(閣老) 혜황(嵇璜)[102]과 왕걸(王杰)[103] 등이 자리를 채우고 있을 뿐이었다. 화신의 아들인 부마(駙馬)는 경박한 소년이었다.[104]

기(紀) 대종백(大宗伯)의 이름은 윤(昀)이요, 직례(直隷) 헌현(獻縣)[105]

중용되었다.

100 건청문(乾淸門) 시위(侍衛) : 건천궁은 황제의 일상 정무와 침실로 이용되던 건물로서, 시위는 이곳을 호위하는 무관직이다.

101 아미달(阿弥達) : 아필달(阿必達, 1744~1791)의 초명이다. 아필달은 서령(西寧)에서 하신(河神)에게 제사를 올리라는 건륭제의 명을 받고 황하의 수원지를 찾아들어갔고, 이후 『하원기략(河源記略)』을 편찬하였다.

102 혜황(嵇璜) : (1711~1794). 자는 상좌(尙佐), 호는 졸수(拙修)이다. 1724년 진사 급제 후 한림원 시독학사·이부상서·병부상서 등 요직을 70세 후반까지 두루 역임하는 등 건륭제의 신임이 두터웠다. 특히 황하와 회수의 범람에 대비한 치수사업에 주력하여 업적을 많이 남겼다.

103 왕걸(王杰) : (1725~1805). 자는 위인(偉人), 호는 성국(惺國)이다. 내각학사·동각태학사 등을 역임하며 79세까지 조정의 대신으로 신임을 받았다. 장재(張載)로부터 영향을 받아 경세(經世)의 학문에 주력하였다. 주요 저서로 『성원역설(惺園易說)』·『보순각집(葆醇閣集)』 등이 있다.

104 조정의 … 대신이다 : 『열하기행시주』「원명원(圓明園)」 시의 주석에 나오는 내용이다.

105 직례(直隷) 헌현(獻縣) : 지금의 하북성 창현(滄縣)이다.

사람으로, 중국에서 사림(詞林)의 종장으로 추앙받고 있다. 바야흐로 『요사(遼史)』·『금사(金史)』·『원사(元史)』·『명사(明史)』 및 청나라 『일통지(一統志)』를 중수하였다. 일찍이 죄를 얻어 우루무치[烏魯木齊]로 가게 되었는데, 경사(京師)와의 거리가 만 리나 되고 팔리곤(八里坤)에서 수천 리나 떨어진 곳이었다. 그곳에서 한비(漢碑)를 가져왔는데, 이 비는 바로 돈황태수(燉煌太守)가 병사 5백 명을 거느리고 흉노를 추격해 죽인 뒤 이 지역에 이르러 그 공을 기록한 비로서, 예서체의 글자가 수백 자를 넘지 않았다.[106]

반추루(潘秋庫)의 이름은 정균(庭筠), 자는 향조(香祖)이며, 절강(浙江) 전당(錢塘) 사람으로, 섬서도 감찰어사(陝西道監察御史)이다. 바야흐로 그는 객을 사양하고 관음상(觀音像)을 걸어두고는 아침저녁으로 정례(頂禮)하였으며, 말이 시사(時事)에 미치면 꺼리고 조심함이 아주 심하였다.[107]

이묵장(李墨莊)의 이름은 정원(鼎元)이고, 부당(鳧塘)의 이름은 기원(驥元)인데, 사천성(四川省) 나강(羅江) 사람으로 우촌(雨村) 이조원(李調元)의 사촌[從父弟]이다. 묵장은 한림원(翰林院) 시독관(侍讀官)이고, 부당은 편수관(編修官)인데, 형제가 사천회관(四川會館) 중에 임시로 살고 있었다. 우촌이 바야흐로 『함해(涵海)』라는 한 부(部)의 책을 간행하였는데, 모두 185종(種) 20투(套)였다. 그 중에는 양승암(楊升菴)의 것이 40종(種) 있고, 우촌의 것도 40종 있었다. 묵장과 부당의 두 문집에서는 우

106 기 … 않았다 : 『열하기행시주』「기효람 대종백(紀曉嵐 大宗伯)」 시의 주석에 나오는 내용이다.

107 반추루 … 심하였다 : 『열하기행시주』「어사 반추루(御使潘秋庫)」 시의 주석에 나오는 내용이다.

촌이 파직된 일을 말하였는데, 어투가 매우 강개하였다. 그런데 추루는 이를 지적하여 방종한 소치(所致)라 여겼다. 축지당(祝芷塘)[108]은 어사로서 사람들에 대해 논하다가 파직되어 지금 배를 사서 남쪽으로 내려가려고 하였다.[109]

연성공(衍聖公) 공헌배(孔憲培)는 선성(先聖)의 72대손이다. 그는 나이가 30여세로 외모가 잘생겼고 글씨를 잘 썼으며, 금정교(金頂轎)를 타고 다녔는데, 연경에서 그를 성인이라 불렀다.[110]

나양봉(羅兩峯)의 이름은 빙(聘)이고, 강소성(江蘇省) 양주부(楊州府) 사람이다. 젊은 시절 풍류를 즐기며 놀았고, 만년에는 불교를 신봉하였다. 아들 윤찬(允纘)을 데리고 유리창(琉璃廠)의 관음각(觀音閣)에 얹혀살았는데, 낙척(落拓)하여 가련하였다. 고항(古杭) 김수문(金壽門)[111]에게 그림을 배웠는데, 김수문의 이름은 농(農)이고, 호는 동심(冬心)으로 『화징록(畫徵錄)』[112] 속에 들어가 있다. 양봉에게는 청출어람(青出於藍)의 묘

108 축지당(祝芷塘) : 축덕린(祝德麟, 1742~1798). 지당(芷塘)은 그의 호, 자는 지당(趾堂), 절강성(浙江省) 해녕 원화(海寧袁花) 사람. 건륭 28년(1763)에 진사가 되었고, 한림원 서길사(翰林院庶吉士)·한림원 편수관(編修官)에 제수되었고, 관직이 제독섬서학정(提督陝西學政)에 이르렀다. 호광도감찰어사(湖廣道監察禦史)로 승진하였다. 1790년(건륭 55)에 언사(言事)가 불합(不合)하여 축출되자 고향으로 돌아가서 운간서원(雲間書院)에서 주강(主講)하였다. 시를 잘 지었고, 성령(性靈)을 중요시 하였다. 실명(室名)은 '열친루(悅親樓)'이다.

109 이묵장의 … 한다 : 『열하기행시주』「이묵장·이부당 이태사(李墨莊李鳧塘二太史)」 시의 주석에 나오는 내용이다.

110 연성공 … 불렀다 : 『열하기행시주』「연성공(衍聖公)」 시의 주석에 나오는 내용이다.

111 김수문(金壽門) : 수문은 청(淸)나라 때 화가인 김농(金農)의 자이다. 그는 전당(錢塘) 사람으로, 시·서·화에 능하였고, 옛 것을 좋아하여 금석문자를 매우 많이 소장(所藏)하고 있었다.

112 『화징록(畫徵錄)』 : 청나라 장경(張庚)이 지은 화가열전이다.

함이 있어 「귀취도(鬼趣圖)」를 그렸는데, 매우 진기하고 기이하였다. 원자재(袁子才)[113]・장심여(蔣心餘)[114]・정어문(程魚門)[115]・기효람(紀曉嵐)[116]・옹담계(翁覃谿)[117] 같은 해내(海內)의 명사들이 이 그림에 시를 쓰지 않은 이가 없었다. 또 홍매(紅梅) 장폭(長幅)을 그렸는데, 풍성하고 고와서 좋아할 만하였다. 시 또한 맑고 아름다워 그림에 가려지지 않았다.

그의 아내는 동성(桐城) 방씨(方氏)인데 이름은 완의(婉儀)이고, 호는 백련여사(白蓮女史)로서, 또한 시를 잘 지었다. 양봉이 젊었을 때 육방옹(陸放翁) 체를 모방하여 지은 30여 수의 시가 있는데, 방씨는 그것에 서문을 쓰고 간행하여, 『학육집(學陸集)』이라 이름 하였다. 윤찬(允纘) 또한 그림을 잘 그렸기 때문에 사람들은 이들 부자를 나소간(羅昭諫)[118] 부

113 원자재(袁子才) : 자재는 청나라 사람 원매(袁枚)의 자이다. 호는 간재(簡齋)이고, 전당(錢塘) 사람이다. 건륭 진사로 율수(溧水)・강녕(江寧)의 지현(知縣) 등을 역임하다가 40세 때 관직에서 물러나 강녕성 서쪽에 집을 지어 수원(隨園)이라 하고, 음영 저작(吟詠著作)으로 즐거움을 삼았다.

114 장심여(蔣心餘) : 심여는 청나라 학자인 장사전(蔣士銓, 1725~1784)의 자이다. 연산인(鉛山人)으로, 건륭 연간에 진사가 되었고, 관직은 편수(編修)이며 시와 고문사(古文辭)에 재능이 있어 명성이 있었다. 그가 찬(撰)한 〈구종곡(九種曲)〉은 사람들의 입에 오르내렸다.

115 정어문(程魚門) : 어문은 청나라 정진방(程晉芳, 1718~1784)의 자이다. 초명(初名)은 정황(廷璜)이고, 안휘성(安徽省) 흡현(歙縣) 사람이다. 집안 대대로 회수(淮水) 상에서 염상(鹽商)을 하였기 때문에 집안이 본래 풍족하였고 성격이 호협(豪爽)하여 천하의 문사(文士)들을 즐겨 만났다. 장서(藏書)가 5만권에 이르렀다. 건륭 36년(1771)에 진사(進士)가 되고, 건륭 38년에 사고전서 찬수관에 충원되고, 한림원 편수관(翰林院編修)에 제수되었다. 건륭 43년(1778)에 관중(關中)을 유람하고, 건륭 49년 병으로 서안(西安)에서 죽었다.

116 기효람(紀曉嵐) : 효람은 청나라 학자인 기윤(紀昀)의 자이다.

117 옹담계(翁覃谿) : 담계는 청나라의 시에가 문학가 금석학자인 옹방강(翁方綱, 1733~1818)의 호이다. 자는 정삼(正三), 관직은 내각학사(內閣學士)에까지 이르렀다. 탁월한 감식력을 지니고 있어서, 그의 고증을 거친 유명한 제발(題跋)과 비첩(碑帖)이 매우 많다. 글씨는 구양순(歐陽詢)・우세남(虞世南)을 사숙했는데, 법도(法度)를 엄격하게 지켰으며, 예서(隸書)에도 뛰어났다. 시와 문장도 잘 지었는데, 시론(詩論) 방면에서는 의리(義理)와 문사(文詞)의 결합을 주장한 '기리설(肌理說)'을 제창했다.

118 나소간(羅昭諫) : 소간은 당말 오대(唐末五代) 때의 시인 나은(羅隱)의 자이다. 스스로를 강동생(江東生)이라 불렀다. 어려서부터 시재가 있었는데, 시문을 지으면서 정치를 논하고

자(父子)에 견주었다.

양봉은 당나라 한황(韓滉)[119]의 「회골무녀도(回鶻舞女圖)」를 소장하고 있었다. 그 그림 속 여인은 뾰족한 모자를 쓰고 변발을 하였으며 구슬과 비취로 만든 머리 장식을 두르고 있었는데, 자못 우리나라 여인 같았다. 그 목덜미가 지나치게 굵었다. 그림의 축(軸) 끝부분에 '조선 안씨(安氏)'의 낙관(落款)이 있었다. 이 사람은 옹정(雍正) 연간의 사람으로, 형과 아우 두 사람인데, 형의 이름은 기(歧)이고, 호는 녹촌(麓村)이요, 대왕부(代王府) 안에 있다가 양주(楊州)에서 염전의 일을 담당하고 있었다. 그 사람은 아주 아취(雅趣)가 있어 수장품(收藏品)이 매우 풍부하였는데, 언젠가 황제에게 서화를 바치자, 받아들여져서 백금(白金) 1천 냥을 하사받았다. 본래 조선 사람의 계통인데 어디를 통해 중국에 들어왔는지 알지 못하였다. 오래전에 이미 세상을 떠났고, 또한 자손들이 유락(流落)하여 다시 아취를 지니지 못하였다.[120]

장수옥(張水屋)의 이름은 도악(道渥)이고, 강소성 양주부(楊州府) 사

공경대부들을 풍자하기를 좋아하여 당시의 지배계층의 미움을 받아 응시한 과거에 10번이나 낙방하였다. 본명이 '횡(橫)'인데, 이름을 은(隱)이라고 바꾼 이후 과거에 합격했다고 한다. 만년에는 전당령(錢塘令) · 저작랑(著作郎) · 절도판관(節度判官) 등의 관직을 지냈다. 당나라가 망하자 후량의 신하로도 출사하였다. 전당시(全唐詩)에서는 그의 시를 11권에 걸쳐 엮어 놓았다. 그는 당나라 말기, 극도로 혼란한 사회상에 절망한 나머지 예리한 필봉으로 당시의 현실 생활에 대해 폭로와 풍자를 주로 했다고 한다.

119 한황(韓滉) : (723~787). 당나라 때의 화가이자 정치가이다. 자는 태충(太沖)이고, 장안(長安, 지금의 西安) 사람으로, 정치가인 한휴(韓休)의 작은 아들이다. 동남지방에서 고급관리를 지냈으며, 후에 조정에 들어가 검교좌복야동중서문하평장사(檢校左僕射同中書門下平章事)를 지내고 진국공(晉國公)에 봉해졌다. 그는 국가의 통일을 유지하고 농업생산성을 향상시키는 데 많은 공헌을 했기 때문에, 관리로서도 후대에 평가를 받았다. 서예와 그림에 뛰어났는데, 서예는 장욱(張旭)을 배웠고, 그림은 육탐미(陸探微)를 배웠다. 인물화와 농촌풍속화를 잘 그렸는데, 특히 소나 양 등의 동물을 그리는 데 뛰어났다.

120 나양봉 … 못하였다 : 『열하기행시주』「나양봉(羅兩峰)」 시의 주석에 나오는 내용이다.

람이다. 일찍이 염운(塩運)[121]으로 관직을 마쳤으니, 또한 곤궁하고 실의한 사람이다. 감흥시(感興詩) 열 편(篇)이 있는데, 자못 울적하고 강개하였다.[122]

오백암(吳白菴)의 이름은 조(照)이고, 자는 조남(照南)이며, 강서성(江西省) 남성(南城) 사람이다. 시를 잘 지어 이름이 알려졌는데, 가정(嘉定)[123]의 왕서장(王西莊)[124]과 전당(錢塘)의 원간재(袁簡齋)[125]에게 인정을 받았으며, 학사인 담계 옹방강(翁方綱)이 그를 발탁하였다. 저서로 『설문편방고(說文偏旁考)』 두 권이 있는데, 540개의 부수(部首)에 먼저 설문(說文)을 쓰고, 그 다음에 고주(古籀)를, 그 다음에 예서(隸書)를 써서 그 원류를 고증하였으며, 직접 글씨를 베껴 써서 간행하였다.

조남은 양봉 나빙 부자에게 부탁하여 「석호어은도(石湖漁隱圖)」를 그리도록 하고선 검서관인 박차수(朴次修, 박제가의 자)에게 청하여 벽과체(劈窠體)로 제축(題軸)을 쓰게 하였는데, 담계 옹방강이 그것을 보고 크

121 염운(塩運): 지역에서 소금 운반을 담당하던 관청 또는 그 관리.

122 장수옥 … 강개하였다: 『열하기행시주』 「장수옥(張水屋)」 시의 주석에 나오는 내용이다.

123 가정(嘉定): 중국의 지명. 송나라 연호를 따라 1218년에 명명되었고, 지금의 중국 상해시에 속해 있다.

124 왕서장(王西莊): 서장은 왕명성(王鳴盛, 1722~1797)의 자. 또 다른 자는 봉개(鳳喈)·예당(禮堂)이고, 호는 서지(西沚)이다. 건륭 연간에 진사가 되었고, 여러 차례 예부시랑을 역임했다. 말년에 소주(蘇州)에서 30여 년을 살다가 78세에 죽었다. 성당(盛唐)의 시를 배우고 고문으로 이름이 났다.

125 원간재(袁簡齋): 간재는 원매(袁枚, 1716~179)의 호. 전당(錢塘) 사람으로, 자는 자재(子才)이고, 또 다른 호는 창산거사(倉山居士)·수원주인(隨園主人)·수원노인(隨園老人)이다. 청나라 때의 관리이자 시인, 산문가이다. 건륭 연간에 진사(進士)가 되었고, 벼슬은 서길사(庶吉士), 율수현령(溧水縣令) 강녕현령(江寧縣令) 등을 역임했다. 1749년에 사직하고 남경(南京) 소창산(小倉山) 수원(隨園)에서 은거했다. 시에 능해서 조익(趙翼)·장사전(蔣士銓)과 더불어 '건륭삼대가(乾隆三大家)'로 일컬어진다. 또 조익·장문도(張問陶)와 더불어 '성영파삼대가(性靈派三大家)'로도 일컬어진다. 저서로 『소창산방시문집(小倉山房詩文集)』과 『수원시화(隨園詩話)』 등이 있다.

게 놀라서 바로 편지를 보내, "유생(儒生)이 사세를 알지 못하는구나. 성인의 치세에 어찌 은거하는 사람이 있겠는가?"라고 하였다. 조남이 즉시 표지에 '석호과경도(石湖課耕圖)'라고 썼다. 중국의 사대부들은 문자를 기휘(忌諱)하는 것이 대개 이와 같았다.[126]

장중서(莊中書)의 이름은 복조(復朝)[127]이고, 자는 식삼(植三), 호는 택산(澤珊)이며, 강소성 상주부(常州府) 사람이다. 나이는 20여 살이고 눈매는 그림 같았으며, 서화문(西華門) 안 배두전(拜斗殿) 거리의 양중당(梁中堂) 댁에 머물고 있었다. 그의 아우인 회기(會琦)는 자가 치경(稺卿)인데, 또한 훌륭한 수재(秀才)이다. 양중당의 이름은 국치(國治)인데, 그 아들이 택산(澤珊)의 매제(妹弟)이다.[128]

완원(阮元)의 자는 백원(伯元)이고, 강소성 의징현(儀徵縣) 사람으로, 한림원(翰林院) 편수관(編修官)이다. 유환지(劉環之)의 자는 패순(珮循), 호는 신방(信芳)으로, 산동성 제성현(諸城縣) 사람으로, 한림원 검토관(檢討官)이다. 두 사람 모두 글씨를 잘 썼고, 완원에게는 『거제고기(車制考紀)』라는 저서가 있는데, 기효람(紀曉嵐)이 그 고증이 정밀하고 자세하다고 칭찬하였다.[129]

126 오백암 … 같다 : 『열하기행시주』「오백암(吳白菴)」 시의 주석에 나오는 내용이다.

127 복조(復朝) : 장복조의 원래 이름은 '장복단(莊復旦)'인데, '단(旦)'이 조선 태조의 '휘(諱)'와 같기 때문에 유득공이 '조(朝)'로 바꾸어 표기하였다.

128 장중서의 … 매제이다 : 『열하기행시주』「장복조 중서(莊復朝中書)」 시의 주석에 나오는 내용이다.

129 완원의 … 칭찬하였다 : 『열하기행시주』「유환지·완원 이태사(劉環之阮元二太史)」 시의 주석에 나오는 내용이다.

웅방수(熊方受)는 광서성(廣西省) 영강(永康州) 사람이고, 장상지(蔣祥墀)는 자가 단림(丹林)으로 호북성(湖北省) 천문(天門) 사람인데, 모두 한림원 서길사(庶吉士)이다. 웅방수는 뛰어나고 걸출하며, 장상지는 순박하고 성실한 사람이다. 서상(庶常) 웅방수의 부친은 북경[大名府]의 지부(知府)를 맡고 있었는데, 부민(府民)이 무리를 모았을 적에 그를 해쳤다. 황제가 그 백성을 잡아 국문하니, 지부가 실로 백성을 사랑하였지만, 대사(大事)를 일으키고자 하여 지부를 해쳤다고 말하였다. 황제가 그를 불쌍하게 여겨 남겨진 자식을 한림에 특별히 제수하였다.[130]

철보(鐵保)의 호는 야정(冶亭)으로, 만주 정황기(正黃旗) 사람이고, 예부시랑(禮部右侍郎)이다. 이우촌(李雨村)은 그가 『각첩(閣帖)』[131]을 잘 쓴다고 말하였다. 저서로 『허한당집(虛閑堂集)』이 있다. 그의 아우 옥보(玉保) 또한 시로 명성이 있고, 모두 내각에 출입하였다. 철보는 또 몽고부도통(蒙古副都統)을 겸직하고 있었으니, 총애와 지우(知遇)가 바야흐로 융숭하였다.[132]

복건장군(福建將軍)의 이름은 괴륜(魁倫)이고 만주 정황기 사람인데, 모습이 풍만하고 컸다. 혜풍(惠風)의 부채에 「농화향만의(弄花香滿衣)」라는 시 한 수가 쓰여 있는데, 그가 지은 것이다. 그리고 '완안 괴륜이

130 웅방수 … 제수하였다 : 『열하기행시주』「웅방수·장상지 이서상(熊方受蔣祥墀二庶常)」 시의 주석에 나오는 내용이다.

131 『각첩(閣帖)』 : 『순화각첩(淳化閣帖)』을 가리킨다. 송(宋)나라 태종이 순화(淳化) 3년(992)에 편찬한 10권의 법첩이다. 내부(內府)에 소장(所藏)되어 있던 역대 명필가의 문장을 골라 내어 순화각에 모아 놓고 한림 시서(翰林侍書) 왕저(王著)에게 명하여 새기게 한 것이다.

132 철보의 … 융숭하였다 : 『열하기행시주』「철야정시랑(鐵冶亭侍郎)」 시의 주석에 나오는 내용이다.

조선 검서 유선생께 써서 드리니 시원하게 부치시라[完顏魁倫題贈朝鮮檢書柳先生淸拂]'라고 낙관을 하였다. 대개 금나라의 후예이다.[133]

133 복건장군 … 후예이다 : 『열하기행시주』「복건장군(福建將軍)」 시의 주석에 나오는 내용이다.

『연경재전집외집』 권61

『난실담총』 권6

1 악단(渥丹)

「진풍(秦風)」 〈종남(終南)〉의 시에, "얼굴이 악단(渥丹)과 같다."라는 시구가 있다. 전(箋)에 이르길, "악(渥)은 두텁고 물드는 것이니, 안색이 붉게 물든 것과 같다."라고 하였는데, 이는 두찬(杜撰)[1]에 가깝다. 악단(渥丹)은 꽃 이름으로, 뿌리와 줄기와 꽃잎이 모두 백합(百合)과 비슷한데 크기가 작다. 4,5월에 꽃이 피는데, 진홍색[殷紅]이 사랑할 만하다. 시인들이 군자의 안색이 붉고 윤기가 도는 것을 이 꽃에 견주었다.

2 경전을 폐하고 전(傳)을 믿다

송나라 진선(陳善)의 『문슬신화(捫蝨新話)』에 이르길, "옛 사람의 삼전(三傳)[2]은 비록 때때로 소탈(踈脫)한 부분이 있다."라고 하였다. 혹 당시

1 두찬(杜撰) : 저술에 전거(典據)나 출처가 확실하지 않은 문자를 쓰거나 오류가 많은 것.
2 삼전(三傳) : 춘추삼전(春秋三傳). 공자가 쓴 『춘추』의 본뜻을 밝히기 위한 세 가지 해석서인 『좌씨전』·『곡량전』·『공양전』을 통틀어 이르는 말.

사부(師傅)의 설이 오히려 남아있고, 간혹 근거할 만한 간독(簡牘)[3]의 기록이 있다. 가령 『서경(書經)』에, 영하(滎河, 하도河圖)에 쓰여 있다고 한 것이다. 진(秦)나라의 팔신(八神)[4]과 한(漢)나라의 태일(太一)[5] 따위가 어찌 개인적인 생각을 억지로 끌어다 붙여 지은 것이겠는가? 이 말은 내 생각에 심히 들어맞는다.

한(漢)나라 유학자들은 이전의 설(說)을 삼가 지켜서 감히 망령되게 해석하지 않았다. 차라리 편벽되고 고집스러움을 따를지언정 신기한 해석을 내놓지 않았고, 차라리 천착에 빠질지언정 두찬(杜撰)을 범하지 않았다. "노(魯)나라와 위(衛)나라의 정치는 형제간이로다."[6]라는 구절에 대해 사마천은, 공자가 출공(出公)과 애공(哀公)[7]을 두고 발언한 것이라 여겼다. "진문공은 속이고 바르지 않았고, 제환공은 바르고 속이지 않았다."[8]라는 구절에 대해 정양(鄭陽)은, 공자가 애강(哀姜)[9]을 두고 발언한

3 간독(簡牘) : 고대 중국에서 종이가 발명되기 이전에 글씨를 쓰는 데 사용한 재료. 간(簡)은 대쪽, 독(牘)은 길쭉한 나무쪽이다. 중국의 감숙성(甘肅省)·신강성(新疆省) 등에서 한(韓)·진(晉)나라 때의 목간(木簡)이 발견되었고, 장사(長沙)에서 전국시대의 죽간(竹簡)이 발견되었다. 대체로 간독의 길이는 20~30cm, 너비는 1~2cm로, 그 용도에 따라 길이나 모양도 달랐다. 글씨는 먹으로 썼고, 지울 때에는 칼로 깎아냈다.

4 진(秦)나라의 팔신(八神) : 『사기(史記)』 「봉선서(封禪書)」에, 진(秦)나라 때는 동방(東方)의 팔신(八神)에게 제사지냈다고 하였다.

5 한(漢)나라의 태일(太一) : 『사기』 「봉선서」에, 한나라 무제가 태일신을 국가적 제천행사의 주신(主神)으로 받들어 장안의 동남쪽에 태일단(太一壇)을 짓고 봄·가을로 제사를 지냈다고 하였다.

6 노나라와 … 형제간이로다[魯衛之政兄弟也] : 『논어』 「자로(子路)」편에 나오는 구절이다. 주(周)나라 무왕(武王) 때 봉건제가 본격적으로 실시되었다. 무왕은 주공(周公)과 강숙(康叔) 등의 형제와 친족, 그리고 개국공신들을 각지에 파견하여 영토를 다스리게 하였다. 노나라는 주공의 아들인 백금(伯禽)의 봉토이고, 위나라는 주공의 동생인 강숙의 봉토이다. 때문에 노나라와 위나라는 형제의 나라가 되는 것이다.

7 출공(出公)과 애공(哀公) : 출공은 위나라의 군주이고, 애공은 노나라의 군주이다.

8 진문공은 … 않는다[晉文公譎而不正, 齊桓公正而不譎] : 『논어』 「헌문(憲問)」편에 나오는 구절이다.

9 애강(哀姜) : 춘추시대 노나라 장공의 부인이자 제나라 환공의 딸이다. 성질이 교만하고

것이라 여겼다. 두 사람은 옛날과 시간상의 차이가 멀지 않아 선진(先秦)시대의 고서(古書)를 많아 보았을 것이니, 이 설은 필시 근거한 데가 있을 것이다. 그런데 송나라 유학자들이 억지스런 견해를 만들고부터 혼란스러움을 감당할 수 없었다. 대개 경전을 믿고 전(傳)을 폐한 것은 구양자(歐陽子)로부터 비롯되었다.

3 요(澆)가 배를 전복시키다

『죽서기년(竹書紀年)』에, "제상(帝相) 27년 요(澆)[10]가 짐심(斟鄩)[11]을 정벌하였는데, 유(濰) 땅에서 크게 싸워 그 배를 전복시켜 멸하였다."라고 하였다. 초사(楚辭) 「천문(天問)」에, "짐심에서 배를 전복시켰다고 하는데, 어떤 길을 취한 것인가?"라고 하였다. 한(漢)나라 때는 『죽서기년』이 아직 나오지 않았다. 공안국(孔安國)이, 육지에서 배를 운행한 것이라 주(注)하였으니, 후대 사람이 이를 따른 것이다.

4 「무성(武成)」편에 대한 해석

맹자가 말하길, "나는 「무성(武成)」편[12]에 대해 두세 가지의 책(策, 서책이나 문서)만을 믿을 뿐이다."라고 하였다. 『서경』의 착간(錯簡)은 비록 많지만 「무성」편 같이 어긋난 부분이 많은 곳은 없다. 지금의 「무성」편은

음탕하여 경보와 간통하였다. 장공이 죽자 자반(子般)이 즉위하였는데, 경보가 애강과 모의하여 자반을 살해하고 민공(閔公)을 세웠다. 애강과 경보가 또다시 민공을 살해하자, 제나라 환공이 희공(僖公)을 세우고 애강을 불러 짐독을 먹여 죽였다.

10 요(澆) : 유과국(有過國)의 군주.

11 짐심(斟鄩) : 춘추시대 하(夏)나라의 도읍지. 지금의 하남성 언사시(偃師市)의 이리두(二里頭)에 있다.

12 「무성(武成)」편 : 『서경(書經)』 「주서(周書)」의 편명(篇名).

공씨본(孔氏本)으로, 비록 힘써 훈석(訓釋)하였지만 어찌 끌어다 보충한 것이 없겠는가? 이 때문에 정자(程子)·주자(朱子)·유창(劉敞)·정초(鄭樵)·왕안석(王安石)·왕수인(王守仁)·귀유광(歸有光)은 모두 개정본(改定本)을 가지고 있었지만, 그 해석이 한 가지로 귀결될 수 없었으니, 이 편(篇)을 읽는 것은 진실로 어려울 것이다.

5 풍마우(風馬牛)

『좌전(左傳)』에 이런 내용이 있다. 초자(楚子, 초나라 장왕)가 말하길, "군(君)께서는 북해(北海)에 있고, 과인(寡人)은 남해(南海)에 있어, 다만 풍마우(風馬牛)가 서로 미치지 못하는 것입니다."라고 하였다. 그런데, 여기서 '풍(風)' 자는 전혀 의미가 없다. 『유환기문(游宦記聞)』을 살펴보니, "소는 순풍(順風)에 달리고, 말은 역풍(逆風)에 달린다."라고 하였다. 그 향배(向背)가 같지 않음을 말한 것이다.

6 성주(成周)

『지리금석(地理今釋)』을 살펴보면, 동국(東國, 동도東都) 낙(洛)에는 왕성(王城)이 있었는데, 성주(成周)[13]의 왕성(王城)이 있었다. 이곳은 지금의 하남부(河南府) 낙양현(洛陽縣) 서쪽으로 5리 지점이다. 『괄지지(括地志)』에 이르길, "옛 왕성(王城)을 일명 하남성(河南城)이라 하였다. 이 성은 겹욕(郟鄏) 땅에 근거하였고 주공(周公)이 새로 지은 성이었는데, 낙주(洛州) 하남현(河南縣) 북쪽으로 9리 원내(苑內) 동북쪽 모퉁이에 있었다. 평

13 성주(成周) : 주(周)왕조가 현재의 허난성 낙양 근처에 세운 동도(東都). 기원전 771년 융적(戎狄)의 침입을 받은 주왕조가 도읍을 호경(鎬京)에서 낙양으로 옮겼는데, 이곳을 성주(成周)라고 불렀다. 즉 성주는 동주(東周) 시대의 수도이다.

왕(平王) 이하로부터 열두 왕이 모두 이곳에 도읍하였고, 경왕(敬王)에 이르러 성주(成周)로 도읍을 옮겼으며, 난왕(赧王)에 이르러서는 또 왕성에 거처하였다. 성주는 지금 낙양현 동쪽으로 30리 지점에 있었다. 「낙고(洛誥)」[14]에 이른바, 내가 전수(瀍水) 동쪽을 점쳐 보니 역시 낙읍이 반응하였다는 것이다. 또 하도(下都, 낙양)라고 이름하고 주왕이 은(殷)나라의 완민(頑民)을 이곳으로 옮겼다."라고 하였다.

『사기정의(史記正義)』에 이르길, "동주(東周)는 옛날 낙양성(洛陽城)이다."라고 하였다. 『괄지지』에 이르길, "낙양의 고성(故城)은 낙주(洛州) 낙양현 동북쪽으로 20리 지점에 있었는데, 주공이 지은 것으로 왕성(王城)이었다."라고 하였다. 주자(朱子)의 『시집전(詩集傳)』에, "아편(雅篇)과 송편(頌篇)을 서술하매, 모두 성주(成周)시대의 조정과 교묘(郊廟)에서 행해진 악가(樂歌)의 내용이다."라고 하였다. 이곳은 호경(鎬京)을 가리키는데, 미처 산삭(刪削)하여 바로잡지 못한 듯하다.

7 『논어(論語)』의 일문(逸文)

가공언(賈公彦)[15]이 『의례(儀禮)』의 「사상견례(士相見禮)」[16]를 주석할 적

14 「낙고(洛誥)」: 『서경(書經)』 주서(周書)의 편명.

15 가공언(賈公彦): 중국 당(唐)나라의 학자. 고종(高宗) 연간에 태학박사·홍문관학사를 지냈다. 예학(禮學)에 정통하여 공영달(孔穎達) 등과 『예기정의(禮記正義)』 편찬에도 참여했다. 그가 가려낸 『주례의소(周禮義疏)』 50권과 『의례의소(儀禮義疏)』 50권은 『십삼경주소(十三經注疏)』에 들어가 있다. 이외에 『예기소(禮記疏)』 80권과 『효경소(孝經疏)』 5권, 『논어소(論語疏)』 15권 등이 있다.

16 「사상견례(士相見禮)」: 『의례』의 편명. 사상견례란 선비들이 공식적으로 서로 만나 인사하는 의례로서, 청견(請見)·전지(傳贄)·반견(反見)·전언(傳言)·궤식(饋食)·빈출(賓出)·환지(還贄) 등의 절차로 나누어진다. 이 의례는 연령·학문·덕망·지위 등이 서로 엇비슷한 사람들이 만나는 절차이므로 대등한 위치에서 대등한 대화로 이루어지는 것이 원칙이며, 신분·연령의 차이 등이 특별히 고려되지 않았다.

에, 『논어』 「향당(鄕黨)」편을 인용하여 이르길, "공자가 군(君)과 더불어 뜰에서 일을 도모하였고 당(堂)에서 일을 도모하였다."라고 하였는데, 금본(今本)에는 이 구절이 없다. 당(唐)나라 때는 아마 여전히 제론본(齊論本)과 노론본(魯論本)이 아울러 통행된 것인가.

8 『동관한기(東觀漢記)』 고려본(高麗本)

『문견후록(聞見後錄)』에 이르길, "송(宋)나라 신종(神宗)이 범엽(范曄)의 이름을 싫어하여 다시 『후한서(後漢書)』를 편수(編修)하고자 하였다. 이에 『동관한기(東觀漢紀)』[17]를 구했으나 오래도록 구할 수 없었다. 후에 고려에서 그 본(本)을 의관(醫官) 아무개에게 주어 중국에 와서 바치게 하였는데, 신종이 이미 싫증을 내어 다른 책으로 대치시켰다. 원우(元祐)[18] 연간에 고려 사신이 이 책에 대한 말을 꺼냈고 서성(書省)을 찾아갔지만, 이 책을 아는 자가 없었다. 그 의관도 이미 죽었는데, 그의 집에서 이 책을 찾아 중비(中秘)[19]에 보관하였다. 이 이야기는 왕사신(王士禛)의 「양한기발(兩漢紀跋)」에 나온다.

---

17 『동관한기(東觀漢紀)』: 후한(後漢) 시대에 문헌의 수집과 정리를 담당하던 동관(東觀)에서 편찬한 관찬 정사(正史). 오랜 기간에 걸쳐 많은 학자들이 참여하여 증보형식으로 계속 추가되었는데, 광무제 때부터 후한 말기인 영제 때까지의 사적을 다루었다. 원래 이름은 『한기(漢記)』인데, 후대에 비슷한 이름의 책이 많이 출현하여 이것들과 구별하기 위해 『동관한기』·『동관서』 등으로 지칭하였다. 현재는 완전한 형태로 전하지 않고 다른 책의 주석이나 유서(類書) 등에 남아있는 인용문을 토대로 집록한 집본(集本) 형태로 남아있다.

18 원우(元祐): 송나라 철종의 연호로, 사용 기간은 1086~1094년이다.

19 중비(中秘): 궁정에서 도서를 보관하던 장소.

9 『소학집주(小學集注)』

『소학집주(小學集注)』 세 권은, 구본(舊本)으로 '주자소편(朱子所編)'이라 쓰여 있다. 그러나 『주자집(朱子集)』 중에 계묘년의 「여유자징서(與劉子澄書)」를 참고해보면, 실제로 유자징(劉子澄)[20]이 유차(類次)[21]한 것이니, 『통감강목(通鑑綱目)』이 조사연(趙師淵)[22]의 손에서 나온 것과 같다. 애초에는 같은 문하에서 나온 문장이었는데, 나중에 내편(內篇) 4권과 외편(外篇) 2권으로 개정(改定)하였고 그 주석은 명나라 진선(陳選)이 지었다. 본문(本文)을 따르는 연의(衍義)는 자못 의미가 쉬워야 하니, 대개 학생들을 가르치는 계책은, 세속에서 말을 취하지 않을 수 없다.

10 『사략(史略)』의 소주(小注)와 『동몽선습(童蒙先習)』

『사략(史略)』의 소주(小註)는 선조 때에 옥당(玉堂) 김수(金晬) 등이 해석한 것이다. 『동몽선습(童蒙先習)』[23]은 명종 때에 군자감 정(軍資監正) 박세무(朴世茂)가 지은 것이다. 박세무는 바로 이조참판 박소립(朴素立)의 부친으로, 김안로(金安老)에게 해(害)를 당해 감가(坎軻)[24]로 일생을 마쳤다. 스스로 소요자(逍遙子)라고 불렀다.

---

20 유자징(劉子澄): 주자의 제자로서, 주자의 지시에 따라 『소학』을 편찬하였다.

21 유차(類次): 종류에 따라 차례를 매김.

22 조사연(趙師淵): 주자의 제자이다. 『통감강목』 편찬 시에, 주자는 대요(大要)인 강(綱) 부분만을 썼고, 조사연이 주석에 해당하는 목(目) 부분을 써서 완성시켰다.

23 『동몽선습(童蒙先習)』: 조선 중기 유학자인 박세무(朴世茂)가 초학 아동들을 위하여 지은 책. 『천자문(千字文)』을 마친 아이들이 『소학(小學)』을 배우기 전에 공부하는 교재로 널리 쓰였던 책. 오륜(五倫)의 요의(要義)를 서술하고, 부록으로 중국과 조선의 개략한 역사를 덧붙였다.

24 감가(坎軻): 길이 험하여 수레가 나아가기 힘든 모양. 일이 뜻대로 되지 않아 고생한다는 의미. 즉 때를 만나지 못하여 불우한 처지에 있음을 비유적으로 표현하는 말.

11 부인(婦人)의 시집(詩集)

여성들의 시집(詩集)은 안준(顔竣)과 은순(殷淳)에게서 시작되었다. 서릉(徐陵)과 이강성(李康成)은 『옥대(玉臺)』[25]를 편찬하였고, 채성풍(蔡省風)에게는 요지(瑤池)의 시가(詩歌)[26]가 있는데, 품평 같은 것을 대신해 놓았다. 위곡(韋穀)의 『재조집(才調集)』[27]에는 규수(閨秀)의 시들을 한 권으로 편집해 놓았다.

송・원(宋元) 이후로는 가류(家類)에서 가려 뽑아 채택되지 못하여 남겨진 것이 없었다. 명나라 때는 역호(酈琥)의 『동관유편(彤管遺編)』, 장지상(張之象)의 『동관신편(彤管新編)』, 전예형(田藝衡)의 『시여사(詩女史)』, 유지진(劉之珍)의 『취루집(翠樓集)』, 유헌지(兪憲之)의 『숙수집(淑秀集)』, 주리청(周履淸)의 『궁규시(宮閨詩)』, 정염(鄭琰)의 『명원휘편(名媛彙編)』, 매정조(梅鼎祚)의 『여사집(女士集)』・『청니연화기(靑泥蓮花記)』, 요려(姚旅)의 『노서(露書)』, 반지항(潘之恒)의 『긍사(亘史)』, 조문기(趙問奇)의 『고금여사(古今女史)』, 무명자(無名子) 지상객(池上客)의 『명원기낭(名媛璣囊)』, 죽포 소씨(竹浦蘇氏)의 『연지기(臙脂璣)』, 난능 추씨(蘭陵鄒氏)의 『홍초집(紅蕉集)』, 강방신(江邦申)의 『옥대문원(玉臺文苑)』, 방유의(方維儀)의 『궁규시사(宮閨詩史)』, 심의수(沈宜修)의 『이인사(伊人思)』, 계한(季嫺)의 『규수집(閨秀集)』이 있는데, 이것저것 마구 뒤섞여있고 진짜와

---

25 『옥대(玉臺)』: 『옥대신영(玉臺新詠)』을 가리킴. 중국 양나라 간문제(簡文帝)의 명으로 서릉이 편찬한 사화집(詞華集)이다. 한(漢)・위(魏)에서 양(梁)에 이르기까지의 시문을 망라하여 수록했다.

26 요지(瑤池)의 시가(詩歌): 『요지신영(瑤池新詠)』을 가리킨다. 권2에 여성들의 시를 모아놓았다.

27 『재조집(才調集)』: 중국 오대(五代) 후촉(後蜀)의 위곡(韋穀)이 펴낸 당시 선집으로, 모두 10권이다. 주로 당나라 말기의 작품을 모아 엮었는데, 100여 명에 달하는 시인의 시가 각 권에 100수씩 모두 1,000수가 수록되었다.

가짜가 서로 얽혀있다. 그런데 제남(濟南)의 왕사록(王士祿)이 잘못된 것을 전부 찾아내어 바로잡아서 『연지집(然脂集)』을 만들었다.

12 백제(百濟)의 석실(石室)

부여현(扶餘縣)에 커다란 암석이 있는데, 여기에 두 개의 문짝을 만들고 문빗장으로 아주 단단히 잠갔다. 세간에는 백제 때 이곳에 사서(史書)을 보관했었다고 전해지는데, 어떤 사람은 석실(石室)이라 하고, 어떤 사람은 책암(冊巖)이라 하였다. 어떤 사람이 죽첨(竹籤)을 문짝 틈으로 들이밀어 두루 비벼대니, 삐걱거리는 소리가 나면서 푸른 실이 죽첨에 감겨서 나왔다. 이에 문을 밀어서 열고자 하니 뇌우(雷雨)가 갑자기 내려 감히 가까이 갈 수 없었다. 세간에서는 백제 선왕(先王)의 영령이 이를 지킨 것이라 일컬었다.[28]

13 진봉의(陳鳳儀)에게 내린 고명(誥命)

병자년 7월 호조(戶曹) 아전 김종익(金宗益)이 중부(中部) 하성위(河城尉) 다리 근처에 집을 지으매, 터를 닦다가 도자기 항아리 하나를 얻었는데, 그 속에 고명(誥命)[29] 두 축(軸)이 있었다.

하나의 축은 이런 내용이다. "봉천승운황제(奉天承運皇帝)는 제(制)하노라.[30] '사람의 대륜(大倫)은 부부보다 앞서는 것이 없고, 예의 대절(大

28 이 항목은 윤행임(尹行恁, 1762~1801)의 문집인 『석재고(碩齋稿)』 권12의 「백제석실기(百濟石室記)」에도 보인다.

29 고명(誥命) : 중국의 황제가 제후국의 국왕을 인준하거나 5품 이상의 벼슬아치를 임명할 때 내려주는 조명(詔命, 명령·명령문서).

30 봉천승운황제(奉天承運皇帝)는 제(制)하노라 : 봉천승운이란 '천명에 따라 천운[하늘의 도수]을 계승하여 받든다.'는 뜻이다. 중국의 명나라와 청나라의 황제들은 스스로를 천자[하

節)은 혼인보다 중요한 것이 없으니, 이는 고금에 통하는 의리이다. 아중대부(亞中大夫) 종인부(宗人府) 의빈(儀賓)이요, 배우자는 보경현주(寶慶縣主)인 너 진봉의(陳鳳儀)[31]에게 지금 특명(特命)하노라. 너는 덕스럽고 돈독한 예를 숭상하고 삼가 조심하며 위의(威儀)를 갖추어 원망하지 말고 교만하지 말라. 총명(寵命)을 밝히고 신중하라!'"

또 다른 하나의 축은 이런 내용이다. "봉천승운황제(奉天承運皇帝)는 제하노라. '짐(朕)이 듣건대, 천하를 소유한 자는 반드시 친친(親親)의 예의를 독실하게 해야 한다. 그러므로 종실에 있는 여성은 모두 봉호(封號)가 있어 귀총(貴寵)을 보여주어야 한다. 당읍왕(堂邑王)의 장녀(長女)는 나이상으로 이미 장성하여 특별히 보경현주에 봉하였고, 종인부 의빈 진봉의의 배우자가 되어 이미 진씨(陳氏) 가문으로 시집갔다. 부도(婦道)를 삼가 행하고 규의(閨儀)를 바르고 엄숙하게 하여 태만하고 교만하지 말라. 삼가 내조(內助)를 부지런히 하고, 부모가 낳아주신 은혜를 거의 욕되게 하지 말라. 신중하라!'"

모두 만력(萬曆) 13년(1585) 4월 29일 즈음이고, 모두 구름무늬 비단에 직조하였다. 첫 번째 폭에는 재색(灰色)으로 오르내리는 용을 직조하고, 중앙에 '봉천고명(奉天誥命)'이라는 네 글자를 직조하였다. 두 번째 폭은 주황색, 세 번째 폭은 황색(黃色), 네 번째 폭은 백색, 다섯 번째 폭은 진홍색, 여섯 번째 폭은 황색, 일곱 번째 폭은 백색인데, 모두 보배로운 제고(制誥)[32]를 안치하였다. 이 제고가 우리나라로 흘러 들어온 것은 실

늘의 아들이라 하였고, 하늘의 명을 받들고 계승하여 백성을 통치하는 황제라며 '봉천승운황제'라 자칭하였다. 그래서 황제의 명령을 적은 조서를 내릴 때는 '봉천승운황제가 조서를 내린다'는 머리글로 시작하였다. 제(制)는 문체의 한 가지로, 옛날 칙명(勅命)을 전하던 문서이다.

31 진봉의(陳鳳儀): 진봉의에 대해서는 『연경재전집』 권43 「황명유민전(皇明遺民傳)」 7과 『청장관전서』 권47 「뇌뇌낙낙서 보편(磊磊落落書補編)」 하에 보인다.

로 짐작할 수 없다. 지금 진씨 성을 가진 자들은 진봉의의 후손이라고 자칭하는데, 그 집안에 전해진 것이다.

14 김수춘(金壽春)의 헌패(憲牌)

김수춘(金壽春)은 인조 때의 건변(健弁)이다. 천계(天啓) 연간 삭주부사(朔州府使)였을 적에 요양(遼陽)의 패잔병들이 국경 밖에 주둔하매 먹을 것이 떨어진지 오래되었다. 김수춘은 이들을 불쌍히 여겨 먹여주고 입혀주어 죽지 않게 해주었다. 이때 양지원(梁之垣)이 마침 요동감군(遼東監軍)이었는데, 이 얘기를 듣고 절화단(折花緞)과 은을 하사하고, 헌패(憲牌) 하나를 선사하여 수비관(守備官)에게 주었다. 이 하사품이 지금도 그 집안에 있다.

내가 일찍이 헌패를 보았는데, 가로 1척 남짓, 세로 1척 2촌 남짓이고, 윗부분에 검푸른색으로 '헌패(憲牌)' 두 글자가 가로로 찍혀있으며, 패(牌)의 표면에 흠차선유조선초무요중요동남로행감군도하남안찰사부사양위(欽差宣諭朝鮮招撫遼衆遼東南路行監軍道河南按察司副使梁爲)라고 찍혀있었다. 여기까지 모두 검푸른색으로 찍혀있었다.

번신(藩臣)을 칭찬하여 장려하건대, 힘써 충성하고 부지런히 일하라. 알아본 바에 따르면, 조선 땅 안으로 달아나 살고 있는 요동 병사들은 이미 굶주림과 추위에 고통당하는 것 이외에 더욱이 저 오랑캐 적들에게 부림을 당할까 염려하고 있다. 우러러 국왕의 덕스런 마음을 본받아서 편안하고 화목하게 이들을 보호하는 것은 오직 지방관에게 힘입어야 한다. 평안도에서 올린 조책(造冊)의 내용을 살피고 조사해보매, 요동 백

32 제고(制誥) : 제왕이 내리는 사령(辭令).

성으로 이 곳[조선 땅]에서 기식(寄食)하는 자들이 적지 않아서 해당 사신이 안무(安撫)하다가 공적이 많음을 본관에서 볼 수 있었다. 국가와 한 몸으로 망명자들을 구휼하매, 큰기러기가 중택(中澤)에서 편안하고 화목하며, 정착시키고 먹을 것을 주매 황조(黃鳥)가 다른 나라에서 탄식하지 않았다. 본도(本道)의 사평(事平)에 제수하고, 돌아가 조회하는 날에 별도로 시행할 것이다. 외부와의 화합을 펼치매 먼저 더욱 권장하여 현로(賢勞)[33]를 권면하매, 그 즈음에 헌패가 이를 것이다. 이하 내용이 결락되었다. 모두 검은색으로 써 있었다.

천계 ■년 6월 모두 검푸른색으로 찍혀 있었다. 21 담홍색으로 써 있었다. 일, 도(道)에 준다. 모두 검푸른색으로 찍혀 있었다. 정한 날짜에 문서에 서명하라. 검푸른색으로 찍혀 있었다.

천계 년월(天啓年月) 위쪽은 붉은 도장으로 가려져 있었는데, 도장의 글자가 뭉개져 있었고, '요동도(遼東道)' 세 글자만이 분명하여 식별할 수 있었다.

15 『명시종(明詩綜)』

일찍이 주이존(朱彛尊)의 『명시종(明詩綜)』을 살펴보았는데, 편속(編屬)시켜놓은 나라들 중에 조선 시인의 자호(字號)와 관직과 거주지가 잘못된 것이 한둘이 아니었다. 가령 이월사(李月沙)를 율곡(栗谷)이라 일컬었고, 이동악(李東岳)은 그의 자(字)인 자민(子敏)으로 기입되어 있었다. 이달(李達)은 뽑혔지만, 또 『손곡집(蓀谷集)』을 월산대군(月山大君) 정(婷)의 것으로 기입해 놓았다. 부인류(婦人類)에 대해서 난설헌(蘭雪軒)은 경

33 현로(賢勞) : 여러 사람 가운데서 홀로 힘써 수고함. 또는 그런 사람을 가리킨다.

번(景樊)으로 기입되어 있고, 여도사(女道士)라 일컬었다. 당시 사신들의 왕래가 많아 어수선하였기 때문에 견문한 것들이 마땅히 잘못되어 지금 이처럼 어긋난 것이다. 또한 고조우(顧祖禹)의 『방여기요(方輿紀要)』와 『청일통지(淸一統志)』 등의 책은 조선 지역 전부를 거의 다 모색했지만 조선 지역과 비슷할 수 없었다. 다만 어떤 나라에서든지 동판(銅版)에 새기는 것을 으뜸으로 친다면 지도가 자못 정밀하여 크게 어긋나는 데는 이르지 않을 것이다.

16 조선의 서집(書集)

호원서(胡元瑞, 호응린)의 『갑을잉언(甲乙剩言)』에 이르길, "조선의 서집(書集)은 대부분 중국에 없는 것들이다. 게다가 판각된 본(本)이 아주 정묘하고 상태가 좋으며, 한 글자도 근거하지 않은 것이 없었다. 조문민(趙文敏, 조맹부의 시호)이 국초(國初)에 조선에서 바친 『안자조의(顔子朝議)』를 위서(僞書)이기 때문에 물리쳤다."라고 하였다.

우리나라 서적 중에 구본(舊本)은 참으로 좋은데, 지금은 닳아서 이지러졌고, 이미 찍어낸 것들은 대부분 약을 싸고 벽을 바르는 용도로 사용되었으니, 수백 년이 안 되었지만 당연히 남아 있는 것이 없었다. 계속 판각하지 않아서 문헌이 마침내 흔적도 없이 다 사라진 것도 당연하다. 안자(顔子)의 책이 우리 왕조에 일찍이 없었는데, 이 책을 어떤 사람이 거짓으로 지었는지 모르겠다. 혹시 호원서가 잘못 기록한 것인가.

17 책을 짓다[著書]

신숙주(申叔舟)가 『해동제국기(海東諸國記)』를 지었는데, 정응태(丁應泰)[34]

가 이 책에 근거하여 우리나라를 얽어매어 비방하였다. 이수광(李睟光)이 『지봉유설(芝峰類說)』을 지었는데, 대마도(對馬島)의 왜인이 이 책에 근거하여 울릉도(鬱陵島)를 놓고 다투었다.[35] 책을 지으매 참으로 마땅히 선택할 것을 살펴야 한다.

18 위서(僞書)

옛사람들은 위서(僞書)를 많이 지었다. 소동파(蘇東坡)가 이르길, "왕씨의 『원경설씨전(元經薛氏傳)』, 관자명(關子明)의 『역전(易傳)』과 『이위공대문(李衛公對問)』은 모두 완일(阮逸)이 지은 것이다. 완일은 일찍이 이것들의 초고를 봉상공(奉常公)에게 보여주었다."라고 하였다.

세상에 전해지길, 『용성기(龍城記)』에는 육정(六丁)을 『역설(易說)』에서 취한 사실이 실려 있고, 『수훤록(樹萱錄)』에는 두소릉(杜少陵)과 이태백(李太白) 등 여러 사람이 시를 지은 사실이 실려 있는데, 이들의 시체(詩體)는 일률적이었다고 하였다. 『용성기』는 왕질(王銍)이 지은 것이고, 『수훤록』은 유도(劉燾)가 직접 지은 것이다.

서각(書刻)의 경우도 그러하다. 황산곡(黃山谷, 황정견의 호)이 일찍이 말하길, 「소자악의론(小字樂毅論)」은 실제로 왕저(王著)가 쓴 것이고, 이

34 정응태(丁應泰) : 명나라 관료. 그는 1598년(선조 31) 병부주사(兵部主事)였는데, 임진왜란은 조선에서 왜병을 끌어들여 중국을 침범한 것이라는 무고사건을 일으켰다. 이에 이정구는 「무술변무주(戊戌辨誣奏)」를 작성하여 진주부사(陳奏副使)로 명나라에 들어가 정응태의 주장이 전혀 근거가 없음을 밝혀 그를 파직시켰다.

35 대마도의 … 다투었다 : 『지봉유설』에, "울릉도가 임진왜란 이후 왜노(倭奴)들로부터 분략(焚掠)을 받아 인적(人跡)이 끊어졌는데 요즘 들으니, 왜노들이 의죽도(礒竹島)를 점거했다고 한다. 어떤 이는, 이 의죽도가 곧 울릉도라고 한다."는 구절이 있다. 숙종 때에 왜인이 울릉도를 죽도(竹島)라 일컬으며, 마치 이곳이 자신들의 영토인양 우리나라 어부들이 이곳에서 조업하는 것을 막아달라고 우리 조정에 요청하는 서신을 보낸 적이 있었다.

태백이 술에 취해 초서를 쓴 이야기는 바로 갈숙침(葛叔忱)이 그 장인에게 장난을 친 것이라 하였다. 이 말은, 송나라 하원(何薳)의 『춘저기문(春渚記聞)』에 나온다.

19 정사초(鄭思肖)의 『심사(心史)』

정사초(鄭思肖)의 『심사(心史)』를 살펴보면, 원(元)나라 세조(世祖)가 문신국(文信國)36을 죽였는데, 그의 목 사이에서 흰 기름[白膏]이 미세하게 솟아나왔고, 창자를 갈라 보자 다만 누런 물[黃水]뿐이었으며, 심장을 갈라 보자 심장이 순연(心純)한 붉은색이었다. 원나라 세조가 그 심장과 폐를 취해 여러 추장들에게 나누어 주어 먹게 했다고 하였다. 아출(阿朮)37이 태주(泰州)를 이기자 이정지(李庭芝)38를 죽였는데, 그의 목에 피가 없었다고 하였다.

---

36 문신국(文信國) : 신국은 南宋의 충신 문천상(文天祥, 1236~1282)의 봉호(封號)이다. 그는 송나라 이종(理宗) 때 우승상(右丞相)으로 화의(和議)하러 원나라의 궁중에 갔다가 포로가 되었으나 밤에 도망쳐서 온주(溫州)로 돌아왔다. 익왕(益王)이 즉위하여 그를 좌승상(左丞相)에 임명하고 강서(江西)의 도독(都督)으로 삼았으나 또 원군에게 패전하였다. 위왕(衛王)이 즉위하여서는 신국공의 봉(封)을 받고 조양(潮陽)에 주둔하였다가 원장(元將) 장홍범(張弘範)에게 패전하여 포로가 되어 연경에 3년 동안 억류(抑留)되었다. 원나라의 세조(쿠빌라이칸)가 그의 재능을 아껴 벼슬을 간절히 권하였으나 끝내 거절하고 사형되었다. 정기가(正氣歌)를 지어 자신의 충절을 드러내고 죽었다.

37 아출(阿朮) : 원(元)나라 사람으로 성은 올량씨(兀良氏)이고, 올량합(兀良合)의 아들이다. 지략이 있고 용병(用兵)에 뛰어났으며, 송(宋)나라를 정벌한 공이 있다. 뒤에 하남왕(河南王)에 추봉(追封)되었다.

38 이정지(李庭芝) : (1219~1276). 송나라의 충신으로, 자는 상보(祥甫)다. 순우(淳祐) 원년(1241) 진사가 되었다. 개경(開慶) 초에 양회제치사(兩淮制置司) 일을 주관하면서 여러 차례 몽고(蒙古) 강회대도독(江淮大都督) 이단(李壇)을 격파했다. 공제(恭帝) 덕우(德祐) 원년(1275) 양주를 지키면서 원나라 군대에 저항해 참지정사(參知政事)와 지추밀원사(知樞密院事)가 더해졌다. 다음 해 임안(臨安)을 지켰는데, 성이 함락되어도 항복을 거부하면서 고군분투하다가 포위를 돌파해 태주(泰州)에 이르러 포로로 잡혔다. 양주에서 피살되었다.

그런데 이런 사실이 모두 정사(正史)에는 보이지 않는다. 가령 진의중(陳宜中)[39]은 난(難)이 일어나자 도망쳐서 종적을 알 수 없었다. 그런데 『심사』에 이르길, "진의중이 삼관(三官)에게 힘껏 청했지만, 삼관은 기꺼이 천가(遷駕)하려 하지 않았다. 마침내 진의중은 장세걸(張世傑)·유사용(劉師勇)과 함께 두 왕을 받들어 남쪽을 향해 이리저리 가다가 바다로 달아났다. 공(公, 진의중)이 일찍이 꿈을 꾸었는데, 두 해가 서로 다투었다. 해 하나는 땅에 떨어져 보이질 않았고, 다른 해는 소매 속으로 들어갔다. 이후에 이 때문인지 세력을 얻을 수 없었다.

공은 통제(統制) 장후(張侯)가 또한 의심하고, 측근들이 자신을 팔아버릴까 두려워하였다. 이에 배를 타고 가다 모진 바람을 만나 뜻밖의 사고가 일어난 틈을 타서 점성국(占城國)[40]으로 달아났다. 하지만 얼마 뒤에 점성국도 달족(韃族, 몽고족)에게 항복하였다. 점성국에서는 120명의 병졸을 파견하여 달족에게 복종하여 섬겼다. 점성국에 머물던 공은 점성국에게 자신을 묶어두려는 의도를 알아채고 또 도망쳐서 도파국(闍婆國)[41]으로 달아났다. 일찍이 도파국에서 남송으로 사신을 파견하였을 적에 향(香) 한 그릇을 보내어 장후에게 전하였고, 국외에 있는 군대를 거느리고 와서 싸울 것을 약속했었는데, 공이 이르기도 전에 장후는 이미 패하였다.

이보다 앞서 경염(景炎)[42] 2년 정축년(1577)에 공이 천주(泉州)의 옛항

39 진의중(陳宜中) : 남송(南宋) 말기의 재상이다. 남송이 멸망했을 때 식솔을 이끌고 지금의 베트남 지역에 있던 점성국(占城國)으로 갔다. 그곳에서 군대를 빌려 원(元)나라에 대항할 수 있기를 희망하였으나 꿈을 이루지 못했다. 점성국이 원나라에 점령되자 다시 섬라국[태국]으로 달아나 그곳에서 생을 마쳤다.

40 점성국(占城國) : 지금의 베트남 지역에 있던 국가 이름.

41 도파국(闍婆國) : 지금의 수마트라나 자바 지역에 있던 국가 이름.

42 경염(景炎) : 중국 남송의 제8대 황제인 단종이 사용한 연호로, 사용 기간은 1276~1278년이다.

아리에 백지임명장 수천 개를 보관해두고선 대은(戴恩)을 시켜 거짓으로 엿장수를 하며 오(吳)지역으로 오게 하였다. 밀유사(密諭使) 여대승(呂大升)은 절서(浙西) 지역의 몇 개 주(州)를 두루 다니며 평상시에 조국을 그리워하는 마음이 있었던 자들을 설득하였다. 이들 모두는 바로 백지임명장에 이름을 써넣고 관직을 채워 넣었으며, 여대승은 이들을 원칙에 맞게 안배하였다. 무인년(1578) 정월 24일과 25일을 정해 대비하지 못한 상대를 엄습하여 한 번에 오(吳)지역을 차지하고자 하였다.

그런데 요씨(姚氏) 성을 가진 자가 그 주인 고씨(高氏)에게 발설하자 고씨가 적의 우두머리에게 알려 도독(都督)에 제수되었다. 정월 24일이 되자 과연 병사를 거느리고 온 자가 있었는데, 적이 대비하고 있었기 때문에 모두 적에게 무너졌다. 내 집안이 오(吳)지역에 임시로 살고 있어서 내가 직접 보았다. 이후에 여대승은 함께 극형을 받았다.

또 듣건대, 공이 해남(海南)에 있는 여러 나라에 이르렀을 적에 왕위를 사양하여 주는 자가 있었지만 공이 받지 않았다고 한다. 혹 진랍국(眞臘國) 사이에 있으면서 외국의 병사들을 모두 모아 오게 하였다고 전해졌는데, 진의중이 과연 여기에 있었다."라고 하였다.

송렴(宋濂)[43]이 역사를 기록할 적에 어찌 이 일을 채록하지 않았겠는가? 아마도 정사초가 견문한 일을 전한 것이므로 잘못된 부분이 없지 않을 것이지만 우선 기록해두어 이문(異聞)으로 갖추어 놓는다.

43 송렴(宋濂) : (1310~1381). 명나라 절강(浙江) 포강(浦江) 사람. 자는 경렴(景濂)이고, 호는 잠계(潛溪)이다. 명나라의 개국공신으로, 학자들은 그를 태사공(太史公)이라 불렀다. 원나라 말기에 전란을 피해 용문산(龍門山)에 은거했는데, 명나라 태조 주원장(朱元璋)이 무주(婺州)를 차지하자 응천(應天)으로 가서 강남유학제거(江南儒學提擧)로 태자에게 경서를 가르쳤다. 『원사(元史)』 편찬을 책임졌고, 일력(日曆) 등을 정리했다. 국자사업(國子司業)과 예부주사(禮部主事)를 거쳐 학사승지지제고(學士承旨知制誥)까지 올랐다.

20 『사기(史記)』는 고쳐서 바꿔버린 것이 많다

『사기(史記)』「사마상여전찬(司馬相如傳贊)」에 이런 구절이 있다. "양웅(楊雄)은, 화려한 사마상여의 부(賦)는 백 가지를 칭찬하고 한 가지를 풍유했다고 하였다." 「사마상여전찬」은 바로 태사공(太史公)이 지은 것이고, 양웅은 태사공보다 후대에 살았는데, 어떻게 이 구절을 인용할 수 있었겠는가? 능치륭(淩稚隆)은 반고(班固)의 『한서(漢書)』에서 인용한 것이라 하였는데, 전혀 그렇지 않다.

『사기』는 태사공이 사망하고부터 초고(艸藁)가 이리저리 흩어져버렸는데, 그 외손 양운(楊惲)이 이를 거둬들였고, 저소손(褚少孫)이 또한 많이 보필(補筆)하였다. 그러므로 무릇 태사공보다 후대의 것인데도 태사공이 지은 것에 들어가 있으니, 모두 이 두 사람이 고쳐서 바꾼 것이고, 반고의 『한서』가 이를 따른 것이다.

21 위조된 『삼분(三墳)』

『삼분(三墳)』[44]이란 명칭은 『좌전(左傳)』에 보이는데, 주(周)나라·진(秦)나라 이래로 경전과 자류(字類)와 사류(史類)에서 그 설(說)을 인용한 것이 하나도 없었다. 조공무(晁公武)의 『독서지(讀書志)』에서는 장상영(張商英)이 북양(北陽)의 민가(民家)에서 얻었다고 하였고, 진진손(陳振孫)의 『서록해제(書錄解題)』에서는 모점(毛漸)이 당주(唐州)에서 얻었다고 하였다.

대개 이 책은 북송(北宋)시대 사람이 지은 것이다. 그 책은 산분(山

44 『삼분(三墳)』: 고대 중국의 삼황(三皇), 즉 복희(伏羲)·신농(神農)·황제(黃帝)의 사적(事迹)을 산분(山墳)·기분(氣墳)·형분(形墳)에 각각 기록해 놓은 책이라고 하는데, 현존하지 않는다.

墳)·기분(氣墳)·형분(形墳)으로 나뉘어져 있는데, 연산(連山)은 복희(伏羲)의 역(易)이고, 귀장(歸藏)은 신농(神農)의 역이며, 건곤(乾坤)은 황제(黃帝)의 역이다. 각각 부연하여 64괘(卦)이고, 전(傳)을 달아놓았으며, 그 명칭은 모두 훈고(訓詁)할 수 없다.

또 『하도대성기(河圖代姓記)』와 책사(策辭)와 정전(政典) 따위가 섞여 있어 천박하고 고루함이 특히 심하다. 수인씨(燧人氏)가 유소씨(有巢氏)의 아들이고, 복희씨(伏羲氏)가 수인씨의 아들이라는 데에 이르러서는, 예로부터 위서(僞書)의 졸렬함이 이보다 지나침이 없었다. 그러므로 송나라와 원나라 이래로 이 책을 믿는 자가 한 사람도 없었다. 다만 정초(鄭樵)가 이를 믿었고, 명나라 하당(何鏜)은 이 책을 판각하여 『한위총서(漢魏叢書)』에 넣었다. 또 송나라 완함(阮咸)의 주(注)라고 적혀있는데, 대개 밝혀낼 수 없다. 대저 고(古)와 금(今)의 구별은 말의 순후(淳厚)함과 얄팍함으로 그 허위를 알아내는 것이니, 가령 이 책의 내용은 진실로 논의할 수 없다.

22 칠위(七緯)

역위(易緯)에는 『계람도(稽覽圖)』·『건착도(乾鑿度)』·『곤령도(坤靈圖)』·『통괘험(通卦驗)』·『시류모(是類謀)』·『판종비(辨終備)』가 있다. 서위(書緯)에는 『선기검(璇璣鈐)』·『고령요(考靈曜)』·『형덕방(刑德放)』·『제명험(帝命驗)』·『운기수(運期授)』가 있다. 시위(詩緯)에는 『추탁재(推度災)』·『기력구(記歷樞)』·『함신무(含神霧)』가 있다. 예위(禮緯)에는 『함문가(含文嘉)』·『계명징(稽命徵)』·『두위의(斗威儀)』가 있다. 악위(樂緯)에는 『동성의(動聲儀)』·『계요가(稽曜嘉)』·『부국징(什國徵)』이 있다.

효위(孝緯)에는 『원신계(援神契)』·『구명결(鉤命決)』이 있다. 춘추위

(春秋緯)에는 『연건도(衍乾圖)』·『원명포(元命包)』·『문요구(文耀鉤)』·『운두추(運斗樞)』·『감정부(感精符)』·『함성도(合誠圖)』·『고이우(考異郵)』·『보건도(保乾圖)』·『한함자(漢含孶)』·『우조기(佑助期)』·『악성도(握誠圖)』·『잠담파(潛潭巴)』·『설제사(說題辭)』가 있다. 이 책들은 경서(經書)에 대응하여 언급되었기 때문에 위서(緯書)[45]라 한 것이다.

23 범서(梵書)

『법원주림(法苑珠林)』에 이런 말이 있다. "문자를 만든 사람은 모두 세 사람이다. 가장 연장자는 범(梵)이라고 하는데 그 문자는 오른쪽으로 쓴다. 그 다음은 거로(佉盧)라고 하는데, 그 문자는 왼쪽으로 쓴다. 가장 나이가 어린 사람은 창힐(蒼頡)이라고 하는데 그 문자는 아래쪽으로 쓴다.

거로슬타(佉盧蝨吒)의 글자는 말을 할 적에 입술 모양이 나귀의 입술과 비슷하다. 서역(西域)에는 여순서(驢脣書)·연엽서(蓮葉書)가 있다. 불서(佛書)의 망령됨은 정말이지 말할 필요가 없다. 가장 연장자인 범과 가장 나이 어린 창힐은 또한 암암리에 유서(儒書)를 억눌렀다. 가령 선성(宣聖)을 일컬어 유동보살(儒童菩薩)이라고 하는 따위이다."[46]

45 위서(緯書) : 중국 전한 말기부터 후한에 걸쳐서 유학의 경전인 경서(經書)에 대응하여 만들어진 책. 시위(詩緯)·역위(易緯)·서위(書緯)·예위(禮緯)·악위(樂緯)·춘추위(春秋緯)·효경위(孝經緯) 등으로 길흉화복 따위의 예언을 적은 책인데, 뒤에 금서가 되어 그 일부만 전한다.

46 이 항목은 『지북우담』 권22에 보이는데, 제목이 '조서(造書)'라고 되어 있다.

24 홍교(紅敎)와 황교(黃敎)

지금 회회(回回) 땅에는 홍교(紅敎)와 황교(黃敎)가 있는데, 모두 불교의 나머지 유파(流波)이다. 『당서(唐書)』를 살펴보면, 무종(武宗) 말년에 환속(還俗)한 승니(僧尼)가 26만 5백 명이었다. 대진국(大秦國)의 목호(穆護, 조로아스터교) 현승(祆僧)이 2천여 명이었다. 대진국의 목호는 석씨(釋氏)의 외교(外敎)[47]인데, 가령 회흘(回鶻)[48]의 마니(摩尼) 부류이다. '현(祆)' 자의 음(音)은 '호(乎)' 자와 '연(烟)' 자의 반절(半切)인데, 오랑캐의 신(神)이다.

당나라 제도에서는 사부(祠部, 예부)에서 해마다 두 번씩 적서(磧西)[49] 지역 여러 주(州)의 화현(火祆)에게 제사를 지냈는데, 백성들이 기도하고 제사 지내는 것은 금지하였다. 『관품령(官品令)』[50]에 현정(祆正)이 있는데, 아마도 현승(祆僧)을 관리했던 듯하지만 그 제도는 미상이다. 가령 대진국의 목호가 아마도 홍교나 황교일 것이다.

25 단학(丹學)

『동국전도비기(東國傳道秘記)』는 어떤 사람이 기록한 것인지 모르겠지만 김가기(金可紀)[51]를 첫 번째로 일컬었다. 그가 당나라에 들어갔을 적

---

47 외교(外敎) : 이교(異敎)를 의미하는 옛말. 불교에서는 불교 이외의 종교를 지칭하는 말이다.

48 회흘(回鶻) : 위구르족. 몽골 고원 및 중앙아시아에서 활약한 투르크계 민족이 당나라 덕종 때 자신들을 일컬은 명칭이다.

49 적서(磧西) : 당나라 때는 서역을 적서라고도 했는데, 이는 막하연적(莫賀延磧, 사막이름)의 서쪽이라는 의미이다.

50 『관품령(官品令)』 : 당나라 시대의 관직 총람.

51 김가기(金可紀) : (? ~859). 신라시대의 도교가이자 문장가. 당나라에서 유학하여 빈공과(賓貢科)에 합격하였고, 진사가 되었다. 성품이 조용하고, 도(道)를 탐구하기 좋아하여 이에 대한 학문을 두루 배웠다. 또 신선의 경지에 이르는 술법인 복기법(服氣法)을 수련하는

에 우연히 정양진인(正陽眞人)을 만나서 연금술(鍊金術)의 구결(口訣)[52]을 전수받아 터득하였고, 우리나라로 돌아온 후에 서로 전수(傳授)하였으니, 그 종파의 기원이 아주 분명하다. 게다가 구결은 간단하게 되어있어 진실로 단학(丹學)을 아는 자가 아니면, 반드시 이처럼 할 수 없다. 김가기가 당나라에 들어간 것은 최치원보다 앞선다. 『고려사』를 보면, 또 당나라 사람이 김가기에게 준 증별시(贈別詩)를 볼 수 있는데, 지금 『품휘(品彙)』[53] 안에 들어있다. 또 『신선통감(神仙通鑑)』에도 보인다.

26 선학(仙學)

주자(朱子)는 「원유부(遠遊賦)」[54]와 『참동계(參同契)』를 해석하였으니, 이는 자못 신선(神仙)의 학문에 관심이 많았던 것이다.[55] 대체로 저것들도 성명(性命)의 이치를 논하고 있어서 두 가지를 아울러 배우는 것이 해가 되지는 않는다.

청하자(青霞子) 권극중(權克中)은 서자(庶子)의 계통인데, 문장에 능숙하였고 고부(古阜)의 천태산(天台山)에 은거하여 연단(鍊丹)하면서 세상 밖으로 나오지 않았다. 그 후에 좌화(坐化)[56]하였는데, 무지개 빛이 그

등 도교의 수행에도 힘썼다. 중국에서 벼슬을 그만두고 종남산(終南山)에 은거하여 3년 동안 명상 등을 하면서 유유자적한 삶을 살면서 선서(仙書)를 심독하였다. 이후 신라로 귀국했었지만, 얼마 뒤 다시 종남산으로 들어가서 계속 도교를 수련하다가 승천하였다고 전해진다.

52 구결(口訣) : 구수비결(口授秘訣)의 뜻으로, 스승이나 대학자가 파악한 비결을 제자에게 전한 것이 계속 이어져 온 것을 가리킨다.

53 『품휘(品彙)』 : 『당시품휘초선(唐詩品彙抄選)』을 가리킨다. 이 책은 조선후기 문신이자 학자인 김건수(金建銖, 1790~1854)가 편찬하였다.

54 「원유부(遠遊賦)」 : 굴원의 작품.

55 주자는 … 것이다 : 주자는 굴원의 부(賦) 작품 25편을 '이소(離騷)', 송옥 이하 초사 작가의 작품 16편을 '속이소(續離騷)'라 하여 『초사집주(楚辭集注)』 8권을 편찬하였다.

56 좌화(坐化) : 앉은 채로 왕생(往生)하는 것.

집에서 일어나 위로 올라 하늘을 비췄다. 사람들이 이를 선학(禪學)이라 했지만, 실제로는 선학이 아니었다. 아마 성명쌍수(性命雙修)의 학자였을 것이다.

27 참위(讖緯)

유자(儒者)들은 대부분 참위(讖緯)를 일컫는데, 실제로 참(讖)은 본래 참(讖)이고, 위(緯)는 본래 위(緯)로서, 각각 행하여지니 같은 류(類)가 아니다. 참(讖)은 속여서 은어(隱語)를 만들고, 미리 길흉을 결정한다. 『사기(史記)』「진본기(秦本紀)」에, 노생(盧生)이 녹도서(籙圖書)를 진시황에게 바친 일 따위가 참의 시초이다. 위(緯)는 경전(經典)의 지류(支流)로, 경전의 방의(傍義, 방계傍系의 뜻)를 부연(敷衍)한 것이다.

「사기자서(史記自序)」에서, 『역(易)』의 '털끝[毫釐]만한 차이를 놓치면, 천리(千里)가 차이난다.'는 구절을 인용하였다. 『한서(漢書)』「개관요전(蓋寬饒傳)」에서는, 『역(易)』의 '오제(五帝)는 천하를 관(官)으로 삼았고, 삼왕(三王)은 천하를 집으로 삼았다.'는 구절을 인용하였다. 그런데 『역』에 주석(注釋)을 한 자는 바로 이 구절들이 역위(易緯)의 문장이라 여겼다. 대체로 진한(秦漢)시대 이래로는 성인의 시대와 시간적 거리가 멀어져 유자(儒者)들이 자신의 견해를 드러내 밝혀 각자 책을 지었는데, 경전에는 처음부터 억지로 부합시키려 하지 않았다.

가령 복생(伏生)[57]의 『상서대전(尙書大傳)』과 동중서(董仲舒)[58]의 『춘

57 복생(伏生) : 한(漢)나라 초기의 경학가 복승(伏勝, BC 264~BC 170)을 가리킨다. 그의 자는 자천(子賤)이고, 산동성(山東省) 제남(濟南) 사람이다. 금문상서(今文尙書)의 보존·전수자이다. 진 시황이 분서(焚書)를 단행할 때 벽 속에 『상서』를 숨겼다가 한나라 초기에 꺼냈는데, 수십 편을 잃어버리고 28편만 보존되었다. 이것을 당시 금문(今文)으로 기록하여 금문상서라고 한다. 그런데 복승이 벽 속에 감춘 것이 아니라 스스로 외어 두고 있다가 그의

추음양(春秋陰陽)』은 그 문체가 엄격하여 위서(緯書)라도 다만 뚜렷하게 작자의 이름이 있었다. 그러므로 공자에게 기대지 않을 수 있었다. 그밖에 다른 위서들은 사적으로 지어졌는데, 점차 술수(術數)에 관한 책이 섞여 들어갔고 작자가 누구인지 모르게 되었다. 이 때문에 견강부회하여 그 견해가 신비화되었으니, 전해질수록 더욱 잘못되었고, 또 요망(妖妄)한 말이 보태어져 마침내 참(讖)과 합쳐져 하나가 되었다.

하지만 반고(班固)는, 성인은 경전을 작(作)하고 현인(賢人)은 경전을 위(緯)했다[59]고 말하였고, 양간(楊侃)은 위서(緯書) 종류를 비경(秘經)이라 하고, 도참(圖讖)의 종류를 내학(內學)이라 하며, 하도(河圖)와 낙서(洛書)를 영편(靈篇)이라 한다고 말하였다. 호응린(胡應麟) 또한 참서(讖書)와 위서(緯書) 두 종류의 서적이 비록 표리의 관계에 있지만 실제로는 동일하지 않다고 말하였다. 즉 참서와 위서는 앞 시대 사람들이 이미 구분해놓았는데, 후대 사람들이 이 둘을 연결시켜 하나로 묶어 놓았다. 하지만 이것들이 참[實]이 아닌 것을 비난하였다.[60]

28 오인도(五印度)의 고증이 잘못되다

불경(佛經)이라 하는 것을 살펴보니, 이 욕계(欲界) 안에서는 수미산(須

제자인 장생(張生)과 구양생(歐陽生) 등이 전해 들은 것을 기록한 것이라는 설도 있다.

58 동중서(董仲舒) : 전한(前漢) 중기의 대표적 유학자로서, 하북성(河北省) 광천현(廣川縣) 사람이다. 한나라 경제(景帝) 때 박사가 되었다. 무제(武帝)가 즉위하여 크게 인재를 구하므로 현량대책(賢良對策)을 올려 인정을 받고, 전한의 새로운 문교정책에 참여하였다. 한나라 초기의 사상계가 제자백가의 설로 혼란하고 유교가 쇠퇴하였을 때, 도가의 설을 물리치고 유교 독립의 터전을 굳히는 데 기여하였다.

59 성인은 … 위했다 : 성인은 경전을 지었고, 현인은 성인이 지은 경전을 보좌하는 책을 지었다는 의미이다.

60 이 항목은 역위(易緯)의 하나인 『곤령돈(坤靈圖)』에 그 내용이 보인다.

彌山)을 중심으로 삼고, 수미산의 사면(四面)에 네 개의 큰 부주(部洲)가 있다. 남면(南面)을 차지하고 있는 것은 염부제(閻浮提)[61]인데, 중국에서 남섬부주(南贍部洲)라고 말한 곳이 바로 이곳이다. 염부제 안에는 세 개의 대국(大國)이 있는데, 각각 급국(及國)·불국(弗國)·상국(相國)이 속해 있고 소국(小國)인 불여국(弗與國)이 소속되어 있다.

염부제는 또 곤륜산(崑崙山)을 중심으로 삼았는데, 곤륜산의 동쪽과 동남쪽·동북쪽에 자리 잡고 있는 것은 바로 우리 중국으로 하나의 대국(大國)이고, 곤륜산의 남쪽과 서남쪽을 차지하고 있는 것은 천축(天竺)이라는 하나의 대국이며, 즉 지금 서장(西藏)에서 일컫는 액눌특가극지(厄訥特珂克地)이다. 곤륜산의 서북쪽과 북쪽을 차지하고 있는 것은 홍활이(洪豁爾)라는 하나의 대국이었다. 천축국은 동서남북과 중앙의 오인도(五印度)로 나뉘어져 있었는데, 바로 범경(梵經)에서 일컫는 인달이(印達爾)이다. 인달이는 중국말로 자유자재한 경계[自在境界]를 말한다.

오인도(五印度)는 모두 액눌특가극의 땅이다. 그런데 『당사(唐史)』와 『송사(宋史)』에는 인도가 산독(身毒)으로 잘못되어 있고, 혹은 인도를 신독(身篤)이라 일컬었다. 사서(史書)에 실려 있는 사적(事蹟)과 중국에 입조(入朝)한 것이 대체로 사실이 아닌데, 또한 그 일의 골자를 알 수 없으니 어찌 말할 수 있겠는가? 예로부터 중화(中華)의 성교(聲敎)[62]가 도달한 것이 본조(本朝)보다 더 나은 왕조가 없었지만, 본조 백여 년 동안 처음부터 천축국에서 사신을 파견하여 진공(進貢)한 일이 없었다. 비록 건륭(乾隆) 연간 경신년(1760)에 오특갈리필납기석납한(烏特噶里畢拉奇

61 염부제(閻浮提): 염부나무가 무성한 땅이라는 뜻으로, 수미사주(須彌四洲)의 하나. 수미산(須彌山)의 남쪽 칠금산과 대철위산 중간 바다 가운데에 있다는 섬이다. 후에 인간세계, 즉 현세라는 의미로 사용된다.

62 성교(聲敎): 제왕이나 성인이 덕으로 백성을 감화시키는 교육.

碩拉汗)이 일찍이 바라문(婆羅門)을 파견하여 표문(表文)을 올리고, 공물(貢物)을 바쳤지만, 동인도(東印度)는 우리나라 서장(西藏)에 가까운 하나의 소국일 뿐이지, 중천축국(中天竺國)이 아니다.

가령 저 북인도(北印度)는 실제로 우리나라 회부(回部)의 엽이강(葉爾羌)에 가까우므로 엽이강의 서쪽은 총령(葱嶺)을 지나는데, 바로 발달극산(拔達克山)이다. 발달극산을 말미암아 이리저리 남쪽으로 가면 극십미이(克什米爾)이고, 또 이리저리 서쪽으로 가면 온도사탄(溫都斯坦)이며, 또 이리저리 남쪽으로 가면 바야흐로 액납특가극(厄訥特珂克)이다. 그 방향은 이와 같은데 그 거리는 자세히 알 수 없다.

온도사탄이 비록 회지(回地)이지만, 회인(回人)들은 저 땅에 부처의 유적이 있다는 말을 전하였으니, 바로 북인도와 맞닿아 있는 곳임을 더욱 알겠다. 어떤 사람은, 온도사탄이 예전에 천축국에 속했었고, 나중에 회부(回部)에 속하게 되었다고 했는데, 모두 알 수 없다. 온도사탄은 지금 당고특급(唐古忒及)인데 회어(回語)에서는 모두 흔도사탄(痕都斯坦)이라 일컫는다. 대개 역자(譯者)가 '흔(痕)' 자를 잘못하여 '온(溫)' 자로 번역한 것인데, 이 두 글자는 모두 인도의 말소리에 가깝다. 이른바 천축국과 북인도는 회부(回部)에 가까우니, 이 또한 하나의 증거이다.

요컨대 알려진 '흔(痕)' 자와 '온(溫)' 자와 '인(印)' 자와 '신(身)' 자, 그리고 '도(度)' 자, '독(毒)' 자, '독(篤)' 자, '도(都)' 자는 모두 천축(天竺)의 본래 말이 아닌데, 또 어찌 한 글자 한 구절 사이에서 반드시 견주어 시비를 따지려 하는가? 『송사(宋史)』에, 천축(天竺)의 승려 시호(施護)가 길을 떠나서 아야낭국(誐惹曩國)에 이르렀다는 구절이 실려 있는데, 아야낭(誐惹曩) 지역의 말소리도 액납득가극(厄訥特珂克) 지역의 것과 비슷하다.

『통고(通考)』에 이른바, 설산(雪山)을 넘어 가습미륵국(伽濕彌勒國)을 지났다고 했는데, 설산은 바로 지금의 총령(葱嶺)이고 가습미륵국도 바로 극십미이(克什米爾)의 오류이다. 가령 저『원사(元史)』에서는, 원나라 태조(太祖)가 인도에서 각단(角端)[63]을 보았다고 일컬었는데, 아마도 지금의 흔도사탄(痕都斯坦)은 북인도(北印度)로서, 회부(回部)와 맞닿아 있는 지역일 뿐이지 중인도(中印度)가 아니다.

동인도(東印度)는 이미 서장과 가까웠기 때문에 천축(天竺)의 일을 서장에서 때때로 들을 수 있다. 서장 승려가 한 말에 근거해 보면, 천축국이 비록 부처가 현신(現身)하여 설법(說法)한 곳이었지만, 지금 천축국은 실제로 불법을 따르지 않고 이교(異敎)가 홍성하고 있다. 이 또한 범질(梵帙, 두루마리 불경)의 「불수기(佛受記)」에서, 5백년 후에 불법이 점차 미약해지고 점차 동쪽으로 전파되어 진단(震旦)[64]에 이르러 부흥한다는 말과 부합된다.

지금 중국의 힘으로써, 가령 당나라와 송나라에서 총령(葱嶺) 극십미이(克什米爾)에서 길을 빌려 천축의 중인도(中印度)에 이르는 것이 어찌 어려웠겠는가? 다만 이미 덕(德)이 미치지 않아서 다시 도모하여 구해야 한다. 비록 중국에서 먼 지역을 위무(慰撫)하더라도 어찌 실정(實政)에 관계되겠는가? 일부러 이렇게 하지 않는 것이다.

근래『몽고원류(蒙古源流)』[65]를 입수했는데, 이 책에서는 원나라 태조가 군대를 내어 액납특가극에 이르렀고, 우연히 무릎을 꿇고 세 번 머리를 조아리는 모습을 하고 있던 뿔 하나 달린 짐승을 만났다. 이에 원나

63 각단(角端) : 전설상의 동물로, 전체적인 모습은 말과 비슷하고, 코에 뿔이 있으며 하루에 만리를 갈 수 있다고 한다. 또한 먼 지방의 말까지도 알아듣는 능력이 있다고 한다. 혹자는 기린의 별칭이라고도 한다.

64 진단(震旦) : 중국의 별칭. 고대의 인도인이 중국을 치나스타나(Chinasthâna) 또는 치니스탄(Chinistan)이라 불렀던 데서 나온 말이다.

65 『몽고원류(蒙古源流)』 : 중국 명말청초에 내몽고 귀족 샤오처천 싸낭타이지가 몽골 민족의 흥망을 기록한 역사책.

라 태조가 "이는 아마 상천(上天)이 나에게 보여주신 것이다."라고 하였다. 이로부터 알제이도쇄림(斡齊爾圖瑣林)으로 갔는데 길이 멀고 아주 험했지만 드디어 이기고 군대를 거두어 돌아왔다고 하였다. 알제이도쇄림은 몽고어인데 금강상(金剛牀)을 일컫는다. 즉 부처가 현신하여 설법한 곳이 중인도이다. 이는 더욱 태조가 중인도에 이르지 않았다는 증거가 되고, 짐승이 사람에게 말했다는 것은 더욱 『원사(元史)』가 이치에 어긋나게 견강부회했음을 알 수 있다. 천축의 오인도(五印度)를 살펴보았기 때문에, 아울러 위에서와 같이 잘못된 점을 따르는 것을 피할 수 있었다.

29 칠불(七佛)

「건륭어제칠불탑비기(乾隆御製七佛塔碑記)」에 이런 내용이 있다.

서장(西藏)의 반선(班禪) 액이덕니(額爾德尼) 라마(喇嘛)가 칠불번축(七佛番軸)[66]을 바쳤는데, 무릇 부처의 부모와 가족의 이름이 모두 갖춰있었다. 장가국사(章嘉國師)에게 문의한 것은 바로 번경(番經)과 한경(漢經)에 대해서였다. 이른바 『장아함경(長阿含經)』·『현겁경(賢劫經)』·『강생차제경(降生次第經)』과 『불원광해(佛源廣解)』를 일일이 살펴 그 근원을 알게 되었다.

첫 번째는 비바시불(毘婆尸佛)[67]로, 종족은 찰리(刹利), 성(姓)은 구리약(拘利若), 아버지는 반두(槃頭), 어머니는 반두파제(槃頭婆提), 거주지는 반두파제성(槃頭婆提城), 신족(神足) 2개, 일명(一名)은 건다(騫茶), 차

66 칠불번축(七佛番軸) : 번상불칠축(番像佛七軸)을 가리킨다.

67 비바시불(毘婆尸佛) : 과거칠불의 첫 번째 부처. 인간의 수명이 8만 4천 살 때 난 부처. 파파라(波波羅)나무 아래에서 성불하여 세 차례 설법하여 34만 8천의 제자를 제도하였다. 범어(梵語, 산스크리트어)로 비파쓰인(Vipasyin)이고, 비발시(毘鉢尸)·비바시(毘婆尸)·빈바시(頻婆尸) 등으로 음역된다.

명(次名)은 제사(提舍), 시자(侍者)의 이름은 무(無憂), 아들의 이름은 방응(方膺)이다.

두 번째는 시기불(尸棄佛)[68]로, 종족은 찰리, 성은 구리약, 아버지는 명상(明相), 어머니는 광요(光曜), 거주지는 광상성(光相城), 신족 2개, 일명은 아비부(阿毘浮), 차명은 바바(婆婆), 시자의 이름은 명행(名行), 아들의 이름은 무량(無量)이다.

세 번째는 비사부불(毘舍浮佛)[69]로, 종족은 찰리, 성은 구리약, 아버지는 선등(善燈), 어머니는 칭계(稱戒), 거주지는 무유성(無喩城), 신족 2개, 일명은 부유(扶遊), 차명 울다마(鬱多摩), 시자의 이름은 적멸(寂滅), 아들의 이름은 묘각(妙覺)이다. 이상의 세 부처는 과거장엄겁불(過去莊嚴劫佛)이다.

네 번째는 구류손불(拘留孫佛)[70]로, 종족은 바라문(婆羅門), 성은 가섭(迦葉), 아버지는 예덕(禮德), 어머니는 선지(善枝), 거주지는 안화성(安和城), 신족 2개, 일명은 살니(薩尼), 차명은 비루(毘樓), 시자의 이름은 선각(善覺), 아들의 이름은 상승(上勝)이다.

다섯 번째는 구납함모니불(拘納含牟尼佛)[71]로, 종족은 바라문, 성은 가

68 시기불(尸棄佛) : 과거칠불 중의 두 번째 부처. 분타리수(芬陀利樹) 아래에서 성도하여 3회 설법으로 25만인을 제도하였다. 범어로는 시키붓다(Sikhi-Buddha)이고, 식불·식힐불·식기·시힐·식기나 등으로 음역된다.

69 비사부불(毘舍浮佛) : 과거칠불의 세 번째 부처. 무유성(無喩城)에서 태어나 바라수(婆羅樹) 아래에서 정각을 이루어 2회 설법에 13만인을 제도하였다. 범어로는 비스바부(Visvabhi) 또는 비스바북(Visvabhuk)이고, 비사바(毘舍婆)로도 음역된다.

70 구류손불(拘留孫佛) : 과거칠불 중의 네 번째 부처. 현겁(賢劫) 중 제9감겁(減劫) 시절에 인간의 수명으로 6만 세일 때 태어났다. 시리사수(尸利沙樹) 아래서 성도했다. 범어로는 크라쿳찬다이고, 구류손(俱留孫)이라 음역되기도 한다.

71 구납함모니불(拘納含牟尼佛) : 과거칠불의 다섯 번째 부처. 현재 현겁 천불 중 제2불로 금선인(金仙人)이라고도 한다. 범어로는 카나카무니(Kanakamuni)이고, 구납함(拘納含), 구나함(拘那含) 등으로 음역하며, 금색선(金色仙)·금유(金儒)·금적(金寂)·금적정(金寂靜) 등으로 번역된다.

섭, 아버지는 대덕(大德), 어머니는 선승(善勝), 거주지는 청정성(淸淨城), 신족 2개, 일명은 서반나(舒槃那), 차명은 울다루(鬱多樓), 시자의 이름은 안화(安和), 아들의 이름은 사도(導師)이다.

여섯 번째는 가섭불(迦葉佛)[72]로, 종족은 바라문, 성은 가섭, 아버지는 범덕(梵德), 어머니는 재주(財主), 거주지는 바라내성(婆羅奈城), 신족 2개, 일명은 제사(提舍), 차명은 바라바(婆羅婆), 시자의 이름은 선우(善友), 아들의 이름은 진군(進軍)이다.

일곱 번째는 석가모니불(釋迦牟尼佛)[73]로, 종족은 찰리(刹利), 성은 구담(瞿曇), 아버지는 정반왕(淨飯王), 어머니는 대청정(大淸淨), 거주지는 사위성(舍衛城), 신족 2개, 일명은 사리불(舍利弗), 차명은 목건련(目揵連), 시자의 이름은 아난(阿難), 아들의 이름은 라후라(羅睺羅)이다. 이상 네 부처는 현재현겁불(現在賢劫佛)이다.

30 권(弓)과 박(縛)

도가(道書)에서는 한 권(卷)을 한 권(弓)이라 하고, 불서(佛書)에서는 한 권(卷)을 한 박(縛)이라 하였다. 선학(禪學)에서 다라수엽서(多羅樹葉書) 2백 40박(縛)이라 했으니, 박(縛)과 권(卷)은 동일한 의미이다.

『연북잡지(硯北雜志)』에 이르길, "서계해(徐季海)가 불경을 쓸 적에 말하길, '상제기격(上第幾隔)'의 '격(隔)' 자는 범협(梵夾)[74]을 따른 것이다."

72 가섭불(迦葉佛) : 과거칠불의 여섯 번째 부처. 인간의 수명으로 2만세 때 태어났고, 석가모니부처님의 바로 전 부처님으로 현재 현겁 천불 중 제3의 부처님이다. 범어로는 카샤파붓다(Kasapa-Buddha)이고, 음광불(飮光佛)로 번역된다.

73 석가모니불(釋迦牟尼佛) : 불교의 개조(開祖)가 된 고오타마 싯다르타(Gotama Sidhārtha)의 성불 후 이름으로 그를 존경하게 된 사람들이 붙여 준 존칭이다. 범어 샤카무니(Sakyamuni)의 음역으로 석가족에서 나온 성자라는 뜻이다.

74 범협(梵夾) : 경문을 새긴 패다라엽(貝多羅葉)을 겹쳐 양쪽에 나무판을 대고 끈을 꿰어 묶

라고 하였다.

31 불경[竺典]

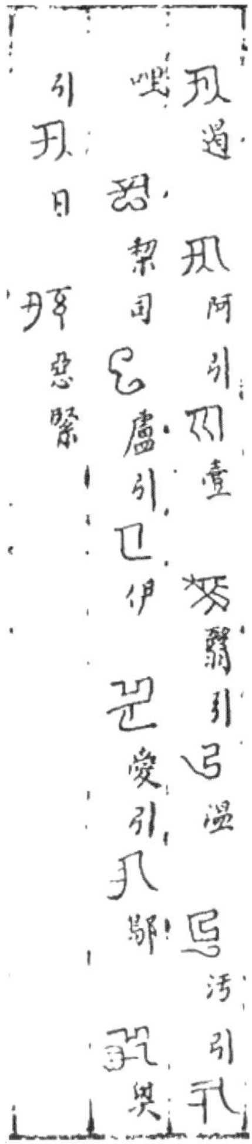

불경에서, 글자를 만든 주체는 무릇 세 사람인데, '범(梵)'이라 하고, '가로(伽盧)'라 하고 '창힐(倉頡)'이라 하였다. 범은 광음천(光音天) 사람으로, 범천(梵天)[75]의 글자를 인도(印度)에 전하였는데, 그 글자는 오른쪽에서부터 쓴다. 가로는 서역(西域)에서 글자를 처음 만들었는데, 그 글자는 왼쪽에서부터 쓴다. 이 두 문자는 모두 음운(音韻)이 상생(相生)하여 글자가 이루어졌고, 제번(諸蕃)의 글자는 모두 이 두 글자를 변화시킨 것이다. 마지막으로 창힐은 중하(中夏)에 살았는데, 여러 물건의 형체를 본떠서 글자를 만들었고, 형체와 소리가 서로 보태어져 글자를 만들었다. 이 말은 교활한 중이 억지로 끌어다 붙인 말이므로 깊이 믿을 수 없다. 다만 이른바 자모(字母)는 무릇 50글자 가운데 16글자가 전성(轉聲)의 범주에 들고, 34글자가 오음(五音)의 근본인 것을 지금 기록해둔다.

위는 천축(天竺)의 성음(聲音)에 의거하여 자원(字源)과 여러 교파(教

는 것을 말한다. 의미가 파생되어 패다라엽에 범어(梵語)로 새긴 경전(經典)을 가리키기도 한다.

75 범천(梵天) : 바라문교(婆羅門教)의 교조(教祖)로 우주 만물의 조화의 신(神)이고, 사바세계를 주재(主宰)한다. 특히 불교의 수호신으로 불교도의 숭앙을 받고 있다.

派) 중에 16개의 전성(轉聲)을 밝힌 것이다. 지금 전하는 것은 그 가운데 제7·제8·제9·제10의 네 개의 성음을 잃어버리고, 오직 12개의 전성(轉聲)이 있다. 그런데 이 네 개의 성음은 이미 제3·제4의 두 개의 성음 중에 합쳐져 있다.

34개의 모음(母音)을 오음(五音)으로 나눈 것은 다음과 같다.

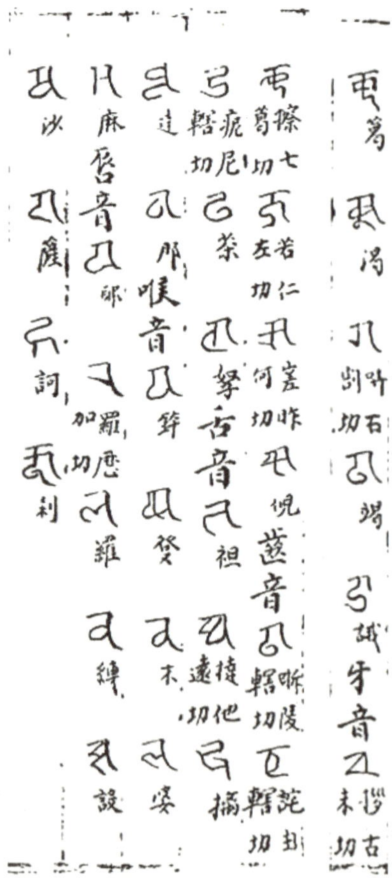

이상으로 후음(喉音)과 설음(舌音) 두 개의 음을 합치면, 이것이 바로 음운(音韻)의 근본이니, 이렇게 배합(配合)하면 음을 무궁하게 생성해 낼 수 있다.

32 숙부본(肅府本)『순화첩(淳化帖)』

숙부본(肅府本)의 『순화첩(淳化帖)』에 대한 일은 『지북우담(池北偶談)』에 상세히 보인다. 숙부본 「순화첩」은 본래 장왕(莊王)으로부터 수봉(受封)되었는데, 태조(太祖)가 송각(宋刻)하라고 명하였다. 용첨호(龍膽壺)와 봉훼치(鳳喙巵)가 있는데, 첩(帖)과 아울러 3개라고 전한다. 헌왕(憲王)[76] 때 도민도(洮岷道) 영천(穎川)의 장학명(張鶴鳴)이 이자숭본(李子崇本)을 백하(白下)에서 얻고, 재관본(材官本)을 고란(皐蘭)[77]에서 얻었는데, 숙왕(肅王)[78]에게 첩(帖)을 하사하여 바로잡을 것을 청하였다. 고법첩(古法帖)을 보니 몇 단락이 오래되어 이지러져 있었지만 이것이 다만 온전한 본이었으니, 마방광(馬房光)이 이전의 법첩을 이상하다고 한 말을 알겠다.

고소(姑蘇) 사람 온여옥(溫如玉)과 남강(南康) 사람 장응소(張應召)가 쌍구법(雙鉤法)[79]을 이용하였고, 장학명(張鶴鳴)[80]은 이것을 검양(黔陽)으로 가져갔다. 숙헌왕은 이를 고란(皐蘭)에서 돌에 새겼는데, 완성하지 못하고 죽었다. 그래서 세자인 주식횡(朱識鋐)이 만력 신유년(1621)에 이

76 헌왕(憲王) : 명나라 초기에 있었던 24개 번국 가운데 하나였던 숙번국(肅藩國)의 왕인 주신요(朱紳堯)를 가리킨다. 재위 기간은 1601~1618년이다.

77 고란(皐蘭) : 현재 감숙성 난주시(蘭州市)에 속해 있는데, 이곳은 감숙성의 중부이고, 황하의 상류에 위치해 있다.

78 숙왕(肅王) : 명나라 숙번국(肅藩國)의 마지막 왕인 주식횡(朱識鋐)을 가리킨다. 재위 기간은 1621~1643년이다.

79 쌍구법(雙鉤法) : 글씨를 베낄 때에 글자의 윤곽을 따라 가는 선으로 그려 내는 법.

80 장학명(張鶴鳴) : 명나라 말기의 대신(大臣). 숙부본 「순화첩」 권후(卷後)에 장학명이 쓴 발문이 있다고 한다.

일을 마쳤으니, 7년이 걸렸다. 그 초탑본은 태사지(太史紙)와 정군방묵(程君房墨)을 사용하였다. 세간에서는 잘 된 탑본을 구하기 어렵고 개인적으로 구매하려면 그 값이 5만전이나 된다.

각(刻)하는데 부평석(富平石) 1백 44개와 종이 2백 53장이 사용되었다. 숙부(肅府)의 동서원(東書園) 전각(殿閣)에 보관되어 있었는데, 왕조교체시기에 각석(刻石)이 거의 파손되었다. 순치(順治) 갑오년(1654)에 도민도(洮岷道) 양주(楊州)의 진탁(陳卓)이 보각(補刻)하여 다시 완벽한 판본이 되었다. 하지만 신명(神明)이 갖추어지지 않아서 초탑본과는 큰 차이를 보였다.

을묘년(1675)에 평량(平涼)의 역적이 불처럼 일어나고, 난정(蘭靖)의 역적이 떨쳐 일어나 두 장군을 위협하여 하서(河西)로부터 와서 용미(龍尾)와 고란(皐蘭)의 사이에 진을 쳤다. 성을 공격하였지만 함락되지 않자 역적들은 이 각석을 깨뜨려 돌쇠뇌를 만들고자 하였다. 거짓으로 지주(知州)인척 한 서(徐) 아무개가 힘껏 말려서 파손을 면할 수 있었다. 지금은 주(州)의 학교에 옮겨놓았는데, 상서(尙書) 장학명과 상서 왕탁(王鐸), 그리고 헌왕(憲王) 부자의 발문(跋文) 네 개가 있다.

33 계첩(稧帖)

「난정계첩(蘭亭稧帖)」은 당나라 때부터 남송 때까지 임본(臨本)이 천 종(種)을 내려가지 않지만, 요컨대 정무본(定武本)을 최고로 여긴다. 정무본은 다섯 개의 본(本)이 있는데, 손본(損本)으로 '단유대우천(湍流帶右天)' 다섯 글자가 손상되어 있다. 또 숭산본(崇山本)은 글자가 6·7·8행(行)이 끊어져 있어 열본(裂本)이다. '정열유성유고불군수(亭列幽盛遊古不羣殊)'가 손상된 것은 구자부전본(九字不全本)이다, 그 '천(天)' 자가 온전한 것은 정무비본(定武肥本)이고, '천(天)' 자가 약간 손상된 것은 정무수본(定武瘦本)이다.

소흥(紹興) 원년(1131)에 이르러 정무 초탑본(定武初搨本)을 간행했는데, 뒤쪽에 '보(寶)' 자 대인(大印)과 어제발문(御製跋文)이 있어 어부본(御府本)이라 하였다. 원우(元祐) 4년(1089)에 장조관(張璪官)이 한단(邯鄲)에서 집안에 보관되어 있던 정무본을 돌에 모각(摹刻)하였으니, 이것이 한단본(邯鄲本)이다. 가령 다섯 글자가 손상되지 않은 것은 도리어 대추나무에 새긴 본(本)이다. 저것은 고금의 사인(士人)이 소장한 계첩이고, 바로 또 하나의 정무본인데, 아직 다 밝혀지기는 쉽지 않을 것이다.

34 대성전(大成殿)의 편액(扁額)

안평대군(安平大君)이 일찍이 대성전(大成殿)의 편액을 썼는데, 대성(大成)을 대성(大聖)으로 잘못 썼다. 단종 임신년(1452)에 명나라 사신 진둔(陳鈍)과 이관(李寬)이 태학(太學)을 방문했다가 이것을 보고 기롱하자 지금의 편액으로 고쳐 썼다.

35 녹포첩(鹿脯帖)

동기창(董其昌)의 『용대집(容臺集)』에 이르길, "안진경(顔眞卿)의 「녹포첩(鹿脯帖)」은 송(宋)나라의 탑본(榻本)과는 자형(字形)의 크기가 같지 않을 뿐 아니라 그 글 또한 약간 다르니, 송나라의 탑본은 정녕 의거할 것이 못 된다. 『십칠첩(十七帖)』[81]의 '평화스럽고 풍년이 들었는데 또다

81 『십칠첩(十七帖)』: 중국 동진(東晉) 시대 왕희지(王羲之)의 편지를 모은 법첩(法帖). 초서(草書)로 되어있다.

시 사신으로 나가니[淸晏歲豐又所使], 풍일향이 있으므로 스스로 이름하였네[有豐一鄕故自名].'라는 부분에서 '풍일향(豐一鄕)'이 무슨 말인지 이해하지 못했었는데, 고려 각본(刻本)의 '생산되는 것에는 특이한 산물이 있다[所出有異產]'란 구절을 읽어보고는 확연하게 알게 되었다. 이 때문에 왕저(王著)[82]의 것이 다만 방서(倣書)[83]에 의거해서 돌에 새겨 넣은 것임을 알 수 있었다.

오히려 진옥(辰玉)을 살펴보건대 왕형(王衡)의 자이다. 생각해보건대, 그는 이 서첩(書帖)을 몽음공(蒙陰公)에게서 얻어 나에게 빨리 와서 감상하라고 하면서 마치 연성(連城)의 벽옥(碧玉)[84]을 얻은 듯이 하였다. 진옥의 서법(書法)은 이것 때문에 일변(一變)되었다. 그런데 덕우재(德隅齋)[85]에서 이 서첩을 다시 보니, 감개가 무량하다."라고 하였다.

『십칠첩』을 우리나라의 어떤 사람이 각본(刻本)한지는 모르겠지만 동현재(董玄宰, 동기창의 자)에게 탄상(歎賞)을 받았으니, 대체로 좋은 각본이었을 것이다. 중국의 법서(法書)가 우연히 우리나라에 들어왔다가 다시 중국으로 유입되어 감상가(鑑賞家)들에게 보배로 여겨졌다. 우리나라에 혜안(慧眼)을 지닌 자가 없어서 이를 알아보지 못한 것이니, 심히 탄

82 왕저(王著) : 송나라 성도(成都) 사람으로, 자가 지휘(知徽)이다. 북송의 유명한 총첩의 종주인 『순화비각법첩(淳化秘閣法帖)』을 선별해서 편찬한 사람이다. 그는 해서와 행서를 잘 썼는데, 필적이 매우 아름다웠다. 전해 내려오던 지영의 「진초천자문(眞草千字文」이 송나라 때 이미 잔결(殘缺)되자 왕저가 수 백자를 보충하여 돌 위에 모륵(模勒)해서 원본의 형태와 비슷하게 만들었다고 한다.

83 방서(倣書) : 글씨 쓰기를 연습할 때 모사(模寫)한 글자를 가리키는데, 여기서는 왕저가 왕희지의 글씨를 모사한 것을 말한다.

84 연성(連城)의 벽옥(碧玉) : 아주 가치 있는 보배를 의미한다. 전국시대 조(趙)나라 혜문왕이 당시 사람들에게 보배로 여겨졌던 변화(卞和)의 벽옥을 가지고 있었는데, 진(秦)나라 소왕이 이를 탐하여 진나라의 열다섯 개 성(城)과 벽옥을 교환하자고 제안한 적이 있다.

85 덕우재(德隅齋) : 남송(南宋)의 학자인 이치(李廌, 1059~1109)의 재호(齋號). 그는 소식의 제자로 소문육군자(蘇門六君子) 중의 한 명이었다.

식할 만하도다! 이옹(李邕)[86]의 글씨 같은 경우도 또한 좋은 본(本)이어서 중국으로 유입되었다.

이일화(李日華)[87]의 『육연재이필(六研齋二筆)』에 이런 내용이 있다. "금릉(金陵)의 유중모(兪仲茅)[88] 선생이 태화(泰和) 이옹(李邕)의 행서(行書)로 된 대조선사(大照禪師)의 원문 빠짐 2천여 자를 소장하고 있었는데, 경황지(硬黃紙)에 쓰인 필법이 정미(精微)하고 정제(整齊)되어 있어 구양순(歐陽詢)과 우세남(虞世南)의 풍미가 있었다.

유선생이 말하기를, '이 서첩은 당(唐)나라 이래로 곧장 고려에 소장되어 있었기 때문에 선화(宣和)·정화(政和)[89] 등의 옥새(玉璽)도, 군옥(群玉)·추학(秋壑)[90] 등의 인장도, 소식(蘇軾)·미불(米芾) 등의 발문(跋文)도 전혀 없다. 신종(神宗) 말년에 한 무변(武弁)이 이것을 평양(平壤)에서 얻어 살펴보건대, 왜적을 정벌할 때의 장사(將士)이다. 그 막부(幕府)에 바치고 출세를 도모하려 하였다. 그런데 내가 요동(遼東)의 일이 반드시 패(敗)할 것이라 여겨 그에게 서둘러가지 말라고 하였는데, 이윽고 과연 그렇게 되어서 이 서첩(書帖)이 드디어 나에게 남겨지게 되었다.'고 하였다."[91]

---

86 이옹(李邕) : (678~747). 당(唐)나라 때의 서예가. 북해태수를 지냈기 때문에 이북해라고도 부른다. 그는 문장력·말솜씨·의기가 모두 뛰어나 당시 '6절'로 불렸다. 호방한 성격 때문에 권신들과 뜻이 맞지 않아 좌천당하기도 했고, 끝내는 재상 이임보(李林甫)에게 미움을 받아 사형당했다. 그는 문장과 글씨에 뛰어났으며, 특히 행서로 이름을 날렸다.

87 이일화(李日華) : (1565~1635). 명나라의 화가로, 자는 군보(君寶), 호는 죽라(竹懶) 또는 구의(九疑)이다. 시화 감정(鑑定)을 질하여 박물군자(博物君子)라 불리졌다.

88 유중모(兪仲茅) : 중모는 명나라 사람 유언(兪彦)의 자.

89 선화(宣和)·정화(政和) : 송나라 휘종(徽宗)의 연호.

90 군옥(群玉)·추학(秋壑) : 옛날에 제왕이 서책이나 서화 등의 진적(眞跡)을 보관하던 곳을 가리킨다.

91 이 항목은 『청장관전서』 권55, 『앙엽기(盎葉記)』 2의 「녹포첩(鹿脯帖)」과 『해동역사』 권46, 『예문지(藝文志)』 5 서법(書法)의 「모각왕우군십칠첩(摸刻王右軍十七帖)」·「이옹행서첩(李邕行書帖)」에도 보인다.

36 왕희지(王羲之)의 진적(眞蹟)

강희(康熙) 연간에 왕희지(王羲之)의 「조아비(曹娥碑)」[92] 진적(眞蹟)과 「쾌설시청첩(快雪時晴帖)」을 수집하여 내부(內府)[93]에 두었다. 이불(李紱)의 『목당집(穆堂集)』과 영길신(泠吉臣)의 「나한도기(羅漢圖記)」에 이르길, "낭온근공(郎溫勤公) 집에서 당나라 오도자(吳道子)가 백묘(白描)[94]한 「십팔응진도(十八應眞圖)」를 보았는데, 초소(綃素)가 해지고 문드러져서 한 치도 온전한 곳이 없었다. 낭공(郎公)이 백금(白金) 수백 냥을 주고 구입해서 솜씨 좋은 사람을 시켜 장황(裝潢)한 것이다."라고 하였다.

진(晉)나라와 당(唐)나라 서화(書畫)의 진적(眞蹟)으로 근세에 남아 있는 것은 오직 이것뿐이다.[95]

37 예학명(瘞鶴銘)

예학명(瘞鶴銘)[96]은 초산(焦山)[97] 아래 물로 막혀있는 곳에 있었는데, 지금은 그 곳이 어디인지 알 수 없다. 호사자(好事者)가 혹 그 곁에 모각(摸

92 「조아비(曹娥碑)」: 조아(曹娥)는 동한(東漢) 시대의 효녀인데, 그의 무덤에 세운 비석을 말한다. 조아는 아버지가 물에 빠져 죽자 자기도 강에 몸을 던져 죽었는데, 물에 빠져 죽은 지 5일 만에 아버지의 시신을 안고 나왔다 한다. 여기서는 왕희지(王羲之)가 쓴 「조아법첩(曹娥法帖)」을 가리킨다.

93 내부(內府): 왕실의 재정이나 물품을 맡아보던 부서.

94 백묘(白描): 진하고 흐린 곳이 없이 먹으로 선(線)만을 그리고 색칠을 하지 않는 화법(畫法)을 가리킨다.

95 이 항목의 내용은 『청장관전서』 권57, 『앙엽기(盎葉記)』 4 「진서당화진적(晉書唐畫眞蹟)」에도 보인다.

96 예학명(瘞鶴銘): 남북조시대 양(梁)나라의 도홍경(陶弘景)이 애지중지하던 학이 죽자, 이를 묻고 슬픔을 견디지 못하여 지은 글이라 전해진다.

97 초산(焦山): 중국 강소성(江蘇省) 진강시(鎭江市)에 있는 산이다. 현재 중국 '국가여유경구(國家旅遊景區)'로 지정되어 있는 '진강삼산(鎭江三山)' 명승지 가운데 하나이다.

刻)해 놓아서 지금 돌아다니는 예학명은 대부분 안본(贗本, 위조본)이다. 석본(石本)은 1백 11자인데, 어떤 사람이 새겨 놓았는지 알 수 없다. 지금 승지 오재소(吳載紹)가 가지고 있는 것은 자획이 거칠고 무디어 전혀 신명(神明)이 없으니, 우리나라 사람의 수법(手法)을 벗어나지 못하였다.

그 문장 「예학명병서(瘞鶴銘並序)」는 이러하다. "학의 나이는 알 수 없다. 내가 임진년에 이를 얻었는데, 갑오년에 주방(朱方)에서 죽어 사라져버렸다. 하늘이 나에게 공중을 나는 것을 이루지 못하게 한 것인가? 어찌 이렇게 갑자기 학을 빼앗아갔는가! 이에 황폐(黃幣)를 이 산 아래에 보관하여 선가(仙家)의 일을 밝히고, 전자(篆字)로 새겨 썩어 없어지지 않게 하였다."

그 사(詞)는 이러하다.

이 학을 자세히 보니	相此胎禽,
부구(浮丘)[98]가 나타나 지나간 것이네.	浮丘著經.
내 말하고 싶지 않지만	余欲無言,
어진 선비가 다만 부른다네.	上士惟徵.
현문(玄門)에서는 북을 물리치고	玄門去鼓,
화곤(華袞)[99]은 소리를 머금고 있네.	華袞留聲.
미명(微冥)을 방불케하는데	髣髴微冥,
해화(解化) 또한 편안하네.	解化亦寧.
이에 나무꾼 벗이 있어	爰有樵侶,
강형(江荊)에 나와 묻었네.	出瘞江荊.
뒤에는 큰물줄기 갈라지고	後割洪流,
앞에는 참으로 묘문(墓門)이라네.	前固重扃.

98 부구(浮丘) : 부구공(浮丘公). 즉 고대 중국 전설상의 신선 이름.
99 화곤(華袞) : 옛날 왕공(王公)이나 귀족이 입던 화려한 의복.

화양진인(華陽眞人)[100]이 짓고, 일소(逸少)[101]가 쓰다.

38 예학명(瘞鶴銘)

오위업(吳偉業)의 『매촌집(梅村集)』에 실려 있는 「정곤륜강장문집서(程崑崙康莊文集序)」[102]에 이런 내용이 보인다. 정공(程公)[103]이 항상 초산(焦山)에 올라갔는데, 풀을 헤치고 「예학명」을 찾아내었다. 그런데 「예학명」의 글자가 이지러지고 손상되어 온전하지 않아서 별도로 선본(善本)을 구입하여 절벽을 갈아 이 선본을 매달아 놓고 새겼다. 이상(貽上)을 왕사정(王士禎)의 자이다. 데리고 가서 함께 노닐었는데, 서로 보며 힘껏 부르짖고선 각자 글 한 편씩을 지어 그 일을 기록하니, 강변의 사람들이 부러워하며 매우 칭찬하였다.

39 미남궁(米南宮)의 글씨

진릉(晉陵)의 부자인 승씨(承氏)의 아들 집에 미원장(米元章)[104]이 쓴 '제

---

100 화양진인(華陽眞人) : 도홍경(陶弘景, 452~536)을 가리킨다. 그의 자는 통명(通明)이고 강소성 단양 사람이다. 남북조시대 도가 철학자로, 어려서 갈홍(葛洪)의 『신선전』을 읽고, 양생(養生)의 뜻을 품었다. 금기초예(琴棋草隷)에 뛰어나고, 제(齊)나라 고제(高帝) 때 여러 왕의 시독(侍讀)이 되었으나, 그 후 구용(句容)의 구곡산(句曲山)에 은거하여 스스로 화양은거(華陽隱居), 화양진일(華陽眞逸) 또는 화양진인(華陽眞人)이라고 일컬었다.

101 일소(逸少) : 중국 동진시대의 서예가 왕희지(王羲之, 307~365)의 자(字).

102 「정곤륜강장문집서(程崑崙康莊文集序)」 : 『매촌집』에는 「정곤륜문집서(程崑崙康莊文集序)」로 되어 있다.

103 정공(程公) : 정강장(程康莊, 1613~1679). 청(淸)나라 때의 시인. 자는 곤륜, 또 다른 자는 탄여(坦如)이고, 산서성 무향(武鄕) 사람이다. 숭정9년(1635) 공생(貢生)으로 발탁되었고, 부통판(府通判)·부동지(府同知)를 역임하였다. 그는 시와 고문사(古文詞)에 특장이 있어 당시 문인들에게 존중받았다. 원래 문명(文名)이 있어 강남에 있을 때는 시백(詩伯)으로 일컬어졌다. 그의 사(詞)와 시와 문장은 『사대가문선(四大家文選)』에 편입되었다. 저서에 『일과당집(日課堂集)』이 있다.

일산미불지(第一山米芾識)'라는 여섯 글자를 옛날에 새긴 기이한 돌이 있었다. 그런데 승씨의 아들이 말하길, '불(芾)' 자[105]와 '비(費)' 자는 음(音)이 같아 상서롭지 않아서 깨어 부수고 다만 그 반만을 남겨놓았다고 하였다. 이 내용은 육우인(陸友仁)의 『연북잡지(研北雜志)』에 나온다.

우리나라 평양(平壤)의 연광정(練光亭)에는 어떤 사람이 '원장제일산(元章第一山)' 자를 베껴 써서 편액해 놓았는지 모르겠다. 주지번(朱之蕃)이 사명(使命)을 받들고 우리나라에 왔을 적에 그 사이에 '강(江)' 자를 써서 드디어 '제일강산(第一江山)'이란 네 개의 큰 글자를 완성하였다. 주지번의 필적은 미불의 필적에 견주어보면 비록 아주 잘 본받아 모방하였지만 끝내 자손의 반열에 있는 수준의 것이다.

40 서화(書畫)와 옛 기물(器物)

장세남(張世南)의 자(字)는 광숙(光叔)인데, 그의 『환유기문(宦游記聞)』에 이런 내용이 있다. "서화(書畫)와 옛 기물(器物)을 분별하고 섭렵함에 있어서 선배들은 대체로 일찍이 책을 저술하여 그 사이에서 논의하였지만 자세하게 밝힌 것은 아직 없다. 가령 임(臨)·모(摹)·경황(硬黃)·향탑(響搨), 이 네 가지는 각기 그 설(說)이 있다. 그런데 요즘 사람들은 모두 '임(臨)'과 '모(摹)'를 하나의 체(體)라고 여기고 '임'과 '모'가 판이하게 다르다는 것을 거의 알지 못한다.

---

104 미원장(米元章) : (1051~1107). 원장은 미불(米芾)의 자. 미(米)는 혹 천(芊)으로 쓰고, 불(芾)은 혹 불(黻)로 쓰기도 한다. 호는 해악외사(海嶽外史)인데, 미양양(米襄陽), 미남궁(米南宮)이라고도 불린다. 북송(北宋)의 서법가(書法家)이자 화가이며 관리이다. 일찍이 벼슬은 교서랑(校書郎)·서화박사(書畫博士)·예부원외랑(禮部員外郎)을 지냈다. 서화로 스스로 일가를 이루었다. 개성이 강하고 예법에 구애받지 않고 자유롭게 행동하였다.

105 불(芾)자 : '芾' 자는 음(音)이 '비'이기도 하므로 '費' 자와 동음(同音)이기도 하다.

‘임(臨)’은 종이를 곁에 놓아두고 그 대소(大小)와 농담(濃淡)과 형세(形勢)를 자세히 살펴 배우는 것이니, 연못에 임(臨)한다는 ‘임(臨)’ 자와 같은 의미이다. ‘모(摹)’는 얇은 종이를 위에 덮는 것으로, 그 곡절(曲折)과 완전(宛轉)함을 따라서 붓을 놀리는 것을 ‘모(摹)’라고 한다. ‘경황(硬黃)’은 뜨거운 다리미에 종이를 올려놓고선 그 위에 황납(黃蠟)을 고르게 칠하면 엄연히 침각(枕角) 같이 되어 아주 조금이라도 반드시 드러나는 것을 말한다. ‘향탑(響榻)’은 종이를 그 위에 덮고 밝은 창문 사이로 나아가 빛을 비추어 본뜨는 것을 말한다.

옛 기물을 변별함에 있어서 이른바 관지(款識)·납다색(蠟茶色)·주사반(朱砂班)·진청녹정구(眞靑綠井口) 따위가 있으면 바야흐로 진자 옛 것[眞古]이 된다. 이것을 제작함에는 운문(雲紋)·뇌문(雷紋)·산문(山紋)·경중뇌문(輕重雷紋)·수화뇌문(垂花雷紋)·인문(麟紋)·세문(細紋)·속문(粟紋)·선문(蟬紋)·황목(黃目)·비렴(飛廉)[106]·도철(饕餮)·교리(蛟螭)·사룡(虯龍)·기린[麟]·봉(鳳)·곰·호랑이·거북이·뱀·사슴·말·코끼리·난새[鸞]·기(夔)·희(犧)·원숭이[蜼]·오리·쌍어(雙魚)·반훼(蟠虺)·여의(如意)·환락(圜絡)·반운(盤雲)·백유(百乳)·앵이(鸚耳)·귀이(貫耳)·언이(偃耳)·직이(直耳)·부이(附耳)·협이(挾耳)·수이(獸耳)·호이(虎耳)·수족(獸足)·기족(夔足)·백수(百獸)·삼리(三螭)·수초(穟艸)·서초(瑞艸)·전대(篆帶) 규룡(虯龍)을 묶어놓은 듯한 형세이다. ·성대(星帶) 사방(四旁)을 성상(星象)으로 장식한다. ·보유(輔乳) 종(鍾) 이름인데, 음악을 절제할 적에 사용하는 것이다. ·쇄유(碎乳) 종 이름으로, 대유(大乳)가 36개인데, 바깥부분에 다시 소유(小乳)를 두른다. ·입기(立夔)·쌍기(雙夔) 따위가

106 비렴(飛廉): 상상의 새. 머리는 참새처럼 생기고 뿔이 있으며, 몸은 사슴과 같은데, 표범과 같은 얼룩무늬가 있고, 꼬리는 뱀과 같이 생겼다고 한다. 바람을 잘 일으킨다고 한다.

있다.

무릇 옛 기물의 제도가 하나같이 이것에 부합되니, 운뢰종(雲雷鍾)·녹마세(鹿馬洗)·앵이호(鸚耳壺) 따위가 이것이다. 만일 관지(款識)가 있으면 관지로 이름붙이는데, 주숙액정(周叔液鼎)·제후종(齊侯鍾) 따위가 이것이다.

옛 기물의 이름에는 종(鍾) 큰 것은 '특(特)'이라 하고, 중간 것은 '박(鎛)'이라 하며, 작은 것은 '편(編)'이라 한다. ·정(鼎)·준(尊)·뢰(罍)·이(彝)·주(舟) 대야와 비슷한데 귀가 있다. ·유(卣) 음(音)은 유(酉)이고, 또 유(由)라고도 하는데, 중간 크기의 준기(尊器)이고, 뚜껑과 발이 붙어있고 호(壺)와 비슷하다. ·병작이(瓶爵耳) 귀가 있고 유(流)가 있고 발이 있다. 유(流)는 부리이다. ·치(卮)·치(觶) '지(之)' 자와 '고(豉)' 자의 반절(反切)이고, 술잔이다. ·각(角) 이(彝)와 비슷한데, 기둥이 없다. ·배(杯)·돈(敦)·보(簠) 그 모양이 네모이다. ·궤(簋) 정(鼎)과 비슷한데 작고 뚜껑이 있으며 네 개의 발이 있다. ·두(豆)·언(甗) '우(牛)' 자와 '언(偃)' 자의 반절이고, 밑이 없는 시루이다. ·정(錠) '도(徒)' 자와 '경(經)' 자의 반절이고, 또 '도(都)' 자와 '정(定)' 자의 반절이다. ·가(斝)·고(觚)·력(鬲) 모양이 정(鼎)과 같이 만들어졌고, 『한지(漢志)』에서는 발이 없는 것을 '력(鬲)'이라 한다고 하였다. ·복(鍑) '방(方)' 자와 '유(宥)' 자의 반절이고, 『옥편(玉篇)』에 이르길, 부(釜)인 듯한데 크고, 실제로 작은 옹기 비슷하며 고리가 있다. ·화(盉) '호(戶)' 자와 '과(戈)' 자의 반절이고, 또 '호(胡)' 자와 '와(臥)' 자의 반절이다. 오미(五味)를 담는 그릇으로 정(鼎)과 비슷한데 뚜껑이 있고 부리가 있고 집번(執攀)이 있다. ·호(壺) 그 종류가 네 가지인데, 원(圓)과 편(匾)과 방(方)과 온(瑥)이라 한다. ·암(䣭) '어(於)' 자와 '함(含)' 자의 반절이고, 뚜껑을 덮는다. 대야와 비슷한데 그 배 부분이 크고 발이 있고 제번(提攀)이 있다. ·부(瓿) 호(壺)와 비슷한데 작고, '포(蒲)' 자와 '후(後)' 자의 반절이다. ·앵(罌) 부(釜)와 비슷하다. ·감(鑑) 물을 담는 그릇인데, 윗부분은 네모반듯하여 말[斗]과 같고, 바닥에 풍창(風囪)을 내었으며, 아래에 쟁반을 설치하여 담는다. ·이(匜) '익(弋)' 자와 '지(支)' 자의 반절이고 대야에 물을 댄다. ・반(盤)・세(洗)・분(盆)・현(鋗) '호(呼)' 자와 '원(元)' 자의 반절이고, 대야 비슷하다. 『옥편』에는 작은 동이라고 하였다. ・우(杅)・경(磬)・순(錞)・탁(鐸)・정(鉦) 종(鍾)과 비슷한데 작다. ・요(鐃)・척(戚)・대(鐓) 물건을 장식하는 자루이다. ・렴(奩)・감(鑑) 거울 ・절(節)・월(鉞) 창 ・모(矛)・노(弩)・순(盾)・기(機)・표좌(表坐)・기령(旂鈴)・도필(刀筆)・장두(杖頭)・준룡(蹲龍) 왕실의 사당이나 임금이 타는 수레[乘輿]의 장식품인데, 혹 난간 틈의 물건이라고도 한다. ・구거(鳩車) 아이들이 가지고 노는 도구이다. ・제량귀사연적(提梁龜蛇硯滴)[107]・차로(車輅)[108]・탁로(托轆) 따위가 있다. 이것은 그 대체적인 것들인데, 다 갖추기 어렵다. 하지만 이것들을 아는 자 또한 반이라고 생각한다.

이른바 관지(款識)는 두 개의 의미로 나뉜다. 관(款)은 음자(陰字)를 말하는데, 오목하게 들어간 것으로, 새기고 그려서 만들어진다. 지(識)는 양자(陽字)를 말하는데, 쑥 튀어나온 것으로, 바로 '임(臨)'이 '모(摹)'와 각기 다른 것과 같다. 납다색(臘茶色)은 또한 차이가 있는데, 하(夏)・은(殷)・주(周) 삼대(三代)와 진한(秦漢) 시대 사이의 기물로 세상에 돌아다니는 것들은 세월이 점점 오래되어 그 빛깔이 연한 누런색[微黃]이면서 윤기가 난다.

지금 사대부들 사이에서 옛 기물을 논하매, 빛깔이 아주 엷은 것을 진품이라고 여기는데, 이는 대개 하나의 치우친 견해이다. 빛깔이 아주 엷은 것도 있고, 아주 진한 것도 있는데, 다만 제작한 것을 살펴보면 빛깔이 윤택하여 저절로 볼만하다. 또한 수백 년 전에 구용(勾容)에서 주

---

107 제량귀사연적(提梁龜蛇硯滴) : 손잡이가 있고 거북 형상의 뱀 모양으로 만들어진 연적인 듯하다.

108 차로(車輅) : 임금 또는 왕세자 등이 타는 수레를 가리킨다. 자백마(赭白馬)가 끌었고, 상아나 주칠(朱漆)을 사용했으며, 금도금과 은장식 등을 하였다. 대개 국가적인 제향(祭享)이 있을 때 이용하였다.

조한 것으로 그 솜씨도 정교하니, 지금 주조한 것이 그 수준에 미치지 못한다. 그러니 필경 검은빛이면서도 바싹 마른 것은 모름지기 저절로 고풍스런 빛깔이 된 것이니, 바야흐로 진짜 옛 것[眞古]이다.

41 오도자(吳道子)의 그림

왕사록(王士祿)109 자저(子底)의 보암당(普菴堂)에는 오도자(吳道子)의 「수륙화축가서(水陸畵軸歌序)」와 오생(吳生)의 화필(畵筆)이 지금까지 남아 있는데, 거의 편지처럼 중시되었다. 평양(平陽) 서편 보암당(普庵堂) 수륙사(水陸社)에 바로 오생이 그린 수륙화(水陸畵) 1백 20축(軸)이 있는데, 수륙사가 이름난 것은 이 때문이다. 강자(姜子) 기계(綺季)가 말하길, 절의 승려가 그림의 출처를 기록하였는데 아주 기이하다고 하였다.

명나라 세종(世宗) 때 서하군(西河郡) 왕성(王城) 북쪽에 틈새 땅이 있었는데, 폐사(廢寺)의 옛터라고 전해진다. 그 땅 중간에 몇 자쯤 되는 네모반듯한 곳이 있는데, 비가 내려도 젖지 않고, 눈이 심하게 내려도 쌓이지 않으며, 또 한밤중에 항상 기이한 빛이 보였다. 왕이 마음속으로 이를 이상하게 여겨 곧 땅을 파서 그 괴이함을 궁구(窮究)해 보려하였다.

다섯 자 정도 땅을 깊이 파서 커다란 석함(石函) 하나를 얻었다. 두 개의 철끈으로 묶여 있었는데, 이를 풀어서 또 석함(錫函) 하나를 얻었다. 그 가장 속안은 나무로 된 함(函)이었는데, 그 목함(木函)을 열어보니 화축(畵軸)이 보였다. 바로 세상에 드문 기이한 보물이었다. 왕이 죽고, 대를 이은 왕이 기이한 보물임을 알지 못하여 휘사(揮使) 여(呂)에게 주었는데, 여가 또 죽고 그 집안이 몰락하자, 절의 승려가 일정한 값으

109 왕사록(王士祿) : (1626~1673). 자는 자저(子底)·백수(伯受), 호는 서초(西樵)이며, 산동(山東) 신성(新城) 사람이다. 명말청초 시기의 관리이자 화가이다.

로 구입하여 전(殿)을 지어 보관하였다. 이는 숭정(崇禎) 연간의 일이라고 한다. 강자(姜子)의 말 때문에 빨리 구해 살펴보았는데, 30축을 얻어 보니 기필(奇筆)임이 믿어졌다.[110]

42 우리나라 사람[東人]은 서화를 숭상하지 않는다

우리나라 사람은 서화를 숭상하지 않아서 무릇 병풍과 족자와 편액을 때때로 싫어한다. 그러니 이것으로 손님을 맞이하면 비웃어서 손가락질을 받지 않을 수 있겠는가? 동월(董越)의 「조선부(朝鮮賦)」에 이런 시구가 있다.

관사(館舍)나 전사(傳舍)의 벽 사이에는 館傳壁間,
수묵으로 그린 변변찮은 그림들을 바르고 盡塗以水墨不工之畫,
문과 들창이 합쳐지는 곳에는 戶牖合處,
모두 혼돈이 처음으로 나누어지는 그림 그렸네.[111] 皆寫以混沌初分之圖.

대개 국초(國初)부터 이미 이와 같은 누습(陋習)이 있어, 빈사(儐使)[112] 들은 이를 모를 수 없었다.

43 양무제(梁武帝)가 도홍경(陶弘景)에게 보낸 편지

근래에 두 권의 서첩을 잠시 남겨두어 견주어보려 했는데, 서로 차이가

110 이 항목의 일부 내용이 『지북우담(池北偶談)』 권20 「담이(談異)」에 보인다.
111 혼돈이 … 그렸네 : 문에다가 태극 문양을 그린 것을 형용한 말. 태극 문양은 천지가 생기기 전의 혼돈 상태에서 점차 하늘은 위로 땅은 아래로 나뉘는 것을 나타낸 것이다.
112 빈사(儐使) : 사행(使行)을 맞이하여 접대하는 관원.

나지 않았습니다. 서첩은 바로 장서(裝書)에서 나온 것이어서 이미 당연히 보았고 이전에 준 것입니다. 정본(正本)이 없다면 이것을 취하여 갖출만합니다. 모름지기 가는 서체로 바꾸고자 한다면, 「악의론(樂毅論)」[113]과 「태사잠(太師箴)」의 예(例)와 같아야 합니다. 하지만 일소(逸少)의 글씨 중에는 아주 가는 서체가 없는데, 「악의론(樂毅論)」의 서체는 작고 거치니 진적(眞蹟)이 아닐까 염려됩니다. 「태사잠(太師箴)」[114]의 서체는 약간 겹치면서 모서리가 예쁘지만 필력(筆力)이 지나치게 약하여 서체가 삐뚤어지고 이상해졌습니다. 이 두 가지는 이미 감상했고, 이 밖에 부칠 만한 것이 없습니다.

또 별소(別疏)를 살펴보니, "옛날에는 으레 글씨를 써서 감상함이 적었는데, 이는 훌륭한 일이었습니다. 비록 풍훈(風訓)이라도 꺼리지 않았을 것입니다."라는 말이 있었습니다. 능숙하지는 않지만 그저 대략 한번 말해보겠습니다.

무릇 운필(運筆)이 느릿하면 망각(芒角)[115]이 없고, 붓대를 잡은 손이 멀면 글씨가 늘어지고 약해집니다. 점(點)을 긋듯이 짧게 하면 모양이 부푼 종기처럼 되고, 점을 삐치면서 길게 하면 모양이 흐르다 잦아든 물처럼 됩니다. 필획이 촉급하면 글자가 자유자재이고, 필획이 성글면 글자 모양이 느긋합니다. 필획이 구애를 받으면 글자의 형세가 부족해지고, 필획이 자유로우면 또한 법칙에서 벗어났다고 합니다. 순골(純骨)은

113 「악의론(樂毅論)」: 중국 삼국시대 위(魏)나라 하후현(夏侯玄)이 전국시대 연(燕)나라의 명장 악의(樂毅)에 대해서 쓴 소론. 동진(東晋)의 왕희지가 해서(楷書)로 쓴 것이 유명하며, 해서의 법첩(法帖)이 되었다.

114 「태사잠(太師箴)」: 중국 위진(魏晉)시대 죽림칠현(竹林七賢)의 일원이었던 혜강(嵇康)이 지은 글로, 밝은 제왕의 도를 논하고 있다. 왕희지가 쓴 글씨가 유명하다.

115 망각(芒角): 원래는 벼·보리 따위의 낟알 껍질에 붙은 깔끄러운 수염을 가리키는데, 여기서는 서체의 각(角)이진 부분이나 예리한 부분을 지칭한다.

아름다움이 없고, 순육(純肉)은 힘이 없습니다. 먹이 적으면 뜨면서 매끄럽지 않고, 먹이 많으면 투박하고 둔합니다. 이 두 개를 비교해 보면 아울러 모두 그러합니다. 마음 가는 대로 쓴 것이니 자연스런 이치입니다.

가령 억양(抑揚)이 적당하고, 취사(趣舍, 나아가고 머무름)가 어긋나지 않고, 붓을 잡으매 이어지면 긴장되게 하고 끊어지면 편안해 보이게 하며, 붓이 부딪치는 형세는 봉우리가 무성한 듯이 합니다. 물결이 솟아올랐다 꺾이듯이 하고, 법칙에 합치되게 하며, 분간(分間)하여 아래에 머물게 하고, 짙고 부드러운 모양이 모서리에 남게 합니다. 비대하고 수척함이 서로 조화되고 골력(骨力)[116]이 서로 대응하여 균형이 잡히면, 아련하게 아름다워서 보는 것으로는 만족하지 않을 것입니다. 위엄 있고 늠름하여 항상 생기가 있을 것이니, 눈으로 보기에 적합하고 마음에 흡족하여 곧 으뜸이 될 것입니다. 제가(諸家)는 알아야하니 또한 마땅히 거듭 이것에 일일이 익숙해져야하고, 육의(六義)[117]에 능숙해야하니, 또한 마땅히 거듭 이것을 따라 익혀야 합니다.

한 번 들으면 지킬 수 있고 한 번 보면 기억할 수 있는 사람이 옛날이나 지금이나 없지 않습니다. 대강 논의해보아도 끝내 이것을 익히는 데로 귀결될 것입니다. 정막(程邈)[118]이 서체(書體)를 변화시킬 수 있었던 것은 오래되었기 때문이요, 장지(張芝)[119]가 글씨를 잘 쓸 수 있었던 것

---

116 골력(骨力) : 서화에서, 필획에 드러난 굳센 힘. 즉 웅장한 필세를 가리킨다.

117 육의(六義) : 육서(六書). 한자의 여섯 가지 서체인 대전(大篆)·소전(小篆)·예서(隷書)·팔분(八分)·초서(草書)·행서(行書)를 가리킨다.

118 정막(程邈) : 진(秦)나라 사람. 자는 원잠(元岑). 죄를 지어 옥중에 있었을 때, 전서(篆書)를 간편하게 만든 예서(隷書) 3,000자를 만들어 시황제에게 바쳐, 용서를 받고 어사로 임명되었다고 한다.

119 장지(張芝) : 후한(後漢)의 서예가. 자(字)는 백영(伯英). 감숙성(甘肅省) 돈황(敦煌) 주천(酒泉) 사람이다. 조정의 부름을 받았지만 벼슬길에 나가지 않고 서예를 익히는 데 온힘을 기울였다. 장초(章草)에 뛰어난 재능을 보였고, 장초를 독립적으로 감상할 가치가 있는 예

은 정교하게 배운 것이 축적되어서입니다. 이미 오래되었고 또 축적되었기 때문에 바야흐로 지금 이런 말을 늘어놓을 수 있는 것입니다.

나는 젊은 시절 혹 능숙하지 못하여 갑자(甲子)를 써서 편지(篇紙)로 논의할 수 없었습니다. 그러니 늙어서 말해보아야 또한 거듭 무엇을 말할 수 있겠습니까? 바로 지금 시대에 비웃음을 당하기에 족하고, 후대에 웃음거리가 될 것입니다. 마침내 다만 닳아 없어져버릴 말들을 보면 전부 외워서 참[眞]을 숨기니, 이 때문에 참을 더럽히게 되는 것입니다. 이는 진실한 예술의 정수(精髓)이지만 내가 이른바 훌륭한 일은 아니요, 이는 도심(道心)의 티끌이지만 내가 이른바 하고 싶지 않은 것은 아닙니다.

44 도홍경(陶弘景)의 답서(答書)

제1권 중에는 잡다한 작품들이 있는데 삼가 소주(疏注)가 하나같이 다르니 제가 마음속으로 허여하지 못할까 염려됩니다. 모두 모사(模寫)한 것을 절취하여 바친 것들입니다. 근래 10여 일 동안 곰곰이 생각해보니 가슴이 두근거렸고, 마음 편히 사실을 진술하지 못했습니다. 드디어 위축되기에 이르렀으니 다시 기대하시지 않는 것이 마땅합니다. 채워서 완성하였고 나머지 부분은 아울러 시행하지 않았습니다. 다만 숙야(叔夜)[120]와 위련(威輦)[121]의 두 편은 경서(經書)의 형식인데, 단곽(單郭)이 한스럽습니다.

살펴보건대 권(卷) 상의 여러 편은 참으로 적지 않은데, 전지(前旨)는

술로 발전시켰다는 평가를 받았다. 초서(草書)에 능하다고 하여 초성(草聖)이라 불린다.

120 숙야(叔夜) : 중국 위진(魏晉)시대 죽림칠현의 일원인 혜강(嵇康)의 자.

121 위련(威輦) : 중국 동진(東晋)시대의 고사(高士)인 동경(董京)의 자.

오직 네 권(卷)에만 있습니다. 이 책들은 송나라 원가(元嘉)[122] 연간 중의 찬집(撰集)과 비슷한데, 이후로 대부분 산실되었습니다. 일소(逸少)의 유명한 작품은 몇 점에 불과한데, 「황정경(黃庭經)」·「권진표(勸進表)」·「동방삭화상찬(東方朔畵像贊)」·「낙신부(洛神賦)」 등은 의심스럽지만 아직도 남아있는 것들입니다.

제23권, 지금 보니 12개의 작품이 별지(別紙)에 있습니다. 이 권(卷)을 살펴보니 바로 왕우군(王右軍)[123]의 글씨인데, 다만 여덟 점이 있습니다. 앞부분에 있는 「악의론(樂毅論)」의 글씨는 그 필획이 아주 굳세고 예리했지만 심히 사용해볼 마음이 없었습니다. 이 서예 작품에는 원래 자못 뭉개진 글자가 있었습니다. 「태사잠(太師箴)」과 「대아음(大雅吟)」은 사용해볼 마음이 아주 컸지만 또한 약간의 얽매임이 있습니다. 이 서예 작품은 바로 머리병풍으로 좋은 물건입니다. 그 나머지 다섯 작품은 딱 꼬집어 말할 만한 것이 없습니다.

'신도언(臣濤言)' 한 장, 이 글씨는 나쁘지 않은데, 왕우군 부자(父子)의 글씨가 아니라면 또 누구의 글씨인지 모르겠고, 모사품인 듯도 합니다. '급사황문(給事黃門)' 두 장, '치렴력(治廉瀝)' 한 장, 무릇 이 두 편은 모두 위군참군(衛軍參軍)을 지낸 임정(任靖) 사안(謝安)의 글씨입니다. 또한 뒷부분에 있는 '치력리골방(治瀝狸骨方)' 한 장. 이것은 자경(子敬)의 글씨인데, 또한 모사품인 듯합니다. 위의 네 가지는 왕우군의 글씨가 아닙니다.

제24권, 지금 보니 21개의 작품이 있습니다. 이 권을 살펴보니 왕우군의 글씨입니다. 다만 11개의 작품이 있는데, 모두 마음에 아주 흡족한 것들은 아닙니다. 아울러 대부분의 작품이 제멋대로 쓴 것으로, 모사한 부분은

---

122 원가(宋元嘉) : 중국 위진남북조시대 남조 송나라의 연호로, 시기는 424~455년이다.

123 왕우군(王右軍) : 중국 동진시대의 서예가 왕희지를 가리킨다. 그가 일찍이 우군장군(右軍將軍)을 지냈기 때문에 왕우군이라 일컫는 것이다.

섬세하고 곡진함을 회복하기 어렵습니다.

앞부분에 있는 '황초삼년(黃初三年)' 한 장, 이 작품은 후세 사람이 왕우군의 글씨를 모방한 것입니다. '무습고묘문(繆襲告墓文)' 한 장, 이것은 허선생(許先生)의 글씨입니다. '포회유통(抱懷幽痛)' 한 장, 이것은 장징(張澄)의 글씨입니다. '오월십일일(五月十一日)' 한 장, 이것은 왕민(王泯)의 글씨를 모사하고 기름을 입혔습니다. '상상황기(尙想黃綺)' 한 장, '수결체(遂結滯)' 한 장, 무릇 이 두 편은 모두 후세 사람이 모방한 것인데, 아주 거칠고 나쁩니다. '불부전(不復展)' 한 장, 이것은 자경(子敬)의 글씨입니다. '변부개월(便復改月)' 한 장, 이것은 장익(張翼)의 글씨입니다. '오월십오일요백(五月十五日繇白)' 한 장, 이것도 왕민의 글씨입니다. '치효방(治效方)' 한 장, 이것은 사안(謝安)의 글씨입니다.

위의 열 가지는 왕우군의 글씨가 아닙니다. 구분하는 것이 허여되지 않을까 염려스럽습니다만 지금 삼가 허선생과 임정(任靖)의 서예 작품을 구분하여 올리니 비교해보시면 바로 알 수 있습니다. 왕민(王泯)·장익(張翼)·장징(張澄)의 서예작품은 왕실에 응당 있어야 합니다.

45 사호비(四皓碑)

사호(四皓)[124]가 죽자, 한(漢)나라 혜제(惠帝)가 이들을 위해 문수비(文竪碑)를 지었다. 이 말은 임방(任昉)의 글에 보인다.

124 사호(四皓) : 상산사호(商山四皓). 중국 진 시황 때 난리를 피하여 섬서성(陝西省) 상산(商山)에 들어가서 숨은 네 사람의 선비, 즉 동원공(東園公)·기리계(綺里季)·하황공(夏黃公)·록리(甪里) 선생을 가리킨다. 이들은 모두 머리털은 물론 수염과 눈썹까지 희었으므로 이렇게 일컬어졌다.

46 태산(泰山) 노군당비(老君堂碑)

태산(泰山)의 동남쪽 산기슭에 있는 노군당(老君堂) 앞의 석비(石碑)에는 모두 당나라 때 건초(建醮)하고 조상(造像)했다고 기록되어 있다. 석비의 글자는 모두 대주(大周)[125] 때의 것이다. 천(天)은 '이(而)' 자가 되고, 지(地)는 '지(埊)' 자가 되고, 성(聖)은 '𨳍' 자가 되고, 년(年)은 '𠡦' 자가 되고, 월(月)은 '囝' 자가 되고, 역(亦)은 '匜' 자가 되고, 일(日)은 '㉢' 자가 되고, 수(授)는 '비(備)' 자가 되고, 초(初)는 '𤬔' 자가 된다. 다만 '𢓊' 자는 상고할 수 없지만 '응(應)' 자 인듯하다. 무릇 숫자는 일(壹)·이(貳)·삼(參)·사(肆)·팔(捌)·구(玖) 등의 글자인데, 모두 무후(武后)가 고친 것이다. 스스로 성력비(聖曆碑)를 만들었는데, 여기에 "설금록보제하도(設金籙寶齊河圖), 대초칠이(大醮桼㉢)"라고 말한 구절이 있는데, '桼' 자는 옛날의 '칠(七)' 자이다. 『태현경(太玄經)』을 성력비와 견주어보면 이칠(二桼)이 이것이다.

47 고려비(高麗碑)

고려(高麗)의 비석(碑石)은 아담하여 볼만하지만 간혹 마멸된 부분이 많아 그 부분의 내용을 알 수가 없다. 남아 있는 것도 긁히고 깎여 떨어져 나가 살펴볼 수가 없다. 지금 가장 알아볼 수 있는 것들을 기록해 둔다.

양릉정비(陽陵井碑) 개성부(開城府) 남쪽으로 8리에 있다. 대명(大明) 홍무(洪武) 3년(1370)에 황제가 조천궁(朝天宮)의 도사(道士) 서사호(徐師昊)를 파견하여 고려의 산천에 제(祭)를 지내게 하였다. 서사호가 또 돌을 싣고 와서 묻기를, "도성(都城) 남쪽의 풍천(楓川)은 어디에 있는 지역입니까?"라고 하였다. 이에 사람들이 양릉정(陽陵井)이라고 대답하였다. 서사호는 양릉정에서 제를 올리고 비석을 세우고 갔다.

125 대주(大周) : 당나라 고종의 황후인 측천무후가 세운 나라의 명칭.

묘련사(妙蓮寺) 중흥비(重興碑) 터가 삼현리(三峴里)에 있고, 고려 이제현(李齊賢)이 지었다.

벽사비(甓寺碑) 여강(驪江) 동쪽 언덕에 있다. 절에 강월헌(江月軒)이 있는데, 나옹(懶翁)이 거처한 곳이다. 나옹의 제자들이 사리(舍利)를 석종(石鍾)에 보관하고선, 진당(眞堂)을 세웠다. 고려시대 이색(李穡)이 기록하였다.

고달사비(高達寺碑) 여주(驪州) 혜목산(慧目山)에 있는데, 바로 고려 한림학사(翰林學士) 김정언(金廷彦)이 승려 혜진(慧眞)의 탑비(塔碑)을 지었다.

지족사비(智足寺碑) 산음현(山陰縣) 지리산(智異山)에 있는데, 바로 고려 예부상서(禮部尙書) 손몽주(孫夢周)가 지은 것이다. 혜월(慧月)과 진관(眞觀)의 두 비석이 있다.

봉림사비(鳳林寺碑) 창원(昌原) 봉림산(鳳林山)에 있는데, 바로 신라 집사시랑(執事侍郎) 최인연(崔仁渷)이 지은 것으로, 승려 진경(眞鏡)의 비석이다.

월영대 석자(月影臺石字) 창원(昌原) 회원현(會原縣) 서쪽에 있는데, 최치원(崔致遠)이 노닐던 곳으로, 바위에 새겨진 글자는 깎여 떨어져나갔다.

인각비(麟角碑) 의흥(義興) 화산동(華山洞) 입구에 있는데, 벽에 우뚝 솟아 있다. 세간에서 기린(麒麟)이 벽에 뿔을 걸어놓았다고 전해지기 때문에 이름 붙여진 것이다. 고려 시랑 민지(閔漬)가 지은 보각비명(普覺碑銘)이 있다.

태자사비(太子寺碑) 봉화(奉化)의 태자산(太子山)에 있는데, 바로 신라 병부시랑 최인연(崔仁渷)이 승려 낭공(朗空)의 탑명(塔銘)을 지었다. 승려 단월(端月)이 김생(金生)의 글씨를 집자(集字)한 것인데, 상석(上石)을 찾아내어 잘 정돈하여 지금 고을의 관아에 옮겨 놓았다. 또 고려 좌간의대부(左諫議大夫) 김번언(金審言)이 지은 승려 통진(通眞)의 탑명(塔銘)이 있다.

동화사비(桐華寺碑) 대구(大丘)의 공산(公山)에 있는데, 바로 고려 김훤(金晅)이 지은 승려 홍진(弘眞)의 탑명(碑銘)이다.

분황사비(芬皇寺碑) 경주부(慶州府) 동쪽 5 리에 있는데, 신라 선덕왕(善德王) 3년(634)에 절이 지어졌다. 고려 평장사(平章事) 한문준(韓文俊)이 지은 화정국사비(和淨國師碑)가 있는데, 비석은 바로 오금석(烏金石)이다.

무장사비(鍪藏寺碑) 경주부 동북쪽으로 30 리에 있는 암곡촌(暗谷村) 북쪽에 있다. 민간에 전해지길, 여조(麗祖)가 통합된 후에 이곳에 투구를 숨겼기 때문에 이렇게 이름한 것이라 한다. 옛날 비석이 있다.

봉덕사 종명(奉德寺鍾銘) 신라 혜공왕(惠恭王)이 구리종을 주조하였는데, 무게가 12만근이고, 종을 치는 소리가 백여 리 밖에서도 들렸다. 후에 절이 산속에 묻혀버리자,[126] 천순(天順) 4년(1469)에, 고을의 영묘사(靈妙寺)로 옮겼다. 후에 부윤(府尹) 예춘년(芮椿年)이 남문(南門) 밖에 옮겨 놓고, 집을 지어 종을 매달았는데, 군사를 징발할 적에 이 종을 쳤다.

창림사비(昌林寺碑) 경주 금오산 기슭에 있다. 이곳에 신라 때의 궁전 터가 있었는데, 후대 사람들이 바로 그 터에 절을 지었다. 지금은 이 절이 무너졌고 옛 비석에는 글자가 없다. 원(元)나라 학사 조자앙(趙子昂)의 「창림사비발(昌林寺碑跋)」에 이르길, "위의 비문은 당(唐)나라 때에 신라의 김생(金生)이 쓴 것이다. 그 나라의 창림사비(昌林寺碑)는 자획(字畫)에 깊이 전형(典刑)이 있으니, 비록 당나라 사람 중에 명각(名刻)이라도 그의 실력을 능가할 수 없을 것이다."라 하였다. 옛말에 이르길, "어느 곳인들 인재가 태어나지 않겠는가?"라고 했는데, 믿을 만한 말이다.

단속사비(斷俗寺碑) 진주(晉州) 지리산 동동(東洞) 입구에 있는데, 최치원이 쓴 '광제엄문(廣濟巖門)' 네 글자를 새긴 바위가 있다. 또 최치원의 독서당(讀書堂)이 있었는데, 후에 무너져버리자 승려 태감(太鑑)의 영당(影堂)[127]을 지었다. 또한 신라 병부령(兵部令) 김헌정(金獻貞)이 지은 승려 신행(神行)의 비명(碑銘)과 고려 평장사(平章事) 이지무(李之茂)가 지은 승려 태감의 비명과 한림학사 김돈(金敦) 주서(舟西)가 지은 진정대사(眞定大師)의 비문이 있다.

쌍계사비(雙溪寺碑) 진주 지리산에 있는데, 최치원이 그 비문을 지었다.

반야사비(般若寺碑) 협천(陜川) 가야산 아래에 있는데, 절이 무너져 버린 지 이미

126 절이 … 묻혀버리자 : 경주에 큰 홍수가 발생하여 봉덕사가 북천(北川)에 묻혀버린 사실을 가리킨다.

127 영당(影堂) : 한 종파의 조사(祖師)나 한 절의 창시자, 또는 덕이 높은 승려의 화상(畫像)을 모신 집.

오래되었고, 다만 옛 비석이 남아 있다. 바로 고려 추밀원(樞密院) 지주사(知奏事) 김부일(金富佾)이 지은 무경화상(无景和尙)의 비문이다.

영국사비(寧國寺碑) 옥천(沃川) 지륵산(智勒山)에 있는데, 바로 고려 한문준(韓文俊)이 지은 승려 원각의 비문이다.

법작사비(法作寺碑) 보은(報恩) 속리산(俗離山)에 있는데, 신라 승려 의신(義信)이 지었고 성덕왕(聖德王)이 중수(重修)하였다. 문 앞에 아주 높은 구리 당(幢)을 주조해 놓았는데, 그 한 면에 통화(統和) 24년(1006)에 만들었다고 쓰여 있다. 또 고려 밀직대언(密直代言) 이숙기(李叔琪)가 지은 승려 초정(焦淨)의 비명(碑銘)이 있다.

보광사비(普光寺碑) 임천(林川) 성주산(聖住山)에 있는데, 바로 원나라 위소(危素)가 중건(重建)한 비석이다.

법천사비(法泉寺碑) 원주(原州) 명봉산(鳴鳳山)에 있는데, 바로 고려 승려 지광(智光)의 탑비(塔碑)이다.

홍법사비(興法寺碑) 건등산(建登山)에 있는데, 고려 태조가 만들면서 최광윤(崔光胤)에게 명하여 당나라 태종의 글씨를 상석(上石)에 집자(集字)하도록 하였다.

거돈사비(居頓寺碑) 원주(原州) 현계산(玄溪山)에 있는데, 바로 고려 최충(崔沖)이 지은 승려 승묘(勝妙)의 비문이다.

문수사비(文殊寺碑) 춘천 청평산 아래에 있는데, 원나라 태정(泰定) 황후가 승려 성징(性澄)과 윤견(允堅)에게 바친 불경을 이 절에 보관하였다. 이제현이 왕의 뜻을 받들어 이 비문을 지었다.

홍교사비(興敎寺碑) 영월(寧越) 태화산(太華山) 서쪽에 있는데, 고려 승려 충희(冲曦)의 비석이다. 희(曦)는 인종(仁宗)의 아들이다. 비문(碑文)은 다 깎이고 떨어져나가 읽을 수 없었고, 다만 비석의 음지(陰誌)에, 희(曦)의 문인인 보문각(寶文閣) 학사 최선봉(崔詵奉)이 주선하여 지었다고 하였다.

장안사비(長安寺碑) 회양(淮陽) 표훈사(表訓寺) 아래에 있다. 당전(堂殿)의 불상은 모두 중국 사람이 만든 것이다. 비문은 이곡(李穀)이 지은 것이다.

표훈사비(表訓寺碑) 회양 만폭동(萬瀑洞) 입구에 있는데, 바로 황제와 태황(太皇)

과 태후가 돈과 비단을 시주하였다. 절 문 오른쪽에는 또 글씨가 새겨져 있었는데, 바로 원나라 사람 양재(梁哉)가 지은 「상주분량기(常住分粮記)」이다. 고려 때 권한공(權漢功)의 글씨이다.

현화사비(玄化寺碑) 우봉(牛峯)과 영취봉(靈鷲峯) 아래에 있는데, 바로 주정(周佇)[128]이 지은 것이다.

광조사비(廣照寺碑) 해주(海州) 수미산(須彌山)에 있는데, 바로 고려 검교상서(檢校尙書) 좌복시(左僕射) 최언위(崔彦撝)가 지은 진철대사(眞澈大師)의 비문이다.

보현사비(普賢寺碑) 영변(寧邊) 묘향산(妙香山)에 있는데, 바로 고려 태사(太師) 김부식(金富軾)이 지었고, 학사 문공유(文公裕)가 글씨를 썼다.

도갑사비(道岬寺碑) 영암(靈巖)의 월암(月巖)에 있는데, 도선(道詵)이 일찍이 머물렀던 곳이다. 비문의 글자가 결락(缺落)되었다. 절에는 옛날부터 두 개의 바위가 있는데, 그 하나에는 '국장생(國長生)' 세 글자가 새겨져 있고, 다른 하나에는 '황장생(皇長生)' 세 글자가 새겨져 있었다.

불갑사비(佛岬寺碑) 영광(靈光) 모악산(母岳山)에 있는데, 비석의 글자가 이지러져 읽을 수 없다.

보림사비(寶林寺碑) 장흥(長興) 가지산(迦智山)에 있는데, 바로 신라 사마(司馬) 김영(金穎)이 지은 보조선사(普照禪師)의 탑명(塔銘)이다.

월남사비(月南寺碑) 강진(康津) 월출산(月出山) 남쪽에 있는데, 고려 승려 진각(眞覺)이 절을 창건하였고 이규보가 이 비문을 지었다.

왕룡사비(王龍寺碑) 광양(光陽) 백계산(白鷄山)에 있는데, 바로 최유청(崔惟淸)이 지은 도선(道詵)의 비문이다. 또 김정언(金廷彦)이 지은 승려 이엄(理嚴)의 비문이 있다.

---

128 주정(周佇) : 송나라 사람으로 목종 때 장사배를 따라 고려에 왔는데, 그의 재주를 알아차린 학사 채충순(蔡忠順)이 은밀히 왕에게 말해 그를 머물게 하였다. 성품이 겸손하고 품행이 공손하였으며, 글재주가 뛰어나 외교문서를 많이 작성했으므로 비할 데 없이 높은 대우를 받아 벼슬이 예부상서(禮部尙書)에까지 이르렀다.

불개사비(佛盖寺碑) 흥양(興陽) 지전산(智巓山) 기슭에 있는데, 바로 고려 때의 이익배(李益培)가 지은 승려 원오(圓悟)의 비문이다.

소정방비(蘇定方碑) 부여현(扶餘縣) 서쪽 2 리에 있는데, 소정방이 백제를 정벌했을 때 비석을 세워 공적을 기록하였다. 이 비문은 하수량(賀遂良)이 짓고, 권회소(權懷素)가 글씨를 썼다.

유인원비(劉仁願碑) 역시 부여현에 있는데, 유인원이 백제를 진압했을 적에 돌을 채취하여 공적을 기록하였다.

성주사비(聖住寺碑) 남포(藍浦) 성주산(聖住山)에 있는데, 바로 최치원이 지은 낭혜화상(朗惠和尙)의 탑명이다.

천등산비(天燈山碑) 충주(忠州) 북쪽 40 리에 있다. 일명(一名) 개천사비(開天寺碑)라고도 한다. 세간에서 전하길, 당나라 개원(開元) 연간에 세운 것인데, 글자가 깎이고 떨어져나가 읽을 수 없다고 하였다.

용두사비(龍頭寺碑) 충주(忠州) 미흘산(未訖山) 아래에 있는데, 바로 고려 최언위(崔彦撝)가 지은 승려 자등(慈燈)의 탑비이다.

초방원비(艸方院碑) 장진(長津) 황초령(黃艸嶺)에 있는데, 바로 신라 진흥왕이 북쪽을 순수(巡狩)한 비석이다.

이와 같은 종류는 아주 많은데 일일이 헤아릴 수 없다.

48 선춘령(宣春嶺)

선춘령(宣春嶺)은 갑산(甲山)과 사흘 길 거리에 있는데, 백두산 아래에 가까웠다. 그곳에 끊어진 비(碑)가 풀 속에 묻혀 있었는데, 신립(申砬)이 북병사(北兵使)가 되었을 적에 일찍이 베껴 왔었다. 높이는 겨우 다섯 자[尺], 넓이는 두 자쯤인데, 글자는 필진도(筆陣圖)와 비슷하였지만 작았고, 태반이 이지러지고 떨어져나갔다. 여기서 '황제'라 함은 고구려왕이다. '탁부(啄部) 아무개 6, 7명'이란 구절이 있는데, 하곡(荷谷) 허봉(許封)

이 말하기를, "옛날 사서(史書)에서 탁부는 지금의 대부(大夫)와 같다."라 하였다. 이 내용은 『오산설림(五山說林)』에 나온다.

49 매향비(埋香碑)

매향비(埋香碑)는 삼일포(三日浦) 남쪽 언덕에 있다. 원나라 무종(武宗) 지대(至大) 2년 기유년(1309)에 강릉도(江陵道) 존무사(存撫使) 김천호(金天皓) 등이 산승(山僧) 지여(志如)와 함께 연해(沿海) 고을에 향을 묻고, 그 지역과 향의 수량을 기록해 두었다. 그 비(碑)에 이르길, "평해군(平海郡) 지역 해안사동(海岸寺洞) 입구에 1백개를 묻고, 삼척현(三陟縣) 지역 맹방촌(孟方村) 물가에 1백 50개를 묻고, 강릉 지역 정동촌(正東村) 물가에 3백 11개를 묻고, 동산현(洞山縣) 지역 문주(文酒) 물가에 2백개를 묻고, 울진현(蔚珍縣) 지역에 두 글자가 닳아 없어졌다. 2백개를 묻고, 양양(襄陽) 덕산망(德山望)에 1백개를 묻고, 간성현(杆城縣) 지역 공수진(公須津)에 1백 11개를 묻고, 흡수현(歙首縣) 지역 단말을(短末乙)에 2백 11개를 묻고, 압성현(押城縣) 학포(鶴浦)에 1백 20개를 묻고, 그 수효를 일일이 헤아렸다."라고 하였다. 비문은 여기에서 그쳤다.

50 진흥왕(眞興王) 북순비(北巡碑)

『동국지지(東國地志)』에 말하길, "함흥(咸興)의 황초령(黃草嶺)과 단천(端川)에는 신라 진흥왕순수비(眞興王巡狩碑)가 있다."라 하였다. 신경준(申景濬)이 말하길, "초방원(草坊院)은 지금 함흥부 북쪽으로 백여 리 초황령(草黃嶺) 아래에 있다. '방(坊)' 자는 『여지승람(輿地勝覽)』에 '황(黃)' 자로 되어있는데, '방(坊)' 자와 '황(黃)' 자는 소리가 서로 비슷하다."라고 하였다. 『해동집고록(海東集古錄)』에는 "비문은 12행이고, 한 행에 35자로, 전체 비문의 글자는 4백 20자이다. 그런데 갈라지고 마멸되어 판별할 수 없는 글자가 거의 2백 78자이다."라고 하였다.

지금 「신라본기(新羅本紀)」를 살펴보면, 진흥왕 16년인 무자년(555) 겨울 10월에 북한산(北漢山)을 순수하여 강역(疆域)을 확정하였다. 12월에 북한산에서 돌아와 순행했던 주(州)와 군(郡)에 1년간의 세금을 면제해 주었다. 무자년은 과연 진흥왕이 함흥을 순행한 해로, 8월에 국경을 정하고, 10월에 북한산에 이르렀고, 12월에 도읍으로 돌아왔다. 그런데 8월의 일은 다만 사서(史書)에 없다. 삼국이 솥발처럼 대립하고 있을 때, 신라의 영토에서는 비열홀(比列忽)을 맞닥뜨릴 수 없는데, 비열홀은 지금의 안변부(安邊府)이다.

삼국이 통합된 후에 이르러서는 또 천정(泉井)을 지날 수 없었는데, 천정은 지금의 덕원부(德源府)이다. 함흥은 안변에서 북쪽으로 2백여 리에 있고, 단천(端川)은 함흥에서 북쪽으로 3백 60리에 있다. 순수비를 살펴보건대, 단천 이남(以南) 지역이 일찍이 신라에 편입된 것을 알 수 있다. 이 사실은 국사(國史)와 야승(野乘)에 드러나 있지 않고, 다만 멀리 떨어진 지역의 돌조각처럼 천고(千古)의 고사(故事)가 되어버렸다. 순수비는 고개 남쪽 길가 동편의 작은 골짜기 안에 있는데, 장진(長津) 수령이었던 사람이 탁본하여 왔다.

그 문장은 다음과 같다. "이상 결락(缺落) 교도(交道) 이하 결락 월(月) ■1일 계미(癸未)에 진흥태왕(眞興太王)이 ■■을 방문하여 민심을 채록하고, ■■■, 이하 결락 세상의 도리가 참됨과 어긋나서 그윽한 덕화(德化)가 펼쳐지지 아니하면 ■가 서로 다툰다. ■가 공훈(功勳)을 표창하고자 어가(御駕)를 돌렸다. 이하 결락 태조(太祖)의 기틀을 이어 받아 왕위를 계승하여 몸을 조심하고 스스로 삼갔다. ■■ 사문도인(沙門道人)으로는 법장(法藏)과 혜■(慧■)이고, 지(知) 사간(使干)은 알지 못한다. 사방으로 영토를 개척하여 백성과 토지를 널리 획득하니 이웃나라가 신의를 맹세하고 화호(和好)하는 사신 이하 결락 지(知) 태아간(太阿干) 비지(比知) 이하 결락 인(人) 훼부(喙部) 이하 결락 이에 무자년 가을 8월에 순수(巡狩)하여 관령(管領)하였다. 사훼부(沙喙部) 영지(另知) 대사(大舍)와 사훼부 독궤(篤几) 이하 결락 자(者)이다. 이때 어가를 따른 자는 부(部)의 여난(與難) 대사(大舍)와 약사(藥師) 애공(哀公)과 유본(攸本) 소사(小舍) 이하 결락 지(知) 내간(迺干), 훼부(喙部) 복■(服■), 훼부 ■지(■知), 길지(吉之) ■인(■人), 사훼부(沙喙部) 이하 결락 혜(兮) 대사(大舍), ■훼부(■喙部) 비지(非知) 사간(沙干)이다.

51 서한(西漢)시대의 석비(石碑)는 구할 수 없다

예로부터 감상가(鑒賞家)들은 진(秦)나라 때의 석비는 구할 수 있지만 서한(西漢) 시대의 석비는 구할 수 없다고 하였다. 홍씨(洪氏)의 『예석(隸釋)』에는, 서한 시대 애제(哀帝) 건평(建平) 5년(BC 2) 비현(郫縣)[129]에 석비 하나가 있었다고 하였다.

어떤 사람이 말하길, "후대 사람이 가짜로 만든 것이다. 가령 양삭(陽朔)[130]의 벽돌 우사(宇舍)는 요컨대 진짜가 아니니, 신(新)나라의 왕망(王莽)이 한(漢)나라 덕(德)을 나쁘게 말한 것이다. 무릇 석각(石刻)이 있었

129 비현(郫縣) : 서한(西漢) 촉군(蜀郡), 지금의 사천성(四川省)에 속해 있는 지역이름.

130 양삭(陽朔) : 광서장족자치구(廣西壯族自治區) 동북부에 있으며, 홍안(興安)·계림(桂林)·양삭 풍치지구를 형성하는 중요한 지역이다. 진대(秦代)에는 계림군에 속했고, 한대(漢代)에는 시안현이 있던 곳이다. 삼국시대 오(吳)나라는 양삭의 홍평(興坪)에 상안현을 설치했고, 진대(晉代)에 희평현으로 이름이 바뀌었다. 수대(隋代)에 양삭현으로 다시 바뀐 뒤 현재까지 사용되고 있다. 강을 끼고 있는 성벽과 수목들은 명·청시대의 유물이다. 기이한 봉우리와 골짜기가 많고 풍광이 수려하다.

는데 모두 뒤엎어 닳아 없어지게 하였고, 금지하여 남아 있게 하지 않았다. 또 진나라 석비 같은 경우에는 도리어 진영(陣營)의 보호가 더해져 마침내 훼손되지 않을 수 있었다. 그러므로 지금까지 오히려 남아있는 것이다."라고 하였다.

다른 어떤 사람이 말하길, "서한(西漢) 시대 이전 시기에는 공적을 기록하고 사건을 기술할 적에 대부분 금각(金刻)에 의존하였다. 그런데 동한(東漢) 시대 이래로 석비가 비로소 성행하자 금각은 드물어졌다. 구양공(歐陽公)의 『집고록(集古錄)』에는 다만 서한 시대 글자가 빠져있는 것이 한스러웠다. 그런데 유원부(劉原父)가 영흥(永興)에 수령으로 나가매, 고물(古物)과 기기(奇器)가 많이 남아있었다. 이에 임화궁(林華宮)의 행등(行鐙)과 연작궁(蓮勺宮)의 박산노반(博山爐槃)과 곡구(谷口)의 동용(銅甬)을 어루만져 보았는데, 여기에 세 개의 명(銘)이 남아 있었다. 그리하여 비로소 서한 시대의 글자를 얻어 그 빠진 것을 보충하였는데, 석각은 끝내 없었다고 했다."라고 하였다.

또 다른 어떤 사람은 말하길, "서한 시대부터 지금까지 지나온 햇수가 아주 오래되어 돌에 새긴 것이 이미 모두 이지러지고 무너져버려 다시 남아있지 않았다. 반면 동한(東漢) 시대는 햇수의 차이가 가까워 남아 있을 수 있다."라고 했는데, 이 설(說) 역시 잘못되었다. 주(周)나라 선왕(宣王)의 석고문(石鼓文)과, 진(秦)나라 이세(二世)의 태산(泰山) 조서(詔書)를 어디에서 얻었겠는가? 이것들은 지금까지 아직 남아있다."[131]

조한(趙崡)의 『석묵전화(石墨鐫華)』를 살펴보건대, 공묘(孔廟)에 한(漢)나라 오봉(五鳳) 3년(BC 55)에 세워진 석각(石刻)이 있었는데, 석각에

131 이 항목의 이 부분까지는 원(元)나라 육우(陸友)가 편찬한 『연북잡지(硯北雜誌』에 그 내용이 보인다.

는 남아 있는 글자가 있었다. 김고덕(金高德)의 후손이 공묘를 수리하다가 영광전(靈光殿) 남쪽에서 이 글자를 얻었는데, 시기적으로 늦게 나왔기 때문에 구양영숙(歐陽永叔)과 조덕보(趙德甫)가 아직 보지 못했던 것이라 하였다. 그렇다면 서한 시대에 일찍이 석각이 없었던 것이 아니라 다만 아주 조금 있었던 것이다.

52 양궐비(楊厥碑)

양용수(楊用脩)가 이르길, "한사례양궐비(漢司隷楊厥碑)에 '석문(石門)을 뚫어 통하게 하였다.[遂通石門]'라는 구절이 있다. 홍괄(洪适) 또한 '착(遂)' 자가 어떤 글자인지 몰랐다. 살펴보건대, '착(遂)' 자는 바로 '착(鑿, 뚫다)' 자이다."라고 하였다.

53 승가사(僧迦寺)의 석상(石像)

삼각산(三角山) 승가사(僧迦寺)의 석굴에 석상(石像)이 있는데, 얼굴이 노파와 같고 어떤 물건을 머리에 쓰고 있었는데 유가(儒家)의 유건(儒巾) 같았다. 등 뒤에는 연꽃 같은 석장(石障, 광배光背)이 있는데, 나중에 '태평갑자(太平甲子)' 네 글자를 새겼다. 『고려사』를 살펴보건대, 현종 15년 갑자년(1024)에 거란(契丹)의 연호를 사용하였는데, 바로 성종 융서(隆緖) 태평 4년이요, 송나라 인종 천성(天聖) 2년이니, 지금 임자년(1852)과의 시간적 거리가 829년이다. 『여지승람(輿地勝覽)』에서는 이 석상을 수태도인상(秀台道人像)이라 하였다.

54 박엽(朴曄)의 상(像)

박엽(朴曄)은 광해(光海)의 동서이다. 계해반정(癸亥反正)을 박엽이 미리 들었는데, 김자점(金自點)이 묵은 원한을 품고 있어 그를 살해하였다. 게다가 그의 재능을 질투하였다. 그런데 평양(平壤) 사람들은 지금까지도 박엽에게 제사를 지내며 매우 공경하기를, 마치 덕물산(德岉山)의 최영(崔瑩) 사당에 하는 것처럼 한다.

그의 상(像)이 후손에게 있는데, 키가 작고 몸집이 작았지만 용모가 아녀자처럼 아름다웠고, 정묘(精妙)한 색채가 눈부시게 하여 가까이 다가가 볼 수 없었다. 그 후손의 집에서 매양 그의 상을 바람에 쐬고 햇볕에 말릴 적에 자손과 여종이나 심부름꾼 중에 문득 아픈 자가 있었다.

55 선화(宣和) 연간의 술항아리와 술잔

윤광신(尹光莘)이 북병사(北兵使)였을 때 순행(巡行)하다가 회령(會寧)에 이르렀다. 당시 고령첨사(高嶺僉使)가 근방의 변장(邊將)들과 만나기로 약속하여 술상을 차려 놓고 즐겼다. 때는 밤이고 비가 내려 음침하고 어두웠는데, 서로 말하길, "말 타고 달려 황제의 무덤에 가서 깃발을 세우고 돌아올 수 있는 자가 있는가?"라고 하자, 한 변장이 "따르겠다."고 응답하였다.

멀리서 무덤 주변을 바라보니 불빛이 하늘을 비추고, 생황과 퉁소 소리가 어렴풋이 들리는 중에 드디어 말을 채찍질하여 앞으로 나아가 크게 소리치며 들어가자 불빛이 사라지고 음악소리가 멈추었다. 말발굽이 부딪쳤는데, 어떤 물건이 쟁그랑 소리를 내매 어루만져보고선 다만 항아리 하나와 술잔 하나를 주워서 돌아왔다.

항아리는 철로 주조하고 모양은 네모반듯하였고, 술잔은 무소뿔의 재질에 전자(篆字)와 주자(周字)가 새겨있었다. 두 기물(器物)은 고아(古雅)하고, 진짜 선화(宣和) 연간의 구물(舊物)인데, 아울러 '신하 경이 만들었다[臣京製]'라고 새겨져 있었다. 경(京)은 채경(蔡京)[132]일 것이다. 이 항아리에 불을 보관하면 수개월 동안 꺼지지 않았는데, 항아리의 발 하나가 약간 짧아 그 긴 다리를 갈아 같아지게 하자, 불이 오래가지 않았다.

윤광신이 이것을 취했고, 나중에 윤광신의 첩이 참의(參議) 이덕중(李德重)에게 팔았으며, 마침내 단릉(丹陵) 이윤영(李胤永)이 소장하게 되었다. 세상에 전해지길, 휘총(徽塚)과 흠총(欽塚)은 두 군데가 있다. 하나는 회령에 있고, 또 하나는 만포(滿浦)에 있는데, 어느 것이 진짜인지 분별할 수 없다고 하였다. 지금 두 기물을 얻었으니, 응당 회령의 것이 진짜이다. 무덤은 아주 높고 크며, 무덤 오른쪽에 30여 개의 작은 무덤이 있는데, 시신(侍臣)의 무덤이라고 전해진다.

단릉의 아들 이희천(李羲天)이 청암(靑巖)의 『집략(輯略)』으로 인해 화를 당하게 되자,[133] 세상에서는 상서롭지 않은 기물이 빌미가 된 것이라 여겼다. 승지(承旨) 오재소(吳載紹)의 말이다.

56 접첩선(摺疊扇)

접첩선(摺疊扇)은 왜국(倭國)에서 비롯되었는데, 『화한삼재도회(和漢三才

---

132 채경(蔡京) : (1047~1126). 자는 원장(元長), 북송시기의 대신(大臣)이자, 서법가(書法家)이다. 재상으로 있으면서 염법(鹽法)과 다법(茶法)을 고쳤고, 십대전(十大錢)을 주조했다.

133 청암의 … 되자 : 청암은 청나라 문인 주린(朱璘)의 호이고, 『집략』은 주린이 지은 『명기집략(明紀輯略)』을 가리킨다. 『명기집략』은 명나라 역사를 기록한 책인데, 여기에 우리나라의 역사를 왜곡한 내용이 실려 있었다. 이 사실을 알게 된 영조가 이 책을 모두 수거하고 만약 책을 감춘 사람은 엄벌에 처할 것을 명하였다. 이희천은 책을 사놓기만 하고 실제 보지 않고 있다가 상소 직후 바로 불태웠다고 주장했지만, 영조는 이희천과 책 중개상을 극형에 처하였다.

圖會)』에 이르길, "신공황후(神功皇后)가 삼한(三韓)을 정벌했을 때 박쥐의 깃털을 보고 비로소 부채를 만들었다."라고 하였다.

곽약허(郭若虛)의 『도화견문지(圖畫見聞志)』에 이르길, "고려의 사신이 매양 중국에 이르렀을 적에 혹 접첩선을 개인적인 상견(相見) 물품으로 삼았었다. 그 부채는 아청지(鴉青紙)로 만들었고, 위쪽에는 본국(本國)의 부유하고 권세 있는 사람들을 그렸는데, 말을 탄 아녀자들이 섞여 있었다. 간혹 물에 임하여 금사탄(金砂灘)을 그리고, 연꽃잎과 꽃나무와 물새 따위를 그렸는데, 정밀하고 공교롭게 잘 연결되어 있었다.

또 은니(銀泥)[134]로 운기(雲氣)와 월색(月色)의 형상을 그렸는데, 아주 아낄만하였다. 왜선(倭扇)이라 하는 것은 본래 왜국(倭國)에서 나왔는데, 근세에 더욱 감춰두고 소중히 여겨서 손님을 접대하는 자들은 이를 얻을 기회가 드물었다."라고 하였다.

고사기(高士奇)의 『천록지여(天祿識餘)』에 이르길, "접첩선의 옛 이름은 취두선(聚頭扇)인데, 하인들이 가지고 다니면서 소매 속에 보관하여 존귀한 자의 눈을 피하는 데 있어서 그 편의성을 취하였다. 원나라 때 고려에서 처음 공물로 충당했고, 명나라 영락(永樂) 연간에는 차츰 이를 모방하여 만들었다."라고 하였다.

『등춘화계(鄧椿畫繼)』에 이르길, "고려의 송선(松扇)은 절판(節板)의 모양과 같이 생겼는데, 그 나라 사람들은 소나무가 아니고 수류목(水柳木)의 껍질이므로 부드러워 좋아할 만하다고 하였다. 그 무늬는 소나무나 잣나무와 비슷하고, 그려 넣은 그림은 대부분 선비와 아녀자들이 수레를 타거나 말을 타고선 답청(踏青)[135]을 하거나 습취(拾翠)[136]를 하는

134 은니(銀泥): 은물. 글씨와 그림에 쓰는 은가루를 아교 물에 갠 되직한 물.
135 답청(踏青): 청명절(淸明節)을 전후해서 교외에 나아가 유람하는 풍속.
136 습취(拾翠): 원래 푸른 새의 깃털을 모아서 장식하는 것을 말하는데, 후대에는 아녀자들이

모습이다.

또 금가루와 은가루로 바탕을 꾸미고 은하수(銀河水)·별·달·인물을 그려놓았는데, 그럴듯한 형체만 대충 남아 있다. 이는 멀리서 오는 도중에 갈리고 부딪쳤기 때문이다. 청록색으로 물들인 부채는 아주 기이하여 중국에서 물들인 것과는 다른데, 오로지 공청(空靑)[137]과 해록(海綠)[138]으로 물을 들였다. 근래에 만든 것은 더욱 정교하다. 또한 흰색의 명주(明紬) 천으로 둥근 부채를 만드는데, 자루의 길이가 몇 자나 되어서 기이하였다."라고 하였다.

대체로 조선의 부채는 왜국에서 만들기 시작한 것이고, 지금 예천군(醴川郡)에는 고려 태조의 어선(御扇)이 있다. 현재 부채의 양식은 고려에서 중국으로 들어간 것이니, 이른바 백송(白松)은 수류목 껍질과 흑변죽(黑邊竹)인 것이고, 이른바 금강죽(琴光竹)은 바로 오죽(烏竹)이다.

57 우리나라 사람 중에 기술(記述)을 좋아하는 자가 드물다

우리나라 사람 중에 기술((記述)을 좋아하는 자가 드물다. 비록 기이한 이야기를 듣더라도 다만 구전(口傳)에 의존할 뿐이다. 그래서 몇 년이 지나면 문득 이미 까마득히 알지 못한다. 나는 인록(釼錄)과 금보(琴譜) 각각 5권을 입수하여 기록해두고 저서가(著書家)들이 채택해주길 기다린다.

남춘성(南春城)은 웅년(雄年) 18세에 임진란을 당해 왜적에게 사로잡

봄놀이하는 것을 뜻하게 되었다.

137 공청(空青): 공작석(孔雀石)의 일종으로, 구리가 생산되는 곳에서 산출된다. 구형(球形)으로 속이 비었고, 취록색(翠綠色)인데, 그림의 안료로 사용되고, 약재로도 사용된다.

138 해록(海綠): 해록석(海綠石)을 가리킨다. 녹색의 가루로 된 광물이고, 성분이 흑운모(黑雲母)와 비슷하다.

혔다. 왜적이 그를 몹시 사랑하여 항상 따르게 하였는데, 그가 달아날까 염려하여 밤이면 그를 자루에 넣고 그 입구를 묶어서 나무에 매달아 놓고 잠잤다. 남공(南公)이 왜적에게 친밀히 대하고 아부하여 도망갈 뜻이 없음을 거짓으로 보여주자, 왜적은 차츰 느긋해져서 자루를 땅에 놓아 두었다. 남공은 왜적이 잠든 사이에 아주 날카로운 단도(短刀) 하나를 엿보고선 바로 자루를 찢고 도망쳐 숲속에 숨어 드디어 벗어날 수 있었다. 귀한 신분이 되어 배를 타고 연경에 조회갈 때 끝끝내 두려워할 만한 바람이나 파도가 없었는데, 남공은 이를 단도의 도움이라 여겼다. 그 아들이 이 단도를 차고 효종을 모셨는데, 심양에 8년 동안 볼모로 있었지만, 또한 아무런 탈이 없었다.

장군 임경업(林慶業)이 일찍이 북쪽으로 가서 장백산(長白山) 속에서 노닐 적에 해와 안개가 숲과 골짜기를 가렸는데, 어떤 물체가 뛰어올랐다. 그곳 주민이 말하길, "교룡이 싸워서 가까이 할 수 없습니다."라고 하였다. 임장군이 화가 나서 말을 타고 달려가서 두 마리 교룡을 쏘아 죽이고 다투었던 곳을 보니 바로 하나의 철 덩어리였다. 이를 주조하여 단검(短劍)을 만드니 정교하고 예리하여 견줄 만한 짝이 없었다. 임장군이 이것을 항상 차고 있었는데, 후에 윤선도(尹善道)가 입수하였고, 지금은 어디에 있는지 알 수 없다.

장군 최경회(崔慶會)에게 삼절(三絶)이 있는데, 하나는 자웅검(雌雄劍)이고, 다른 하나는 고려 공민왕의 「청산백운도(青山白雲圖)」이며, 또 다른 하나는 포은(圃隱, 정몽주의 호) 필적의 목은시(牧隱詩)이다. 왜국의 추장이 소장하고 있다가 임진란 때 왜적이 진주(晉州)를 공격하자, 추장이 이 검을 가지고 성가퀴를 부여잡고 뛰어 올랐다. 최경회가 그를 사로잡아 베었는데, 아울러 서화를 얻었다. 다음날 성이 격파되어 최경회가 장차 순절(殉節)할 적에 이것을 그 조카에게 주었는데, 그 조카는 용사(勇

士)라서 그곳을 벗어나 돌아갔다. 최경회의 집안에 불이 나서 서화가 모두 불에 탔는데, 그 검만은 스스로 빠져나와 대문 앞의 버드나무에 꽂혔다. 지금까지 최씨 집안에는 영광스러움이 흐르는 물과 같았고, 하늘에서 비가 내리려 하면 그 검에서 반드시 진액이 흘러내린다고 한다.

우리 집에는 예전에 모문룡(毛文龍)이 남긴 검이 있었다. 선조(先祖) 중에 관찰사를 지낸 공(公)이 가도(椵島)에서 군량미를 맡아 관리할 적에 명나라 군인 모문룡이 가도의 우두머리였는데, 공을 매우 공경하였다. 일찍이 서해(西海)에서 만났는데, 두 자루의 검과 배 한 척에 실을 정도의 서적을 주면서 축수하였다. 검은 대체로 모문룡이 사용한 것이었다. 공은 이를 심히 보배로 여겨 항상 곁에 두었는데, 마침 관청의 창고에 불이 나고 빗장과 걸쇠가 굳게 잠겨있었다. 공은 시자(侍者)에게 검을 받아 자물쇠를 잘랐는데, 검을 손에 잡자마자 절단하여 창고의 재화를 구할 수 있었다. 반면 검은 칼끝이 약간 이지러졌다. 병자년 난리에 검 하나를 잃어버리고, 칼끝이 이지러진 검만이 남았다. 후에 변변치 못한 장인에게 잘못 주어 그 검의 이지러진 부분을 평평하게 하자, 검이 마침내 그 빛을 잃어버렸다. 얼룩지고 껄끄럽고 먼지가 끼어 이 검을 보는 자들은 이것이 보배인지 알지 못하였다.

청평현(青城縣) 서쪽에 총관(摠管) 유응부(兪應孚)의 유허(遺墟)가 있고, 그 남쪽으로 수 십 걸음 지점에 있는 겨우 절터를 닦아놓은 작은 승영사찰(僧營寺刹)을 지나게 되었는데, 이곳에서 얻은 병기(兵器)가 아주 많았다. 나의 집에 고검(古劍) 하나가 보관되어 있는데, 아마 총관이 사용했던 것인 듯하다.

신라의 거문고는 작지만 소리가 아주 장엄하였다. 옛날에는 전창 도위(全昌都尉) 집안에서 보관하고 있었는데, 그 사이 신광수(申光綏)가 소장하게 되었고, 지금은 어디에 있는지 알지 못한다. 구소환패(九霄環珮)는

고(故) 벽오(碧梧) 이씨(李氏)의 거문고인데, 그 품격이 우리나라에서 제일이다. 봉래금(蓬萊琴)의 판에는 아래와 같은 봉래의 시가 새겨져 있다.

초록 비단에 싸인 거문고는 백아의 마음인데	綠綺琴伯牙心,
종자기(鍾子期)만이 그 음을 알아들었네.	鍾期是知音.
한 번 연주하면 또다시 읊조리니	一皷復一吟,
맑고 맑은 바람 소리 먼 봉우리에 일고	泠泠虛籟起遙岑,
강 속의 달은 아름다운데 강물은 깊기도 하네.	江月娟娟江水深.

이 시는 봉래의 자필(自筆)이다.

이 시는 본래 동음(洞陰) 금수정(金水亭) 주인의 작품으로, 연화암(蓮花巖)에 새겨져 있는데, 또 거문고에 새겼으니, 대개 득의(得意)한 시이다. 거문고의 재질은 실제로 하중(下中)의 품질인데, 봉래금(蓬萊琴)이라고 거짓으로 이름붙인 것이다. 신광수는 평소 거문고를 좋아하여 이 거문고와 구소환패(九霄環珮)를 모두 그 집안에서 입수하였다.

정송강(鄭松江)은 일찍이 박취금(朴醉琴)[139]이 손수 심은 오동나무와 성매죽(成梅竹)[140]이 손수 심은 밤나무를 취하여 이를 합쳐 거문고를 제작하였다. 율곡(栗谷)은 이 거문고를 석담(石潭)에 놓아두었는데, 후에 파산(坡山)[141]에게 돌아갔고, 장계곡(張谿谷, 장유의 호)이 여기에 글을 새겨 놓았다. 지금은 금화 현감(金化縣監) 이염(李琰)의 집에 있고, 거문고의 재질은 역시 하중(下中)의 품질이다. 동고(東皐, 이준경의 호)가 이 거문

139 박취금(朴醉琴) : 박팽년(朴彭年, 1417~1456)을 가리킨다. 그의 호가 취금헌(醉琴軒)이다.

140 성매죽(成梅竹) : 성삼문(成三問, 1418~1456)을 가리킨다. 그의 호가 매죽헌(梅竹軒)이다.

141 파산(坡山) : 경기도 파주에 있는 산 이름인데, 여기서는 파산의 우계(牛溪)에 은거했던 성혼(成渾, 1535~1598)을 가리키는 듯하다. 율곡과 우계는 1554년 즈음에 같은 고을에 살면서 서로 벗하여 평생지기가 되었다.

고를 소장하고 있었는데 거문고에 아홉 개의 구멍이 있었기 때문에 구공금(九孔琴)이라 이름하였다. 동고의 손자 중에 거문고를 잘 타는 자가 있었는데, 언젠가 밤에 배안에서 연주하자 물새가 모두 울었다고 한다.

58 배항(排行)

형제 두 명이 한 글자를 사용하는 것을 배항(排行)이라 한다. 가령 덕문(德文)·덕종(德宗)과 의진(義眞)·의경(義慶) 따위는 진(晉)나라에서 비롯되었다.

59 진리(陳理)의 후예(後裔)

명나라 고황제(高皇帝) 홍무(洪武) 5년인 임자년(1732)에 고려 공민왕(恭愍王) 21년 진리(陳理)[142]와 명승(明昇)[143]이 고려로 내쫓겼다. 『거이록(居易錄)』의 「가진씨보(柯陳氏譜)」에 의하면, 진우량(陳友諒)의 아들 리(理)는 패망하자 촉(蜀) 땅으로 들어가 성(姓)을 울(鬱)로 바꾸고 합강현(合江縣)에 거주하였다. 자손이 번창하여 부주(涪州)·장수(長壽)에 흩어져 살았고, 명나라 말기의 진신갑(陳新甲)이 그의 후손이다. 나중에 진리의 나이 70에 아들 한 명을 데리고 다시 초(楚) 땅으로 들어가 흥국주(興國州)에 거주하였다. 그 후손들이 더욱 번창하여 만 명을 내려가지 않았다. 지금 가진(柯陳)이 바로 이곳이다.

---

142 진리(陳理) : (?~1408). 중국 양산(梁山) 사람으로, 세칭 진왕(陳王)이라 불리었다. 부친은 안남국(安南國)의 왕 진우량(陳友諒)으로, 원나라 말기 주원장(朱元璋)과 파양호(鄱陽湖)에서 싸우다 전사하였고, 진리는 무창(武昌)으로 도망갔다 항복하였다. 이후 명나라 태조 주원장이 한가하게 살라며 고려로 보냈다.

143 명승(明昇) : 본래 중국 서촉 지방의 하(夏)나라 왕 옥진(玉珍)의 아들인데, 명나라 태조에게 하나라가 망하자 고려에 귀화하였다.

『명기유문(明紀遺聞)』에 의하면, 진우량(陳友諒)이 망한 후에 진병(陳琕)은 '병(琕)' 자는 '이(理)' 자의 착오인 듯하다. 사로잡혔으나, 우량에게는 또 두 아들이 있어 가족을 이끌고 초(楚) 땅의 깊은 마을로 도망쳐 들어갔다. 그리고 서로 혼인하였고, 한 성(姓)을 두 개의 성으로 나누었는데, 아우는 그대로 진(陳) 자를 썼고, 형은 진(陳) 자를 바꾸어 '진(鄖)' 자로 하고 이름을 가진(哥陳)이라 하였는데, 자손이 번창하였다.

두 책에 기록된 것이 서로 차이가 있지만 진리(陳理)가 다시 초 땅으로 들어갔다는 것은 아마 터무니없는 말인 듯하다.[144]

60 진리(陳理)와 명승(明昇)

홍무(洪武) 5년 임자년(1372), 고려왕 전(顓) 21년에 진리(陳理)와 명승(明昇)과 남녀 27명이 배를 타고 바다를 건너 왔다. 황제가 이런 조서(詔書)를 내렸다. "군병(軍兵)을 삼지도 말고 백성을 삼지도 말라. 한가롭게 지내면서 살아갈 수 있도록 하라."

명승은 18살이었고, 진리는 22살이었는데, 공민왕은 보평청(報平廳)에 나가 이들을 만나보았다. 진리와 명승이 섬돌 위에서 배례하자, 왕이 이들을 받아들여 머무르게 하고 노비와 집을 주어 그들의 삶을 편안하게 해주었다. 당시에 사신 손내시(孫內侍)는 불은사(佛恩寺)에서 스스로 목매었는데, 사람들은 그 이유를 알지 못하였다.

명승은 총랑(總郎) 윤희종(尹熙宗)의 사위가 되었다. 개성부(開城府) 흥국사(興國寺) 뒤쪽에 명승의 유허(遺墟)가 있다. 명승이 고려에 왔을 때, 그 부친 옥진(玉珍)의 곤룡포와 면류관과 화상(畫像)을 가지고 왔는

144 이 항목은 『청장관전서』 권55, 『앙엽기(盎葉記)』 2 「진리(陳理)」에 보인다.

데, 만력 임진년의 왜란 때 불타버렸다. 지금 성안과 관서(關西) 지역에 명성(明姓)이 많이 있고, 영남 지역에도 진성(陳姓)이 많은데 모두 그 후예이다.

61 기자(箕子)의 후예(後裔)

사문(斯文) 조연귀(趙衍龜)가 일찍이 하나의 책을 보았는데, 기자(箕子) 이후의 시호(諡號)와 휘(諱)와 재위기간[歷串]을 기록하였다. 비록 매우 황탄(荒誕)했지만, 우선 적어두어 이문(異聞)을 갖추었다.

태조(太祖) 문성왕(文聖王) 기자(箕子)는 40년, 장혜왕(莊惠王) 송(松)은 25년, 경효왕(敬孝王) 순(詢)은 27년, 공정왕(恭貞王) 백(伯)은 30년, 문무왕(文武王) 춘(椿)은 28년, 태원왕(太原王) 찰(札)은 44년, 경창왕(景昌王) 장(莊)은 11년, 홍평왕(興平王) 착(捉)은 14년, 철위왕(哲威王) 조(調)는 18년, 선혜왕(宣惠王) 영(榮)은 59년, 본주(本註), 나라가 편안하여 일이 없었다. 의양왕(誼襄王) 사(師)는 53년, 문혜왕(文惠王) 염(炎)은 50년, 성덕왕(盛德王) 월(越)은 15년, 도회왕(悼懷王) 직(職)은 25년, 문열왕(文烈王) 우(優)는 15년, 창국왕(昌國王) 육(睦)은 13년, 무성왕(武成王) 평(平)은 26년, 정경왕(貞敬王) 궐(闕)은 19년, 낙성왕(樂成王) 회(懷)는 28년, 효종왕(孝宗王) 존(存)은 17년, 천노왕(天老王) 효(孝)는 24년, 수도왕(修道王) 양(襄)은 19년, 휘양왕(徽襄王) 이(邇)는 21년, 봉일왕(奉日王) 참(參)은 16년, 덕창왕(德昌王) 근(僅)은 18년, 수성왕(壽聖王) 상(翔)은 42년, 영걸왕(英傑王) 여(藜)는 16년, 일민왕(逸民王) 강(崗)은 17년, 제세왕(濟世王) 혼(混)은 22년, 청국왕(淸國王) 벽(壁)은 35년, 도국왕(導國王) 징(澄)은 19년, 혁성왕(赫聖王) 즐(騭)은 28년, 화라왕(和羅王) 습(謵)은 16년, 설문왕(說文王) 하(賀)는 8년, 경순왕(慶順王) 췌(萃)는 19년, 가덕왕

(佳德王) 후(詡)는 27년, 삼로왕(三老王) 측(煐)은 측(煐)은 욱(煜)인 듯하다. 25년, 현문왕(顯文王) 석(釋)은 39년, 장평왕(章平王) 윤(潤)은 28년, 종통왕(宗統王) 휼(恤)은 12년, 애왕(哀王) 준(準)은 2년 8개월이다. 본주(本注)에 기자부터 애왕까지 41세대로 도합 9백 27년이라 하였다. 『동사(東史)』를 살펴보건대, "기자의 40세손 부(否)가 진(秦)에 복속(服屬)되었고, 아들 준(準)이 왕위에 올랐다가 위만(衛滿)에게 핍박당하여 남으로 달아나 마한(馬韓)을 세웠으니, 기자부터 준까지가 모두 42세대로 도합 9백 29년이다."라 하였는데, 지금 이 글에서는 이른바 부(否)가 없고 연대도 약간 차이가 나니, 혹 베껴 전해지는 동안의 착오가 아닐까. 『위략(魏略)』을 살펴보건대, "기자 이후 40여 세대가 되어 조선 후(朝鮮侯) 준이 왕을 참칭(僭稱)했다."라 하였다.

그렇다면 준 이전에는 왕이라 일컬은 자가 없었음을 알 수 있다. 지금 기자 이후로는 아울러 모두 왕이라 일컬었으니, 추존(追尊)한 것이라는 의심이 없을 것이다. 『여지승람』에 이른바 조선 무강왕(武康王)은 바로 준인데, 지금 애왕이라 칭한 것은 어째서인가?

마한(馬韓)의 강왕(康王) 탁(卓)은 3년이다. 본주에, 한(漢)나라 혜제(惠帝) 2년인 무신년에 왕위에 올랐다고 하였다. 『동사』를 살펴보건대, "기준(箕準)이 한나라 혜제 원년(元年)인 정미년에 위만을 피해 금마저(金馬渚)에 이르러 도읍했다."라 했으니, 기준은 마땅히 마한의 시조가 되어야 하는데, 지금 강왕으로 시조를 삼았고 연대 역시 틀렸다.

안왕(安王) 감(龕)은 32년, 혜왕(惠王) 식(寔)은 13년, 명왕(明王) 무(武)는 31년, 효왕(孝王) 형(亨)은 40년, 양왕(襄王) 섭(燮)은 15년, 원왕(元王) 훈(勳)은 26년, 계왕(稽王)은 글자가 빠졌다 16년이다. 본주에, 계묘년에 백제 온조왕(溫祚王)에게 합병되었는데, 기자가 조선에 봉하여진 주(周)나라 무왕(武王) 원년 기묘년부터 한(漢)나라 성제(成帝) 홍가(鴻嘉) 3년인 계묘년까지가 모두 49세대로 도합 1천 1백 68년이라고 하였다. 『동사』를 살펴보건대, "신(新)나라 왕망(王莽)이 처음 나라를 세운 원년인 기사년에 마한은 백제왕 온조에게 멸망당했으니, 기자부터 마한까지가 모두 1천 1백 30년이다."라고 했으니, 이와는 약간 다르다.

근세에 기씨(奇氏)가 광주(光州)에서 도랑을 치다가 비석(碑石)을 발견했는데, 기자 이후의 기씨 세계(世系)가 아주 상세하게 새겨져 있었다. 또 제주 고씨가 일찍이 땅을 파다가 석각(石刻)을 발견했는데, 고씨가 맨 처음 성주(星主)[145]가 된 때부터의 세계가 자세히 새겨져 있었다. 지금 기자의 세계 역시 이러한 종류일 것이다.[146]

62 탐라(耽羅)의 양성(梁姓)

양왕(梁王) 파잡랄와이밀(把匝剌瓦爾密)은 원나라 세조의 후손인데, 명나라 태조가 운남(雲南)을 평정하자 스스로 목매어 죽었다. 태조는 그 가속(家屬)을 탐라(耽羅)로 옮겼다. 제주(濟洲) 안에 있는 양성(梁姓)·안성(安姓)·강성(姜姓)·대성(對姓)인 사람은 모두 그 후손이다. 제주 토착민으로 양성(梁姓)인 사람은 본래 양성(良姓)이었는데, 나중에 양성(梁姓)으로 바꾸었다.

63 정신보(鄭臣保)

고려(高麗)의 정신보(鄭臣保)는 중국 절강(浙江) 사람인데, 송나라에서 벼슬하여 형부원외랑(刑部員外郞)이었다. 송나라가 오랑캐 원나라와 섞여 하나가 되자, 뗏목을 타고 바다를 건너 와서 서산(瑞山) 간월도(看月島)에 살면서 종신토록 신하로서의 절개를 잃지 않았다. 서산 대사동(大寺洞) 집으로 옮겨 살았고, 정씨(鄭氏)의 조상이 되었다.

아! 저 허형(許衡)과 오징(吳澄) 등 여러 사람들은 송나라 왕실의 신하

145 성주(星主) : 통일신라 때부터 조선 초기까지 제주 지역의 토착 세력 가운데 최상위 토호(土豪)에게 내려준 작호(爵號).

146 이 항목은 『청장관전서』 권55, 『앙엽기(盎葉記)』 2 「기자조선세계(箕子朝鮮世系)」에도 보인다.

이고 도학(道學)으로 자임(自任)했었는데, 하루아침에 절개를 바꾸었다. 반면 정신보는 해외에서 떠돌면서 원나라의 신하가 되지 않았으니, 정신보는 기자(箕子) 이후로 유일한 사람일 뿐이다. 망운도(望雲島)는 서산읍에서 남쪽으로 5리쯤에 있는데, 정신보가 쌓은 것이다.

64 동성(佟姓)

속칭(俗稱) 더러운 기운을 방출하는 자를 알[卵]이라 한다. 강산(薑山, 이서구의 호) 시랑(侍郎)이 일찍이 호남 지방을 안절(按節)했을 때,[147] 제법 준수한 교생(校生) 한 명을 만났는데 그 명첩(名牒)을 살펴보니 바로 아무개였다. 우리나라 성보(姓譜)에는 그런 성이 없고, 다만 청해백(靑海伯) 이두란(李豆蘭)의 본래 성이 바로 '동(佟)' 자이다. 이공(李公, 이서구)은 그가 동성(佟姓)이 아닐까 의심스러워 그에게 성(姓)과 본관(本貫)을 물었는데, 바로 청해였다. 그래서 이공은 비밀리에 아무개에게 성을 바꾸어 '동(佟)'이라 하라고 하였다. 아무개가 대답하길, "글자가 심히 단아하지 않아 마을 사람들에게 조롱을 당했습니다. 저의 이름을 사용할 적에 얼굴이 붉어질 정도로 매우 부끄러웠지만, 그렇게 사용한 지 이미 오래되었고 정확한 증거가 없어서 갑자기 고치는 것은 어렵습니다."라고 하였다.

이공은 그 잘못된 점을 상세히 말하여 본현(本縣)에 호소하였었는데, 지금 그 판결을 얻어내었고, 그 폐해를 멀리할 것을 명하자, 아무개는 매우 기뻐하며 즉시 동성(佟姓)을 사용하였다. 우리나라 세간에서 무무(貿貿)는 희귀하고 기이한 성(姓)인즉, 자세히 살펴보지도 않고 글자를

147 강산 … 때: 이서구는 1820년 전라관찰사로 부임하였다.

써서 한 번 장적(帳籍, 호적)에 잘못 기입하면, 서로가 그대로 사용하여 고칠 수 없다. 이와 같은 류(類)가 아주 많다. 벽성(僻姓)[148]에 또 석우씨(石牛氏)가 있다. 음(音)은 '소(蕭)'인데, 바로 '우(牛)' 자의 속음(俗音)이다.

148 벽성(僻姓) : 흔하게 볼 수 없는 아주 드문 성(姓).

『蘭室譚叢』

卷1～卷6

『研經齋全集外集』 卷56

『蘭室譚叢』 卷1

1 鴛鴦拜

我朝諸臣, 陞殿下殿, 分東西相向而拜, 俗稱鴛鴦拜. 此禮始於宋時, 『朱子語錄』曰: "近日上殿禮簡, 所謂舞蹈等事, 皆不行, 只直至殿下拜一雙, 上殿奏事退, 又拜." 卽此也.

2 醫學習讀

國初, 最重醫學, 擇士族年少聰敏者, 屬習讀官, 能盡通諸書, 授顯官. 選生員進士, 爲習讀官敎授, 計仕準圓點, 許赴館試. 四孟朔取才, 春則『纂圖脉』·『瘡疹集』·『直指方』, 夏則『救急方』·『婦人大全』·『得効方』, 秋則『胎產集要』·『銅人經』·『和劑方』, 冬則『本艸』·『資生經』·『十四經發揮』, 分屬取才. 故如北牕等諸賢, 亦皆與此, 今則技專於賤, 士夫罕有習者.

3 檢詳兼刑曹郎

『大典』, 政府檢詳, 兼刑曹正郎, 不知廢自何時, 至今刑曹有檢詳廳. 案唐長慶初, 穆宗重刑法, 每大獄有司斷罪, 又令給事中·中書舍人參酌出之, 號曰參院. 見李肇『國史補』, 古今事例相符.

4 常參

祖宗朝, 朝參間日御正殿, 以朝羣臣, 常參則逐日御便殿, 以接羣臣, 先告烽燧, 次告囚徒, 次告軍政, 因使百官啓辭, 臺閣論劾, 政府除拜, 皆於榻前爲之. 故後來史官艸冊, 每日前面, 必書'停常參'三字, 盖爲應行而不行, 示存羊之意而惜之也.

5 太學書徒

太學儒生, 古例逐日爲書徒, 每月季進呈禮曹, 不時抽栍, 或講或製, 或歲杪或半年, 通考其分數多少, 或給分或直赴, 不通者施罰, 久廢不行. 今講製文臣用是例, 每月脩書徒呈內閣.

6 大內火戲

大內舊有火戲, 軍器寺主之, 有中例小例. 其制以厚紙疊裹作筒, 筒納石硫黃·焰硝[1]·班猫·柳灰堅擣之, 火其端, 須臾烟生火起, 筒紙皆破, 聲振天地. 又埋火矢於後苑而火之, 矢百千抽上向天, 隨破有聲, 狀若流星, 燁燁滿空.

又樹長竿數十, 竿頭設小包. 御前懸彩籠, 籠底屬長繩結諸竿, 縱橫連亘, 每繩頭置矢. 軍器寺正奉火燧納籠中, 須臾火起焰落于繩, 馳觸竿. 竿頭小包亦坼, 火光回斡如轉輪狀. 矢又從繩觸他竿, 相續不絶. 又作伏龜形, 火從龜口出, 烟焰亂瀉, 如水噴下. 龜上立萬壽牌, 牌裏牌面字並照灼.

又竿上捲畵簇縛以繩, 火從繩而上, 火盛繩絶, 則畵簇下垂, 簇中字歷

1 硝: 저본에는 '焇' 자로 되어 있는데, '硝' 자의 오류이므로 바로잡았다.

歷可辨. 又作長林, 刻爲蒲桃花葉狀, 火起一隅, 須臾盡焚, 火滅烟消, 則紅葩翠葉, 馬乳下垂. 又優人蒙假面, 背負板, 板上設包, 包坼火振, 猶自呼舞. 諸技今皆失傳, 獨於除夕, 設火矢紙砲於後苑.

7 殿下服色

上以冕服與祭, 以遠遊冠·絳紗袍莅省誓, 以翼善冠黑圓領袍拜皇壇, 以翼善冠黲袍謁陵, 以翼善冠袞龍袍視朝, 紅帖裏鬃笠視兵事.

8 恩賞

祖宗朝最愼恩賞, 太祖定都, 作太廟及景福宮, 提調賞止廐馬一疋. 太宗作昌德宮, 提調只賜鞍馬. 成宗作昌慶宮, 命提調李克培加一階, 賜鞍馬, 克培不力辭, 時議短之.

9 永渡橋

太祖値芳蕃之亂, 卽出興仁門, 歸咸興. 名門外橋曰永渡, 盖示不返之意. 凡今幸行, 不由是橋, 別作一橋其下以渡.

10 內需司

高麗臣事元, 世降公主, 宮掖之費甚繁. 或朝燕京, 留侍都下, 盤纏之費, 不可不辦. 始置義成·德泉·內藏·保和·義順等五庫, 其田口貲資, 或出王氏外家之世業, 或出自籍產, 不在經理數. 故遂爲人主私藏. 太祖在潛邸獻議, 欲盡革歸國用, 柄臣持之甚力. 然因是革去者, 不啻十四五, 及踐祚, 仍舊制革其號, 號曰內需司.

11 景福宮宮扁

太祖四年乙亥, 建景福宮, 宮扁皆鄭道傳所名. 燕寢曰康寧, 東小寢曰延生, 西小殿曰慶成, 燕寢之南殿曰思政, 其南正殿曰勤政, 其東西二樓曰隆文·隆武, 午門曰正門.

12 檢校官

定宗初, 大司憲權近言國制除授. 不論實職, 或以添設典書, 陞爲檢校中樞, 或以檢校中樞, 超拜省宰甚未便. 願自今受實典書者, 乃陞檢校中樞, 受檢校中樞, 乃陞省宰, 則差除有序, 從之. 檢校卽權攝之名, 自唐宋已有其職, 我朝之有檢校始此.

13 定官制

定宗庚辰, 命門下侍郎贊成事河崙, 更定官制. 改都評議使, 爲議政府, 中樞院, 爲三軍府, 左右僕射, 爲左右使, 中樞院承旨, 爲承政院承旨, 中樞院堂後, 爲承政院堂後, 都評議使司錄事, 爲議政府錄事, 復置藝文館太學士一員·學士一員, 掌三軍者及都統制以下, 不得兼議政府事.

世祖十二年, 申叔舟爲領議政, 更定官制. 領議政府事, 改爲領議政, 檢詳條列司檢詳, 只稱檢詳, 錄事爲司錄, 府院君只稱君. 駙馬府稱儀賓府, 置儀賓秩正從一品·承賓正從二品·副賓正三品·僉賓正從三品. 經歷所經歷, 只稱經歷, 經歷所都事, 只稱都事. 判漢城府事, 改爲府尹, 府尹改爲左右尹, 少尹爲庶尹, 革少尹一·兼參軍一. 兼知兵曹事, 改爲參知, 秩堂上正三品, 兼正郎佐郎, 並爲錄官.

刑曹都官, 改稱辨定院, 兼知刑曹事, 爲辨定院判決事, 秩堂上正三品, 正郎爲司議, 佐郎爲司評, 革正郎一, 增司評一. 司諫院司諫大夫, 改爲大司諫, 秩堂上正三品, 知司諫院事, 爲司諫. 成均館知館事, 改爲知事, 大司成陞爲堂上正三品, 注簿爲典籍, 革兼大司成·兼司成·司艾二, 直講四, 注簿五, 博士一, 進德博士三, 學正·學錄各一, 直學·學諭各二.

藝文館領館事, 改爲領事, 直館爲典翰. 春秋館領館事, 改爲領事, 知館事爲知事, 同知館事爲同知事, 充修撰官爲修撰官. 承文院判事, 改爲判校, 知事爲參校, 副知事爲校勘, 著作郎爲著作, 增置校理一. 通禮門改稱通禮院, 判通禮門事, 改爲左通禮, 兼判通禮門事, 爲右通禮, 作錄官, 知事爲相禮, 副知事爲奉禮, 判官爲贊儀, 奉禮郎爲引儀, 革副知事一·通贊·兼通贊各一.

奉常寺判事, 改爲正, 尹爲副正, 少尹爲僉正, 注簿爲主簿, 錄事爲奉事, 革直長·錄事各一, 增置奉事參奉各一, 九品官皆稱參奉, 諸陵殿直倣此. 凡改判事·正·副正·少尹·主簿·錄事, 他司亦倣此.

繕工監正改爲副正, 副正爲僉正, 副錄事爲副奉事, 革錄事·副錄事各一, 增置參奉一. 凡改正·副正·副錄事, 他司皆倣此. 訓鍊觀改稱訓鍊院, 置都正·兼都正各一, 秩堂上正三品, 判事爲正, 知事爲[2]副正, 副使爲僉正, 錄事爲奉事, 革副使二·錄事一, 增置主簿一. 書雲觀改稱觀象監, 掌漏爲直長, 視日爲奉事, 監候爲副奉事, 司晨爲參奉, 革司曆, 增置判官·副奉事·參奉各一.

司僕寺革兼尹·兼小尹·直長, 增置主簿一. 內資寺革直長一, 增置奉事一. 內贍寺增置奉事一, 禮賓寺革主簿·直長各一, 軍器監改稱軍器寺, 革直長·錄事各一, 增置判官·主簿·副奉事·參奉各一. 司宰監增置參奉一, 軍資監革錄事一, 增置判官·主簿·副奉事·參奉[3]一. 濟用監革錄事一, 增置參奉一.

典醫監檢藥改爲副奉事, 助教爲參奉, 革兼正·直長各一, 增置判官一. 司譯院知事改爲副正, 副知事爲僉正, 副直長爲奉事, 革副知事一, 增置參奉二. 導官署改爲司膳寺, 置正·副正·僉正·主簿·直長各一.

尙衣院置正·僉正·判官·主簿·直長各一, 內醫院置正·僉正各一, 判官·主簿各二, 直長三, 奉事·副奉事·參奉各二. 忠扈衛改稱典設司, 置守一, 秩正四品. 豊儲倉使改爲守, 陞爲正四品, 副使爲主簿, 丞爲直長, 副丞爲奉事, 增置副奉事一. 凡改副使·丞·副丞, 他司皆倣此. 廣興倉使

2 爲: 저본에는 '爲' 자가 없는데 문맥상 오류이므로 첨가하여 바로잡았다.
3 奉: 저본에는 '奉' 자가 없는데, 문맥상 오류이므로 첨가하여 바로잡았다.

改爲守, 革丞副丞各一, 增置副奉事二. 宗親府典籤司典籤, 只稱典籤, 副典籤爲典簿, 忠勳府經歷所經歷, 只稱經歷, 都事只稱都事. 宗學革兼博士, 置導善一, 秩正四品, 典訓一, 秩從五品, 司誨二正六品.

尙瑞司改稱尙瑞院, 兼尹爲兼正, 丞爲判官, 錄事爲副直長, 革兼少尹. 校書館改典校署, 校書郎爲博士, 著作郎爲著作, 校勘爲正字, 正字爲副正字, 革著作郎一. 司醞署副直長改爲參奉. 凡改副直長, 他司皆倣此. 義盈庫使改爲令, 長興庫使改爲守. 京市署改稱平市署, 兼署令爲令作錄官, 革兼丞. 社稷署革兼丞, 置署令一, 秩從五品.

東部儒學稱東學, 兼教授官改爲教授, 兼訓導官爲訓導, 並作錄官, 南西中部儒學皆倣此. 典牲署令改爲主簿, 增置參奉二, 五部令並改爲主簿. 景福提擧司, 改稱典涓司, 革司涓二, 增置提控一·參奉六.

典獄署革丞, 置主簿·參奉各一, 惠民局稱惠民署, 革錄事二, 置主簿·訓導各一·參奉四. 司律院改稱律學, 屬刑曹, 明律四, 秩從七品, 審律二從八品, 訓導二正九品, 檢律二從九品. 算[4]學屬戶曹, 革博士, 置算[5]士二, 秩七品, 計士二從八品, 訓導二正九品, 會士二從九品.

風水學改稱地理學, 置教授訓導各一. 陰陽學改稱命課學, 置訓導二. 漢學置教授二, 訓導四, 蒙學·倭學·女眞學置訓導各二, 醫學置教授二·訓導一. 內需所改稱內需司, 置典需一, 秩正五品, 副典需一正六品, 典會一從七品, 典穀一從八品, 典貨一從九品.

忠翊司改稱忠翊府, 置都事二. 昭格殿改稱昭格署, 署令一, 秩正五品. 慣習都監改稱掌樂署, 置掌樂一. 沈藏庫改稱司圃署, 置司圃一. 上林苑改稱掌苑署, 置掌苑一. 分禮賓改稱司畜署, 置司畜一. 造紙所改稱造紙署, 置司紙一, 並秩從六品.

東西活人院改稱活人署, 置參奉二. 都觀察黜陟使, 改爲觀察使, 兵馬團鍊使, 改爲某鎭道兵馬節制使, 兵馬團鍊副使, 爲某鎭道兵馬同僉節制

---

4 算: 저본에는 '數' 자로 되어 있는데, '算' 자의 오류이므로 바로잡았다.

5 算: 저본에는 '數' 자로 되어 있는데, '算' 자의 오류이므로 바로잡았다.

使, 兵馬團鍊判官, 爲某鎭道兵馬節制都尉, 知郡事爲郡守.

開城府屬外官, 置府尹·判官各一, 楊州都護府陞牧, 寧邊都護府陞大都護府. 大丘·龜城知郡事陞都護府, 咸興·平壤府革少尹, 置判官各一. 星州·光州·水原·南原, 各置判官, 革麟山郡, 置熊川縣.

中樞院改稱中樞府, 領院事爲領事, 判院事爲判事, 知院事爲知事, 同知院事爲同知事, 僉知院事爲僉知事. 經歷所[6]經歷, 只稱經歷, 都事所都事, 只稱都事. 五衛鎭撫所, 改稱五衛都摠府, 都鎭撫爲都摠管, 五衛兼部將作錄官, 秩從六品. 兵馬都節制使, 改爲兵馬節度使, 水軍都安撫處置使, 爲水軍節度使, 兵馬都節制使都鎭撫, 爲兵馬虞候, 水軍都安撫處置使都鎭撫, 爲水軍虞候, 都萬戶爲水軍僉節制使, 革兩界兵馬都節制使·經歷所都事爲評事, 秩正六品.

折衝將軍, 陞爲堂上官, 果毅將軍, 改爲禦侮將軍, 保義爲建功, 威勇爲振威, 宣節爲定畧. 忠毅爲果毅, 顯毅爲忠毅, 承義爲勵節, 修義爲秉節. 敦勇副尉爲迪順副尉, 進勇爲奮順, 進武爲効力, 進義爲展力, 餘皆仍舊.

雜職展力都尉, 爲勵力都尉, 効力都尉, 爲殫力都尉, 餘皆仍舊. 攝護軍爲副護軍, 攝司直爲副司直, 副司直爲司果, 攝副司直爲副司果, 攝司正爲副司正, 副司正爲司猛, 攝副司正爲副司猛, 攝司勇爲副司勇, 餘並仍舊.

東西窯, 直合稱瓦窯, 置別坐二員. 革慶昌府·導官署, 合屬司饍署, 革司贍寺, 合屬典農寺, 革都染署, 合屬濟用監, 革濟生院, 合屬惠民局, 分禮賓寺·司變所, 合屬稱司畜所. 革威儀色, 合屬工曹, 革禁火都監, 合屬漢城府, 革典船色, 合屬轉運色, 革福興庫, 合屬禮賓寺, 革鑄字所, 合屬典校署. 後改典農寺, 爲司贍寺, 典廐爲牲署.

14 德壽宮宮扁

國初, 太上王宮曰德壽, 府曰承寧, 太祖居之. 世子府曰仁壽, 太宗居之,

6 所 : 저본에는 '事' 자로 되어 있는데, '所' 자의 오류이므로 바로잡았다.

中宮府曰仁寧, 定安王后居之.

15 銀印

太宗授孝婦銀印於昭憲王后, 且賜孝婦圖, 世祖賜昭惠王后孝婦圖書. 英廟用是例, 親製諭書, 又親書'孝孫[7]'二字, 命戶曹鑄銀印, 賜今上. 上每御法座, 或動駕時, 忠義衛負而導之.

16 內訓

『內訓』, 卽仁粹王后所編, 而具在尙儀曹氏跋文. 文曰: "恭惟我仁粹王大妃殿下, 自在世祖大王潛邸, 承事兩宮, 晝夜靡懈, 及冊爲嬪, 尤謹婦道, 躬執御饌, 不離左右, 世祖大王常稱孝婦, 造賜孝婦圖書, 以顯孝焉. 天資嚴正, 所育王孫等, 少有過失, 罔不掩護, 卽正色誡飭, 兩宮戲名暴嬪. 世祖大王稱我主上殿曰我子, 大王大妃稱月山大君曰吾子以慰焉. 嚴敎如此, 以至今日, 可勝言哉?

承歡長樂之餘, 患女婦之無知, 孜孜訓誨. 然『烈女』·『女敎明鑑』·『小學』等書, 卷帙浩繁, 初學病焉, 親自睿斷, 撮其切要, 揚成七章, 名曰『內訓』, 繼以諺譯, 使之易曉, 雖至愚騃, 一覽瞭然, 以便習誦.

臣竊觀歷代賢妃, 勤事舅姑, 以盡仁孝之德, 嚴於敎子, 以成國家之慶者多, 而躬撰訓書垂誡者鮮矣. 是書之作, 奚啻仁粹殿下之敎玉葉耶? 以至閭巷愚婦, 女工之暇, 朝習暮誦, 於心玩味, 則漸至克家之道, 其於風化, 豈小補云? 嗚呼至哉! 成化乙未孟冬十有五日, 尙儀臣曹氏敬跋."

我朝宮壼之懿甚盛, 非前世之所可及者, 由后妃之聖相繼也, 下逮宮人, 亦皆嫺於彤管如此. 時世已久, 恨其板本難傳, 自非故家所傳, 亦不得見焉. 當時所告戒者, 幾何不至湮沒哉?

---

7 孫: 저본에는 '婦' 자로 되어있는데, '孫' 자의 오류이므로 바로잡았다.

17 前後部樂

世宗朝每動駕, 前後部鼓吹, 始於崇禮門, 至雲從街終一章, 始於雲從街, 至惠政橋終二章, 始於惠政橋, 至光化門終三章. 繁文簡節, 舒緩和平, 藹然爲治世之音, 制作寖遠, 漸就短促, 上悶之, 屢飭樂院提擧, 隸習工師, 俾存古音.

18 儀象

世宗朝刱儀象, 建欽敬閣於景福宮, 壬辰之亂, 盡爲灰燼. 宣廟回鑾, 首命領議政李恒福, 講究舊制, 建閣於昌德宮瑞麟門內, 後爲萬壽殿, 儀象亦殘缺. 顯宗朝, 祭酒宋浚吉請復欽敬古制, 命李敏哲就『蔡氏傳』, 稍加損益, 爲儀象, 其制內闕四游玉衡, 又去白單環. 肅宗朝復命敏哲, 重修舊儀, 建齊政閣于昌德宮熙政堂之南以儲之. 至英宗中, 命安重泰等, 重修建揆政閣于慶熙宮興政堂之東以儲之.

19 欽敬閣

世宗戊午, 千秋殿西庭, 建小閣一間, 糊紙爲山高七尺許, 置閣中, 內設玉漏機輪, 以水激之. 又作四神・十二神・鼓人・鍾人・司辰・玉女凡百機關, 不由人力, 自擊自行, 若神使然, 天日之度, 晷漏之刻, 上與天行, 不差毫釐. 又用漏之餘水, 作欹器, 虛則欹, 中則正, 滿則覆, 皆如古訓, 以觀天道盈虛. 山之四方, 依「豳風」〈七月詩〉, 作四時景, 刻木爲人物鳥獸艸木之形, 按其節候而布之, 以見民生稼穡之, 名其閣曰欽敬.

20 經行

高麗時每春秋仲月, 會僧徒誦般若經, 鳴螺執幡盖, 香火前導, 巡行街巷, 以攘[8]疾厄, 二品以上官, 受命行香, 謂之經行, 世宗四年罷之.

21 中宮賜冠

世祖[9]元年, 太監尹鳳持冠服來, 遣宦者田畇問曰: "中宮賜冠狹小, 又有簪, 如何穿着?" 鳳曰: "梳髮訖, 從頂後分囟左右髮毛, 交相結上, 作丫髻, 將冒其上, 仍揷簪." 畇曰: "寶鈿用之何處?" 鳳曰: "其名禁步, 自兩肩垂之前, 欲節其行而不妄步也."

22 上謁聖服

唐制, 皇帝謁文廟, 儀用韠[10]袍. 世宗元年, 謁文廟, 禮曹判書許稠言: "韠[11]袍不詳其制, 疑今絳紗袍." 上曰: "絳紗袍臨臣下服, 豈宜服此謁先聖, 服衮冕以謁." 遂爲制.

23 輪對

我朝輪對, 實倣宋制. 世宗朝每一日, 一人入對, 承旨・史官皆不得入. 至成宗朝, 每十五日一對, 若有故, 或一二朔不對, 司諫朴崇質請申復舊規, 五日一對, 命每十日一對, 至今行之.

24 宰相乘軺

古制, 宰相年老者, 始乘軺軒. 世宗朝議軺軒, 一依梁制, 軒上立靑盖遮日, 爲老宰相而設. 後之陞宰列者, 雖少年便乘, 軒前張黑傘, 望之如東宮靑繖. 中宗朝, 正言閔起文嘗言其謬, 今則不設. 大臣之乘平轎子, 張芭蕉扇, 不知始於何時, 而芭蕉扇, 似因黑傘而變其制.

---

8 攘: 저본에는 '穰' 자로 되어 있는데, 문맥상 오류이므로 바로잡았다.
9 祖: 저본에는 '宗' 자로 되어 있는데, 문맥상 오류이므로 바로잡았다.
10 韠: 저본에는 '鞸' 자로 되어 있는데, 문맥상 오류이므로 바로잡았다.
11 韠: 저본에는 '鞸' 자로 되어 있는데, 문맥상 오류이므로 바로잡았다.

25 文宗至孝

文宗性至孝, 常於後苑, 手栽櫻桃, 候節以進, 世宗必嘗之曰: "外間所進, 何似世子手種?"

26 紫薇堂

紫薇堂在景福宮, 世宗所嘗處也. 端廟冲年踐位, 憑欄泣曰: "上王而在世, 余當大被愛矣." 堂今失其址.

27 黃標政事

端宗壬申, 政府堂上每日詣賓廳, 吏兵曹官皆就議, 每除官, 必擬三望, 就可用者一人, 付黃標以啓, 上但以筆占之. 時人謂之黃標政事.

28 張勅使

張方洲天使之來也, 世祖迎詔慕華舘, 方洲使上步而導之, 上使告禮不當如是, 方洲不聽, 上頗不悅. 盖方洲已聞上傳禪, 意欲加辱而然, 以世祖英武, 終不敢抗.

29 箭幣

世祖時常行箭幣, 形如柳葉箭, 鏃長一寸八分, 莖一寸七分, 莖端兩面, 分鑄'八方通貨'四字, 以一箇準楮貨三張. 民不便之, 格不行.

30 十二駿

世祖十二駿, 一曰靖世驃, 二曰流霞騮, 三曰梨花驪, 四曰玉英虬, 五曰淩空鵠, 六曰逐風駒, 七曰蔺雲螭, 八曰騰霧豹, 九曰軼驚鴻, 十曰翼飛鴻, 十一曰戴芳麟, 十二曰照夜驤.

31 都城鐘

興仁門內光化門外, 皆有鐘, 鐘面刻光廟與內殿徽號, 且有御製. 光化門外之鐘, 銷于壬辰倭亂, 興仁門內之鐘見存, 英宗戊辰, 設屋以貯.

32 旗竿笛

世祖嘗行西郊, 望見一兵旗竿曰: "取第幾竿來." 命以爲笛, 其聲絶異.

33 記注

今注書·記注法, 世祖二年所立.

34 功臣子出納公事

世祖中, 命功臣鄭麟趾子崇祖·申叔舟子瀞等三十五人, 每一日, 二人依承傳官者例, 出納公事, 觀其賢否, 猶漢之侍中職也.

35 方伯稱卿

世宗十一年, 諭黃海道觀察使南倫曰: "卿妻病, 可速來見." 凡通政稱爾, 二品以上乃稱卿, 時倫階通政, 而上特稱卿, 三品方伯之稱卿, 自倫始.

36 標信

我朝舊用烏梅標信, 多失易奸, 睿宗朝改以象牙, 其體圓, 前刻宣傳, 後刻御押. 王大妃殿標信, 其體方, 前刻懿旨, 後刻御押. 中宮殿標信, 其體銳, 前刻內旨, 後刻御押. 世子宮標信, 其體直, 前刻徽旨, 後押御押. 凡各殿標信, 留宮時得用之, 政院必書標信出納人姓名, 以防遺失.

37 宮門開閉

城門宮門, 皆晨鐘而開, 夕鐘而閉, 自南怡之變, 始命宮門平明開[12], 初昏閉.

38 南小門

都城東南, 舊有南小門, 今廢. 肅廟己未, 備宰會言少陽閉故, 國家於螽斯麟趾之慶, 每女子多而男子少, 若尋其舊址, 以通少陽之氣, 宜有吉祥善事. 且言南小門, 乃金安老所擅閉. 時吳挺緯尤主其說, 差勾管堂上, 調坊民, 役將始矣. 清城上箚寢之, 安老擅之說, 實無所據, 乃成[13]宗元年己丑所塞, 以陰陽家忌巽方也.

39 禁門扁

今昌德宮門扁, 皆成宗朝, 大提學徐居正所定, 外東墻門曰宣仁, 中東墻門[14]曰景陽, 新大門曰長春, 中大門曰宣明, 南夾門曰春興, 內東墻門曰建陽, 北東墻門曰綺華, 廣延樓西岾門曰平昌, 南行廊門曰永和, 北行廊門曰永平, 內司僕南門曰雲錦, 外東山門曰延陽, 左夾門曰光範, 右夾門曰崇範, 南墻門曰丹鳳, 內西墻門曰宜秋, 左闥門曰肅章, 兼司僕廳新大門曰延福, 內司饔上東門曰小春, 北門曰小東, 中宮差備門曰延禧, 承政院南門曰延英, 西行廊門曰金虎, 外西墻門曰鎭金, 西墻門曰曜金, 後苑北墻門曰拱辰, 新北墻門曰閶闔, 東墻門曰靑陽, 外北墻門曰廣智.

40 禁扁

禁扁多徐四佳所定, 成宗三年, 因上命, 就闕門無額處, 各書名以扁之. 景

12 開 : 저본에는 '閉' 자로 되어 있는데, 문맥상 오류이므로 바로잡았다.
13 成 : 저본에는 '睿' 자로 되어 있는데, 문맥상 오류이므로 바로잡았다.
14 門 : 저본에는 '門' 자가 없는데 문맥상 오류이므로 첨가하여 바로잡았다.

福宮多臥只門曰望春, 古東宮南門曰東陽, 東墻門曰昭華, 南墻門曰昭暉, 東障子門曰曜儀, 南行廊門曰金鑾, 後苑司僕門曰上苑, 北城門曰神武.

41 昌慶宮宮扁

昌慶宮成宗十五年甲辰, 爲貞熹·仁粹·安順三大妃而建也, 在昌德宮東壽康宮址, 亦命徐居正製禁扁, 殿曰明政·文政·壽寧·觀慶·景春·仁陽·通明, 堂曰養和·麗暉, 閣曰思誠, 亭曰環翠.

42 昌德宮

昌德宮爲廟社大祭齋居而設, 後苑有淡烟門, 不合大內門扁, 中[15]宗戊子, 改以永肅門.

43 昌慶宮址

世祖朝, 築昌慶宮垣, 具致寬定其址, 踰泮水數十步. 成宗六[16]年, 司諫朴崇質請撤宮垣, 俾完泮水之形, 從之. 命東·西班文武[17], 隨職秩出奴丁, 一品四口、 二品三口、 三品四品二口、 自五品至九品一口, 助役三日, 乃完築泮水, 建藏書閣.

44 親押香

世祖雖在諒闇, 必以朝服, 先傳宗廟社稷之香, 次以白衣服, 傳獻陵之香. 成宗以祝文有祖宗諡, 不可擔入燕寢, 必親詣香室而手押, 始名此禮曰親押. 明廟雖未親臨, 每教香室, 必淸晨進祝貼.

---

15 中 : 저본에는 '成' 자로 되어 있는데, 문맥상 오류이므로 바로잡았다.
16 六 : 저본에는 '五' 자로 되어 있는데, 문맥상 오류이므로 바로잡았다.
17 武 : 저본에는 '臣' 자로 되어 있는데, 문맥상 오류이므로 바로잡았다.

45 御諱代字

國初御諱, 皆有代用字. 成宗壬寅, 弘文館具以啓曰: "世宗諱代以, 文宗諱代以琳, 世祖諱代以瑆, 德宗諱代以明, 睿宗諱代以欣.

46 讀書堂水晶盃

舊龍山廢寺在江北岸, 成宗中, 改搆爲堂, 作弘文館讀書之所, 嘗賜宮醞, 以水晶盃宣勸, 因遺之館官, 鍍金爲臺, 金馹孫銘曰: "清不涅虛能受, 德其物思勿負." 又有'內賜讀書堂'五字, 任熙載以八分凸書, 銘則姜渾以篆凹書.

47 圓點科

成宗初命生員進士居泮者, 圓點滿一百五十日, 始許赴館試. 明宗中, 命館學儒生圓點滿十五點以上, 許赴庭試.

48 中禁服飾

今中禁服飾儀節, 皆成宗十五年, 命承旨內官所定者, 其服飾紫巾・金環・綵絲帶・銀耳環, 表衣紫團領, 裏衣袂飛介, 夏用草綠紗, 冬用匹緞. 每朝賀・朝參及動駕傳嚴, 放榜傳唱.

動駕時, 列立左右, 一人坐於繖扇後. 三嚴鼓止, 承傳中官出月廊立, 令司謁傳嚴, 司謁下中階, 令呼嚴. 坐者俯伏而起, 拱手而揖, 旋卽南向呼嚴, 前進一步, 又呼嚴. 如是者三, 揖而還向北, 揖訖, 還至列立處, 在駕前侍衛. 駕至橋梁路隘則呼曰'侍臣馳去'.

放榜時, 立殿東西, 通禮院官先唱姓名, 司謁書小紙, 傳付中禁, 中禁唱曰'某之子某'. 額凡四十人, 分四番直大內, 屬掖庭署.

49 耕種戱

國俗於元月望日, 縛藁象穀穗, 架木連索以祈穀, 大內稍變其制, 象「豳風」〈七月〉所載人物, 爲畊種狀. 盖世祖時所創, 自世祖辛巳以來, 命承政院分左右角勝, 勝者有賞, 承旨等多聚工匠雕繪, 極精巧. 成宗朝屢設此戱, 時朝士李蘋有巧思, 視其所屬, 判勝負. 臺臣嘗以日蝕, 請勿設玩具, 上以祖宗朝舊例, 命勿罷. 今大內久不設此, 但街衢往往設藁竿, 卽其遺制.

50 近侍賻

判書李承健嘗以應敎丁憂, 成廟特賜賻米, 近侍有賻, 自承健始.

51 觀豊閣

昌德宮後苑壯元峯之北, 有觀德亭, 卽成宗三年所築, 採桑壇舊址, 恭惠王后常行蠶禮於此. 又丹楓亭之前, 有稻田數頃, 成宗十年所開, 使內官掌治. 又青陽門之左, 有觀豊閣, 臨田而設, 卽肅廟朝所刱, 制樸而狹, 纔一間許, 于時掌令金灝疏請撤役, 肅廟優容之.

52 蠶禮

成宗初, 王妃嘗行蠶禮於後苑, 壇[18]方三丈, 高五尺, 四出陛. 壇側築蠶室, 四面各墻高仞有三尺, 上被棘, 中起室二十七, 又設幄殿一, 爲親蠶之所.

其日王妃服鞠衣棄輿, 內外命婦奉筐, 尙功奉錫鉤, 尙宮導至壇. 王妃采桑, 樂奏繹成曰: "維蠶之利, 衣被生民. 道我女紅, 必躬必親. 菀彼桑葉, 承我懿筐. 靡敢憚勩, 以訓四方." 採桑訖, 內外命婦以次採桑復位.

王妃還幄次, 樂奏與民樂曰: "威儀卒度, 淑愼不忘. 曰嬪曰嬙, 承事靡遑. 陟降孔時, 禮云告成. 受天之祐, 惠我函生." 命婦亦詣蠶室, 尙功以桑

18 壇: 저본에는 '墻' 자로 되어 있는데, 문맥상 오류이므로 바로잡았다.

授蠶母. 蠶母受而縷切, 授命婦食蠶, 灑一薄訖, 命婦隨王婦還內.

53 兩館

國初, 設藝文·春秋兩館, 掌詞翰, 設集賢殿, 掌講論. 世祖朝, 罷集賢殿, 只置兩館, 成宗九年, 置弘文館. 又加設藝文館, 脩撰以上十五員, 兼帶經筵·春秋官[19], 以侍講論事爲重, 奉教以下, 只兼經筵, 以記言書事爲重, 名雖同僚, 職事則異.

吏曹又言, "藝文館官秩皆六品以上, 故新第卑秩不與焉. 是以分任庶司, 埋頭簿書, 雖有美質, 無以成就, 請於本館, 加設正七品博士, 正八品著作各一員, 正九品正字二員, 擇年少有學行者, 充差序陞." 從之.

於是史官八員, 混爲藝文參外, 奉教崔乙斗等乞別作一局, 以專其任. 命藝文館副提學以下各員, 移屬弘文館, 奉教以下八員, 仍帶藝文館, 弘文館應教二員中一員可合主文者, 亦兼藝文應教, 都承旨例兼弘文館直提學, 亦得移兼蓺文館.

54 進對

凡進對, 秩卑者例先退, 中宗十四年, 檢閱申潛言, 史官不可先出, 遂命首座者先出, 因是爲例.

55 館箚朱點

中宗初, 弘文館陳箚, 就句讀處, 點朱以進, 盖便於乙覽也. 在宥時則用青點, 上搟內閣, 閣臣陳箚, 亦用此例, 獨大臣及兩司箚不然.

19 官 : 저본에는 '館' 자로 되어 있는데, 문맥상 오류이므로 바로잡았다.

56 髫年授官

國朝中葉以前, 有髫年授官者, 菁川府院君柳順汀孫師弼生六歲, 以祖蔭授副司勇.

57 翰林帶司錄

古以中書爲政本, 公事出納皆由之, 自政院爲喉舌管出納, 而政府不與焉. 中宗朝, 議令司錄一人常仕于政院, 凡朝報隨聞通政府, 議格不行. 故例翰林一人常兼司錄, 恐亦爲此.

58 用人隨才

金麟孫由舍人, 拜薺浦僉使, 尋以大司諫召還. 金伯淳歷檢閱·司成, 遷麟山僉使, 正五考, 拜義州牧使. 沈思遜歷舍人·典翰·直提學, 拜滿浦僉使. 並在中宗朝, 祖宗用人隨才器, 使不拘常格如此.

59 進獻紅袱

凡京外進獻, 裹以黃袱, 中宗十四年, 以近僭禮, 改用紅袱, 從黃海觀察使金正國啓也.

60 昭格署

故事昭格署, 倣中朝醮祀, 太一殿祀七星諸宿, 皆被髮女子像也. 三淸殿祀玉皇上帝·太上老君·普化天尊·梓潼諸君十餘位, 皆男子像也. 內外諸壇, 設四海龍王·神將·冥府十王·水府諸神位, 无慮數百.

獻官與署員, 皆白衣烏巾致齋, 將事其服則冠笏, 其祭品則果食茶湯餠酒, 焚香百拜. 道流着逍遙冠, 被斑斕黑衣, 鳴磬二十四遍, 二人前讀道經. 又書祝語於靑紙焚之, 事同兒戲, 而設官祓祀, 每行祭所費不貲. 中宗十三年, 靜菴面對極論, 又伏閤四啓得請, 尋命復之, 壬辰亂後遂廢.

61 讀書堂銀杯

中宗三十七年, 淸州民田中得銀樽四, 觀察使以進, 上命造銀盃, 分賜政院・春坊・藝文館・讀書堂.

62 太學序齒

太學序齒, 始自中廟朝, 然只行下齋, 時議欲並行上齋. 李浚慶・宋世珩皆以爲可, 獨成世昌非之, 議遂寢. 宣廟初, 栗谷建議, 乍行旋廢, 孝宗九年, 因李厚源議始行.

63 龍鏡石

中宗十七年, 日本小二殿使送功夫首座, 來獻龍鏡石三枚, 黃質白文, 光彩瑩澈, 可數毛髮, 如錦石, 上却之.

64 內農作諸具

中宗九年, 嘗設內農作諸具於後苑, 左偏自慶會池北, 抵北墻, 象周公進七月篇, 右偏自忠順堂前, 抵翠露堂, 象周公進無逸篇, 以海衣紙爲障, 樺皮爲飾, 鏤刻爲字, 象岐山四時色, 凡奇花異艸, 蟲魚禽獸, 靡不畢具. 命宣醞于承旨及監造官.

65 龍鳳遮日

龍鳳遮日, 卽元朝致麗王, 張八關會者也, 邊幅甚廣, 只一人傳其法而張. 中宗三十年, 嘗改造.

66 列朝册寶

每朝諡册與寶, 必奉太廟當室之傍, 仁宗諡册失不傳. 英宗丁丑[20], 將埋貞聖王后虞主于廟庭, 掘地得玉札一片, 諦視之, 乃仁宗謚冊也. 上異之, 親寫全文, 鐫于玉, 合成完篇, 藏仁宗室.

67 兩耳懸珥環

國俗, 大小男子, 必貫穿兩耳, 懸珥環, 華人譏以爲胡俗. 宣廟初, 曉中外, 痛革其習.

68 道袍

我國道袍, 行於壬辰後, 國制古有胡耳掩, 狹小輕銳, 今無之. 宣祖嘗欲依中國制, 上下皆戴小帽子, 而竟未能行.

69 梨峴宮

梨峴宮爲仁獻王后而設, 稱啓運宮. 肅宗中, 崔淑嬪嘗居之, 今爲壯勇外營.

70 生親追贈

仁廟朝, 諸臣力爭追崇, 上曰: "諸臣何故並生親推恩?" 自是遂停生親之贈, 有特敎或大臣陳請, 然後得贈.

71 局出身

仁祖丁丑, 試南漢扈從人, 武出身者六千五百餘人, 訓鍊都監砲手半之, 皆不欲編名卒伍. 於是別設七局, 以砲出身者隷之, 名曰局出身, 置別將以領之, 今直永肅門.

---

20 丁丑: 저본에는 '乙亥'라고 되어 있는데, '丁丑'의 오류이므로 바로잡았다. 정성왕후의 몰년은 정축년(1757)인데, 성해응이 을해년(1755)으로 착각한 듯하다.

72 哺烏詩

仁祖嘗試諸臣月課, 正言朴長遠製進哺烏詩, 有曰: "士有親在堂, 貧無甘旨具. 林禽亦動人, 淚落林烏哺." 上問長遠有父母乎? 政院對有偏母. 上曰: "情見于辭, 風樹之悲, 古人所傷." 令賜米布.

73 元孫水晶帶

仁祖二十六年, 命大臣議定元孫冊封時章服, 政府議, 考之『會典』, '有公侯駙馬伯[21]花樣麒麟, 乃文武一品之上.' 可取而倣之, 郡主長子, 用方龍繡, 今去肩龍, 只用方龍繡, 則禮有殺而事有據, 一品用玉帶, 二品用犀帶, 玉則已重, 犀則稍輕. 『通典』有皇太子金飾象笏之制, 亦有世孫未冠者用玉導寶飾之制, 倣此用玉質金餙之制, 上別於世子, 下異於羣臣, 上命用水晶帶.

74 掌兵者着決

孝廟嘗謂柳赫然曰: "祖大壽常着決, 與指合." 仍飭武人倣之. 今之掌兵者, 雖文宰不敢脫決."

75 推考傳旨

古者推考傳旨, 只書下字, 不書某衙門以啓, 上塡書禁府字, 卽拿囚, 此所謂禁推. 且行公推考及口傳政事非古也, 盖壬辰亂後事. 孝宗二年, 命推考傳旨, 依古例不寫行公字及某衙門, 但書下字, 以俟上裁, 仍著爲式. 外方官慮其曠務, 依前行公, 且令憲府逐日開座, 依六曹例, 錄其坐不坐, 每朔末書啓.

21 伯: 저본에는 '白' 자로 되어 있는데, 문맥상 오류이므로 바로잡았다.

76 後苑燒雉

孝廟嘗在瀋陽, 偕從騎射獵朔野, 親自熾炭於前, 擘雉體而炙之, 使飮啗爲樂. 及還踐祚, 每冬日燕閑, 命別軍職宣傳官等試射後苑, 分與燒雉如前日, 至今行之, 遂成禁中故事.

77 闕內禁轎

祖宗舊例, 世子不得闕內乘轎. 仁宗在春宮, 玉體羸弱, 中宗念行步致損, 命之乘, 遂爲例. 大君以下不得乘, 孝宗在鳳林邸, 嘗乘轎入闕, 臺臣論之, 推其從行內官.

78 瀋陽野坂

瀋陽城南, 有一高壟, 卽所謂野坂者也, 有孝宗築館址.

79 魚水堂

世稱魚水堂, 孝廟爲尤菴獨對而設. 然仁廟之返正也, 大內擾亂, 光海出走, 廢妃柳氏奔魚水堂, 堂之設盖舊也. 豈或至孝廟時而重修歟.

80 萬壽殿

萬壽殿, 乃王大妃時御所也, 孝廟爲慈懿大妃, 親相地於欽敬閣舊址, 別建殿曰萬壽曰春[22]暉.

81 圍繞

孝宗元年, 淑安公主下嫁益平君洪得箕, 上以圍繞服色, 事係變禮, 命議大臣. 領議政李敬輿曰: "婚姻圍繞非古禮, 況上方在哀疚, 百僚衰麻, 四

---

22 春: 저본에는 '春' 자가 없는데, 문맥상 오류이므로 '春' 자를 첨가하여 바로잡았다.

方縞素? 二品以上不宜襲吉隨行." 上從之, 圍繞服色, 定以素衣.

圍繞出佛經, 『唐書』云, 以代宗景雲二年九月三日生, 以是日爲天成地平節, 三殿置道場, 以宮人爲佛菩薩, 北門武士爲金剛神, 王召大臣膜拜圍繞. 自高麗崇佛法, 婚禮亦用圍繞, 猶祭必僧齋, 而至今未改.

82 舊長陵手植松

孝宗朝嘗手植松梓於舊長陵, 先朝辛亥, 又遵聖蹟, 手植三松於新寢. 今上己酉初謁陵, 親閱三松, 圍銅以封識之.

83 太學銀盃

太宗爲高麗國子博士, 行爵泮中, 有青花盃. 及卽位, 飭令寶藏, 惟多士讌太學, 許以行酒. 成宗朝, 杯破缺改造, 竟失於壬辰之亂. 孝宗中, 大司成金益熙復請改造, 以續祖宗故事, 上命造二銀盃, 遣中使賜太學, 至今藏學中.

84 戎服虎鬚

虎鬚古無此制, 昔顯廟幸溫陽時, 麥田大熟, 上喜甚, 命扈從諸臣各揷一穗, 以識豊瑞, 至今戎服之揷虎鬚, 卽麥穗遺意, 禁旅貧不能具虎鬚, 或揷麥穗.

85 慶德宮

慶德宮集祥殿, 在萬壽殿之東, 顯廟爲仁宣大妃設也.

86 肅廟宮官

顯廟丁未正月, 肅廟冊封爲王世子, 以丙午十一月二十七日政, 預設宮官, 兼世子師領議政鄭太和, 兼世子傅左議[23]政洪命夏・右議政許積, 貳師■

▣▣宋時烈，行贊善宋浚吉，贊善李惟泰，進善尹宣擧，左賓客金壽恒，右賓客朴長遠，左副賓客趙復陽，右副賓客李廷夔，兼輔德李端相，兼文學洪萬容，弼善金益廉，文學金錫冑，說書申翼相，兼說書尹敬教，司書金萬重，輔德李翽[24]，兼司書李端夏，兼弼善李翊[25]，翊衛尹舜擧・崔徽之，司禦朴世采・宋基厚，副率李之濂・申啓澄，洗馬徐文尙・南壽挺，翊贊徐必成・尹拯，衛率尹理・洪億，侍直李宜岳・崔後亮.

87 肅廟冠禮

顯廟庚戌三月，行肅廟冠禮於時敏堂，主人樂善君潚，大匡輔國崇祿大夫議政府領議政兼領經筵弘文館藝文館春秋館觀象監事世子師鄭大和. 賓大匡輔國崇祿大夫議政府左議政兼領經筵事監春秋館事世子傅許積.

贊者[26]正憲大夫禮曹判書兼知春秋館事同知成均館事世子左賓客朴長遠，正憲大夫議政府左參贊兼世子侍講院贊善成均館祭酒宋浚吉，正憲大夫行龍驤衛副護軍兼同知成均館事世子右賓客閔鼎重，資憲大夫議政府右參贊兼同知經筵事世子左副賓客李慶億，資憲大夫吏曹判書兼知義禁府事弘文館大提學藝文館大提學知成均館事同知春秋館事世子右副賓客趙復陽，明善大夫司甕院副提調昌城都正佖，通政大夫世子侍講院贊善李惟泰. 贊冠通訓大夫行世子侍講院輔德知製教金萬均，通訓大夫行議政府舍人知製教兼春秋館編修官校書館校理中學教授世子侍講院輔德李端夏.

贊引通訓大夫行世子侍講院弼善李奎齡，禦侮將軍行龍驤衛副司果兼世子侍講院弼善洪柱國，通訓大夫行世子侍講院文學尹堦，中訓大夫行吏曹佐郎知製教南學教授世子侍講院文學金錫冑，通訓大夫行世子侍講

---

23 議 : 저본에는 '設' 자로 되어 있는데, 문맥상 오류이므로 바로잡았다.

24 翽 : 저본에는 '翊' 자로 되어 있는데, 문맥상 오류이므로 바로잡았다.

25 李翊 : 저본에는 두 글자가 생략되어 있는데, 『현종실록』 7년(1666) 11월 26일 세 번째 기사를 참조하여 첨가하였다.

26 者 : 저본에는 '者' 자가 없는데, 문맥상 오류이므로 첨가하여 바로잡았다.

院司書李秞, 通訓大夫行吏曹正郎知製敎兼校書館校理西學敎授世子侍講院司書李翊相, 通仕郎守世子侍講院說書鄭維岳, 通訓大夫行藝文館兼奉敎春秋館記事官世子侍講院說書申翼相, 禦侮將軍行世子翊衛司翊衛白弘一, 禦侮將軍行世子翊衛司翊衛李淑鎭, 禦侮將軍行世子翊衛司司禦尹垛, 禦侮將軍行世子翊衛司司禦金弘振, 禦侮將軍行世子翊衛司翊贊李後傑, 振威將軍行世子翊衛司翊贊洪柱文, 禦侮將軍行世子翊衛司衛率尹坪, 保功將軍行世子翊衛司衛率金錫翼, 昭威將軍行世子翊衛司副率宋基泰, 昭威將軍行世子翊衛司副率李寅岳, 振威將軍行世子翊衛司侍直趙持恒, 振威將軍行世子翊衛司侍直鄭載岳, 保功將軍行世子翊衛司洗馬申弼華, 保功將軍行世子翊衛司洗馬金萬增.

88 歲時松葉

宮中故例, 歲時進松葉, 爲祈厭也, 顯廟中命停之, 復並停桃杖·桃枝·人勝·彩畵.

89 都中尼院

都中有慈壽·仁壽兩尼院, 後宮之老無依者多住焉, 顯宗二年, 因玉堂箚撤之. 慈壽院有列聖位版, 依奉恩寺例, 卽令埋淨地, 繼因同春議, 以毁院材瓦, 設北學, 今泮宮一兩齋是也.

90 喜雨亭

肅宗朝嘗久旱, 遣大臣禱雨. 是日得雨, 上喜甚, 以禁苑醉香亭, 更名喜雨, 親製亭銘以識之, 今在奎章閣之傍.

91 上入耆社

肅宗己亥, 上入耆社, 設讌景賢堂. 具翼善冠袞龍袍, 乘步輦而出, 內侍奉几杖以隨. 鼓吹振作, 奏與民樂, 上入堂, 鼓吹止, 軒架作. 上升座, 內侍奉几杖置座側, 尙瑞郎奉寶前置案. 近侍及諸執事下殿拜訖, 還之位, 世子轢宗親文武百官, 就位而拜. 提擧進酒器, 世子以下皆跪. 提擧進揮巾饌案行果, 承旨供花盤, 提調復進塩水, 世子以下俯伏興復跪. 提調進小餠, 世子以下復俯伏興.

二典樂分立東西, 唱尊崇樂章維天之曲訖, 相禮引世子陞東堦, 由東門入, 進第一爵, 授提調, 出就位而跪. 致調官陞西堦, 由西門入, 當座前跪, 致詞而退. 上擧爵, 樂奏千歲萬歲, 提調進受爵復坫上, 世子以下俯伏興而跪. 提調割肉, 跪進於饌案之右, 樂作奏清平曲, 提調進饅頭, 世子以下俯伏興.

領議政金昌集進第二爵, 致詞官進致詞如前儀. 傳教官由東門出, 臨階西向立傳教曰: "敬擧卿等之爵." 上擧爵, 樂奏五雲開瑞朝, 世子以下三叩頭而山呼, 樂奏桓桓曲, 世子以下四拜, 樂作. 相禮引世子, 引儀引宗親文武百官, 升殿就位. 上命侍衛諸臣就坐.

典樂引歌者及琹瑟, 分東西陞階立, 副提調供世子饌卓別行果, 輔德供花, 副提調仍供饌, 執事者設宗親文武百官饌卓. 散花訖, 提調進湯, 樂作, 世子以下離位伏進訖, 還就位. 副提調供世子湯, 執事者設宗親文武百官湯訖.

判中樞府事李熙命進第三爵如前儀, 樂奏步虛子令, 舞童入作. 副提調供世子酒, 執事者行宗親文武百官酒, 諸臣進爵皆倣此. 進湯訖, 全城君混進第四爵, 樂奏井邑慢機, 舞童入作.

錦平尉朴弼成進第五爵, 樂奏步虛子令, 舞童入作, 奏千歲萬歲. 領敦寧府事金柱臣進第六爵, 樂奏井邑慢機, 舞童入作, 奏清平曲. 行戶曹判書宋相琦進第七爵, 樂奏與民樂令, 舞童入作. 提調退小饌, 進大饌, 樂奏太平年之曲, 仍奏與民樂, 鄕唐樂交作, 處容舞入作.

副提調供世子饍, 執事者設宗親文武百官饍. 頃之提調進撤案, 副提調撤世子卓, 執事者撤宗親文武百官床訖, 諸大臣同進陳慶祝之辭, 退就位. 世子降就拜位, 轢宗親文武百官四拜. 通禮啓禮畢, 工鼓柷樂作, 上檠步輦還內, 工戛敔樂止. 世子還內放仗.

92 承旨差除

承旨差除, 以堂上通顯者及三司亞長, 從其數備擬, 乃古例也, 肅宗初, 許積請以三望極選備擬, 令每日入侍, 隨事稟定, 尋從古制, 以長望差除.

93 賓對時 兩司入參

賓對時兩司無入參之例, 肅宗朝始刱焉. 玉堂亦然, 上設內閣, 閣臣在直, 亦得入參.

94 六對

宋時六參之制, 如我朝六對, 六對卽近制也. 故事, 每日行常參, 又行朝晝夕三講, 又行召對・夜對. 如値齋日, 視事不如式, 則只行召對夜對, 又暇隙, 承旨持公事入侍稟決, 此祖宗朝舊例. 明廟朝, 刱備邊司, 政府署事之法遂廢. 於是各司又有提調, 六曹之屬司, 旣不稟議於六曹, 六曹亦不稟議於政府, 政府六曹爲冗官, 備邊司爲緊任矣. 常參之制, 作一文具, 六曹堂郎, 但行拜禮而已, 以是肅廟朝, 特設六對之制, 倣宋六參故典.

95 承旨持公事入侍 玉堂同參

舊例, 承旨持公事入侍, 玉堂不得與, 景宗初, 許令同入, 以存召對故事, 今閣臣亦得同參.

96 藏胎石函

英宗乙酉, 景福宮衛將得一石函於舊闕之傍, 卽封胎石函, 面刻曰'王子乙巳五月日寅時生'. 上曰: "藏胎之弊, 予稔知之, 尙以故例爲難, 今得藏胎石函, 此中葉以後事. 自今藏胎必於御苑潔淨處, 以陶缸埋之, 載之儀曹."

97 世子拜二品以上

『五禮儀』, 世子宮陳賀, 二品以上再拜, 世子答再拜. 英宗建儲時, 領相金昌集·左相李健命難於立受, 並一時交拜. 英宗丁未, 領中樞閔鎭遠言: "交拜便是抗禮, 比立受尤覺難安." 復從『五禮儀』.

98 玉堂命牌

故事召兩司, 皆用命牌, 弘文館獨用粉牌. 英宗癸未, 敎曰: "予以玉堂官, 爲少友禮待, 豈宜反下三司?" 遂命同用命牌.

99 貢布堂上

英宗癸酉, 臨門召問貢布民弊, 命朴文秀等釐正節目, 仍差貢布堂上二人勾管, 備局之有貢布堂上始此.

100 賜橘

英宗堂賜橘一盤于政院. 橘盡而有御製詩, 命入直諸臣賡進, 用文宗朝故事, 仍行夜對, 宣醞賜饌.

101 玉堂鶴

玉堂自古馴鶴, 每檄取延安郡. 洪益弼倅延安, 嘗防求鶴檄曰: "諸學士不讀書, 求鶴何爲?" 尹勉憲時直玉堂, 上蹏請罪之. 先朝命畵一鶴於玉堂門扉曰: "欲看鶴, 看畵足矣, 勿復求鶴, 自是玉堂不敢養鶴, 近始馴之.

102 諱麗祖

英廟初召對『綱目』, 上以麗朝異於前代帝王, 我朝四王仕于朝, 命諱太祖名.

103 清州麥

英宗己巳, 清州麥有兩穗或三穗, 忠清監司李日躋引洪武瑞麥事, 櫃而上之, 政院以爲嘉瑞, 非聖世所宜貴, 上從之.

104 祭服用苧

祭享時享官祭服, 例用紬絹, 不能澣濯, 久則垢汙. 英宗嘗謂非齊明成[27]服之意, 不若代用苧布, 隨汙隨濯, 倣禮澣帛之意, 議大臣. 大臣以爲祭享禮幣, 以苧代帛, 祭服何獨不然, 遂命行之, 至今以爲例.

105 青玉圭

英宗十七年, 襄陽文官崔逵泰, 以青玉圭送右議政趙顯命曰: "得之江陵府壬辰留陣所." 顯命白其言, 上取而覽之, 問筵臣, 對曰: "周制桓圭長九寸, 信圭·躬圭長七寸, 博皆三寸, 厚皆半寸, 左右剡皆半寸. 今以古今禮器尺, 度其圭, 長果七寸, 博不滿二寸, 厚與剡俱異." 上命尙方依古制, 以青玉造諸侯及世子之圭, 周尺長九寸, 廣三寸, 厚五分. 盖倣永樂欽賜之制.

106 百官祭服

英宗中, 親祭太廟, 以百官祭服不中度, 命弘文館考大明會典以奏. 教曰: "冕服之纁裳, 隱於玄衣, 令尙方更其制, 殺其長, 以表上玄下纁之義. 百官祭服衣裳外, 冠帶笏佩玉後綬蔽膝, 並以朝服通用, 或貧不能具者, 以濟用監祭服, 隨便用之. 笏則四品以上用牙, 五品以下用木, 俾爲定制.

27 成 : 저본에는 '盛' 자로 되어있는데, 오류이므로 바로잡았다.

107 幞頭·襴衫

英宗中, 嘗欲復中朝進士科幞頭襴衫戴蓮花·聞喜讌等制, 未知其式. 筵臣言: "故吏曹參判金玏嘗奉使之燕, 得明神宗皇帝宴賜幞頭·襴衫及『太學衍義』一部. 玏歸, 以巾衫藏之安東客舍, 『衍義』亦有御寶眞蹟, 今兵曹正郎權萬云."

上曰: "萬無乃忠定公權撥後邪? 昔中廟與宰樞設賞花宴於慶會樓下, 旣罷, 內侍拾得袖珍『近思錄』, 進中廟. 中廟曰, 必權撥袖中物, 命還之, 是誠千載盛事. 咨! 政院移關嶺南, 使二臣之後, 領二書及衣冠以來."

萬與玏孫弘運領至, 時上弗豫, 强起盥櫛, 衣服冠而坐, 召見二人曰: "待鄒魯之士, 不宜效漢祖箕踞. 况有皇朝舊物乎?" 遂賜三經·『近思錄』·『太學衍義』, 飭所司幞頭·襴衫得其式, 還歸弘運. 於是生進衣冠, 悉復明制, 戴蓮花·聞喜宴, 議不一乃止."

108 冕服圖式

尙方, 舊有冕服圖, 乃皇朝所頒, 而冕服組綬佩帶, 皆貿之燕, 多不中式. 英宗中, 命禮官及尙方諸臣, 一依圖式, 定冕服制.

109 玉帶

仁元王后嘗檢集祥殿舊藏, 得一玉帶, 卽宣廟所嘗御. 肅廟乙亥, 御此帶朝參, 以諺具書故事帶匣, 卽以賜英廟. 英廟復服之, 焚香于璿源殿, 試士于勤政殿, 親帶銘書諸匣.

110 癸丑磬·欽賜鍾[28]

世宗癸丑, 得秬黍於海州, 得蒼玉於南陽海中, 命朴堧造磬, 後失於兵燹. 及英宗壬戌, 於社稷樂器庫及備邊司井中, 得磬十五, 刻癸丑二字. 皇朝

28 鍾: 저본에는 '磬' 자로 되어 있지만 문맥상 오류라고 판단되어 바로잡았다.

永樂年間, 欽賜特林鍾五, 今摛文院之架于東西者, 卽磬十五鐘五之一也, 鍾刻'永樂欽賜'. 其餘鍾四磬三在大內, 磬五在掌樂院, 磬六在上號都監. 上之戊申, 又得磬二於太學地中, 亦刻癸丑字, 其中中折, 只存半勾, 命藏之太學.

111 禁梨園

掌樂院舊稱梨園. 英宗嘗謂筵臣, "梨園乃唐時不正之名." 命禁之.

112 太廟灌地筒

太廟灌地筒, 英宗戊辰所設. 朔望大祀, 舊只一人, 至是加差一人.

113 世孫入學儀

英宗辛巳, 今上以王世孫入學. 其儀.

○王世孫酌文廟訖, 至明倫堂之東便次, 服軟巾・青袍・細條帶・黑靴.

○執事實幣紵三匹[29]於篚, 實醴二斞於尊, 加脩二脡於案, 奠於便次西南之卓, 守之北向西上.

○博士贊笏, 立博士之左少後西向.

○王世孫贊笏, 在王世孫之左少前北向, 王世孫旣升堂, 贊笏等立堂下.

○博士就明倫堂東墻內, 具幞頭・紅袍・金帶・象笏・黑舃.

○東西齋掌議攣儒生, 序立明倫堂庭, 分左右相向北上.

○奏時官詣便次前告入學正時.

○弼善跪白請出次, 王世孫出.

○贊引引博士, 立於明倫堂東堦上西向.

○將命者出立門西東向曰: "敢請事."

○王世孫少前曰: "某願受業於先生."

29 匹: 저본에는 '匠' 자로 되어 있는데, 오류이므로 바로잡았다.

○將命者入詣博士前告曰: “世孫某願受業於先生.”

○博士揖答[30]曰: “某也不德, 請王世孫無辱.”

○將命者出詣王世孫前以告.

○王世孫固請曰: “某願受業於先生.”

○將命者入詣博士前曰: “世孫[31]某願受業於先生.”

○博士揖答曰: “某也不德, 請王世孫就位, 某敢見.”

○將命者出詣王世孫前以告.

○王世孫曰: “某不敢以視賓客, 請終賜見.”

○博士揖答曰, “某也辭不得命, 敢不從命.”

○將命者出詣王世孫前以告.

○於是執篚者前, 以篚東向進王世孫.

○王世孫執篚, 以篚還授執篚者.

○博士降俟于東堦下西向.

○翊善引王世孫入門而左, 詣西階之南東向. 執篚者前行, 繖扇陪衛止門前, 只小宦三人, 司鑰一人從入. 執事者捧醴壺脩案, 立王世孫西近南, 東向北上. 執篚者以篚進王世孫, 退立於後.

○王世孫跪奠篚, 再拜興.

○博士答拜.

○王世孫跪取篚興, 少前跪進博士, 捧醴脩者跪奠醴脩於博士前.

○博士跪受篚, 授執事者, 執事者取醴脩以退.

○王世孫興.

○博士亦興.

○翊善引王世孫立階間, 北向再拜訖.

○入明倫堂西夾室楹外小次.

○贊引引博士入就次, 改具烏紗帽・黑團領・品帶・靴子訖, 升堂就東

---

30 揖答 : 저본에는 ‘答揖’이라고 되어 있는데, ‘揖答’의 오류이므로 바로잡았다.

31 孫 : 저본에는 ‘孫’ 자 다음에 연이어 또 ‘孫’ 자가 있는데, 오류이므로 삭제하였다.

壁西向坐, 席三重.

○弼善詣小次, 跪白出次, 王世孫出次立.

○翊善引王世孫, 陞自西階, 詣博士前.

○執事者分詣博士前跪, 置案而退.

○執事者又進詣王世孫前跪, 席間一席, 所謂函丈者也, 旣設而退.

○執事者又進跪置講書於博士前案上.

○王世孫就席東向跪.

○執事者復進跪置講書於王世孫前而退.

○王世孫講書.

○博士釋義訖.

○挾冊者跪撤書, 執案者跪撤案.

○王世孫興.

○翊善引出便次.

○贊引引博士就明倫堂東挾室.

○王世孫內嚴外備還宮.

114 王妃獻種儀

英宗丁亥, 上攣王世孫, 親耕籍田, 王妃獻種如儀, 前一日, 尙寢帥其屬, 設上座便殿北壁少東, 王妃座於殿內北壁少西, 殿前左右, 置二香案. 前庭道西設惠嬪位, 道東少南, 設王世孫位, 惠嬪後設世孫嬪位, 後設命婦位, 並東上異位重行, 俱北向.

其日尙功以靑箱盛穀種置案, 先設殿東少南. 前三刻, 命婦各具禮服齊到. 前二刻, 惠嬪具禮服, 守閨引入就位. 世孫具翼善冠·袞龍袍, 典賓引入就位. 世孫嬪具禮服, 守閨引入就位, 典賓引命婦入就位.

時至, 尙儀請中嚴. 少頃又啓外辦, 上具翼善冠·袞龍袍, 尙宮導以出陞座, 王妃具禮服, 尙宮導以出陞座. 罏烟升, 列繖扇·侍衛, 司贊唱四拜, 典贊唱鞠躬·四拜·興·平身, 惠嬪世孫·世孫嬪以下至命婦皆拜.

尙功奉箱跪進, 王妃降座跪受. 臨時設案, 以授尙儀, 尙儀跪受, 奉獻于上, 上降座跪受. 臨時設案, 復授尙儀, 尙儀跪受以出, 上陞座, 王妃亦陞座. 尙儀傳內侍, 內侍授承旨, 承旨傳耕耤使, 耕耤使授耤田令, 尙儀復命. 司贊唱四拜, 典贊唱鞠躬·四拜·興·平身, 惠嬪·世孫·世孫嬪以下至命婦皆拜. 尙儀跪啓禮畢, 上降座, 王妃亦降座還內, 守閨·典賓各引惠嬪·世孫·世孫嬪命婦以出.

115 王妃親蠶儀

王妃親蠶禮, 不載『五禮儀』, 國朝惟成宗朝三行之, 中宗朝再行之, 宣廟朝一行之, 文蹟散軼無徵. 英宗丁亥, 王妃行親蠶禮, 命春秋館堂郎, 考三朝『實錄』於江華, 參以『大明集禮』, 上親自折衷.

敎曰: "『五禮儀』所無者, 今當義起, 至於朝臣命婦, 昔當戊辰慈懿大妃進宴, 無入參例, 只惠嬪·世孫嬪·諸翁主·郡主·王孫婦入參. 依中廟故事, 景福宮御苑, 設兩壇, 一則設壝門, 內殿行親祭, 其下壇, 依觀耕臺例, 內殿犨內外命婦, 先採桑. 前一日, 內殿與惠嬪內外命婦, 先詣景福宮齋宿, 一依皇朝故事, 內殿皆行三獻. 禮儀使以下諸執事, 依古例, 以女官爲之. 進幣瓚爵官·薦俎官, 自內塡差."

又敎曰: "親蠶禮以三月上巳日行之, 十一日, 先行西陵氏傳香於崇禮門內. 惠嬪·世孫嬪[32]·內外命婦隨之. 祝以朝鮮國王妃某氏爲辭." 於是行禮如儀.

其日尙寢設王妃採桑褥位於壇上小東東向, 設惠嬪·世孫嬪採桑位於壇下近北南向, 又設採桑內外命婦採桑位於壇下近南北向, 俱異位重行西上. 設執王妃鉤筐者位於惠嬪位之西小南西上, 尙功執鉤, 典製執筐. 又於壇上, 設執王妃鉤筐者位於王妃採桑位之北, 稍東南向西上.

執惠嬪以下鉤筐者位於各位之後. 女史一人執鉤, 一人執筐. 女侍以蠶種·鉤·箔·筐·架及諸養蠶器授尙傳, 尙傳以授執筐鉤者及蠶母, 以待

32 嬪: 저본에는 '嬪' 자가 없는데, 의미상 '嬪' 자가 있어야 하므로 첨가하였다.

王妃行酌獻. 禮畢還入幄次. 尙宮以下各服其服, 尙記奉寶俱詣幄次前伺候. 採桑時至, 尙儀詣幄次前, 俯伏跪啓請中嚴.

惠嬪·世孫嬪及采桑內外命婦各服其服, 典賓引惠嬪世孫嬪及采桑內外命婦, 俱就壇下位. 諸執筐鉤者各就位. 尙儀俯伏跪啓請行禮. 王妃改具裳服以出, 尙宮前導詣采桑壇, 陞自南階, 就采桑位東向立, 執鉤筐者陞自北階就位. 典賓引尙功·典製, 詣桑位西向立.

尙功奉鉤以進, 王妃受鉤採桑, 典製奉筐進以受桑. 王妃采桑五條止, 以鉤授尙功, 尙功受鉤, 典製奉筐, 俱降復位壇下. 尙宮導王妃就壇南坐, 觀惠嬪以下採桑. 初王妃采桑, 女史各以鉤授惠嬪·世孫嬪及采桑內外命婦, 王妃采桑訖, 典賓引惠嬪·世孫嬪內外命婦, 以次采桑. 執筐者受之惠嬪·世孫嬪, 各採七條, 內外命婦各採九條.

女史受鉤, 與執筐者退復位. 典賓引惠嬪·世孫嬪內外命婦還復位, 典賓仍導至蠶室. 初以采桑內命婦一人先詣蠶室, 尙功師執鉤筐者, 以次從至蠶室. 尙功以桑授蠶母, 蠶母受桑縷切之, 授內命婦, 食蠶洒一箔[33]訖, 典賓引惠嬪·世孫嬪內外命婦, 還復位. 蠶母進壇下, 先行叩頭禮. 頒賞 內執事以下一體頒賞 畢,[34] 蠶母復行叩頭禮.

尙儀詣王妃前, 俯伏跪啓禮畢, 王妃入小次, 改具禮服, 加首飾出陞座. 典賓引惠嬪·世孫嬪及內外命婦以下, 改具禮服, 就拜位. 典贊唱鞠躬·四拜·興·平身, 惠嬪以下鞠躬四拜興平身. 典賓引登壇侍坐後, 蠶母等列坐壇下. 賜食畢退立, 尙儀跪啓禮畢. 王妃降座, 尙宮前導入幄次, 典賓引惠嬪以下, 各還次.

---

33 箔: 저본에는 '薄' 자로 되어 있는데, 오류이므로 바로잡았다.

34 頒賞 內執事以下一體頒賞 畢: 저본의 "頒賞 內執事以下一體頒賞 畢" 부분에서 "內執事以下一體頒賞" 부분을 주석으로 처리하여 오류를 바로잡았다. 이는 성해응이 『국조보감』을 참고했기 때문에 발생한 오류인 듯하다. 『영조실록』에는 이 부분이 "先行叩頭禮, 頒賞畢"로 되어 있다.

116 受繭儀

是月, 王妃又行受繭禮. 前一日, 尙寢帥其屬, 設上座便殿北壁少東, 王妃座於殿內北壁少西, 俱南向. 設香案二於殿外左右, 設惠嬪拜位於前庭道西, 王世孫拜位於道東少南, 王世孫嬪拜位於惠嬪位之後, 命婦拜位於其後, 並東上異位重行, 俱北向.

其日尙功以竹箱盛繭, 置於案, 先設殿東少南. 前三刻, 命婦各具禮服集到, 前二刻, 惠嬪具禮服, 守閨前引入就位, 王世孫具翼善冠·袞龍袍, 典賓前引入就位, 王世孫嬪具禮服, 守閨前引入就位. 時至, 尙儀跪啓請中嚴, 少頃又啓外辦. 上具翼善冠·袞龍袍, 尙宮前導以出陞座, 王妃具禮服, 尙宮前導以出陞座. 爐烟升, 列繖扇侍衛, 司贊曰四拜, 典贊唱鞠躬·四拜·興·平身. 凡典贊之唱, 皆承司贊之辭, 後倣此.

惠嬪·王世孫·王世孫嬪以下命婦, 鞠躬四拜興平身. 尙功奉箱詣上座, 上起立, 尙功奉以示後, 詣王妃座前, 王妃起立受, 以授尙儀. 尙儀跪受, 以授尙服. 上陞座, 王妃亦陞座. 司贊曰四拜, 典贊唱鞠躬四拜興平身. 惠嬪·王世孫·王世孫嬪以下命婦, 皆鞠躬四拜興平身. 尙儀進當座前, 俯伏跪啓禮畢, 典賓亦唱. 上降座, 王妃亦降座還內. 守閨·典賓各引惠嬪王世孫王世孫嬪以下命婦出.

遂頒繭于政府·樞府·宗親·都尉·禮戶曹判書·政院·玉堂·入侍史官·藥院提調·兩都留守·八道道臣·廣州府尹·楊州牧使, 諸臣皆進箋謝.

117 受麥儀

英宗己丑, 幸觀耕臺, 觀刈麥, 遂行受麥禮. 前一日, 掖庭署設上版位於便殿庭中南向, 設王世孫侍座位於版位之東西向. 其日禮曹判書及耕耤使·耤田令, 俱以黑團領, 進詣東耤田, 攣田民四十人, 服靑巾刈穀訖. 耤田令監之盛靑箱二, 一以備粢盛, 一以供藏種. 奉架子覆靑袱, 以靑巾引路, 架子軍同先行[35], 次架子, 次耤田令, 次耕耤使·禮曹判書. 分左右詣闕, 架子入由正門, 權置閤外, 前期設次.

受麥時至, 承旨·史官黑團領, 侍衛器服俱詣閤外. 左通禮跪啓請中嚴, 少頃又啓外辦. 上具翼善冠·袞龍袍以出, 左右通禮導至庭中版位南向立. 王世孫具翼善冠·袞龍袍隨之, 出就侍座位西向立. 耤田令奉粢盛麥箱, 跪授耕耤使, 耕耤使跪受, 以授近侍, 近侍跪受以進. 贊儀唱跪, 左通禮跪啓請跪. 上跪受, 臨時設案, 復授近侍, 近侍跪受. 贊儀唱興, 左通禮進當座前, 俯伏跪啓請興. 上興, 近侍以箱授耕耤使, 耕耤使跪受, 以授耤田令, 耤田令跪受出. 權置閤外, 藏種箱仍盛架子, 詣太常藏之. 左通禮進俯伏跪啓禮畢, 上還內, 王世孫亦隨入.

118 王妃藏種儀

是月, 王妃行藏種禮. 前一日, 尙寢帥其屬, 設上座於便殿北壁少東, 王妃座於殿內北壁少西, 俱南向. 設香案二於殿外左右. 設惠嬪拜位於前庭道西, 王世孫拜位於道東少南, 王世孫嬪拜位於惠嬪位之後, 命婦拜位於其後, 並東上, 異位重行, 俱北向.

其日藏種時前三刻, 命婦各具禮服集會, 前二刻, 惠嬪具禮服, 守閨前引入就位, 王世孫具翼善冠·袞龍袍, 典賓前引入就位, 王世孫嬪具禮服, 守閨前引入就位. 典賓引命婦入就位. 時至, 尙儀跪啓請中嚴, 少頃又啓外辦. 上具翼善冠·袞龍袍, 尙宮前導以出陞座, 王妃具禮服, 尙宮前導以出陞座.

爐烟升, 列繖扇侍衛. 司贊曰四拜, 典贊唱鞠躬·四拜·興·平身. 惠嬪·王世孫·王世孫嬪以下命婦, 鞠躬·四拜·興·平身. 該房承旨服黑團領, 禮曹判書以下奉麥箱, 俱詣閤外, 請承傳色. 承傳色出至閤外西向立, 耤田令以箱跪授耕耤使, 耕耤使跪受, 以授承旨, 承旨跪受, 傳于承傳色, 承傳色跪受以入, 傳于尙儀, 尙儀受入, 奉獻于上.

上降座, 典贊唱跪, 尙宮跪啓請跪. 上跪受, 臨時設案. 上跪時, 王妃降

35 以靑巾引路, 架子軍同先行 : 저본에는 '以靑巾軍引路'라 되어 있는데, 의미상으로 오류이므로 『국조보감』에 의거하여 바로잡았다.

座立，上以箱復授尙儀．尙儀跪受，奉獻于王妃．典贊唱跪，尙宮跪啓請跪．王妃跪受，臨時設案．以授尙功，尙功跪受藏之．上陞座，王妃陞座．司贊曰四拜，典贊唱鞠躬·四拜·興·平身．惠嬪·王世孫·王世孫嬪以下命婦，鞠躬·四拜·興·平身．尙儀進當座前，俯伏跪啓禮畢，上降座，王妃亦降座還內．守閨·典賓各引惠嬪·王世孫·王世孫嬪以下命婦出．

119 慶熙宮

慶熙宮舊名慶德宮，英宗三十六年，以音同章陵謚，改今名．

120 法座開三門

上御法殿，惟闢兩夾．英宗嘗教曰："人君御殿，豈同常時?" 遂命洞開三門．

121 禁軍點考

舊制禁軍入直者，每三日參謁差備門外，使中官點閱弓矢箭服．肅宗壬申，恐中官招權，特罷之．辛丑換局時，中官使武藝廳護衛各門，英宗中，有請復禁軍參謁之法者，上不許．然慮軍裝疎虞，命每年四仲朔旬前無事日，兵房承旨直奏入直禁軍軍裝點考，詣明政殿月臺，從兵曹所給軍裝，一一點閱後回奏，著爲式．

122 王元子百玩盤

辛亥六月十八日，卽惠慶宮誕辰，王元子初度日也．設百玩盤于昌慶宮集福軒，元子着四旒華陽巾，披紫羅裌衫，先執綵線，次取白麵，次提弧矢，次撫盤中米及香糕．閣臣承史環侍仰瞻．元子徐左右睇，端凝如成人．諸臣相顧慶賀旣退．上以糕一盒宣賜曰："此元子手所執也，卿等分嚼．"

123 王元子考劵

辛亥五月二十三日，上親考講製文臣課試試劵，元子在傍，便欣然取朱筆，就第一劵，左右揮灑，運腕超健．既書訖手揭之．揮筆於第二劵復如之，上喜甚，遂於第一劵書二上一，第二劵書二上二，第一卽洪秀晩也，第二卽韓用鐸也．仍召承旨李祖承，閣臣徐榮輔示之，朱墨滿紙輝映晃朗，筆過處自然成文，宛作上字．上命兩文臣陞六以志喜，又命榮輔招致內閣，俾親受試劵，寶藏于家．

124 頒囊

宮中故事，每於歲首亥子夜，小官數百燃炬曳地，齊呼以熏豕熏鼠，盛燒穀種于囊，頒賜宰執近侍，名亥子囊．盖倣周俗去螟螣畀炎火之意，熏火之制，行之至今．頒囊之制，不知何時廢閣，上御極後，追述故事，頒囊如例．

125 階上萍草

庚戌正月，上候欠和，膈痰如纖絮凝脂，茶飮亦不下．是夜昏眩益甚，似夢非夢，有一老人星冠月佩前告曰："進此藥可瘳．" 出一幅搨紙，書階上萍草四字．及覺，認爲偶然．已而復夢，老人告曰："俄告良劑，曷不卽御?" 又示階上萍草四字．始異之，問之醫，醫曰："忍冬一種，蔓施相連如萍草．" 仍命煎忍冬五錢以進．纔御便爽豁，膈間無壅滯．

126 榴花陳

宮中，舊有石榴花五六白盆，上命布置燕寢庭中，用八陣法．

127 慈殿前庭松

慈殿前庭植松屛，慈聖甚愛惜．上每於省覲時，輒至松屛，撫摩數回，恐損其蒼翠．

128 『植木摠案』

景慕宮四周山麓, 樹木甚稀, 嘗命宮官, 每歲春秋, 雜采松杉楓樟梅杏桃柳之屬以種之. 繁陰綿亘, 蒼翠交映, 廟貌益深嚴. 遂令宮官作一帖, 備載樹木數名, 曰'植木實摠', 命本宮都提擧徐命善爲之序, 至四季朔, 宮官請出修整以進.

景慕宮『植木摠案』成, 上謂筵臣曰: "先大王嘗詣毓祥宮, 命樹嘉木曰: '宮中樹木, 每勤種植者, 不但望之鬱然, 廟貌深嚴, 及夫尋尺者圍抱, 後之人必指點撫摩曰, 某樹某時所種, 大爲愛惜. 詩云「維桑與梓, 必恭敬止.」' 予承聆不敢忘. 今玆植木, 卽繼述之一端.

129 大橘

李青莊德懋常在大內編書, 上使侍者賜橘一顆曰: "是名大橘, 肅廟朝, 曾隨海船來, 命種耽羅中, 結實不繁, 只薦璿源殿, 今賜爾, 爾其噉之."

130 大內鹿

大內嘗養鹿, 一日鹿咬殿廡下花枝,. 左右遽逐之, 上曰: "遽逐必驚跳, 驚跳易跌傷. 只可揮送, 俾勿更咬."

131 御服飾

嘗御春塘臺, 行燕射禮. 上曰: "今予服飾, 皆列朝所御, 帶鉤孝廟所御也, 紫笠顯廟所御也, 錦帶肅廟所御也, 狹袖先朝所御也, 佩刀景慕宮所服也. 天香不沫, 手澤尙存, 傳世寶藏, 不啻如赤刀·天球. 予時或服御, 以寓羹墻之慕也."

132 北寺獄

宮中有北寺獄, 又有土宇在臥麟坪, 囚重辟. 其杖斲眞木三稜, 大如股, 受者鮮能自全. 肅廟朝始罷北寺獄, 先朝甲子, 多裁削刑杖, 上副服後, 並罷土字, 刑具益減, 廣不過五寸, 厚不及一寸.

133 「磨兜堅箴」

上嘗命都承旨趙宗鉉, 書進磨兜堅箴, 磨兜堅者, 古之愼言人, 宋濂作箴, 見陶宗儀輟耕錄.

134 『朱子大全』永樂本

朱子大全永樂本, 在慶州玉山書院, 而晦齋有戒不令出院門. 上嘗取覽之, 以其戒還送書院.

135 辛亥御眞

上之辛丑, 模御眞一本, 奉藏于奎章閣宙合樓之中楹. 辛亥, 模御眞三本, 一本奉藏于宙合樓之右楹, 是日因內閣問安啓, 批曰: "追先朝癸丑故事, 今年又圖一本, 雖或爲述先之一端, 而十年之間, 政教有日隆之效, 世道有日新之美, 時象有日靖之幾, 民庶有日康之喜歟! 夷考之則依舊, 而徒有星星者爲皓, 畫工毫端, 雜用粉彩, 可媿且可呵. 然小本一本藏于景慕宮之望廟樓, 以替省定之禮, 以寓瞻依之思, 而餘一本又將藏于顯隆園之齋殿, 此所以欣然有得者也."

136 孔胤恒中第

有孔胤恒者, 先聖之裔也, 世居水原府. 胤恒略知書居下齋, 下齋生例與舘學齋任, 講于殿庭, 名籍旣上. 上識之, 將臨筵, 教諸試官曰: "孔氏之不顯, 我朝之闕典也. 今聞孔胤恒者應講, 胤恒雖未嫺經, 當必方便得使賜第. 先聖之後, 出一倖第, 亦何妨哉?" 旣進, 使講關雎章, 茫然不能讀. 强之則纔擧首章, 語音棘澁, 字句糢糊.

上曰: “汝不讀毛詩首章, 乃反應擧耶?” 對曰: “庠生孟賢大敎臣言讀經當先難, 須從下經始. 故此章雖甚易解, 未之講也.” 賢大適以製被選, 上曰: “賢大以亞聖之裔, 誤訓先聖之孫, 竟不得賜第, 厥罪宜警.” 遂命拔其券. 胤恒遂於其冬, 赴講登科.

137 王太

金虎門外, 有王太者, 酒家傭也, 好讀書能屬詩, 貧不能自存. 上聞之, 召太試以詩. 太能製進, 詢所願, 對以願讀『綱目』·詩書及諸子. 命壯勇營, 付太名軍案, 給月料使讀書.

138 舟橋

上之己酉, 遷顯隆園于水原, 捨船艙而用舟橋, 刱自聖智, 備省而工緻. 其制編船三十六隻爲橋, 先設橫樑以撑拄, 船上各跨五縱樑, 直抵南北岸. 又舖板於縱樑之上, 交縫輒設九隱簪. 又釘於舖板縱樑, 相枕之際以鉤連之, 板上下兩端, 各穿兩孔, 左右縱樑之外間一尺, 先設木簪, 以麻索連絡促結.

又設浮浮隊欄, 橫亘南北兩岸, 第一船上之縱樑兩端, 又設吊橋, 浮沈上下. 一聽於水, 潮生則穹然如虹, 潮退則坦然如砥, 當中上船, 設門塗, 丹門柱上, 各揷三枝鎗, 朱絡·小絲旗, 如鞦韆架. 左右兩柱上, 橫懸黃黑大旗, 而黑旗則畵日月星辰銀河八卦之象, 旗邊白, 火焰長黃帶·雉尾·纓頭·朱絡, 黃旗則畵四海五嶽兵形之象, 旗邊紅, 火焰長黃帶·雉尾一如黑旗制.

船各樹五色號旗, 中置協摠認旗. 前五䑸後五䑸屬協摠, 每䑸各三船, 前左中右後, 以其方色作號記. 十五船屬前領將, 十五船屬後領將, 餘船以黃號旗書中協. 一船至六船, 船尾欄外, 樹鶻鴿五色旗, 方色照䑸船旗制. 各船尾, 樹一雙相風旗, 每船格軍團束十二名, 合爲四百三十二名. 都監在協總前聽指揮, 副監爲前後領將. 䑸長十人, 各管三船. 駕至, 舟師大將具儀衛, 迎于右欄外, 協總迎于左[36]欄外.

139 社壇樂

上嘗親祀社壇, 就板位立, 軒架方作, 顧近臣曰: "庭樂不比二成促." 近臣趨而退問典樂, 對曰: "第二成堂下左特磬闕二槌云."

140 向春軒

高陽衙閣無揭額, 上嘗幸永陵, 駐是閣, 賜名向春軒, 取向陽易春之義也.

141 正廟異事

上嘗命具判書庠, 製進華城維與宅上梁文. 文旣上, 上覽之, 命差遲數日寫呈, 伊日判書歿矣. 上嘗燕居時値初昏, 促召宣傳官, 持標信出宣仁門, 閱視踐更卒. 及出門, 門東偏軍舖架失火, 架內卒幾死, 賴宣傳官救之得免. 上嘗閱武南小營, 時日氣淸和, 亟命壯勇營, 旗幟並用渝弊. 及陞座發射, 忽西北雲起, 大雨驟下, 雖霑濕而不損新製.

36 左 : 저본에는 '右' 자로 되어 있는데, 앞의 문맥을 살펴 '左' 자로 바로잡았다.

『研經齋全集外集』 卷57

『蘭室譚叢』 卷2

1 禮鞵

故事, 朝臣凡朝會, 許於鞾上着大鞵, 謂之大粉套, 大粉套者, 明制所稱禮鞵者也, 洪武六年所定. 先是百官入朝遇雨, 皆躡釘鞾, 聲徹殿陛[1], 侍衛司請禁之. 太祖曰: "古者入朝有履, 自唐始用鞾, 其令朝官爲輭底皮鞵, 冒於鞾外, 出朝則釋之." 我朝一遵明制, 故朝士競穿此物數十年, 俗趨簡便, 皆穿油靴, 而禮鞵不可見矣.

2 聚珍字

太宗朝癸未, 以經筵古註詩書左傳爲範, 命李稷等鑄十萬字, 是爲癸未字. 世宗朝庚子, 命李蕆等改鑄, 是爲庚子字. 甲寅, 以庚子字纖密, 出經筵所藏『孝順事實』·『爲善陰騭』等書, 爲字範, 命金墩等鑄二十餘萬字, 是爲甲寅字.

於是癸未庚子字, 都入重鑄, 行之三百餘年, 至英宗朝壬辰, 當宁在春邸, 以甲寅字爲範, 使芸閣鑄十五萬字, 是爲壬辰字. 卽位之元年, 復以

1 陛: : 저본에는 '陞' 자로 되어 있는데, 문맥상 오류이므로 바로잡았다.

甲寅字爲範, 鑄十五萬字于關西, 藏于內閣, 是爲丁酉字, 卽『八子百選』等書及癸丑所搨經書本也.

內外閣所藏, 凡三十萬字, 宣廟朝, 以安平大君書爲範, 鑄于訓局, 今之『昌黎集』·諸書印本是也. 實錄·誌狀·史漢等書印字及『文獻備考』印字, 各有一本, 年條不可考. 按中宗十三年, 命依中朝設書肆, 以昭格署鍮器及破寺鍮鍾, 鑄字印書, 未詳何書乃其印本.

3 王世子·博士·將命儒生

王世子入學, 自世宗三年始, 文宗入學時, 兼大司成尹祥爲博士, 世祖十一年, 睿宗入學, 大提學崔恒爲博士. 自[2]此大提學爲博士, 成宗十八年, 燕山君入學, 徐居正爲博士, 中宗十七年, 仁宗入學, 李荇爲博士, 明宗十五年, 順懷世子入學, 洪暹爲博士, 光海二年, 廢世子祬入學, 李廷龜爲博士.

仁祖三年, 昭顯世子入學, 金瑬爲博士, 二十三年, 孝宗入學, 李植爲博士, 趙龜錫爲將命儒生, 孝宗三年, 顯宗入學, 蔡裕後爲博士, 金壽興爲將命儒生, 顯宗十年, 肅宗入學, 趙復陽爲博士, 趙相愚爲將命儒生, 肅宗二十一年, 景宗入學, 朴泰尙爲博士, 李觀命爲將命儒生.

景宗二年, 英宗入學, 趙泰億爲博士, 趙龜命爲將命儒生, 英宗三年, 眞宗入學, 李宜顯爲博士, 南有常爲將命儒生, 十八年, 莊獻世子入學, 李秉常爲博士, 尹得敏爲將命儒生, 三十七年, 正宗朝入學, 金陽澤爲博士, 洪龍漢爲將命儒生, 當宁十七年, 世子入學, 南公轍爲博士, 金弘根爲將命儒生.

2 自 : 저본에는 '自' 자 앞에 '爲博士' 세 글자가 있는데, 앞뒤 문맥상 이 세 글자가 없어야 의미가 통하므로 삭제하였다.

4 定順王后券文

英宗辛卯秋八月, 立碑淨業院. 院在興仁門外英嬪貞洞, 定順王后宋氏遜位後所嘗處也. 至是特命建閣, 親書淨業院舊基五字以立石. 又親書東望峯三字, 命鐫院之對峯石上, 后嘗登臨望寧越處也. 后春秋旣高, 依於海平尉鄭悰子眉壽, 眉壽又沒, 屬後事於眉壽妻李氏.

其辭甚悽惋, 今錄于下.

正德十三年九月初二日, 卒海平府院君鄭眉壽妻李氏處成文事. 此段.

女矣 身亦 無后寡婦以, 身後諸事無依據. 日夜哀泣爲有如乎次, 去丙子年十一月, 分魯山君敎是乙 賜祭爲白有乎矣, 亦無依附, 情理可憐爲乎等用良, 前矣 自矣 家翁亦中 許與爲有如乎, 仁昌坊 伏 家舍墻內祠堂前退三間熟設廳三間, 各別造成.

女矣 生前設奠爲在果同, 祠堂祭祀傳守奉行人乙, 女矣 邊族親以, 傳係不得事. 是去等, 自矣 家翁段, 文宗上典, 惟一外孫以, 魯山君切族是沙餘良自段置, 女矣, 身爲暫無違心, 常時款護爲臥乎等用良. 前矣 自矣 家翁處許與付奴婢內, 婢寶老未一所生奴每邑同年三十一, 婢㐰叱德三所生奴金山年三十一等乙良, 女矣 身後幸者以, 定體爲遣, 婢彔德·奴四同·婢鶴非·奴石金·奴莫同等五口乙良, 墓直定體爲旀同, 奴婢等乙 後所生, 並以 永永傳係爲白良結.

節上言, 從財主願意斜給爲只爲, 啓下爲白乎等良 成給爲去乎 云云. 財主魯山君夫人宋氏, 　證四寸娚秉忠奮義靖國功臣嘉善大夫驪興君閔懷昌, 筆執四寸娚秉忠奮義靖國功臣嘉善大夫驪城君閔懷發.

5 騎牛官

俗稱村野態曰騎牛官, 不知其所出. 樂全申公翊聖「金剛記」云: "五臺山前野號省坪, 有御林臺, 卽小阜也. 俗傳光廟幸五臺時, 駐蹕于此, 取文武士, 而武擧不試弓馬, 令騎牛馳下峻坂而不墜者爲入格. 故江陵人有騎牛及第之稱." 乃知騎牛官非也, 卽騎牛科, 科官音相近故然也.

6 國初朝聘諸國

我朝初, 海中諸國及東北諸胡, 咸來朝聘, 至設館以待之. 如滿洲酋長得嘉善帖, 叩謝於鴨綠江邊. 一自倭奴搆禍, 而貢使不至, 滿洲亂華, 而野人盡附, 琉球太子死於濟州, 而釁隙遂啓, 今則侏儒狄鞮無復覯者. 適考國乘, 得日本琉球國書及野人土俗, 數則以錄之, 以志祖宗之盛.

成宗四年, 日本肥後州菊池藤原書契曰: "扶桑洛下自起兵以來, 在柳營卒伍之中, 不遑軍事. 以是貴國可賀者可吊者, 頗致怠慢, 罪過弥天. 請賜爲幸[3]兩字圖書, 以爲每歲入貢之信符." 命禮曹造給.

成宗二十五年, 日本國王源義材遣僧元匊等來聘, 其書曰: "三韓海濶, 尙襲周爵之封, 八月風高, 重馳漢槎之使. 先是所須龍宮秘典·翠羽·珍禽並方物[4]等, 皆與回書偕到, 不勝欣賀. 城南有寺名少[5]勝, 弊邑多艱, 不遑繕完. 故差專使元匊長老, 觀上國, 以輸情素. 得璧求釖, 恐貽無窮之誚. 雖然凶年飢歲, 乞救隣國, 乃『春秋』恒例. 宋若有百牢[6]之誚, 晉豈無三舍之報."

成宗二十五年, 琉球國中山府主·使僧天章等, 來聘獻方物, 其書曰: "夫惟三韓者, 爲萬邦酋榮, 兆民羣德, 澤遍四夷, 仁聲齊二儀, 寔大矣哉! 先年以降, 不通音問, 於同盟義, 全非踈略, 渡海遼遠, 不遑羽鱗也. 奚對州人平皮古三甫羅一族, 世歸貴國, 臣列官位, 依斯爲幸, 奉問陛下袞衣安否, 近年號此國使者, 渡貢船爲商賈, 是則謀書也. 不知出處, 驚畏不少, 謹遣僧, 以致聘禮, 新賜別符, 以爲他日使船之信."

時禮曹啓曰: "答琉球國書契, 當稱其所管某司, 故令通事問該國何事掌交隣之事, 答以有浦傍大人, 如朝鮮禮曹, 然未可準信. 今考『海東諸國

---

3 爲幸 : 저본에는 이 두 글자가 없어 문맥상 어색하였다. 『성종실록』 4년(1473) 5월 6일 두 번째 기사를 참조하여 첨가하였다.

4 物 : 저본에는 '略' 자로 되어 있는데 문맥상 오류이다. 『성종실록』 25년(1494) 4월 10일 첫 번째 기사를 참조하여 바로잡았다.

5 少 : 『성종실록』 25년(1494) 4월 10일 첫 번째 기사에는 '妙' 자로 되어있다.

6 牢 : 저본에는 '年' 자로 되어 있는데, 문맥상 오류이므로 바로잡았다.

記』, 琉球有長史出納王命, 又有五軍統制府·議政司·六曹等官. 臣等謂書以議政司大人奉復爲可." 李克培等議曰: "中山府主, 旣貽書禮曹, 宜稱禮曹復書于府主." 命從之.

成宗十四年, 野人趙伊時哈等八人辭歸, 命都承旨李世佐賜酒, 仍問曰: "汝衛男婚女嫁, 何以爲禮." 對曰: "婚家近以甲胄弓矢爲幣送女家, 次以金杯, 次以牛二頭·馬二疋, 次以衣服奴婢, 各稱其家貧富. 婿往之夕, 女家宰牛[7]宴飮, 翌日邀婿家親戚而慰之." 又問祭禮, 對曰: "祭天則前後齋戒, 殺牛以祭, 又於月望祭七星. 有疾病則祈禱, 親死則殯於家, 亦殺牛以祭, 三日後葬向陽處, 且殺平生所乘馬, 去肉而葬其皮." 問汝衛甲胄, 以何物爲之, 對曰: "以鐵." 問汝與㺚子相通乎, 對曰: "常與往來." 又問㺚子人物之數, 對曰: "其繁殖優於中國. 以車爲家, 盖以油芚而居焉."

7 監司乘轎

許觀雪厚嘗譏監司乘獨轎. 四面設帷, 暑則張, 寒則捲, 僭御輦制. 今則監司皆乘雙轎, 守令乘獨轎, 甚至武倅或効之. 使觀雪見之, 當作何譏? 或云: "監司乘雙轎, 自明宣朝始, 盖兩朝最重喉院, 經承宣則許乘雙轎, 爲監司者, 無不任承宣者故然." 堂下守令之乘轎, 誠禁法也, 今上庚戌, 西邑諸倅, 以乘轎行遣相續, 故自非堂上倅則不得乘.

8 爲官擇人

宣廟庚寅, 上欲以牛溪先生爲大司成, 大臣議不一而止, 殊不知古有是例. 世宗朝, 姜碩德不由科第而爲大司成, 及知禮曹事. 祖宗朝爲官擇人如此, 自大典之頒, 無此事矣.

7 牛 : 저본에는 '使' 자로 되어 있는데, 『성종실록』 14년(1483) 10월 19일 첫 번째 기사를 참조하여 바로잡았다.

9 宣祖賜僧義嚴詩

宣祖大王在龍灣, 賜捴攝僧義嚴和尙詩曰: "慈悲元自度人間, 何况邦家萬事艱. 月印半江香一炷, 心懷普濟智千般. 直將忠義酬明主, 莫向烟霞棲碧山. 賈島劉公眞見得, 古來豪傑更班班." 義嚴卽壬辰義兵將也, 後還俗, 卽郭震卿, 官至同樞.

10 吏曹弘文錄

吏曹弘文錄, 堂下極選也. 自仁祖壬申以後, 爲五十二人, 趙啓遠 · 權大運 · 金壽恒 · 李敏迪 · 南九萬 · 李翻 · 李端夏 · 李嵇 · 申最 · 趙師錫 · 權瑎 · 兪夏益 · 吳始大 · 李秀彦 · 申暈 · 朴泰維 · 趙相愚 · 李萬元 · 權重經 · 金文夏 · 閔興道 · 李寅炳 · 李健命 · 趙泰老 · 李海朝 · 李台佐 · 李縡 · 洪萬迪 · 李秉常 · 李眞望 · 崔尙履 · 金雲澤 · 申晳 · 申昉 · 柳弼恒 · 李眞伋 · 李秉泰 · 申魯 · 尹涉 · 趙顯命 · 徐命彬 · 李宗白 · 李瀷 · 李周鎭 · 申晩 · 李錫杓 · 李濟遠 · 李台重 · 沈念祖 · 鄭志儉 · 徐龍輔 · 鄭東浚.

11 鳳林 · 麟坪

大君爵號, 例以王妃貫鄕. 仁烈王后貫鄕在淸州, 孝廟初封鳳林大君, 忠敏公封麟坪. 麟坪在城南數十步, 臨水而柳樹羅列, 鳳林在城北鵲川上, 草木至今蒙密, 卽逆賊麟佐藏兵處也. 余過之追憶戊申事, 不覺髮竪. 聖祖封爵之所, 乃爲賊竪所溷, 思之又覺憤惋.

12 致仕入相望

國制, 致仕者不入相擬, 老峰閔公引司馬溫公請文潞公故事, 始擬尤菴宋先生, 遂爲例.

13 玉堂鶴

玉堂馴鶴而無粮, 以入直玉堂朝夕餘飯飼之焉, 値上下番俱空, 院吏將鶴納于閤門外, 上輒賜米豆. 今上甲寅, 校理宋翼孝就直, 而家貧不繼飯, 鶴遂困饑. 上知之, 除翼孝龍岡縣令. 奎章閣之鶴生子, 輒一雌一雄, 子稍長, 羽翼可拂, 則鶴輒啄其一而殺之, 盖懼同産之褻也. 比日鶴又産子, 將殺之, 上憐之, 取而置他所. 近侍家有隻鶴, 將而偶之, 雛鶴自奮於石, 至碎首, 終不食而死.

14 開元禮

戊午冬, 上命臣待于千五門內, 下四部手圈一部, 使歸示老父曰: "初欲命汝父入侍, 使之一讀, 今聞病不能登筵, 良可歎也. 比來諸人固陋, 不知開元禮之爲何時所編, 只認爲唐玄宗時事. 至以許敬宗・李義府爲倒用, 許・李固非玄宗時人, 而唐時邦禮, 統稱開元禮, 則前乎玄宗, 亦開元禮也.

汝父必知此, 可令見者皆知此義, 俾開固陋之習." 時「御製三禮手圈義例」, 若曰開元禮之闕一條, 許・李諸子不得辭其責云云. 故聖教如是, 而謹案唐太宗時, 中書令房玄齡・秘書監魏徵, 與禮官學士等, 因隋之禮, 爲吉禮六十一篇・賓禮四篇・軍禮二十篇・嘉禮四十二篇・凶禮十一篇, 是爲'貞觀禮'.

高宗又令太尉長孫無忌・中書令杜正倫・李義府・中書侍郎李友益・黃門侍郎劉祥道許圉師・太子賓客許敬宗・太常卿韋琨等, 增之爲一百三十卷, 是爲顯慶禮. 其文雜以式令, 而義府・敬宗方得幸多, 希旨傅會, 事旣施行. 議者皆以爲非, 上元三年, 詔復用貞觀禮, 由是終高宗世, 貞觀・顯慶二禮兼行.

玄宗開元十年, 以國子司業韋縚爲禮儀使, 以掌五禮, 遂詔集賢院學士徐堅・左拾遺李銳・太常博士施敬本撰述之, 以貞觀・顯慶禮注前後不同, 直加折衷, 以爲大唐開元, 由是唐五禮之文始備.

15 王越

李侍郎書九嘗除承旨時, 上御仁政殿, 試舘學儒生. 書九蒙批爲執冊承旨, 名單遽爲風飄去, 不知所向. 上引王越故事, 特拜大司憲, 命禁中諸臣賦進書九謝箋. 承旨林濟遠居首. 王越者, 明嘉靖間人, 因應試入場屋, 風捲試券, 飄落我國. 我國附使奏聞, 帝謂其有風憲之兆, 拜陝西監察御史.

16 枚卜不入相

我朝與枚卜而不得秉軸者, 成渾 · 李墍 · 柳根 · 任國老 · 洪進 · 尹根壽 · 柳希奮 · 李光庭 · 李尚毅 · 李爾瞻 · 李慶全 · 李貴 · 張顯光 · 李顯英 · 李植 · 趙絅 · 李基祚 · 林墰 · 宋浚吉 · 朴長遠 · 李敏叙 · 申晸 · 柳命天 · 李觀徵 · 李世華 · 洪受㦖 · 鄭載禧 · 李肇 · 申銋 · 李秉常 · 李箕鎭 · 趙榮國 · 徐命膺. 宣廟以前不可考.

17 三浣

今月紀月上旬 · 中旬 · 下旬, 稱上澣 · 中澣 · 下澣者, 起於漢唐. 侍從官每十日假一日, 休沐浣衣, 三旬之中三浣, 故以此名, 澣同浣.

18 政府石

今議政府中列方石, 相距可數武者. 相傳古之監察, 錄人罪惡, 每公會, 從府門入, 趍過石上而投其牘, 使人不知誰所投者, 卽密箴意也.

19 南別宮[8]

南別宮故駙馬趙大臨第也, 大臨甚貪淫, 都人苦之, 有監察柒其門故事.

8 南別宮 : 저본에는 '南別宮'이란 항목이 별도로 설정되어 있지 않고, 바로 앞 항목인 '政府石' 항목의 일부분이었다. 그런데 '南別宮'에 대한 내용은 '政府石' 항목의 내용과 전혀 달라서 별도로 항목을 설정하여 분리시켰다.

漆門則門內人不得由此出入, 大臨穿其後門. 監察又漆之, 兩門俱錮. 南別宮今爲禮賓寺, 漆跡尙存.

20 武臣禁牽馬

國朝中葉時, 命武臣依中朝例, 不許牽馬. 至今法司糾刻, 未一兩月而罷. 我國禁令之不行例如此, 諺曰: "高麗公事三日者信矣."

21 文宰棄馬

古者文宰判兵曹者, 不棄軒而棄馬, 不着袍而着直領, 卽服戎枕戈之意.

22 免新

國俗, 各司官若新入, 則或稱罰禮, 或稱免新, 責酒肉以醉飽, 饌品務令豊侈. 文官之四館, 武臣之內三廳, 此弊尤酷. 藝文館稱薔薇飮, 成均館稱碧松飮, 校書館稱紅桃飮. 至有代納銀布, 以當其債. 下至胥吏皁隷, 從而効之, 隨窠之豊薄, 各有定例, 今則少衰. 然內三廳及蔭官之義禁府·各司吏隷, 尙不勝其誅求矣.

23 玉堂在兩司上

唐世, 中書舍人推爲峻選, 諸官莫得比. 柳公權由中書舍人, 爲諫議大夫, 唐文宗稱其屈, 猶我朝玉署官在兩司上也.

24 正郎·散郎

唐諸曹郎中謂之正郎, 員外郎謂之散郎, 國制正郎猶郎中, 佐郎猶員外郎.

25 獻官西向拜

國制大小神祀, 祭官皆東立西向拜. 案『朱子語類』, 有曰: "古人神位, 有西坐東向, 故獻官皆西向[9]拜, 而今則皆南向. 釋奠時獻官猶西向拜, 不知是如何禮節?" 紫陽亦嘗疑此, 當竢博禮者正之.

26 臣謚犯國諱

國系十一世諱忠敏, 而謚號易犯此二字[10]. 歷溯前牒, 贈左議政黃愼謚末擬, 贈領議政朴東亮謚副擬, 領府事徐命善謚末擬, 皆犯是諱而未蒙點. 贈領議政鄭崑壽·麟坪大君·贈領議政權徵·贈領議政李澥初謚, 皆犯諱而旋卽改謚. 贈吏曹判書金雲澤謚副擬犯諱, 而因大臣箚子洗草. 獨知中樞權健·刑曹判書鄭賜湖謚犯諱, 而未之改之也.

27 憲府廳事

憲府廳事有二, 曰茶時, 曰齊坐. 茶時者取茶禮之義, 高麗及國初, 臺臣只任言責, 不治庶務, 日一會, 設茶而罷, 國家制度寖備, 臺官亦兼聽斷, 履事甚繁, 遂爲常仕之所, 然非正衙也. 齋坐廳者, 諏日大會, 講大禮議大事之地, 其齋坐之儀, 出入迎送, 進退拜揖, 節目詳嚴, 非他司會遇之禮之比. 又採摭臺中故事而兼用之. 禮文極繁, 而上下之間, 隱然有警誡之意, 廳在府中.

28 錄事

祖宗朝, 盖慮窮鄕士族, 無以自達, 欲令衣冠觀政, 漸學吏事, 出爲世用, 遂立錄事法. 鄕人多狡詐, 雖非士族, 多方入屬, 以避軍役. 宣廟朝, 東皇嘗請令所屬之[11]司查櫛. 比來更以委巷下流充之, 人視之如胥吏. 當宁戊

---

9 向: 저본에는 '向' 자가 없는데, 『주자어류(朱子語類)』를 참조하여 첨가하였다.
10 字: 저본에는 '子' 자로 되어 있는데, 문맥상 오류이므로 바로잡았다.

申, 大臣筵奏, 申計仕遷轉法. 然國俗久賤之, 士族罕有願者. 講製文臣李明淵, 嘗以假注書呈病, 命充政府錄事.

29 兩銓相避

兩銓例相避, 明廟朝, 申瑛爲兵曹參判, 宋麟壽爲吏曹參判, 以姻婭遞瑛. 宣廟時, 金尙容爲吏曹判書, 金尙憲爲兵曹參議, 以兄弟並遞. 顯廟朝, 洪命夏爲吏曹判書, 洪重普爲兵曹判書, 以遞重普. 當宁朝, 吳載純爲吏曹判書, 李文源爲兵曹判書, 文源以婦弟陳疏而遞.

30 擧條

故事諸臣筵奏, 承旨卽抄上爛報, 此所謂擧條. 擧條者擧行條件也, 記注之法, 漸不如古, 遂有草冊啓下之式. 而又慮其踈略, 自政院送示奏者, 使補遺漏, 其刪改便不過數字, 此所謂簡通也. 近之簡通太涉草率, 每筵退, 只擧槩略曰某事三四字, 使奏者敷衍爲文. 故雖甚小事, 過自鋪叙, 務生藻彩, 似箚似啓, 不成擧條體段, 上嘗飭政院, 俾存古例.

31 鶴頂

鶴頂鳥名, 産舊港國, 大於鴨, 毛黑脛長, 腦骨厚寸餘, 內黃外紅, 俱鮮麗可愛. 今從二品所服鶴頂金帶, 卽以是骨裝者.

32 批答

今疏本批答, 必先之曰: "省疏具悉." 猶宋時批語云: "省表具之." 此句源於晉時, 「劉頌傳」詔云: "諸所陳聞具之." 知卿乃心爲國也.

---

11 屬之: 저본에는 이 두 글자가 없는데, 앞뒤 문맥상으로 의미가 통하지 않으므로 『동고선생유고(東皐先生遺稿)』 권4의 「녹사서리사태의(錄事書吏沙汰議)」를 참조해서 첨가하였다.

33 蛾眉班

唐使兩省官對立, 謂之蛾眉班. 國制, 凡動駕放榜, 三司官分左右而立, 謂之侍臣. 卽蛾眉班也, 今講製文臣計劃唱榜時, 閣臣爲侍臣, 閣臣有故, 以外閣官代之.

34 諱字不可用

我國廟社祝文, 或事大文字等書草本, 每書國王臣姓諱. 諱字誠謬制不可用. 如『大明會典』宗社祝文, 並書皇帝姓名, 而諱字一不槪見, 我朝固當倣此.

35 玉堂故事

玉堂故事, 於輔導君德, 爲益殊不少. 盖人臣進見, 自有其時, 疏章又不可逐日進呈, 則嘉言善謨, 無由頻達於黈於纊之下[12], 故藉此以啓沃君心. 於近來此法寢廢, 甚至於全不知有此法, 殊可惜也. 宋仁宗在慶曆初, 詔儒臣檢討唐故事, 日進五條, 數諭近臣以爲有補. 元祐間, 蘓子容在經筵, 復請如故事, 因詔講讀官遇不講日, 各進漢唐故實三事. 子容仍於逐段之下, 略論得失大旨, 遂以爲例. 今之玉堂故事, 實昉於此也.

36 呈辭

凡官呈辭, 一司不得兩呈, 從栗谷議也.

12 於黈於纊之下 : 저본에는 '於經纊之下'라고 되어 있는데, 문맥상 오류이다. 조선고서간행회본 『연려실기술』을 참조하여 바로잡았다.

『研經齋全集外集』 卷58

『蘭室譚叢』 卷3

1 池德涵

余入丹陽, 招老校李興彬者, 談郡中故事. 李言郡吏池姓之祖德涵, 當宣祖時, 爲郡吏家, 中落爲雇丁. 持郡牒詣營, 時沈公岱爲監司, 營中有事, 當聞于朝. 營吏草藁未完, 德涵在傍竊言曰: “彼何難而若是紛紛也?” 諸吏呵言若何知. 有老吏曰: “彼必解文字者也, 不然何能妄言若是?” 屬其藁而定之, 德涵卽援筆盡抹去冗語, 立定爲數行. 岱見而奇之, 常以德涵自隨. 岱頗以强記自負, 然輒爲德涵所屈.

壬辰之亂, 岱以京畿監司, 屯朔寧拒倭, 德涵知其必敗, 剪彩帛一片, 縫於衣領, 使家人識之. 岱果敗死於朔寧, 德涵從之而殉. 家人識其屍, 歸葬丹陽云. 詢之德涵之孫, 果然. 問其遺跡, 間遭回祿而失之矣. 沈公建祠朔寧, 以從事三人梁公誌·尹公敬元·姜公壽男享之. 德涵之義烈, 亦不宜泯沒.

如錦山之從容祠, 享高霽峰·趙重峯, 以及其佐幕士卒. 東萊之安樂書院, 享宋忠烈象賢·鄭忠莊撥, 以及府戶長·府民·傔人·僕[1]妾之屬. 尙州之忠義壇, 享尹文烈等四從事, 以及戰亡士卒, 微匹之登祠享, 固有例

1 僕: 저본에는 ‘業’ 자로 되어 있는데, ‘僕’ 자의 오류이므로 바로잡았다.

也. 今若設別祠於表節祠之傍, 讓薦德涵等諸義士, 不亦可乎? 遂記之, 以備有司之採.

2 柳桂芬

柳公桂芬字自馨, 號緣筠·漁叟, 柳忠景誠源之兄子也. 正統辛酉, 中生員·進士兩試, 景泰癸酉, 登文科及第, 選補承文正字, 世祖踐阼, 錄原從功, 丙子, 陞司諫院右正言·知製敎, 時忠景事發. 上鞫沈愼, 愼自言"與朴彭年雖居隣比, 常以臣不能愼口, 不許往來謀議." 上曰: "汝等數會射, 豈無與知者?" 愼曰: "他無所會, 但於柳桂芬家, 以同僚之故往參." 上謂侍臣曰: "桂芬倡爲射帿, 且柳誠源兄子, 此人誠可疑也." 時就拿者, 愼及李貞祥·李智英等, 皆置極律, 獨桂芬不與焉. 只以忠景累, 配漆原縣, 寅辰, 量移還家, 己丑, 許復仕路, 授典校署校理. 人以爲桂芬蹭蹬困躓, 必不堪憂. 及歸, 神充氣健, 容止整飭, 見者感歎其素養.

由禮曹正郎, 出守槐山, 爲政寬平, 民安之. 旣罷官, 退居于陰城之西助村洞, 以成化庚子五月卒, 而葬同邑. 二男麟童·麟種並登第, 歷官淸顯. 公之言議趍向, 與六臣同, 況名出於沈愼之招, 而免於刑禍特幸耳! 及夫宥還也, 栖遲外邑, 以終天年, 不媿忠景之猶子. 悲夫! 塚墓荒凉, 後承零替, 後之覽者, 亦必有悽然興感者爾.

3 尹氏節義

坡平尹氏之節義, 忠毅家爲最. 忠毅與柳灌等三相同禍, 子興仁·興禮亦死. 子興信·興悌死於壬辰之難, 兄弟須類, 不能辨同棺. 而興仁孫廷俊, 仁祖甲子, 爲褒津縣令, 逆适之亂, 殉節猪灘. 興智之外孫, 卽林忠愍慶業, 又可異也.

4 魯認

魯認事甚奇, 『月沙集』中言認入泉漳, 見學究輩習月沙丁酉「辨誣奏」, 以爲程式文字. 今見朴會源所撰「魯認傳」, 而得其詳而爲傳, 又掇其逸而具錄之. 認高祖昪, 曾祖自貞皆進士, 祖行權箕子殿參奉, 父師曾贈參議.

認丁酉, 被擄於倭, 戊戌, 從海舶至福建, 呈文軍門請歸. 軍門題, "具扣一章, 盡是忠孝, 安心保身以待." 已而軍門被監察御史之參, 不時奏, 認又呈文於御史之門, 御史亦曰: "天朝綏遠自有例, 姑待之." 稍久而未獲命, 認又竢諸官之會, 呈文乞歸. 布政使徐匡嶽見而憐之, 爲言軍門, 出而傳其指曰: "雨水方漲, 少待秋生霖霽, 一騎趨萬里, 數旬可至." 明日又送家丁, 持『閩中問答』八卷, 銀子十兩至, 以遺認, 知認之賢有文也.

認朝將詣謝, 遇匡嶽與右布政朱運昌, 將詣御史也. 旁路立進帖, 匡嶽與運昌遞看而稱之曰: "妙!" 戒門子帶去書院, 留參講. 門子詑之曰: "城中秀才多而少參講者." 到院, 院門題曰'兩賢祠', 祀朱韋齋·晦菴二先生. 入中門, 有明道堂, 軒之東掛鍾, 而刻其背曰'杏壇遺鍾', 西掛磬而刻其面曰'泗濱浮磬', 前後左右, 皆諸生居之房也.

旣而一秀才出而揖認, 入相讓至于堂, 諸生各從房出, 揖讓請坐. 坐旣定而曰願聞名, 認具以對, 仍問諸生名, 各自書曰, 倪士和·謝兆申·陳儀, 諸秀才則黃應暘·朱天球·陳萬年·馬欻·韋孚敬·王家材·袁敬烈·陳濂·謝國楨·孫繼芳·曾光曾·孫昌裔·昌基·王繼武·繼皐·王毓德·黃正誼·陳薦天·吳志在·徐燉·康彦登·李開泰·楊棟·洪汝訥·汝讓也.

士和言, "孔門三千登杏壇, 親炙聖德, 若未透止修之學, 則是徒登杏壇而已耳, 願足下毋徒登此堂." 認旣留院久, 日會明道之堂, 講討『大學』·『心經』, 時時見士和, 願聞宗師明道學之的, 則曰: "吾儒只是宗孔聖, 而孔聖之學, 只是在『大學經』一章. 論宗旨則只是止至善, 論工程則只是教人以修身爲本. 止至善者, 修身爲本之命脉, 而修身爲本者, 止至善之竅門也." 要將此數語, 反復參商. 是時一種之學大行, 淵略於心身之間, 而以超脫爲入微, 以融通爲妙悟, 聽其言, 分明出老入釋, 言其學則曰孔子, 人亦以孔子學目之, 匡嶽曰: "此爲害不淺."

爲文題木屛風, 張之明道堂曰: "噫! 孔子往矣, 其書尙在, 可考而證也.

『魯論』中所與諸弟子答問, 誰非求仁, 至稱傳得其宗, 非省身克己之顔·曾, 不與焉則何以也? 及作『大學』, 以垂世立敎, 曰'明明德', 曰'新民', 而必曰'止至善', 乃所列明新之目, 則格致誠正修齊治平, 井然分矣. 而復結之曰: '自天子至于庶人, 壹是皆以修身爲本.' 若曰: '本在此, 止在此.' 又何其約而盡也?

由斯以譚, 吾身聯屬乎家國天下, 步步莫非實際, 豈不廣大? 吾身完具此心意物, 種種皆是眞修, 豈不精微? 然實實落落, 不求之家, 不求之國, 不求之天下. 而全副精神, 眞歸向裏, 吾正吾心, 吾誠吾意, 吾致吾知, 吾格吾物, 一毫熒惑不及, 又豈不易簡? 此孔子盡性之學也, 知此者謂之'知本', 止此者諸之'止善', 識此者謂之'識仁', 而異乎此者謂之[2]'異端'."

題西壁小屛曰: "以[3]嗜慾殺身, 以虐政殺民, 以貨財殺子孫, 以學術殺天下後世, 士君子不可有此罪過." 題東壁小屛曰: "爲天地立心, 爲往聖繼絶學, 爲萬世開太平, 士君子不可無此功業." 盖排當世之爲陸王學而語者.

認又嘗就兆申而請益焉, 兆申曰: "『心經』只究人道之分, 而主意則只是一箇敬. 敬主一無適而常惺惺, 一物不得容其中, 故聖賢徹上徹下之功, 都在敬而已. 足下在本國, 旣與師友講之明, 不須重講『心經』. '吾道一以貫之'一者, 精一之一, 只須分人道之間, 而以敬操之而已." 認曰: "以工夫論, 精一乃誠正修, 而執厥中乃止至善, 性之本體渾然, 至善, 本無過不及之差, 然否?" 曰: "足下已能明心學之體, 折衷比喩, 大抵然矣.

他日, 匡嶽爲行人李汝奎, 講學于明道堂, 芝峯·謹江·三山諸書院秀才皆至以觀, 認輒與焉. 先講經一章, 以止修二字, 互相難問, 宗師儼然坐, 隨問答, 次講『心經』, 亦爲之纚纚然曰: "堯舜以上皆生知, 故只有危微之分, 再傳于禹而八字加之, 學問之原始此, 其後一種之學誤之. 牛馬同晉, 呂嬴並秦, 而寥寥到千載矣!" 講畢, 秀才二人遂以案而退. 諸秀才

2 之 : 저본에는 '之' 자가 없는데, 오류이므로 앞의 문장을 참조하여 '之' 자를 첨가하였다.

3 以 : 저본에는 '此' 자로 되어있는데, 오류이므로 『금계일기』 5월 30일 내용을 참조하여 바로잡았다.

送至門外, 而認在于列. 匡嶽目曰: "安坐而講, 當送回於水落之日矣."

旣九月, 軍門爲認治行, 護送之皇京, 兵部爲之諭曰: "爾時當孔棘, 念勤國務, 不計艱險, 奮起殲賊, 而俘擄狼狽, 志切報讎, 恨結父母, 不廢喪制, 亦嘉矣. 今當已凍, 明春可護送." 庚子三月, 兵部員外郎史汝梅, 始以皇旨護送之義州, 還至家.

姜沆『睡隱集』[4], 有「贈魯公識之啓」, 曰: "萬里[5]封侯, 已[6]投班定遠筆, 九重獻策. 又乘宗太尉風, 非小丈夫所爲, 乃奇男子之事, 庶見上雪申包之恥, 重酬子胥之讐. 南奧王頭, 必懸漢北闕下, 西平公業, 再出吾東方人. 狼星恒拱斗魁, 鯨浪永淸鰈海, 卽今陽烏熇熇, 飛鳶跕跕. 樓船將軍下瀨無恙, 豫州剌使擊楫如何?" 其策勵認也如是.

5 成輅

成石田輅, 少與鄭松江契, 松江敗後, 遂棄世鰥居數十年, 惟逃於酒, 或入城則必騎牛持杖, 閉目扮作狀, 雖遇宰相不避. 一日大醉, 在駄薪牛上過鍾街, 李月沙廷龜過去, 便開目揮杖曰: "聖徵! 何在?" 月沙駐輿久立, 致慇懃而歸, 行路人[7]異, 盖奇士也. 嘗有詩曰: "白髮平凉子, 生涯爛醉中. 世間知我者, 惟有主人翁."

6 都下二節婦

相思衕, 有一女子貌美, 婢婿某甲欲淫之. 一日告某巷富人, 爲亡婦徼福, 設齋東郊, 長安婦女觀者, 踵相接也. 主盍往? 女從之, 某甲貰快馬以待. 女盛粧出, 旣上馬, 某甲疾驅之, 從婢不能及. 馳向山谷中, 四顧無人, 乃

4 姜沆 『睡隱集』: 저본에는 睡隱姜沆集이라 되어있는데, 오류이므로 바로잡았다.

5 里 : 저본에는 없는 글자인데, 강항의 『수은집(睡隱集)』 권2, 「답노공식인계(答魯公識認啓」를 참조하여 첨가하였다.

6 已 : 저본에는 '已' 자 앞에 '已' 자가 하나 더 있는데, 오류이므로 삭제하였다.

7 人 : 저본에는 빈칸으로 되어 있는데, '人' 자를 첨가하여 문맥상 의미를 통하게 하였다.

扶下馬. 女曰: “汝邀我觀供佛, 今忽置山谷中, 爲何?” 某甲曰: “奴慕主姿, 設計至此, 深山中誰復知者?”

女知不得免, 佯笑曰: “汝忍以淫吾婢者淫我, 亟洗淨來.” 某甲如其言而至, 女急抽其陰而斃之, 獨自上馬而行, 適遇樵童, 御至家說舅姑, 引刀斫右手擲地曰: “此手見汚, 必埋他所.” 仍自刎死. 里中人義之, 訴禮曹, 特命旌閭.

廣通橋畔, 有紅門衕, 故老相傳巷裏一婦人, 倭譯某婦也, 豊艶動人. 夫渡海, 音問久絶, 女嘗當戶立, 懷緖煎迫. 牕下適有一少年見而悅之, 欲挑而未有路也. 訪安巖寺一老尼, 厚遺金錢, 尼問所要, 少年引至靜處, 具以語. 尼卽詣女家施禮曰: “小尼居在東郊巖寺, 方改金佛像, 上自宮家, 下至賤隷, 皆爭布施. 苟誠心敬佛, 災化爲祥, 獲福無量.”

仍前曰: “今見小娘娘, 貌豊而福厚, 反有愁色何也?” 主曰: “何自知之?” 對曰: “學相氣法試之, 百不失其一.” 老婆備語其故, 尼曰: “此易耳. 菴中佛像甚靈異, 齋誠供飯, 焚香祈禱, 無子者生子, 病者愈, 凶者吉, 亡者存. 夫人果有意否? 須先施物. 小娘娘食素淸齋一日, 翌早訪我, 俟夜深行事, 當令夫主速返.” 老婆曰: “需當幾何?” 尼曰: “不過精鑿一斗, 燭一雙, 香一塊.” 遂布施如其言, 且重與之約, 尼卽辭去.

與少年約, 及期婦盛粧, 從兩婢來. 尼延至淨室中, 以餌果相待. 夜三更, 尼先入佛殿, 張燭供飯, 引婦上殿曰: “婢使不潔亟退.” 婦跪案前, 拈香四拜, 尼擊磬祈祝. 少年從殿傍突出, 摟婦求歡. 婦自知見賣, 然無可奈何, 姑順之, 且約某時就我, 卽還至家.

時老婆歸私家, 婦獨守舍, 自誶曰: “讎來當此時, 耻可雪.” 揭牕而視, 少年適至, 卽延入, 且送婢訊姑. 少年喜躍就之, 婦曰: “可先臥.” 少年卽臥. 婦預藏利刃枕後, 急取刺其喉, 立斃之. 移屍庭畔, 覆苫盖. 俄而婢還見狀, 急走告姑. 姑還, 婦曰: “見惑妖尼, 至汙身, 隱忍不死者, 爲報讎也. 讎旣復矣, 何庸生爲?” 言訖, 痛哭自刎死. 事聞旌閭.

二婦固難矣, 苟能以禮自防, 不出闈, 國人何得而淫之? 余見士大夫家婦女, 聞國有行幸, 或北使來到, 必聚觀於道傍, 閭舍轎盖, 雜沓戎行, 甚非美習. 近時北使之至, 有一婦人在樓上, 褰箔通望, 使指示曰: "聞朝鮮故多佳人, 果然." 遂爲閨壼之譏.

7 柳錇

御醫柳錇, 少時常騎馬獨行, 入山谷中迷失道, 有虎銜馬轡, 馬亦不驚. 至山之極, 有一草屋 童子開門視曰: "客至矣." 錇入其室, 有一老人鬚眉皓白, 待之甚款曲. 少頃又有二老人至, 主人謂錇曰: "吾有少出, 尋當還矣. 客且留." 遂與二人出, 至鷄鳴時而返, 腥氣逼人. 錇怪而問之, 答曰: "西海之曲, 有水賊屢犯稅穀, 吾往殺之." 且授一秘訣曰: "此痘方也, 讀此後當有用." 錇果習之. 後當肅廟患痘時, 錇以神翁所授法治之得平善, 而其家世守其法.

8 原州烈婦

原州誰氏家新招壻, 初昏時新婦入房, 壻忽欲如廁. 新婦推與溺器, 不欲其出, 壻羞澁不聽, 開戶方出, 有虎含其衿而去. 新婦捉虎尾不捨, 虎走亦走, 虎躍亦躍, 如是者可四十里, 虎力困捨壻而去.

新婦望見村家有火光, 負壻而至, 呼活人. 其家人出視之, 髻亂而衣壞, 知是新嫁娘也, 急空內舍一房而處之. 新婦救壻萬方, 卒得穌, 壻神定後仰屋諦視曰: "此吾家也." 於是一室驩, 始知爲己家人也. 走報嫁家, 而新婦之烈, 遂得著聞, 鄕人方議聞其行於朝. 婦人誠莅弱, 而乃與虎抗苟, 非誠之至而志之篤, 則安能如是? 丈夫其警矣哉!

9 楊口烈婦

客有從楊口來者爲言. 縣中有烈婦, 某氏新嫁. 其夫方耕山田, 烈婦從之播粟種, 且把杻帚覆之, 虎出林中, 攫其夫以去. 烈婦一手握虎尾, 一手引杻帚打之, 行至數十里. 杻帚且禿, 虎怒捨其夫, 更攫烈婦而食之. 其夫至家數日而死, 里人以爲虎之殘也. 虎更侵暴村閭, 乃收烈婦屍餘肉, 並夫屍燒而瘞之, 有松二株生其地, 相合而紉以長. 客見之而語余, 縣人方以烈行告于官, 且將旌閭云.

10 金簡

清工部尙書金簡者, 常明之從孫. 常明卽我義州人, 僉中樞德雲曾孫, 德雲墓在州南山. 碑刻雍正元年誥命. "奉天承運皇帝制曰: '國有爪牙之選, 克宣力於旂常, 朝頒綸綍之榮. 必勤思於水木, 用褒先世, 以大追崇. 爾德雲乃管理上駟院務, 散秩大臣提督南海子, 總理鳥鎗兼佐領加二級. 常明之曾祖父, 樹德務滋, 發祥有自. 敦詩說禮, 克垂樽俎之猷, 勇戰敬官, 早裕熊之略. 玆以覃恩, 贈爾爲光祿大夫, 錫之誥命.'"

於戱! 懋功有賞榮, 則遡於所生, 慶典欣逢恩, 不忘其自出, 加玆寵秩, 尙克欽承. 乾隆二十四年, 加贈太子保領侍衛內大臣, 慤勤公聞之灣人. 德雲曾爲府知引云. 金簡待我人甚厚, 灣府刷馬驅人輩姓金者, 每伏謁道傍, 冀賞賜簡, 頗厭之. 任譯亦倚簡爲重, 然其實平平宰相, 謹事和珅者也.

11 一人名字同

我國宗系辨誣時, 奏文中有國祖諱子春字子春之句. 禮部官有疑之, 問曰: "子春無乃仁任字歟? 使還." 金黃岡曰: "惜哉不能對也. 古人名字同者甚多, 如郭子儀字子儀, 楊燕奇字燕奇." 因歷擧名字同者凡七人, 尹月汀深歎其博.

余因考史, 得二十人, 漢孔安國, 晉安帝德宗, 恭帝德文, 會稽王道子, 殷仲文, 北齊慕容紹宗, 馮子琮, 魏蘭根, 宋蔡興宗, 唐辛京杲, 戴休顔, 張孝忠, 尙可孤, 孟浩然, 顔見遠, 田承嗣, 田緖, 張嘉貞, 宇文審, 李嗣業, 皆以名爲字. 趙宋以後未之考也.

12 唐諱

唐月令, 雉雊作野鷄, 始雊似諱高宗名也. 高宗名治, 小字雉奴, 非諱嫌名, 卽諱小字耳.

13 諱

古之御諱, 輒改字而代之, 自秦始皇改楚爲荊而昉焉. 漢改雉爲野鷄, 徹爲通, 魏改操爲摻, 晉改昭爲佋. 歷代或行或不行. 盖臨文不諱, 古訓也, 苟欲諱之, 轉輾益多. 周人之以諱事神, 只得於當位也, 非通指他也.

14 謚

東國私謚, 高麗及第吳世才玄靜, 高麗刑部尙書鄭云敬廉義, 本朝處士金克一·及第成守琮節孝, 本朝處士金翼虎篤誠, 本朝進士金濡粹孝, 本朝監役李瀷弘道. 宦者贈謚, 高麗寧原府院君申小鳳忠僖, 本朝河陰君田畇襄敬. 儒生贈謚, 本朝進士南孝溫文貞, 趙旅貞節, 生員金益兼忠正, 學生金時習淸簡, 崔壽峸文正.

祖孫同謚, 高麗平章事許伯·典理判書許錦文正, 本朝領議政鰲城府院君李恒福·領議政李宗城, 右議政金尙容·領議政金壽恒並文忠. 父子同謚, 高麗左僕射鄭穆·知樞密院事鄭沆文安, 高麗及第安碩[8]·政堂文學安輔文敬, 高麗濟陽伯高慶·諫議同知高用賢文英, 高麗驪興君閔忭·本朝左政丞閔霽文度. 兄弟同謚, 本朝壽春君玹·寧海君瑭安悼, 本朝端原君寀·樂安君寧夷安, 本朝海安君峼·德陽君岐靖僖. 叔侄同謚, 左議政閔鼎重·左議政閔鎭遠文忠.

---

8 高麗及第安碩 : 저본에는 '高麗政堂文學安碩'으로 되어있는데 오류로 판단된다. 『근재선생집(謹齋先生集)』 권4의 「묘지명(墓誌銘)」에 '考碩 及第 遂隱不仕'라고 되어 있어, 이를 참조하여 바로잡았다.

15 岳飛謚

宋贈鄂王岳飛謚忠武, 文曰: "始爲忠武之號, 旋改武穆之稱, 爰取危身奉上之實, 仍采戡定禍亂之文, 皆孔明之志興漢室, 子儀之光復唐都. 然今天下岳祠, 皆稱武穆, 此未定之謚, 當稱忠武爲宜."

16 外國稱華人

漢時凶奴謂華人爲秦人, 唐時夷人謂華人爲漢人, 明時外國人稱華人爲唐人, 皆慴其威靈, 久而不忘如是.

17 漢人·唐人

黎媿曾筆記云: "日本支國柬浦寨呼中國曰唐人, 猶西北人呼中國爲漢人." 我國呼中國人曰唐人, 亦曰漢人, 兼東南西北之語何也?

18 辮髮胡俗

國中婦人及童子未冠者辮髮, 皆胡俗也. 尤菴命童子雙紒, 卽雙髻也, 而不辮髮. 又令婦人皆從華制作髻而爲首飾.

19 笠纓懸珠

華人譏我人好着白衣, 冬日搖扇, 頷下有珠. 國俗笠纓貫珠, 頷下珠, 如僧徒之繞項念珠者. 尤菴着笠, 未嘗纓懸珠, 令學徒着冠就學, 曰冠則華制, 笠則俗制.

20 女尊位

楊根有女尊位主里中事, 卽李五峯七代孫婦也. 夫死無後, 以老寡婦, 行尊位事. 柳惠甫爲楊根守, 欲罷之, 收其稧帖與帿布, 稧帖錄洞氓姓名者也, 帿布射會之具也. 掌在尊位家. 女尊位揚言, "先祖五峯先生刱修洞稧, 自備白金五十, 綿布一同五十匹曰同, 大米三十石, 清酒幾甁, 濁酒幾甁, 白餠幾盤. 嫡長相承爲尊位. 至于老身爲七代, 有欲移吾尊位櫃者. 五峯先生自備物, 如數來納, 尊位櫃, 卽藏稧帖者也." 同里士族素稱有風力者, 莫敢交代, 村氓相爭, 女尊位招柴門外, 女婢傳語處分, 往往嚴正. 宋寧化晏氏當紹定間寇亂, 糾田丁禦之, 賊退. 又以家粮助不給, 拓砦爲伍, 互相應援, 賊不能攻. 閨閤中以幹略自表異者甚衆, 如女尊位, 安知非晏氏類也.

21 神杆

我東風俗, 往往與滿洲略同, 如巫祀神有賓者, 神之尊稱也. 用橡枝帶葉, 立於神床上, 或令主家女執之, 婆娑降神. 『淸會典』, 堂子, 安天神之所也, 每年春秋, 立神杆, 致祭於堂子, 用松樹一株, 留樹杪枝十有三層, 餘皆芟去, 長二丈. 皇子神杆, 列前一行, 其次親王 · 郡王 · 貝勒 · 貝子, 各按行排列.

22 燃燈

袁文『甕牖[9]閑評』曰: "西域正月一日燃燈, 中國正月十五日燃燈, 但西域燃燈, 本是供佛, 而中國燃燈, 特寓飮而已. 高麗復用二月十五日, 亦燃燈祀天神." 按『高麗史』曰: "例於春正月, 燃燈大會, 文宗, 自闕庭至寺門, 結彩棚作燈山 · 火樹光照如晝. 不知何時, 國俗更從浴佛日, 以四月八日燃燈.

23 俗語

國俗巫之迎神曰: "曼殊受." 曼殊者, 國初政丞柳曼殊也. 嚇兒啼曰: "郭

9 牖 : 저본에는 '牗' 자로 되어 있는데, '牖' 자의 오류이므로 바로잡았다.

再祐來.” 郭再祐者, 紅衣將軍也. 稱慾人曰源, 曰鄭命壽, 曰夏川都正, 源者倭之貪饕者也, 鄭命壽者, 殷山官奴, 丙丁之際, 導胡虐我者也, 夏川都正者, 近日宗室也. 稱不慧人曰: “瑀·璠觀丹靑.” 瑀璠者, 栗谷先生兄李瑀·李璠也. 賤詈人曰蘭貞子, 蘭貞者, 尹元衡之妾也. 稱毒人曰磁·芑, 磁·芑者, 己卯奸臣許磁·李芑也. 詛人曰潑·洁[10], 潑·洁者, 李潑·李洁, 死於鄭汝立獄者也.

24 北髻

新羅時, 以國都正方虛缺, 女子結髻腦後, 因名北髻. 男子亦倣之, 稱爲北上頭, 上頭者男子髻之稱也. 短尾狗, 亦稱東京狗, 以北虛故也.

25 鬪臂

今街童小兒及俠邪少年, 較腕力爭勝負, 此法蓋自古昔. 『南史』「齊紀」, 鬱林何妃, 與所私鬪臂較力是也.

26 繩伎

今優人[11]戱有繩伎, 盖自漢有之. 都盧緣橦, 卽此伎也, 回部人善爲此.

27 第一骨

新羅俗專尙氏族地閥, 以第一骨·第二骨別之. 王族爲第一骨, 兄弟女姑姨從娣妹, 皆聘爲妻, 生子皆爲第一骨, 不娶第二骨女, 娶則爲妾媵. 高麗因之, 后妃盡是王氏女子, 尙閥之過, 乃至瀆亵如此. 不有我朝之丕變, 難乎稱禮義之邦也. 至今華官美閥者稱一骨.

---

10 洁 : 저본에는 '浩' 자로 되어 있는데, '洁' 자의 오류이므로 바로잡았다.
11 優人 : 저본에는 '人優'로 되어 있는데, 오류이므로 바로잡았다.

28 西房

國俗邀壻，必於西房，婦稱夫曰西房. 大內有別監奴子，故閭巷間蒼頭相呼曰別監，此僭稱也. 廝隷喚主家婢曰姮娥主，取其美貌[12]也.

29 婚禮

我國婚禮，於吉夕燭出，納新婦就寢. 翌日，新郎知舊齊訪婦家，求饜酒食，名曰覽寢. 覽寢之名，出於麗季. 至第三日，夫婦始行同牢宴，謂之獨坐. 中廟戊寅，趙靜菴始令行親迎禮，吉夕卽依『家禮』行事者，謂之眞親迎，卽夕就女家，交拜巹宴. 明日謁舅姑者，謂之半親迎，同牢宴至今稱獨坐床，而覽寢變爲東床禮者. 婚之日相聚，打新郎足，備詰褻語，討索杯盤，極可醜瀆，不知更有何人能起而正之.

30 東國方言

嘗觀揚子雲因漢時樂浪・玄菟二郡上計，述其言在『方言』中，而今皆不傳其音. 獨稱小鼎曰鐭，化曰譁，爵子及鷄雛曰鷇，若干條而已. 我之北境，舊屬金國[13]，金語夫謂妻曰薩那罕，妻謂夫曰愛根，今俗不聞有稱愛根者，但薩那罕通稱男子，非夫謂妻之言也.[14] 因金俗[15]夷人官漢地者，皆置[16]

---

12 貌 : 저본에는 '狛' 자로 되어 있는데, 오류이므로 바로잡았다.

13 國 : 저본에는 '人' 자로 되어 있는데, 의미가 통하지 않고, '國' 자의 오류인 듯하므로 바로잡았다.

14 非夫謂妻之言也 : 이 구절 다음에 '獨今通事之法'라는 구절이 있는데, 앞뒤 문맥이 전혀 통하지 않으므로 삭제하였다.

15 俗 : 저본에는 '屬' 자로 되어 있는데, 의미가 통하지 않아서 『연경재전집 외집(外集)』 권53, 고사류(故事類) 「소화풍속고(少華風俗攷)」에 근거하여 '俗' 자로 교체하였다. 「소화풍속고」에 다음과 같은 문장이 있다. "『松漠記聞』, 金國之俗, 夷人官漢地者, 皆置通事, 上下重輕, 皆出其手, 得以舞文招賄."

16 置 : 저본에는 '稱' 자로 되어 있는데, 의미가 통하지 않아서 『연경재전집 외집』 권53, 고사류 「소화풍속고」에 근거하여 '置' 자로 교체하였다.

通事, 而上下輕重, 皆出其手, 得以舞文招賄, 此風無古今而然也.

31 花戶油窓

錢芳標『蓴鱠詞話』, "京師冬月, 以紙糊窓格, 間用琉璃片, 畫作花草人物, 由室中視外, 無凝不矚, 從外而觀則無所見. 此歐陽楚公「十二月漁家傲」詞所云花戶油窓也, 盖元時習俗也."
本國紙淨韌宜糊窓, 着油蠟, 光明如泥銀色, 元時想用此法. 都下近俗, 戶內必置卍字, 着油複窓, 游移開闔, 又用琉璃嵌嵌以窺外, 此所謂花戶油窓.

32 絲花鳳油蜜果

絲花鳳油蜜果, 高麗所造, 用設八關會者也, 我朝因之, 上自宮禁, 下及州府閭巷, 凡有讌集, 輒用爲尙. 董越[17]「朝鮮賦」注曰: "器列五重, 皆不用果實, 以蜜手麪, 爲方圓餠餌油煎之屬, 玲瓏疊累, 高大至尺許. 衛以白銀或白銅八角闌干, 綴以綠珠之綱, 其上翦綠羅爲四花葉, 又翦紅羅爲四花, 每周遭以白銅小釘綴之, 如中華之珍珠花樣. 其頂上乃以銅線[18]纏五綵絲, 爲飛鳳孔雀或飛仙, 騫其毛展其翅, 首皆俯而向賓."
此讌席絲花鳳油蜜果之制也, 其費甚廣, 國制誠禁之, 俗尙沿襲, 未之改也. 又各陵忌辰祭, 用絲花加油果及諸果品, 甚非禮意. 肅宗朝, 大司憲李端夏言不便, 上命除之, 然國婚則尙用爲餙. 英宗二十五年, 特用御筆除減, 代以紙花, 今則無敢設者, 獨油蜜果則未之革也.

33 網巾

徐渭『路史』云: "世傳網巾之制, 始自洪武中, 見朝天宮道士創此, 問其義, 道士以'萬法歸一'對." 天下如式服之. 按元人謝宗可有詩曰: "烏紗未解滌

---

17 董越: 저본에는 '倪謙'으로 되어 있는데, 오류이므로 바로잡았다.
18 線: 저본에는 '綠' 자로 되어 있는데, 오류이므로 바로잡았다.

塵煩[19], 一網[20]清風雨鬢寒. 篩影細分雲縷滑[21], 棊紋斜界雪絲乾. 不須漁父燈前結, 且向詩翁鏡裏看. 頭上任渠籠絡盡, 有時怒髮亦衝冠." 詳味此詩, 元時亦有網巾, 豈至洪武初, 乃懸一切之法歟!

34 行纏油靴

余少時, 先輩着邪偪, 今則皆着筩行纏. 筩行纏吏胥服也, 着直領, 而今則皆着道服, 獨武弁下隷服之. 道服卽古之褐 而賤夫之服也. 古則朝服之靴, 値泥[22]濘則着禮鞵, 俗所稱大粉套也. 今則用油靴, 油靴出油鞋, 油鞋者俠[23]邪 少年之所穿也. 婦人着廣絝, 今則着無襠之袴, 無襠之絝, 妓女服也.

35 男女衣制

古則男女衣制皆同, 盖深衣制也, 一自袍制行, 而男子之服皆袍類也. 獨婦人便服, 上衣而下裳, 然其上衣則襦, 下裳則裙矣, 非復深衣之制矣.

36 東方服色

忠烈王元年, 太史局言, "東方木位, 色當尙靑, 而白者金色. 國人多褐以白紵之衣, 木制於金之象也. 請禁之." 王從之. 我國俗白衣, 自前朝已然, 而前後屢禁而終不得禁, 習俗之難變如此.

---

19 煩: 저본에는 '絆' 자로 되어 있는데, 사종가(謝宗可)가 편찬한 『영물시(詠物詩)』의 「망건(網巾)」 시에는 '煩' 자로 되어 있어 바로잡았다.

20 網: 저본에는 '綱' 자로 되어 있는데, 오류이므로 바로잡았다.

21 滑: 저본에는 '濶' 자로 되어 있는데, 사종가(謝宗可)가 편찬한 『영물시』의 「망건」 시에는 '滑' 자로 되어 있어 바로잡았다.

22 泥: 저본에는 '尼' 자로 되어 있는데, 오류이므로 바로잡았다.

23 俠: 저본에는 '狹' 자로 되어 있는데, 오류이므로 바로잡았다.

37 蟶[24]

壬辰之亂，華人供億，皆自我國．嘗封食索蟶，人皆不識也．屢索而不得副，華人怒曰："嘗見汝國市肆，賣蟶者狼籍於道，今乃不與，是慢我也．"東人終不知，問其狀，乃土花也．

38 羅濟笠

『三國志』，高句麗官大加・主簿着幘，其小加着折風，形如弁．『南齊書』，高句麗使人冠折風，在京師，中書郎王融戲之曰："服之不衷，身之災也，頭上定是何物?" 答曰："此卽古弁遺像也."『芝峯類說』，羅濟笠，疑出於新羅百濟也．高麗辛禑元年，令諸司胥吏着白方笠是已．本朝爲外畿監司者，令營吏着羅濟笠，吏等甚苦之，未幾遂廢．

按羅濟笠，疑卽高句麗之折風也．其形與弁相似，高麗時及國初，爲胥吏所着，則小加之遺俗也．是笠迎風，能隔而挫之，故古稱折風．新羅百濟似效高句麗而着之，因名羅濟笠爾，今則胥吏不復知其爲渠輩所着，以高項笠子，爲折風巾者也．

39 遮蔭帽

明高皇帝幸學，見諸生班烈日中，因賜遮陰帽．此大帽之制也，起家科貢者用之．故我國○○寺，有李提督如松所着大帽，其制與今笠子酷似．按東人本戴折風巾，所謂羅濟笠也，不知何時改戴笠子，今則上自卿相，下至胥史賤品，泯然一色，意或遮蔭帽之遺制東來，遂靡然從之歟！然咸興本宮，有康獻大王所御戎服，卽笠子與帖裏也．康獻王櫛沐之勳，著于麗末，伊時已有此等服色，亦可疑也．

按萬曆二十九年，兵部覆奏朝鮮便[25]宜七事，其一曰："麗人鷙悍耐寒

24 蟶 : 저본에는 '蟤' 자로 되어 있는데, 오류이므로 바로잡았다.
25 便 : 저본에는 '事' 자로 되어 있는데, 앞뒤 문맥이 통하지 않아 '便' 자로 바꾸었다.

苦, 而長衫大袖, 訓鍊無方, 宜束伍之法教之." 長衫大袖者, 指今戎服也. 朝鮮素以柔緩稱, 而着大冠服帖裏, 偃蹇臨戎, 何能輕趫慓悍哉? 今上癸丑, 嘗議改制, 尋以議不一未果.

40 帷帽面衣

唐『輿服志』曰: "帷帽創于隋代, 永徽中始用之, 施裙及頸." 宋時士人往往用皂紗, 若青全幅連綴油帽, 或氈笠之前以障塵, 爲遠行之服. 按王思義『續三才圖會』, 帷帽制與今羅兀酷似. 面衣一名面帽, 女子遠行之服, 前後全用紫羅爲幅下垂, 雜他色爲四帶, 垂之背. 今都下閭巷女子出必戴長衣, 卽面衣遺制. 按『西京雜記』, 趙飛燕爲皇后, 女弟昭儀上襚三十五條, 有金花紫羅面衣, 則漢代已有之矣.

41 顧姑

『蒙韃備錄』, 凡諸酋之妻, 有顧姑冠, 用鐵絲結成, 如竹夫人, 長三尺許, 用紅青錦繡或珠玉飾之. 『草木子』, 元朝后妃及大臣之正室皆帶姑姑, 高圓二尺許, 用紅色羅, 盖唐步搖冠遺制. 陶南村『輟耕錄』, 翰林學士承旨阿目茄八剌, 帶罟罟娘子十五人. 聶[26]碧牕「胡婦」詩云: "雙柳垂鬟別樣梳, 醉來馬上倩人扶. 江南有眼何曾見, 爭捲珠簾看固姑." 鄭思肖『心史』, 固姑冠竹篾爲骨, 銷金紅羅飾於外. 顧姑・姑姑・罟罟・固姑實一物也. 高麗時, 元公主以代而降, 此物遂至東國, 淑昌院主常戴之. 胡中方言稱鳳皇曰姑姑妹, 今宮家婦人着鳳冠卽是也. 詳見乾隆中所著『禮器圖式』, 今都下兒揚鳥毳毛, 亦曰姑姑妹.

42 羃䍦

孔平仲雜記, 齊隋婦人施羃䍦, 羃䍦全身障蔽也. 唐永徽以後, 皆用帷帽,

26 聶: 저본에는 '鼎' 자로 되어 있는데, 오류이므로 바로잡았다.

拖裙到頸, 漸爲淺露, 若今之盖頭. 先是婦人猶乘車, 暨丁唐乾元以來, 乃用兜籠, 若今之擔子.『唐志』,「咸寧寺勅」云: "多著帷帽, 遂棄羃䍦, 曾不棄車, 別坐擔子." 按羃䍦似今之長衣, 盖頭似今之䍦兀, 擔子似今之轎子.

43 緇布冠

『儀禮』士冠,『禮記』始冠, 緇布之冠也. 其緌也, 孔子曰: "吾未之聞, 冠而敝之, 可也." 後儒如敖繼公以爲敝, 毁壞也. 賈公彦曰: "敝之不復着." 竊疑敝也者罕用, 故易敝也.

士若不復着, 則詩安得稱'彼都人士, 臺笠緇撮.'乎? 緇撮卽緇布冠也. 又『春秋左氏傳』云: "豈如弁髦因以敝之?" 杜氏以爲弁冠也, 三加後去弁不用. 夫爵弁者, 士之與君祭之服也. 皮弁, 士之與君視朔之服也, 焉得不用? 盖其玄端 · 朝服 · 深衣, 卽常時所着, 而弁則特罕用耳.

44 回回帽

國俗, 婦女無貴賤, 出必戴羅兀, 其制首戴一匡如大帽, 簷垂黑繒以蔽面. 今則士族婦女皆棄轎, 閭巷婦女亦着長衣以自掩, 獨宮人尙戴羅兀. 按鄭思肖『心史』曰: "蒙古婦女戴回回帽, 加皀羅爲面簾, 仍以帕子羃口[27]障沙塵." 意羅兀卽回回帽也.

45 鬃衣

舊有鬃衣, 守濟州者每織造以來, 馬鬣由此翦盡. 崔溥者嘗漂到中國, 中國人問有鬃衣否, 答無有, 曰: "前日李暹之來, 多貨鬃衣, 今汝獨無, 眞寒儒也!" 成宗二十一年, 嘗設其禁.

---

27 口 : 저본에는 '曰' 자로 되어 있는데, 오류이므로 바로잡았다.

46 石灰葬

今之石灰葬, 見『朱子語類』. 先生葬長子, 其壙用石, 上盖一寸許, 六段橫湊之. 兩傍[28]及底五寸許, 內外皆用石灰・雜炭末・細沙・黃泥築之. 夫灰隔所以禦濕也.『抱朴子』曰: "炭入地, 千年不變." 此雖指炭灰, 而石灰宲然.

魏叔子「灰槨紀事」云: "用灰之法, 不可太燥, 燥則不黏, 不可太濕, 濕則氣散. 臨時須以小水灑之拌匀, 用手輕捏成團, 重捏卽散爲度." 古用石槨者多矣. 觀歐陽公爲母鄭夫人石槨銘者是也. 今人雖貧無力, 亦得用石灰爲葬, 盖石槨之遺也. 但地太濕, 不成堅緻.

47 望柱床石

今之墓表[29]道者, 有望柱床石, 康譽之『訪碑錄』云: "北海縣東二十里, 漢博士逢汾墳前, 有雙石柱篆書." 据此望柱之制始於漢. 又『隋書』云[30]: "梁天監六年, 申明葬制, 凡墓聽作石柱, 記名位而已."

48 碑

孫宗鑑『雜錄』「禮志」曰: "宮必有碑, 所以識日景."『禮記』「祭義」曰: "君牽牲, 旣入廟門, 麗于碑." 麗者繫也, 麗牲則必有穿. 「檀弓」曰: "公室視豊碑, 三家視桓楹." 說者曰: "斲大木爲之, 形如石碑, 於椁前後四角樹之, 穿中間爲轆轤, 下棺以綍繞. 天子六綍四碑, 諸侯四綍二碑, 大夫二綍無碑." 自周衰戰國秦漢, 皆以碑懸棺, 或以木或以石. 旣葬, 碑留壙中不復出. 其後稍書姓名爵里其上, 後漢遂作文字款識. 夫古碑皆有圓孔, 廟碑今無設者, 獨墓碑存焉爾.

---

28 傍: 저본에는 '底' 자로 되어 있는데, 오류이므로 바로잡았다.

29 墓表: 저본에는 '表墓'로 되어 있는데, 오류이므로 바로잡았다.

30 云: 저본에는 없는데, 앞뒤 문맥을 살펴 첨가하였다.

49 碑誌體

碑誌傳體格雖不同, 要在言簡事直, 得其人而止耳. 古之作傳者, 非磊落俊偉者, 不得與, 雖如黃憲之風旨言論, 無所著風者, 考其一時名賢所稱道者, 隱約可見. 盖作傳體格, 先標其人品行氣節數句, 其下數千百言, 皆由此敷衍. 若或人與事不相當, 則移之他傳, 如淮南王安「諫伐南越疏」, 在「嚴助傳」者是也.

又如碑誌體段甚嚴, 雖小署小官, 盡書其職. 如生年日者無一焉, 只謹於年壽及卒葬年月日及葬地. 葬地亦不書坐向, 書子女, 雖殤無闕, 壻亦必書, 而不書子婦及孫, 不書母某氏及外系. 或有事於母則書, 亦不書母某氏者多.

韓文公以格外書數處, 又必書某地人及妻世系官署. 考其制也, 年壽卒葬年月, 碑之所以成也, 不書坐向, 不重方術也, 子女我所生也, 壻名表其女也, 母氏系從父誌而見也, 書地重所生也, 妻系以同葬也.

50 庶人禮

『周禮』「小宗伯」, 辨吉凶之五服, 注以爲"王及公・卿・大夫・士之服." 不及庶人. 然觀寄公爲所寄之君, 大夫士爲其舊君, 且下同於民, 則庶人之有服, 亦明矣. 余居鄕, 屢見庶人之父母死, 凡葬祥之前夕, 相攣來相吊, 此古禮也. 且如有慢於禮, 輒非笑之, 士大夫反不媿哉?

51 東國兵書

東國兵書甚尠, 通計十數種. 『武烏兵法』・『花鈴圖』, 新羅元聖王時, 大舍武烏獻『兵法』十五卷, 『花鈴圖』二卷, 乃除屈岬縣令. 『金海兵書』, 高麗靖宗時, 西北路兵馬使奏『金海兵書』, 武略之要訣, 請沿邊州鎭, 各賜一本, 從之.

『歷代兵要』, 本朝世宗命世祖總裁, 端宗初年成, 有世祖「御製序」. 『陳說』, 亦世宗朝纂. 『東國兵鑑』, 文宗朝纂. 『五衛陣法』, 文宗命世祖纂次, 有世祖「御製序」及英宗「御製序」. 『武經七書要解』, 亦世祖纂次, 有世祖「御製序」・崔恒跋. 『兵政』,

世祖朝纂, 有申叔舟跋. 『兵將說』, 世祖御製, 有申叔舟跋. 『兵法大旨』, 世祖御製. 『諭將篇』, 世祖御製, 有崔恒序. 『制勝方略』, 論六鎭防戍, 金宗瑞撰, 李鎰補.

『續兵將圖說』, 英宗朝纂, 有英宗「御製序」. 『爲將必覽』, 英宗朝纂. 『訓營笴錄』, 英宗朝纂. 『行軍須知』, 金錫冑刪定. 『兵學通』, 今上御定, 有「御製序」. 『武藝圖譜通志』, 今上御定, 有「御製序」.

52 日本滿洲將帥

凡制勝之策, 先知敵帥姓名官爵年紀顔貌勇怯, 然後可以應變. 我國全不解兵, 日本之入寇, 滿洲之來侵, 茫然不知其將帥誰某, 亦安知騎步爲幾何? 今考日本良安尙順所記及『淸一統志』所載, 錄于此.

太閤秀吉公以爲'我苟掌天下, 獨步雖至極位, 未究中華也. 急欲滅大明, 爲異國皇帝.' 仍以朝鮮爲導, 諭事於朝鮮, 朝鮮不肯, 秀吉大憤, 先伐朝鮮. 文祿元年, 欒諸將陣于肥前名古屋, 十萬人相從.

一番宗對馬侍從義智・小西攝津守行長・松浦刑部卿・有馬修理大夫・大村新八郎, 合一萬八千七百餘人. 二番加藤主計頭淸正・鍋島加賀守直茂・相良宮內太輔長安, 合二萬八百人. 三番黑田甲斐守長政・大友豊後侍從義統, 合一萬一千人.

四番毛利壹岐守元[31]康・島津薩摩侍從義弘・高橋九郎・秋月三郎・伊藤民部太輔, 合一萬四千人.[32]

五番福島左衛門大夫正則・戶田民部小輔・長曾我部・土佐守蜂須賀・阿波守生駒・雅樂頭未島兄弟, 合二萬五千人. 六番小早河侍從隆景・久留米侍從秀包・立花飛驒守宗茂・高橋主膳・筑紫上野介, 合一萬五千七百人. 七番安藝宰相三萬人. 八番葡前宰相, 一萬人陣于對馬. 九番岐阜宰相・丹波小將, 合一萬一千五百人, 陣于對馬. 義智・行長・淸正・直

---

31 元 : 저본에는 없는데, 오류이므로 첨가하여 바로잡았다.

32 一萬四千人 : 저본에는 빈 칸으로 되어 있는데, 이덕무의 『청장관전서』 권55, 앙엽기(盎葉記) 2 「남북적장(南北敵將)」을 참조하여 첨가하였다.

茂・長安・長政・義統・元[33]康・義弘・正則・隆景・香包・宗茂・主[34]膳, 卽其渠帥名. 如刑部卿・修理大夫・民部太輔・民部小輔・土佐守・阿波守・上野介・安藝・葡前・歧阜等宰相・舟波小將, 其官名. 新八郎・高橋九郞・秋月三郞・雅樂頭兄弟, 意皆其帥綽號, 並未詳.

四月十二日, 出船, 三奉行增田長盛・石田三成・大谷吉隆. 一番船早到, 小西行長・宗義智, 先取釜山浦城, 次拔東萊城, 取忠州城. 二番船淸正等會于忠州, 淸正遲而憤, 不會戰. 自忠州行王城有二道, 一道通于南門而險難, 一道通東門而平易. 淸正等向南門, 行長・義智向東門, 三日前, 大王奔義州, 王子臨海君・順和君走兀良哈. 淸正欲擒之, 向咸鏡道, 鍋島直[35]茂相繼. 行長・義智屯平壤, 大友義統陣鳳山, 黑田長政陣白川, 小早川隆景・久留米秀包等陣于其次. 明祖承訓・史儒轢兵三千, 屯平壤安定館, 行長進征, 明軍敗走.

淸正・直茂行至開城, 六月十八日到安邊, 兩將分兩歧, 淸正向兀良哈, 直茂行吉州. 先屠安平城, 定平之譌 斬首六百, 略北丹, 北靑之譌 洪原而陳定平府, 以鍋島・五郞・茂里, 置于洪原.

淸正到兀良哈, 俘兩王子大臣, 將歸于安邊, 七月廿四日, 兀良哈人・漢南人追人, 且吉州之大勢相加, 淸正乞援於直茂. 乃使成富・持永二士救之, 到咸興, 謁直茂謝援兵之禮. 成富・茂安 案不言持永, 忽稱茂安可疑. 之勇, 聞于異國. 旣而淸正・直茂平咸鏡道二十二郡, 鍋島直茂陣于永岡山. 本註咸興之邊. 有梅天・梅白兄弟起兵, 直茂攻之, 獲首千五百級. 又兀平山, 本註咸興之北八十里. 有觀察使起數萬兵, 直茂以三千餘騎擊之, 斬首千三百餘級, 馘耳送于日本.

明將軍李如松以兵五萬到安定館, 合朝鮮軍共二十萬. 行長居平壤, 兵僅五千, 退于王都, 敵追之, 黑田長政殿之. 直茂所獲八城者, 德原・文川・高原・永興・定平・洪原・金山・咸興.李如松轢十萬兵,　屯開城府,

---

33 元 : 저본에는 없는데, 오류이므로 첨가하여 바로잡았다.

34 主 : 저본에는 없는데, 오류이므로 첨가하여 바로잡았다.

35 直 : 저본에는 '眞' 자로 되어 있는데, 오류이므로 바로잡았다.

小早川隆景·立花宗茂·毛利元康敗之.

二年四月, 明沈惟敬·徐一貫·謝用梓三使, 來於名古屋講和, 太閤諾謝俘, 送王子於朝鮮, 仍留血書于清正. 慶長元年九月, 明正使楊方亨, 副使遊擊等來貢, 爲和義之禮. 神宗皇帝之書, 令僧承兌讀之, 有'敎秀吉封日本國王'之文, 大閤怒曰: "予如成王也, 何用渠儂力乎?" 於是和議忽變.

二年二月, 復遣大將伐朝鮮幷大明, 敵亦以兵船數百艘拒之, 倭軍甚危. 鍋島勝茂 本註直茂之男, 號信儂守. 大敗之, 斬首七百餘. 清正·直茂·勝茂攻全羅道伽倻山之城, 明邢玠欒數萬兵來襲, 合戰於金溝金堤, 斬首三千三百六十九, 劓之, 送日本. 加藤清正·淺野幸[36]長 本註長政之子, 幼而有勇 在蔚山城累月, 明兵圍之, 幸長等斬首數千級. 於是後藤家信乘馬涉大河, 士卒續涉, 黑田長政馳加, 竟破一方.

三年三月, 明陳璘寄數百兵船於唐, 高虎·福島正則·九鬼脇坂等大戰, 迦藤左馬介力戰有功. 島津義弘及忠恒等, 在泗州新寨, 明董一元以兵數十萬圍之, 義弘解圍討敵三萬八千, 劓送日本. 異國人呼島津曰'鬼思曼子', 呼清正曰'鬼將軍'. 旣而大閤薨, 日本兵徐歸, 以所獲耳鼻, 埋大佛殿畔. 本註今耳塚是也.

元和元年, 東照神君天下統一以來, 朝鮮乞和, 公方家嗣世嘉儀必三使來聘, 其贈答書翰大法準足利之時風矣. 古良安尙順所記文多僭僞, 詞或爽失, 然往往有記實處, 故略錄其槩于此.

和碩成親王岳托 天聰元年丙寅, 從侵朝鮮, 定和於江華島. ·和碩鄭親王濟爾哈朗 舒爾哈爾之子, 天聰間, 從侵朝鮮. ·葉臣 滿洲鑲黃旗人, 姓完顔氏, 從侵朝鮮, 經明哨地, 獲六哨卒, 攻義州, 以第二人登城, 攻王京城, 取財物牲畜甚多, 助攻皮島, 殺守將沈世魁. ·李欒泰 漢軍正藍旗人, 父永芳. 天聰間, 從擊朝鮮. ·孟坦 從侵朝鮮, 兩以先登有賞. ·楊古利 滿洲正黃旗人, 太祖之婿. 從侵朝鮮, 有敗卒伏崖間, 竊發鳥銃, 傷重而卒, 追封武勳王. ·楞額禮 楊古利之弟, 從侵朝鮮, 入義州, 漢人據朝鮮鐵

36 幸 : 저본에는 빈 칸으로 되어 있는데, 이덕무의 『청장관전서』 권55, 앙엽기(盎葉記) 2 「南北敵將」을 참조하여 첨가하였다.

山, 舉精兵勦之. ·**達爾漢** 天聰初, 從侵朝鮮. ·**吳巴海**[37] 天聰元年, 從侵朝鮮, 再登城. ·**蘓魯邁** 天聰初, 從侵朝鮮. ·**豫郡王多鐸** 崇德元年丙子, 從侵朝鮮. ·**和碩敬謹親王尼堪** 土門貝勒褚燕第三子, 從侵朝鮮, 擊走援帥. ·**和碩肅親王豪格** 太宗長子, 從侵朝鮮. ·**貝子博和託** 饒餘親王阿巴泰子, 從侵朝鮮, 多有功. ·**鎭國將軍羅托** 鄭親王濟爾哈朗兄子, 從侵朝鮮, 圍南漢城. ·**吳拜** 滿洲正白旗人, 從侵朝鮮. ·**英俄爾岱** 滿州正白旗人, 天聰間, 使朝鮮, 不辱命而還. ·**阿山** 滿洲正藍旗人, 從擊朝鮮, 克義州. ·**鄂羅塞臣**, 滿洲正藍旗人, 從擊朝鮮. ·**尼堪** 滿洲鑲白旗人, 姓納蘭氏. 天聰元年, 征蒙古瓦爾哈, 擧衆出朝鮮, 出會寧, 朝鮮列營相拒, 復以兵襲其後, 尼堪皆敗之, 降其恰忙城. ·**鄂莫克圖** 滿洲正藍旗人, 從擊朝鮮, 克義州. ·**阿積格尼堪**, 滿洲正白旗人, 姓他哈喇氏, 從侵朝鮮. ·**董廷元** 漢軍正藍旗人, 從入朝鮮, 死於水. ·**朱瑪喇**, 滿洲鑲白旗人, 姓畢魯氏, 從入朝鮮, 奮勇奪門. ·**阿爾津** 滿洲正藍旗人, 從入朝鮮, 略皮島, 敗明援師. ·**色爾格克** 蒙古正白旗人, 姓博爾濟格氏, 從入朝鮮, 被創受上賞. ·**安平貝勒杜度** 貝勒褚英之子, 偕多爾袞, 敗朝鮮水師, 取江華島. ·**貝勒篇古** 鄭親王濟尒哈朗弟, 侵朝鮮, 竪梯登朝鮮王宮城, 以功封固山貝子. ·**巴篤里** 從侵朝鮮. ·**勞薩** 滿洲鑲紅旗人, 從入朝鮮, 擧兵三百, 僞爲商人, 先至朝鮮, 圍一城, 敗其兵焉. ·**額參** 滿洲正黃旗人, 從擊朝鮮, 朝鮮遣人致書于明, 額參射之, 太宗嘉其能. 明年, 同楊古利破朝鮮兵, 楊古利破傷, 太宗甚慟, 見有卒走山巓, 或曰此卽傷楊古利者, 令額參逐之, 明日獲首以獻. ·**葉赫朱瑪喇** 侵朝鮮, 擊開平, 斬獲無數. ·**柯爾崑** 建州靈春里人, 從太宗侵朝鮮. ○右見『淸一統志』.

53 紮巾

今五營卒所着將巾, 卽俗稱戰巾, 以尺帛裹頭, 又綴片帛於後, 其末下垂, 又謂之紮巾. 孝廟二年, 特命訓局軍着毛緞巾.

---

37 海: 저본에는 '漢' 자로 되어 있는데, 오류이므로 바로잡았다.

54 車漢日記

我孝廟九年戊戌, 淸國徵我兵, 助攻車漢賊, 車漢者羅禪也. 於是以惠山僉使申瀏, 移拜北虞侯, 領兵赴戰. 先是, 曰介·介夫落·愎介三國, 朝幣不至, 淸將問罪, 三國皆言: "小邦爲車漢所侵掠, 捄難不瞻, 寧有異志? 大國若揚威勦滅, 是大國有恤小之恩, 小邦盡事大之誠." 於是連歲發兵往討, 皆爲賊所敗. 甲午, 遣使徵兵我邦, 以北虞侯邊岋爲將, 領銃手百名·旗鼓火丁四十八名赴之. 遇車漢賊於厚通江上, 賊多中丸死, 追至好通及骨地, 賊遠遁, 岋全師還. 至是選北邊九邑銃手二百名及標下·旗鼓手·火丁六十名, 齎三月糧前去.

戊戌春三月一日也, 渡豆滿江, 十三日渡漁濟江, 十六日渡毛緞江, 十九日達寧古塔. 中間樹木蔽天, 人跡未到, 麋鹿成羣, 魚不避人, 長或十餘尺, 以佃以漁, 餉士皆飽. 寧古城高池深, 人民繁庶, 畜[38]產遍野, 農耕之地城外十里. 行至厚通江, 江濶十餘里, 歷蒙古國, 四月十九日, 渡加里江, 至金泉江, 去萬里城六日程云. 歷愎介國, 其俗男女同服, 以鬚爲別. 五月五日, 到曰[39]介國, 此本淸之餘種, 與淸族類相錯. 十五日, 到宋加羅江, 江與黑龍江合, 此車漢所來往之衝, 車漢者以船爲宅, 不耕不織, 攘奪爲業, 非水戰不可制, 留待戰艦之至. 留八日戰艦至,[40] 大者長五十丈, 小亦十三丈, 高可三四丈, 內作三層, 用板爲隔, 下藏穀, 中藏械具, 上可容五百人, 每艦領五小舠, 制作極精緻. 曰介軍獵[41]得大魚長五丈, 以其半餉我皆飽.

淸元帥攣曰介·介夫落·愎介及蒙古等兵, 六月五日解纜覽,[42] 十日到

---

38 畜: 저본에는 '啇' 자로 되어 있는데, 오류이므로 바로잡았다.

39 曰: 저본에는 '田' 자로 되어 있는데, 오류이므로 바로잡았다.

40 留八日戰艦至: 저본에는 이 구절이 없는데, 앞뒤 문맥이 통하지 않으므로 이익의 『성호사설』 권8 인사문(人事門)의 「차한일기(車漢日記)」를 참조하여 첨가하였다.

41 可容五百人, 每艦領五小舠, 制作極精緻. 曰介軍獵: 저본에는 이 구절이 없는데, 의미상 앞뒤 문맥이 통하지 않으므로 이익의 『성호사설』 권8 인사문의 「차한일기」를 참조하여 첨가하였다.

42 纜: 저본에는 '覽' 자로 되어 있는데, 오류이므로 바로잡았다.

黑龍江, 濶二十餘里, 深不可測, 色如柒, 魚族及江邊禽獸皆黑. 人言: "宋加羅從萬里城外來." 十日, 賊從黑龍下流至, 望見驚惶, 一字擺列, 半登于島, 水陸掎角. 淸元帥發卒再嘗, 賊銃丸齊發, 死傷過半. 淸元帥用我國副將裵是熀策, 以巨艦橫截, 竪銕干爲城, 使水陸不相及, 先殲島賊, 北軍亦多死傷. 復進攻水賊不利, 相持五日, 士氣益沮. 我將以火攻之策說之, 淸元帥利其貨物不聽, 至勢窮而後許之. 於是令裵是熀·劉應天被重甲, 乘流而下, 二人相謂曰: "賊船皆樺皮重覆, 多藏火藥, 旣發火箭, 不急避, 必不免於虐炎."

賊見其孤行, 慮爲疑兵, 不搏擊. 舡稍近, 矢發著舡, 一時延燒, 風雷交作, 聲震天地. 二人回舡走避, 慌忙相失, 行至十里許, 猶波翻舟盪, 戰袍皆霑, 烟火晦冥, 自分必死. 半日始風定浪息, 若東方之漸白, 數日始達大軍, 淸元帥延謂曰: "兇濤忽起, 吾以爾爲死矣." 明日進舡至賊所, 則盡爲燒燼, 腥膻之臭不堪聞. 諸國咸稱曰: "此朝鮮之力也." 賊身長十尺, 目長而深, 赤髮鬖髿, 如海毛垂肩. 軍器大砲長鎗也, 銃不用火線, 以瑪瑚石著在火門, 堅不動, 又於龍頭上置金燧, 龍頭落而金石相薄, 激成火點, 火起丸發. 舡制覆以木板, 或排椽加柞, 外皆樺皮厚覆, 多穿穴放丸也.

我兵死者八人, 傷又若干, 七月十日, 奏捷發還, 擧銕碇, 十人不能勝, 有械囚俘賊一擧引上, 若取芥然, 有膂力如此. 九月二十七日, 還到寧古塔, 勑降賜朝鮮將爵, 龍骨大·副骨大, 頒賞有差. 淸元帥引是熀至家, 見其三妻, 三人擧一臂垂一臂爲禮, 進與合面, 享以盛饌. 意者一擧一垂, 指天地也, 心不同如面, 故面合則心合也. 十一月十八日, 離靈古塔, 十二月十五日, 到豆滿江. 明年, 淸國付貢使賜陳亡者八人家銀各三十兩, 傷者二十五人, 分五等賜有差. 申·裵二人, 皆嶺南人.

按羅禪卽鄂羅斯地, 在極北, 秦漢之間, 服屬匈奴, 在漢爲堅昆·丁零, 在唐爲黠[43]戛斯回紇語黃赤面也. ·骨利幹等國, 元時阿羅思及吉利吉思·撼合納·謙州益蘭 蛇名州有大蛇故名 州等處, 皆其地也.

43 黠: 저본에는 '點' 자로 되어있는데, 오류이므로 바로잡았다.

. 明時阻於朔漠, 未通沙漠, 淸順治初, 其衆曰羅刹, 竊據黑龍江雅克薩之地, 築城居之, 侵擾索倫·達倫爾等. 康熙十五年, 遣使入貢, 諭以嚴禁羅刹毋擾邊鄙. 羅刹潛侵淨里溪等處, 遷延不志, 命都統公彭春, 犂兵進討, 窘迫乞降. 及淸兵回, 潛據雅克薩如故. 二十四年, 復命黑龍江將軍薩布素等, 銃兵圍之, 降者日至. 二十五年, 其國察漢汗遣使上䟽言: "下國邊民搆釁, 當嚴禁." 乞撤雅克薩之圍, 且請分定邊界, 許之. 二十八年, 遣內大臣索額圖等, 與其使臣費要多羅等, 會議於尼布楚[44]之地, 定格爾必齊河以北大興安山一帶爲界, 前所侵之尼布楚·雅克薩諸處俱歸之. 淸於格爾必齊河傍, 立碑爲誌.

其地與黑龍江所轄北境接界, 西接西洋, 西南至土爾古特國及準噶爾界, 去中國二萬餘里. 其人皆長大赤髮, 晳面綠瞳, 而黑瞳者必曰李陵苗裔也. 孝廟戊戌, 卽順治十五年也, 瀏之行師, 在羅刹竊據黑龍江之時, 而伊後彭春等征討, 不復與聞矣.

55 五所

五衛變爲五所, 捴管·衛將·部將之職, 如舊仍置, 上番騎步兵制猶存. 然捴府則備員·侍衛而已, 衛將·部將, 分更行巡, 而兵柄非所管也. 至於龍驤·忠佐·忠武, 寓於軍啣, 忠義屬於勳府, 族親屬於宗簿, 忠贊·忠順·補充隊屬於兵曹. 其名雖存, 不復隷五所. 義興·虎賁·別侍衛·親軍·彭排·破敵衛等衛, 並與名而不傳.

衛將所劃出部將二員, 分軍各處, 宗廟暑二十, 社稷署七, 永禧殿八, 景慕宮九, 文禧廟三, 大報壇四, 敦化門十七, 金虎門十三, 丹鳳門十, 曜金門七, 景秋門四, 弘化門四, 宣仁門十, 通化門九, 慶熙宮十六, 景福宮九, 四所各五, 銅龍門, 東水口, 御井, 景化門, 崇智門, 仁政門, 進善門, 馬軍營, 景秋門, 北水閣, 永肅門, 傳漏各二, 承政院一, 內兵曹三, 外兵曹三, 義禁府十二, 軍器寺四, 尙衣院二, 大藥庫四, 漏局一, 外所二十九.

44 楚: 저본에는 '潮' 자로 되어 있는데, 오류이므로 바로잡았다.

56 猛火油

康譽之昨夢錄曰: “猛火油出高麗東數十里.”『契丹志』曰: “吳王遣使遺太祖以猛火油曰: ‘攻城, 以油然火, 焚樓櫓, 敵以水沃之, 火愈熾.’ 太祖大喜, 欲攻幽州.” 猛火油, 恐是硫黃芒硝之屬.

57 我國軍制

我朝軍制, 國初只有五衛, 自壬辰後, 五衛旣撤, 而訓局繼設. 有兵馬五千, 無以接濟, 兵曹抄五衛, 不徵之軍, 收布以輸之. 又有砲保·餉保之名訓局錢, 乃爲十六萬兩, 米亦稱是. 柳西涯請選士二萬, 其半在京, 其半農作, 以給在京之士, 此卽寓兵於農者也.

議竟不行, 柳赫然爲將, 嘗欲釐正, 廟議難之. 孝廟亟從赫然議, 赫然別設精抄廳, 得騎步軍數萬, 置中軍以下諸將佐, 其後金淸城移設禁衛營. 禁營不可專置鄕軍, 以訓局中部軍爲京標下. 自是禁營與訓局·御營爲三營, 不惟不罷訓局京軍.

又添禁衛新軍之弊, 至于今牢, 不可破, 禁·御兩營鄕軍, 殆近五六萬, 各有保二名. 此外又有餉保·砲保, 以作京標下·奉足之需及營中放料之資. 以軍士言則閑丁見縮幾至十萬, 以糧餉言則穀簿耗縮, 亦近萬包. 且計木錢, 不啻爲累鉅萬, 均役給代之需, 不足當所出, 民生困悴, 職由於此矣.

58 五衛形名

國制五衛形名, 親兵曰內禁衛兼司僕, 衛兵曰甲士·別侍衛, 勳衛曰忠義·忠贊衛, 宿衛曰奉忠·拱宸衛, 番上騎兵曰正兵·平虜衛, 步軍曰破敵衛, 工役軍曰防牌, 使令軍曰攝六十, 控鶴軍曰近仗, 奴軍曰壯勇隊, 軍器監曰別軍, 義禁府曰都府外, 鎭守軍曰鎭軍, 又有船軍·守城軍·烟戶雜色, 此內外騎步之額也. 五衛旣罷, 諸軍皆革, 獨內禁衛·兼司僕·忠義·忠贊衛·近仗軍存爾.

59 冷端甲

岳珂『愧郯[45]錄』云: “楊太監簡在戎監, 嘗得諸李尉府顯忠族子, 謂甲不[46]經火, 冷砧則勁可禦矢, 謂之冷端. 遂言于朝, 乞下軍器所製造. 時顯忠子師尹爲知閤門事, 力辨其不然, 文移互相往復, 其實工人憚勞費故如此.

60 鐵布衫

廣信鄭龍如所著文[47]集中, 載劉綎門客名鐵布衫者, 有異術, 與人角戲, 其身挺立不動, 加以矢石拳棍, 略無所傷. 同時異人徐姓, 亦受是術, 偕數人飲倡館, 潛與友約佯醉角力, 友持斧砍徐, 略無所傷, 倡驚駭成疾. 徐後恃術作逆, 剽掠閭里, 爲土兵所殺.

61 劉錡竹筒

劉錡順昌之戰, 戒甲士帶一竹筒, 其中實以煮豆, 入陣則割棄竹筒, 狼藉其豆於下. 馬饑聞豆香, 低頭食之, 又多爲竹筒所滾, 脚下不得地, 以故士馬俱斃.

62 韋丹鐵棒

韋丹唐時人, 任洪州, 値毛鶴反, 倉猝无禦敵之器. 丹乃造蒺藜棒一千具, 並於棒頭, 以鐵釘釘之如蝟毛. 車夫及防援, 官健各持一具, 共棒疾成易

---

45 郯 : 저본에는 ‘剡’ 자로 되어 있는데, 오류이므로 바로잡았다.

46 甲不 : 저본에는 ‘石’ 자로 되어 있는데, 앞뒤 문맥이 통하지 않아 『괴담록(愧郯錄)』을 참조하여 바로잡았다.

47 所著文 : 저본에는 이 세 글자가 없는데, 앞뒤 문맥에 통하지 않으므로 『오주연문장전산고(五洲衍文長箋散稿)』의 인사편 기예류 잡기 부분의 「장미약(長米藥)·철포삼(鐵布衫) 변증설(辨證說)」의 내용을 참조하여 보충하였다. 「장미약·철포삼 변증설」에서는 廣信鄭龍如所著文集中부터 非人名也까지의 문장이 이왕포(李王逋)가 지은 『인암쇄어(蚓菴瑣語)』에 보인다고 하였다.

辦, 與刀釖不殊.

63 白虹貫日

余嘗見萬曆癸巳, 李提督如松圍平壤城擊倭, 于時白虹貫日, 提督喜其爲敗賊之兆. 當宁壬申正月, 關西賊爲官軍所敗, 自嘉山之松林, 走入定州, 官軍追躡而圍之, 卽初八日也. 是日白虹亦貫日, 余入都, 都人皆憂其灾, 而余獨喜其敗賊之兆, 果然.

64 三懸鈴

金章宗泰和六年, 置急遞鋪腰鈴轉遞, 日行三百里. 今備局行會之急者, 畫鈴於封緘至三, 則謂之三懸鈴, 意卽此制之遺者.

65 潛谷大同法

潛谷金公將設大同, 京中士大夫及吏胥輩·防納者, 皆不欲之, 俟潛谷詣闕而還也, 作偶人斬其頭, 而塗血而書之曰金堉. 公佯若不見而過之者屢, 而終不撓奪. 卒設大同而國于今賴之, 先賢作事之牢確如此.

66 嶺南木綿灾

濟菴趙尙書曮, 爲嶺南伯, 甚有遺惠, 木綿田未嘗有灾. 公以爲田之無灾, 以有再獲, 而木綿則只一畊, 有歉則民乃空應其稅, 遂問于朝而給灾, 推之八路. 丙申謫金海, 翌年九月疾革, 方至屬纊之境, 而其子承旨公患積不省事. 似夢非夢之中, 忽有人言: "尙書之惠, 令公之孝, 而俱在危俄, 可不相救耶?" 遂探其胸, 抽出血塊數片, 承旨公疾因之差, 得以終孝.

67 熱河路程

熱河路程, 東人之所不知者. 余從柳惠風檢書, 見之自新店付錄. 新店過白臺子, 至正安堡五十里, 至望山鋪十里, 至四方鋪十里, 至四堡子十里, 至魏家嶺十里, 東爲廣寧界, 西爲義州界, 有木柵. 至花兒樓十里, 至黃土坎十里, 至細河十里, 至關帝廟站五里, 至高臺子二十里, 渡沙河過公主陵, 至廟口站二十里, 渡大淩河, 至義州城三十五里, 至崔家口二十里, 至頭到河子十里, 至六臺邊門二十五里, 朝陽縣界.

渡柳河, 至石人溝地藏寺五里, 至蠻子嶺二十里, 至水村子三十里, 過張家營燒酒局, 至蟒牛營福寧寺二十五里, 再渡大淩河二十五里, 至朝陽縣十五里, 至大營子二十里, 過蝴蝶溝, 至三家兒三十里, 至喇嘛溝二十五里, 至杏胡子臺十里, 至擔[48]杖溝梁三十里, 建昌縣界. 至公營子二十里, 至夜不收二十五里, 至張翁子三十里, 至建昌縣三十五里, 至宋家莊三十里, 至雙廟二十五里, 至北宮四十里, 至楊樹溝三十五里, 平泉州界.

至太廟站二十里, 至平泉州三十里, 至鳳凰嶺三十里, 至七溝二十里, 至祥雲嶺十五里, 有承德州交界碑. 至西六溝二十五里, 至黃土梁子三十里, 過紅石嶺, 至平臺子三十里, 至熱河承德府三十里, 凡九百六十里. 自熱河至廣仁嶺, 至灤平縣四十里, 至王家營三十里, 至長山峪四十里, 至兩間房四十里, 至古北口四十里, 出南天門, 過洛伽仙境, 至石匣城四十里, 至密雲縣六十里, 至懷柔縣四十里, 至南石三十里, 至淸河六十里, 至燕京入德勝門二十里, 凡四百四十里.

68 女眞坪

李校理明淵, 外補端川之梨洞萬戶, 歸言: "自本鎭鎭[49]山行百餘里, 爲隱龍德烽臺, 北俗呼山頂爲德烽臺, 登[50]望見女眞坪, 極目無際, 東北接茂山, 西北接甲山坪, 周爲七百里云. 西北三四十里許, 有山陡起, 周遭若

48 擔 : 저본에는 '担' 자로 되어 있는데, '担' 자는 '擔' 자의 약자(略字)이므로 '擔' 자로 교체하였다.

49 鎭 : 저본에는 '鎭' 자가 없는데, 앞뒤 문맥상 의미가 통하지 않으므로 첨가하였다.

50 德烽臺登 : 저본에는 '德登烽臺'로 되어 있는데, 문맥상으로 보아 오류이므로 바로잡았다.

城, 城內白塔森束, 不知其數. 問鎭卒此爲何名, 對曰萬塔. 細察之, 城與塔必是天作, 問汝曾往見否, 對曰不. 曾按女眞坪, 考諸史志, 疑卽高句麗東明王所都卒本川也, 萬塔疑卽魏書所稱紇升骨城也, 卒本者㦃賓也, 泠齋檢書撰渤海考, 以三甲等地, 定爲㦃賓府, 細察之, 城與塔必是天作. 問汝曾往見否, 對曰不."

曾按女眞坪, 考諸史志, 疑卽高句麗東明王所都卒本川也, 萬塔疑卽『魏書』所稱紇升骨城也. 卒本者㦃賓也, 泠齋檢書撰『渤海考』, 以三甲等地, 定爲㦃賓府. 難之者曰: "『唐書』稱率賓馬, 三甲山谷中, 有何馬耶?" 泠齋甚病之. 乃今始知甲山之於端川, 隔一女眞坪, 而端川產良馬, 此豈非一證耶? 女眞坪在昔爲野人之巢穴, 梨洞·雙青·黃土岐等鎭, 爲備野人而設也. 今則野人一空, 諸鎭將看望虛坪, 甚無義. 又棄其地, 不耕不收, 殊可惜也. 李校理又言, 在鎭遊覽時, 或見野中羣狼奔突而去. 或見羱羊掛角於絶壁而瞑. 村伍零星, 爲諸鎭將所誅求, 困不能聊生, 亦不知射獵云.

69 海中銅柱

南陽海中, 有柱卓立高壯, 望之黑色, 不辨銅石, 刻燕初二大字隷書, 海水自北流, 爲柱所割, 白如一線. 舟人過之, 惴惴遵柱東而行, 如出柱西則漂沒云. 按燕初者, 似是燕之初年或初境也. 春秋時, 燕盧綰, 燕慕容皝, 未嘗斥地至此, 可疑也. 金進士安基言.

70 枳子城

衛滿逐箕氏而王朝鮮, 箕氏浮海而南, 王於金馬渚, 今益山郡之龍華山卽其墟, 其墻堞·井甃·陛礎之屬, 尙有餘者. 世傳箕氏樹枳子以爲城, 枳子盛而箕氏替云.

71 弓裔故都

弓裔故都, 在鐵原楓川原, 有宮闕遺址, 村民搆屋以居, 夢弓裔挐致庭而笞之曰: "若何敢處吾室, 如是者屢?" 民乃撤屋, 而後無敢居者.

72 渤海銅州[51]

『唐書』「渤海傳」, "獨奏州以郢 · 銅 · 涑三州置, 涑州以其近涑沫江." 涑沫江卽混同江也. 今聞甲山境生銅, 豈銅州因此得名歟. 甲山在白頭西麓之下, 混同江白頭北流出之水也.

---

51 州 : 저본에는 '柱' 자로 되어 있는데, 오류이므로 바로잡았다.

『研經齋全集外集』 卷59

『蘭室譚叢』 卷4

1 土乳

燕歧南有土山, 土中有物黃而團, 長如指, 可三四寸. 樵人掘而啖之, 味若薯蕷, 善療飢. 若採之稍久, 一受風氣, 堅不可啖, 按『本草綱目』, 李時珍曰: “土殷孽, 卽種乳之生於山崖土中者.” 一名土乳, 意是物也.

2 鵝洲丹穴

巨濟府有鵝洲故址, 洲南有玉笋峯, 峰西北連陸, 南東臨海, 削立百丈, 壁色皆赤. 每東風至, 石茸被之, 土人從壁背懸囮 而下采以爲業. 石壁上頭砑綻尺許, 丹砂突出其中, 如繭如栗, 輝光鑑人, 如雲母・眞鏡面・光明等砂也. 摘後十許日, 復往看則充溢如前. 盖丹穴也, 土人秘而不傳. 案產砂之所, 水甚赤, 烟霧薰蒸之氣, 亦赤黃色, 尤能作瘴癘爲人患. 聞鵝洲海氣甚毒, 意卽朱砂氣也.

3 治蠶綿法

厤舜裳中朝人也, 遵化總兵里光子, 都督貴之孫. 世襲指揮同知, 故稱同知云. 父死於深河之役, 舜裳被係在賊中六年而逃之中國. 丁卯, 督粮登州, 遇風於廟島, 三日而至豊川, 同舟二十九人溺死, 舜裳獨生, 流離湖西, 移寓光州以終. 麻言中國養蠶種綿事甚詳曰: "南方養蠶者, 六七月, 多採桑葉乾之, 積置室中, 勿令濕氣烟薰爲損, 翌年蠶出三眠後, 浥水飼之, 蠶盛而多. 木綿有雌雄, 葉多而莖麤者爲雄, 葉少而莖細者爲雌, 初生二寸許, 揀去雄者, 只留雌者, 掐其中莖, 茂盛多花云."

4 木綿

木綿産閩·廣·交趾等處, 其核大如盃, 土人名曰吉具. 松江人始種於烏泥涇, 初無踏車推弓之製, 用手剖去子, 以竹弧線弦, 振掉成製, 其功甚艱. 有崖州黃道婆者, 教以捍彈紡績之具, 至於錯紗配色, 綜線挈花, 各有其法. 織成被褥帶帨, 吳人競相効之. 及嫗死, 共立祠以祭. 高麗末, 因文益漸, 我國又傳其法.

5 烟葉

烟葉出自閩中, 倭人所稱淡巴菰也, 邊上人寒疾, 非此不治, 關外人至以匹馬, 易烟一觔. 崇禎癸未禁之, 法輕利重, 民不奉詔, 尋令犯者斬, 不久因邊軍病寒, 無治遂停. 其來我國, 在光海戊午年間, 張谿谷最先嗜, 後遂遍一國. 壬戌, 李顯英赴燕, 暹羅使者以爲贄, 葉大於盤. 人皆傳玩而不食, 淸人甚嗜之. 我使之行, 私商絡續, 嘗因此失火, 人多燒死. 洪歹始一切禁斷, 移文責我, 淸人猶冒禁潛買, 一握直百金, 我東銀貨遂賤. 有一商人潛遺以種, 遍天下, 銀貨不至.

6 咸陽上供茶

咸陽有上供茶, 而不產於本郡, 每歲賦之於民, 民買諸全羅道, 率米一斗, 得茶一合. 成宗初, 佔畢齋爲郡守, 嘗閱『三國史』, 見新羅時, 大廉得茶種於唐, 蒔智異山. 博詢于父老, 果得數叢於嚴川寺北竹林中, 買民田, 建圃于其地, 種植之, 不數年, 果蕃盛, 可充上供. 有志喜詩.

7 日本栗

『高麗史』忠烈王二年, 獻日本栗於元. 先是趙良弼使日本得栗, 種于義安, 至是成實. 按今之昌原府內之車衣上里, 有古城址, 土人謂之義安舊邑基. 其地有栗雜於草場, 每秋與草混刈, 明春抽枝, 當年結實, 而其房小如榛子. 霜時房實零, 僅如大豆, 味絶甘. 土人傳爲倭栗, 而不知其爲趙良弼種也. 徐公榮輔嘗補昌原, 得二十箇, 分之遺余.

8 丹心菊

淸陰在北舘, 乙酉[1]始東還, 有僧畫丹心菊以遺之曰: "老爺向君丹心, 與這一般." 淸陰携返東國, 屢傳而今在金鍾健家, 而不知今尙存也.

9 李月沙書梅

月沙李文忠, 雅與熊天使化相識, 及公朝天, 與化圍碁賭御賜『宋元綱目』而取之. 化又撤臥內一古梅以副之, 其種大播湖西. 崇禎再丙辰, 有好事者, 爲致一本於文忠後孫, 書與梅離二百年而復合.

10 仙源梨

仙源當宣廟末, 宰安邊府, 列植梨東軒北, 名其軒曰'香雪', 有仙源手書篆額, 至今二百餘年. 有故老傳言食其實, 其他列植庭者, 皆其種也. 仙源後孫有宰是府者重新之. 淸陰詩有曰: "憑君有意封嘉樹, 莫忘前人手種時." 卽指是梨也, 鏤板尙在辟.

---

1 乙酉 : 저본에는 '甲申'으로 되어 있는데, '乙酉'의 오류이므로 바로잡았다. 갑신년은 1644년이고 을유년은 1645년이다. 『인조실록』 권46, 23년(1645) 2월 23일 조에 '전 영의정 최명길, 영중추부사 이경여, 전 판서 김상헌이 심양에서 돌아오다.'라는 기사가 보인다.

11 石松

彰義門內, 有人得一石. 石上有蒼松, 枝葉甚敷, 長纔尺而根因嵌, 而秀不假土偶, 觸物而碎. 松根有水, 水中有魚, 見日而死.

12 定方山城松

黃州定方山城成佛寺, 有松不知幾百年, 一榦兩枝互相交附, 狀如虯龍, 一枝柏葉, 一枝老松葉, 禽虫不敢侵近. 盖異樹也, 榦竅流津如油, 試以小器承之, 須臾滿器.

13 明川蘿葍

明川七寶山, 有自生蘿葍, 湖南楸子島, 有自生菘菜.

14 退溪宅庭檜

退溪先生舊宅, 在都下西門內, 庭有老檜長數十丈. 兵燹後故宅喬木蕩然, 獨此樹得全. 人皆異之, 及辛亥春, 忽摧折. 其夏, 仁弘嗾朴汝樑・朴乹甲輩, 醜詆退溪. 折檜之變, 抑[2]其兆也歟.

15 玉

中國產玉, 舊稱藍田, 而今亦無種, 只用和闐玉材. 今燕中玉器, 皆闐出也. 吳中有專諸村, 玉工所居, 刻鏤之精, 大不及闐匠. 我國之玉, 採之南陽・成川・端川者, 並碔砆之類也, 然玉未嘗無種也. 成宗末, 玉工金孝連等, 進白玉四枚, 得之果川縣冠岳山西, 上命置本邑. 又通津縣常採玉, 承旨請寢其役, 上爲製笠飾, 不許.

2 抑: 저본에는 '柳' 자로 되어 있는데 오류이므로 바로잡았다.

16 龍角

李尙書惟秀嘗赴燕, 有人持一塊物以賣, 非玉非石. 尙書好古者, 意其爲寶, 沽之以歸而不知用也. 後付譯人, 復售之燕, 挂於市門, 燕人亦莫識也. 最後蜀人過曰: "此龍角也, 何所從來?" 咨嗟撫玩不已. 我人遂復携歸, 以裝佩刀, 刀在尙書家, 尙書旣沒, 家事益落, 歸安尙書久行家. 直爲錢七百緡, 今低至二百緡, 然人無沽之者. 有見之, 靑黑瀅澈如玉, 中有紅光熒熒, 如爝火.

17 藍浦石

藍浦花草石, 有梅竹蘭蕨芭蕉之形, 作硯爲上品. 坡州烏[3]山山城有一巖, 劈出則片片皆粉竹, 文如畫. 聞慶馬浦[4]院溪邊雜石, 多奇形異文.

18 墨

今東國墨品, 稱海州爲珍, 而元人陸友仁『墨史』, 載外國製墨, 高麗貢墨, 猛州爲上, 順州次之. 其文曰: "平鹵城進貢, 或曰順州[5]貢墨, 或曰猛州貢墨." 按平鹵城今永柔縣, 順州今順川郡, 猛州今孟山縣, 三邑並屬關西, 而今無貢墨.

19 製紙法

成宗六年, 遣紙匠朴比, 曾從謝恩使如京師, 學製紙法. 其法細剉生麻漬水, 和石灰爛蒸, 盛細布袋翻撊之, 淨去灰細磨, 復盛比密竹筐, 更洗淨撈出, 盛木桶和淸水製, 不用膠.

其製奏本紙法, 南方人刈竹筍, 連皮寸截, 灑水和石灰, 納桶中經六七日,

3 烏: 저본에는 '馬' 자로 되어 있는데 오류이므로 바로잡았다.
4 浦: 저본에는 '鋪' 자로 되어 있는데 오류이므로 바로잡았다.
5 州: 저본에는 '川' 자로 되어있는데 오류이므로 바로잡았다.

煮旣熟, 盛竹筐洗淨去灰, 爛搗盛布袋復淨, 和滑滌水以製. 滑石艸名, 椎碎其根幹, 浸水爲膠. 其製粉紙法, 雜用稻稭少許, 約一千丈, 和粉一斤則色白品精.
遼東東門外太子河邊, 有製紙所, 法用生麻及生桑皮, 和眞木灰・水石灰, 熟蒸曬乾, 以木椎打去麤皮及石灰, 細剉盛竹筐, 洗淨細磨, 和滑滌水以製, 此例用紙也.

20 高麗墨

元人陸友仁『墨史』, 載外國製墨, 高麗墨猛州 今孟山 爲上, 順州 今順川 次之. 其文曰: "平鹵城進貢, 或曰順州貢墨, 或曰猛州貢墨." 李公擇遺東坡墨半丸, 其印文云'張力剛', 得之高麗使者. 魏泰道輔云: "新羅墨有蠅飮其汁立死." 常戒人和藥, 勿用新羅墨.
日本墨遍肌印文如柿蒂形. 陸子履奉使契丹得墨, 銘曰'陽巖鎭造'者, 其國精品. 滕子濟有墨一大笏, 爲龍鳳之文, 面曰'鎭庫', 萬年不毁. 又西域僧爲藴太簡言: "彼國有佳墨, 中國不及, 是鷄足山古松爲之." 金有劉法, 字彦矩, 常山人, 自製墨, 銘[6]曰'栖神巖造'. 楊文秀, 金時以善墨聞, 其法不用松炬, 而用燈煤. 子彬傳其法, 以授耶律楚材, 楚材授子鑄, 造[7]一萬丸, 銘[8]曰'玉泉萬笏'.

21 古曆法

古曆法, 子午時皆十刻, 餘皆八刻, 故百刻. 今淸曆時皆八刻, 故晝夜共九十六刻. 天本無度, 而曰天三百六十五度四分度之一者, 以日所不及天者

6 銘 : 저본에는 '名' 자로 되어있는데 오류이므로 왕사정의 『지북우담(池北偶談)』(권14 예술4)에 의거하여 바로잡았다.
7 造 : 저본에는 이 글자가 없는데, 왕사정의 『지북우담』(권14 예술4)에 의거하여 첨가하였다.
8 銘 : 저본에는 '燈' 자로 되어있는데 오류이므로 왕사정의 『지북우담』(권14 예술4)에 의거하여 바로잡았다.

計之也. 天亦無形, 而指日月所經之二十八宿以爲形, 必三百六十五日三時而後日所躔, 與往歲如一, 則以爲三百六十五度四分度之一耳.

天與日月五星, 皆升於東, 中於南, 入於西, 晦於北, 而曰天左旋, 日月五星右旋者. 主日也, 日出而作, 日入而息, 人之作息, 皆視乎日, 故以日爲主也. 日出於東, 故紀日行之宿, 由蒼龍始. 天行速則日轉而左, 天[9]行遲則日轉而右, 故紀日不及之度曰角一度・角二度, 皆自東而北而西而南而復東, 所以紀日也. 日之行天, 每日一周而不及一度, 則一歲而天之行較日多一周矣.

月亦每日一周天而不及十三度有奇, 則二十九日有奇, 而不及日者, 已一周而與日會. 所謂玄枵・星紀十二辰, 每辰有三十度九十六分度之四十二, 所以紀月也. 一時爲八分, 一日九十六分, 三時則二十四分. 總之日從日, 晨昏是也, 月從月, 弦望晦朔是也. 歲時從天, 四立二分二至是也. 此三者, 曆[10]之大法也.

天有餘, 日月不足, 閏也者, 補日月之不足, 以從天之有餘. 此聖人補相裁成之妙道也, 先儒反謂日行遲月行速. 又謂日一日一周天, 月一月一周天, 星一歲一周天, 約算家捷法以爲言, 使人愈不明其理矣.

22 古今斗斛

『禮記義疏』曰: "『左傳異義』云'北魏及齊, 斗稱於古, 二而爲一, 北周及隋, 斗稱於古, 三而爲一.'" 又『唐六典』, 內外官司皆因隋制, 大史・大常・大醫用古制, 故當時有大斗・小斗・大兩・小兩之名. 歐公『集古錄』, 得漢銅甬, 銘曰'容十斗, 重四十斤', 以今較之, 容三斗, 重十五斤, 是斗則三而有餘, 斤則十五[11]而不足. 又王莽布長二寸五分, 今一寸六分有奇, 廣一寸, 今六分半. 是後之大於古, 量爲最, 權又次之, 度又次之. 又沈括

9 天 : 저본에는 '日' 자로 되어 있는데 오류이므로 바로잡았다.
10 曆 : 저본에는 '歷' 자로 되어 있는데 오류이므로 바로잡았다.
11 十五 : 저본에는 '三' 자로 되어 있는데 문맥상 오류이므로 바로잡았다.

云: "秦漢六斗, 當今一斗七升九合, 三斤當今十三兩." 是宋之權量大於唐. 『元史』云: "宋一石當今七斗." 是元斗斛又大於宋.

23 畒尺

『周禮』匠人爲溝洫, 耜廣五寸, 二耜爲耦, 一耦之伐, 廣尺深尺謂之甽, 古畎字. 盖三甽三伐, 而六尺爲步, 步百爲畒, 畒法·步法, 互得其準, 耕具亦稱此, 秩然不亂, 故田野地面, 已具周尺度數, 爲制産之本矣. 畒法之壞, 不知在何時, 或云自秦孝公, 或云自漢高祖, 蓋自商君兼並之時已變, 而只行於關中, 及漢初, 始頒天下, 謂之秦謂之漢者, 二說皆通.

步法之壞, 亦未詳緣起, 然「秦始皇本紀」, 數以六爲紀, 六尺爲步. 王制曰: "今以周尺六尺四寸爲步." 譙周論「秦本紀」之文曰: "步以人足爲數, 非獨秦制然也." 然則自秦至東漢末, 皆以六尺爲步, 而王禎論區田之制曰: "舊說區田一畒濶一十五步, 每步五尺, 計七十五尺." 王氏所謂舊說, 除非氾勝之, 卽賈思勰也, 五尺爲步, 得不在於六朝時乎? 然畸於尺之數而贏於尺之長, 故其爲兩足平移之一步, 則六尺五尺一也.

大抵畒法步法, 雖有損益, 而以尺制步, 以步計畒則同, 猶不畔於古也. 我東則溝塍畒, 皆無法度, 而六等尺, 又漫無統紀, 易滋奸弊, 同在一坪, 而東邊一結之面積, 不能當西邊一結之半, 如是而安用周尺哉? 高麗時, 用農夫手指爲度, 二指計十, 爲上等田尺, 二指計五, 三指計五, 爲中等田尺, 三指計十, 爲下等田尺, 其鹵莽無法如此.

及我世宗朝, 罷之而命用周尺, 改結負法, 從頃畒法, 而有司之臣, 不能對揚, 因陋就簡, 竟因結負舊法, 略加增損, 名雖用周尺, 其實與不用等. 至今以周尺四尺七寸七分五釐, 爲量尺之長, 此俗所稱不齊頭之數也. 旣不成尺法, 又不成步法, 盖與勝國之農夫指尺所爭, 無幾何矣.

24 京都鍾

漢都景福宮光化門上有大鍾, 鍾樓又有大鍾, 皆以鳴晨昏也. 神德王后貞陵在敦義門內, 陵傍有興天寺, 陵移寺廢, 而大鍾猶在焉. 圓覺寺在都中, 寺廢而大鍾亦在焉. 中廟朝, 金安老爲相, 建議欲置兩鍾於東大門及南大門, 安老被罪, 鍾遂不懸, 委棄草莽.

萬曆壬辰夏, 倭寇陷都城, 肆行焚蕩, 光化門之鍾, 鍾樓之鍾, 皆爲融爍. 癸巳寇退, 其冬, 車駕還都, 甲午秋, 命懸南大門鍾, 以鳴晨昏, 都人聞鍾聲, 莫不悲且喜焉. 丁酉冬, 唐將楊鎬來京, 命移鍾于明禮洞峴山, 今之鍾峴是也.

25 粉面鬼

俗傳南怡之少也, 嘗過街上, 有小女奚戴一物, 粉面女鬼據其上, 他人未之見也. 怡怪而踵之, 轉入一朱門, 俄有哭聲從內出, 傳言小娘娘卒化. 怡問其故, 曰: "女奚進紅柿一盤, 纔發緘, 小娘娘遽取其一噉之, 遂致宛轉不起." 怡請入省, 主家初難之, 强而後許之. 怡入見, 鬼據女腹, 遽避, 女少甦. 怡出復絶, 主家遂將女嫁怡, 卽權擥女也. 今閭巷俗有遺食飮者, 輒摘少許棄之後乃食.

26 得玉神

成川妓有得玉者, 嘗入麟坪宅, 潛奸外人, 麟坪笞殺之, 麟坪後困病. 巫言得玉守欲殺之, 祈禳百端, 終不瘳. 獨孝廟臨則少減, 鬼盖慴上威也. 麟坪家人夢得玉見則必有禍, 其家故多逆累. 世言得玉爲之祟也, 宅中相傳, 當霖雨泥滑縱橫, 獨得玉死所乾燥揚塵. 至今指惡厲曰'得玉神'.

27 京鷹將軍

朴持平蓍壽, 以戊午十月之晦, 嘗夢出彰義門, 見百姓奔竄問之, 則曰有物至可怕, 俄而物漸近, 鬼卒四人轝至, 其狀如碑, 窸窣有聲. 當中書京鷹將軍, 塡之以朱, 其大塞彰義門而入, 迫而視之, 卽木而漆者也. 後有吳在臣從之.

既覺而異之. 至十二月, 而病氣甚熾, 從遼而南, 兩西死者如麻, 彌滿八路, 大臣死者三人, 藩臣死者四人, 八座死者十一人, 宰列死者十四人, 八路死亡以萬計. 及在臣爲造紙別提, 而病乃息.

28 脂燭

何薳『春渚記聞』云: "與許師正, 過平江村, 村人坎鼓羣集, 爲賽神之會, 神號龍太保者. 實傍村陸氏子, 固无恙也, 每有所召則其神往, 謂之生魂神. 旣就享, 村人問疾, 雖數百里, 皆能卽至其家, 回語患人狀. 師正之室, 歸霅川省母, 得疾. 師正禱神往視, 神應禱而去. 須臾還曰: '我至汝婦家, 方潔齋請僧誦『法華經』, 施戒諸神滿前, 皆合掌致肅敬, 我不得入. 頃刻隣人婦來觀, 前炳二燭, 乃是牛脂, 但聞血腥迎鼻, 而諸神驚散. 我始敢前, 病人能啜少粥, 自此安矣.' 驗之果然." 今人享先, 戒用脂燭, 盖有由也.

29 東方年號

新羅法興王二十三年, 卽梁武帝大同二年, 始建年號, 稱建元元年. 眞興王十二年, 卽簡文帝太寶二年, 而改元建國元年. 建國十八年, 卽陳文帝光大二年, 而改元大昌[12]元年. 大昌五年, 卽陳宣帝大建四年, 而改元鴻濟元年. 眞平王六年, 卽陳後主至德二年, 而改元建福元年. 善德主二年, 卽唐太宗貞觀八年, 而改元仁平元年. 眞德主二年, 卽貞觀二十一年, 而改元太和元年.

長安國王憲昌, 以父周元是武烈王之孫而不得王, 據溟州, 國號長安. 於唐穆宗長慶二年, 憲德王十四年, 建元慶雲元年, 其歲亡. 泰封王弓裔叛, 自稱王於唐昭宗天祐元年. 孝[13]恭王八年, 國號摩震, 建元武泰元年, 二年改元聖冊元年, 後梁朱全忠乾化元年. 改國號泰封, 改元水德萬歲元

12 昌 : 저본에는 '日' 자로 되어있는데 오류이므로 바로잡았다.

13 孝 : 저본에는 '考' 자로 되어있는데 오류이므로 바로잡았다.

年, 四年改元政開元年, 五年亡. 高麗太祖王建於後梁瑱貞明五年, 景明王三年, 建元天授, 後奉後唐年號.

30 宋十五朝御押

 太祖押  太祖元押  太宗押  太宗押 ○眞宗元押  仁宗押  英宗押  神宗押  哲宗押  徽宗押  欽宗押  高宗押  孝宗押 ○光宗押  寧宗押  理宗押  度宗押.

31 唐明皇髑髏

晏元獻守長安, 有村中富民異財, 云: "素事一玉髑髏, 因大富. 今兄弟異居, 欲分爲數段." 元獻取而觀之, 自額骨左右皆玉也, 瓌異非常. 公曰: "此豈得於華州蒲城縣唐明皇陵乎." 民言其祖實於彼得之. 元獻仍謂僚屬, "唐玄宗爲上皇, 遷西內, 李輔國令刺客夜携鐵椎, 擊其腦. 玄宗臥未起, 中其腦作磬聲, 上皇驚駭謂刺者曰: '我固知命盡汝手, 然葉法善曾勸我服玉, 今我腦骨皆成玉, 且法善勸我服金丹, 今有丹. 在昔固自難死, 汝可破腦取丹, 我可乃死矣.' 刺客如其言取丹乃死." 孫光憲『續通錄』云: "玄宗將死, 云: '上帝命我作孔昇眞人.' 爆然有聲, 視之崩矣." 此微意也, 然則此乃玄宗之眞髑髏也. 因瞖瘞泰陵, 肅宗之罪著矣. 或云, 肅宗如武乙之死, 可驗其非虛矣.

32 戶口

仁祖戊子, 式京外戶四十四萬一千三百二十一, 口一百五十三萬一千三百六十五. 孝宗丁酉, 式戶六十五萬八千七百七十一, 口二百二十九萬八十三. 顯宗己酉, 式戶一百三十一萬三千四百五十三, 口五百一萬八千六百四十四. 肅宗戊午, 式戶一百三十四萬二千四百二十八, 口五百二十四萬六千九百. 景宗癸卯, 式戶一百五十七萬四千六十六, 口六百八十六萬五千二百八十六. 英宗丙午, 式戶一百五十七萬六千五百九十八, 口七百三萬二千四百二十五. 當宁乙卯, 式戶一百七十三萬六千五百九十二, 口七百三十四萬七千三百八十八. 近日守宰不能詳摘戶口, 但任吏胥, 吏胥厭其煩絮, 且畏上官之督其縮也. 輒將新籍較舊籍, 增六七戶或十餘戶以報營, 營上之朝以爲常. 苟有悉心爬櫛者, 盈縮加減, 當以歲而異也.

33 其人

麗祖統一三韓, 以土豪爲戶長, 設鄕職. 使諸郡吏之子孫爲其人, 分番侍衛, 卽古質子之意, 逮至于後, 視爲賤隸, 使之甚苦, 番上時多斂布貨, 盈槖溢包. 富商大賈, 受其直而代其役, 其直六朔爲四十五疋, 以供薪而以其餘爲利. 盖剝民膏血, 以供京師遊手, 甚無謂也. 議者多言不便, 及設大同, 此弊遂祛.

34 奉使太監

明初奉使東來朝鮮, 皆太[14]監也. 至成化四年, 我世祖大王昇遐也賜諡, 遣太[15]監鄭同·崔安, 冊封世子爲王[16]. 既行, 遼東巡按御史侯英奏曰: "同·安俱朝鮮人, 墳墓宗族皆在其地[17], 見其國王, 不免屈節, 殊褻中國體, 乞寢成命. 或翰林或給事中及行人內, 推選一員往使爲便." 自是賞賚遣內臣, 其冊封正副使, 選廷臣有學行者以送.

14 太: 저본에는 '大' 자로 되어 있는데, 오류이므로 바로잡았다.

15 太: 저본에는 '大' 자로 되어 있는데, 오류이므로 바로잡았다.

16 爲王: 저본에는 이 두 글자가 없는데, 의미상 뜻이 통하지 않으므로, 『해동역사』 권70, 인물고(人物考) 4, 정동(鄭同)·최안(崔安) 조항과 『청장관전서』 권55, 『앙엽기(盎葉記)』 2 정동(鄭同) 조항을 참조하여 보충하였다.

17 其地: 저본에는 이 두 글자가 없는데, 의미상 뜻이 통하지 않으므로, 『해동역사』 권70, 인물고(人物考) 4, 정동(鄭同)·최안(崔安) 조항과 『청장관전서』 권55, 『앙엽기』 2 정동(鄭同) 조항을 참조하여 보충하였다.

35 高力士

高力士, 嶺南酋長馮盎曾孫. 嶺南討捕使上二閹兒[18], 曰力士, 曰金剛. 中人高延福養力士爲子, 故冒其姓.

36 臺灣人銅鈴

鷄籠山卽臺灣也, 永樂中, 鄭和編歷, 東西洋靡不獻琛, 獨東番遠避不至. 和惡之, 家貽一銅鈴, 俾挂諸項, 盖擬之狗國也. 其後人反寶之, 富者至掇數枚曰: "此祖宗所遺." 冷齋檢書, 嘗入熱河, 見臺灣生, 番冠左右懸小銅鈴各三行, 卽是也.

37 交阯諱李字

交阯諱李字, 李姓皆以阮易之, 出曹安[19]『讕言長語』.

38 鄂羅斯

今蒙古以西居胡南鄂羅斯, 意『唐書』所謂黠戛斯也, 其種皆赤髮, 皙面綠瞳. 嘗見金人所錄, 黃頭女眞皆山居, 號合蘇館女眞, 黃頭女眞, 意卽鄂羅斯也. 今鄂羅斯朝貢于淸, 自殺虎口. 雖與我國稍濶, 其部族卽蒙古也. 蒙古之地接開鐵, 去我只隔滿洲. 高麗時, 蒙古數爲邊境患者有以也. 又『遼史』·『國語解』曰: "合蘇館女眞別部名, 又作曷蘇館." 曷蘇館在遼陽界, 與黃頭女眞部族甚遠, 此『遼史』誤也.

---

18 兒 : 저본에는 이 글자가 없는데, 의미를 명확히 하기 위해 『신당서(新唐書)』 권207, 열전(列傳) 제132 환자(宦者) 상(上)의 문장을 참고하여 보충하였다. 『신당서』 열전의 문장은 다음과 같다. "高力士, 馮盎曾孫也. 聖曆初, 嶺南討擊使李千里上二閹兒, 曰金剛, 曰力士, 武后以其彊悟, 敕給事左右."

19 安 : 저본에는 '莊' 자로 되어 있는데, 오류이므로 바로잡았다.

39 琉球國

海中諸國, 惟琉球國最近于我, 自高麗以來, 信使相續, 今不復通, 只漂人或相往還, 錄其見聞者, 今具載之.

世祖元年, 濟州人梁成等, 漂至琉球國得還. 初梁等漂至琉球國仍彌島. 島城中有百餘家, 皆我人及華人也. 王城凡三重, 外城有倉廒, 中城有衛士二百餘戶, 內城有三層閣. 其王擇吉日來住, 覆以板, 板上塗以鑞, 上層藏珍寶, 下層置酒食, 王居中層, 侍女百餘人掌傳命.

其地中狹而南北濶, 如皷腰形. 島各置郡縣, 里各有長. 家舍制如一字㨾, 覆以茅. 日候常暖, 冬無霜雪, 艸木不凋落, 衣不綿. 夏日在正北, 元日, 左綯藁懸門上. 又束剖木, 竪積沙中, 中加餠器, 揷松柯於束木上, 至五日乃止, 俗謂之祈禱, 置酒相娛. 七月十五日, 上佛寺, 書其父母姓名, 置之案. 又奠米于床, 用竹葉漬水灑地, 使僧徒讀經而膜拜. 使奴婢則不避族黨, 亦或有女人國來遺者. 工匠只有金工木工, 菅席並市之中國. 男女服如我國制, 但男服如直領而袖廣, 色尙黑. 君臣上下男女, 皆不冠巾而徒跣. 宰牛馬, 輒納皮於官以造甲, 食用薍筋.

婦人行騎馬, 必踞垂脚, 如坐床椅. 用錢貨而不知鑄, 皆資於中國, 中國人來敎鑄. 十文準米一升, 商賈在沿海諸處, 日本及女人國來市穀. 升則容十合, 斗則或容五升, 或容十升. 或容三十斗, 刻木爲漏器, 置闕南門, 體圓虛其中, 穿其腹, 量水注之, 以水盡爲度, 謂之一更. 遂擊皷, 鼓如更之數焉, 每晨夕輒擊皷. 凡朝會遠方邑長, 擇吉日, 讌于闕庭, 國王坐層閣, 羣臣列於庭食飮, 無音樂無酬酢.

中國詔勅及我國書契抵國, 設旗纛, 軍皆具介冑, 迎置轝轎, 左右擊鼓錚吹太平簫入王宮. 王服絳袍着冠, 拜而坐, 讀旣訖, 下庭拜如禮. 王薨, 臣民麻衣冠, 哭盡哀, 二七日而除. 凡民喪父母, 族親聚而吊, 孝子穿白衣, 三日後食肉, 七日而不殺牲畜鳥獸. 國王之葬, 鑿巖爲壙, 壙四周竪編板, 旣下棺, 鎖板門, 兩傍搆屋, 以處守墓人, 環墓築石城, 城有一門. 凡民之葬, 鑿壙窆棺同其制, 但不搆屋築城, 無祀享.

凡婚姻, 男家先媒妁選日, 偕其族迎新婦, 還至家行禮, 兩家聚族飮達夜乃散. 在位者每薦擧人, 官給奴婢庄舍軍器, 不勝任則黜之, 並收所給物. 宮中治事者百餘人, 以五日而遞, 其中四五人長直, 而若數出入則黜其人. 其就直時, 皆受公廩. 國無盜賊, 日本賣來人往往竊財, 卽捕鞫之, 大則戮, 小則流他島. 其刑無笞杖, 但地置兩板, 挾罪人脚, 結其兩端, 分使六人壓之, 五犯而後斬.

衣用苧, 苧長二丈許, 一年三刈. 旱田水田, 不用耒耟, 手治之. 地不產金銀, 市於南蠻諸國. 畜有牛馬猪鷄犬, 禽有燕鶯雅鵲鳩雀, 國俗好玩鸚鵡, 多市中國. 蟲有龜蛇蟾蛙蚊蠅蝙蝠蜂蝶 螳蜋蜈蚣蚯蚓螢蟹, 果有橘柚柑.

軍卒百餘人, 更日而直, 用鐵片薄如紙者附甲領, 如護項樣. 又着鐵假面・刀釰・楯槍・火筒, 同我國制. 鑄鐵爲四枝刃, 其形屈曲, 柄可二丈許, 俗謂之鉤, 以斬重囚. 斲桑爲弓, 綯苧爲絃, 矢或竹鏃. 其國自中國因東南風舟行七日乃到, 自日本順西風舟行十八日乃到.

又濟州人肖得誠等, 漂至琉球國彌阿槐島, 時二月, 大麥已收, 小麥方熟, 瓜茄結子. 城與門如我國制, 城紆回如曲水, 三重城相距, 纔展一匹布. 朝會及鞫囚, 衛士皆穿甲, 鐵兜如鹿角, 盪金銀, 脚束鐵行縢.

國王有子四人, 並在他島, 長子出入, 從者十餘人. 國王之行, 衛士約三百餘人. 國王或乘轎或乘馬, 衛士唱歌, 曲節[20]如農謳. 國王燕居時, 用紅白黑綃裹頭. 每五日一朝會, 左右各竪一大旗, 無他儀仗. 朝士入庭, 合掌而拜者三. 其日人民納酒桶生苧.

國中聚落稠密, 比屋連墻, 街路甚狹, 人家好桓松棬二種樹. 衣裳一如倭制, 不着袴. 服用緞子・紗綃・紵布, 男女同其制. 好佩大小二刀. 上下男女, 皆徒跣而行, 但在城外則穿鞋, 入城內則不穿, 雖在城外, 見長者則脫. 凡椎髻, 男子撮頭左, 女子撮腦後, 不戴巾. 朝士祿俸, 每五日一頒.

---

20 節 : 저본에는 '俚質'로 되어 있는데, 오류이므로 『세조실록』 8년 2월 16일 두 번째 기사를 참조하여 바로잡았다.

船艦常苦蛆食, 貯海口草舍. 菜有葱·蒜·韮·芋·蘿葍·萵苣, 藥有蘘荷·薯蕷·芭蕉, 果有梨·栗·桃·橡·橘, 材有松·椶.

成宗八年, 濟州人金非衣等, 漂至琉球國獲還, 初非衣等往楸子島, 値東風大起西流, 第六日, 海水澄碧, 第七第八日, 水濁如泔, 第九日, 又遭西風, 向南而漂, 水更澄碧. 第十四日, 泊一小島, 島名閏伊是麽, 方言謂島是麽. 其俗穿耳, 綴小靑珠, 垂二三寸許. 又繞項三四匝, 垂一尺許, 男女偕, 老則否. 男子絞髮, 屈而疊之, 束以苧繩, 撮髻於項邊, 不着網巾. 或鬚長過臍, 絞而繞髻至數匝. 婦人髮亦長, 立有垂及跟者, 短者乃及膝.

摶土爲鼎, 日乾之, 熏藁火炊飯, 五六日輒壞. 稻米甚賤, 有粟而不喜種. 盛飯竹笥, 摶爲丸大如拳. 每食用小木几各置前. 婦人操笥分與人一丸, 人掌木葉受而食之, 其葉如蓮葉. 盡一丸, 又分一丸, 以三丸爲度, 健飯者不計丸. 無塩豉, 用海水和菜作羹, 器用瓠, 或刳木爲之. 酒有濁無淸, 水漬米, 使女嚼爲糜, 不用麯蘖, 釀之木桶. 三四日便熟, 味甚淡, 久則酸. 多飮則微醺, 擣漬米摶爲餠, 裹椶葉束藁熟食之.

其居率作一室, 無房奧戶牖, 前面稍暢豁, 後面簷垂地, 盖用茅, 寢用牀, 無衾褥, 藉用蒲席, 室前別立樓庫, 貯百穀. 俗无冠裳, 暑則着椶葉笠狀, 如我國僧笠. 無麻綿, 不養蠶, 惟織苧布, 衣如直領, 而無領及襞積, 袖短而闊, 染用藍, 用白布三幅爲中裙, 繞繫於臀, 婦人服同其制, 但內靑裳而无中裙.

家畜牛鷄猫, 牛鷄死輒埋之. 非衣等敎之食, 島人嗤之. 有鐵工而不造耒耟, 用小鍤剔田去草以種粟. 十二月間, 播種水田, 正月移秧, 不鋤艸, 二月稻方茂, 高一尺許, 四月始熟, 四月收早稻, 五月收晩稻. 穫餘根復秀, 比於初, 八九月之交, 復穫焉. 未穫則人皆戒令, 不厲聲語, 不蹙口嘯, 旣穫, 乃吹小管, 其聲甚微.

俗无盜賊, 道不拾遺, 不相喧鬪. 國王之母出遊, 乘柒輦, 四角垂簾, 舁者二十人, 衛者操刀釼佩弓矢, 前後幾百餘人, 吹雙角·大平簫, 放火砲. 美婦四五人, 衣錦緞以侍, 非衣等伏謁道傍, 國母駐輦, 以髹器酌鑞甁酒與之. 國人云, 君薨國君幼, 母后臨朝. 非衣等乘風發船九晝夜, 泊塩浦.

顯宗四年, 海南縣民金麗輝等, 漂至琉球國獲還. 辛丑, 湖南大飢, 麗輝等二十九人, 流入濟州, 壬寅九月, 發別刀浦, 中流遇西北風, 漂流南洋六日, 海色如墨. 又行四日, 水更白, 過黑海時望見, 有物如島嶼, 漸近諦視之, 乃大鰲也, 色微黃間靑, 擧頭開眼, 乍沈乍浮. 舟人散擲米, 祈而過. 船中水竭, 煮海水取液而飮, 其法釜中盛海水, 置空器, 仰釜盖盖之, 又盛水其上而煮, 少頃甘液凝結如露, 滴器中.

泊于琉球國時, 麗輝等甚飢, 島人與牛毛菜, 皮赤肉白, 味如薯蕷. 宜久飢, 同船有渴死者, 掘地丈許, 盡解斂衣, 坐屍坎中, 周以衣衾, 覆長桶. 令麗輝等擧哀卽止, 塡土旣平, 又令擧哀. 不封土, 但竪一石, 墓各異色. 又列種緇帶艸於前, 其艸葉長, 背有刺, 色正翠, 姻姻如孔雀翎.

國俗淳厚無爭競, 服飾則翦頂心髮, 斂餘髮作髻於右, 揷銀簪, 貧者用竹, 以長巾裹頭, 鬢毛頷須, 皆翦而獨留髯. 衣長袂, 束兩重帶, 左佩大小二刀, 不襪不袴, 但以綿布數尺, 從股間互纏於腰. 女子則頂上作髻, 不施朱鉛, 着袂衣襲單衣, 以單裳十餘幅, 環腰上, 引邊幅從腰間前掩而上, 扱於裳帶. 嫁則黥手背, 男女皆着艸鞋.

舞則簇立一處, 蹈而不旋, 垂手反覆, 各弄十指, 微聲細語, 自相注目. 一人拍手, 百人應之, 歌則類緇徒誦『食經』狀. 有三絃琵琶·二絃嵇琴, 局戲則圍碁·雙陸. 民喪父母, 一哭而止, 不變服. 人居皆板屋而无堗, 俗尙釋敎而無寺刹, 書籍惟佛經而已. 長吏載我人於兩船, 使種田市兵衛 官名也, 古見與人 船人號也, 領船護送日本, 遂得還.

40 戊申賊

英宗戊申, 賊犯淸州, 陰之距淸九十里耳, 人心波蕩, 縣監朴震亮不知所爲, 屛家孥於奉鶴谷. 賊倅又至據官衙, 招縣民分糶, 震亮問計於縣之望金進士重白及其弟重呂·朴公元瑞, 皆曰: "公宜急發兵, 赴忠州陣, 不然罪將及."

會縣民丁○○者欲射賊倅, 賊倅逃去. 震亮遂從吏奴兵守忠州, 有慰撫使過之, 震亮拒不輒納, 由是知名. 是時李泰坐事謫陰城, 聞賊起, 自請隸束伍哨官. 而其母在金公宅, 往辭而拜於庭下, 母欲挽之, 卽拂衣去之, 聞賊破而止.

41 倭國年號

倭國僭有年號久矣, 而不敢顯書於關通我國文書中. 自丙子後, 遽以爲爾國旣奉淸國年號, 我之年號, 我之年號豈下於淸哉?' 遂肆然書送. 朝議或以爲不可受, 而崔相鳴吉以爲我旣有詘, 不必與彼較, 遂受之.

42 蠻種

猺 八蠻之屬 ·獞 五嶺以南蠻人 ·狆 苗人名 ·羚 犬名 ·獠 八蠻遺種 ·猲獸名 ·獚 黃犬 ·狼 豺屬 ·狪 狀如豕, 有珠 ·犵狫狇 蠻也 ·狘 廣西苗種 ·猏西南苗人名 ·猓 猓然獸名 ·狁 猰也 ·貘 俗貘字 ·猳狐 五溪蠻, 盤瓠之種 ·猙獠姓 ·獹·獵·玀·獛·猶·猏, 皆廣西蠻種也. 蠻皆盤瓠之後, 故皆從犬. 『廣志』云: "獠民皆七月生, 蓋獸種也."

43 西洋舶

孝宗四年癸巳, 洋舶漂至大靜縣, 仍留不還. 洋人皆碧眼赤頴, 高鼻長身, 翦髮長覆肩, 戴羊毛氈氈笠, 穿高後皮鞵. 衣襍色, 長至髀, 禁袖俱爲連紐, 一引縮而衆紐齊脫, 襪至膝, 結之袴內. 拜則去冠履, 手據地長跪而垂頭. 歌類漢人音調, 泣而無哭, 不知飯, 惟喫酒肉糕麪, 亦能食蛇. 其諺字略似胡書, 而橫寫爲行, 從左而起. 凡數目字如數畫之, 但十字作X, 五字作>, 自六以上, 則又於>字之下, 隨數加畫.

語音文字俱不可通, 試以倭語, 擧西洋吉利是段而呼之, 衆皆懽喜曰: "邪邪." 邪邪者猶'是是'也. 使之各書名字年歲而譯以諺, 爲首者白鷄也,音斯伊隱. 餘人名亦多斯伊隱之稱, 斯伊隱者, 盖如中國之姓氏也.

牧使李元鎭以聞于朝, 備局遣朴延者來看. 延亦西洋人也, 十數年前, 漂海而來, 隸訓局, 本名胡呑萬, 改朴延. 延之見漂蠻也, 戒勿先言, 以觀其所爲. 漂蠻熟視延曰: "是與我如兄弟者也." 始相對垂淚, 蠻人等曰: "我國商船, 多往日本, 若送我日本, 可得歸."

延曰: "日本獨郎可朔其開市, 而商船例不得下陸, 皆於舶上交易. 且日本法, 雖其國人, 從他國漂還, 輒殺之. 况頃年, 因邪羅宗門入朝鮮, 朝鮮送于對馬島, 島主盡屠而奪其貨. 今送日本, 必無全理, 且我來此. 隸於訓鍊都監, 身逸而食足. 汝等從我至京可乎?" 蠻人曰諾. 翌年送至京, 分隸中外諸營.

蠻人多技術, 最精曆法醫方, 其巧匠良治, 多死於船, 只有解星曆者一人, 解拳法者二人, 善鳥銃者一人, 解大礮者十餘人. 其放礮, 必安礮車上而放之, 以便周旋低仰, 且礮之發也, 輪自退轉, 殺其後蹙勢, 免致筒裂. 大礮藏藥八斤, 中礮六斤, 差小礮四斤. 鳥銃九錢, 鉛丸重八錢, 以鐵絲連綴二三丸以發之, 中輒洞穴.

船中物凡五十餘種, 頗有異貨奇器. 龍腦數十斤, 倭銀六百兩, 琉璃漏一架, 兩甁接口, 中有流沙. 測晷圓器, 以熟銅懸環之, 樞活動轉移, 能左右前後, 準中國制少差. 又有測晷尺·千里鏡·琉璃鏡·雲母牕, 器皿多用銅錫白金, 兵器皆輸武庫. 鳥銃以周尺尺之, 長五尺七寸, 圍本六寸, 梢四寸, 口經一寸, 耳廣一寸五分. 耳有盖有障, 共爲一樞, 皆可離合.

火機向內而點鐵, 標之在梢者, 小如菉豆, 在本者中割橫鐵, 從割痕而闚之, 其制甚巧, 而今無粧筒不可放. 長釰似倭製, 槍幹不知何木, 而輕朝不折, 庫藏五十餘年, 亦不蠹損. 收其粧船鐵, 至萬餘斤, 布帆濶過四十六尋. 漂蠻皆丁壯, 亦有數兒年可十餘歲, 自言行賈至中國者三, 至日本者七.

44 貔

虜中有獸焉曰貔, 其狀如大鼠, 極肥腯, 甚畏日, 隙光射卽死. 性能糜肉, 一鼎之肉, 以貔一臠投之, 卽糜爛, 虜人不甚貴. 出陸游『家世舊聞』云: “其先祖楚公甸使虜, 嘗携至京中.”

45 牛島馬

濟州卽東國之屈産也, 州之東境, 有牛島周五十里, 産此者最良棄. 島西南有竇, 可容一小舡, 稍進則可藏船五六艘. 其上大石如屋, 如有日光浮耀, 星芒燦列, 氣甚寒凉, 毛髮竦然, 俗稱神龍藏處, 七八月間, 不可往. 往則大風雷雨拔木損禾. 有官濟州者, 獲馬於此, 首低腹廣, 狀似鯉, 性甚悍, 蹄齧不可近, 遂復放之島, 盖龍種云.

46 鵓鳩

京師俗養鵓鳩, 以八目爲貴. 其一全身白曰全白, 其二身白尾黑, 頭戴黑點曰點烏, 其三身赤尾白曰紫丹, 其四身白頭頸黑曰黑虛頭, 其五身白頭頸紫曰紫虛頭, 其六身白頸赤, 翎端有二層赤點曰天仰白, 其七身黑尾白者曰黑層, 其八褐色而翎端有二層金色點曰僧.

47 犬

孔子曰: “弊盖不棄, 爲埋狗也.” 此指田犬守犬也, 若食犬則傳所稱羹獻也, 夫田犬所以備獵也, 守犬所以警盜也, 以其有功於人也, 故不食之. 然魯叔孫豹自晉歸, 殺吠犬與舘吏食之, 此守犬也, 與此異也. 余嘗攷『禮經』, 犧牲所以備祀享也, 不用爲服.

服牛所以備耕作也, 不用爲犧. 今人旣以牛耕作而竭其力, 又從而殺食之, 甚可歎也. 然余亦有是, 盖借其氣以補衰病, 不得不爾. 古人多不食牛肉者, 良由氣禀甚壯, 余不能然, 又可愧也.

48 龍潭馬

本朝英廟時, 龍潭縣產馬, 其高九尺, 神駿無比. 英廟以獻於成宗皇帝, 帝曰: "朝鮮國王愛我, 得神駒, 不自乘而送於我." 曾棨詩所云, '朝鮮得之不敢騎, 來獻赤墀弄神姿.'者是也.

49 楊禾尺

楊禾尺者, 高麗太祖攻甄萱時, 難制之遺種也, 多居雲中道. 李義旼子至榮, 爲朔州將軍, 以禾尺等無賦役, 屬于嬖妓紫雲仙徵貢. 至榮死, 崔忠獻又取紫雲仙爲妾, 徵剝日甚, 禾尺等大怨.

及高宗中, 降于契丹遺種金始·金山等, 爲其鄕導, 又詐作假倭形, 始于關東, 延及嶺南, 至遣將討平. 國家憫其不齒齊民, 改稱白丁, 以變舊號, 屬之軍伍, 以開仕路, 而遺俗不變, 自相婚嫁. 無貫籍, 或屠牛, 或編柳器爲業. 至今屠者稱白丁, 編柳器者, 稱古里白丁, 古里者柳器之俗稱也. 賤之甚於屠者, 州縣有死囚, 輒使刑之, 且館妓稱楊禾尺, 此沿舊俗而少訛者也.

50 雲仙

淸州妓雲仙, 選入尙方, 爲針線婢, 頗有才藝, 一時公卿大夫及狹邪少年, 多以纏頭相遺, 裝束頗新鮮. 乙卯慶辰, 上陪慈宮, 詣華城行宮, 將進饌, 雲仙以女伶從, 自矜其艶, 顧眄意得, 蔑視同隊. 及樂作, 上特命雲仙作處容舞, 處容卽木假面而狀甚獰, 着者人賤之. 於是雲仙氣色頓沮, 改着弊衣而前, 竟其舞, 觀者無不快之. 時南直閣公轍歎曰: "驕之爲害立至如此, 士夫寧不鑒戒乎?" 仍爲余道之如是.

51 聻

東國俗以硃書聻字, 貼門楣. 案字彙音積. 相傳人死爲鬼, 人見畏之, 鬼死爲豶, 鬼見思之, 篆書此字於門楣, 百鬼遠離. 其說未知何出, 而豶音賤, 俗謂之辟邪符, 卽鬼名.

52 畓

我國以水田爲畓, 音沓, 東人所刱. 日本以耕麥地爲畠, 其貴有畠山殿之號, 世謂日本刱造.

53 卍

『法苑珠林』, 叙佛之初生云: "開卍字於胸前, 攝千輪於足[21]下." 『楞嚴經要解』, "佛胸有卍字, 表吉祥萬德所集." 『華嚴經音義』, 卍本非字, 周長壽二年, 則天后權制此文, 著于天樞, 音萬." 中國音宛, 東國音晩. 『六書精蘊』, 卍數之窮也. 古人取一二字, 皷動之始自一起, 反一而終, 循環无窮, 往復相通.

『明詩綜』, 項佩字吹聆, 秀水人, 處士吳統持之室, 有詩. 此下題詩, "夫子書屋落成, 闌干皆用卍. 案卍字取吉祥之義, 與福壽字並行. 凡器玩錦繡之類, 此用卍字雕繪. 遂名卍齋, 屬賦四十字. 題止此. 曰: "夫子愛奇字, 迴闌繚繞之. 一時齊作卍, 三點不成∴. ∴卽伊字. 樹色春浮並, 齋居繡佛宜. 定知人載酒. 送喜有芻尼. 朱彛尊曰: "詩俱從梵夾出." " 『字彙補』 卐字注曰: "萬字如來胸有吉祥文." 卽此. 卐與卍, 字異義同. 『夷堅丁志』言, 蔡京死後四十二年遷葬, 皮肉消脫已盡, 獨心胸上隱起一卍字, 高二分許, 如鐫刻所就.

54 鐥

我國以容酒四杯之器, 爲一大也, 字或是匜字之譌歟. 亦稱一鐥, 鐥字字書無之. 『高麗史世家』, 忠宣王三年, 遣左常侍金之兼如元, 賀皇太子誕

---

21 足 : 저본에는 '目' 자로 되어 있는데, 『법원주림(法苑珠林)』 권9 「출태부(出胎部)」를 참조하여 '足' 자로 바로잡았다.

日, 獻金鐥二. 蓋自高麗, 已用鐥字. 俗亦以盥洗盤稱大也, 與酒器名同而大小懸殊.

55 迲

『丹鉛錄』曰: "古『毗[22]陵志』, 有「漢司農劉夫人碑文」, 許劭所製, 存者僅百十字, 中有俊迲二字, 不知何音義." 我國州縣, 以鐵索束柴以量之曰一迲二迲, 『輿地勝覽』, 杆城一號迲城.

22 毗 : 저본에는 '昆' 자로 되어있는데, 오류이므로 바로잡았다.

『研經齋全集外集』 卷60

『蘭室譚叢』 卷5

1 客氏・魏忠賢

宮中舊例, 內監與宮女各配夫婦, 自漢已然, 謂以對食. 宮女藉內監買辦, 內監藉宮女縫補, 俾俱相比, 無異民間. 客氏姿色妖媚, 喜魏忠賢之狡黠, 先與之私. 盖忠賢得奇術, 生啗小兒腦, 陽道復生. 忠賢又引宦者魏朝, 共私之, 熹宗特給客氏與忠賢爲妻, 二人在帝左右, 播弄非一, 遂致滔天之禍.

2 委鬼

萬曆末年, 有道士歌于市曰: "委鬼當頭坐, 茄花滿地紅." 委鬼者魏也, 北人讀客爲茄, 指奉聖夫人也.

3 李選侍

明光宗李選侍, 鼎革後尙存, 至康熙甲寅五月十八日始卒.

4 崇禎中白鼠

崇禎年間, 有湖廣人持白鼠數百來售燕市, 毛色如雪, 眼赤如火, 閃礫有光. 識者曰: "此碩鼠也, 見則天下當亂." 果然.

5 燕都鳥

崇禎年中, 燕都有鳥, 形若斑鳩, 名沙鷄. 昔者所無, 來自塞外, 千百成羣, 夜中燃炬照之, 向明飛繞. 以棍擊之, 旋空而墜, 俯仰累累. 解云: "邵康節聞杜鵑于洛陽, 預知南人作相, 天下多事. 此鳥由漠北入中原, 不無烽火甘泉之警. 果十年間, 四郊多壘, 鼎移社屋." 出姜紹書『韻石齋筆談』.

6 宋阿棗

崇禎末年, 京師與吳[1]下市廛, 口語皆曰宋阿罩. 後至李賊破城, 帝后並縊, 竟以天下送之. 李之小字曰棗兒, 訛言傳送阿罩者, 以上聲去聲也.

7 馬形錢

崇禎末, 錢背有馬形者頗重易, 使江南卒, 亡于馬士英之手.

8 飛黃始末

飛黃始末見『談往』,『談往』花邨看行侍者所錄, 其字號爵里不著, 意明末遺民而未詳. 鄭之龍號飛黃, 福建漳州府之漳鎭人, 世爲府掾[2]. 之龍年十八, 姣好善媚, 音律樗蒲, 靡不精好, 父嘗怒其淫, 持棍逐之, 之龍奔海艦不敢歸.

仍抵日本, 日就島主, 宴飮歌舞. 時主有室女, 通慇懃生子, 所謂朱成

1 吳: 저본에는 '兵' 자로 되어 있는데, 오류이므로 바로잡았다.

2 掾: 저본에는 '椽' 자로 되어 있는데, 오류이므로 바로잡았다.

功者也. 留一年, 前艦復至, 乃謝留妻孥, 復歸福建, 中道爲海寇劫奪, 有顔振泉者, 領海上十寨, 之龍賄以千金, 仍主之. 將半載, 主有疾且死, 九主爲之療祭. 之龍泣告主曰: "明日祭已, 必會飮. 意欲求衆力, 爲我一放洋. 獲之多寡, 係我命也." 主如其言, 衆許之. 劫得四船, 盡暹羅貨也. 之龍於是富逾十主, 海中以富爲尊, 主亦就殂[3], 升之龍爲十寨之一. 時則通家信, 輦金還家, 貿蘇·杭兩京細軟寶玩, 興販外國物[4]. 沿海州縣, 搶掠一空.

崇禎中, 兩廣總制熊文燦上疏乞撫, 朝議主之, 除之龍漳州參將. 聖諭下頒時, 以十萬佐之, 之龍登崖就職, 乃腰金黃, 盖特恩. 部銜[5]品埒司道, 出自欽授, 鄉里榮之. 九寨首傑劉香者, 仍爲海上患, 之龍數困之, 香恨甚, 訪之龍在漳鎭, 遣壯士劫之, 之龍佯歡曰: "我自就撫上岍, 爲貪官汚吏束縛, 正欲入夥, 今乃衆義士見邀, 卽取眷口來."

仍言室中多酒肉, 盍一醉飽, 令速治具. 衆皆醉, 鑼鼓忽鳴, 門皆反鍵, 生力健兒從屋跳下, 盡斫殺之. 之龍仍令舟中取上家口, 披其衣甲, 駕其船. 之龍挺立桅下, 奔劉香. 香望見船上服飾, 又船傍峙立者之龍也, 大喜呼曰: "來!" 之龍亦拱手應曰: "唯!" 漸近岸, 躍上奮斫香. 香旣死, 餘皆降, 其八主皆爲之龍勁旅, 內客夷商, 用之龍旗號, 海島毋敢誰何, 陞至漳潮副捴. 弘光初, 進五等爵, 封靖海侯, 及隆武立, 倚之爲尙父, 蹠陳一子森在日本, 隆武取爲己子, 賜姓朱, 名成功. 及貝勒下江南, 之龍投降赴盛京.

9 鄭芝龍

崇禎年間, 閩僧貫一得古磚, 背印兩圓花突起, 面刻隸字文曰: "艸鷄夜鳴,

3 殂 : 저본에는 '列' 자로 되어 있는데, 『정해지(靖海志)』 권1을 참조하여 바로잡았다.

4 物 : 저본에는 '物' 자가 없는데, 『정해지(靖海志)』 권1을 참조하여 첨가하였다.

5 銜 : 저본에는 '銜' 자로 되어 있는데, 『명계남략(明季南略)』에 부록으로 실려 있는 「정지룡소전(鄭芝龍小傳)」을 참조하여 바로잡았다.

長耳大尾. 于頭啣鼠, 拍手而起. 殺人如麻, 血成海水. 生女滅鷄, 十億爲倚. 起年滅年, 六甲更始. 庚小熙皞, 太平八紀."

貫一覺有異, 默識其文, 投磚海中, 解者曰: "艸鷄·長耳·大尾, 離合成鄭字, 謂芝龍也, 于頭啣鼠爲甲子, 芝龍以甲子叛, 以甲子亡故云, 六甲更始. 生女十億, 女加兆爲姚, 總督姚啓聖克臺灣, 而鄭氏無遺種矣, 庚小熙皞爲康熙, 太平八紀言其壽无疆.

10 沈維敬

沈維敬落魄僑寓燕中, 傍有官屋, 使賣氷擔子沈嘉旺居之. 嘉旺本樂淸趙常吉家蒼頭, 幼爲倭奴所掠, 凡十八年, 始泛海而還, 復走燕依趙. 趙無所用之, 故以賣菜自給. 惟敬暇輒從嘉旺談蠻中情俗, 雖器什鄕語, 無不了悉. 會石星經略東事, 石寵姬之父袁某, 與惟敬友善. 惟敬日與袁言蠻中事, 若身履之者, 袁以告石, 石召與語大悅, 遂奏授游擊, 奉使日本, 而有封貢之議矣. 惟敬妻陳名澹如, 本娼也. 惟敬旣遠, 使石每到門慰藉, 至以沈夫人呼之. 出「甲乙剩言」.

11 流賊

流賊之禍, 起於裁驛遞, 裁驛遞倡於御史毛羽健, 成於科臣劉懋. 羽健在秦, 娶妾甚嬖, 其妻乘傳至, 立遣之, 來速不及預防. 羽健遷怒驛遞, 倡爲裁驛夫之說, 懋附和之. 驛遞一裁, 游手千萬人倚爲生者, 無從得食, 相䜌爲盜, 闖賊得以招集, 覆滅宗社矣.

12 成都迴瀾塔

成都東門外鎭江橋迴瀾塔, 萬曆中, 布政余一龍所修, 張獻忠破蜀毁之. 穿地取磚得古碑, 上有篆云: "修塔余一龍, 坼塔張獻忠. 歲逢甲乙丙, 此地血流紅, 妖運終川北, 毒氣播川東, 吹簫不用竹, 一箭貫當胸. 漢元興元年, 丞相諸葛孔明記." 淸兵西征, 獻忠被射死, 時肅王豪格爲將.

13 邊大綬塘報稿

陝西延安府米脂縣爲塘報事.

職自正月初二日, 奉制臺密札, 隨喚貢士艾詔, 面諭機宜, 尋訪李成去訖. 至初六日, 艾詔回縣云: "自楡林尋得李成來見." 職隨喚進後堂詢問, 稱言伊係闖賊里人, 曾爲賊祖葬墳, 因識其墓所, 賊祖李海, 父守忠, 係本縣雙泉都二甲人. 闖賊名李自成, 幼曾爲僧, 俗名黃來[6]僧, 爲姬氏牧羊奴. 自崇禎三季, 西川賊不沾泥作亂, 流入賊中, 不知下落.

至崇禎九年, 賊領人馬千餘, 來縣城外, 自通姓名, 回家祭祖, 號稱闖將, 人始知其姓氏. 今年月已深, 不記其祖葬處. 當日葬時開土是三空穴, 內有黑碗一箇, 因塡其二穴, 用一穴安葬, 仍以黑碗點燈置墓內. 今但發[7]有黑碗者, 卽賊祖也.

職隨喚練總黑光正·堡長官王道正, 率領箭手三十名, 鄕夫六十名, 卽刻起身入山, 一晝夜行二百里, 始到其地, 名三峯子住宿. 是爲初九日, 夜下大雪, 深二尺餘, 山路陡滑, 馬不能進. 職下馬步行五六里, 至其山, 鳥道崎嶇, 久絶人踪, 旋開道攀緣而上.

又一里許, 見窯舍十餘處, 墻垣尙存, 卽闖賊庄村. 再過一山則其墓也, 四面山勢環抱, 氣槩雄奇, 林木蓊叢雜, 不下千餘. 大小墓二十三座, 伐五六塚, 其骨皆血色油潤, 不似遠年枯朽, 然皆無黑碗踪跡. 天晩難以下山, 遂坐賊舊窯中向火. 至天明, 再撅數塚而黑碗見, 卽李海也, 其骨黑如墨, 頭額生白毛六七寸許.

其左側稍下一塚, 是李守忠墓, 頂上長楡樹一株, 其粗如臂, 根枝四圍籠罩, 用斧斫斷. 其墓始開, 中間盤白蛇一條, 長一尺二寸, 頭角嶄然揚起三寸高, 向日張口, 復盤臥. 隨取裝人黑光正帶中, 伐其骨骸, 凡骨節間, 皆綠如銅靑, 生黃毛五六寸許. 其餘骨骸有毛者七八塚, 盡數伐撅, 聚火燒化. 大小林木千餘株, 悉行斫伐, 斷其山脉. 賊墓已破, 王氣已洩,

6 來: 저본에는 '米' 자로 되어 있는데, 이자성의 속명이 黃來僧이므로, '來' 자로 바로잡았다.
7 發: 저본에는 '我' 자로 되어 있는데, 문맥상 오류이므로 '發' 자로 바로잡았다.

賊勢自敗. 其黑碗白蛇, 呈驗軍門訖, 理合塘報. 崇禎十五年五[8]月十四日塘報.

陝西總督軍門汪喬年手札. 讀來諭, 足見門下報國熱腸, 第須體訪的確, 莫使波及無辜, 庶天理順而人功亦易成也, 他日滅賊, 當以門下之功爲首. 此復.

再札. 來諭知闖墓已伐, 可以制賊死命, 他日成功, 定首叙以酬. 艸覆. 長白先生邊大綬季翁, 河間靜海擧人, 明故米脂令也. 闖賊方熾, 陝督汪喬季密托大綬, 掘闖賊祖父墓, 聚其骨而焚之, 腊蛇以聞, 是以襄城之陷, 賊甘心喬季. 甲申四月, 淸兵入關, 賊潰而西走, 至澤州時, 大綬罷官家居, 見執至壽陽南關而逸, 作『虎口餘生記』.

記曰: "余自壬午春伐賊墓, 米人洶洶謂必招禍. 艾朝棟・高映元・馮起龍等, 實爲賊姻黨. 聞賊行牌至西安. 有四月十九日起馬入秦之語, 遂羣謀俟賊至, 執余及艾詔・黑光正等獻賊. 會部咨甄別賢否, 撫臺列余薦剡, 按臺又欲會題陞城堡廳, 黨人惴惴. 遂揑造單款, 極力傾陷, 然終以司冊無過, 未能大害, 止蒙降處. 時長兄順爲山西澤州守, 因赴澤.

三月卄一日, 都城已破, 萬乘殉國, 余北向慟哭再拜成服. 越四月卄八日, 人言嘖嘖, 賊[9]犯山海, 敗潰西走. 余聚親契諸生謝銘石等, 密謀欲興師邀賊. 擬次月朔擧義旗, 次日賊緹騎到矣.

先數騎進城, 持令箭詭言覓公館, 實覘余居處. 余窺知有變, 立街頭待之. 頃有衙役二人, 傳僞令曹懷玉票執余, 余挺身往見, 卽付賊使白姓・吳姓者. 云: "萬歲取爾做官, 無恐也." 又遣人來供俸, 並絆余, 不使離寸步, 內外不通信. 母妻家口盡下獄.

初一日, 執余西行至肅寧, 二日至安平, 三日至無極. 次日至眞定入城, 喧言萬歲駕將至. 賊黨衣紅者滿街, 謂老府兵, 見余咸揶揄曰: '是伐墓人

8 五 : 저본에는 '正' 자로 되어있는데, 문맥상 오류이므로 바로잡았다.

9 賊 : 저본에는 '賊' 자 앞에 '道' 자가 있었는데, 문맥상 오류이다. 변대수가 지은 『호구여생기(虎口餘生記)』를 참조하여 '道' 자를 삭제하여 바로잡았다.

耶?' 帶余見僞帥[10]馬. 入其門, 一賊衣藍紗者, 云是旗皷, 詢[11]伐墓始末, 入後堂禀帥訖, 傳言且出, 遂同吳旗牌, 至其家宿. 至次日初五日甫出, 卽有賊來傳馬老爺上南門, 發兵候駕至, 便起行. 吳姓者遂帶余往見, 至街頭云: '老爺上西門, 復至西城.'

吳姓者先到指余曰: '出城.' 見賊兵自北而南, 塵土蔽天. 然皆老幼參差, 狼狽伶仃, 十餘賊, 夾帶婦女三四輩, 全無紀律. 立數刻, 吳姓復同一任姓者, 押余入城. 至督府前, 候一二時, 僞師不返, 倏傳曰: '萬歲至矣, 不進城, 在關帝廟喫中火, 卽行.' 二賊又帶余出城, 至廟外. 須臾聞掌號, 賊衆起身去, 僞帥傳諭帶余西行.

至獲鹿之上安, 次日出固關. 値闖賊方殺人, 死者委積云, 關下百姓, 以塞井故. 又將賊卒之不帶弓箭者, 盡砍斷左手, 血肉淋漓, 慘不可言. 余同吳・陳二賊出關, 見闖賊, 陳賊欲禀知, 吳賊搖手而過. 使是時一言, 余爲虀粉矣.

初七日, 過平定州西. 賊中傳言大兵追至核桃園, 已抵關下, 調後營人馬, 回防關. 二賊復押余回, 住平定[12]東關外候示. 至初十日傍晚, 始傳止調精兵, 其貲重先行, 此時闖賊已先上太原矣.

吳賊同一賊僮押余, 馬步[13]共八九十八. 夜行一宿, 天明至壽陽南關, 搜米覓水, 炊飯食訖. 至南街路西一小門, 呼余入. 吳賊在其內, 命余拴馬卸行李. 伊入室仰臥酣睡, 其僮亦上樓臥. 余亦假寐, 許久不醒. 聞馬臥, 余呵不起, 出鞭之再三, 賊堅臥弗覺. 余遂出門北行.

迎一賊衣黃者, 問汝尋得水否. 余詭曰: '南頭無水, 復北尋耳,' 疾趍至壽陽城下, 河中無水, 余跳下循城北行. 慮爲賊所跡, 潛身山畔土窯中,

---

10 帥 : 저본에는 '師' 자로 되어 있는데, 오류이므로 '帥' 자로 바로잡았다.

11 云是旗皷 : 저본에는 '詢' 자 앞에 '云是旗皷' 네 글자가 있는데, 문맥상 오류이다. 『호구여생기(虎口餘生記)』를 참조하여 '云是旗皷'를 삭제하여 바로잡았다.

12 平定 : 저본에는 '定平'으로 되어 있는데, 오류이므로 바로잡았다.

13 步 : 저본에는 '少' 자로 되어 있는데, 문맥상 오류이다. 『호구여생기』를 참고하여 '步' 자로 바로잡았다.

見月出甚高, 始敢出, 攀援上下. 經宿墓澗澤中, 燐火螢焰, 殊非人境. 行三十里, 投僧寮住.

六日始東行. 經土寇之叢數處, 聞固[14]關・娘子關, 賊兵俱把守, 不敢過. 遇荷簣者三人識小路, 隨之. 入流黃口, 萬山險絶, 猿猱所經, 林木翳天日. 遇陡絶處, 頂踵相磨, 渡井陘涉滹沲, 逾眞定至西柳村, 見族弟壆, 遣人報信至縣, 老母耑三仆[15]來接. 傍晚冒雨抵舍, 是爲五月十九日云."

大綬後仕淸, 爲太原守. 靑溪程正揆序『餘生記』曰: "甲申五月初一日, 于滄州佘舉義發喪, 獲僞印十八顆, 斬賊臣頭, 放祭先君后之靈." 程亦義士也, 俟考當入遺民傳.

14 孫可望

孫可望與李定國, 皆張獻忠義子, 冒張姓, 號東府西府, 後獻忠敗, 俱走入滇. 二人爭權, 積不相能, 及淸兵南下, 可望戰敗乃降, 世祖封可望義王世襲, 賜第東長安門外. 可望死, 其子徵灝襲封. 康熙十二季, 臺省以爲言令, 諸王大臣九卿會議, 降封義公, 改慕義公. 蜀綿州鹿頭關龐士元祠, 可望重修, 有石坊, 大書僞銜柱國太師・兵部尙書, 凡數百字, 猶稱張可望云.

15 李自成餘黨

李自成旣死, 其黨無所歸, 先後入滇降. 號忠貞營, 諸將皆積功, 閥至公侯, 自郴州之敗, 氣不復振. 淸兵旣定雲南, 乃竄入興歸西山, 以李來亨爲渠魁, 號十三家, 夔路爲梗. 康熙二季, 湖廣提督董學禮疏請會師進勦, 聖祖出禁旅, 以慕禮裏爲靖西將軍, 以柯爾崑爲左副將軍, 圖海爲右副將軍,

---

14 固 : 저본에는 '因' 자로 되어 있는데 오류이다. 『호구여생기』를 참조하여 '固' 자로 바로잡았다.

15 仆 : 저본에는 '僕' 자로 되어 있는데, 문맥상 오류이다. 『호구여생기』를 참조하여 '仆' 자로 바로잡았다.

擊之. 分軍七道屢敗之, 進駐石坪, 降高必正·党守善等, 一軍出歸房. 擒郝搖旗, 滅劉汝魁, 會茅麓山, 築長圍圍之, 李來亨自經死, 諸賊皆降.

16 淸太祖

東人多言, 淸太祖幼時, 爲寧遠伯家僮. 一日伯據枕假寐, 淸太祖悉放架上鷹, 躑躅太息, 拔枕邊寶釖, 三擬伯腹, 還復置釖. 伯乃開眼曰: “爾何故?” 太祖跪曰: “父兄之讎, 豢養之恩, 俱不敢忘, 擬釖者報讎也, 置釖者報恩也.” 伯曰: “爾放鷹何也?” 曰: “志在雲霄, 爲人所縶故放之.” 伯知不可留, 戒之曰: “我有駿馬可騎快走, 無令兒輩知之.” 太祖叩頭泣辭, 騎而走. 李提督聞之憤甚, 疾追不及. 余始疑此說多傳訛, 『開國方略』中云: “太祖養於寧遠伯家, 年十五始歸.” 東人之說信矣.

17 濊兀良哈

東方之國舊號韓·濊·倭, 韓三韓也, 濊夫餘也, 倭日本也. 今韓濊皆屬朝鮮境, 倭則沿舊稱而自如. 今見倭人書牘, 尙稱朝鮮爲韓, 而我人俗音反呼倭爲濊, 不解何謂. 兀狼哈本野人種落, 國初, 兀狼哈頻來貢, 亦多歸化者. 今狼姓者其裔也. 今人稱滿洲·回子·蒙古, 以至南蠻·北狄, 皆稱兀狼哈, 甚矣! 東人之不解名物也.

18 朱果

乾隆帝「全韻詩」云: “天女呑朱果, 有身生子.” 是爲淸始祖, 中國人以胡虜之開創荒遠莫測, 而雜處狼熊犬羊之屬, 故指爲犬孕狼胎者甚多. 胡虜亦無文獻可據, 自以爲然而莫之辨. 滿洲則自知他日中國作史, 必將一例譏辱, 預作朱果之說, 以準備史料, 其計可謂黠[16].

---

16 黠: 저본에는 ‘點’ 자로 되어 있는데, 문맥상 오류이므로 ‘黠’ 자로 바로잡았다.

19 奢

『魏書』「高句麗傳」, 官名有謁奢·太奢. 今淸制, 軍校謂之奢奢者, 意謁奢·太奢之省也. 淸起自高句麗故地, 襲其官名如是.

20 永平四城之復

崇禎己巳, 淸人入寇中原, 薄皇城, 孫承宗視師, 復永平四城, 淸人敗衄非細, 而於史不詳. 嘗見『乾隆御集』註, 太宗克永平府, 殺兵備道鄭國昌等, 留貝勒阿敏·碩托, 統兵五千守之. 旣而明兵以紅夷礮擊灤州城, 阿敏聞之, 怯不救. 及灤州破, 納穆泰等力不支, 遂棄城奔永平. 阿敏等大驚, 令遵化守將察哈喇棄城出邊. 阿敏乃盡戮降將白養元等, 並屠城中百姓, 乘夜棄永平而歸.

按趙慶男『亂中雜記』, 淸太宗致書本朝言關內見敗, 非兵力之弱, 乃二王子蓄怨故爲誤國, 數其四罪. 且疑我國輕其見敗, 盛陳兵力, 有蒙古諸王皆爲來附等語. 二王子卽指阿敏·碩托, 其含怨誤國, 未知何事. 自四路之敗, 明師未嘗振, 獨孫承宗克復四城, 袁崇煥奏捷寧·錦.

東人傳言, 淸太祖努爾哈赤, 入寇寧遠, 崇煥以火器大破之. 努爾哈赤以數騎遁去, 忿恚嘔血死, 至今遼東有嘔血臺. 按「崇煥傳」, 淸攻寧遠錦州, 崇煥指授總兵滿桂趙率教堅守圍解, 所謂寧·錦大捷者也. 續云太祖殂, 太宗立, 崇煥假吊慰, 遣使覘之. 『明史』出自淸儒纂輯, 其敗固當宛轉隱諱, 而詳味其傳, 淸祖之因敗自殞信矣.

21 史可法

史可法殉難甚烈, 史之書其死互異. 『明史』云: "可法城陷, 出楊州門外被執, 呼曰我史閣部也, 遂被殺." 『裨史』云: "可法在楊州城上, 虜入城屠戮甚慘, 遂引刀自刎." 王漁洋『池北偶談』云: "康熙二十年, 吳江吳漢槎兆騫, 自寧古塔歸京師. 駐防將軍安某者老將也, 語之曰: '子歸可語史館諸君. 昔師下江南, 破楊州時, 吾在行間, 見一官人戴巾衣氅, 騎一驢詣軍營, 自云我史閣部也, 親王引與坐, 勸之降, 以洪承疇爲比, 史但搖首言我此來, 只辦一死, 但慮死不明白耳. 王百方勸諭, 終不從, 乃就死. 此吾所目擊者, 史書不可屈却此人云." 三說不同, 未詳孰是.

22 『瀋陽日記』

奎章閣之閱古觀, 貯唐本書籍, 西庫貯常本書籍. 壬子春, 閱西庫書籍, 有抄本『瀋陽日記』九卷, 昭顯世子在瀋館時, 宮官所錄, 盖詳於承候進講等節, 伊時事變甚草草. 然旣是秘本, 外人罕有見者. 輒隨閱隨抄, 凡五十四[17]則.

○丁丑正月三十[18]日, 王世子隨大駕出南漢城西門, 留望遠亭淸九王營中.

○二月初八日, 離京向瀋陽.

○戊寅正月初一日, 淸諸王享世子・大君于別館, 陳百戲, 本國被虜妓女優人, 獻技于前, 觸目傷心. 女隊中亦有抆淚而歌者.

○五月二十六日, 龍骨大・馬甫大入西館, 搜我人所挾南艸, 悉焚之. 淸人南艸之禁極嚴, 至有觸犯死者.

○六月三十日, 淸帝享世子・大君, 有女隊擁一婦人, 直陞淸帝座, 行交抱禮, 降與諸王迭相交抱, 旋入內, 云是淸帝之女, 爲遮迄羅王子之妻, 是夕偕其夫歸寧也.

○八月二十一日, 本國內官白大圭領侍女十人而來, 獻于淸帝. 平壤張王, 龍岡英伊, 三和業生, 淸州莫春四人留內. 文川文玉, 送大王家, 北靑香一, 送質可王家, 安岳生伊, 送九王家. 唐津牧丹, 襄陽英介, 昌原歸節置別處.

○己卯正[19]月初四日 誕節, 懷恩君女, 來謁世子. 先是懷恩女入淸帝後

17 四 : 저본에는 빈칸으로 되어있는데, 『난실담총』에 채록된 '심양일기'의 조항 수가 58개임을 고려하여 채워 넣었다.

18 三十 : 저본에는 '十三'으로 되어 있는데, 『심양일기』(규장각소장 8책본)에 '三十'으로 되어 있으므로 바로잡았다.

19 正 : 저본에는 '五' 자로 되어 있는데, 『심양일기』(규장각소장 8책본)에 '正' 자로 되어있으

宮, 歲餘下嫁皮破博氏.

○三月十七日, 八門擊鼓云, 淸兵西犯大勝.

○四月十四日, 淸帝回軍, 世子往見, 淸帝慘然不樂, 臥於廳事, 云要土·馬沮, 死於西行. 要土·馬沮, 貴榮介之子也.

○七月初四日, 護仇王獻觴於淸主, 謂之甛瓜宴. 世子·大君往會.

○庚辰三月初八日, 世子宴護行淸將烏木都于館, 烏木都曰: "吾不嫺使箸, 以手撮喫, 幸勿爲笑." 世子曰: "庸何傷乎?"

○辛巳正月初八日, 淸帝使博氏邀世子于刑部, 宰臣·講官陪往. 龍骨大·比巴·加鱗·范文程等齊會. 金尙憲·申得淵·曺漢英·蔡以恒四人, 自北館押至. 少頃, 質可王坐衙詰問尙憲, 國王[20]下城後, 轉往嶺南, 不受官敎等五六事. 尙憲辭氣凜然, 無少挫屈, 質可王顧語諸人曰: "金也果是望哥, 望哥!" 淸語望哥者, 猶極難也.

○二月二十九日, 淸衙門授菜田一月耕於阿里江邊, 使之種菜植果, 作亭榭, 又爲畜牧之所, 名曰野坂.

○三月二十三日, 龍骨大·鄭命壽往遼東, 犒我將柳琳軍, 送于義州.

○八月十四日, 淸帝率大軍赴錦州, 自前年淸人已圍錦州, 錦州·松山之間有山, 山上有城, 淸人據之, 以臨松錦. 中朝軍門洪承疇犫步騎十餘萬, 參將遊擊以下二百餘員, 至松山分兵上山, 爭山城, 欲解錦圍 淸兵屢敗, 淸帝悉發淸蒙兵往救之.

○十五日, 世子與大君, 犫員役一百一十人, 馬八十八疋, 駝十一頭, 出瀋陽北門, 追赴淸陣.

○十九日, 入義州城北門, 從南門出.

○二十日, 上一橫阜, 望見錦州城, 護行淸人云: "漢將祖大壽堅守城, 子城外多埋火砲, 人不敢近, 淸人距城五里許, 築夾城圍住, 柳琳軍在其東隅." 行過夾城, 西南渡二川, 見淸人與蒙兵列陣山上, 亘十餘里. 護行

므로 바로잡았다.

20 國王 : 저본에는 '南漢'으로 되어 있는데, 『심양일기』(규장각소장 8책본)에 '國王'으로 되어 있으므로 바로잡았다.

博氏入言淸帝, 淸帝使世子一行, 住箚淸陣後岡.

○二十一日, 漢軍自松山進擊淸陣, 交鋒便走. 淸騎追之入山谷, 遇伏而退, 忽有漢騎數千, 從山後馳向杏山. 淸兵追之不及.

○二十二日, 淸帝移陣迫松山, 世子亦移幕松山西南五里許. 初更, 有漢軍突淸陣, 向松山而去, 淸人追擊, 互有殺傷, 亂兵喧鬨於幕外, 達曙驚擾.

○二十五日, 漢軍連夜出去, 欲向杏山·塔山, 淸兵邀擊之, 步騎數萬, 蹙入海口, 潮水漲溢, 漢軍擁荷其將, 立水中伸臂遮箭, 死而後已. 其匿山谷中者, 淸人三日搜殺. 遂圍松山, 掘塹而守之. 出兵至寧遠, 擒樵牧馬畜而歸. 或以大砲向松·杏·塔諸城而放之, 城中亦應之, 聲若雷震. 松山砲丸, 大於鵝卵, 屢落於幕外. 築土牆厚一丈高二丈以遮之. 諸陣駝馬, 成羣放牧, 數日之內, 半日程皆爲赤地. 蒙古或於遠地刈取, 載以槖駝來賣, 寸草如金.

○九月十三日, 淸帝猝還瀋陽. 聞第二夫支[21] 夫支猶皇后也. 病重也. 世子亦還館. 十八日, 夫支死, 賻以霜華紙一百卷, 白綿紙一千卷, 白紙二千卷, 丹木二百斤.

○二十九日, 淸帝往北門外夫支殯所, 世子·大君偕詣. 設幕野中, 環簟爲牆, 造紙屋紙塔. 又以五色紙, 爲幡爲罇, 爲錢爲花, 極其豊侈. 僧巫雜沓, 有祈祝之狀. 淸帝悲慟, 歸路號哭不已.

○十月十三日, 淸帝轝三百餘騎, 臂鷹者又十餘騎, 出瀋陽北門外, 獵於伊魯之地. 世子·大君從焉. 見夫支二人乘黃帳車, 在淸帝之後. 又有二壯女騎而從之, 夫支或捨車跨馬. 又有二兒女年纔十餘, 貂裘騎馬, 云是淸帝之女. 凡五日而返.

○十二月初二日, 淸帝送阿眞魚二尾, 阿郎酒二壺 阿眞魚大魚, 阿郎酒燒酒也. 於本國.

○十二日, 衙門送鄭命壽, 傳淸帝旨於館中, 云自明年春, 授八固山農

21 夫支: 저본에는 '支夫'로 되어 있는데 오류이므로 '夫支'로 바로잡았다.

田千日耕，諸臣質子以下，計口而耕，耕夫自本國調來．待秋熟撤館料.”後授田於瀋陽東南郊外地，名老家寨及鐵嶺衛等處．

○壬午二月初三日，淸帝出獵，世子・大君從焉．

○初五日，到懿路城，城北有明太祖勅建泰安[22]神廟．又有城名汎河城，城南隔水有一城，名城南堡．北行三十里，到鐵嶺衛，東西二城，合爲一區，城中有寧遠伯家舊址，城北有神廟，廟下亦有李家樓臺故墟．

○初七日，北行至長城，城外爲汝許地方．

○初八日，出長城北行，野中有城東西二所，東則磚城，金他實舊居，西則木城，白羊高舊居，今廢無人，城外蓬蒿接天．

○十三日，獵向西南大野，西北一望無際，乃大漠也．終日獰風飛沙走石．

○十六日，東南行入長城．

○十七日，宿開元城南門外，城池之壯，過於遼陽，而崩垣破堞，令人慘目．有白塔寺・玄帝廟，居民不過數十戶．

○二十二日，還瀋館．淸帝聞諸處烟臺，痘疫大熾，不由直路，迤從西南而歸．

○四月初一日，范文程以淸帝命，來問倭國君臣父子之分・男女衣服・飮食・土地・物産而去．

○十月二十四日，自淸帝官多張旗幢，騎馬者二百餘人，或着紅衣，或甲胄，與蒙古僧相雜，擊鼓奏樂，誦經而行．以淸帝鞍馬導之於前，至東門外而罷．盖爲淸帝禳灾云．

○癸未八月初十日夜，淸帝猝殂．

○二十六日，新帝卽位．

○甲申四月初九日，九王擧大軍而西，世子從行．講院藥房外，陪從員役七十人，刷馬驅人一百十一名，刷馬二百八疋，私馬二十二疋．車馬騈闐，風沙漠漠，鐵騎籠絡大野，見一雉一兎，且馳且射，飛走莫能脫．

---

22 安 : 저본에는 '安' 자가 없는데, 『심양일기』(규장각소장 8책본)에 '安' 자가 있으므로 첨가하여 바로잡았다.

○十四日，出柵門.

○十五日，九王駐兵不進. 聞有俘獲漢人，使譯官徐尙賢探之. 范文程密言曰: "山海關總兵吳三桂爲流賊所逼， 遣副總兵一人游擊一人乞救，約開門納師，九王未知虛實，遣其婦弟拜然，偕漢將一人馳往山海關，漢將一人方留軍中."云. 夕時衙譯來傳九王言曰: "自明日當倍程，世子一行人馬堪馳者，揀選以待.

○十九日. 入錦州城.

○二十日，到連山驛. 吳三桂又遣將官促兵，九王卽發. 世子只率輕騎以隨，一行顚倒，黃埃漲天. 夜過寧遠城下，不辨城堞，見空中火暈.

○二十一日，至關外十五里地駐兵. 一晝夜間，行二百里. 淸兵被甲戒嚴，夜半移陣甲騎，磨軋之聲四起，關上砲聲不止.

○二十二日，淸兵進迫關門五里許，烟塵中砲聲大震. 俄而吳三桂䜌諸將十數・甲[23]騎數百，出城降. 九王受拜禮，進兵城下，下馬坐. 漢人淸人，數數往來，淸兵左右翼，一時馳入關門，竪白旗於城上，九王乃入關. 盖是時三桂方與流賊交兵而出城，兩軍酣戰于城內 數里廟堂前，飛丸亂射城門. 世子倚城底菜圃中墻壁而坐，與九王所駐處相近. 九王請世子同往戰所，世子擐甲而從之，淸兵三吹角三吶喊，一時衝突發矢三巡，後釰光閃爍. 風勢大作，一陣黃埃自近而遠，知賊敗退. 一食頃，戰場空虛，横屍滿野. 騎賊之奔北者，逐至城東海口，盡爲斬死. 溺水死者，不知其數. 初更，九王還陣關門內，世子隨還于陳中. 我國砲手一百三十名，自寧遠入來，戰時未及用.

○二十三日，九王稱攝政王，下令諭告臣民. 吳三桂以下諸將皆剃頭，三桂䜌數萬騎，與淸兵追賊，世子從九王行.

○五月初二日，到皇城三十里地，砲聲遠近相聞. 盖淸兵已入皇城，虛放大砲也. 都民處處屯聚，或持名帖來呈，或門外設甁花，焚香以迎. 九

23 甲 : 저본에는 '員' 자로 되어 있는데, 문맥상 오류이다. 『심양일기』(규장각소장 8책본) 갑신년 4월 22일 조를 참조하여 '甲' 자로 바로잡았다.

王入自朝陽門, 乘輦入坐武英殿御榻上, 受大小漢官拜賀. 世子處於太子宮前星門外文淵閣東公廨.

○十一日, 清人移世子館於廣仁街西萬曆駙馬萬煒子之家.

○十三日, 再移館於隆慶駙馬侯姓人家, 亦廣仁街西[24].

○十八日, 世子陪衛砲手一百三十四名, 領將所領六百名, 九王並賞賜有差, 領將綵緞一百疋, 褊將四十疋, 軍兵二十疋, 又各錢六貫.

○二十四日, 世子發燕京.

○二十八日, 到遵化縣, 宿山屯營, 乃喜峰口直路也.

○二十九日, 渡灤河上流.

○六月初一日, 過建昌城, 出冷口東, 去山海關一百八十里云. 有大川自蒙古地南流, 山形峭拔, 中坼如門, 東西有烟臺砲樓, 西曰最勝臺.

○初九日, 渡大凌河上流.

○十四日, 始出義錦大路.

○十八日還瀋館.

○八月十八日, 世子從諸王, 往拜前帝陵而還, 盖明日擧國西行, 故告辭云.

23 瀋陽宴會

仁祖己卯, 書狀官李元鎭赴瀋陽, 與清人讌會, 到讌所, 有小廳如教場, 廳前階上設黃幕, 階下左右, 各設一青幕, 諸王位也. 差後左右, 各設衆青幕如一字狀, 諸將位也. 班中設一幕, 置酒罇茶罐, 其南左右, 各陳樂器, 稍右列氈帳, 藏戲子大吹打. 虜主乘白馬而出, 無執靮者, 著清腦袍[25]黑貂裘, 左手攬轡, 右手揚鞭. 前有仗馬二雙, 張曲柄黃繖, 如華盖·杠星狀. 下馬入廳, 坐椅上東向, 坐右椅者, 乃貴永介也.

---

24 西 : 저본에는 '四' 자로 되어 있는데, 문맥상 오류이다. 『심양일기』(규장각소장 8책본)에 '西' 자로 되어있으므로 바로잡았다.

25 袍 : 저본에는 '包' 자로 되어있는데, 오류이므로 바로잡았다.

又引胡僧上階坐，階下左幕，蒙古王・九王・八王・十王・押大貝勒坐焉. 右幕，又進王・阿月宜王・頭頭坐焉. 王世子 昭顯世子 坐頭頭之下，大君 孝宗大王 辭以疾不參. 差後諸將，不可殫記. 我使初坐右班末席之下. 滿月介・五木刀巡視諸班，使鄭命壽引使臣，坐諸將上諸王北差後之幕.

俄而倡優鼓譟而進，第一漢人爲關雲長戲，第二我人呈才，巾服嘯笛，語音跳躍，第三漢童女爲步繩之戱，又一漢女仰臥床上，足弄物，或兒或木或卓或甕或梯. 戲罷而左右羣坐. 蒙古部二人爲角觝，先行和酥茶一椀，繼進卓，卓上安牛羊肉一大盤，鹽一楪，皮榼盛酪酒，可一中盞，廳上只樂[26]月琴而已. 低唱蒙古歌，歌如紡車木釘子搖戰響. 撤卓訖，諸班各行一跪三叩頭以謝，主入門，乃出.

24 咸陽金

仁祖十九年，咸陽郡民元連，夜夢神人告曰："吾當厚賚汝." 一日鑿地得一古缸，覆以甓，甓上有'一千年'三字，開視之，有物黃赤色，約可數十片，一片有文在面曰宜春大吉. 連不知爲金，同郡人瞞語曰："此錫也." 賤直而沽之，恐語泄，移居全州府，府尹求之急，其人以十許兩納戶曹，戶曹疑不盡輸，刑訊之. 潛谷言其不可，上命釋之. 差司宰正李俔，送其金於清人，清人却之.

25 康熙錢

清聖祖在位六十餘年，南北梯航，殆漢唐所未及，然楚省僻縣，尙未行康熙鑄錢. 又如廣東高廉等府，尙用宋時舊錢，並元明代錢，亦未流通.

26 房可壯

益都房可壯，謚安恪，天啓中，爲御史. 爲東林部黨之魁，晚節不終. 順治

26 只樂: 저본에는 '樂只'로 되어있는데, 문맥상 오류이므로 '只樂'으로 바로잡았다.

初, 爲溧陽相所逐, 時年七十餘. 京師邸舍器用, 皆自扃鐍, 或以爲言, 曰: "老夫不久當召." 王士禛常問其侄孫星顯云: "公嘗有言, 少年血氣盛, 只是要官做也."

27 博學宏詞科

康熙己未, 博學宏詞之徵, 內外薦剡者, 百八十餘人, 不至者四人, 浙江應撝謙嗣寅, 江西魏禧氷叔, 山西范鄗鼎彪西, 陝西李顒中孚. 范登順治辛丑進士, 闡明絳州辛復元, 全之[27]復元名 先生之學. 與應・李以理學著於南北, 魏以古文擅名, 屢迫終不渝節.

28 胡性多忌

胡淸都燕, 烟火屢萬里, 幅員之濶, 殆漢唐所未有, 然胡性多忌, 雖外示寬豁, 宲內多防察. 乾隆庚[28]戌熱河之宴, 柳惠風・朴次修, 隨節使在朝房, 與蒙古諸王周旋甚熟. 有一老王指一少年王曰, 此王能畫, 惠風曰: "明日持東扇來, 王試爲我畫." 王曰: "諾." 翌日, 惠風・次修各持一扇請之, 王掉頭曰: "不能."

後達爾漢王來言惠風: "君知王不畫意否?" 伊時滿洲王在坐, 其防漢人尤甚. 潘庭筠・李調元, 皆漢學士之秀也, 潘杜門佞佛, 李罷官家居, 其從兄鼎元寄洌上諸子詩曰: "自從別後廢吟哦, 洌上周旋近若何, 幾度夢遊滄海上, 醒來猶自惻風波." 其危畏如此. 嘗見『乾隆御集』, 討金川征準夷, 專用索倫兵, 自誇滿洲武力之强, 輕中土綠旗葸弱. 然唐大宗, 明成祖所用, 卽非別人, 何可輕侮若是? 理有乘除, 焉可誣哉?

---

27 之: 저본에는 '紀' 자로 되어 있는데, 辛復元의 이름은 '全之'이므로 '之' 자로 바로잡았다.
28 庚: 저본에는 '唐' 자로 되어 있는데, 문맥상 오류이므로 바로잡았다.

29 胡人如籠鷹

胡虜入中國, 鮮不柔軟, 遼·金·元並其前鑒, 殆如野鷹在籠, 日飽肉食, 不以搏擊爲事, 爪牙亦脆, 不可復用. 滿洲之始, 八旗子弟隨征, 從無輸輓軍儲, 能自爲戰, 士馬飽騰. 今昇平日久, 若有征調, 雖索倫健胡, 必須賫. 且覺羅諸王筆翰翩翩, 不下王謝子弟, 雍容都雅, 終非本色如是, 而能久其業哉?

30 狐虎

明淸間文集, 多說狐虎, 狐虎者胡也. 衣冠之餘, 遽襲氈裘之陋, 悲憤弸中, 無以自泄, 假狐虎以詛辱之. 聞今時狐仙, 尙爾狼籍, 漢人怨胡之心, 可驗歷久不泯. 朝鮮使入燕, 從行者多與漢學士, 周旋每酒闌座閑, 傍無窺覘, 每自褫帽袍, 試着我衣冠, 其企慕不自勝如是.

31 柳惠風『熱河詩注』

柳惠風檢書, 嘗於庚戌夏, 趁乾隆帝生朝, 隨節使赴熱河, 仍遊燕中以還, 著熱河紀行詩, 爲之註釋甚該, 余又抄錄, 以脩史料. 滿洲蒙古眉目相似, 衣帽一揉, 但袴口濶大, 緩綬[29]束腰帶, 反袴口而倒垂之, 臍腹全露者蒙古也. 蒙古之俗獷悍無恥. 四十八部中, 二十五部, 今雖歸順, 尙有剽竊之患, 大淩■■■■■灾益甚. 朝陽縣三座塔, 遼金時所建, 蒙古話三爲古爾板, 塔爲蘇巴爾漢, 亦號古爾板蘇巴爾漢城.

乾隆帝姑嫁蒙古王, 葬義州沙河之西, 周以崇垣, 作虹霓門, 垣內多大樹. 朝陽縣石人溝之地藏寺最精灑. 蟒牛營, 又有福寧寺, 西藏老僧, 爲乾隆帝祈福. 惠風問西藏距此幾里, 答云六萬里. 又問班禪額爾德尼喇

29 緩 : 저본에는 '綬' 자로 되어 있는데, 문맥상 오류이고, 『열하기행시주』에는 '緩' 자로 되어 있으므로 바로잡았다.

嘛, 今又投胎奪舍否, 答云如今九歲. 盖藏僧古稱有異術, 元世祖賜八思巴號'皇天之下一人之上宣文輔治大聖至德普覺眞智佐國如意大寶法王西天佛子大元帝師', 大明成祖賜哈立麻號'萬行具足十方最勝圓覺妙智慧善普應佑國演教如來大寶法王西天大善自在佛', 領天下釋教. 乾隆庚子, 班禪額爾德尼入見, 肖其所居札什倫布, 建須彌福壽之廟於山莊之北以處之. 我國使臣亦見之, 其體相絶大, 面黃金色. 後聞發痘死, 番人最畏痘, 其出痘者曰熟身, 未出痘者曰生身, 生身不敢入內地.

清音閣扮戲所也, 在正殿之前, 上下層, 具儲伶人戲子. 戲子粉墨, 幞頭袍帶, 懸假鬚, 儼然漢官威儀, 逐隊繞欄, 或擧畫軸, 或捧仙桃. 簫鼓嘲轟, 歌唱酸嘶. 回回王子有持戲目小冊, 皆獻壽祝禧之辭, 中有「返老還童」戲曲名, 黃髮換朱顔.

主御殿觀戲時, 東廡則親王·貝勒·多羅郡王·鎭國公·輔國公諸宗室, 以次侍坐, 西廡則蒙古王爲首, 次回回王, 次安南國王, 具前行侍坐, 回回頭目一人, 攣甲士侍立, 次本國使臣次安南陪臣, 次南掌國使臣, 次緬甸國使臣, 次臺灣生番.

蒙古·回回諸王所穿衣服, 卍字雲紋, 異㨾紗羅, 極華鮮, 皆蘇杭織造, 輦輸塞外者. 回回狀貌, 深目綠瞳, 鬚髮獰狰. 其王皆俊少年, 或有肥如匏壺, 或有眉30豊眼愁者. 衣帽與滿洲同, 或有辮髮, 或都剃爲僧頭. 其頭目所戴氈笠之簷, 前卷後卷, 左尖右尖, 如未展荷葉. 其在館裏者, 多着無簷白帽, 畫花紋, 有一種十餘人, 着兜鍪, 穿紅綠班布衣, 緊束帶.

其王能爲漢蒙清話, 惠風與之爲本國話, 則回回王以回回字翻之, 回回王爲回回話, 則惠風以本國字翻之. 回回話, 天曰阿思 華音 曼, 地曰脂 華

---

30 眉 : 저본에는 '貌' 자로 되어 있는데, 문맥상 오류인 듯하다. 『열하기행시주』「회회제왕(回回諸王)」 시의 주석에 '眉' 자로 되어 있으므로 바로잡았다.

音 民, 日曰苦 華音 雲, 月曰㲲, 國曰社兒 華音, 國王曰䆉 華音 社, 父曰阿陁, 母曰阿那, 兄曰握何, 弟曰郁何. 一曰飛 華音 乙, 二曰伊欺 華音, 三曰由置, 四曰得 華音 於, 五曰別 華音 氏, 六曰謁置, 七曰如置, 八曰朔可【華音】思[31], 九曰吐沃顆[32], 十曰溫, 坐曰兀吐, 請坐曰兀吐籠, 前來曰揭【華音】乙, 起來曰姑邑, 喫飮曰阿施阿, 睡着曰[33]于候羅, 年紀多少曰干且耶施多, 爾名甚麽曰阿稱欺【華音】任, 又曰阿稱尼麻, 好曰若施, 好麽曰若施無, 平安曰眞置, 平安麽曰眞置無.

安南國王阮光平初名惠, 安南世族也, 去年擧兵叛. 王黎維祈爲所敗, 逃至廣西請救, 帝遣兩廣總督福康安・將軍孫士毅, 討光平, 光平敗走. 維祈請還師, 帝從之, 光平復攻維祈. 帝封光平爲安南王, 召維祈爲參領三品. 見在京城裏, 親屬從臣千餘人, 皆屬漢軍旗下, 其實錮之也. 順治中, 奉表投誠者曰黎維祺, 今其王名亦曰維祈可疑. 燕中藉藉言, '光平輦輸寶貨於康安, 遂得封.' 光平來熱河, 遇和珅・福長安於班行, 惶忙半膝跪, 此滿洲俗, 賤事貴之禮.

光平君臣, 俱着滿洲衣帽, 或云光平自請薙髮, 帝不許, 只賜衣帽, 解髻而辮之. 乘金頂步轎. 臣僚傔從凡一百八十四人, 只十餘人從光平出入, 其一人手執摺疊反開扇, 造次[34]不離. 人欲借看, 堅握不許. 又帶樂工十餘人, 慶賀萬壽, 媚悅之道, 靡不用極.

其從臣吏部尙書潘輝益, 工部尙書灝澤侯・武輝晉, 二人軀材短小, 顔色焦枯, 齒踈而黑. 每言其王廣南布衣, 於黎氏[35]無臣事之義. 又言宮室仍黎之舊, 俟歸國改扁額. 又言進貢之物, 黃金麒麐一雙, 黃金鳳凰一雙.

31 思 : 저본에는 '思' 자 다음에 '華音'이라는 말이 있는데, 오류이므로 삭제하였다.

32 顆 : 저본에는 '顆' 자 다음에 '華音 思 華音'이라는 말이 있는데, 오류이므로 삭제하였다.

33 曰 : 저본에는 '曰' 자가 하나 더 있는데, 오류이므로 삭제하였다.

34 次 : 저본에는 '化' 자로 되어 있는데, 문맥상 오류이다. 『열하기행시주』 「안남왕(安南王)」 시의 주석에 '次' 자로 되어 있으므로 바로잡았다.

35 氏 : 저본에는 '民' 자로 되어 있는데, 문맥상 오류이다. 『열하기행시주』 「안남왕」 시의 주석에 '氏' 자로 되어 있으므로 바로잡았다.

又有通犀肉桂許多對斤, 以誇耀之. 每宴班, 君在前, 臣在後, 略無敬畏, 有授受物, 投之君前.

光平偶問本國使臣倭國遠近, 輝益等瞅眼而禁. 頗自羞滿洲衣服, 言歸國不然. 有大司馬者病臥館裏, 始入參班, 立輝益上. 大和殿宴禮, 以本國舊儀入參, 三人所着, 頓改前觀. 幞頭金帶, 其袍或紅或碧, 有蟒龍文, 但袍領過高, 出兩肩上, 雙角. 網巾, 以絲結之, 網太疎, 不能緊着, 第圍之, 皆戱子物貫者.

南掌凡十五人. 使者繡蟒衣紅氈冠, 冠形如帒, 垂其半於後, 飾以珠貝. 其副冠服皆同, 但無珠貝飾, 從人所戴, 如浩然巾狀, 畫雲紋, 被雜彩. 南掌與緬甸狀貌略相似. 短小黧黑, 眼甚狠毒, 足頑如木根. 老者箇箇如傴, 渾身及手腕, 刺蛟龍虎豹花草紋. 南掌之髻近於腦. 緬甸之髻近於額. 南掌官名曰一評·二評, 其餘一世撫·二世撫·三世撫·四世撫.

緬甸凡二十八人. 使者四人, 織金緞條纏首, 繡蔓綠質赤紋闒衣. 從人紅錦條纏首, 雜綵衣, 穿耳輪, 揷錫筒, 前後通明, 或貫黃木懸骨牌, 瓔珞繞首, 腕穿銀挑. 脫小銀盒, 盛檳榔·扶留藤葉·哈灰, 藏衣領內, 時時探出, 以藤葉灰食之, 嚼檳榔, 微微唱曲, 步於庭. 問其名, 一曰芒蘭多才頭狡連, 一曰芒知俚衰多翁. 後日見之, 呼則輒應.

官名曰便氣未駝, 曰便氣覺抓, 曰細立覺抓, 曰南達超素. 問國內名山名水, 曰無山, 都是野, 水有金沙江. 便氣未駝者, 示純金指環一箇, 銜以青寶石, 便氣覺抓者, 伸指示銀環, 銜以紫寶石. 又出寶石屑如米粒者少許, 取傍人所持鼻烟壺, 以屑刮之. 玉石·瑪瑙之屬, 皆爲所損, 水晶則不然, 寶者屑反碎. 出一筆, 以銀爲管, 銜以滑石, 尖其末, 卽書於煤帖上, 自左而右行, 如回回字, 石屑繚繞如蝸篆.

臺灣生番凡十人. 乾隆五十二年, 討平林爽文之亂, 爽文走入內山, 生番等縛而獻之. 熱河文廟大成門右壁碑, 記其事. 生番皆短小, 翦髮覆額,髮色漆黑，眉間或頤上，印烙若卦文．裏着綠長衣，外穿紅短衣，緣以金線，緞有齟齬．

冠前後簷崛起，亦有齟齬，畵雲文，正中加穹窿梁，列揷鷄羽．冠左右懸小銅鈴各三，行步丁當然．項懸木牌，一面書名，一面書所居社名，盖不以人類待之．有曰中路多蘿大埔社投旺，南路望仔立社均力力，北路末篤社囉沙懷祝，北路屋鰲社也璜哇丹，北路獅子社懷同懷．

中朝大臣阿桂，賢而又老，本滿洲正白旗人，曾平金川，威名震天下，今年七十八歲，瞻視凝遠，有大臣風．不媚於和珅者，唯桂一人云．桂子乾淸門侍衛阿弥達，乾隆戊戌，奉使靑海窮河源．和珅權傾天下，滿洲之俗，等威不甚分明，望見和珅，坐者皆起．漢閣老嵇璜·王杰等充位而已．和珅子駙馬，又是輕躁少年．

紀大宗伯名昀，直隷獻縣人，海內推爲詞林宗匠．方修遼金元明史及淸一統志．曾以罪發遣烏魯木齊，距京師萬里，離八里坤尙數千里．帶回漢碑，卽燉煌太守帶五百兵，追殺凶奴至此，紀功之碑，隷書不過數百字．

潘秋庫名庭筠字香祖，浙江錢塘人，陜西道監察御史．方謝客深居，挂觀音像，朝夕頂禮，言及時事，畏約彌甚．

李墨莊名鼎元，凫塘名驥元，四川羅江人，雨村調元從父弟．墨莊翰林侍讀，凫塘編修，兄弟同寓四川會館中．雨村方刻『涵海』一部，凡一百八十五種二十套，中有楊升菴四十種，雨村亦四十種．墨庄凫塘二集，言雨村罷官，語多憤慨，潘秋指爲放縱所致．祝芷塘以御史，論人革職，方買舟南下．

衍聖公孔憲培，先聖七十二代孫，年可三十餘，美貌善書，乘金頂轎，燕中呼爲聖人．

羅兩峯名聘, 江蘇楊州府人, 少年風流, 晩年奉佛. 携其子允纘, 流寓琉璃厰之觀音閣, 落拓可憐. 學畵於古杭金壽門, 金名農, 號冬心, 入『畵徵錄』中, 兩峯有出藍之妙, 爲「鬼趣圖」, 窮[36]極譎怪. 海內名士如表子才・蔣心餘・程魚門・紀曉嵐・翁覃谿諸人, 莫不題詩. 又爲紅梅長幅, 繁艶可喜, 詩又韶婉, 不爲畵掩.

妻桐城方氏名婉儀, 號白蓮女史, 亦能詩. 序刻兩峯少時, 効放翁體三十餘首, 號『學陸集』. 允纘亦能畵, 人比之羅昭諫父子. 兩峯藏唐韓滉「回紇舞女圖」, 戴尖帽辮髮, 繞首餙珠翠, 頗似東國婦女, 其項過豊. 軸尾有朝鮮安氏印記, 是雍正間人, 兄弟二人, 名歧號麓村, 在代王府內, 楊州辨塩務, 其人極雅, 收藏最富, 曾獻書畵于帝, 蒙賜白金一千兩. 本係朝鮮人, 不知緣何入中朝, 久已去世, 子孫流落, 不復雅矣.

張水屋名道渥, 江蘇楊州府人, 曾以塩運罷官, 亦落魄人也. 有感興詩十篇, 頗沈鬱慷慨.

吳白菴名照, 字照南, 江西南城人. 以能詩知名, 爲嘉定王西莊・錢塘袁簡齋所許, 學使翁覃谿方綱奬拔之. 著有『說文偏旁考』二卷, 其書於五百四十部之首, 先說文, 次古, 籒次隷, 以考其源流, 手自摹寫刊行. 照南託兩峯父子, 爲「石湖漁隱圖」, 請朴次修檢書劈窠題軸, 覃谿見而大驚, 卽抵書曰: "儒生不識事務, 聖世安得有隱." 照南卽裝題云石湖課耕圖, 中國士大夫忌諱文字類如此.

莊中書名復朝, 字植三號澤珊, 江蘇常州府人. 年可二十餘, 眉眼如畵, 住西華門內拜斗殿衚衕梁中堂宅內. 其弟會琦字穉卿, 亦美秀才也. 梁中堂名國治, 子爲澤珊妹婿.

---

36 窮 : 저본에는 '寓' 자로 되어 있는데, 문맥상 오류이다. 『열하기행시주』「안남왕(安南王)」 시의 주석에 '窮' 자로 되어 있으므로 바로잡았다.

阮元字伯元, 江蘓儀徵縣人, 翰林編修. 劉環之字珮循號信芳, 山東諸城縣人, 翰林檢討. 並工筆札, 阮有『車制考紀』, 曉嵐稱其考据精詳.

熊方受廣西永康州人, 蔣祥墀字丹林, 湖北天門人, 俱翰林庶吉士. 熊魁偉, 蔣醇實. 熊庶常父任大名府知府, 府民聚黨害之, 帝捕民鞫之, 云知府宲愛民, 欲擧大事故殺之. 帝憐之, 特授其孤翰林.

鐵保號冶亭, 滿州正黃旗人, 禮部右侍郎. 李雨村言其善書『閣帖』, 有『虛閑堂集』. 弟玉保亦有詩名, 俱出入內閣. 鐵保又帶蒙古副都統, 寵遇方隆.

福建將軍名魁倫, 滿洲正黃旗人, 狀貌豊碩. 題惠風扇, 「弄花香滿衣」一首, 其所作也. 款云'完顔魁倫題贈朝鮮檢書柳先生淸拂.' 盖金源遺裔.

『硏經齋全集外集』 卷61

『蘭室譚叢』 卷6

1 渥丹

秦風終南之詩曰: “顔如渥丹.” 箋云: “渥厚漬也, 顔色如厚漬之丹.” 此近杜撰. 渥丹花名, 根莖花瓣, 悉似百合而小, 四五月開花, 殷紅可愛, 詩人讚君子顔色紅潤, 以此花擬之.

2 廢經信傳

宋陳善『捫蝨新話』云: “古人三傳, 雖時有踈脫.” 或當時師傳之說猶存, 或亦有簡牘之記可據, 如書云滎河載. 與秦八神, 漢太一之類, 豈可以私意附會而爲之哉? 此語深中余意. 漢儒謹守前說, 不敢妄爲之解, 寧歸固滯, 毋出新奇, 寧失穿鑿, 毋犯杜撰. “魯衛之政兄弟也.” 司馬遷以爲孔子爲出公·哀公發也. “晉文公譎而不正, 齊桓公正而不譎.” 鄭陽以爲孔子爲哀姜發也. 二人去古未遠, 多見先秦古書, 是說必有所本. 自宋儒作而臆說, 不勝紛紜. 盖信經廢傳, 自歐陽子始矣.

3 澆覆舟

『竹書紀年』, 帝相二十七年, 澆伐斟鄩, 大戰于濰, 覆其舟滅之. 楚辭「天問」: "覆舟斟鄩, 何道取之?" 漢時『竹書』未出, 孔安國注, 爲陸地行舟, 而後人因之.

4 武成解

孟子曰: "吾於武成, 信二三策而已." 書之錯簡雖多, 無如武成篇之多乖繆者也. 今武成孔氏本, 雖强爲訓釋, 無如牽補何哉? 是故程子·朱子·劉敞·鄭樵·王安石·王守仁·歸有光, 皆有改定本, 而未得歸一, 讀此篇誠難矣哉!

5 風馬牛

『左傳』, 楚子曰: "君處北海, 寡人處南海, 惟是風馬牛不相及." 風字甚無義. 按『游宦記聞』云: "牛走順風, 馬走逆風." 言其向背之不同也.

6 成周

按『地理今釋』, 東國洛有王城, 有成周王城. 在今河南府洛陽縣西五里. 『括地志』云: "故王城一名河南城, 本郟鄏, 周公新築, 在洛州河南縣北九里苑內東北隅. 自平王以下十二王皆都此, 至敬王, 乃遷都成周, 至赧王, 又居王城也. 成周在今洛陽縣東三十里. 「洛誥」所謂我卜瀍水東, 亦惟洛食者也. 又名下都, 周遷殷頑民于此." 『史記正義』云: "東周古洛陽城也." 『括地志』云: "洛陽故城, 在洛州洛陽縣東北二十里, 周公所築, 卽王城也." 朱子「詩集傳」, "序雅頌之篇, 則皆成周之世, 朝廷郊廟樂歌之詞." 此指鎬京也, 似未及刪改.

7 『論語』逸文

賈公彦疏儀禮士相見禮, 引『論語』「鄕黨」云: "孔子與君圖事于庭, 圖事于堂." 今本無之, 唐時豈尙存齊論·魯論本而並行歟.

8 『東觀漢記』高麗本

『聞見後錄』云: "宋神宗惡范曄[1]名, 欲更修『後漢書』. 求『東觀漢紀』, 久之不得, 後高麗以其本付醫官某來上, 神宗已厭代. 元祐中, 高麗使人言狀, 訪于書省, 无知者. 醫已死, 于其家得之, 藏于中秘. 出王士禛「兩漢紀跋」.

9 『小學集注』

『小學集注』三卷, 舊本題朱子所編, 然以『朱子集』中癸卯「與劉子澄書」考之, 實子澄之所類次, 猶『通鑑綱目』, 出趙師淵手也. 初有文章一門, 後乃改定爲內篇四, 外篇二, 其注爲明陳選作. 隨文衍義, 頗爲淺近, 盖爲課蒙之計, 不得不詞取通俗.

10 史略注『童蒙先習』

『史略』小註, 宣廟朝, 玉堂金睟等所釋. 『童蒙先習』, 明宗朝, 軍資正朴世茂所著, 世茂卽吏曹參判素立之父, 爲金安老所中, 坎軻以終, 自號逍遙子.

11 婦人詩集

婦人詩集, 始於顔竣·殷淳, 而徐陵·李康成有『玉臺』之編, 蔡省風有瑤池之詠, 代如甄綜, 韋穀『才調集』, 輯閨秀一卷. 宋元以降, 選家類不見遺. 明朝則有酈琥之『彤管遺編』, 張之象之『彤管新編』, 田藝衡之『詩女

---

1 曄: 저본에는 '曄' 자로 되어 있는데, 오류이므로 '曄' 자로 바로잡았다.

史』, 劉之珍之『翠樓集』, 兪憲之『淑秀集』, 周履淸之『宮閨詩』, 鄭琰之『名媛彙編』, 梅鼎祚之『女士集』, 『靑泥蓮花記』, 姚旅之『露書』, 潘之恒之『亘史』, 趙問奇之『古今女史』, 无名子池上客之『名媛璣囊』, 竹浦蘓氏之『臙脂璣』, 蘭陵鄒氏之『紅蕉集』, 江邦申之『玉臺文菀』, 方維儀之『宮閨詩史』, 沈宜修之『伊人思』, 季嫺之『閨秀集』, 而靑黃雜糅, 眞贋交錯. 濟南王士祿悉從考正, 爲『然脂集』.

12 百濟石室

扶餘縣, 有大巖石, 設雙扉而扃甚固. 世傳百濟藏史於此, 或云石室, 或云冊巖. 人有以竹籤納扉隙, 刮而周之, 策策有聲. 靑叵籤而出, 欲推開, 雷雨驟至, 不敢近. 世稱百濟先王之靈守之云.

13 陳鳳儀誥命

丙子七月, 戶曹吏金宗益, 造舍於中部河城尉橋近傍, 治址得一磁缸, 中有誥命二軸, 一軸曰: "奉天承運皇帝制曰: '人之大倫, 莫先於夫婦, 禮之大節, 莫重於婚姻, 此古今之通義也. 今特命爾陳鳳儀, 爲亞中大夫宗人府儀賓, 配以寶慶縣主. 爾尙崇德敦禮, 克愼威儀, 毋忌毋驕, 用昭寵命, 欽哉!'"

一軸[2]曰: 奉天承運皇帝制曰: '朕聞有天下者, 必篤親親之儀, 故宗室有女, 咸有封號, 所以示貴寵也. 堂邑王嫡第一女, 年已長成, 特封爲寶慶縣主, 以爲宗人府儀賓陳鳳儀之配, 旣歸陳氏之門. 恪修婦道, 整肅閨儀, 毋怠毋驕, 式勤內助, 其於父母生身之恩, 庶無忝焉, 欽哉!

皆萬曆十三年四月二十九日所頒, 而並織成雲紋綃, 第一幅灰色, 左右織升降龍, 中織'奉天誥命'四字, 第二幅朱黃色, 第三幅黃色, 第四幅白色, 第五幅絳色, 第六幅黃色, 第七幅白色, 俱安制誥之寶. 此誥之流到

2 軸: 저본에는 '則' 자로 되어 있는데, 오류이므로 바로잡았다.

東土, 實未可料. 今之陳姓者, 自稱鳳儀後而傳于其家.

14 金壽春憲牌

金壽春, 仁廟朝健弁, 天啓中, 爲朔州府使, 遼陽敗卒, 屯駐境外, 絶食久矣. 壽春憫之, 食之衣之, 得以不死, 是時梁之垣適爲遼東監軍, 聞之, 賚折花緞銀, 給憲牌一道, 授守備官, 今在其家. 余嘗見之, 橫一尺强, 縱一尺二寸强, 上格以艶橫印憲牌二字, 牌面印欽差宣諭朝鮮招撫遼衆遼東南路行監軍道河南按察司副使梁爲. 上此並艶印.

嘉奬藩臣, 以勵忠勤事. 照得遼衆奔棲鮮地內, 旣苦於飢寒外, 更畏夫虜賊所爲. 仰體國王之德意, 以安集而保護之者, 惟地方官是賴. 案査平安道呈造冊內, 遼民之寄食於斯者不少, 該使之撫安, 功多看得本官. 體國恤亡, 鴻鴈安集於中澤, 奠居授食, 黃鳥不嘆於他邦. 除本道事平, 回朝之日, 另行使. 叙外合, 先加奬, 以勸賢勞, 頃至牌者. 此下缺, 並黑書. 天啓▣年六月 並艶印 廿一 淡紅書 日, 給道. 並艶印 署押定限月日繳. 並艶印 天啓年月上, 捺着朱篆, 印文漫然, 只遼東道三字, 分明可辨.

15 『明詩綜』

嘗觀朱彜尊『明詩綜』, 其編屬國也, 朝鮮詩人字號爵里, 紕繆非一, 如李月沙稱栗谷, 李東岳以字子敏入, 李達旣入選, 而又以『蓀谷集』, 入月山大君婷. 係婦人類, 蘭雪軒以景樊入, 而稱爲女道士. 時當使華旁午, 聞見不當訛[3]誤, 而今反如此. 且顧祖禹『方輿紀要』·『淸一統志』等書, 其盡朝鮮界, 槩率多模索, 不能髣髴. 獨何國宗所鏤銅版, 地圖頗精密, 不至大錯.

16 朝鮮書集

胡元瑞『甲乙剩言』云: "朝鮮書集, 多中國所無者, 且刻本精良, 無一字不

3 訛 : 저본에는 '詑' 자로 되어있는데, 문맥상 오류이므로 '訛' 자로 바로잡았다.

倣. 趙文敏國初, 朝鮮獻『顔子朝議』以僞書却之." 我國書籍舊本固善, 而今則刓缺, 其已印者, 多歸裹藥塗壁之用, 不數百年, 當無存者, 不有繼刻者, 文獻當遂掃地盡矣. 顔子書, 我朝未嘗有, 此不知何人僞撰, 抑或元瑞誤錄歟.

17 著書

申叔舟著『海東諸國記』, 丁應泰因之搆誣我邦, 李晬光著『芝峰類說』, 馬島之倭, 據而爭鬱陵島, 著書固當審所擇矣.

18 僞書

古人多作僞書. 東坡云: "王氏『元經薛氏傳』, 關子明『易傳』·『李衛公對問』, 皆阮逸著. 逸嘗以草示奉常公." 世傳『龍城記』, 載六丁取『易說』事, 『樹萱錄』, 載杜少陵李太白諸人賦詩事, 詩體一律. 而『龍城記』, 乃王銍所爲, 『樹萱錄』, 乃劉燾自撰也. 至於書刻亦然, 黃山谷嘗言, 「小字樂毅論」, 實王著所書, 李太白醉草, 卽葛叔忱戱其婦公者." 出宋何薳『春渚記聞』.

19 鄭思肖『心史』

按鄭思肖『心史』, 元世祖殺文信國, 頸間微湧白膏, 剖腸而視, 但黃水, 剖心而視, 心純乎赤. 元世祖取其心肺, 與衆酋食之. 阿朮克泰州, 殺李庭芝, 頸無血, 是皆正史所未見者. 如陳宜中臨難而逃, 不知所終, 而『心史』云: "宜中力請三官, 不肯遷駕, 遂與張世傑·劉師勇奉二王, 迤邐南奔海. 公嘗夢二日相鬪, 其一隳地不見, 其一隳入袖中, 後因勢不得.

統制張侯又疑, 恐爲左右所賣, 托失風奔占城, 俄而占城亦降於韃. 占城遣百二十人兵卒服事之. 寓監絆意. 又遁而奔闍婆國. 嘗遣使, 賚香一器, 遺張侯, 約以挾外國兵來合, 公未至而張侯已敗.

先是景炎二年丁丑, 公以泉州糖甏, 貯空名省札數千道, 遣戴恩僞作糖商來吳. 密諭使臣呂大升, 徧誘浙西數州, 平日有戀國者, 皆旋塡名補官,大升布置有法. 期以戊寅正月二十四·二十五日, 掩不備, 一擧得吳.

有姚姓者, 泄之其主高氏, 高乃告賊酋拜都, 至正月二十四, 果有領兵來者, 以賊有備, 俱陷賊. 予家寓于吳, 身親見. 此後大升俱受極刑, 且聞公至海南諸國, 有讓王位與者, 公亦不受, 或傳在眞臘之間, 傚集外國兵來, 宜中而果有是也." 宋濂作史, 寧不採之耶? 意思肖只傳聞見, 不無舛訛, 姑錄之, 以備異聞.

20 『史記』多竄亂

『史記』「司馬相如傳贊」有曰: "楊雄以爲靡麗之賦, 勸百風一." 相如傳贊, 乃太史公所製也, 楊雄在後, 何能得引也? 凌稚隆以爲班史所引, 殊不然也. 『史記』自太史公沒, 艸藁散落, 其外孫楊惲收之, 而褚少孫又多補之. 故凡後于太史而得入于太史所撰者, 皆此二人所竄亂, 而班史因之耳.

21 僞三墳

三墳之名, 見於『左傳』, 自周秦以來, 經傳子史, 無一引其說者, 晁公武『讀書志』以爲張商英得於北陽民舍, 陳振孫『書錄解題』以爲毛漸得於唐州, 盖北宋人所爲. 其書分山墳·氣墳·形墳, 以連山爲伏羲之易, 歸藏爲神農之易, 乾坤爲黃帝之易, 各衍爲六十四卦, 而繫之以『傳』, 其名皆不可訓詁.

又雜以『河圖代姓記』及『策辭政典』之類, 淺陋尤甚. 至以燧人氏爲有巢氏子, 伏羲氏爲燧人氏子, 古來僞書之拙, 莫過於是. 故宋元以來, 無一人信者, 獨鄭樵信之, 明何鏜刻入『漢魏叢書』, 又題爲宋阮咸注, 盖不足辨. 夫古今之別, 以辭之淳醨, 知之其虛僞, 如此文, 固不足論也.

22 七緯

『易緯』,『稽覽圖』·『乾鑿度』·『坤靈圖』·『通卦驗』·『是類謀』·『辨終備』也. 『書緯』,『璇璣鈐』·『考靈曜』·『刑德放』·『帝命驗』·『運期授』也. 『詩緯』, 『推度災』·『記歷樞』·『含神霧』也. 『禮緯』, 『含文嘉』·『稽命徵』·『斗威儀』也. 『樂緯』, 『動聲儀』·『稽曜嘉』·『什國徵』也. 『孝緯』, 『援神契』·『鉤命決』也. 『春秋緯』, 『衍乾圖』·『元命包』·『文曜鉤』·『運斗樞』·『感精符』·『合誠圖』·『考異郵』·『保乾圖』·『漢含孳』·『佑助期』·『握誠圖』·『潛潭巴』·『說題辭』也. 以對經而言故曰緯.

23 梵書

『法苑珠林』云: "造書凡三人, 長名曰梵, 其書右行, 次曰佉盧, 其書左行, 少者蒼頡, 其書下行. 佉盧蝨吒書, 隋言驢唇也. 西域有驢唇書·蓮葉書. 佛書之[4]妄也, 固不必說, 其長梵而少蒼, 亦陰抑儒書, 如謂宣聖爲儒童菩薩之類.

24 紅黃教

今回回地, 有紅教黃教, 並佛教之餘流也. 按『唐書』, 武宗末, 歸俗僧尼二十六萬五百人. 大秦穆護祆僧二千餘人, 大秦穆護, 釋氏外教, 如回鶻摩尼之類, 祆音乎烟切, 胡神也. 唐制祠部, 歲再祀磧西諸州火祆, 禁民祈祭. 『官品令』有祆正, 盖主祆僧而其制未詳. 如大秦穆護, 意卽紅黃教之類也.

25 丹學

『東國傳道秘記』, 未知爲何人所錄, 而首稱金可紀, 入唐遇正陽眞人, 傳得鍊金口訣, 東歸之後, 遞相傳授, 其源派甚明, 且其口訣簡易, 苟非有見於丹學者, 必不能如此. 可紀入唐, 在崔孤雲之先. 見於『麗史』, 又見於唐人贈別詩, 今在『品彙』中, 又見於神仙通鑑.

---

4 之 : 저본에는 '之' 자가 없는데, 문맥상 오류이므로 『지북우담(池北偶談)』을 참조하여 '之' 자를 첨가하였다.

26 仙學

朱子釋「遠遊賦」及『參同契』, 頗惓惓於神仙之學, 盖彼亦論性命之理, 不害其兼修之也. 青霞子權克中庶流也, 能文章, 隱居古阜之天台山, 鍊丹不出. 其後坐化, 有虹光自其屋起, 上燭于天. 人謂之禪學, 寀非禪學, 盖亦雙修性命之學者也.

27 讖緯

儒者多稱讖緯, 其寀讖自讖, 緯自緯, 各自行而非一類也. 讖者詭爲隱語, 預決吉凶. 『史記』「秦本紀」, 盧生奏籙圖書之類, 是其始也. 緯者經之支流, 衍及傍義. 「史記自序」, 引易'失之毫釐, 差之千里.' 『漢書』「盖寬饒傳」, 引易'五帝官天下, 三王家天下.' 注者均以爲易緯之文是也. 盖秦漢以來, 去聖日遠, 儒者推闡論說, 各自成書, 與經原不相比附.

如伏生『尙書大傳』, 董仲舒『春秋陰陽』, 核其文體, 卽亦緯書, 特以顯有主名, 故不能託諸孔子. 其他私相撰述, 漸雜以術數之書, 旣不知作者爲誰, 因傅會以神其說. 迨彌傳彌失, 又益以妖妄之辭, 遂與讖合而爲一. 然班固稱'聖人作經, 賢[5]人緯.' 楊侃稱緯書之類, 謂之秘經, 圖讖之類, 謂以內學, 河洛之書, 謂之靈篇. 胡應麟亦謂讖緯二書, 雖相表裏而寀不同. 卽讖與緯, 前人固已分析之, 後人連類而譏非其實也.

28 五印度考訛

考曰佛經, 此欲界內, 以須彌山爲中, 須彌山四面, 有四大部洲, 居南面者, 爲閻浮提, 卽華言南瞻部洲者是此. 閻浮提內, 有三大國, 各所屬及弗相, 屬之小國弗與焉. 而閻浮提又以崑崙爲中, 居崑崙之東及東南東北者, 卽我中國爲一大國, 居崑崙之南及西南者, 爲天竺一大國, 卽今西藏所稱厄

5 賢 : 저본에는 '覽' 자로 되어있는데, 문맥상 오류이므로 역위(易緯)의 하나인 『곤령도(坤靈圖)』를 참고하여 바로잡았다.

訥特珂克地. 居崑崙之西北及北者, 爲洪豁爾一大國, 而天竺一國, 分爲東西南北中五印度, 卽梵經所稱印達爾. 印達爾者, 華言自在境界之謂也.

五印度皆厄訥特珂克之地,『唐史』·『宋史』, 訛印度爲身毒. 或稱身篤, 而所載事蹟及入朝中國, 大纍不實, 亦不得要領, 何言之? 自古中華聲教所訖, 莫過於本朝, 而本朝百餘年中, 從未有天竺遣使進貢之事, 雖於乾隆年間庚辰,[6] 烏特噶里畢拉奇碩拉汗, 曾遣婆羅門, 進表奉貢, 亦其東印度, 近我西藏之一小國耳, 非中天竺也.

若夫北印度, 實近我回部之葉爾羌, 故葉爾羌之西過葱嶺, 卽拔達克山. 由拔達克山轉而南, 爲克什米爾, 又轉而西, 爲溫都斯坦, 又轉而南, 方爲厄訥特珂克, 其方向如此, 其道里亦莫得而詳焉. 溫都斯坦雖回地也, 而回人相傳彼地有佛遺跡, 益知卽北印度交界. 或者昔爲天竺屬, 而後爲回部屬, 皆不可知. 溫都斯坦, 今唐古忒及, 回語皆稱爲痕都斯坦. 蓋亦譯者訛痕爲溫, 而二語皆與印度音聲相近, 所謂天竺北印度近回部, 此亦一驗也.

要知痕與溫與印與身, 及度與毒與篤與都, 皆非天竺本語, 而又何必較是非於一字一句之間哉?『宋史』載天竺僧施護行程, 有至誐惹曩國之語, 誐惹曩音聲, 亦與厄訥特珂克相近. 而『通考』所謂度雪山, 過伽濕彌勒國者, 雪山卽今葱嶺, 而伽濕彌勒, 亦卽克什米爾之誤耳. 若夫『元史』稱元太祖見角端於印度, 疑亦卽今痕都斯坦之北印度, 與回部交界者耳, 非中印度也.

東印度旣近西藏, 故天竺之事, 西藏時聞之. 據西藏僧謂天竺雖佛現身說法之地, 然今天竺實不與佛法而興異教. 此亦與梵帙「佛受記」, 五百年後, 佛法漸微而漸流東至震旦. 迺復興之語, 相符合, 夫以今中國之力, 若唐宋之假道葱嶺克什米爾, 以達天竺中印度, 亦何難? 但旣非德致, 更以計求. 雖徠遠域, 何關實政? 故不爲也.

近得『蒙古源流』, 謂元太祖進兵至厄訥特珂克, 遇一角獸狀若跪叩者

6 年間庚辰 : 저본에는 '庚辰年間'으로 되어 있는데, 오류이므로 바로잡았다.

三. 元太祖曰: "是殆上天示予." 自此往斡齊爾圖瑣林, 道遠難極, 遂振旅云云. 斡齊爾圖瑣林者蒙古語, 謂金剛牀也. 卽佛現身說法之中印度. 益可爲未至中印度之證, 而獸爲人言, 更可信『元史』之謬爲附會. 因考天竺五印度, 故並闢其踳僞如右.

29 七佛

「乾隆御製七佛塔碑記」, 西藏班禪額爾德尼喇嘛, 貢七佛番軸, 凡佛之父母眷屬名字悉備. 諮之章嘉國師, 乃於『番經』·『漢經』. 所謂『長阿含經』·『賢劫經』·『降生次第經』及『佛源廣解』, 一一考得其源.

第一毘婆尸佛, 種刹利, 姓拘利若, 父槃頭, 母槃頭婆提, 居槃頭婆提城, 神足二, 一名騫荼, 次名提舍, 侍者名無憂, 子名方膺.

第二尸棄佛, 種刹利, 姓拘利若, 父明相, 母光曜, 居光相城, 神足二, 一名阿毘浮, 次名婆婆, 侍者名名行, 子名無量.

第三毘舍浮佛, 種刹利, 姓拘利若, 父善燈, 母稱戒, 居無喩城, 神足二, 一名扶遊, 次名鬱多摩, 侍者名寂滅, 子名妙覺. 以上三佛, 爲過去莊嚴劫佛.

第四拘留孫佛, 種婆羅門, 姓迦葉, 父禮德, 母善枝, 居安和城, 神足二, 一名薩尼, 次名毘樓, 侍者名善覺, 子名上勝.

第五拘納含牟尼佛, 種婆羅門, 姓迦葉, 父大德, 母善勝, 居淸淨城, 神足二, 一名舒槃那, 次名鬱多樓, 侍者名安和, 子名導師.

第六迦葉佛, 種婆羅門, 姓迦葉, 父梵德, 母財主, 居婆羅奈城, 神足二, 一名提舍, 次名婆羅婆, 侍者名善友, 子名進軍.

第七釋迦牟尼佛, 種刹利, 姓瞿曇, 父淨飯王, 母大淸淨, 居舍衛城, 神足二, 一名舍利弗, 次名目揵連, 侍者名阿難, 子名羅睺羅. 以上四佛, 爲現在賢劫佛.

30 弓縛

道書謂一卷爲一弓, 佛書謂之一縛, 禪學云多羅樹葉書二百四十縛, 縛與卷同. 『硯北雜志』云: “徐季海題佛經云, ‘上第幾隔’, 隔, 如梵夾也.’”

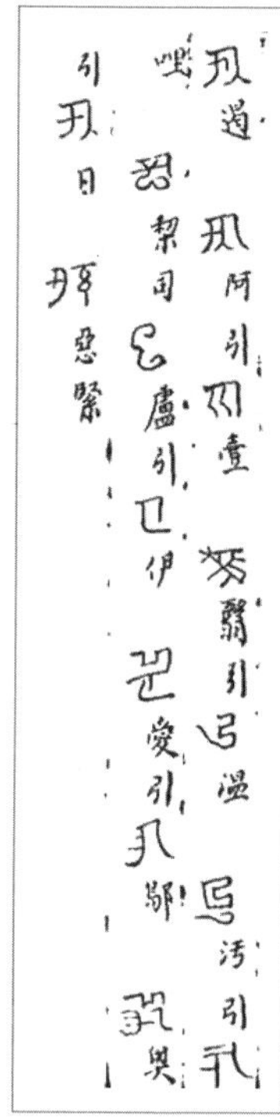

31 竺典

竺典造書之主凡三人, 曰梵曰伽盧曰倉頡. 梵者光音天人也, 以梵天之書, 傳於印度, 其書右行. 伽盧創書於西域, 其書左行, 皆以音韻相生而成字, 諸蕃之書, 悉其變也. 其季倉頡居中夏, 象諸物形而爲文, 形聲相益以成字, 此語乃黠僧附會之談, 不足深信, 但所謂字母凡五十中, 十六字爲轉聲之範, 三十四字爲五音之祖, 今記之.

右依天竺聲, 明字源及諸教中有十六轉聲, 今所傳者, 去其中第七第八第九第十之四聲, 惟有十二轉聲者. 蓋以此四聲, 已在第三第四二聲中所統也.

三十四母分爲五音者.

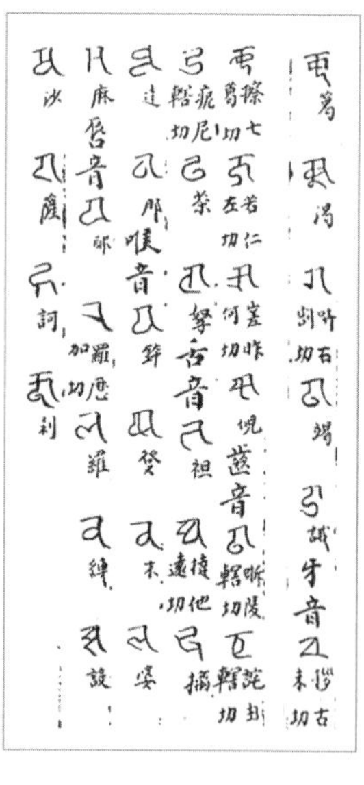

以上融喉舌二音, 斯乃音韻之祖, 因之配合而生生無窮焉.

32 肅府「淳化帖」

肅府「淳化帖」事, 詳見『池北偶談』. 肅府「淳化帖」, 本自莊王受封, 太祖賜之宋刻. 相傳有龍膽壺·鳳喙巵, 並帖而三. 憲王時, 洮岷[7]道類川張鶴鳴, 得李子崇本於白下, 材官本於皐蘭, 請肅王賜帖校讎. 見古法帖數段久缺, 而玆獨全, 知爲馬房光怪以前物也.

姑蘇溫如玉, 南唐張應召[8]爲之雙鉤, 鶴鳴携之黔陽, 憲王乃鐫石於蘭, 未竟而薨, 世子識鋐卒業於萬曆辛酉, 先後七年. 其初搨用太史紙·程君房墨. 人間難得榻工, 有私購者直五十千. 刻用富平石一百四十四·葉二百五十三, 藏府東書[9]園殿, 鼎革時石幾淪缺. 順治甲午, 洮岷[10]道楊州陳卓補刻, 復成全璧, 然神明不備, 視初搨逕[11]庭矣.

乙卯, 平凉逆焰及蘭靖逆奮威二將, 自河西來軍於龍尾皐蘭之間, 攻城不下, 賊欲破石爲礮, 僞知州徐某刀救得免. 今移置州學, 有張尙書鶴鳴, 王尙書鐸, 憲王父子四跋.

33 禊帖

「蘭亭禊帖」, 自唐至南宋, 臨本不下千種, 要以定武爲最. 定武有五本損

---

7 岷 : 저본에는 '泯' 자로 되어 있는데, 오류이므로 『연산재잡기(硯山齋雜記)』를 참조하여 '岷' 자로 바로잡았다.

8 召 : 저본에는 '旨' 자로 되어있는데, 오류이므로 『연산재잡기』를 참조하여 '召' 자로 바로잡았다.

9 書 : 저본에는 '西' 자로 되어있는데, 오류이므로 『연산재잡기』를 참조하여 '書' 자로 바로잡았다.

10 岷 : 저본에는 '泯' 자로 되어있는데, 오류이므로 『연산재잡기』를 참조하여 '岷' 자로 바로잡았다.

11 逕 : 저본에는 '經' 자로 되어있는데, 오류이므로 『연산재잡기』를 참조하여 '逕' 자로 바로잡았다.

本, '湍流帶右天'五字有損也. 又崇山字斷六七八行爲裂本, 損'亭列幽盛遊古不羣殊'者, 爲九字不全本. 其天字全者, 爲定武肥本, 天字少損者, 爲定武瘦本. 至紹興元年, 刊定武初搨, 後有寶字大印及御製跋, 爲御府本. 元祐四年, 張璪官邯鄲, 摹家藏定武本于石, 爲邯鄲本. 若五字不損, 更有棗木刻本, 彼古今士人所藏稧帖, 卽一定武本, 未易殫述.

34 大成殿扁

安平大君, 嘗書大成殿扁額, 大成誤書以大聖. 端宗壬申, 天使陳鈍·李寬遊太學, 見而譏之, 改書今扁.

35 「鹿脯帖」

董其昌『容臺集』云: "顔眞卿「鹿脯帖」, 與宋榻本, 不惟字形大小不倫, 乃其文亦少異, 宋搨政自不足據也. 『十七帖』, '清晏歲豊又所使, 有豊一鄕故自名'處. 余未解豊一鄕作何語, 及得高麗刻本, 乃云'所出有異產[12]' 讀之豁然. 因知王著但憑倣書入石耳. 猶憶辰王 案王衡字 得此帖於蒙陰公氏, 亟報余展玩, 如得連城. 辰王書法, 爲此一變. 今日重觀於德隅齋, 感慨係之矣."

『十七帖』, 未知我國何人所刻, 爲薰玄宰所歎賞, 盖善本也. 中國法書, 偶落我國, 復入中國, 爲鑑賞家所珍, 而我國無慧眼, 不之知也, 可勝嘆哉! 如李邕筆, 亦善本而入中國.

李日華『六研齋二筆』云: "金陵兪仲茅先生, 莊李泰和邕行書大照禪師 缺 二千餘字, 硬黃紙筆法精整, 有歐褚風味, 先生云: '此書自唐以來, 卽爲高麗所藏, 以故絶無宣和·政和等璽, 羣玉·秋壑等印, 與蘓·米等跋. 神廟末年, 一弁得之平壤, 案征倭時壯士 將獻之幕府媒進, 余策遼事必敗,

12 產: 저본에는 '彦' 자로 되어 있는데, 문맥상 오류이므로 『청장관전서』 권55, 「앙엽기(盎葉記)」 2의 「녹포첩(鹿脯帖)」을 참조하여 바로잡았다.

戒其毋遽往, 已而果然, 此卷遂留余處."

36 羲之眞蹟

康熙時, 集羲之「曹娥碑」眞蹟及「快雪時晴帖」, 在內府. 李紱『穆[13]堂集』, 洽[14]吉臣「羅漢圖記」云: "從郎溫勤公家, 觀唐吳道子白描十八應眞圖, 綃素糜爛無寸完. 郎公以白金數百兩, 購善手裝績." 晉唐書畫眞蹟之在近世者, 唯此而已.

37 瘞鶴銘

瘞鶴銘在焦山下水澨焉, 今失其處. 好事者或摸刻其傍, 今之行者多贋本. 石本一百一十一字, 不知何人所鐫刻, 而今在吳承旨載紹, 字畫笨鈍, 都無神明, 不離東人手法.

其文「瘞鶴銘並序」, "鶴壽不知其紀也, 我得於壬辰歲, 甲午化乎朱方. 天未遂吾翔寥耶? 奚奪之遽! 迺黃幣, 藏玆山下. 仙事旌事, 銘篆不朽." 詞曰: "相此胎禽, 浮丘著經. 余欲無言, 上士惟徵. 玄門去鼓, 華亥留聲. 髣髴微冥, 解化亦寧. 爰有樵侶, 出瘞江莿. 後割洪流, 前固重扃." 華陽眞人撰, 逸少書.

38 瘞鶴銘

吳偉業『梅村集』, 「程崑崙康莊文[15]集序」. 程公常登焦山, 披艸搜「瘞鶴銘」, 缺蝕不完, 別購善本, 磨懸崖而刻之. 拉貽上 王士禛字也 同游, 相視叫絶, 各賦一章[16], 紀其事, 江干之人艶稱之.

---

13 穆 : 저본에는 '牧' 자로 되어 있는데, 오류이다. 이불(李紱)의 호는 '목당(穆堂)'이고, 문집은 『목당집』이므로, '牧' 자를 '穆' 자로 바로잡았다.

14 洽 : 저본에는 '冾' 자로 되어 있는데, '洽'의 오류이므로 바로잡았다.

15 文 : 저본에는 '詩' 자로 되어 있는데, 『매촌집(梅村集)』에 '文' 자로 되어 있으므로 바로잡았다.

16 章 : 저본에는 '詩' 자로 되어 있는데, 『매촌집』에 '章' 자로 되어 있으므로 바로잡았다.

39 米南宮書

晉陵富人承氏子, 家有奇石舊刻, 米元章書六字, 云'第一山米芾識', 承氏子謂芾與費同音爲不祥, 因擊碎之, 止存其半. 出陸友仁『研北雜志』. 我東平壤之練光亭, 不知何人摸元章第一山字以顏之. 朱之蕃奉使東來, 乃書江字於其間, 遂成第一江山四大字. 朱筆比米筆, 雖極模擬, 終在兒孫之列.

40 書畫古器

張世南字光叔, 其『宦游[17]記聞』云: "辨博書畫古器, 前輩盖嘗著書, 其間有論議而未詳明者. 如臨·摹·硬黃·響搨是四者, 各有其說, 今人皆謂臨摹爲一體, 殊不知臨之與摹廻然不同. 臨謂置紙在傍, 觀其大小濃淡形勢而學之, 若臨淵之臨. 摹以薄紙覆上, 隨其曲折宛轉用筆曰摹. 硬黃謂置紙熱熨斗, 上以黃蠟塗勻, 儼如枕角, 毫釐必見. 響榻謂以紙覆其上, 就明牕牖間, 映光摹之.

辨古器[18]則有所謂款識·蠟茶色·朱砂班·眞青綠[19]井口之類, 方爲眞古. 其製作則有雲紋·雷紋·山紋·輕重雷紋·垂花雷紋·麟紋·細紋·粟紋·蟬紋·黃目·飛廉·饕餮·蛟螭·虯龍·麟·鳳·熊·虎·龜·蛇·鹿·馬·象·鸞·夔·犧·蜼·凫·雙魚·蟠虺·如意·圜絡·盤雲·百乳·鸜耳·貫耳·偃耳·直耳·附耳·挾耳·獸耳·虎耳·獸足·夔足·百獸·三螭·穟艸·瑞艸·篆帶 若蚪結之勢. ·星帶· 四旁飾以星象. 輔乳 鍾名, 用以節樂[20]者. 碎乳 鍾名, 大乳三十六, 外復[21]有小乳周之. ·立夔·雙夔之類.

17 宦游: 저본에는 '游宦'으로 되어 있는데, 오류이므로 바로잡았다.
18 器: 저본에는 '書' 자로 되어 있는데, 오류이므로 『환유기문』을 참조하여 '器' 자로 바로잡았다.
19 綠: 저본에는 '綵' 자로 되어 있는데, 오류이므로 『환유기문』을 참조하여 '綠' 자로 바로잡았다.
20 樂: 저본에는 '藥' 자로 되어 있는데, 오류이므로 『환유기문』을 참조하여 '樂' 자로 바로잡았다.
21 復: 저본에는 '後' 자로 되어 있는데, 오류이므로 『환유기문』을 참조하여 '復' 자로 바로잡았다.

凡古器制度, 一有合此, 則名之以雲雷鍾·鹿馬洗·鸚耳壺之類是也. 如有款識, 則以款識名, 以周叔液鼎·齊侯鍾之類, 是也.

古器之名, 則有鍾 大曰特, 中曰鎛, 小曰編. ·鼎·尊·罍·彛·舟 類洗而有耳 ·卣 音酉, 又音由, 中尊器也, 有攀蓋足類壺. ·瓶爵耳 有耳有流有足, 流卽觜也. ·巵·觶· 之豉反, 酒觴也. ·角 類彛而無柱 杯·敦·簠 其形方 ·簋 類鼎而矮蓋, 有四足. ·豆·甗 牛偃切, 無底甑也. ·錠 徒經切, 又都定切. ·斝·觚·鬲 形製同鼎,『漢志』謂空足曰鬲. ·鍑 方有切,『玉篇』云似釜而大, 其實類小甕而有環. ·盉 戶戈切又胡臥反, 盛[22]五味之器, 似鼎而有蓋有觜有執[23]攀. ·壺 其類有四, 曰圓, 曰匾, 曰方, 曰溫. ·盦 於含切覆蓋也, 似洗而其腹大, 有足有提攀. ·瓿 類壺而矮蒲後切. ·罌 類釜. ·鑑 盛水[24]器, 上方如斗, 鏤底風囪, 下設盤以盛之. ·匜 弋支切, 沃盥器. ·盤·洗·盆·鋗 呼元切, 類洗,『玉篇』云小盆. ·杅·磬·錞·鐸·鉦 類鍾而矮 ·鐃·戚·鐓 飾物柄者. ·奩·鑑 卽鏡 ·節·鉞 戈 ·矛·弩·盾·機·表坐·旂鈴·刀筆·杖頭·蹲龍 宮廟乘輿之飾, 或云欄楯間物. ·鳩車 兒戲之具. ·提梁龜蛇硯滴·車輅·托[25]轅之屬, 此其大槩, 難於盡備, 然知此者, 亦思半矣.

所謂款識, 乃分二義, 款謂陰字, 是凹入者, 刻畫成之, 識謂陽字, 是挺出者, 正如臨之與摹各自不同. 臘茶色, 亦有差別, 三代及秦漢間之器, 流傳世間, 歲月寖久, 其色微黃而潤澤. 今士大夫間論古器, 以極薄爲眞, 此盖一偏之見. 有極薄者, 有極厚者, 但觀製作, 色澤自可見也. 亦有數百年前勾容所鑄, 其藝亦精, 今鑄不及. 必竟黑而燥, 須自然古色, 方爲眞古也.

41 吳道子畫

王士祿子底普菴堂, 吳道子「水陸畫軸歌序」, 吳牛畫筆, 其在於今, 殆片

22 盛 : 저본에는 '成' 자로 되어 있는데, 오류이므로 『환유기문』을 참조하여 '盛' 자로 바로잡았다.
23 執 : 저본에는 '執' 자 뒤에 '提' 자가 있는데, 오류이므로 『환유기문』을 참조하여 삭제하였다.
24 水 : 저본에는 '氷' 자로 되어 있는데, 오류이므로 『환유기문』을 참조하여 '水' 자로 바로잡았다.
25 托 : 저본에는 '杔' 자로 되어 있는데, 오류이므로 『환유기문』을 참조하여 '托' 자로 바로잡았다.

楮爲重. 平陽西偏普庵堂水陸社, 乃有吳生所畵水陸百二十軸, 社之得名以此. 姜子綺季言寺僧逑畵所由出, 盖奇甚.

明世宗朝, 西河郡王城北有隙地, 傳爲廢寺遺址. 其地中間方數尺許, 雨下不濡, 雪甚不積, 又中夜常見奇光. 王心異之, 乃掘地以窮其怪, 掘深五丈, 得巨石函一, 以鐵緄二道束之, 發之又得錫函, 其最中函以木, 木函啓而畫軸見, 乃希代之奇寶也. 王薨, 嗣王不知寶異, 以乞揮使呂, 呂又死, 其家落, 寺僧以恒直得之, 因刱殿以藏焉, 則崇禎間事云, 因姜子言亟求觀, 得見三十軸信奇筆.

42 東人不尙書畵

東人不尙書畫, 凡屛簇顔額, 往往可惡, 用此延賓, 得不受嗤點哉? 董越[26]「朝鮮賦」有曰: "館傳壁間, 盡塗以水墨不工之書, 戶牖合處, 皆寫以混沌初分之圖." 盖自國初, 已有此等陋習, 爲儐使者, 不可不知此.

43 梁武帝與陶弘景書

近二卷欲少留差, 不爲異. 祇卷是出裝書, 旣須見, 前所以付耳. 無正, 可取備於此. 及 欲更須細書, 如論・箴例, 逸少書無其極細書, 「樂毅論」乃微麄健, 恐非眞蹟. 「太師箴」小復方媚, 筆力過嫩, 書體乖異. 二者已經至鑒, 此外便無可付也.

又省別疏云: "故當宜微以著賞, 此旣勝事, 雖風訓非嫌." ㅁㅁ,[27] 然非所習, 聊試略言. 夫運筆邪則無芒角, 執手寬則書緩弱. 點畫短則法臃腫, 點擻長則法離澌. 畫促則字橫, 畫疎則形慢. 拘則乏勢, 放又少則. 純骨無

26 董越 : 저본에는 '兒謙'으로 되어 있지만, 「조선부」를 지은 사람은 명나라 사신 동월(董越)이므로 바로잡았다. 동월은 1488년(성종 19)에 한림원(翰林院) 시강(侍講)의 신분으로, 우리나라에 와서 한 달여간 체류하였고, 조선 사행 경험을 바탕으로 「조선부」를 지었다.

27 ㅁㅁ : 『법서요록(法書要錄)』에 실려 있는 「양무제우답서(梁武帝又答書」에는 云云이라고 되어 있다.

媚, 純肉無力. 少墨浮澁, 多墨笨鈍, 比並皆然. 任意所之, 自然之理也.

若抑揚得所, 趣舍無違, 値筆連斷, 觸[28]勢峰莞, 揚波折節, 中規合矩, 分間下住, 濃纖有方, 肥瘦相和, 骨力相稱, 婉婉曖曖, 視之不足, 稜稜凜凜, 常有生氣, 適眼合心, 便爲甲科. 衆家可識, 亦當復貫串耳, 六義可工, 亦當復由習耳.

一聞能持, 一見能記, 且古且今, 不無其人. 大抵爲論, 終歸是習. 程邈所以能變書體, 爲之舊也, 張芝所以能善書, 工學之積也. 旣舊且積, 方可以肆其談.

吾少來乃至不能, 嘗畫甲子, 無論於篇紙. 老而言之, 亦復何謂? 正足見嗤於當今, 貽笑於後代. 遂有獨刓之言, 覽之背熱, 隱眞, 于是乎累眞矣. 此眞一藝之精, 非吾所謂勝事, 此道心之塵, 非吾所謂無欲也.

44 陶弘景答書

第一卷中有褋跡, 謹疏注一別, 恐未允愚衷. 幷竊所摹者, 亦以上呈. 近十餘日, 精慮悚悸, 無寧澁[29]事, 遂至淹替, 不宜復待. 塡畢, 餘條並非用, 唯叔夜·威輦二篇是經書體式, 追以單郛爲恨. 伏按卷上第數甚爲不少, 前旨惟有四卷. 此似是宋元嘉中撰集, 當由自後多致散失. 逸少有名之迹, 不過數首, 「黃庭」·「勸進」·「像贊」·「洛神」, 此等不審猶得存者.

第二十三卷, 今見有十二條在別紙[30] 按此卷是右軍書, 惟有八條. 前「樂毅論」書, 乃極勁利, 而非甚用意, 故頗有壞字. 「太師箴」·「大雅吟」, 用意甚至, 而更成小拘束, 乃是書頭扆風好體. 其餘五片, 無的可稱. '臣濤言' 一紙, 此書乃不惡, 而非右軍父子[31], 又不識誰人[32]迹, 又似是摹. '給事黃門' 二[33]

---

28 觸 : 저본에는 '獨' 자로 되어 있는데, 문맥상 오류이므로 『법서요록』에 실려 있는 「양무제우답서」를 참조하여 바로잡았다.

29 涉 : 저본에는 '澁' 자로 되어 있는데, 오류이므로 『법서요록』에 실려 있는 「도은거우계(陶隱居又啓)」를 참조하여 바로잡았다.

30 今見有十二條在別紙 : 저본에는 본문으로 되어 있는데, 문맥상 오류이므로 『법서요록』에 실려 있는 「양무제우답서」를 참조하여 협주(夾註)로 처리하여 바로잡았다.

紙, '治廉瀝'一紙, 凡二篇, 並是謝安衛軍參軍任靖書.[34] 後又'治瀝狸骨方'一紙, 是子敬書亦似[35]摹迹 右四條非右軍書.[36]

第二十四卷, 今見有二十一條在 按此卷是右軍書者, 唯有十一條, 皆非甚合迹, 兼多漫抹, 於摹處[37]難復委曲. 前'黃初三年'一紙, 是後人學右軍 '繆襲告墓文'一紙, 是許先生書 '抱懷幽痛'一紙, 是張澄書 '五月十一日'一紙, 是纂王泯書, 被油. '尙想黃綺'一紙, '遂結滯'一紙, 凡二篇並後[38]人所學, 甚拙惡. '不復展'一紙, 是子敬書 '便復改月'一紙, 是張翼書 '五月十五日繇白'一紙, 亦是王泯書 '治效方'一紙, 是謝安書 右十條非右軍書. 伏恐未垂許以區別, 今謹上 許先生任靖[39]書[40]如別, 比方卽可知. 王泯·張翼·張澄書, 公家應有.

45 四皓碑

四皓之沒也, 漢惠帝爲之製文竪碑, 見於任昉文.

---

31 父子 : 저본에는 '父子' 두 글자가 없는데, 『법서요록』에 실려 있는 「도은거우계」를 참조하여 첨가하였다.

32 誰人 : 저본에는 '誰人' 두 글자가 없는데, 『법서요록』에 실려 있는 「도은거우계」를 참조하여 첨가하였다.

33 二 : 저본에는 '一' 자로 되어 있는데, 『법서요록』에 실려 있는 「도은거우계」를 참조하여 바로잡았다.

34 凡二篇, 並是謝安衛軍參軍任靖書 : 저본에는 '是子敬書, 亦似摹迹'라고 되어 있는데, 오류이므로 『법서요록』에 실려 있는 「도은거우계」를 참조하여 바로잡았다.

35 亦似 : 저본에는 '六是'으로 되어있는데, 문맥상 오류이므로 『법서요록』에 실려 있는 「도은거우계」를 참조하여 바로잡았다.

36 右四條非右軍書 : 저본에는 협주(夾註)로 처리되어 있는데, 문맥상 오류이므로 『법서요록』에 실려 있는 「도은거우계」를 참조하여 본문으로 바로잡았다.

37 處 : 저본에는 '起' 자로 되어있는데, 문맥상 오류이므로 『법서요록』에 실려 있는 「도은거우계」를 참조하여 바로잡았다.

38 後 : 저본에는 '後' 자가 없는데, 문맥상 오류이므로 『법서요록』에 실려 있는 「도은거우계」를 참조하여 첨가하였다.

39 靖 : 저본에는 '靜' 자로 되어있는데, 문맥상 오류이므로 『법서요록』에 실려 있는 「도은거우계」를 참조하여 바로잡았다.

40 許先生任靖書 : 저본에는 협주(夾註)로 되어있는데, 문맥상 오류이므로 『법서요록』에 실려 있는 「도은거우계」를 참조하여 본문으로 바로잡았다.

46 泰山老君堂碑

泰山之東南麓, 老君堂前碑, 皆唐時建醮造像之記, 碑字, 凡大周年者. 天作而, 地作埊, 聖作壂, 年作𡕀, 月作𠥱, 亦作匜, 日作𡆠, 授作備, 初作𡔈. 唯[illegible]字無可考, 疑是應字. 凡數字作壹貳參肆捌玖等字, 皆武后所改. 及自制其聖曆碑, 有云: "設金籙寶齊河圖." 大醮枩𡆠, 枩古七字. 『太玄經』, 挩擬之二枩是也.

47 高麗碑

高麗碑石, 雅多可觀, 然間多磨滅, 不知其處. 存者亦剝落不可考, 今錄其最著者.

陽陵井碑, 在開城府南八里, 大明洪武三年, 帝遣朝天宮道士徐師昊, 祭高麗山川. 師昊又載石來問: "都城南楓川何地?" 乃以是井對, 師昊致祭豎碑而去. 妙蓮寺重興碑, 基在三峴里, 高麗李齊賢撰. 甓寺碑, 在驪江東岸, 寺有江月軒, 懶翁所居. 其徒藏舍利于石鍾, 仍建眞堂, 高麗李穡記. 高達寺碑, 在驪州慧目山, 卽高麗幹林學士金廷彥所撰僧慧眞塔碑. 智足寺碑, 在山陰縣智異山, 卽高麗禮部尙書孫夢周所撰, 慧月及眞觀二碑. 鳳林寺碑, 在昌原鳳林山, 卽新羅執事侍郎崔仁渷所撰, 僧眞鏡碑. 月影臺石字, 在昌原會原縣西, 崔致遠所遊處, 有石刻剝落.

麟角碑, 在義興華山洞口, 有壁矗立. 俗傳麒麟挂角于壁, 因名. 有高麗侍郎閔漬所撰普覺碑銘. 太子寺碑, 在奉化太子山, 卽新羅兵部侍郎崔仁渷所撰僧朗空塔銘. 釋端月集金生字, 摸勒上石, 今移置縣廨. 又有高麗左諫議大夫金審言所撰僧通眞塔銘. 桐華寺碑, 在大丘公山, 卽高麗金晅所撰僧弘眞碑銘. 芬皇寺碑, 在慶州府東五里, 新羅善德王三年建寺, 有高麗平章事韓文俊所撰和淨國師碑, 碑卽烏金石. 鍪藏寺碑, 在慶州府東北三十里暗谷村北, 諺傳麗祖統合後, 藏鍪此故名, 有古碑.

奉德寺鍾銘, 新羅惠恭王鑄鐘銅, 重十二萬斤, 撞之聲聞百餘里. 後寺淪於山中, 天順四年, 移縣靈妙寺. 後府尹芮椿年移置南門外, 搆屋以懸, 凡徵軍擊之. 昌林寺碑, 慶州金鰲山麓, 有新羅時宮殿遺址, 後人卽其地建寺, 今廢, 古碑亦無字. 元學士趙子昂「昌林寺碑跋」云: "右唐新羅金生所書. 其國昌林寺碑字畫, 深有典刑, 雖唐人名刻, 無以遠過."古語云: "何地不生才?" 信然.

斷俗寺碑, 在晉州智異山東洞口, 有崔致遠所書廣濟巖門四字刻石. 又有致遠讀書堂, 後廢爲僧太鑑影堂. 又有新羅兵部令金獻貞所撰僧神行碑銘, 高麗平章事李之茂所撰僧大鑑碑銘, 翰林學士金敦舟西撰眞定大師之碑. 雙溪寺碑, 在晉州智異山, 崔致遠撰其碑. 般若寺碑, 在陜川伽倻山下, 寺廢已久, 只有古碑, 卽高麗樞密院知奏事金富佾所撰无景和尙之碑. 寧國寺碑, 在沃川智勒山, 卽高麗韓文俊所撰僧圓覺碑.

法作寺碑, 在報恩俗離山, 新羅僧義信所建, 聖德王重修. 門前有鑄銅幢㨾甚高, 其一面書統和二十四年造, 又有高麗密直代言李叔琪所撰僧焦淨碑銘. 普光寺碑, 在林川聖住山, 卽元危素重建碑. 法泉寺碑, 在原州鳴鳳山, 卽高麗僧智光塔碑. 興法寺碑, 在建登山, 高麗太祖所製, 仍命崔光胤集唐太宗書上石. 居頓寺碑, 在原州玄溪山, 卽高麗崔冲所撰僧勝妙碑. 文殊寺碑, 在春川淸平山下, 元泰定帝后以僧性澄允堅所進佛經, 藏之此寺. 李齊賢奉王旨撰此碑. 興敎寺碑, 在寧越太華山西, 有高麗僧冲曦碑, 曦仁宗之子. 碑文盡剝落不能讀, 唯碑陰誌, 曦之門人寶文閣學士崔詵奉宣而撰.

長安寺碑, 在淮陽表訓寺下, 堂殿佛像, 皆華人所造, 碑卽李穀所撰也. 表訓寺碑, 在淮陽萬瀑洞口, 卽皇帝與太皇太后施錢帛文. 寺門右又有刻, 卽元人梁哉所撰'常住分粮記」, 高麗中權漢功書. 玄化寺碑, 在牛峯·靈鷲峯下, 卽周佇所撰. 廣照寺碑, 在海州須彌山, 卽高麗檢校尙書左僕射崔彦撝所撰眞澈大師碑. 普賢寺碑, 在寧邊妙香山, 卽高麗太師金富軾撰, 學士文公裕書. 道岬寺碑, 在靈巖月巖, 道詵所嘗住也. 碑字缺落, 寺古有二石, 其一刻國長生三字, 其一刻皇長生三字. 佛岬寺碑, 在靈光母岳山, 碑字缺不可讀. 寶林寺碑, 在長興迦智山, 卽新羅司馬金穎所撰普照禪師塔銘. 月南寺碑, 在康津月出山南, 高麗僧眞覺刱寺, 李奎報撰此碑焉.

玉龍寺碑, 在光陽白鷄山, 卽崔惟淸所撰道詵碑, 又有金廷彦所撰僧理嚴碑. 佛盖寺碑, 在興陽智巓山麓, 卽高麗李益培所撰僧圓悟碑. 蘇定方碑, 在扶餘縣西二里, 定方伐百濟滅之, 立石紀功. 賀遂良製, 權懷素書. 劉仁願碑, 亦在扶餘縣, 仁願鎭百濟, 伐石紀功. 聖住寺碑, 在藍浦聖住山, 卽崔致遠所撰朗惠和尙塔碑. 天燈山碑, 在忠州北四十里. 一云開天寺碑. 俗傳唐開元間所立, 文剝落不可讀. 龍頭寺碑, 在忠州未訖山下, 卽高麗崔彦撝所撰僧慈燈塔碑. 艸方院碑, 在長津黃艸嶺, 卽新羅眞興王北巡碑.

如此類者甚多, 不能一一數也.

48 宣春碑

宣春嶺去甲山三日程, 近白頭山下. 有斷碑隱草中, 申砬爲北兵使, 嘗搨以來, 高僅五尺, 廣二尺許, 字如筆陣圖而小, 太半缺落, 其曰皇帝者, 高麗王也, 有曰喙部某者六七人, 許荷谷對云: "古史喙部, 猶今之大夫." 出『五山說林』.

49 埋香碑

埋香碑在三日浦南岸, 元武宗至大二年己酉, 江陵道存撫使金天皓等, 與山僧志如, 埋香于沿海邑, 誌其地與條. 其碑曰: "平海郡地海岸寺洞口, 埋一百條, 三陟縣地孟方村汀, 埋一百五十條, 江陵地正東村汀, 埋三百一十條, 洞山縣地文四汀, 埋二百條, 蔚珍縣地 刓二字 埋二百條, 襄陽德山望, 埋一百條, 杆城縣地公須津[41] 埋一百一十條, 歙首縣地短末乙, 埋二百一十條, 押城縣鶴浦, 埋一百二十條. 開數." 碑止此.

50 眞興北巡碑

『東國地志』曰: "咸興黃草嶺及端川, 有新羅眞興王巡狩碑." 申景濬曰: "草坊院, 在今咸興府北百餘里草黃嶺下. 坊『輿地勝覽』作黃, 坊黃音相近."『海東集古錄』, "碑十二行, 行三十五字, 全碑爲四百二十字, 而滅泐不可辨者, 堇僅[42]二百七十八字."

今考『新羅本紀』, 眞興王十六年戊子冬十月, 巡北漢山, 拓定封疆, 十二月, 至自北漢山, 所經州郡, 復一年租, 則戊子果眞興巡狩咸興之年, 而八月定界, 十月至北漢, 十二月還都, 八月事, 特逸於史耳, 當三國鼎峙之時, 新羅之地, 不得遇比列忽, 比列忽今之安邊府也.

---

41 須津 : 저본에는 '刓二字[두 글자가 닳아 없어졌다]'라고 협주로 처리되어 있는데, 『문헌비고(文獻備考)』를 참고하여 '須津' 두 글자를 채워 넣었다.

42 僅 : 저본에는 '堇' 자로 되어 있는데, 문맥상 오류이므로 『해동집고록』을 참조하여 '僅' 자로 바로잡았다.

逮三國統合之後, 又不能過泉井, 泉井今德源府也. 咸興在安邊之北二百餘里, 端川在咸興之北三百六十里. 以巡狩碑觀之, 端川以南, 嘗折入於新羅者可知. 此國史野乘所不著, 而獨荒裔片石, 留作千古故事矣. 碑在嶺之南路傍東偏小谷中, 有爲長津倅者搨來.

其文曰: "以上缺 交道, 以下缺 月▣一日癸未, 眞興太王▣▣訪採民心, ▣▣▣, 以下缺 世道乖眞, 玄化不敷, 則▣爲交競, ▣以章勳効廻駕, 以下缺 紹太祖之基, 纂承王位, 兢身自愼. ▣▣沙門道人法藏慧▣知使干未知. 四方託境, 廣獲民土, 隣國誓信, 和使 以下缺" 知太阿干比知 以下缺 人喙部, 以下缺 於是歲次戊子秋八月, 巡狩管領, 沙喙部另知大舍, 沙喙部篤儿 以下缺 者矣.

于時隨駕, 部與難大舍, 藥師哀公, 攸本小舍 以下缺 知迺干喙部服▣, 喙部▣知吉之▣人沙喙部 以下缺 兮大舍, ▣喙部非知沙干."

51 西漢碑不可得

自古鑒賞家謂秦碑可得, 西漢碑不可得. 洪氏『隸釋』, 有西漢哀帝建平五年郫[43]縣一碑. 或云: "後人僞爲. 如陽朔甎字, 要亦非眞, 新莽惡稱漢德. 凡有石刻, 皆仆而礱之, 仍禁不得容留. 至若秦碑, 乃反加營護, 遂得不毁, 故至今猶有存者."

一云: "西漢以上紀功述事, 多寓之金刻, 自東漢以來, 石碑始盛而金刻鮮矣. 歐陽公『集古錄』, 恨獨缺西漢字. 及劉原父出守永興, 多遺古物奇器, 因撫林華宮行鐙[44], 蓮勺宮博山罏槃, 及谷口銅甬, 三銘遺之. 於是始得西漢字, 以補其缺, 石刻卒無有也."

一云: "西漢至今歷年甚久, 所刻石皆已缺壞不復有, 東漢則以年差近

---

43 郫 : 저본에는 '野' 자로 되어 있는데, 『연북잡지(硯北雜誌』 권상(上)을 참조하여 '郫' 자로 바로잡았다.

44 鐙 : 저본에는 '鑑' 자로 되어 있는데, 문맥상 오류이므로 『연북잡지(硯北雜誌』 권상(上)을 참조하여 '鐙' 자로 바로잡았다.

得存.” 此說亦非也. 周宣王石鼓文, 秦二世泰山詔, 何得? 至今尙存. 按趙崡『石墨鐫華』, 孔廟有漢五鳳三年石刻殘字, 因金高德裔修孔廟, 得之靈光殿南, 因晩出, 歐陽永叔, 趙德甫未之見也, 然則西漢未嘗無石刻, 但極少耳.”

按趙崡『石墨鐫華』, 孔廟有漢五鳳三年石刻殘字, 因金高德裔修孔廟, 得之靈光殿南, 因晩出, 歐陽永叔·趙德甫未之見也. 然則西漢未嘗無石刻, 但極少耳.

52 楊厥碑

楊用脩云: “漢司隷楊厥碑, ‘遂通石門’, 洪适亦不知遂爲何字, 按遂卽鑿字也.

53 僧迦寺石像

三角山僧迦寺石窟有石像, 顏如老嫗, 有物蓋頭, 如儒家儒巾制, 背有石障若蓮花, 後刻太平甲子四字. 案『高麗史』, 顯宗十五年甲子, 行契丹年號, 卽聖宗隆緖太平四年, 宋仁宗天聖二年, 距今壬子爲八百二十九年.『輿地勝覽』, 此爲秀台道人像.

54 朴曄像

朴曄光海友婿也, 癸亥之反正, 曄預聞, 而金自點挾宿怨而殺之, 且忌其才也. 平壤人至今祀曄甚敬, 如德岉山崔瑩祠. 其像在後孫, 貌短小, 美好如婦人, 精彩逼目, 不可狎視. 其家每當曝曬, 子孫婢使, 輒有痛者.

55 宣和罏爵

尹光莘爲北兵使時, 巡至會寧, 時高嶺僉使約會旁近邊將, 置酒爲歡, 時夜雨陰昏, 相謂曰: “有能馳往皇帝塚, 樹幟而還者乎?” 有一邊將應曰:

"諾." 望見塚傍, 火光燭天, 笙簫縹緲, 遂策馬而前, 大呼馳入, 火光息而樂聲歇, 馬蹄所觸, 有物鏗然, 捫之只拾一鑪一爵以歸.

鑪則鐵鑄而形方, 爵則犀質而篆周字, 二器古雅, 眞宣和舊物, 並勒以臣京製, 盖蔡京也. 蓄火於鑪, 能數月不息, 一足微短, 磨其長而齊之, 火不能久也.

尹光莘取之, 後尹妾賣於李參議德重, 竟爲李丹陵胤永所藏. 世傳徽·欽塚有二處, 一在會寧, 一在滿浦, 不辨何者爲眞. 今得二器, 當以會寧爲眞. 塚甚高大, 右傍有三十餘小塚, 傳爲侍臣塚.

丹陵子羲天及於青巖『輯略』之禍, 世以爲不祥之器所崇云. 吳承旨載紹說.

56 摺疊扇

摺疊扇始自倭,『和漢三才圖會』曰: "神功皇后征伐三韓時, 見蝙蝠羽, 始作扇." 郭若虛『圖畵見聞志』曰: "高麗使人每至中國, 或用摺疊扇, 爲私覿物. 其扇用鴉青紙爲之, 上畵本國豪貴, 雜以婦人鞍馬, 或臨水爲金砂灘, 暨蓮荷花木水禽之類, 點掇精巧. 又以銀泥爲雲氣月色之狀, 極可愛. 謂之倭扇, 本出於倭國也, 近歲尤秘惜, 典客者, 盖稀得之."

高士奇『天祿識餘[45]』曰: "摺疊扇古名聚頭扇, 僕隷所執, 取其便於袖藏以避尊貴者之目. 元時高麗始以充貢, 明永樂間, 稍効爲之."『鄧椿畫繼』: "高麗松扇, 如節板狀, 其土人云非松也, 乃水柳木之皮, 故柔膩可愛. 其紋酷似松栢, 所畵多作士女乘車跨馬, 踏青拾翠之狀. 又以金銀屑餙紙面, 及作星漢星月人物, 麤有形似, 以其來遠磨擦故也. 其所染青綠奇甚, 與中國不同, 專以空青海綠爲之. 近年所作, 尤爲精巧, 亦有以絹素爲團扇, 持柄長數尺爲異耳."

盖朝鮮扇始於倭, 今醴川郡, 有高麗太祖所御扇. 卽今撲自高麗而入中國, 所謂白松, 卽水柳皮·黑邊竹者也, 所謂琴光竹, 卽烏竹也.

---

45 餘: 저본에는 '解' 자인데, '餘' 자의 오류이므로 바로잡았다.

57 東人鮮好記述

東人鮮好記述, 雖有異聞, 徒憑口傳, 差過數紀, 便已茫然不知. 余得釼錄·琴譜各五則以記之, 以待著書家採擇. 南春城以雄年十八, 遭壬辰亂, 爲倭所得, 倭甚愛之, 常以自隨, 恐其逸, 夜則納諸袋括其口, 懸樹乃寢. 公佯示親附無去意, 賊稍懈則袋置地. 公間賊睡, 睨一短釼甚利, 就解之, 跳匿林中遂免. 及貴航海朝燕, 卒無風濤驚, 公謂有釼助. 後其子佩之侍孝廟, 質于瀋八年, 亦無恙.

林將軍慶業嘗北遊長白山中, 白日霧擁林壑, 有物跳躍. 居人曰: "蛟鬪不可近." 林怒馬赴之, 射殺二蛟, 視所爭, 乃一鐵塊也. 鑄爲短釼, 精利無雙, 林常佩之, 後爲尹善道所得, 今不知所在. 崔將軍慶會有三絶, 一雌雄釼, 一高麗恭愍王青山白雲圖, 一牧隱詩圃隱筆. 爲倭酋所蓄, 壬辰, 倭攻晉州, 酋持是釼, 攀堞而躍. 慶會獲斬之, 兼得書畫. 翌日城破, 慶會將殉節, 以是付其侄, 侄勇士也, 而免歸之. 慶會家中遘火, 書畫皆燬, 釼獨自拔, 揷於門前柳樹. 至今在崔氏家, 光瑩如水, 天欲雨, 釼必流液.

吾家故有毛文龍所遺釼, 先祖觀察公管餉椵島, 天兵文龍爲島帥, 甚敬公. 嘗會于西海, 以釼二口·書一舸壽焉. 釼盖文龍所服也. 公甚珍之, 常置諸左右, 會官庫火而扃鐍堅. 公授侍者釼斮鎖, 應手而斷, 庫貨以免, 而釼則微缺其鋩. 及丙子之亂, 失其一, 獨鋩缺者存, 後誤付庸工, 平其缺, 釼遂喪其光瑩, 繡澁塵蝕, 見者不知爲寶. 青城縣西, 有兪挖管應孚遺墟, 其南數十武, 有過僧營小刹, 纔開基, 獲兵器甚多. 余家得藏一古釼, 意挖管所服.

新羅琴小而聲甚壯, 舊屬全昌都尉家, 間爲申光綏所蓄, 今不知所在. 九霄環珮, 故碧梧李氏琴也, 品爲國中第一. 蓬萊琴板, 刻蓬萊詩曰: "綠綺琴伯牙心, 鍾期是知音. 一皷復一吟, 泠泠虛籟起遙岑, 江月娟娟江水深." 蓬萊自筆也.

詩本爲洞陰金水亭主人作, 刻蓮花巖, 又銘諸琴, 盖其得意詩也. 琴材宲下中, 以蓬萊故名. 申光綏雅善琴, 是琴及九霄環珮, 皆入其家. 鄭松江嘗取朴醉琴手植桐, 成梅竹手植栗, 合[46]以製琴. 栗谷置之石潭, 後歸坡山, 張谿谷爲之銘. 今在李金化琰家, 琴材亦下中也. 東皐相蓄琴, 琴有九孔, 故名九孔琴, 東皐之孫有工琴者, 嘗夜皷舟中, 水鳥皆鳴.

58 排行

兄弟二名而用其一字者, 謂之排行, 如德文德宗義眞義慶之類, 起自晉.

59 陳理後裔

明高皇帝洪武五年壬子, 高麗恭愍王二十一年 徙陳理・明昇於高麗. 『居易錄』「柯陳氏譜」, 陳友諒子理, 敗亡入蜀, 改姓鬱, 居合江縣, 子孫繁, 散在涪州・長壽諸邑, 明末陳新甲其後也. 後理年七十, 携一子再入楚, 居興國州, 其子姓尤繁衍, 不下萬人, 卽今柯陳是也.

『明紀遺聞』, 陳友諒亡後, 陳琿[47] 似是理字之譌 被擒, 友諒尙有二子, 挈眷屬, 逃入楚中深洞, 自相昏配, 別爲二姓,[48] 將一姓弟仍陳, 兄將陳[49]字易作郕字, 名曰哥陳, 子孫繁衍. 兩書所記, 互有異同, 而陳理再入楚, 恐涉孟浪.

60 陳理・明昇

洪武五年壬子, 高麗王顓二十一年, 陳理・明昇男女二十七人, 航海而來, 皇帝詔曰: "不做軍不做民, 閑住過活." 昇年十八, 理年二十二, 恭愍王出見報平廳. 理・昇拜階上, 王坐受之, 給臧獲第舍, 俾安其生. 時使臣孫內侍自縊於佛恩寺, 人莫知其故. 昇爲總郎尹熙宗婿, 開城府興國寺後有明

---

46 合 : 저본에는 '谷' 자로 되어 있는데, 문맥상 오류이므로 『연경재집』 권15 「송강금명(松江琴銘)」을 참조하여 바로잡았다.

47 琿 : 저본에는 '理' 자로 되어있는데, 문맥상 오류이다. 『청장관전서』 권55, 『앙엽기(盎葉記)』 2 「진리(陳理)」를 참조하여 '琿' 자로 바로잡았다.
권55, 『앙엽기』 2 「진리」를 참조하여 첨가하였다.

49 陳 : 저본에는 없는데, 『청장관전서』 권55, 『앙엽기』 2 「진리」를 참조하여 첨가하였다.

昇遺墟. 昇來時, 携其父玉珍袞冕畫像, 至萬曆壬辰, 焚於倭難. 今都下及關西, 多有明姓, 嶺南多陳姓, 皆其裔也.

61 箕子後裔

趙斯文衍龜嘗見一書, 錄箕子以後謚諱歷串, 雖甚荒誕, 姑記之, 以備異聞. 太祖文聖王箕子四十年, 莊惠王松二十五年, 敬孝王詢二十七年, 恭貞王伯三十年, 文武王椿二十八年, 太原王札四十四年, 景昌王莊十一年, 興平王捉十四年, 哲威王調十八年, 宣惠王榮五十九年, 本註, 國家晏然無事. 誼襄王師五十三年, 文惠王炎五十年, 盛德王越十五年, 悼懷王職二十五年, 文烈王優十五年, 昌國王睦十三年, 武成王平二十六年, 貞敬王闕十九年, 樂成王懷二十八年, 孝宗王存十七年, 天老王孝二十四年, 修道王襄十九年, 徽襄王邇二十一年, 奉日王參十六年, 德昌王僅十八年, 壽聖王翔四十二年, 英傑王藜十六年, 逸民王岡十七年, 濟世王混二十二年, 清國王壁三十五年, 導國王澄十九年, 赫聖王隲二十八年, 和羅王謟十六年, 說文王賀八年, 慶順王萃十九年, 佳德王詡二十七年, 三老王煜煜疑煜, 二十五年, 顯文王釋三十九年, 章平王潤二十八年, 宗統王恤十二年, 哀王準二年八月. 本註, 自箕子至哀王, 四十一世, 合九百二十七年. 案『東史』, "箕子四十一世孫否, 服屬于秦, 子準嗣位, 爲衛滿所逐, 南奔爲馬韓, 自箕子至準, 凡四十二世, 合九百二十九年." 此文無所謂否者, 歷年亦少差, 或傳寫之誤歟. 又案『魏略』云: "箕子後四十餘世, 朝鮮侯準僭稱王." 自準而前無稱王者可知. 今箕子以後, 並皆稱王, 無或追尊歟? 『輿地勝覽』所謂朝鮮武康王卽準, 而今稱哀王, 何也?

馬韓康王卓三年. 本註, 漢惠帝二年戊辰立, 案『東史』, "箕準漢惠帝元年丁未, 避衛滿至金馬渚都焉." 箕準當爲馬韓始祖, 今以康王爲始祖, 年紀亦差.

安王龕三十二年, 惠王寔十三年, 明王武三十一年, 孝王亨四十年, 襄王燮十五年, 元王勳二十六年, 稽王 缺 十六年. 本註, 癸卯, 爲百濟溫祚王所幷, 自箕子封朝鮮, 周武王元年己卯, 至漢成帝鴻嘉三年癸卯, 凡四十九世, 合一千一百六十八年. 案『東史』, "新莽始建國元年己巳, 馬韓爲百濟王溫祚所滅, 自箕子至馬韓, 總一千一百三十年." 與此少異.

近世奇氏於光州, 浚渠得碑, 刻箕子以後奇氏世系甚詳. 又濟州高氏, 嘗鑿地得石刻, 自高氏始爲星主世系亦詳, 今箕子世系, 亦此類歟.

62 耽羅梁姓

梁王把匝剌瓦爾密, 元世祖之後也, 明太祖平雲南, 梁王自經死, 太祖遷其家屬於耽羅. 濟洲中梁·安·姜·對, 皆其裔也. 土著梁姓者, 本良而後改梁.

63 鄭臣保

高麗鄭臣保, 中州浙江人, 仕宋爲刑部員外郎. 胡元混一, 乘桴渡海, 來居瑞山看月島, 終身不失臣節, 移居于瑞山大寺洞家焉, 爲鄭氏之祖. 噫! 彼許衡·吳澄諸人, 以宋朝臣子, 道學自任, 而一朝改節. 臣保則流落海外, 罔爲臣, 保箕子後一人而已. 望雲島在瑞山邑南五里許, 臣保所築.

64 佟姓

俗稱放穢氣者謂之卵. 薑山侍郎嘗按節湖南, 見一校頗俊秀, 檢其名牒, 卽某也. 我國姓譜無姓, 而惟青海伯李豆蘭之本姓乃佟字. 李公疑其佟也, 問其姓貫, 乃青海也. 密敎改姓爲佟. 某對曰: "字甚不雅, 爲洞里人嘲戲. 行之甚赧然, 然行之已久, 非有的證, 難以遽改."

李公細語其誤, 令訴於本縣, 得其判. 令爲左弊, 某甚喜卽行之. 東俗貿貿, 有稀異之姓, 則不細檢而寫字, 一誤於帳籍, 相襲而莫之改也. 如此類甚多, 僻姓又有石牛氏, 音蕭, 卽牛之俗音也.

부록

| 찾아보기 |

蘭室

찾아보기

가

다

바

사

자

차

카

타

파

하

재단법인 실시학사

실학사상의 계승 발전을 위해 설립된 공익 재단법인이다. 다양한 학술 연구와 지원 사업, 출판 및 교육 사업 등을 수행하며, 실학사상의 전파와 교류를 위해 힘쓰고 있다. 1990년부터 벽사 이우성 선생이 운영하던 '실시학사'가 그 모태로, 2010년 모하 이헌조 선생의 사재 출연으로 공익법인으로 전환되었다.
경학 관계 저술을 강독 번역하는 '경학연구회'와 한국 한문학 고전을 강독 번역하는 '고전문학연구회'라는 두 연구회를 두고 있으며, 꾸준하게 실학 관련 공동연구 과제를 지정하여 그에 맞는 연구자들을 선정·지원함으로써 우수한 실학 연구자를 육성하고 연구 결과물을 사회에 환원하고 있다. 이번에 상재하는 '실시학사 실학번역총서'도 그의 소산이다. 앞으로 아직 세상에 제대로 드러나지 않은 실학자들의 문헌을 선별해 오늘날의 언어로 옮기며, 실학의 현재적 의미를 확인해 나갈 것이다.
홈페이지 http://silsihaksa.org

실시학사 실학번역총서 12
연경재 성해응의 난실담총

1판 1쇄 발행 2017년 10월 20일

기　획 : 재단법인 실시학사
지은이 : 성해응
옮긴이 : 윤세순
펴낸이 : 김병환
펴낸곳 : 학자원
주　소 : 서울시 강동구 천호대로 1121
전　화 : 02) 6403-1000
팩　스 : 02) 6338-1001
E-mail : hakjaone@daum.net
등　록 : 2011년 3월 24일 제2011-14호

ISBN 979-11-87806-79-0 94810
979-11-87806-78-3 (세트)

값 45,000원